黄彦 主编

孙文全集

索引

第二十册

SPM
南方出版传媒
广东人民出版社
· 广州 ·

图书在版编目（CIP）数据

孙文全集／黄彦主编. —广州：广东人民出版社，2021.12
ISBN 978-7-218-11297-8

Ⅰ．①孙… Ⅱ．①黄… Ⅲ．①孙中山（1866—1925）—全集 Ⅳ．①D693.0-52

中国版本图书馆 CIP 数据核字（2016）第 248585 号

ISBN 978-7-218-11297-8

SUNWEN QUANJI
孙文全集
黄 彦 主编

出 版 人：肖风华

出版统筹：柏　峰　陈其伟
责任编辑：陈其伟　张贤明　柏　峰　周惊涛　李沙沙　唐金英
装帧设计：林小玲
责任技编：吴彦斌　周星奎

出版发行：广东人民出版社
地　　址：广州市海珠区新港西路 204 号 2 号楼（邮政编码：510300）
电　　话：(020) 85716809（总编室）
传　　真：(020) 85716872
网　　址：http://www.gdpph.com
印　　刷：广东信源彩色印务有限公司
开　　本：787mm×1092mm　1/16
印　　张：819.75　　插　页：81　　字　数：14000 千
版　　次：2021 年 12 月第 1 版
印　　次：2021 年 12 月第 1 次印刷
定　　价：3000.00 元（全 20 册）

如发现印装质量问题，影响阅读，请与出版社（020-85716849）联系调换。
售书热线：(020) 87716172

孙文全集编辑委员会

索引编制分工

编纂：倪俊明：第一、九册

刘世红：第二、三、四、八册

李吉奎：第五、六册

丁旭光：第七册

莫世祥：第十册

漆德红、陈桂明：第十一、十二册

李兰萍：第十三、十四、十五册

李振武：第十六册

刘路生：第十七册

张金超：第十八册

计算机技术支持：衡中青　白振田

统稿：刘路生

中文文献索引凡例

本索引是查阅《孙文全集》中文文献的检索工具。

一、本索引分为三类：

1. 人名索引。

2. 地名索引。

3. 专名索引。

二、索引词内，人名中略去职务、职称、学衔、学位、封号、尊号、尊称、贬称等，地名中略去省、市、区、县等。略去后影响对索引词理解的则保留。

三、索引词按拼音字母顺序排序。

四、检索导引

1. "[ ]"内的汉字数字表示册数，不同的册数用";"区隔；册数后的阿拉伯数字表示页码，不同的页码用","区隔。

【例一】黄兴　[四] 44，47 –49；[五] 76

即黄兴一词分别出现在第四册的第44页和第47 –49页，第五册的第76页。

2. "/"表示前后的文字均出现过；"（）"内的文字表示字数不同的同义索引词多出的文字。

【例二】黄花冈/岗　[一] 77；[三] 411；[四] 43

即有的地方作"黄花冈"，有的地方作"黄花岗"。

【例三】爱国（之）精神　[三] 30；[四] 134，381

即有的地方作"爱国精神"，有的地方作"爱国之精神"。

3. 人名的字、号、别称、代称等，地名、专名的简称、别称、异称等，注明"参见"。

【例四】胡汉民　[一] 74，76（参见汉民、展堂、胡文官长、胡代行职权）

五、本索引不涵孙文的外文文献、中文文献中的外文词语，以及孙文医学论著中的医学名词。

本　册　目　录

人名索引 ·· 1

地名索引 ·· 262

专名索引 ·· 364

孙文传略 ·· 613

韵目代日表 ··· 615

后记 ··· 616

人名索引

A

阿卜里刚　[九]596

阿布都·哈米德　[十一]183

阿昌　[七]150,164,362（参见孙昌）

阿斗　[二]125-128

阿尔芒　[四]15

阿圭拿度　[三]51

阿衡　[七]379

阿浑　[三]192,206,218

阿科　[七]161,181,549（参见孙科）

埃斯蒂　[十一]101

蔼林　[八]232

霭堂　[八]246

艾迪斯　[七]332

艾伦　[九]567

艾伦　[十一]16

爱德华·葛雷　[十一]139

爱新觉罗　[十一]148,150

爱因斯坦　[二]8

爱友　[八]159

安宝恕　[十七]244

安部矶雄　[三]91

安川　[一]68;[十八]520

安得生　[一]241（参见轩特力·安得生）

安德森　[十二]323

安剑平　[九]592

安健　[八]113;[九]535;[十三]642;[十五]674-675;[十六]241,327;[十七]191

安键　[十六]339

安克庚　[十六]273,347

安礼逊　[十三]438-439

安瑞荘　[十六]262,341,361

敖广生　[十四]389

敖汉坚　[十六]581

敖克明　[十六]628

敖瑞　[十七]45

敖文锦　[十七]49

敖文珍　[十六]399,625

敖兴三　[十七]46

敖奕生　[十七]51

敖荫棠　[十六]582

敖英三　[十七]41

奥帝　[三]301

奥那普　[八]158

奥斯丁·布朗　[七]294

B

B先生　[七]152,191-192,195-196,201（参见布思、查尔斯·布思）

八田　[八]64

八尧　[七]405,413

巴尔　[九]588;[十五]119

巴富罗/甫洛夫　[四]162-163;[九]608;[十八]408

巴古宁　[二]47

巴克斯特　[十二]331-332

巴枯宁　[三]368,380;[十]773

巴列多　[一]35

巴斯德　[一]34,43

巴特基　[一]12

巴星　[九]662

巴泽惠　[十三]93 – 94

巴泽宪　[四]49

巴直　[三]368,379

白继文　[十七]106

白莱斯福特　[十二]250

白郎克　[三]218

白浪滔天　[十二]428

白里思　[一]34

白木　[十八]521

白齐文　[十一]214

白刃　[七]451

白岩龙平　[十八]88

白耀辰　[十三]149;[十六]37,140

白弋人　[九]387

白云鹏　[十五]648

白云梯　[十]646;[十二]345;[十七]438 – 439

白正洗　[十四]477

百川　[八]337,361;[十三]585(参见王永泉)

柏烈武　[四]410,412,417,419,421;[七]422,524;[九]336,385;[十四]133;[十五]28(参见柏文蔚)

柏上珍　[四]68

柏斯多　[二]197;[十]591 – 593

柏文蔚　[四]44,47,49,71,79,85 – 86,88,148,440;[七]352,470;[八]89,105,155;[九]158,237,242 – 245,380,382;[十]645;[十二]258,379;[十三]337;[十四]450,544,594;[十五]10,39,52,116,202,215,235,325,332,378,469,477,479,502,506,508,520,523,550,561,569 – 570,586,618,653;[十六]412,429,477,516;[十七]211,418,438,635(参见柏烈武)

柏锡福　[十一]403

摆伦　[四]122

班超(定远)　[二]34;[八]152;[九]400;[十三]393

班林书　[十三]169

班麟书　[七]401 – 402,414 – 415

阪谷芳郎　[七]257,275;[十]244

坂谷芳郎　[九]37

坂井次郎　[十八]125

邦悦　[十六]572

包华斯谷　[二]284

包君　[十三]243

宝慈　[八]441 – 442

保尔·韬美　[十一]69

保衡　[三]17

保荣光　[十五]289,290,292,638,641

抱一　[八]267,314 – 315(参见陈抱一)

鲍次楼　[十七]51

鲍督军(贵卿)　[四]418

鲍尔　[七]168 – 169,185,192,202

鲍尔汀(登)　[八]503;[十]643(参见鲍罗庭)

鲍慧僧　[八]507

鲍君　[十]544,570 – 571;[十四]322(参见鲍罗庭)

鲍连就　[十七]44

鲍罗/乐庭/廷　[四]554;[八]504;[九]572,597;[十]535,751;[十二]311 – 312,314,320,322 – 323,340,350,391,415,

488;［十四］322;［十五］354,476;［十七］318,597,665,754

鲍姆　［十二］208,210

鲍庆香　［十七］281

鲍荣　［十七］474,659

鲍胜常　［十七］44

鲍威尔　［十二］225

鲍以文　［十七］73

鲍应隆　［八］416;［十三］585－586;［十七］51

鲍州昭　［十七］44

暴式彬　［十八］367

北京包君　［十三］243

包顺健　［十七］733

包魏荣　［十六］286,361;［十七］137

包珍　［十七］12

倍根　［二］47

北川信从　［十一］369

贲襄　［十七］733

贲育　［四］302

本野　［九］260,275

本庄繁　［十一］237

比奇　［七］175,215,222

彼得　［三］289;［四］299,434;［十一］471

俾斯麦　［三］284,295;［十］134;［十一］234－235,258

毕恭　［十一］167－169

毕靖波　［八］19

毕礽　［四］43

毕少山　［七］403

毕少珊　［八］413－414;［十六］409

毕宣　［十六］331

毕永年　［十一］57

弼臣　［一］64;［七］76－77（参见郑士良）

弼翁　［七］81－83,88

碧格　［一］240

璧磋　［八］509

宾步程　［十六］25

宾镇远　［六］504;［八］311－312;［十三］483;［十六］600;［十七］419,421

斌卿　［十一］49

秉三　［七］277－278;［九］421（参见熊希龄）

波波夫　［十二］77－78

波丁揸/渣　［二］79;［三］53

波多博　［十八］227

波多野春房　［十一］451

波耳比引　［十二］372

波罗定　［十二］328

伯川　［八］214,221,351,353,374,380,419,444

伯芬　［八］446－448（参见宋伯芬）

伯捷　［八］364

伯兰　［七］504;［八］7,9,11,437;［九］282,323－325,333,356－357,370,550,556;［十三］226,313,385;［十六］253（参见孙洪伊）

伯渠　［八］93－94;［十三］317（参见林祖涵）

伯仙　［八］194,525（参见林德轩）

伯先　［一］76－77;［七］290（参见赵声）

伯壎　［七］511

伯英　［七］541,567（参见李宗黄）

伯英　［十八］509（参见张钫）

伯援　［十三］132;［十八］421

伯钊　［九］242

伯振 ［四］91

柏拉图 ［二］119

薄子明 ［八］69;［九］224,228;［十三］301;［十六］144

卜舫济 ［八］135

卜力 ［四］265;［七］9;［十一］80,83－84

卜南克 ［三］192

不烈殊 ［三］109

布加卑 ［一］72－73;［十一］132,134

布朗 ［七］493

布里格姆 ［十二］411

布鲁东 ［三］368,380

布鲁特 ［四］178;［十一］487

布罗克曼 ［十二］305

布思 ［四］29;［七］156,160,163,168,175,177,189,195,202,215,222;［九］13－14,23,25;［十六］4(参见 B 先生、查尔斯·布思)

布思夫人 ［七］156

布思小姐 ［七］156

布斯 ［五］47

步青 ［七］511

步洲 ［十八］478(参见沈联)

C

蔡邦献 ［十四］225－226

蔡冰若 ［八］114

蔡炳 ［十七］534

蔡炳寰 ［十六］418

蔡炳南 ［十四］528－529

蔡炳桥 ［十六］613

蔡灿琼 ［十六］624

蔡昌 ［十七］84

蔡超群 ［十七］12

蔡成兴 ［十七］106,146

蔡成勋 ［四］495;［八］381;［九］645,658(参见蔡都统)

蔡承瀛 ［十六］273,275,348

蔡春华 ［九］364

蔡春潭 ［十一］351

蔡达三 ［十七］207,250

蔡大愚 ［十三］324－325;［十六］437

蔡德三 ［十六］133,175

蔡棣清 ［十六］619

蔡棣生 ［十七］147

蔡都督 ［四］314;［九］94(参见蔡锷)

蔡都统 ［四］418(参见蔡成勋)

蔡锷 ［三］433;［七］316,534;［九］94,240,242;［十八］185(参见蔡都督)

蔡蕃春 ［十七］49

蔡福来 ［十六］145

蔡庚 ［十六］447,465

蔡公时 ［十六］313,333,363;［十七］355

蔡国安 ［十七］13

蔡海 ［十七］158

蔡海清 ［十四］457－458,461,467

蔡汉升 ［十七］642,644

蔡和森 ［十二］300

蔡鹤朋 ［四］393;［七］525;［十六］337

蔡鹤鹏 ［十五］592

蔡恒钊 ［十六］374;［十七］23

蔡洪 ［十七］50

蔡洪意 ［十六］608

蔡华大 ［十六］576

蔡怀安 ［十六］109,153

蔡积 ［十六］625

蔡缉熙　〔十六〕129,170

蔡己未　〔十七〕74

蔡济民　〔一〕78；〔四〕103；〔八〕88,105；〔十三〕337；〔十五〕244；〔十六〕38,43,45,56－57,66－67,72,81,140；〔十八〕226（参见济民、蔡又/幼香、幼襄）

蔡子民　〔四〕513；〔八〕72；〔十一〕336；〔十三〕210,412（参见子民、蔡元培）

蔡锦全　〔十七〕122

蔡觐泉　〔十七〕11

蔡钜猷　〔四〕164；〔八〕228,312,342,354－355；〔九〕493；〔十五〕461,630；〔十六〕506；〔十七〕210,350（参见铸人）

蔡君舒　〔十五〕96

蔡康　〔十三〕86；〔十六〕625

蔡匡　〔十六〕277,349

蔡蓝氏　〔十五〕400

蔡连枝　〔十七〕170

蔡梁伯　〔十七〕10

蔡妙琛　〔十六〕628

蔡妙提　〔十六〕608

蔡民挥　〔十七〕106

蔡乃煌　〔十三〕113

蔡宁　〔十六〕627

蔡浦泉　〔十七〕8,10

蔡启顽　〔十六〕333

蔡庆平　〔十六〕119,162

蔡庆祥　〔十七〕260

蔡庆璋　〔十六〕274,347

蔡铨　〔十七〕74

蔡然　〔十六〕581

蔡人奇　〔十三〕93－94

蔡任民　〔十六〕123,165

蔡日升　〔十三〕466

蔡荣初　〔十五〕496－497

蔡荣华　〔十三〕425－426

蔡容仙　〔十七〕10

蔡容先　〔十七〕10

蔡蓉芝　〔十六〕356

蔡如波　〔十六〕77

蔡锐霆　〔十五〕94,102

蔡润生　〔十六〕356

蔡森　〔十六〕625

蔡少煌　〔七〕423－424

蔡社德　〔十七〕154

蔡社光　〔十六〕573

蔡燊盛　〔十七〕49

蔡慎　〔十七〕294,298－299

蔡石泉　〔十六〕112

蔡石香　〔十六〕159

蔡世秀　〔十六〕533

蔡寿年　〔十六〕572

蔡舒　〔十七〕695－696

蔡泗　〔十六〕572

蔡涛　〔十三〕322,324,427－428,431

蔡天培　〔十六〕575

蔡天球　〔十六〕628

蔡突灵　〔十六〕330

蔡旺　〔十六〕608

蔡文鑫　〔五〕239

蔡文修　〔十六〕36,111,149

蔡文业　〔十七〕6

蔡湘　〔十六〕582

蔡晓舟　〔十六〕341

蔡翊超　〔十七〕37,262

蔡懿恭　〔十六〕509；〔十七〕160

蔡寅 [四]79

蔡英洋 [十七]236

蔡永光 [十七]74

蔡有门 [十六]534

蔡又/幼香 [八]88,95,105;[九]385(参见又/幼香、蔡济民)

蔡祐民 [十七]9

蔡雨松 [十七]41

蔡元培 [四]44,85－86,129;[七]259,524;[八]50,53,71;[九]99,101－102,104－108,124,242－245,250;[十]47,320,646;[十一]464;[十二]349,359;[十三]309;[十六]16;[十七]438(参见子民、蔡子民、蔡专使)

蔡赞 [十三]453

蔡章成 [十六]520

蔡兆庆 [十七]136

蔡蓁兆 [十七]8

蔡振山 [十七]140

蔡正川 [十七]158

蔡秩南 [十七]8

蔡珠盛 [十七]49

蔡祝军 [十六]115,178

蔡专使 [四]316;[九]102;[十三]71,111;[十四]529(参见蔡元培)

蔡子文 [十七]37

沧白/伯 [七]467;[八]41,59,68,75－76,110,296,333,449,461,463,470,473,479－480,483;[九]211,291,308,324,331,333,339,345－346,352,364,385,398,402,605;[十三]350－351,417,430,443,468,485,537;[十四]175,374;[十五]211,675;[十六]279,283;[十七]235(参见杨庶堪)

沧兄 [九]507;[十三]467(参见杨庶堪)

曹、胡 [九]316－317,323,336(分别参见曹世英、胡景翼)

曹、胡两司令 [四]418－419,421

曹、吴 [四]497－498,521－522,574－576,580－582,586,591,593;[八]295,329,381,452,472－473,521,524,535;[九]522,550,591,613,616,641,647,662;[十]499,523－524,561,584－586,613－614,758,775,778－779,782,784,790－791,793,796,812;[十二]228,278,290,308,310,329,418,420－421,425,468,480;[十四]135;[十五]419,526,563,662－664(分别参见曹锟、吴佩孚)

曹伯忠 [十六]76,111,151

曹操 [三]312;[十一]7(参见曹孟德)

曹昌麟 [十三]93－94

曹春光 [十五]400

曹德然 [十六]608

曹东侠 [十六]143

曹督军 [四]417

曹笃 [九]385;[十六]410,441

曹朵云 [十六]624

曹凤朴 [十六]624

曹凤作 [十六]617

曹富 [十六]583

曹干楠 [十六]173

曹国椿 [四]68

曹浩森 [十五]536

曹华碧 [十六]77,111,155

曹华璧 [七]396

曹惠 [十七]655－656

曹惠民　[十七]46

曹惠卿　[十七]12

曹建伟　[十六]581

曹建勋　[十六]581

曹杰夫　[十六]533

曹俊甫　[八]108,141

曹锟　[二]27,81,99,222,231;[三]395,
400,446;[四]423,522 - 524,549,558,
574 - 575,579 - 580,583,585 - 586,591,
596;[八]187,377,466,484,489;[九]456
- 457,518,520,546,554 - 556,569 -
570,613,643;[十]356,399,415,417 -
418,477,498,554 - 555,573,580,584,
605,613,631,640,660,669,672,692 -
693,721,782,784,790,793,795;[十一]
484;[十二]43,87,118,133,202,223,
259,263,265,273,300,302,313 - 314,
356,365;[十三]424 - 425;[十四]78,
208,211,256,323,362;[十五]287 - 288,
419,526(参见仲珊、曹仲珊、袁军征滇总
司令)

曹利民　[十六]272,361

曹懋　[十六]409

曹孟德　[四]184(参见曹操)

曹铭　[十六]291,362

曹沛　[十三]215

曹品昆　[十六]129,170

曹杞南　[十六]627

曹洽三　[十六]614

曹汝霖　[九]386

曹世英　[八]12,394;[十三]327

曹受坤　[十六]415;[十七]500

曹受诏　[十三]98

曹叔实　[八]21

曹树棠　[十七]75

曹廷昌　[十六]624

曹渭泉　[四]8

曹吴　[四]146,575,582,601;[八]524,
538;[十二]228,308;[十五]478(分别参
见曹锟、吴佩孚)

曹锡圭　[五]239;[七]272;[十三]112

曹羡　[十三]318;[十六]241,355

曹绣波　[十六]624

曹旭初　[十六]624

曹亚伯　[七]121,381;[八]291;[十]13;
[十二]41;[十三]205,207;[十六]206,
320;[十八]80(参见亚伯)

曹以冰　[十]644

曹祐明　[十七]6

曹玉德　[十六]331,336

曹月蟾　[十七]12

曹云光　[十六]535

曹运郎　[四]320 - 321;[十三]84,101 -
102

曹兆征　[十六]357

曹振懋　[十六]219,323

曹仲珊　[四]507,513;[九]518(参见仲
珊、曹锟)

曹子瑞　[十六]342

岑、龙　[七]478(分别参见岑春煊、龙济
光)

岑、陆　[四]450 - 451,453 - 454;[八]43,
128,190,206,241,256 - 257;[九]318,
459,468(;[十二]101;[十三]311,341
(分别参见岑春煊、陆荣廷)

岑、莫　[四]452,454 - 455;[八]240 - 243,

443；[九]463,465,482；[十三]446（分别
　参见岑春煊、莫荣新）

岑春煊　[三]162；[四]88,103,431,438,
　440－441,450－453,457；[七]56,472－
　473,483－484,546－547,562；[八]182；
　[九]130,221,250－253,258,318,375,
　379－384,386－391,394,403,459,464；
　[十]389,399；[十二]16－17,95－96,99,
　101,177,267－268；[十三]42,308,313,
　323,381；[十五]272；[十六]364（参见西
　林、岑西林、云阶、岑云阶）

岑达天　[十六]621

岑德桂　[七]83－84

岑逢　[十六]626

岑国桢　[十六]592

岑嘉茂　[十六]576

岑静波　[十三]526；[十四]39

岑菊邻　[十六]131,174

岑孔时　[十七]6

岑连在　[十七]11

岑楼　[十三]352；[十六]248,343

岑念慈　[十七]657,662,762－763

岑神赐　[十六]374

岑泗　[十六]592

岑西林　[四]412,513；[九]258,327；[十
　三]42,235（参见西林、岑春煊）

岑相培　[十六]577

岑相佐　[十七]121

岑醒亚　[十七]24

岑学安　[十六]572

岑祐成　[十七]292

岑云阶　[四]410,417,419,421,425；[七]
　563；[八]402；[九]336,422；[十三]190；

[十四]132（参见云阶、岑春煊）

岑宗焕　[十七]62

查尔斯·埃尔默·邦德　[十一]230

查尔斯·爱德华·罗素　[十二]127

查尔斯·布思　[十六]4（参见 B 先生、布
　思）

查尔斯·戴利　[三]419；[四]475

查尔斯·皮尔逊　[二]328

查荷生　[八]229

查昆臣　[十三]149

查厘李　[三]122

查理士第二　[二]76

查理士第一　[二]75－76

查能一　[十三]132

柴苏/作诺夫　[十一]169,207

柴田旭堂　[十八]126

柴子安　[十六]142

常德盛　[十二]402

常庭兰　[十四]9

常万元　[十二]37

常遇春　[四]22

长尾　[十八]522

长雄　[七]19

巢安澜　[十六]507

巢寒青　[十七]740－741

朝持篯　[十七]668

车显承　[十七]199,217,264

陈、李、柏、谭　[七]422（分别参见陈炯明、
　李烈钧、柏文蔚、谭人凤）

陈、陆　[八]197

陈、吴　[十一]148（分别参见陈涉、吴广）

陈、叶　[八]316－317；[十三]654（分别参
　见陈炯明、叶举）

陈安　［十六］582

陈安仁　［四］111；［十五］431－432；［十六］407，415；［十七］282，295

陈拔南　［十七］45

陈白　［十一］40－41，43；［十六］435，439（参见陈少白）

陈白宣　［十七］70

陈百森　［十七］154

陈百庸　［十六］371，587，589

陈柏年　［十七］281

陈邦　［十六］624

陈傍　［十七］75

陈宝记　［十六］612

陈保群　［十七］586

陈保祥　［十五］129，144；［十七］6，12

陈抱一　［十三］527（参见抱一）

陈北海　［十六］576

陈北进　［十七］167

陈北平　［十六］116，180；［十七］169

陈北清　［十六］582

陈必有　［十五］73

陈必正　［十五］33

陈璧池　［十七］46

陈璧君　［八］452（参见汪精卫夫人）

陈标　［十四］365

陈彪　［十七］50

陈彬　［十六］625

陈彬如　［十七］254

陈秉民　［十六］572

陈秉心　［十三］193；［十六］494

陈炳和　［十六］621

陈炳楷　［十四］102－103

陈炳葵　［十六］625

陈炳坤　［十六］111

陈炳堃　［八］108；［九］320，322，331，352，369；［十三］323

陈炳焜　［九］258，275，314；［十］328，330；［十一］476，479；［十二］3；［十三］448（参见舜卿、陈督、陈督军、陈省长）

陈炳南　［六］472；［十五］80

陈炳秋　［十六］135，177

陈炳生　［十二］251；［十三］475；［十六］114，155

陈伯衮　［十七］50

陈伯豪　［七］482；［十六］109，155，171

陈伯简　［八］74

陈伯江　［十六］274，361

陈伯仁　［十七］5

陈伯任　［十七］433，488

陈伯生　［十七］11

陈伯陶　［十八］440

陈才　［十七］74

陈财　［十六］608

陈彩彦　［十七］8

陈灿文　［十六］582

陈策　［四］495，516；［九］419－420，466，538；［十三］30，493，495－496，499，502，505，517，522，524，592，611，626，649，680，683；［十四］14，110，163，182，184，227，231，238－240，247，251－252，255，295，311，316，340，356－357；［十五］252；［十六］220，323，437，462，465，468－469，585；［十七］30，59，327，347，387，425－426，432（参见陈海防司令）

陈昌　［十三］657

陈昌贤　［十六］626

陈昌耀　［十七］11

陈超八　［十七］10

陈焯　［十七］12,131

陈朝豫　［八］467

陈成　［十六］613

陈承筹　［十七］254

陈承经　［十六］269,361

陈承谟　［八］258

陈承祖　［十七］137

陈炽明　［十七］11

陈炽南　［十六］334

陈崇台　［十六］627

陈初开　［十六］623

陈楚珩　［四］101

陈楚俊　［十五］275－276,310

陈楚良　［十七］23

陈楚楠　［五］239,241;［七］42－43,52－
　53,55－56,64,112,353;［八］282;［十一］
　120;［十三］140;［十六］29,106,147;［十
　七］265（参见楚楠）

陈创全　［十六］533

陈创远　［十六］309,352

陈春舫　［十六］333

陈春馥　［十七］278

陈春生　［十三］171,398

陈春树　［十七］44

陈春文　［十六］582

陈纯侯　［十五］477

陈纯修　［十三］292;［十六］329

陈纯照　［十七］11

陈慈名　［十六］530

陈从之　［八］246－247;［十二］353

陈催德　［十六］624

陈粹芬　［四］43（参见四姑、陈四姑）

陈存汉　［十六］533

陈达生　［四］88;［十四］296

陈达文　［九］195

陈大　［十七］50

陈大聪　［十七］196

陈大典　［十七］592

陈大年　［十六］324

陈大锐　［十六］614

陈大深　［十六］132,174

陈大猷　［十七］285

陈代督军　［四］424

陈岛沧　［十六］114,159

陈道荣　［十七］153

陈道镕　［十六］396

陈得平　［十六］114,159,507

陈得尊　［十六］338

陈德　［十三］659;［十七］12

陈德春　［八］409,446;［十三］536,589,626
　－627;［十五］325;［十六］446,517

陈德谦　［十七］10

陈德全　［十三］537－538;［十六］299,350

陈德仁　［十七］13

陈德炜　［十六］623

陈德熹　［十五］439;［十六］130,173,413,
　451,534

陈德业　［十六］583

陈德征　［十七］303

陈德洲　［十六］128,169

陈登翰　［十七］74

陈登爵　［十六］533

陈登庸　［十七］269

陈棣海　［十六］624

陈典槐　[十六]613

陈典荣　[十六]624

陈典赛　[十七]74

陈典学　[十七]169

陈电洲　[十六]139,160

陈毗生　[十六]530

陈丁　[十六]525

陈鼎芬　[十七]752

陈定平　[三]162

陈定之　[十七]52

陈东平　[十五]465;[十六]314,365,383,
　423,503

陈东有　[十七]6

陈洞滨　[十六]527

陈斗　[十七]262

陈斗文　[十四]145,161

陈督　[九]267,269,276;[十三]253-254
　(参见陈炳焜)

陈督　[九]97,109,232,453;[十一]274;
　[十六]18-19(参见陈炯明)

陈督办　[九]453(参见陈炯明)

陈督办　[十四]133

陈督军　[四]399-400,409;[九]258,287;
　[十一]479(参见陈炳焜)

陈督军　[四]412,417,419,421;[九]299,
　336(参见陈光远)

陈独秀　[四]128;[十二]39,232,300,304;
　[十四]322-324,347,378;[十六]512;
　[十七]149(参见仲甫、陈仲甫)

陈笃周　[十六]628

陈端顺　[十六]621

陈耎仔　[十五]37

陈恩夫人　[十六]538

陈发　[十六]578,608,627

陈发檀　[三]162

陈发吾　[十六]534

陈方度　[四]88;[十五]477

陈方培　[十六]262,361

陈芳　[十六]538

陈飞鹏　[十四]357-358,360,410,413-
　414

陈峰海　[十六]157

陈凤鸣　[十四]275

陈凤起　[十四]225

陈凤石　[九]303,322,331

陈凤五　[十六]534

陈符氏　[十五]395

陈福　[十六]538;[十七]50

陈福海　[十六]527

陈福林　[十六]608

陈福龙　[四]67

陈福禄　[十三]340

陈福全　[九]338

陈福祥　[十六]538

陈福元　[十七]103,146

陈福长　[十六]608

陈福柱　[十六]624

陈辅臣　[九]54

陈副司令　[四]424;[十三]296;[十六]
　285

陈富　[十七]13

陈富朝　[十七]9

陈富章　[十六]538

陈甘敏　[十六]88,135,177,366,385,426

陈干　[十六]28,403;[十七]75

陈淦　[十六]627

陈高元　［十七］292

陈诰远　［十七］24

陈个民　［八］246,436；［十六］337,375；
　　［十七］391

陈赓如　［八］37-38,118-119

陈公秉　［十七］71

陈公哲　［十二］216

陈恭　［十六］75,414

陈恭受　［四］568-569；［十］746；［十四］
　　194；［十五］431,445,462

陈官明　［八］378-379

陈官胜　［十六］619

陈冠海　［十四］214-215

陈冠五　［十六］144

陈冠元　［十七］278

陈光汉　［十六］615

陈光逵　［十四］544

陈光耀　［十六］614

陈光远　［四］171,493,495；［七］573,575；
　　［八］7；［九］287,299；［十］333,448（参见
　　陈秀峰、陈督军）

陈光祖　［十七］609

陈广才　［四］68

陈广材　［十五］298

陈广猷　［十六］624

陈贵成　［十六］108,159

陈贵和　［十六］167

陈桂芳　［十七］47

陈桂清　［十六］584

陈桂廷　［十五］162

陈衮尧　［十六］581

陈国安　［十六］576

陈国栋　［十四］313

陈国华　［八］343；［十三］549

陈国矩　［十七］500

陈国梁　［十七］9

陈国权　［四］60-61

陈国耀　［十七］254

陈国云　［十六］581

陈国照　［十六］624

陈海　［十六］617

陈海防司令　［九］549（参见陈策）

陈海廷　［十四］365

陈汉　［十四］48

陈汉民　［十六］624

陈汉明　［八］109,156；［十三］328-329

陈汉石　［十六］624

陈汉文　［十六］136,179,524

陈汉英　［十七］106

陈汉真　［十六］575

陈汉子　［十六］614

陈翰誉　［九］536；［十四］309；［十七］698,
　　730

陈瀚炽　［十六］624

陈浩　［十六］582；［十七］252

陈灏　［十七］183

陈和　［十六］624

陈荷荪　［十六］118,160

陈红治　［十六］121,169

陈宏毅　［十七］528,530

陈宏源　［十六］572

陈洪　［十四］146

陈洪范　［八］348

陈洪蔚　［十五］598

陈鸿璧　［十六］29

陈鸿慈　［十六］396

陈鸿钧　[七]576;[十六]220,323

陈鸿荣　[十七]74

陈鸿图　[九]308

陈鸿文　[八]423－424

陈护黄　[八]311;[十]767(参见陈嘉佑/
祐)

陈华　[十四]548－549;[十七]50

陈华东　[十七]74

陈华峰　[九]320

陈华福　[十七]74

陈华乐　[十六]621

陈华明　[十六]583

陈华庆　[十七]74

陈槐　[十七]62

陈槐卿　[十六]34,108,133,175

陈焕发　[十六]623

陈焕庭　[十七]102

陈黄氏　[十五]196,400

陈棍　[十三]89

陈辉　[十六]356

陈辉石　[十三]571;[十六]315,367,386,
424,499,504

陈会洪　[十六]534

陈惠予　[十七]54

陈惠昭　[十六]523

陈蕙堂　[七]543

陈活生　[十七]62

陈火秀　[十七]44

陈积庆　[十五]275

陈缉承　[十四]73;[十八]358

陈楫　[十六]628

陈辑甫　[四]100

陈际熙　[十三]511－512,524

陈季博　[十七]204

陈季和　[十六]527

陈继成　[十六]628

陈继承　[十七]558

陈继南　[十六]535

陈继平　[十六]99,132,178

陈继虞　[八]210,241;[十三]426,437;
[十六]506

陈家鼎　[四]102;[八]8,11,32;[十]166;
[十二]100;[十三]150;[十五]674;[十
六]248,257－258,343－344;[十八]213
(参见汉元)

陈家凤　[十六]131,175

陈家兰　[十六]530

陈家玲　[十六]532

陈家鼐　[七]382－383;[十三]158－159;
[十六]37,125,149,165,304,351,479

陈家威　[八]446;[十三]536;[十六]509
(参见汝岩)

陈家祥　[十七]278

陈嘉辉　[十七]10

陈嘉简　[十六]575

陈嘉旺　[十四]185

陈嘉猷　[十六]324

陈嘉佑/祐　[四]495－496;[八]257,311,
318;[九]515,594;[十二]321;[十四]
222,290;[十五]630;[十六]476;[十七]
241,350(参见陈护黄、护黄)

陈见龙　[十五]603

陈剑虹　[十六]337

陈健炽　[十六]622

陈鉴贤　[十六]612

陈江如　[十七]50

陈将军 [四]399;[十二]111,122,146－147,168,221,265(参见陈炯明)

陈将军 [七]328(参见陈其美)

陈蛟腾 [十六]578

陈觉 [十四]336

陈觉梦 [十六]119,168

陈觉迷 [十六]372

陈杰夫 [十四]53

陈杰民 [十七]50

陈洁泉 [十六]617

陈结庆 [十六]626

陈金创 [十六]533

陈金芳 [十六]92,120,161

陈金富 [十六]628

陈金晃 [十七]35

陈金鬐 [十六]573

陈金兰 [十六]538

陈金人 [十五]294

陈金在 [五]239

陈金钟 [八]153,246;[十六]334

陈津渔 [十七]48

陈锦才 [十六]538

陈锦发 [十七]146

陈锦泉 [十六]526

陈锦涛 [四]43,323－324;[五]75,127－128,170,174,176;[七]279;[九]89,123;[十三]28,32－33,45,64,77,83,86,89,108,112－113,123,127－128,136;[十六]14,625

陈锦添 [十六]625

陈进枝 [十七]261

陈近冬 [十七]158

陈近南 [五]10;[十一]115

陈晋 [十三]93－94

陈觐宸 [十六]620

陈觐文 [十六]624

陈经堂 [十六]573

陈荆诗 [十八]428

陈景华 [四]74,569;[七]102,181

陈景廉 [十七]72

陈景唐 [十六]590

陈景星 [十六]455;[十七]169

陈景祐 [十六]583

陈警蛮 [八]217－218

陈警天 [十三]143

陈竞存 [三]346;[四]445;[七]353,422,448;[八]30,80,119,213;[九]59,255－256,405,422,478;[十]413,448,477;[十二]201;[十三]414(参见竞存、陈炯明)

陈竞适 [十七]9

陈竞兄 [九]453(参见竞存、陈竞存、陈炯明)

陈敬初 [十六]135,178

陈敬汉 [十七]224,228,509,520,587,659

陈敬堂 [十三]466

陈敬岳 [三]430;[四]43

陈镜安 [十七]144

陈镜伯 [十三]212－213

陈镜泉 [十六]623

陈镜廷 [十六]589

陈炯光 [二]81;[九]574

陈炯焕 [十七]146

陈炯明 [一]76;[二]3,80－81,108;[四]88,141,153,171,320,440,483－486,488－489,491－496,500－501,505,507,518,538,543;[五]447;[七]253,366,384－

385;[八]19,21,28 - 29,58,74,80,105,
116,118 - 119,123,183,196,204,208 -
210,232,239,250,296,302,315,322,337,
354,359,366,367,377,381,382,390 -
391,403,436,496501;[九]33,46,53,59,
90,96 - 97,110,112,159,255,315 - 320,
326 - 327,329,335,338,341,343,346,
349,350,354,355,359,361 - 362,364,365
- 366,370,380 - 381,393,403,407,410,
414,418,421,428,430,431,436,440 -
441,447,451,455,457,460,463,466,470,
474,478,485,486,489,492,493,501,505
- 506,508,509,512,525 - 526,530,542,
600,605,617,657 - 658;[十]41,72 - 73,
112,437,444,471,474 - 475,477 - 478,
488,490 - 492,500 - 503 - 509,514 -
515,523,565,573,608,611,613,618 -
621,631,662,669,689 - 691,693,717,739
- 740,754 - 755,766,779,805;[十一]
274,414,420;[十二]17,95,97,99,105,
107 - 109,111 - 112,123,146,148,151,
158 - 159,161,164 - 165,167 - 168,176,
179 - 180,182 - 186,188 - 193,196 -
197,199 - 200,203,205 - 206,211 - 212,
214,216,218 - 219,228,240,244,247,
251,257 - 262,264 - 267,272 - 273,283,
298,302,317,325 - 326,333,358,366,
370,396,399 - 400,402 - 405,408,410,
417,466 - 467;[十三]182,240,286,341,
376,389,446,448,450 - 452,465,472 -
474,481,494,520,530,551,558,564,581
- 582,594,614,616,663;[十四]51,278,
322,435,458,478;[十五]323,364,663;

[十六]10,13,16 - 19,199,317,380,382,
401 - 402,409,413,459,483(参见炯明、
陈竞存、陈竞兄、竞存、陈督、陈省长、陈将
军、陈总司令、陈总长、陈逆、陈贼)

陈九韶 [十六]329,336
陈钜 [十七]10
陈剧 [九]224
陈爵永 [十六]592
陈均优 [十六]622
陈君 [七]519(参见陈其美)
陈君 [七]537(参见陈肆生)
陈君 [十一]40 - 42(参见陈白、陈少白)
陈君 [十三]172(参见陈春生)
陈君 [七]574;[八]58,436;[十三]231
陈俊 [十六]618,621
陈俊民 [四]101
陈骏衡 [十七]60
陈开兴 [十六]356
陈闿良 [九]242、243
陈科 [十七]12
陈可钰 [十四]51,60,353,355;[十六]
463,483 - 484;[十七]66,400,554
陈克扁 [十七]254
陈克贵 [十六]534
陈克朗 [十六]129,171
陈克明 [十七]62
陈克佩 [十六]534
陈克萨 [十六]121,162
陈克武 [十七]9
陈克珍 [十七]105
陈孔参 [十六]624
陈孔林 [十三]163
陈孔屏 [四]11

陈孔如 [十六]538

陈孔忠 [十六]138,148

陈宽发 [十六]627

陈宽沆 [七]255

陈宽深 [十六]167

陈宽宋 [十六]371

陈宽枰 [十六]523

陈宽沅 [九]135;[十三]93－94

陈爕石 [十六]590

陈堃 [八]74,107;[十六]331

陈乐从 [十七]278

陈乐培 [十七]11

陈乐胜 [十六]583

陈礼光 [十七]48

陈礼起 [十七]11

陈礼廷 [十七]9

陈理明 [十四]90

陈立焕 [十六]581

陈立梅 [十七]71

陈立祚 [十七]74

陈丽初 [十七]50

陈丽水 [十七]23

陈丽章 [十四]146

陈利 [十三]366;[十四]394－395,448;
  [十七]45

陈利扶 [十六]592

陈利焕 [十七]167

陈连会 [十七]45

陈连捷 [十六]526

陈连生 [十六]627

陈连长 [十六]608

陈连枝 [十六]526

陈廉伯 [四]101,562,568－569,571,573;

[八]96,514－517;[九]611,617,638;
[十]746,752－755,789,793,803－806;
[十二]396,463;[十四]484－486;[十五]271,389,431,445,461－462,507;[十七]617

陈廉仲 [四]101

陈良谋 [十七]106

陈良仕 [十六]622

陈良钰 [十七]106

陈良知 [十六]129,171

陈亮 [十六]582

陈燎辉 [十七]44

陈林 [十六]332

陈霖磅 [十六]628

陈麟 [十六]592

陈龙光 [十六]613

陈龙桂 [十六]582

陈龙韬 [十四]365,376

陈鲁 [十三]115

陈鲁野 [十五]477

陈陆明 [十六]77

陈鸾谔 [十七]423,467

陈洛猷 [十六]632

陈侣云 [十六]274,348,530

陈履生 [十七]44

陈略 [十六]534

陈妈意 [十六]533

陈满 [十七]7

陈满庭 [十六]535

陈茂华 [十七]103

陈茂荣 [十六]581

陈懋修 [四]47,49

陈美堂 [八]501

陈美锡　[十六]574

陈蒙沆　[七]255

陈孟枢　[十七]75

陈孟瑜　[十七]10

陈孟裕　[十六]613

陈梦坡　[七]35

陈绵继　[十六]334

陈勉畲　[四]101

陈勉之　[十六]535

陈妙桂　[十六]621

陈妙提　[十六]621

陈民钟　[四]79;[七]452,557;[九]203;[十六]112,151,213,322;[十七]638

陈明　[九]162,329;[十四]169,173,178,226,274,422,504;[十六]60;[十七]49,74

陈明春　[十三]205;[十六]103,116,180

陈明庆　[十七]5

陈明铨　[十七]54

陈明燮　[十六]624

陈明新　[十六]624

陈明星　[十七]48

陈明艳　[十六]617

陈明熠　[十七]50

陈鸣谈　[十六]274,361

陈铭鉴　[四]497-498

陈命之　[十七]49

陈模　[十八]441

陈某　[三]22;[八]467;[十三]202,210

陈慕徐　[十三]166

陈乃文　[十七]152

陈逆　[四]142,506-508,518,580;[八]306,308,326,328,333,338,341-342,

351,357,359,372-373,381,386,388-390,401,405,408,412,415-416,420,421,430,434,447,448,535;[九]526,536,559,578,600,626,633;[十]504,506,565,585;[十三]511-512,530,536,540,547,563,575,582-583,596,599-600,602-603,605,607,609,614-616,620,626-627,662;[十四]10,30-31,55,87,127,155,180,270,336,436,510,573;[十五]50,252,364,412,634,664-665;[十七]464(参见陈炯明)

陈排铨　[十六]572

陈泮　[十六]627

陈培　[十六]527

陈培庵　[十六]614

陈培鎏　[十四]86

陈培深　[十六]324

陈培兴　[十六]622

陈沛南　[十六]136,179

陈佩忍　[十三]210

陈丕显　[十七]259

陈平　[三]239,244

陈迫清　[十四]209

陈璞　[九]385;[十一]34;[十六]355

陈齐爱　[十六]580

陈齐贤　[五]239,243

陈齐奕　[十七]169

陈其美　[一]58;[四]49,54,65,78-80,93,297,313,365;[五]222,239,241;[七]295,326,328,343,361,367,375,433,435,450,465,476,481,485,518,531,537,543;[九]36,41,44,55,65,82,86,98,100,116,188,193,195-196,200,211,214-

215,221 - 222,224;［十］369;［十一］440,
444;［十三］9,21,26,89,155,157;［十六］
20,32,44,50,59,69,73,75,79,82,84 -
90,93 - 94,97 - 103,146;［十八］151,
153,186（参见其美、英士、陈英士、陈将
军、陈君、高野）

陈其明　［十五］627

陈其权　［十六］261,345

陈其寿　［十六］578,583

陈其瑗　［十四］398 - 401,486;［十五］240,
242,247,270,420 - 421,452,473;［十七］
184,190,213,217,343,416,455,475,480,
565,597,633,636

陈其植　［十六］293,362

陈启辉　［三］162

陈启耀　［十六］479

陈启裕　［十七］47

陈洽文　［十六］622

陈钱氏　［十五］71;［十八］398

陈潜　［十六］581;［十七］49

陈强　［十五］80

陈乔生　［十六］591

陈翘　［十三］258

陈芹初　［十六］617

陈琴舫　［十六］135,176

陈青通　［七］400 - 401

陈青云　［六］504;［八］524;［十五］653;
［十七］709 - 710,719,731,734 - 735

陈清　［十一］4;［十六］325,621

陈清辉　［十六］608

陈清文　［十六］322

陈清溪　［十五］298

陈庆桂　［十七］6

陈庆龄　［十七］592

陈庆森　［十五］182,184,365;［十七］148 -
149

陈庆云　［十六］262,360

陈琼玲　［十六］534

陈琼宜　［十七］74

陈渠珍　［八］229,312,354 - 355;［十五］
630;［十六］506;［十七］210（参见玉鉴）

陈去病　［四］81,89;［十一］463;［十六］
470;［十八］167,181

陈全　［十七］281

陈全义　［十四］389

陈荃　［十七］158

陈群　［八］99;［十三］177,500,585;［十
四］101;［十五］676;［十六］200,319;［十
七］120,408

陈人杰　［十六］143,335

陈任梁　［十六］544

陈任一　［十七］71

陈日光　［十七］50

陈日三　［十六］622

陈荣　［十七］11

陈荣德　［十六］627

陈荣光　［十五］247,250

陈荣广　［十三］551;［十四］216

陈荣贵　［十七］497,608

陈荣汉　［十六］625

陈荣气　［十六］116,180

陈荣湘　［九］118

陈融　［六］353,476,489;［十四］455,476;
［十五］49,51,401;［十六］554,561 - 562,
569;［十七］360,386,507

陈如春　［十七］198

陈如同 [十六]527

陈如星 [十六]582

陈锐明 [十七]154

陈锐生 [十七]106,146

陈瑞昌 [十六]115,156

陈瑞云 [十六]132,174

陈润生 [八]541

陈润堂 [十七]406

陈润棠 [十五]284,286;[十七]171

陈润祥 [十七]260

陈若民 [十七]50

陈三 [七]115

陈扫净 [十六]533

陈善可 [十六]545

陈善卿 [五]239

陈善秀 [十六]627

陈善章 [十四]145-146

陈尚难 [七]549

陈韶光 [十六]589

陈韶玉 [十六]592

陈少白 [一]65-66,69;[三]429;[四]23,148,175;[七]266,384;[九]3,5;[十一]51,54,132;[十二]124(参见少白)

陈少谷 [十三]9-10

陈少辉 [十六]535

陈少淘 [十七]592

陈绍平 [十六]131,178

陈绍虞 [八]391

陈绍元 [十四]240

陈绍云 [八]246

陈社安 [十六]612

陈社雄 [十七]47

陈涉 [二]81;[十]234

陈生 [十六]615

陈省长 [四]453;[十二]112(参见陈炯明)

陈省长 [十三]296(参见陈炳焜)

陈胜 [十四]365;[十七]62

陈石兰 [十七]74

陈石奇 [十六]526

陈时铨 [十六]218,323

陈始平 [十七]50

陈士珍 [十六]398

陈世德 [十三]465;[十六]131,175

陈世圻 [十四]152

陈世瑞 [五]239

陈仕球 [十七]146

陈式和 [十六]612

陈式垣 [十八]434

陈似为 [十七]458

陈寿民 [十六]527

陈寿南 [十六]592;[十七]74

陈寿如 [五]239;[十四]240;[十六]220,323,338

陈寿田 [十七]254

陈寿桐 [十七]47

陈述 [十七]10

陈树程 [十七]12

陈树藩 [四]440;[八]188;[九]323,344,348,357,380-381,384,386-387;[十六]468(参见陕陈)

陈树根 [十五]213

陈树人 [四]148-149;[八]136,164-165,172,176,192-193,196-197,201,235,258,264;[九]434-435,439;[十二]74;[十三]239;[十五]104;[十六]369,

511,518－519,524,529,531,536－537, 544,563,568,571,638;〔十七〕33,118－ 119,330,343,365,367,401,466,475,541, 636－637,660,697－698,700

陈树森　〔十六〕338

陈树声　〔十二〕207

陈树棠　〔十六〕614

陈树枏　〔四〕148－149

陈树梅　〔十三〕610;〔十六〕312,363

陈树章　〔十七〕106

陈水根　〔十七〕137

陈水萍　〔十七〕169

陈水湛　〔十六〕572

陈顺成　〔十七〕42

陈顺德　〔十六〕77

陈顺和　〔十六〕332

陈朔竞　〔十七〕5

陈司良　〔九〕54

陈司令　〔八〕259;〔九〕71,322－323,328, 352,516,542,549;〔十〕332;〔十四〕225, 356－357;〔十五〕477

陈思球　〔十三〕222

陈四姑　〔十一〕155(参见四姑、陈粹芬)

陈祀锐　〔十六〕620

陈泗发　〔十六〕628

陈嗣昌　〔十六〕527

陈松　〔十四〕365

陈松寿　〔十六〕579

陈松添　〔十六〕621

陈松烟　〔十六〕618

陈颂贤　〔十六〕627

陈素只　〔八〕156

陈绥良　〔十七〕169

陈孙护　〔十七〕153

陈太平　〔十五〕646

陈泰高　〔十六〕81,113,152

陈汤　〔九〕400;〔十三〕393

陈棠　〔十七〕105

陈陶怡　〔四〕49

陈悌英　〔十七〕23

陈天成　〔十六〕393

陈天扶　〔十六〕137,153

陈天华　〔三〕429;〔十〕13,722;〔十一〕121 (参见星台)

陈天骥　〔十六〕300,351,363

陈天太　〔八〕434;〔九〕540,542－543;〔十 三〕618,646,650;〔十四〕22,37,117,187; 〔十五〕563－564;〔十六〕585;〔十七〕29, 90,108－109,503－504,715

陈天信　〔十六〕590

陈天一　〔十六〕394,461

陈添　〔十六〕526;〔十七〕281

陈铁生　〔四〕109

陈铁五　〔四〕43;〔九〕246;〔十六〕338

陈铁伍　〔七〕394,427;〔十六〕115,156－ 157

陈廷楷　〔十六〕138,150

陈廷诗　〔十七〕617

陈同赟　〔十六〕483;〔十七〕56

陈屠帝　〔十七〕46

陈婉衍　〔十三〕88

陈万金　〔十六〕262,360

陈万锦　〔十七〕23

陈旺　〔十六〕624

陈威　〔十四〕365

陈威廉　〔十七〕609

陈维远　［十七］733

陈尾庆　［十三］464

陈渭贤　［十六］628

陈渭祥　［十六］624

陈文　［十七］142

陈文波　［十六］624

陈文光　［十六］533

陈文广　［十七］8

陈文捷　［十六］627

陈文锦　［十七］146

陈文选　［十六］145

陈文远　［十六］530

陈文闸　［十六］525

陈文章　［十六］533

陈武烈　［七］101,305;［九］146

陈西就　［十七］49

陈翕文　［十五］220

陈锡　［十六］628

陈锡干　［十六］479

陈锡球　［十六］534

陈锡棠　［十七］103,106

陈锡添　［十六］626

陈席儒　［四］12;［九］30;［十六］15,17

陈铣　［十五］536

陈喜堂　［十七］167,169

陈侠夫　［十三］510

陈侠农　［十三］182;［十六］113,152

陈遐龄　［九］311

陈夏莲　［十七］137

陈咸亨　［十六］167

陈宪民　［十七］49

陈相鹏　［十六］107,154

陈祥　［十三］654－655;［十七］12,36

陈祥光　［十七］6

陈想　［十六］614

陈向荣　［十六］535

陈象联　［十六］624

陈新民　［十七］54

陈新吾　［十］77

陈新爕　［十七］148,387,389,711

陈新政　［七］374;［十三］48,137,141;［十六］31－32,107,147

陈信藩　［十三］51

陈星舫　［十四］145

陈星阁　［十六］274,347,530

陈星南　［十六］626

陈兴　［八］263;［十七］74

陈兴汉　［四］43;［六］12,180－181;［八］462,530;［九］624;［十三］664,672－673,685;［十四］228,301,354,389－390,418,421,468,470,509,579,592,594;［十五］39,42,407,427－428,453,516－517,547,549;［十六］569,571,594;［十七］34,78－79,431－432,444,465,555－556,563,569,571,574,582,618,628－629,713,715－716,744

陈雄英　［十七］151

陈雄洲　［四］49;［十六］52,141;［十七］131

陈修爵　［十四］179,308

陈秀峰　［七］576;［八］8(参见陈光远)

陈秀廷　［十七］106

陈绣文　［十六］592

陈序机　［十六］135,178

陈序洲　［十六］130,173

陈喧　［十四］365

陈煊　[八]401;[十二]194;[十三]201 –
　　202,540,625;[十六]337,600;[十七]
　　329,372,394,397

陈学顺　[十七]332

陈学选　[十七]169

陈血生　[十七]150

陈勋光　[十六]572

陈薰　[十三]112

陈逊谦　[十六]535

陈雅平　[十六]622

陈雅卿　[十七]46

陈亚才　[十六]572

陈亚贞　[十五]401

陈延香　[十六]127,168

陈言　[十六]326;[十七]679,681

陈炎成　[十七]24

陈炎初　[十七]24

陈炎兴　[十七]11

陈宴堂　[十六]178

陈宴棠　[十六]115

陈扬深　[十六]624

陈扬锡　[十六]614

陈仰　[十七]75

陈仰之　[十六]533

陈养民　[十六]131,175

陈养贻　[十七]169

陈养愚　[十六]273,288,293,350,362

陈尧　[十六]534

陈尧生　[十六]534

陈尧廷　[十七]307

陈耀平　[九]190;[十六]119,164

陈耀生　[十六]581

陈耀垣　[八]392;[十五]274,487;[十六]
　　417

陈耀祖　[十七]719(参见耀祖)

陈一炜　[十七]680

陈仪侃　[三]23 – 24

陈宜隆　[十六]622

陈宜禧　[十四]392 – 393;[十五]415,621;
　　[十七]627

陈乙民　[十六]36,111,149

陈乙秀　[十六]133,175

陈以光　[十六]622

陈益南　[四]101

陈逸川　[十六]71

陈翊忠　[十七]680 – 681

陈肆生　[七]535 – 536

陈毅　[十六]309,352;[十七]140

陈荫明　[十一]239

陈荫荣　[十六]622

陈荫三　[十五]477

陈寅　[十四]435

陈英　[四]79;[十七]198

陈英担　[十六]109,153;[十七]25

陈英士　[一]53,77 – 78;[四]78 – 80,93,
　　144;[七]361,435,456,481,518,519;
　　[十]764;[十三]608(参见英士、陈其美)

陈应麟　[十七]448

陈应强　[十六]624

陈应钦　[十六]530

陈应学　[十七]50

陈永德　[十六]131,173

陈永惠　[四]91;[八]178,186;[十三]
　　535;[十六]119,164,215,353;[十八]388

陈永善　[十三]627

陈用敏　[十五]621

陈由治　[十六]572

陈友年　[十六]613,622

陈友仁　[六]25,363,496;[十二]183,227,
　246,488;[十四]236;[十五]88,122,230,
　259,265,303,314,327,368,426,449,484,
　506,525,561;[十六]647;[十七]300,
　317,635,664 – 665,670,719,754

陈有庚　[十六]356

陈幼孽　[八]89

陈宇　[十六]627

陈宇明　[十六]533

陈玉成　[二]80

陈玉钿　[十六]624

陈玉麟　[十三]292;[十七]593

陈玉鍪　[八]229(参见玉鍪、陈渠珍)

陈玉清　[十六]534

陈玉山　[十六]136,178

陈玉兔　[十七]24

陈郁　[十七]50

陈裕和　[十六]622

陈裕时　[四]49

陈毓成　[十六]532

陈渊源　[十六]77

陈元钤　[十六]545

陈元机　[十七]23

陈元勋　[十七]47

陈垣　[十四]240

陈月藜　[十五]59

陈悦宽　[十六]581

陈云　[十六]508

陈云峰　[十六]327

陈云樵　[十六]364

陈云忠　[十三]301

陈再生　[十七]45

陈再喜　[十五]437;[十六]453,534

陈赞良　[十六]582

陈藻卿　[十]73 – 74

陈噪　[十六]621

陈责吾　[十六]110,158

陈泽恩　[十四]146

陈泽景　[十六]118,160

陈泽民　[十六]624

陈泽南　[十三]487

陈贼　[八]338 – 339,367,374,383,390 –
　391,430,448,479,531;[九]542,617,
　626;[十三]586,589(参见陈炯明)

陈占梅　[九]512;[十四]324;[十六]117,
　167

陈占四　[十七]41

陈湛　[十七]146

陈湛权　[十六]106,155

陈张周　[十六]582

陈章宙　[十六]531

陈漳　[十六]636

陈长乐　[十七]183

陈长胜　[十七]170

陈兆彬　[八]460

陈兆丰　[四]68;[十六]10

陈兆兰　[十四]520

陈兆祥　[十六]624

陈兆英　[十六]573

陈肇琪　[四]129

陈肇英　[八]81,432;[十三]540 – 541,
　585;[十五]339,395;[十七]598 – 599

陈肇元　[十七]50

陈贞吉　[十六]136,179

陈贞瑞 ［九］607；［十七］551－552

陈桢显 ［十六］624

陈振 ［七］537；［十五］555

陈振安 ［十六］583

陈振抱 ［十六］533

陈振华 ［十七］150

陈振先 ［三］162；［四］44；［十六］535

陈振有 ［十六］530

陈振鋆 ［十六］131，175

陈镇邦 ［十六］535

陈镇清 ［十六］534

陈正绳 ［十七］204

陈芝昌 ［十七］127

陈植生 ［十六］534

陈志英 ［十七］52

陈治安 ［三］162；［四］43；［十］145

陈治大 ［十六］131，175

陈治连 ［十七］170

陈致诚 ［十四］566

陈秩生 ［十七］37

陈智耀 ［十七］11

陈中 ［十七］72

陈中孚 ［四］148；［七］346，491；［八］73；
［九］236－237；［十一］447－448；［十三］
204，592；［十六］340；［十七］309，408

陈忠贤 ［九］379

陈忠志 ［十四］247

陈仲斌 ［十三］694；［十七］231

陈仲甫 ［十七］27（参见陈独秀、仲甫）

陈仲良 ［十七］37

陈仲平 ［十七］54

陈仲谦 ［十六］626

陈众憎 ［十七］54

陈竹山 ［十七］41

陈柱稳 ［十六］623

陈祝龄 ［十八］198

陈祝民 ［十六］523；［十七］254

陈祝南 ［十六］628

陈祝三 ［十七］277

陈祝鎏 ［十六］616

陈壮 ［十七］75

陈壮英 ［十七］106

陈灼南 ［十六］527

陈灼如 ［十六］590

陈灼贤 ［十七］47

陈卓郎 ［十六］531

陈卓民 ［十六］574

陈卓男 ［十七］46

陈卓平 ［七］475，551；［八］262；［十三］
406；［十六］321

陈卓祺 ［十七］168

陈卓卿 ［十六］535

陈卓然 ［十六］625

陈卓烜 ［十六］607－608

陈滋大 ［十六］622

陈子斌 ［十六］329

陈子简 ［十六］624

陈子龙 ［四］68

陈子壬 ［十七］12

陈子贤 ［十七］198

陈子桢 ［十六］616

陈紫和 ［十六］106，155

陈自觉 ［七］432；［十六］118，159

陈自先 ［八］183－184，244；［十三］423

陈宗鉴 ［十五］477

陈宗权 ［十七］75

陈宗舜　［十六］482

陈总平　［十七］75

陈总司令　［四］417 - 418,421,424,459；［八］192,209,246,257；［九］315 - 318,320,323,326 - 327,329,335 - 336,338,340 - 341,343,346,349 - 350,354 - 355,359 - 362,364 - 366,370,372,392,407,436,454,457,470,474,485 - 486,505,515；［十］394,396 - 397,400,406,415 - 416,418,438；［十二］145；［十三］276,286,296,431；［十六］285（参见陈炯明）

陈总司令　［九］515（参见陈嘉佑/祐）

陈总司令　［十六］382

陈总长　［九］489,506；［十］471 - 473（参见陈炯明）

陈纵队长　［十四］133

陈祖恩　［十六］526

陈祖基　［十六］331

陈祖烈　［十六］346

陈祖焘　［九］483

陈缵舜　［十六］624

陈醉村　［十六］533

陈尊润　［十六］626

陈佐兴　［十七］59

陈作霖　［五］239,241；［九］44,95,161,163

谌伊勋　［十三］370

成崇本　［十七］44

成谷采　［九］470

成国屏　［八］427；［十三］621

成汉　［十五］574

成济安　［十八］335

成冀孟　［十五］298

成就　［四］17,138,333,339,483,503,516；［七］347

成浚　［十四］507；［十五］170,181,198

成王　［一］50；［三］248

成肇修　［十五］298

城北　［八］270（参见徐世昌）

程璧光　［四］97,171,405；［七］234,546 - 547；［九］260,327；［十一］6；［十二］3；［十三］261 - 264,267 - 268；［十五］268；［十六］182,316；［十八］199（参见程玉堂、程总长）

程璧金　［十四］372；［十七］407

程滨　［十七］573

程炳坤　［七］337

程步瀛　［十三］649

程楚九　［十六］527

程春雨　［十七］158

程德全　［四］44,74；［五］63,210；［九］162,538；［十一］411,416；［十三］9,100,111（参见程都督）

程都督　［四］349；［十一］364,411（参见程德全）

程铎　［十六］331

程光鑫　［十三］93 - 94

程国荣　［十六］625

程国桐　［十六］625

程海军总长　［四］412

程恒式　［九］379

程鸿轩　［十七］362

程家柽　［十一］104

程康简　［十七］6

程奎光　［一］66；［三］429；［九］129；［十一］6

程亮初　［十六］519

程敏宗 [十七]292

程明超 [十三]93 – 94

程潜 [四]133,164;[六]25,28,77,84,108,149,181,240,295,331,349,360,363;[八]59,344;[九]268,270,284,296,328,359,447,474,542;[十]750;[十一]125 – 126,468;[十二]17,214,308,394;[十三]320 – 321,459,493,519,599,626,631,637,646 – 647,649,652,655,661 – 663,680;[十四]14,68,83,97,105,107,113 – 114,119,128,141 – 142,145,153,161,179,183,193,196,220,231,234,242,253,274 – 275,283,292,296,306,308,312,319,328,331,354 – 355,357 – 358,374,377,379,382,384,388 – 389,392,410,412 – 414,418,431 – 432,434,453 – 454,460,465,467,472,477,488,494,502,506,517,519,524,528,530 – 531,538 – 539,541,552 – 554,559 – 560,566,585,592,594,597 – 598;[十五]4 – 5,11,16,20,26 – 27,35,37 – 38,42,55,61,66 – 67,76,78,82,93 – 95,98 – 99,101 – 102,107,109 – 110,116,119,122,134,136,150,153 – 154,156,159,162,164,169,172,175 – 176,178 – 179,185 – 187,191 – 192,195,199,207,212,219 – 220,225,228,231,240,247,250,252,255,258,260 – 261,271,275,298,301,303 – 304,307 – 311,313 – 315,317,324,328,332,342 – 343,346 – 348,356 – 357,368 – 369,377,381,385,392,396,398,402,404,408,414 – 415,420,424,426 – 427,449,461,468 – 469,480,488,495,506,508,523,544,561,564,566,568 – 569,572,574,580 – 583,585 – 586,594,596,598,603,606,613 – 614,617 – 618,622,626,637,649,651,653,659,666;[十六]402,411,418,517,550,565,570;[十七]39,59,182,185,203,235,241,247,265,359,364,377,394,397,404 – 405,497,532 – 533,608,611,635,654,659,684,707,761(参见程颂云、颂云)

程庆全 [十六]464

程如兰 [八]71

程瑞卿 [十六]620

程善庚 [十六]614

程少溪 [十六]627

程树荣 [十七]10

程颂云 [八]344;[九]474;[十三]259,344,590;[十四]319(参见程潜、颂云)

程天斗 [十三]477;[十四]152,178 – 179,193;[十六]336,460,474,478,555 – 556

程天放 [十三]585

程文岳 [十六]95,112,162

程贤成 [十六]625

程贤池 [十六]625

程贤奋 [十六]622

程贤衮 [十六]625

程修鲁 [十六]330

程曜臣 [九]129

程耀初 [十七]6,291

程耀垣 [十六]325

程伊川(颐) [十二]364

程颖 [七]264

程永康 [十六]625

程玉波 [十七]9,292

程玉堂　〔九〕327（参见程璧光）

程垣钟　〔十七〕292

程藻芳　〔十六〕628

程植生　〔十七〕292

程致刚　〔十七〕6,291

程壮　〔十三〕142 – 143,224；〔十六〕41；
　〔十七〕182

程总长　〔四〕409,417 – 418；〔七〕550,552；
　〔九〕262（；〔十〕319,329,339（参见程璧
　光）

程祖彝　〔四〕129

蚩尤　〔四〕111 – 112

池亨吉　〔四〕28 – 29；〔七〕66,73 – 74,83,
　87,329,334；〔九〕9,11,73；〔十一〕148；
　〔十三〕7（参见池君）

池吉尹　〔十六〕111,155

池吉允　〔十六〕77

池君　〔四〕28 – 29；〔七〕330；〔十一〕149,
　216 – 217（参见池亨吉）

池任男　〔八〕211；〔十七〕60,62

池顺利　〔十六〕337

池荇垮　〔十六〕524

赤霓　〔七〕99,101,111,405,413,453,555

赤冢　〔十一〕282

炽三　〔七〕428

崇灏　〔十五〕80,151 – 152,204,239

崇章　〔十五〕280 – 281

楚藩吴　〔十三〕161

楚楠　〔七〕42 – 43,52 – 53,55 – 56,63,64,
　112（参见陈楚楠）

楚三　〔八〕392,423

楚雄　〔七〕318

褚辅成　〔四〕79；〔五〕397；〔十〕411；〔十

二〕105；〔十三〕378,604

褚慧僧　〔四〕448

褚民谊　〔十三〕46 – 47；〔十七〕756

传贤　〔七〕545；〔十六〕125（参见戴传贤、
　戴季陶）

床次竹二郎　〔十二〕428

闯贼　〔二〕38,254（参见李自成）

春鹏　〔八〕155,299

纯卿　〔八〕446

纯荪　〔八〕233

莼甫　〔十一〕48

慈禧　〔三〕132,135,137,139,146；〔十〕27；
　〔十一〕100 – 101,426；〔十五〕649

次功　〔十三〕355

次楣　〔十八〕523

次乾　〔八〕19

崔霸东　〔十七〕196

崔炽黄　〔十七〕399

崔鼎新　〔十六〕233,334

崔芳　〔十六〕628

崔改非　〔十六〕133,174

崔广仁　〔十六〕534

崔豪　〔十六〕619

崔吉　〔十六〕508

崔戟勋　〔十二〕7

崔景　〔十六〕581

崔民生　〔十六〕532

崔权　〔十六〕393

崔尚战　〔十四〕26

崔肃平　〔十六〕267,346

崔通约　〔四〕277；〔七〕171,247；〔八〕412；
　〔十〕479；〔十一〕191

崔文藻　〔七〕558；〔十三〕279；〔十六〕201,

298,306,320,332,352

崔文灼 〔十七〕62

崔镇之 〔十七〕198

崔灼明 〔十六〕326

村田 〔十二〕227,234,259－260,436;〔十四〕374

村田省藏 〔十八〕121

村田孜郎 〔十二〕227,234,259

存善 〔十五〕253－254

寸海亭 〔十六〕80,113,152

寸性奇 〔八〕423;〔十四〕375;〔十六〕567;〔十七〕288,294,346,348

寸尊福 〔十八〕148

D

达尔文 〔三〕25,188,191,203,214,217－218;〔十〕118,593,598

达夫谦 〔九〕548－549

达弗林 〔二〕327

达赖 〔九〕148;〔十一〕312,329,338

达林 〔八〕296;〔十二〕160－162,171－172,174,182－183,194

达尼思 〔二〕266

达商 〔十二〕30

达文 〔一〕35－37,228

大仓 〔十一〕93,383－387,389

大成至圣 〔十〕324(参见孔子)

大符 〔七〕569;〔八〕15－16(参见朱执信)

大冈育造之 〔十〕225

大和宗吉 〔十八〕120

大井宪太郎 〔十一〕436

大礼 〔十七〕50

大蕤 〔八〕418(参见王用宾)

大森 〔十三〕302,305

大石 〔一〕68

大石(正己) 〔十八〕101

大隈(重信) 〔一〕68;〔三〕44,275－276;〔四〕373－374;〔七〕11,340,447;〔八〕491;〔十〕243－244,421－423;〔十一〕40,452;〔十二〕82;〔十三〕340

大禹 〔一〕30,41;〔二〕72;〔三〕121;〔十一〕108

大塚太郎 〔七〕228,251

戴保珍 〔十六〕532

戴焯文 〔十六〕36,111,149

戴传贤 〔四〕97,102,147－148;〔五〕367,369－371;〔六〕286;〔七〕497,557;〔十二〕344,429;〔十六〕33－34,148,269,297,350,512;〔十七〕500,514,552(参见传贤、季陶、戴季陶、天仇、戴天仇)

戴翠帘 〔十六〕573

戴德扶 〔十六〕651

戴德抚 〔十六〕593,651

戴德律 〔七〕348,354,360,362,371,373－374,446,486,491,522;〔九〕177－178

戴恩赛 〔四〕259－260,262;〔十五〕26,293;〔十七〕327,638,643

戴谷辉 〔十六〕113,157,167

戴寒松 〔十六〕533

戴季陶 〔四〕96,259－260;〔七〕490,545;〔八〕39,329,331－332,334－337;〔九〕340,350,362,571,596;〔十〕639－640,645,673;〔十二〕9,28,32,343,345,437,474,495;〔十五〕67;〔十六〕33;〔十七〕438,517;〔十八〕134,344(参见季陶、戴传贤)

戴兼督　［四］400（参见戴戡）

戴金华　［十四］209；［十六］108,159,335

戴巨卿　［八］315

戴爵谷　［十七］142

戴戡　［九］232（参见戴兼督）

戴愧生　［十六］235

戴劳氏　［十五］400

戴名世　［十］23

戴匋季　［十七］25

戴人俊　［八］227

戴仁　［十六］29

戴任　［八］244；［十七］86,248

戴绥章　［十六］29

戴天仇　［四］54,96；［五］222；［七］324,
　544,［十一］370,392；［十二］437,451,
　474；［十六］29,34,124,147（参见天仇、戴
　季陶）

戴文蔚　［十六］534

戴永萃　［十六］558；［十七］248

戴岳　［十七］496

戴藻芳　［十七］262

戴卓民　［十六］68

电轮　［九］284（参见王电轮、王文华）

丹顿　［二］110

丹甫　［八］427－429（参见路孝忱）

丹尼斯　［二］299；［三］133

丹羽翰山　［十八］103

单庵　［八］198

但懋辛　［四］164；［八］109,331；［十］757；
　［十一］122－123；［十三］417；［十五］461
　（参见怒刚、但怒刚）

但怒刚　［八］331－332；［十］757（参见怒
　刚、但懋辛）

但前督办　［十四］133（参见但懋辛）

但焘　［四］43；［九］570；［十三］93－94,
　132；［十六］246,343,408,441

刀安仁　［十三］66；［十八］109

岛田经一　［十一］86

道方　［十三］177

道格拉斯　［四］74；［七］26

道舜　［七］428

道腴　［八］276,330,372,453,456,458－
　459；［十二］93（参见周道腴、周震鳞）

得一　［八］426,428

德尔卡塞　［九］181－182

德国朱君　［七］41

德基　［八］77；［九］326,443；［十三］374

德来达　［八］70

德明　［七］136,165,219,242－243,438,
　454,532,549,571

德寿　［一］70；［三］429

德轩　［八］47,146－147,149,161；［九］297
　－298；［十三］356,372,423

德源　［七］396,499－500,516－517,572；
　［八］22,415；［十八］450

德彰　［一］65；［八］184（参见孙眉）

登同　［七］210；［八］243,254,311－312,
　315,338,357,374；［九］626；［十五］476
　（参见李福林）

邓、许二君　［七］453（参见邓铿、许崇智）

邓柏年　［十六］344

邓宝珊　［八］285,513；［九］646

邓宝廷　［八］378－379

邓本殷　［八］446；［十三］554；［十四］225
　－226（参见品泉）

邓彬　［七］79

邓炳　［十六］623,625

邓伯年　［十六］253

邓伯朋　［十七］61

邓采唐　［十七］254

邓朝勋　［十七］6

邓承昉之妻冯氏　［十三］239

邓城　［十三］110

邓炽杨　［十六］627

邓创强　［十七］74

邓达泉　［十七］10

邓达杨　［十六］627

邓岱峻　［十七］655

邓道行　［十七］48

邓道炎　［十七］48

邓登发　［十六］598

邓鼎封　［九］421;［十五］475

邓鼎峰　［八］170;［九］421

邓逢　［十五］400

邓福轩　［十六］372

邓福盈　［十六］622

邓富　［十七］13

邓公寿　［十四］398 – 399

邓恭休　［十六］622

邓光楚　［十六］624

邓国钦　［十六］523

邓国昭　［十六］622

邓汉进　［十七］43

邓浩积　［十六］627

邓浩振　［十六］625

邓合　［十六］534

邓和卿　［八］33,85,133 – 134,364,386 –
　387,390;［十三］367 – 368,558 – 559,566
　（参见邓泰中）

邓宏顺　［十四］401 – 402

邓华侨　［十六］534

邓华熙　［十］476

邓辉　［十六］627

邓惠田　［十六］130,172

邓家彦　［四］54,76;［八］20,202,207,476;
　［九］182,197,220;［十］645;［十一］472;
　［十三］410;［十四］397;［十六］29,327,
　416;［十七］438 – 439（参见孟硕）

邓剑灵　［十六］328,332

邓剑南　［十六］115,156

邓节隆　［十六］627

邓杰三　［十六］628

邓介石　［九］633 – 634;［十］755

邓京　［十六］615

邓镜墀　［十七］106

邓九　［十六］624

邓居文　［十三］194 – 196

邓钜普　［十七］53

邓克辛　［七］411 – 412;［十六］114,156

邓铿　［二］81;［七］353,433;［八］57,205;
　［九］203 – 204,484,505;［十三］473;［十
　六］71,91,433;［十八］396,403,442（参见
　仲元、邓仲元）

邓铿堂　［十六］114,156

邓孔芝　［十三］258

邓来发　［十六］122,165

邓黎氏　［十四］172;［十八］364

邓利　［十七］122

邓林权　［十六］608

邓洛亭　［八］19

邓孟硕　［四］81;［八］286;［九］220（参见
　邓家彦、孟硕）

邓明三　［十七］9

邓鸣　［十五］298

邓鸣谦　［九］54

邓慕韩　［六］33；［八］28；［十］43；［十一］
　　133,143,152,160,422；［十三］54,141,
　　330－331,335,408,633,679；［十四］41,
　　92,235,268,281,324；［十五］147；［十六］
　　223,326；［十七］100,148,150,189,369,
　　382,409；［十八］69（参见慕韩）

邓慕周　［十八］244,273

邓尼　［十一］254

邓培生　［十六］106,153

邓配之　［十七］6

邓启睦　［十六］592

邓洽　［十七］13

邓琴斋　［十一］14（参见邓廷铿）

邓青阳　［十三］602,606,608；［十六］397

邓庆炜　［十六］608

邓铨　［十五］298

邓荣　［十六］583

邓荣桂　［十六］577

邓荣基　［九］71

邓孺子　［十七］262

邓瑞　［十七］13

邓三　［九］338；［十三］556（参见邓荫南）

邓深　［十七］47

邓省群　［十六］372

邓士培　［十六］627

邓士章　［十七］608,611

邓仕俊　［十六］374

邓仕学　［十六］119,164

邓叔平　［十七］41

邓树锦　［十六］627

邓树灼　［十六］627

邓颂仁　［十三］144

邓苏氏　［十五］53

邓素存　［十八］45

邓台荫　［十六］447

邓太夫人　［四］102；［十八］213

邓泰中　［八］85,363,386；［九］490；［十
　　三］563；［十七］18,99－100,174,375（参
　　见和卿）

邓棠业　［十六］628

邓天翔　［九］301；［十六］338

邓天一　［十三］292,302；［十六］219,323

邓天乙　［八］69；［十六］144

邓跳山　［十四］442－443

邓廷铿　［十一］9（参见邓琴斋）

邓万林　［十三］3

邓惟贤　［八］7；［十三］362

邓文辉　［十］331

邓鋈文　［十七］48

邓锡　［十六］627

邓锡侯　［八］334；［十三］537；［十四］313

邓仙石　［十六］628

邓芗泉　［十七］12

邓香泉　［十七］106

邓祥　［十七］47

邓想　［十七］12

邓雄　［十六］510

邓秀山　［十七］12

邓学廉　［十六］620

邓演达　［八］471；［十二］373；［十四］23,
　　52,75,156,206,218－219,230；［十七］
　　479,558；［十八］359（参见择生）

邓彦华　［四］563；［八］513,515；［十］724；

[十四]263；[十五]458，479；[十七]220，617，621，719

邓焱 [十三]276

邓养 [十五]667

邓耀 [七]570 – 571；[八]104；[十三]254；[十六]214，307，321 – 322，352，420

邓贻栋 [十六]627

邓以光 [十七]103

邓义 [十七]62

邓毅夫 [十六]442

邓荫南 [一]65；[九]338；[十三]610；[十六]325，410，441；[十八]13，347（参见邓三）

邓荫堂 [十七]278

邓愚公 [十三]497；[十五]672

邓宇清 [十五]402

邓玉林 [十六]318

邓玉麟 [十六]188

邓毓生 [十]476；[十二]192

邓元 [十六]330

邓元章 [十六]274，361

邓运 [十六]581；[十七]509

邓运使 [十五]142，144，632

邓泽如 [五]239，243；[六]455，484；[七]12，61，63，67，75 – 81，83，88 – 89，91，94 – 96，99 – 102，104，111，113 – 116，119 – 120，359；[八]14，21，23 – 24，154，327，339 – 340，509，528；[九]27，30，49，144，526；[十]645；[十一]213；[十二]324；[十三]141，497，602，633，640，647，674；[十四]24 – 25，27，29，43 – 44，55，60，77，80，82，118，137，139，152，158，202，223，231，235，310 – 311，321，324，391，488，

560；[十五]15 – 17，135 – 137，147，200 – 201，223，240，303，329，335，361，366，378，426，428，451，469，481，483，486，489，493，543，547，549，554，556，584；[十六]12，441，550 – 551，638；[十七]15，32，96 – 97，99，117，147，186，202，319，323，330 – 332，337，390，438 – 439，469，483 – 484，486，504，507，509，514，519 – 520，529，610，640，676；[十八]217（参见泽畲）

邓展鹏 [四]43

邓召荫 [十六]473；[十七]597

邓兆 [十七]45

邓兆枢 [十六]526

邓兆亭 [十六]627

邓兆享 [十六]617

邓镇鸿 [十七]122

邓直愚 [十六]118，168

邓治斌 [十六]262，361

邓仲元 [四]393，495；[七]435，448，495，525；[九]505；[十八]403（参见邓铿、仲元）

邓仲泽 [十六]321

邓柱进 [十七]122

邓卓 [十四]206，230

邓子实 [十六]106，158

邓子贤 [十六]128，170

邓子瑜 [一]74；[七]67，177，186，207，367，558，569；[九]8，46，407，427；[十三]148；[十五]147；[十六]82，90，138，148

邓奏隆 [十六]627

狄侃 [十七]312

狄楼海 [九]75；[十三]292；[十六]329

狄特里志斯 [十二]237

狄锡钧　[十六]52,54

迪奥西　[十一]198

迪克逊　[十二]405

笛卡西　[三]284－285

地拉涉　[一]31－32

地摩忌里特　[一]35

地士刺厘　[一]32

帝舜　[三]131

棣三　[七]511

刁寿南　[十七]278

典虞　[八]197

丁财叔　[七]571

丁超五　[十]625;[十二]341;[十三]292;
　[十六]331;[十七]580

丁芳园　[十六]530,532

丁复　[十六]339

丁甘仁　[十八]436

丁格拉　[十二]19

丁浩　[十七]11

丁厚堂　[九]320

丁怀瑾　[十三]241,285

丁槐　[四]405

丁基龙　[九]466

丁骞　[十三]292,451;[十六]328

丁景良　[七]480;[九]317

丁景梁　[九]371

丁开嶂　[十三]319

丁联英　[十六]52,141

丁明钦　[十六]140

丁明清　[十六]41

丁培龙　[八]162;[九]419;[十三]504;
　[十六]463,480

丁仁杰　[四]79;[五]371;[十三]132;[十

六]270

丁瑞生　[十六]534

丁石生　[七]524

丁士杰　[十三]409;[十六]52,141,262,
　303,351,360;[十七]131

丁士源　[九]109

丁惟汾　[四]148－149;[八]69;[十]645;
　[十三]292,301－302;[十六]435,488,
　514;[十七]438,461

丁龈良　[二]127,321;[十]297

丁蔚若　[十六]341

丁象离　[十六]239,354

丁象谦　[十三]292;[十六]219,323;[十
　七]579

丁象益　[十六]600

丁效兰　[九]383

丁心耕　[七]529(参见福田)

丁一钧　[十三]345

丁义华　[七]259,326;[九]164

丁造　[七]412－413

丁振铎　[十一]141

丁震　[十六]239,354

鼎卿　[八]262(参见袁祖铭)

定五　[八]35(参见刘治洲)

游定安　[十三]297

东臣　[八]353

东乡大将　[三]450

董必武　[十一]444

董秉三　[六]472

董方城　[八]507

董方域　[十七]281

董福昌　[十四]474

董福开　[十五]8,225,279,479;[十七]720

－721,723

董耕云　[十六]342

董翰　[十七]47

董鸿勋　[十六]561;[十七]248

董晃　[十六]538

董昆瀛　[十二]38;[十六]322

董姚氏　[十五]527

董一七　[十六]354

董荫卿　[十六]620

董鹰扬　[八]33

董镇白　[十三]466

董直　[八]23,39;[十六]538

董卓　[九]480

董子　[四]383

窦应昌　[十六]329

独角　[十一]192(参见陶焕章)

杜朝　[十七]188

杜纯　[十三]93－94

杜次珊　[七]271

杜东升　[十七]226

杜督夷　[十六]77,111,155

杜福　[九]404;[十六]608

杜贡石　[四]91

杜官　[十六]618

杜管英　[九]633－634

杜广　[十七]158

杜锦荣　[十七]11

杜景祺　[十八]443

杜浚源　[十六]313,353

杜凯元　[十六]329

杜郎　[七]63

杜林　[十六]525

杜龄昌　[十四]502－503,506－507,594

杜墨林　[十三]621;[十七]612

杜牧　[二]241

杜鹏　[十六]622

杜璞珍　[十七]394

杜起云　[十七]487

杜潜　[四]49;[九]54,66

杜润昌　[十六]342

杜受田　[九]480

杜淑章　[四]68

杜威　[一]37

杜文福　[十六]132,174

杜武库　[十六]409

杜锡钧　[九]96

杜羲　[十四]67

杜喜　[十六]624

杜之秋　[十六]324

杜子齐　[十六]118,161,334

端方　[一]77－78;[三]403;[十三]68－69,129;[十五]649

端木璜生　[十四]66

端木恺　[十六]641

段逆　[四]411;[七]562;[八]23;[九]268,272,274,276,351,367;[十三]320(参见段祺瑞)

段蓬仙　[九]406

段祺瑞　[三]260,410;[四]44,396,400,402－403,406－408,412－413,415,422－423,430－431,449;[七]477,484,487,501,505,508,538,565－566;[八]75,217,268,270,293,302,418,489,544;[九]57,61,64,253,256,259,275,364,376,506,553,592,616,640,644,646－648,656－657,660－661;[十]320－322,

325－326,328,341,351,363,384－385,399,416,419,501,720,801－802;[十一]452,458－459,481－482,486;[十二]8－9,30,38,43,45,47－48,78,86,88,90,92,107,131,175,228,234－235,244,306,316,365－367,402,410,417,422,435,437－438,440,442,446,455,457－458,462,468－470,473－474,479;[十三]89,249－250,281,293,411,418,582;[十四]323;[十六]282(参见芝泉、段芝泉、合肥、段总长、段执政、皖之段、段氏、段逆、段贼、津段)

段氏　[四]389,419,431－434;[七]512,557,565－566,569;[八]15,63,182,187;[九]275,357－358,506;[十]320,327,355－356,368,385;[十一]459,476,486;[十二]23,40,45,78,87,107－108,228,244,457,474;[十三]307,316;[十五]676(参见段祺瑞)

段廷佐　[十三]313

段雄　[十三]292;[十六]217,322

段贼　[四]413;[七]557,563,573;[九]282,361(参见段祺瑞)

段芝泉　[四]402,417,447,507,513;[七]573;[八]168;[九]62,294,569,592,615－616,640－641,647;[十]317,366,368;[十二]239,424;[十三]198,531;[十四]132(参见芝泉、段祺瑞)

段执政　[九]656－657,660－661;[十]816－817(参见段祺瑞)

段总长　[七]430(参见段祺瑞)

钝初　[七]392;[九]156,163(参见宋教仁、宋钝初)

多尔　[十一]101

多贺宗之　[十一]420－421

多卡纳奇　[十二]169

E

恩秉彝　[十六]258,344

恩波　[八]446

恩达·李·布克　[十二]149

恩克阿穆尔　[八]78

恩克巴图　[十]645;[十二]343;[十七]438

恩铭　[三]430;[九]60;[十三]129

儿玉　[一]69;[四]107;[十一]90

儿子　[七]283,293(参见孙科)

尔朱荣　[四]405

耳把都拉而吉子　[八]413

二程(颢、颐)　[十二]364

二程(奎光、耀宸)　[四]42

二西田耕一　[十八]524－525(参见养稼)

F

发初　[八]367

樊福　[十六]508

樊国贞　[十七]446

樊醒民　[十二]483(参见樊钟秀)

樊镇安　[八]246;[十六]334

樊钟秀　[四]581;[八]534,536－537;[九]581,601,622－623,631,659－660;[十]646,766;[十二]404;[十四]268,285,436,462－463,467,471,474,476,533,544,554,560,562,594;[十五]10,18,36,39,48,52,91,116,134,157,202,215,234,240,266,324,332,368,378,414,

469,479,506,508,520,523,546,550,
561,569,586;［十七］363,438,543,616,
635,667（参见樊醒民、樊总司令）

樊总司令 ［九］581,659;［十四］267（参见
樊钟秀）

饭田 ［十一］419

饭野（吉三郎） ［五］247;［十一］437,439

范百弓 ［十六］523

范伯林 ［十八］184

范传甲 ［十八］83

范副司令 ［四］412

范光启 ［四］47,49;［十六］23

范国璋 ［四］421;［九］318,336

范鸿钧 ［十六］31,146,329

范鸿仙 ［七］368,371,480

范基存 ［十七］198

范济沈 ［十六］531

范锦堃 ［九］340

范警文 ［七］469

范克 ［十五］525

范明扬 ［十七］74

范慕连 ［十六］35

范其务 ［十四］135,137,140,162 - 163,
182,199,256,275,277,326,334,358;［十
五］547,606,627,665;［十六］552;［十
七］201,240,367,380,389,686

范石山 ［九］610

范石生 ［四］154;［六］255,312,319,490;
［八］480,494 - 495,500,505,508,511,
516 - 517,534;［九］573,577,621,623 -
624,626,629;［十］753,755;［十二］397;
［十三］547,685;［十四］21,163,169,182,
184 - 185,188,227,232,234,238,240 -

242,251,255,263,293,344,361,403 -
404,436,438,489,494,515,526,531,554
- 555,598;;［十五］31,55,73,86,101,
111,116,118,128,230 - 231,260,277,
378,414,442 - 443,462,547,549;［十六］
648;［十七］75,205,227,242,418,453 -
454,463,482,726,738,742,751,755（参
见小泉）

范顺贻 ［十三］79

范体仁 ［十四］322

范亭 ［九］646

范望 ［十二］392;［十七］245,588

范文正 ［二］257

范熙绩 ［十七］381,383

范弦高 ［八］367

范亚伯 ［八］87

范毅 ［十六］93

范源濂 ［九］103;［十三］89

范治焕 ［九］243

方安 ［十七］170

方拔馨 ［十六］105,164

方本仁 ［九］645,657 - 658,661;［十二］
493

方策 ［十六］239,354

方成 ［十七］101

方城 ［八］167

方持平 ［十七］51

方棣棠 ［十七］279

方鼎英 ［十二］321;［十四］222,290,388;
［十七］351,496

方富彦 ［十六］615,626

方干周 ［九］63

方谷 ［十六］31,239,258,344 - 345,354,

360

方汉城 [四]88

方汉京 [十七]62

方汉儒 [七]404

方汉章 [十七]71

方洪 [十四]185

方户任 [十六]471

方化南 [八]88;[十三]337

方怀南 [十七]68

方觉慧 [十六]470;[十七]208

方锦泉 [十六]527

方井东 [十三]309－310

方轮镜 [十六]626

方南山 [十八]59

方淇 [十六]615

方潜 [四]47,49;[十二]39;[十三]93－94;[十六]11,21－22,219,323

方擎汉 [十六]592

方求得 [十六]608

方渠 [十六]582

方榕基 [十六]608

方瑞麟 [八]266;[十三]548,559

方瑞雄 [八]218－219;[十六]625

方若 [十四]425

方少劳 [十五]400

方神长 [十六]627

方生财 [十六]617,625

方生发 [十七]72

方声涛 [六]504;[八]195;[九]335,360,408,458;[十五]75,113,479,515;[十六]185,290,316;[十七]496,651,653,669,706,733

方盛 [十七]12

方是男 [十七]46

方守严 [十六]582

方寿龄 [十七]255,308

方铁侠 [十七]37,262

方维 [四]74;[十]110,528;[十四]484－486

方文瑃 [十六]582

方文浣 [十六]582

方希典斯担 [一]106,109－110

方锡 [十六]538

方孝纯 [十七]194,496,499

方协民 [十七]43

方亚民 [十六]577

方耀 [二]353－354;[十七]12

方耀光 [十六]572

方以情 [十七]10

方毅 [十六]358

方有志 [五]6;[十三]222

方祐 [十七]74

方远龙 [十七]41

方长宁 [十七]6

方振民 [十七]46

方振武 [十六]409

方震 [十六]145,409;[十七]361

方志超 [十五]477

方智农 [十七]46

方仲海 [十七]49

方舟楫 [十六]580

方卓槐 [十六]583

方子伦 [十六]581

方总司令 [四]417－418(参见方声涛)

方总指挥 [四]424;[九]360－361(参见方声涛)

方作桢 〔十六〕251,360

芳川宪治 〔五〕371

房蔚岩 〔十七〕62

放洲 〔八〕177－178,186,209;〔九〕430

非烈特力大王 〔三〕293－294

腓力特·力威雅可查 〔三〕94

费公侠 〔四〕148－149

费行简 〔十七〕440

费普 〔十一〕193－194

费沃礼 〔十八〕271

费信惇 〔四〕557－558;〔十五〕287－288

愤亚 〔七〕40,159(参见庄文亚)

凤/风丹 〔八〕47,142,146,149,225,236
　　(参见田应诏)

封德三 〔十六〕29

冯爻公 〔十六〕117

冯、段 〔四〕423,425;〔七〕400;〔九〕270,
　　282,299,302,322,341,357,361(分别参
　　见冯国璋、段祺瑞)

冯拔俊 〔三〕162

冯百罹 〔十六〕137

冯百励 〔八〕378－379

冯百砺 〔十六〕311,353

冯宝森 〔十七〕182,651

冯宝桢 〔十四〕150

冯葆初 〔十四〕107

冯标 〔十五〕87,107

冯秉銮 〔十六〕577

冯伯罹 〔十六〕153

冯伯砺 〔十六〕335

冯才奴 〔十七〕11

冯焯勋 〔十六〕438

冯朝 〔十四〕365

冯朝宗 〔十七〕703

冯成 〔十六〕534

冯成钧 〔十一〕112

冯川 〔十六〕608

冯达材 〔十四〕169

冯达生 〔十七〕54

冯代司令 〔十七〕432(参见冯肇铭)

冯道 〔四〕498－499;〔九〕501

冯德 〔十五〕400;〔十六〕608

冯萼生 〔十六〕531

冯尔琛 〔十三〕204

冯福田 〔十六〕357

冯根 〔十六〕628

冯关田 〔十六〕538

冯观霖 〔十六〕132,175

冯广华 〔十七〕8

冯广魁 〔十七〕122

冯广林 〔十七〕154

冯广敏 〔十六〕623

冯国华 〔十六〕286,362;〔十七〕137

冯国璋 〔二〕27;〔三〕320;〔四〕400,422－
　　423,432,579,585;〔七〕440,484,502,510
　　－511;〔九〕235,341;〔十〕321－322,369,
　　584;〔十一〕471,475,482;〔十二〕174;
　　〔十三〕332(参见冯华甫、冯将军、冯氏)

冯汉雄 〔十六〕578

冯洪生 〔十七〕47

冯华甫 〔四〕417(参见冯国璋)

冯焕章 〔四〕507,512;〔九〕643,646,648－
　　649,651;〔十二〕271,315－316,425(参见
　　冯玉祥、焕章)

冯藉生 〔十七〕23

冯嘉宾 〔十三〕465

冯俭时　[十七]11

冯将军　[十一]434

冯奖卿　[十六]534

冯锦庆　[十三]465

冯锦堂　[十六]115,156

冯镜如　[十一]4

冯就　[十七]158

冯菊逸　[十六]527

冯军□　[十三]405－406

冯军统　[九]82

冯均　[十六]626

冯君　[七]535;[九]301;[十三]217

冯俊　[十四]365

冯俊三　[十七]106

冯浚三　[十七]144

冯骏声　[十六]532

冯坤　[十六]357

冯昆鹏　[十七]122

冯林炯　[十六]620

冯琳　[十七]120

冯麟阁　[九]84

冯隆阶　[十七]40

冯卢氏　[十五]400

冯吕氏　[十四]269－270

冯旅（长）　[四]421;[九]316,323,336,
　　361(参见冯玉祥)

冯鸣楫　[十七]45

冯铭楷　[八]446

冯某　[十三]405

冯培根　[十六]577

冯普　[十七]122

冯启民　[八]237;[十二]382;[十四]124;
　　[十五]121,170;[十七]294

冯清　[十七]270

冯如椿　[十七]23

冯汝梅　[十六]287,292,362

冯锐生　[十七]169

冯闰生　[十六]520

冯森荫　[十六]592

冯少平　[十七]49

冯少强　[十七]69

冯少泉　[十五]400

冯时朗　[十六]524

冯氏　[四]400,419;[八]8－9,11;[九]
　　310(参见冯国璋)

冯式如　[十四]117

冯寿　[十七]71

冯树荣　[十七]106

冯顺体　[十七]11

冯嵩　[十六]615

冯天然　[十六]128,170

冯伟　[八]478;[十三]657,677,682;[十
　　四]13,15,36,49,67,70,102,234,236,
　　375;[十五]20;[十六]464,554,650;[十
　　七]21,577,626

冯锡如　[十六]533

冯锡垣　[十六]617

冯熙周　[十三]311;[十六]71

冯侠民　[十四]163

冯贤　[十七]6

冯贤起　[十七]48

冯晓楼　[十七]41

冯新民　[十六]577

冯兴　[十七]74

冯雪卿　[十一]49

冯亚佛　[八]99

冯炎　　[十三]245

冯炎公　　[十六]167,398

冯演秀　　[十六]414,466

冯耀南　　[十三]640;[十四]124,464

冯业生　　[十六]92,120,161

冯一枝　　[十七]46

冯以桃　　[十六]583

冯以添　　[十六]583

冯以照　　[十六]577

冯轶裴　　[十六]475;[十七]554,561

冯寅秀　　[十六]447

冯有才　　[四]68

冯又微　　[十一]238

冯幼拔　　[十六]520

冯玉棠　　[十七]158

冯玉祥　　[八]12 – 13;[九]316 – 318,323,
376,521,529 – 530,640 – 641,643,646,
647 – 649,651;[十]636,776;[十二]6,
49,273,278,316,352,365,435,440,474;
[十三]265;[十五]526,629;[十七]674
(参见冯焕章、焕章、冯君)

冯裕芳　　[三]163;[四]43

冯远　　[十七]122

冯泽泉　　[十六]134,177

冯增元　　[十六]624

冯兆霖　　[十七]740

冯肇铭　　[十四]496,541,544;[十五]19;
[十七]426,446(参见冯代司令)

冯肇宪　　[十三]496,502,516,520;[十五]
252,261;[十六]463

冯镇东　　[十六]224,326;[十七]263

冯执简　　[十六]393

冯中行　　[十六]117,179

冯中兴　　[十六]247,340,343

冯朱氏　　[十五]400

冯祝万　　[九]506;[十五]458;[十六]563;
[十七]377,554

冯庄毅　　[十七]11

冯子恭　　[四]148 – 149;[十六]522

冯自衡　　[十六]571

冯自由　　[四]43,49,79;[五]241;[七]19,
23,34,307,417;[八]226;[十]751 – 752;
[十一]7,64,109,126;[十二]319,321,
345,359,368,491;[十三]93 – 94,180,
189 – 191,219,388,435;[十四]478;[十
五]471;[十六]3,11 – 12,14,101,112,
139,146,150,210,321,392,395,447,465;
[十七]369 – 370;[十八]36(参见自由)

凤山　　[三]430;[十]668

奉(之)张　　[四]513,543,581;[八]187,
295;[十]499,614;[十二]166,241,374,
404;[十三]531;[十四]181(参见张作
霖)

田凤丹　　[十三]372,423;[九]303(参见田
应诏)

邓冯氏　　[十三]240

张总司令　　[四]425(参见张学济)

张总司令　　[九]295(即张联升)

张总司令　　[九]516;[十三]296;[十四]
133

张总司令　　[九]569,615,644;[十]817;
[十二]481;[十四]133;[十五]526(参见
张作霖)

张总司令　　[十]438(参见张开儒)

张总司令　　[十三]26(参见张察)

佛兰克林　　[十一]108

佛利耳 [三]192,206

佛列查 [一]10

夫己氏 [四]71;[七]351,405,407,423,449,473(参见袁世凯)

夫己氏 [八]427

弗朗西斯·威廉姆斯·戴蒙 [七]270

弗雷德里克·哈斯金 [十一]241

伏彪 [十四]48

伏尔霍夫斯基 [七]6

伏龙 [十五]32,42

伏生 [十一]108

扶舆 [八]420(参见张作霖)

芙蓉某君 [十三]146

孚琦 [三]430;[十]543,579,668,672

服部一三 [十一]428,430

符潮波 [十七]104

符东海 [十六]120,171

符福东 [十六]534

符福兴 [十六]572

符公民 [十六]114,159

符国光 [十三]465

符海东 [十六]575

符汉精 [十七]105

符鸿杏 [十六]534

符家祫 [十七]62

符建章 [十六]116,180

符兰亭 [十六]135,178

符鲁士特 [十五]63-64

符气仁 [十六]534

符尚志 [十六]131,178

符史书 [十六]77

符世祥 [十七]169

符寿山 [十六]534;[十七]106

符受初 [十六]167

符树兰 [七]103,183

符树秀 [十六]117,131,167,175

符午坊 [十七]106

符献川 [十七]106

符昕 [十七]167

符养华 [十六]99,131,178,461

符英 [十六]534

符兆光 [十七]196

符致琳 [十六]534

符众 [十七]316

符卓颜 [十六]525

福本(诚) [七]12-13;[十一]72-73,75,77-78,82(参见日南)

福岛福松 [十八]107

福克斯 [十二]248

福林 [九]370,444-445,607;[十四]23,215,217,366,567;[十五]61,68,382,442-443

福禄特尔 [三]25

福特 [七]492;[八]512;[九]15

福田 [七]529(参见丁心耕)

福同 [十六]464

福五 [八]348;[十三]351-352

福煦 [九]662

福原俊丸 [十二]452

抚万 [八]249,374(参见齐抚万、齐燮元)

辅臣 [八]156(参见黎天才)

辅周 [八]267,335

复生 [八]77;[九]221,279,291,300,304,322,326,346,348,359,364;[十三]287,430,577;[十五]156;[十六]230,283(参见黄复生)

副岛(种臣)　[一]68;[十]244

副岛八十六　[十三]340

副岛(义一)　[十八]526

傅秉常　[十三]627,692;[十四]25,58,118,196,334;[十六]540,542,552,559;[十七]614,664,671,707,743-744

傅畅和　[九]283,291,308;[十六]240,342

傅杰光　[十六]396

傅介子　[八]152;[九]400;[十三]393

傅峻山　[十六]534

傅笠渔　[十六]139,176

傅良佐　[十]333;[十一]307(参见傅逆)

傅柳朋　[十七]11

傅逆　[四]413(参见傅良佐)

傅青云　[十六]523

傅荣华　[十六]35,109,149

傅汝霖　[十]646;[十七]438-439

傅说　[一]4

傅天民　[十三]181

傅铁民　[十三]151

傅谐　[十六]324

傅仰虞　[十三]93-94

傅翼　[十七]762

傅英隆　[十六]572

傅振北　[十四]317

傅振箕　[十六]121,168

傅子政　[十六]109,155

傅梓福　[十六]572

傅宗耀　[四]79

富利安　[三]218

富永龙三郎　[九]170

苻棠　[八]237

G

该鲁学尼　[十一]145(参见格鲁舍尼)

甘地　[二]56

甘蕃　[十七]298

甘汉生　[十六]627

甘鸿钧　[十六]627

甘华黼　[十六]255,360

甘金水　[十六]627

甘霖　[十三]39;[十六]581

甘乃光　[十七]590,595,620

甘壬喜　[十六]628

甘汝雄　[十六]615

甘汝庸　[十六]620

甘雪葵　[十七]12

甘耀华　[十六]533

甘作培　[九]71

肝付　[十]259;[十一]391

冈安　[十八]527

冈本治平　[十八]110

冈大司　[八]158

冈松参　[三]108

冈育造之　[十一]378

高标勋　[七]451

高秉光　[十六]262

高秉元　[十六]361

高伯谦　[十六]518

高达生　[七]57

高大成　[十四]495,503

高第业　[一]34

高敦焯　[十三]445;[十六]238,450

高而　[十]215

高尔察克　[八]281

高尔登 [十六]298,350

高发明 [十六]381,500;[十七]5,9 – 10

高一峰 [十六]172

高凤桂 [四]581;[九]594;[十四]343,
350;[十七]391,412 – 414

高福 [十六]92

高根大 [十七]151

高固群 [九]385

高冠吾 [十七]629

高贵超 [十六]620

高汉 [十三]222

高汉宗 [十四]150

高和罗夫 [四]162 – 163;[十五]292

高厚华 [十七]75

高欢 [四]405

高家祺 [十七]410

高建瓴 [十六]140

高建平 [十六]340

高金玉 [十六]538

高钧康 [十六]617

高亢藩 [十六]335

高奎吾 [十七]5,10

高雷 [十六]145,288,349,539

高连结 [十六]608

高连泗 [十三]444

高亮炜 [十六]608

高凌霄 [十三]292

高炉文 [十一]465

高鲁 [十三]93 – 94

高略 [十六]583

高梅荣 [十六]625

高妙胜 [十六]608

高明德 [十八]444(参见又明)

高培臣 [十七]416

高杞 [十七]551

高桥 [十八]528

高全忠 [八]353

高荣耀 [十七]154

高尚志 [十六]189,319

高少琴 [十七]424,491

高绍清 [十七]74

高石 [十七]23

高叔钦 [八]82

高太 [十六]628

高檀 [十五]400

高田 [十八]94,529

高田卓也 [十八]529

高铁德 [十三]201 – 202

高廷槐 [八]190;[十六]613

高维岳 [九]379

高希文 [十七]278

高轩理 [十六]625

高燕如 [十七]424

高野(孙文化名) [七]50,52 – 54,56,58,
64 – 65,90,180 – 181,465

高野(太吉) [一]11;[四]144;[十三]
346,578

高野 [七]465(参见陈其美)

高野 [三册]99

高一峰 [十六]130

高义 [十六]538

高逸山 [十七]25

高翼圣 [七]268 – 269

高永安 [十七]74

高有连 [十六]628

高有林 [四]67

高裕东　[十六]608

高元仕　[十六]358

高云山　[七]399;[十五]432－433;[十六]581

高振汉　[十六]117,179

高振汝　[十六]523

高振霄　[八]309;[十三]453

高致和　[十三]559

高秩可　[十五]648

高中禹　[十四]586;[十七]82,419

高仲达　[十七]253

高周　[十七]23

高宗汉　[十七]154

高祖　[四]176－177

杲海澜　[十七]580

戈白　[十二]63

戈登　[二]79,341;[三]281;[十]487,576,638;[十一]149,151,214

戈尔　[二]262;[八]507－508

哥林巴士　[三]310

哥伦布　[一]231

格德林　[十七]408

格克尔　[十二]236－238

格兰　[七]103,183

格兰斯顿　[三]109

格利门梳　[一]80

格林　[十二]327

格林威尔　[二]75,78

格鲁舍尼　[十一]144(参见该鲁学尼)

葛光廷/庭　[八]306;[十七]355

葛昆山　[十七]393,407,446,704－705

葛雷　[三]295

葛廉夫　[十二]487

葛仑　[十三]234

葛庞　[七]403,429;[十三]166,394

葛习昌　[十六]273

葛杨氏　[十五]400

赓堂　[八]267

耿寰　[十六]238

耿觐文　[十三]93－94

耿毅　[四]49;[十七]355

耿直　[八]12

弓长杰　[七]424;[十六]33,62,138,148

公璧　[七]151－153,176;[八]505(参见赵士觐)

公续　[八]297

攻坚　[七]396

宫崎　[一]53;[七]20,28－29,38,42,58,72,178,221,224,229,245,344,477,479;[八]492;[九]11,166,196,523,655;[十]274－275;[十一]39－48,52,55,57,72－75,77,79,195,224;[十二]11;[十八]7,23,98,209,530

宫崎槌子　[十一]103

宫崎龙介　[七]29;[八]542;[九]138,523,655;[十二]40

宫崎蓉苳　[四]173－174

宫崎弥藏　[一]66

宫崎民藏　[八]510;[十八]97

宫崎兄弟　[一]68;[十]274

宫崎寅藏/滔天　[一]66,68;[四]16－17,88,139,147－149,173－174;[七]10,28－29,38,42,58,108,174,178,211,218,221,224,229,245,370,386;[八]4,229,542;[九]3－4,11,26,138,523－524,655;[十]545;[十一]35,39,49,54,57,

60,63,67,72,75,79－80,186,224,231,374,439,444;[十二]11,113－114;[十三]3－5;[十六]3

恭亲王　[二]339

龚干初　[十六]527

龚桂林　[十六]114

龚桂森　[十六]156

龚豪伯　[八]404

龚槐桢　[十七]42

龚莘平　[十七]50

龚师曾　[十三]570

龚铁铮　[十八]152

龚旺　[十七]8

龚维鑫　[四]47,49

龚五之　[十六]581

龚显裔　[十六]628

龚心湛　[九]386,388－389,391

龚义方　[十五]646

龚振丹　[八]251

龚振鸥　[十六]409

龚镇鹏　[四]47,49

龚政　[十六]205,320

龚自沅　[十八]445

贡桑诺尔布　[九]61

猴生　[十三]429

厚生　[八]36

辜华权　[十六]526;[十七]254

辜世惯　[十七]253－254

辜世爵　[十六]525

辜世英　[十六]526

古川岩太郎　[十一]237

古岛一雄　[七]464;[十八]128

古德诺　[一]48;[二]74,206;[三]240,

246

古帝培　[十七]170

古芬氏　[三]44

古凤生　[十七]254

古汉光　[十三]379－380

古贺　[十六]613

古焕　[十七]12

古惠行　[十七]5

古继鹏　[十七]61

古锦祥　[十六]133,175

古林菁　[七]85

古茂昌　[十六]628

古鹏云　[十六]622

古日光　[十三]689;[十七]18

古石云　[十七]158

古市公威　[十一]379

古枢　[十六]617

古同志　[十三]209

古洼涅　[八]159

古湘芹　[八]495

古湘勤　[四]91(参见湘勤、古应芬)

古仰周　[十六]115,157

古应芬　[四]515;[六]29,363,370,467,475,486,497－498,502－503;[八]160,479,495,536;[九]538,540,547,578－579;[十三]626,639,649,661,680,692－693;[十四]6,14－15,33,74,82,111,115,150－151,201－202;[十五]200,231,259,280,294,303,314,322,326,328,336,368,378,399,407,412,469,473－474,484,501,503,506,511－514,527,533,537,540－541,545－547,549,554－555,557,561,566,579－580,586,588,

599，605，608，610，614，641，643，645，
647，659－660；［十六］209，318，320，323，
517，551，603；［十七］4－5，59，119，143，
160，178，181，246－247，249，251，330，
365，367，500，557－558，571－572，580－
581，602，605，610，612，644－646，656－
657，661－664，676－678，690－693，747，
749－751，762－763，765（参见古湘勤、湘
勤）

古元章　［十七］8

古悦我　［十七］277

古振暄　［十七］262

古振煊　［十七］37

古宗邦　［十六］135，177

古宗尧　［七］427－428；［九］246；［十六］
115，157

谷超群　［十五］666

谷春芳　［八］351；［十七］131，349，445，470

谷雨三　［十四］316

谷正伦　［九］484－485，488；［十三］449，
470；［十六］444

谷钟秀　［九］113；［十］166，168；［十三］
604

谷总司令　［九］516

固卿　［七］568－569；［八］180，382－383，
393，416，480；［九］427，526；［十三］381，
608；［十八］495－496（参见徐固卿、徐绍
桢）

顾、（庚）、黄、赵各军长　［四］417，421；
［九］293，335－336（分别参见顾品珍、庚
恩旸、黄毓成、赵世铭）

顾鳌　［九］86

顾复生　［十一］247

顾根福　［十七］122

顾金叶　［十六］153

顾锦初　［十五］400

顾理治　［十二］384

顾履桂　［五］239，242

顾品珍　［九］288，486，490，498，500；［十
二］106；［十三］650－651；［十六］397，
441（参见顾总司令、叶顾赵各总司令）

顾人宜　［十六］342，409

顾少岚　［三］8

顾时济　［十六］337

顾视高　［九］141

顾维钧　［九］384；［十一］170；［十二］357

顾馨一　［四］79

顾兴　［一］284

顾炎武　［四］284

顾振黄　［十三］25

顾忠琛　［四］47，148；［十五］163，207，257，
271，273，618；［十六］20，409，516；［十七］
538－539，550

顾忠深　［四］49；［十七］635

顾祝同　［十七］558

顾子仁　［一］84－85

顾总司令　［四］459；［九］288，486，490，
498，500；［十］688－689，691（参见顾品
珍）

关敖　［十七］74

关柏　［十七］74

关榜　［十七］154

关宝华　［七］399；［十六］324

关弼初　［十七］6，8

关碧峰　［十七］44

关璧池　［十七］45

关伯荣　［十七］45

关伯仲　［十七］42

关焯堂　［十六］130,173

关朝杞　［十七］153

关朝阳　［十七］9,13

关辰　［十七］12

关崇汉　［十七］53

关崇樵　［十七］188

关崇润　［十六］579

关崇掀　［十七］188

关崇贤　［十六］617,625

关崇仰　［十七］285

关崇祠　［十七］188

关崇宇　［十七］54

关崇稚　［十六］612

关创槐　［十六］572

关春培　［十七］13

关聪　［十六］625

关丹　［七］212

关道　［十七］554

关棣　［十七］9,13

关鼎之　［十七］44

关公度　［十五］487

关公羽　［十七］11

关光汉　［十六］572

关国昶　［十六］112,154

关国赓　［十六］113,154

关国河　［十七］6,8

关国深　［十六］113,154,530

关国祥　［十七］9

关国雄　［八］338;［十三］485;［十六］475,
　477

关国仪　［十七］51

关汉光　［十四］63;［十七］58－59,392

关汉生　［十七］135

关和　［十六］572

关洪德　［十七］51

关华　［十七］169

关霁　［四］43

关建藩　［八］406

关健民　［十七］44

关鉴享　［十七］9,13

关景良之母黎氏　［十一］3

关景星　［十七］89－90

关开贤　［十六］621

关焜植　［十六］617

关廉广　［十七］13

关亮荣　［十六］592

关烈臣　［十六］628

关烈民　［十七］44

关民生　［十六］520

关墨园　［八］250,261

关牡丹　［十五］400

关其康　［十七］11

关仁甫　［七］84－86,98,114－115;［十］71
　－72

关日升　［十六］535

关荣燊　［十七］52

关瑞祥　［十七］51

关瑞绪　［十六］626

关韶　［十七］270

关燊南　［十七］74

关慎初　［十六］626

关省吾　［十七］44

关胜骚　［十六］626

关师长　［九］516

关双 ［十七］44

关嗣澄 ［十七］71

关嗣浣 ［十七］71

关松远 ［十七］41

关崧来 ［十七］11

关天彩 ［十六］625

关天民 ［十七］50

关添彬 ［十六］621

关铁刚 ［十六］534

关伟民 ［十七］46

关卫民 ［十六］572

关蔚 ［十七］8

关我愚 ［十七］44

关武 ［十六］572

关西如 ［十七］12

关锡安 ［十六］572

关锡祺 ［十七］5

关羡华 ［十七］43

关晓初 ［十六］118,172

关旭峰 ［十七］154

关勋焯 ［十七］45

关勋廷 ［十七］12

关勋旋 ［十七］44

关砚池 ［十七］45

关耀芳 ［十六］526

关仪三 ［十七］9

关怡业 ［十六］626

关义和 ［十四］212－213

关意诚 ［十七］6

关盈安 ［十七］11

关应麟 ［四］43

关玉云 ［十七］75

关元深 ［十七］44

关源 ［十七］9

关允全 ［十七］10

关在民 ［十七］285

关占鳌 ［十七］54

关兆槐 ［十七］48

关兆康 ［十七］46

关正华 ［十六］608

关秩融 ［十六］526

关仲民 ［十七］54

关周泉 ［十七］8

关卓臣 ［十七］45

关自琳 ［十七］48

官其彬 ［九］337－338

官文森 ［十六］175

管匡 ［十三］584

管鹏 ［四］48,49;［九］323－324;［十三］
552,587;［十四］370;［十六］236,243,
336,409

管子 ［三］24,190

冠南 ［八］434,440;［九］523,600,604;
［十二］378(参见沈鸿英)

冠遐 ［十六］323

光培 ［八］344,407

光绪 ［三］21－22,27,132,139,146;［十
一］11,96,99,171

广州严君 ［十三］216

梅光培 ［六］175－176,491;［八］344;［十
一］422;［十三］584,589－591,637,688;
［十四］77,89,94,135,139,160－161,
231,254,292,381,383,432－433,464;
［十五］104;［十六］536,565;［十七］19,
28,90,366,385,390,406,441－443,527－
528,537,727,738(参见梅培、梅处长)

圭哇里　［一］9

龟井　［八］6

贵以南　［十六］572

桂公　［十一］250－251,373－374,376;［十二］72

桂首相　［十一］372

桂太郎　［四］354;［九］152;［十一］366,378,381－382;［十二］72

郭宝慈　［十三］400;［十四］240;［十六］331

郭标　［七］502,514,527,532;［八］23(参见迺生)

郭斌　［四］68

郭冰槐　［十六］310,363

郭伯棠　［十六］123,163

郭昌明　［九］365,368－369;［十六］470

郭崇渠　［九］385;［十三］297

郭川衡　［十四］191;［十七］226

郭创新　［十七］254

郭椿森　［九］382;［十六］204,320,364

郭道甫　［十二］316

郭德明　［十七］106

郭复初　［八］320

郭汉图　［十三］172

郭翰　［五］158

郭洪　［十七］5

郭辉　［五］241;［十三］44

郭坚　［四］440;［九］380－381

郭剑存　［十六］82,138,152

郭介卿　［八］472

郭金榜　［九］387

郭巨川　［十三］466

郭康民　［十六］581

郭魁　［十六］508

郭兰圃　［十六］121,169

郭醴泉　［十七］71

郭立业　［十六］134,176

郭连坡　［十六］582

郭伦　［十八］447

郭民发　［十三］640;［十四］124－125

郭敏卿　［十七］589,594

郭培富　［四］148－149

郭聘帛　［十六］641

郭朴　［十七］134

郭启仪　［十六］376

郭清泉　［十六］582

郭清石　［十六］528,535

郭琼生　［十七］252

郭秋旭　［十七］251

郭泉　［十七］84

郭人漳　［一］74

郭仁甫　［十六］526

郭荣兴　［十三］508

郭汝栋　［十六］506

郭瑞庆　［十六］127,180

郭少慈　［十六］136,179

郭绍珍　［十六］129,171

郭绍智　［十三］466

郭始拔　［十六］572

郭书成　［十七］226

郭澍亭　［十六］274,348

郭嵩焘　［四］22

郭泰祺　［八］320;［九］592;［十］816;［十二］227,239,482;［十六］249,343,462;［十七］301,307

郭泰祯　［十八］448

郭同　[十六]322

郭文钦　[八]111

郭锡龄　[十六]175

郭锡年　[十七]137

郭仙舟　[四]101

郭宪成　[十六]508

郭晓村　[十六]167

郭心田　[十六]136,179

郭学治　[十四]389

郭耀棠　[十七]254

郭英甫　[九]387

郭应章　[七]298

郭云凤　[十七]122

郭兆龙　[十五]585

郭兆棠　[十七]226

郭照　[十六]536

郭致安　[十七]60

郭铸人　[十七]68

郭子昂　[十六]530

郭子钊　[十六]613

锅岛　[十]222 – 223

H

哈德安　[一]71；[十一]106

哈定　[四]464；[八]271,273；[九]558；
　　[十二]137 – 138

哈尔田　[三]295

哈利迪·马格里　[二]302 – 303,306,314
　　– 316,319,325 – 328,330

哈马德　[十一]69

哈美尔顿　[二]105 – 106,114

哈斯尔伍德夫妇　[八]279

哈斯金　[三]228 – 229

哈在田　[十六]41 – 42,140

海滨　[七]57,507；[八]208,210,259,338
　　– 340,364,404,422 – 423,437,474,482；
　　[九]414；[十三]408,537,564,576（参见
　　邹鲁）

海格　[十二]456

海克　[九]662

海威塔　[九]173 – 174

海因策尔曼　[十一]480

海因里希　[十一]356

海云　[十三]186；[十五]676

韩侯　[十六]91

韩昌黎　[三]221

韩慈敏　[八]24

韩芳辰　[八]317,319（参见韩麟春）

韩贵庭　[十五]153

韩亨丰　[十六]105,154

韩恢　[七]419；[九]522；[十三]150,490,
　　496,523；[十五]32,42；[十六]487

韩经丰　[十七]198

韩麟春　[十三]531（参见韩芳辰）

韩麟符　[十]630,646；[十二]342；[十七]
　　438 – 439

韩仁举　[十七]188

韩汝甲　[七]323

韩少梅　[七]395

韩盛斯　[十六]572

韩世忠　[十二]143

韩万准　[十六]534

韩锡潢　[十三]371

韩禧丰　[三]163

韩愈　[一]62；[二]186；[三]401；[九]426

韩卓章　[十六]530

罕引希 〔十一〕353

汉高（祖） 〔三〕3,248；〔四〕176 - 177；
〔十〕295；〔十一〕130,487（参见刘邦）

汉民 〔一〕76；〔三〕123；〔四〕28,114；〔七〕
100 - 102,104 - 105,108 - 109,111 -
113,116,119,129 - 130,144,167,199,209
- 213,215,237,254；〔八〕28,67,85,106,
200,265,313,423,437,461 - 463,469 -
470,480,483,526,529,536,541；〔九〕47,
96,101,252,272,626；〔十二〕290,501；
〔十三〕9, 177, 205, 227, 249, 292, 313,
326,358,422；〔十四〕48,50,53,62；〔十
五〕260,443,670；〔十六〕15,17,19；〔十
七〕601,767（参见胡汉民）

汉明帝 〔三〕30

汉拿比 〔三〕9

汉卿 〔八〕113,318,427；〔十八〕400（参见
张学良）

汉亭 〔十八〕74（参见施从滨）

汉武 〔十〕510；〔十一〕108

汉雨翘 〔十六〕119,160

汉元 〔八〕32（参见陈家鼎）

杭、凌二君 〔八〕352

杭辛斋 〔四〕148 - 149；〔十三〕292；〔十
六〕512；〔十八〕392

郝继臣 〔八〕19

郝培云 〔十三〕397

郝濯 〔十六〕329

浩藏 〔十一〕380

合肥 〔九〕643,646 - 647,649；〔十二〕469,
480 - 481（参见段祺瑞）

何葆仁 〔十二〕31

何碧炎 〔十六〕491

何彬 〔十五〕400

何伯葵 〔十七〕5

何才杰 〔十五〕424

何焯贻 〔十六〕619

何成芬 〔十七〕12

何成浚 〔九〕468,471,595；〔十三〕273,
587；〔十四〕88,507,576；〔十五〕170 -
171,181,198,266,304 - 305,310,479,496
- 497,550；〔十六〕409；〔十七〕570,668,
672 - 673

何成濬 〔四〕102；〔六〕504；〔八〕3,188 -
189,238,430（参见何总指挥、雪竹）

何炽益 〔十六〕579

何达海 〔十六〕582

何大生 〔十六〕134,177

何德 〔十四〕296；〔十五〕44；〔十六〕608

何德基 〔十六〕114

何德如 〔十六〕114,138,148,156

何登瀛 〔十六〕358

何东 〔七〕6；〔九〕557,563,568；〔十二〕
335

何扶桑 〔八〕99

何福昌 〔十三〕488；〔十四〕237

何福堃 〔三〕9

何福生 〔十七〕169

何干 〔十六〕583

何干新 〔十六〕354

何纲 〔十六〕95

何根恺 〔十七〕5,11

何恭鋈 〔十七〕170

何固 〔十四〕223,311

何官伟 〔十六〕605

何广生 〔十六〕520

何贵元　[十六]262,360

何国基　[十六]157

何国祥　[十七]169

何海鸣　[七]375;[十三]150

何海清　[九]480

何海荣　[七]115

何海山　[十五]61

何海涛　[十六]328

何汉强　[八]412

何汉洲　[十六]575

何瀚澜　[十六]463,469;[十七]134

何护军使　[十四]133(参见何茂如)

何惠民　[十七]169

何季初　[十四]348

何家瑞　[十六]508;[十七]743

何家猷　[八]467;[十四]334,394,459,
　540;[十五]10 - 11,41,65,133,281,284,
　286;[十七]369,385,582 - 583,596

何剑侠　[十七]51

何鉴　[十七]8

何鉴源　[十六]92,120,161

何教　[十七]5,14

何金华　[十六]619

何金秋　[十六]625

何金源　[十六]626

何菁宸　[十六]354

何井立　[十七]52

何景云　[十六]523

何敬甫　[九]183

何敬听　[十六]127,169

何镜波　[十六]523

何炯　[十六]78

何炯锐　[十七]254

何君子　[十七]60

何浚　[十三]93 - 94

何克夫　[八]402,409;[十三]408,572,
　672;[十四]170,172,191,203;[十五]34,
　36,82,128,147,298;[十六]12;[十七]
　255,288,311,420,428,526,541,710

何宽　[五]4

何宽荣　[十七]37

何夔石　[四]101

何乐琴　[十六]321

何利　[九]11,24

何连富　[十七]9

何良　[十四]365

何谅　[十七]47

何麟溪　[十七]5,10

何伦兆　[十六]590

何茂如　[四]513

何梦龄　[十七]46

何民畏　[八]187 - 188

何明生　[十五]298

何能柔　[十六]634

何雯　[十]153

何佩琼　[七]60

何鹏　[十七]11

何钋臣　[十六]627

何齐端　[十六]354

何启　[十一]79

何启达　[十七]198

何启沣　[十七]500

何钦燕　[十六]615,626

何勤　[十六]340

何清润　[十七]169

何秋廷　[十七]254

何秋亭　［十七］254

何权甫　［十六］116,158

何铨绳　［十四］240

何荣　［七］462；［十七］154

何荣川　［十七］46

何荣籍　［十六］627

何荣山　［十六］518

何如群　［十六］505

何儒群　［十六］406

何汝　［十六］608

何瑞廷　［十六］114,156

何若渠　［十六］527

何森池　［十六］117

何尚敏　［十七］11

何少芝　［十六］107,156

何绍安　［十四］238

何绍城　［九］318－319

何绍培　［九］352

何绍通　［十六］596

何声　［十五］106

何胜　［十四］247；［十六］617

何师长　［十四］133

何石安　［十五］436；［十六］455；［十七］168

何世桢　［十二］430；［十三］541,587；［十六］518

何树龄　［十一］48

何松顺　［十六］582

何遂　［四］49；［九］646

何穗田　［四］9

何天瀚　［十八］76

何天炯　［四］79,88；［七］72,324,387,389；［九］37；［十二］130－131；［十六］37,125,138,147,149；［十七］585

何天胜　［十六］608

何铁汉　［十七］42

何桐　［十七］75

何旺龙　［十六］132,174

何为善　［六］138

何伟臣　［十七］59

何畏　［八］245；［十六］330,409

何蔚　［十六］414,474；［十七］264,394,396

何文坤　［十六］533

何文玉　［十五］667

何戊辰　［十七］254

何希池　［十六］167

何侠　［十五］123；［十六］498,507；［十八］303,336（参见时杰）

何香凝　［四］259－260,262；［七］110；［十二］501,503（参见廖仲恺夫人）

何效由　［十六］530

何心田　［七］102

何鑫　［十七］106

何信鲁　［十七］106

何兴茂　［十六］608

何秀峰　［十五］298

何绪甫　［七］467

何轩　［十六］627

何雪竹　［八］238,534,537；［九］471,595；［十四］88,397,548,566；［十五］19,227（参见雪竹、何成濬、何总指挥）

何炎梅　［十六］592

何燕杰　［十七］74

何瑶　［十五］61,64

何耀初　［十五］493

何贻礼　［十六］623

何贻煐　［十七］74

何以兴　［十六］100,132,174,433

何义　［十七］167

何荫三　［十三］52,174,184；［十五］436；
　［十六］76,79,81,86,111,150；［十七］316

何盈富　［十七］11

何应钦　［十七］161,449,552－553

何永吉　［十二］356

何犹兴　［四］148－149；［十六］517

何友逊　［十五］125

何玉　［十七］23

何玉麟　［十七］23

何煜胜　［十七］11

何渊　［十七］188

何泽隆　［十六］615

何长清　［三］50；［十一］91；［十三］3,5

何兆伦　［十七］9

何振　［十二］317；［十三］511；［十六］466

何振鹏　［十六］623

何忠　［十六］592

何钟汉　［十六］134,177

何仲章　［十五］298

何卓竞　［八］242

何子奇　［十六］333

何梓林　［十六］357,474

何宗莲　［九］62,66

何总指挥　［六］508；［九］595,606,624；
　［十三］591（参见何成濬）

和春　［五］38

和炉时　［十七］539

和泮　［十七］41

和卿　［八］423；［九］250（参见邓泰中）

和顺　［十一］155（参见王和顺）

和田瑞　［五］365

和耀奎　［十六］247,359

河上清　［十一］481－483

河上学士　［三］91

荷兰王　［三］301

荷马李　［三］135；［四］31,283；［五］49；
　［七］293,303,307,335,346,376；［八］
　277,290；［十一］101,393（参见咸马里）

贺斌　［十七］733

贺国华　［十七］733

贺龙　［八］389；［十七］359（参见云卿）

贺旅长　［十四］133

贺培相　［五］222

贺飘扬　［十六］582

贺向宾　［十六］117,179

贺赞元　［十三］292；［十六］192,319

贺之才　［十一］112,115

贺治寰　［十六］31,146

贺子才　［十三］93－94

赫德　［二］30；［三］78；［十］487,763

赫胥黎　［三］127

赫支　［四］122

鹤冈永太郎　［十一］195

鹤见祐辅　［十二］294

黑格　［十二］459

亨利·克里福德·斯图阿特　［七］350

亨利（·佐治）　［二］214；［三］207,219－
　220,317；［七］492－493；［十一］267－269
　（参见轩利佐治、卓尔基亨利、佐治亨利）

恒惕　［十三］259（参见赵恒惕）

蘅秋　［八］337（参见黄实）

洪北创　［十六］162

洪昌运　［十七］170

洪承畴　[四]578;[五]9;[十]539

洪承初　[五]370

洪承德　[十五]672

洪承点/典　[四]47,49;[七]113;[十一]178

洪承祁　[五]367,369

洪慈　[十六]238,336;[十七]426

洪谷平　[十六]526

洪癸永　[十七]140

洪国耀　[十六]121

洪汉图　[十七]254

洪惠庆　[十六]524;[十七]254

洪继全　[十六]534

洪江周　[九]303

洪敬铭　[十七]68

洪炯　[十六]581

洪全福　[一]71

洪铨禄　[十六]122,166

洪森国　[十六]525;[十七]252

洪世丙　[十六]131,178

洪述祖　[四]349

洪调发　[十六]572

洪锡龄　[十四]553-554,559;[十五]150,152

洪熙初　[十七]106

洪湘臣　[八]233;[九]545;[十三]576

洪秀全　[二]32,47,79-80;[三]12,53;[四]22;[十]458,502,575-576,603,638;[十一]149,151;[十二]284,506

洪彦才　[十七]278

洪杨　[四]40;[十一]105;[十二]356(分别参见洪秀全、杨秀清)

洪耀国　[十六]95,162

洪彝　[十七]695

洪有源　[十六]121,169

洪宇声　[十六]166

洪远霖　[十六]534

洪兆创　[十六]95,121

洪兆康　[十六]471

洪兆麟　[二]81;[四]494;[七]370;[八]57,117,143,191,205,458;[九]204,206,209,487,545,574;[十二]370;[十三]173,239-241,323,390,588;[十五]663;[十六]471,476(参见湘臣)

洪肇清　[十六]627

洪周武　[十六]166

鸿逵　[七]511

鸿英　[八]420,422,428;[九]556

侯才荣　[十六]621

侯才耀　[十六]621

侯昌龄　[十六]393

侯方域　[一]26

侯汉渠　[十七]278

侯恒　[十六]534

侯留　[十七]74

侯民柱　[十七]61

侯然　[十七]74

侯顺兴　[十六]122,165

侯锡蕃　[十六]327

侯湘涛　[十六]260,345

侯奕行　[十七]11

侯毅　[十三]93-94

侯祐才　[十六]621

侯中庸　[十七]7,15

后稷　[二]249;[十]460,593,598

后藤　[一]69;[七]66

后藤递相　［十一］372

后藤新平　［七］66－67；［八］488－489

胡、陈　［九］232（参见胡汉民、陈炯明）

胡、廖　［七］507,512（参见胡汉民、廖仲恺）

胡、汪、孙　［八］193（分别参见胡汉民、汪精卫及孙文）

胡爱和　［十六］583

胡拔南　［十六］624

胡秉柯　［十一］114；［十三］93－94

胡昌炽　［十七］74

胡焯　［十六］618

胡焯生　［十七］145

胡朝栋　［十六］30

胡承诰　［九］98

胡持炜　［十六］628

胡代行职权　［八］478（参见胡汉民）

胡德　［二］289；［十三］654－655

胡德夫　［九］646

胡杕昌　［十六］576

胡独波　［九］181

胡尔勤　［十七］7

胡芳晖　［十七］680

胡芳辉　［十七］695－696

胡芳有　［十六］624

胡冯氏　［十五］401

胡贯瑜　［十七］10

胡冠炳　［十六］624

胡光姚　［十六］273,361

胡海山　［十三］418

胡汉　［九］297－298

胡汉辰　［十七］52

胡汉宸　［十七］52

胡汉辉　［十七］147

胡汉民　［一］74,76；［三］61,327,385,429；［四］33,42－43,47,49,79,81,88,91,93,97,101,110,113,148－149,268,365,389,493,495,541；［五］127,222,241；［六］476；［七］12,17,19,45,54,83,87,116,120,122－123,132,134－135,140－142,145,151－153,162,166－167,170,176,181;227,411,436,439；［八］30,33－36,38,47,62,106－107,157,164,176,180,183,188－190,192,194,230,368,407－410,437,449；［九］13,129,140,149,153,156,159,166,185,213,237,239,242,258,382,399,422,534,540,564,567－568,593,603－604,616,619,624－625,627,629－630,632,634－637,639－640,642,663；［十］41,44,69－70,72－73,437,625,630－631,639,645,723,816；［十一］127,133,141,152－153,157－159,162,187,196,214－,263,282,396,412－413,419,467；［十二］50,98,341,343－345,366,368,384,420,492,500－501,507；［十三］39,92,94,111,139,186,205,226,249,310,315,458,592,594；［十四］47,75,87,175,178－179,193；［十五］167,413,431,456,467,469,471,474－475,479,485,489,495－496,500－501,506－508,510－514,519－523,526,537－539,543,545,550－551,561,564－565,569－570,578－579,584,586,590－591,600,606,610,613,615,621,628,631,641,643,658,664－665,670；［十六］16－17,19,137,146,183,316,364,433,510－511,

543,557；[十七]135,162,235,265,330,
438,610,614,616,630－631,634－635,
662－663,674,689,692,765,767；[十八]
348(参见汉民、展堂、展兄、胡衍鸿、胡文
官长、胡留守、胡代行职权、胡参谋、胡衍
鸿)

胡汉卿　[十三]240,267

胡汉贤　[四]393；[七]525

胡华甫　[七]84－85

胡槐　[十六]583

胡奂　[十七]615

胡继贤　[十六]303,363

胡寂然　[十七]50

胡家弼　[十七]302,377

胡嘉植　[六]472；[十四]388

胡舰长　[十四]94(参见胡文溶)

胡江林　[十七]49

胡杰生　[十七]23

胡金华　[十六]621

胡金星　[十六]583

胡锦　[十七]45

胡经武　[十二]27(参见胡瑛)

胡景翼　[八]12,240－241；[九]659；[十]
776；[十二]271,316；[十五]526

胡静涵　[十三]560

胡镜波　[十七]259

胡俊　[十五]487；[十六]619

胡开业　[十六]577

胡恪廷　[十七]51

胡宽卓　[十七]46

胡郎　[十七]46

胡礼垣　[七]280

胡立生　[九]643(参见立生)

胡励生　[九]651,659

胡利　[十六]619

胡联　[十七]106,145－146

胡亮　[十六]583

胡林翼　[五]38；[九]256

胡霖　[十四]50

胡留守　[八]539；[九]616,619,621,625,
627,629－630,632,634－636,639－640；
[十七]674(参见胡汉民)

胡龙　[十六]337

胡鲁　[十七]659

胡律宣　[九]646

胡梦生　[四]68

胡名扬　[十七]318,419

胡乃和　[十七]72

胡念先　[十七]743

胡牛　[十六]582

胡启　[十七]54

胡谦　[六]363－364,368,493；[十三]670；
[十四]187,220,229,254,307－308,312,
317,544,594；[十五]10,39,52,116,202,
205,215,235,259,303,314,318,325,332,
368,377,379,388,449,469,506,509,523,
548,561,586,618,653；[十七]38,372,
375,454,545,562,588－589,593－594,
609,635,658,684,704,736

胡乔松　[十六]624

胡球　[十六]527

胡铨　[十六]305,363

胡人杰　[十六]471

胡荣　[十四]102－103

胡汝翼　[十六]275,348

胡瑞昌　[十四]199

胡润盛　［十七］62

胡若龙　［十三］132

胡若愚　［九］485；［十三］449

胡深　［四］22

胡适　［十二］39,497；［十五］323

胡寿祥　［十六］576

胡树藩　［十六］359

胡树森　［十七］479,558

胡思清　［八］315；［十四］195；［十五］386；［十七］160,395（参见胡、胡、王、李四师长）

胡思舜　［十二］319；［十三］656；［十四］243,262,374；［十五］52,289,347,386,454－455；［十七］173,221,233（参见胡、胡、王、李四师长）

胡斯曼　［十一］119

胡松　［十六］625

胡颂棠　［四］101；［十五］657

胡添　［十七］12

胡铁生　［十六］118,165

胡廷川　［十六］114,156

胡廷祚　［十六］525

胡万州　［十三］410

胡威临　［十四］537

胡惟德　［九］388

胡惟济　［十六］119

胡维材　［十六］530

胡维创　［十六］533

胡维栋　［四］47,49

胡维济　［十六］92,162,644

胡维就　［十七］48

胡维让　［十七］238

胡维喜　［十七］45

胡维壎　［七］472

胡文彬　［十八］83

胡文灿　［十三］407,522

胡文官长　［八］288,407－410；［九］516（参见胡汉民）

胡文立　［十六］582

胡文溶　［十四］94；［十七］134（参见胡舰长）

胡沃如　［十七］49

胡锡朋　［十四］389

胡锡如　［十七］45

胡樨荣　［十七］44

胡燮畴　［十七］48

胡宣明　［八］20

胡学祥　［四］68

胡参谋　［七］83,87（参见胡衍鸿、胡汉民）

胡衍鸿　［七］83,87（参见胡参谋、胡汉民）

胡雁公　［十七］152

胡尧亚　［十七］104

胡耀源　［十六］582

胡叶　［十七］46

胡亦桐　［十六］628

胡奕生　［十七］48

胡毅　［十六］410,441,467,483

胡毅生　［一］71－72,74；［四］88,91；［九］211－213；［十一］131－132；［十六］12；［十八］179

胡荫吾　［十七］153

胡瑛　［一］73,77；［九］54－55,88；［十］864,870；［十一］596－598；［十二］27；［十三］32（参见胡经武）

胡盈川　［十七］410

胡源　［五］239

胡云程　[十四]342

胡展堂　[七]63,181,188,213,223;[十四]
　　133,488(参见展堂、胡汉民)

胡占士　[十六]617

胡杖昌　[十七]49

胡兆鹏　[十六]409,563

胡照恂　[十三]129

胡肇安　[十三]93-94

胡振南　[十六]530

胡振域　[十六]53

胡震江　[十三]129

胡植邦　[十七]74

胡植棉　[十七]13

胡仲尧　[八]74

胡谆　[十七]695

胡子昭　[十六]334

胡梓和　[十五]487

胡总司令　[十三]296

胡祖舜　[十六]204,320;[十八]188(参见
　　玉斋)

胡遵滋　[十七]49

护芳　[八]257

护黄　[八]311-312,330(参见陈护黄、陈
　　嘉佑/祐)

华德西　[三]45

华拉斯　[三]111

华盛顿　[一]46,239,242;[二]45,50-52,
　　61,98,105,260,325;[三]36,94-95,120
　　-122,134,280,419;[四]176,530,533;
　　[九]437;[十]292,303,580,607,789,
　　803,805;[十一]59,105,108,130,230;
　　[十二]370

华盛文　[十六]52,141

华世澄　[十六]304,351

华特　[三]194

华选　[八]321

华振中　[十六]483

怀新　[七]511

焕廷　[八]357,371;[九]535;[十三]341,
　　407,437-438,467-468,643;[十八]467
　　(参见林焕廷、林业明)

焕章　[八]13;[十二]425,481(参见冯玉
　　祥、冯焕章)

荒尾精　[十一]41

皇太极　[四]578

黄霭生　[十六]614

黄爱群　[十六]117,167,582

黄爱逊　[十七]136

黄安澜　[十六]581

黄安山　[十六]534

黄昂波　[十六]581

黄昂参　[十七]50

黄昂昌　[十六]583

黄昂儒　[十七]41

黄昂舜　[十七]49

黄昂赞　[十七]48

黄昂照　[十七]46

黄敖　[十七]45

黄白　[十七]109,123,340-341

黄白天　[十七]46

黄白元　[十三]315

黄百　[十三]523

黄百宽　[十七]48

黄百炼　[十六]583

黄柏　[十六]526

黄柏青　[九]116

黄邦迪　［十七］238

黄邦铭　［十六］626

黄宝铭　［十六］330

黄宝箴　［九］116

黄保　［十六］581

黄保之　［十六］130,173;［十七］47

黄陂　［四］391,400,402,405,521（参见黎元洪）

黄北明　［十六］115,156

黄北胜　［十七］158

黄碧　［十七］147

黄碧湖　［十六］532

黄碧珊　［十六］34,108,170

黄璧魂　［十二］114

黄璧如　［四］100

黄彪　［十七］74

黄彬　［十六］527

黄秉衡　［十三］426

黄秉权　［十六］626

黄炳　［十六］523,584

黄炳潮　［十六］583

黄炳传　［十六］572

黄炳德　［十七］47

黄炳结　［十六］371

黄炳俊　［十六］582

黄炳坤　［十六］625

黄炳麟　［十六］123,163

黄炳嗣　［十六］583

黄炳武　［八］343;［十三］549

黄炳赞　［十七］13

黄炳章　［十六］624

黄伯臣　［十五］644

黄伯诚　［十四］178;［十七］589

黄伯度　［四］393;［七］525;［十七］131,338

黄伯蕃　［十七］62

黄伯群　［七］346-347,432

黄伯淑　［十六］564

黄伯耀　［七］142,171;［八］102,189;［十一］171,173,176;［十三］163,220;［十四］240;［十五］471;［十六］216,322;［十七］107

黄财　［十六］577

黄灿　［十七］12,142

黄灿邦　［十七］45

黄昌　［十七］105

黄昌谷/毂　［二］4;［六］67,363;［十二］353,415,429,484;［十三］652;［十四］17;［十五］58-59,143,209,259,302-303,312,314,319,326,351,368,380,383,401,449,516,524,558-559,575,589;［十六］542;［十七］214,229,269,390-391,397-398,472,536,538,607-608,611,635,687,705,719

黄昌积　［十七］198

黄昌锦　［十六］608

黄昌群　［十六］445,449

黄畅　［十六］628

黄绰洪　［十七］50

黄绰民　［十六］118,159

黄超励　［十七］53

黄超衍　［十七］47

黄焯民　［十七］44

黄巢　［十四］225

黄朝俊　［十七］12

黄朝舜　［十七］50

黄成　[十四]365

黄呈光　[十七]224 – 225

黄承胄　[十六]224,326

黄承祖　[十六]130

黄澄溪　[十七]169

黄池安　[十七]9

黄池德　[十七]12

黄池广　[十七]13

黄持安　[八]223

黄炽　[八]150,171;[十七]158

黄崇锡　[十六]624

黄崇炘　[十六]624

黄稠晃　[十六]584

黄初运　[十七]154 – 155

黄传海　[十七]154

黄传宽　[十六]77

黄传绪　[十六]626

黄传尧　[十七]50

黄床　[十七]170

黄春荣　[十六]526

黄纯亨　[十七]52

黄纯杰　[十七]50

黄赐　[十六]608;[十七]75

黄聪　[十六]578,608

黄达峰　[十七]73

黄达观　[九]419

黄达民　[十六]634

黄达强　[十七]51

黄达仁　[十七]154

黄达廷　[十七]7

黄大椿　[七]432

黄大汉　[十四]557

黄大伟　[四]148 – 149,493,495 – 496;

[七]470,558;[八]318,344;[九]135 –
136,483,492,536;[十二]165,168;[十
三]37,93 – 94,251,255 – 256,430;[十
四]10;[十六]187,231,262,273,291,
295,297,305,312,318,333,375,497,507,
516;[十七]102(参见子荫)

黄代省长　[四]424;[九]368 – 369;[十
六]269,292(参见黄复生)

黄带　[十七]74

黄党　[十五]667

黄道大　[十七]48

黄道磷　[十六]581

黄道生　[十六]532

黄道显　[十七]46

黄道周　[四]284

黄得光　[十七]106

黄德　[十三]554 – 555

黄德本　[十七]11

黄德昌　[十六]592

黄德光　[十七]169

黄德华　[十六]572

黄德焕　[十六]598

黄德钦　[十六]614

黄德三　[十三]221

黄德祥　[十六]115,178

黄德瑶　[十六]624

黄德源　[七]516 – 517;[八]415 – 416;
[十三]185;[十五]464;[十六]77,85,
87,102,111,135,155,176,365,383,501;
[十八]450

黄德彰　[八]184;[十三]554;[十六]288,
349

黄迪卿　[四]85

黄帝 [一]32;[四]25,34 – 35,297,302;[五]130;[十]85,463,528

黄奠安 [十六]626

黄丁贵 [十七]75

黄鼎新 [十六]583

黄鼎之 [八]250;[十七]10

黄锭德 [十七]9

黄东三 [十七]48

黄栋铨 [十七]48

黄栋云 [十七]11

黄笃初 [十六]628

黄敦和 [十六]591

黄恩世 [十六]625

黄二明 [十七]147

黄发文 [十七]151

黄范一 [十六]338;[十七]433

黄方白 [十六]405,457;[十七]167

黄芳春 [十七]142

黄蜚声 [十七]137

黄凤朝 [十七]50

黄凤书 [十六]404

黄扶亚 [十六]621

黄郛 [四]79;[十二]474

黄福 [十六]625

黄福初 [十六]523

黄福戴 [十六]624

黄福康 [十六]527

黄福伦 [十六]583

黄福盛 [十七]49

黄福盈 [十七]50

黄福元 [十四]77

黄福桢 [十七]6,8

黄福祯 [十七]12

黄福之 [十三]627

黄福芝 [九]407

黄复生 [一]76;[三]430;[四]79,148;[七]404;[八]75 – 76,88,130,153;[九]41,271,274,287,304,308,318,320,326,335,339 – 340,344 – 348,352 – 353,358,368 – 369,371;[十三]10,24,27,72 – 73,78,93 – 94,135,287;[十六]78,230,242,280 – 281,514(参见复生、黄代省长)

黄富英 [十六]620

黄馥 [十七]6

黄馥生 [八]327,345;[十三]180;[十四]63;[十五]463;[十六]497,507;[十七]58 – 59,62

黄馥庭 [十七]47

黄干泽 [十六]572

黄淦源 [十六]579

黄冈 [十六]92

黄高启 [十]695

黄根 [七]460

黄庚棠 [十六]620

黄公汉 [十四]170;[十五]298

黄攻素 [十三]292;[十六]218,323

黄恭让 [十六]574

黄恭释 [十七]11

黄恭穗 [十七]41

黄谷如 [十六]115,157

黄顾章 [十六]624

黄观茂 [十六]581

黄观洲 [十六]615

黄官兆 [十七]13

黄冠 [十六]625

黄冠三 [十七]35,260

黄光锦 ［十七］154

黄光启 ［十六］582

黄广 ［十七］12

黄广安 ［十六］584

黄广传 ［十七］53

黄广赐 ［十七］169

黄广进 ［十六］625

黄广森 ［十七］50

黄广舜 ［十六］614

黄广星 ［十七］271

黄广育 ［十六］533

黄桂华 ［十六］579

黄桂连 ［十六］582

黄桂屏 ［十七］146

黄桂荣 ［十七］52

黄国 ［十五］61;［十六］646

黄国鼎 ［十六］623

黄国公 ［十六］128,170

黄国华 ［十五］640;［十六］54 － 55,57,142,475

黄国辉 ［十七］46

黄国俊 ［十六］618

黄国良 ［十七］43

黄国民 ［七］434;［十三］139 － 140;［十四］312,317,386;［十六］115

黄国平 ［十七］154

黄国荣 ［十七］50

黄国璇 ［十七］102

黄国彦 ［十六］583

黄海山 ［八］378 － 379;［九］513

黄汉波 ［十五］298

黄汉昌 ［十五］298

黄汉儿 ［十七］41

黄汉杰 ［十六］145,289,350

黄汉南 ［十七］12

黄汉荣 ［十六］577

黄汉寿 ［十六］533

黄汉伟 ［十六］620,625

黄汉兴 ［十六］113,154

黄汉雄 ［十七］169

黄汉章 ［十六］121,163,530;［十七］106

黄瀚世 ［十六］623

黄浩民 ［十七］154

黄合 ［十七］49

黄和 ［十六］628

黄和甫 ［十六］533

黄和谦 ［十六］581

黄和祥 ［十六］572

黄贺穰 ［十七］47

黄鹤朋 ［十六］520

黄衡石 ［十七］41,51

黄宏宪 ［十六］330

黄洪 ［十六］581

黄洪德 ［十七］42

黄洪兴 ［十三］466

黄洪益 ［十六］621

黄洪卓 ［十七］48

黄护民 ［十七］48

黄华 ［十七］6,158

黄华初 ［十六］371,589

黄华贵 ［十七］37

黄华焕 ［十七］44

黄华健 ［十七］73

黄华尧 ［十七］42

黄怀传 ［十六］581

黄怀瑞 ［十六］581

黄槐　［十七］46

黄桓　［九］639；［十四］307；［十五］259，280，284，286，295，303，314，319－320，368，506，508，537，616，656；［十七］583，736

黄焕记　［十四］570

黄焕伦　［十七］50

黄焕南　［八］23；［十七］42

黄焕唐　［十六］628

黄焕庭　［十七］30

黄焕文　［十六］628

黄焕业　［十七］49

黄焕章　［十六］622

黄焕珍　［十七］41

黄晃纯　［十七］54

黄滉林　［十七］42

黄辉汉　［十六］583

黄辉石　［十七］47

黄辉祖　［十二］321；［十四］222，290；［十五］398－399，468

黄汇均　［十六］581

黄惠初　［十七］50

黄惠龙　［十三］510；［十四］365；［十六］593，600；［十七］719

黄惠民　［十七］46，51

黄惠南　［十六］582

黄惠谦　［十七］52

黄惠宗　［十六］592

黄魂苏　［十六］546（参见魂苏、黄芸苏）

黄积　［十六］646

黄基　［十六］592，613，618

黄吉庵　［十七］7，10

黄吉宸　［七］430；［十六］84，106，154

黄吉人　［十六］624

黄吉棠　［十六］524

黄纪超　［十七］153

黄纪干　［十七］47

黄纪祥　［十七］48

黄纪尧　［十六］576

黄季陆　［十二］343，375，418；［十五］355；［十七］530

黄济澄　［十六］105

黄继垣　［十六］592

黄佳　［十六］612

黄家齐　［十七］493

黄家声　［十六］108，159

黄家右　［十五］585

黄嘉梁　［九］288，290；［十六］244，338，341

黄嘉树　［十七］73

黄甲元　［七］74，89，106，117，182，204－205，528，533；［十三］241；［十六］107，148

黄坚志　［十七］285

黄兼生　［十六］620

黄建　［十六］523

黄建勋　［十四］82，120；［十六］552；［十七］180，215－216，232，234－235，273，326，352，354，449，474，479－480，619－620

黄建彰　［十六］627

黄剑魂　［十七］53

黄健夫　［十七］49

黄鉴澄　［十七］74

黄将军　［七］249，303，349；［九］24（参见黄兴）

黄觉　［十三］348

黄皆亲　［九］116

黄接桂　〔十六〕127,180

黄节　〔十三〕639

黄杰　〔十六〕625

黄杰生　〔十七〕154

黄杰亭　〔四〕43;〔十六〕327

黄洁进　〔十六〕583

黄金城　〔十六〕306,351

黄金扶　〔十六〕580

黄金洪　〔十七〕48

黄金庆　〔五〕239,243;〔七〕101;〔九〕204,252(参见金庆)

黄金祥　〔十六〕624

黄金源　〔十六〕584

黄锦　〔十三〕303;〔十六〕624;〔十七〕142

黄锦江　〔十七〕198

黄锦如　〔十七〕49

黄锦顺　〔十七〕13

黄锦棠　〔十七〕48

黄锦添　〔十六〕620

黄锦旺　〔十七〕47

黄廑午　〔七〕244(参见黄兴)

黄尽　〔十三〕470

黄进步　〔十六〕335,525

黄进行　〔十七〕12

黄进瑞　〔十四〕308

黄进秀　〔十七〕46

黄晋滨　〔十六〕581

黄晋三　〔四〕43;〔十六〕24;〔十七〕186

黄精华　〔十七〕46

黄景南　〔一〕76;〔七〕333,451;〔八〕262;〔十六〕334

黄警悟　〔十六〕625

黄静村　〔十七〕50

黄镜光　〔十六〕608

黄居素　〔十七〕701

黄居正　〔十五〕143

黄举昌　〔十七〕53

黄军庶　〔十六〕601

黄均　〔十七〕122

黄均旺　〔十七〕50

黄君　〔十〕153,158;〔十一〕345;〔十三〕223,230

黄君　〔十一〕177(参见黄伯耀)

黄君　〔四〕89(参见黄兴)

黄俊　〔十七〕187

黄俊伟　〔十七〕51

黄俊仪　〔十六〕134,176

黄俊远　〔十七〕13

黄开基　〔十六〕628

黄开甲　〔十一〕49

黄开物　〔十六〕108,159

黄恺元　〔十六〕16

黄康实　〔十七〕170

黄康伟　〔十六〕581

黄克白　〔十六〕525

黄克强　〔一〕53,71,74-76,78-79;〔三〕248,410,429-430;〔四〕33,84-85,88,90,101-102;〔七〕86,347,515,518-519,523;〔九〕11,125,142,144,161,220,227,241,243-244;〔十〕181-183,546,578-579,656-657,752,764-766;〔十一〕122,153,289,292,302;〔十三〕323(参见克强、黄兴)

黄克勋　〔十六〕257

黄孔望　〔十七〕75

黄宽参　〔十六〕623

黄宽济 [八]223

黄宽启 [十七]50

黄宽芹 [十七]42

黄坤一 [十七]75

黄昆 [十六]628

黄来 [十七]75

黄来就 [十六]583

黄来旺 [十六]538

黄兰益 [十六]625

黄兰韵 [十七]44

黄朗池 [十七]106

黄老 [二]47,153;[三]368,380(分别参见黄帝、老子)

黄老夫人 [十八]171

黄乐诚 [十七]185,190-191,474,478

黄乐夫人 [十六]625

黄乐泮 [十六]616

黄磊民 [十七]46

黄礼汉 [十六]579

黄礼煨 [十七]154

黄礼康 [十六]618

黄礼坡 [十六]534

黄李氏 [十五]400

黄澧楠 [十七]153

黄力功 [十七]12

黄立 [十七]12

黄立发 [十六]581

黄立基 [十六]621

黄利民 [十七]46

黄连 [十七]23

黄连登 [十六]625

黄连土 [十五]59

黄连优 [十七]106,146

黄联昌 [十七]11

黄联辅 [十七]46

黄练达 [十六]580

黄良 [十六]626

黄良森 [十七]152

黄梁安 [十七]254

黄梁家 [十六]619

黄亮邦 [十七]12

黄烈 [十七]158

黄林 [十六]36,325

黄林氏 [十五]400

黄霖 [十六]398

黄麟 [十六]620,624

黄麟望 [十七]74

黄令伦 [十六]523

黄龙都 [十三]121

黄龙光 [十七]6,9

黄龙强 [十七]46

黄龙生 [七]60,64,85,266

黄龙佐 [十七]74

黄隆进 [十六]573

黄隆生 [六]11;[七]382;[八]359;[十三]549,633,660;[十四]42,69,72,173,231,253,283,303,324,331,367;[十五]55-57,62,354;[十六]334,440,548,559;[十七]244,290,386,390-391,428,540,542,547-548,603,767

黄楼望 [十七]75

黄卢总副司令 [四]421;[九]336(分别参见黄复生、卢师谛)

黄鲁岩 [十六]628

黄鹭塘 [十]476;[十二]193

黄洛澄 [十六]154

黄洛运　［十七］51

黄茂　［十七］6

黄茂广　［十七］13

黄茂兰　［七］84 - 85；［十七］53

黄茂林　［十六］583

黄懋鑫　［十六］330

黄美清　［十六］623

黄梦麟　［十七］336

黄梦熊　［十六］600；［十七］3,665 - 666

黄绵传　［十七］47

黄民举　［十七］43

黄民三　［十七］238

黄民生　［十六］647；［十七］47,372

黄民章　［十七］52

黄名康　［十七］10

黄名祥　［十七］42

黄名珍　［十七］47

黄名政　［十七］154

黄明堂　［一］75；［四］496；［七］84 - 86；
　［八］311 - 312,448；［九］453,616；［十
　三］311,512,547,554 - 555,562,649,
　680；［十四］167,225,238 - 239,343,391,
　436,439,471,476,544,594；［十五］10,
　39,52,65,116,142,187 - 188,441,479,
　506,509,520,523,569；［十七］59,306,
　400 - 401,435

黄明新　［十四］240

黄明修　［十六］581

黄明哲　［十七］122

黄茗兰　［十七］154

黄铭章　［十七］278

黄木樨　［十七］278

黄沐濂　［十七］154

黄睦　［十六］534

黄慕强　［十七］48

黄慕松　［四］43,49

黄乃镛　［十七］647,659

黄南　［十七］12

黄喃喃　［十八］37

黄能昌　［十六］115,156

黄能民　［十七］41

黄能文　［十七］154

黄逆　［十五］563 - 564

黄泮　［十六］623

黄泮铎　［十六］624

黄培　［十六］623

黄培进　［十七］50

黄培钦　［十六］624

黄培燮　［十七］183,683

黄沛　［十五］61

黄丕安　［十七］68

黄品　［十六］538

黄品辉　［十七］74

黄苹　［十七］578

黄其藩　［十五］600

黄其祥　［十六］508

黄启芬　［十六］623

黄启光　［十六］132,174

黄启铨　［十七］154

黄启瑞　［十七］151

黄启堂　［十六］614

黄启元　［十六］357；［十七］589,594

黄启瀹　［十七］46

黄起宗　［十六］627

黄洽传　［十七］51

黄洽仁　［十六］274,347

黄洽述　[十七]154

黄黔禺　[十七]52

黄强　[十三]354,627;[十六]582

黄强斋　[十六]136,179

黄乔礼　[十六]615,627

黄芹生　[十六]613

黄芹章　[十六]577,583

黄清相　[十七]169

黄庆喜　[十六]142

黄庆云　[十七]154

黄琼娣　[十六]623

黄琼衍　[十七]6

黄秋博　[十七]11

黄秋添　[十七]13

黄求大　[十七]154

黄求丁　[十七]48

黄球　[十六]582;[十七]120-121

黄球琮　[十六]583

黄全　[十七]101

黄铨昆　[十七]75

黄热血　[十七]42

黄人杰　[十七]48

黄壬戌　[八]345;[十三]174;[十六]59,
　89,135,176,315,368,384,425;[十八]
　451

黄认　[十七]170

黄任凯　[八]512

黄任之　[八]425

黄日初　[十六]77

黄日东　[十六]583

黄日权　[八]408;[十三]555-556

黄日生　[十六]614

黄日伟　[十三]649

黄日永　[十六]621

黄荣　[十五]400

黄荣渠　[十七]6

黄荣新　[十七]186

黄荣耀　[十六]617

黄容济　[十七]146

黄容生　[十三]216,387

黄容照　[十六]621

黄如春　[八]92

黄如筠　[十六]130,172

黄如宽　[十六]612

黄如榛　[五]239

黄汝刚　[十七]343

黄汝瑚　[十六]625

黄汝瀛　[十三]400;[十四]240;[十六]
　331

黄锐桢　[十六]625

黄瑞　[十六]286,361;[十七]135

黄瑞伯　[十六]92,120,161

黄瑞朝　[十六]574

黄瑞麟　[十六]130,172

黄瑞生　[十六]128,169

黄瑞云　[十七]50

黄闰瑜　[十六]621

黄润生　[十七]46

黄三德　[五]9;[七]36-37,384-385;
　[八]126(参见黄先生)

黄三记　[十六]108,159

黄三莫　[十六]533

黄三赵　[十一]196

黄骚　[九]637;[十三]492,500,507-508,
　517-518,521-522,667,669,682;[十
　四]7,50,54,56;[十五]71,538,576;[十

六]390;[十七]80,229,263,527,674 - 676

黄森　[十四]365

黄沙　[十六]643

黄善春　[十六]572

黄善鸣　[十六]583

黄上驹　[十六]641

黄尚周　[十六]520

黄裳　[十七]632

黄少白　[十七]53

黄少汉　[十六]582

黄少行　[十六]128,170

黄少卿　[十六]623

黄少文　[十六]535

黄少翔　[十六]621

黄少岩　[八]436

黄绍蕃　[十七]10

黄绍竑　[四]164;[九]606,641;[十四]128;[十五]65,138,155,461,563;[十七]714 - 715

黄绍侃　[十六]330

黄绍雄　[九]597,641;[十四]128,460;[十五]7,26;[十七]255,333

黄绍卓　[十七]12

黄社德　[十六]624

黄社扬　[十六]608

黄社泽　[八]216

黄申芗　[十六]81;[十八]171

黄升　[十三]203

黄升平　[十六]534

黄圣兰　[十六]583

黄圣详　[九]320

黄胜椿　[十七]152

黄胜朱　[十六]506

黄盛　[十六]527

黄盛基　[十六]624

黄师瑶　[十六]335

黄施博　[十七]45

黄石　[十七]515

黄石公　[七]420

黄石松　[十六]131,173

黄石祐　[十六]572

黄时澄　[十六]326,331

黄实　[九]229;[十三]167,483,564,652;[十七]12,134,598 - 599,668,678(参见蘅秋)

黄实晋　[十七]678

黄士龙　[四]43,72;[十]41

黄士诒　[十六]583

黄世诚　[十六]121,169

黄世栋　[十六]614

黄世和　[十六]534

黄世惠　[十六]614

黄世金　[五]239

黄世颂　[四]329

黄世信　[十七]47

黄世萱　[十五]298

黄仕强　[十七]148,177 - 179,424,475,487 - 488,491 - 492,540,542,619 - 620

黄仕元　[十七]153

黄寿开　[十六]629

黄寿州　[十六]534

黄述传　[十七]53

黄述焜　[十七]151

黄树畅　[十七]51

黄树俊　[十七]54

黄树培 [十六]537

黄树彭 [十七]49

黄树庆 [十七]52

黄树沾 [十七]49

黄树擢 [十七]45

黄水龟 [十七]23

黄顺 [十六]608

黄舜杰 [十七]151

黄司令 [四]419（参见黄总司令）

黄司令 [九]516；[十三]482

黄思浓 [十七]13

黄四 [十六]608

黄泗 [十六]608

黄松俦 [十七]666,668

黄松辅 [十七]44,151

黄松后 [十七]47

黄松基 [十七]153

黄松吉 [十七]278

黄松喜 [十六]371,589

黄松友 [十七]52

黄嵩亭 [十七]54

黄颂民 [十六]623

黄颂平 [八]206；[十七]11

黄颂声 [十七]43

黄颂棠 [十七]50

黄肃方 [八]337

黄唐瑞 [十六]577

黄棠 [十七]142

黄涛世 [十七]48

黄陶阶 [十七]46

黄题榜 [十五]298

黄体谦 [五]127

黄体荣 [十六]359

黄天池 [十六]623

黄天鹅 [十六]166

黄天鸿 [十七]254

黄天降 [十六]166

黄天习 [十七]46

黄天祥 [十七]75

黄添培 [十七]74

黄添喜 [十六]133,175；[十七]74

黄廷剑 [七]416；[十六]143

黄廷元 [十六]121

黄庭经 [十三]563；[十五]298

黄庭炜 [十七]45

黄挺生 [十三]202；[十七]45

黄同发 [十七]70

黄同享 [十七]50

黄皖经 [十七]153

黄万湖 [十六]374；[十七]24

黄万奕 [十六]621

黄为材 [十四]174；[十七]272,283,296,575

黄维藩 [十六]471

黄维潘 [十三]588

黄维忻 [十七]44

黄维熊 [十七]48

黄伟 [十六]358,526

黄伟卿 [八]246；[十六]532

黄苇一 [十七]11

黄卫 [十七]47

黄渭北 [十七]45

黄渭滨 [十六]622

黄文 [十六]623

黄文波 [十七]54

黄文甫 [十七]43

黄文高 [十五]649-651

黄文厚 [十六]623

黄文就 [十六]619;[十七]13

黄文卿 [十七]122

黄文硕 [十三]658

黄文田 [十六]619

黄文炎 [十七]154

黄文运 [十六]615

黄闻任 [十六]534

黄务美 [五]239,242-243

黄锡牛 [十六]624

黄锡铨 [十四]240

黄锡尧 [十七]74

黄熙成 [十六]617

黄喜 [十六]576,580,582

黄侠夫 [十六]625

黄遐龄 [十六]621

黄夏声 [十六]576

黄先求 [十七]41

黄先生 [七]36(参见黄三德)

黄先生 [七]167,343,523;[十一]441(参见黄兴)

黄贤洽 [十六]612

黄显慈 [十七]13

黄显逢 [十七]49

黄显贵 [十六]608

黄显仁 [十六]534

黄显新 [十六]527

黄宪昭 [四]100

黄羡麟 [十七]12

黄襄望 [十七]75

黄祥华 [十五]644

黄霄九 [十四]240

黄孝愚 [十三]382

黄燮恭 [八]378-379;[十六]137,153

黄心持 [七]81;[十四]324;[十六]130,172,326,421

黄心章 [十六]580

黄欣渠 [十七]154

黄新良 [十六]579

黄新有 [十七]48

黄信德 [十七]53

黄信杰 [十七]47

黄信南 [十六]625

黄信武 [十六]628

黄星藩 [十六]627

黄星楼 [十七]44

黄星五/伍 [十六]526;[十七]252

黄醒 [八]166

黄醒非 [十七]46

黄兴 [四]44,47-49,51,54,65,79,84-88,91,101,110,292,315,335,349;[五]76;[七]59,73,227,237,243,277,325-326,343-344,363,392,476,485,515,517,523,534;[九]11,38,63-64,67-69,115,120,124-125,142,144,160,164,166,178,218,220,222,227,237-244,246,250;[十]13,567;[十一]147-148,150,152,155,219,249-251,264,296,306,313,361,368,370-371,373,401,406,415,420,441,444;[十三]11-12,65,71,80,92,94,105,115,121,124-125,128,135,139;[十六]10,12,25,28;[十八]132,173(参见克强、克兄、黄克强、黄廑午、黄将军、黄先生)

黄兴汉 [十六]335-336,572

黄雄甫　[十七]41

黄雄亚　[十七]49

黄雄裔　[十六]77

黄修平　[十七]52

黄秀德　[十六]616

黄秀荣　[十六]578

黄秀文　[十六]576

黄煦和　[十六]572

黄宣湛　[十六]625

黄煊　[十七]12

黄勋　[十六]581

黄熏　[十六]357

黄恂　[十六]581

黄巽夫　[十六]533

黄雅良　[十七]45

黄雅秀　[十七]45

黄亚伯　[八]442

黄亚九　[十三]465

黄炎　[十六]338

黄炎法　[十六]624

黄炎裔　[十六]136,179

黄衍沛　[十七]11

黄雁辉　[十六]606

黄雁秋　[十六]527

黄燕和　[十七]50

黄燕南　[七]55

黄扬杰　[十六]621

黄扬威　[十六]615,626

黄养　[十七]12

黄耀　[十五]667;[十七]142

黄耀南　[十七]11

黄耀琪　[十六]621

黄耀祺　[十七]37

黄耀启　[十七]154

黄耀武　[十二]288

黄业初　[十七]48

黄业兴　[八]359,447;[十三]549;[十六]508

黄一欧　[十二]93

黄一强　[十六]621

黄一扫　[十七]152

黄一新　[十七]103

黄贻亮　[十七]54

黄以镛　[九]311,365

黄义　[十六]621

黄义华　[十七]198

黄亦民　[十七]48

黄亦蓁　[十七]53

黄奕会　[十六]533

黄奕楠　[十五]644

黄奕荣　[十六]627

黄奕贤　[十七]46

黄益经　[十六]628

黄益彰　[十七]12

黄毅臣　[十六]627

黄毅夫　[十七]51

黄毅民　[十七]154

黄英德　[十七]51

黄英杰　[十五]650

黄英俊　[十六]617

黄颖洲　[十七]154

黄应辉　[十六]119,160;[十七]278

黄应忠　[四]43

黄咏台　[十二]345

黄用源　[十七]74

黄犹兴　[十六]166

黄友笙　〔十五〕274

黄有　〔十七〕74

黄有程　〔十六〕534

黄有淇　〔十六〕624

黄有益　〔三〕163

黄右公　〔十二〕345;〔十六〕536

黄佑章　〔十七〕12

黄祐之　〔十七〕50

黄雨亭　〔十七〕11

黄玉波　〔十七〕122

黄玉灿　〔十六〕624

黄玉侪　〔十六〕627

黄玉科　〔十七〕62

黄玉麟　〔十七〕142

黄玉清　〔十六〕582

黄玉书　〔十七〕10

黄玉堂　〔十七〕9

黄玉田　〔八〕84,134;〔十七〕447;〔十八〕435

黄育　〔十七〕49

黄煜进　〔十六〕614

黄毓成　〔十四〕101;〔十七〕211

黄毓相　〔十七〕49

黄渊伟　〔十七〕153

黄元　〔十四〕428;〔十六〕623

黄元白　〔十三〕292;〔十六〕218,323

黄元彬　〔十七〕578,585

黄元仕　〔十七〕154

黄元香　〔十五〕298

黄元贞　〔七〕83 – 86

黄垣　〔十三〕668;〔十六〕604;〔十七〕40

黄铉远　〔十六〕615

黄远宾　〔十七〕573

黄远辉　〔十六〕627

黄远庸　〔十一〕333

黄远彰　〔十六〕620

黄月　〔十六〕628

黄月屏　〔十七〕12

黄月庭　〔十六〕581

黄岳　〔十六〕576

黄钺锋　〔十六〕338

黄云　〔十五〕646

黄云清　〔十六〕134,177

黄云苏　〔七〕241

黄芸苏　〔四〕275;〔七〕330,333;〔九〕17,21;〔十一〕196,367;〔十三〕601;〔十六〕19,539;〔十七〕222(参见魂苏、黄魂苏)

黄允斌　〔十六〕334,336 – 338,340,344,346 – 347,349 – 350,353,355,361 – 363

黄允材　〔十六〕131,180,533

黄镰运　〔十六〕577

黄运国　〔十六〕534

黄运耀　〔十七〕154

黄蕴珊　〔十六〕628

黄赞　〔十七〕47

黄赞规　〔十七〕47

黄泽生　〔四〕101

黄赠四　〔十七〕254

黄展堂　〔十三〕584 – 585

黄展云　〔四〕79;〔五〕108;〔七〕432,557;〔八〕387,403,431;〔十三〕549,627;〔十六〕47 – 48,126,139,150,208,320(参见鲁贻)

黄占鳌　〔十七〕154

黄占元　〔十七〕43

黄湛　〔十六〕623

黄章 [十六]582

黄彰金 [十六]612

黄长庚 [十六]127,168

黄钊传 [十七]54

黄昭鳌 [十六]582

黄兆窗 [十七]13

黄兆钿 [十七]49

黄兆光 [十七]74

黄兆鲸 [十七]46

黄兆麟 [十七]154

黄兆楠 [十四]308

黄赵氏 [十四]419;[十八]391

黄照 [十七]13

黄照康 [十七]74

黄照攀 [十六]576,582

黄照文 [十七]5

黄肇炳 [十七]10

黄肇河 [十六]265,346

黄者三 [十六]581

黄贞民 [十六]581;[十七]49

黄贞诵 [十六]128,169

黄桢 [四]68

黄桢瑞 [十七]45

黄振 [十六]644

黄振汉 [十六]615

黄振华 [十七]50

黄振魂 [十六]615

黄振坤 [十七]48

黄振铨 [十六]580

黄振三 [十七]152

黄振兴 [十七]315

黄振中 [十六]333

黄振卓 [十七]152

黄镇兰 [十七]45

黄镇磐 [十六]562,586,637;[十七]199,217

黄枝荣 [十七]167

黄执寰 [十六]580

黄直腾 [十七]262

黄植槐 [十六]626

黄植生 [十七]55

黄志桓 [八]448;[十三]554

黄志愉 [十六]334

黄志愚 [十六]118,168

黄志元 [十七]277

黄质强 [十六]523

黄治 [十七]47

黄中黄 [十三]3(参见章士钊)

黄中恺 [十三]93-94

黄中文 [十七]154

黄忠槐 [十六]624

黄钟珩 [十五]98

黄钟瑛 [十三]93-94;[十八]68

黄种强 [十六]527

黄仲初 [八]502

黄仲豪 [十六]577,580

黄仲衡 [十七]251

黄仲兰 [十七]122

黄仲琳 [十七]46

黄仲珊 [十七]46

黄竹友 [十三]230

黄柱 [八]41

黄撰文 [十七]48

黄灼南 [十七]73

黄灼之 [十六]335

黄卓池 [十七]74

黄卓凡　[十七]52

黄卓汉　[十六]166

黄卓知　[十六]118,168

黄滋　[十五]274;[十六]618

黄子春　[十六]622

黄子聪　[八]405,424;[十五]539,630 –
　631,641 – 642,644;[十七]93,222

黄子焕　[十七]238

黄子坚　[十七]272

黄子萌　[十三]414

黄子明　[十六]106,154

黄子培　[十七]73

黄子荣　[十五]122

黄子信　[十六]577

黄子兴　[十六]626

黄子桢　[十七]7

黄自铭　[十七]106

黄自然　[十六]575

黄自文　[十六]626

黄宗　[十六]592

黄宗广　[十七]153

黄宗培　[十七]74

黄宗羲　[四]284

黄宗喜　[十六]583

黄宗宪　[十六]471

黄宗仰　[七]33 – 34;[十三]210

黄总司令　[四]417;[十三]296

黄总司令　[九]300,320,322 – 323,327 –
　328,331,339,345,347,352 – 354,361,436
　– 437,443;[十六]285(参见黄复生)

黄祖芹　[十六]590

黄祖宪　[十六]581

黄佐廷　[十六]134,177

黄作泮　[十六]571

黄作谦　[十七]46

黄作严　[十七]48

黄作尧　[十七]12

惠生　[八]338;[九]346,443;[十三]165
　– 167,194,197,202,350,417(参见谢惠
　生、谢持)

慧能　[十二]410

蕙棠　[七]549

魂苏　[七]247,330,333(参见黄魂苏、黄芸
　苏)

霍比南　[十二]392

霍汗　[十三]644

霍恒　[十六]637

霍晋云　[十七]62

霍镜华　[十六]372

霍九　[十五]638 – 641

霍居南　[十七]59

霍兰　[二]320 – 322

霍鸾藻　[六]86

霍洛　[九]175

霍容　[十五]639,641

霍胜刚　[四]91;[十七]61

霍锡根　[十七]62

霍锡桂　[十七]61

霍秀石　[九]664;[十五]639

霍祖绍　[十六]626

J

矶田　[十一]369

基思　[二]319

缉之　[七]311

吉昌庄　[十四]424

吉甫　［七］105,109,116

吉伦伯　［二］320

吉名瀛　［十七］703

吉田　［十二］476

吉涌　［十三］84－85

戢元成/丞　［一］71;［三］429

纪成　［七］205;［十五］37

纪晖生　［十七］68

季宾　［四］148,149

季方　［十七］575

季龙　［八］46,49,51,66－67,76,83,156,
　167,179,192,437,466,471;［九］317,
　325,541,567;［十二］481;［十三］287－
　288,291,295,308;［十五］676(参见徐季
　龙、徐谦)

季树萱　［十四］436－437

季陶　［八］65,329,335;［九］340,343,349
　－350,362,477,496,584;［十三］287;［十
　八］344(参见戴季陶)

季新　［七］278;［八］360(参见汪季新、汪
　精卫)

季直　［七］256(参见张季直、张謇)

济民　［八］213,534;［九］665;［十三］148;
　［十六］43,72(参见蔡济民)

继之　［八］63(参见刘祖武)

加尔根　［一］47

加尔鳞尼　［十］294

加拉罕　［四］157;［八］484,521;［九］565
　－566,588－589,645;［十二］311,371－
　372;［十四］431,449;［十七］547

加勒廷　［二］321

加利波利地　［三］394

加路麻女氏　［十七］5

加伦　［十二］413

加罗十二　［三］289

加盘尼　［五］128

加士里　［三］45

加藤(高明)　［七］544－545;［十一］372,
　409

家嫂　［七］242(参见谭氏家嫂)

家兄　［七］131－132,214;［十一］40;［十
　六］15,17(参见孙眉)

嘉兰　［八］527

嘉乐利　［十二］150

嘉域利亚　［一］239－240

嘉约翰　［三］130

甲上胜　［八］112

贾伯涛　［四］173;［十五］662

贾凤威　［十三］89

贾山　［二］241

贾维斯　［二］317－318

稼云　［七］511

坚利逊　［十］150,155

间师　［二］258

简标　［十五］37

简炳夫人　［十六］625

简成　［十五］37

简崇光　［十四］209;［十六］326

简大理/地利　［四］184;［七］5(参见康德
　黎)

简干仰　［十六］129,170

简汉泉　［十六］374

简经纶　［十六］323

简军权　［十七］37,262

简普文　［十五］37

简琴石　［七］567

简让之　［十四］508,510;［十六］321

简任甫　［十六］151

简世廷　［十六］592

简书　［十六］273,347

简锡　［十五］37

简侠魂　［十六］617

简寅初　［七］551

简英甫　［七］475;［十六］64－66,106,138,
　154,324

简永新　［十六］626

简玉廷　［十六］626

简照南　［八］96;［十八］452

简振兴　［十六］590

简作桢　［十七］479

建光　［八］141

建侯　［十八］453(参见黎萼)

建勋　［八］198

剑侯　［七］254;［十八］477(参见沈定一)

鉴湖女侠　［十八］66(参见秋瑾)

江瑷波　［十六］152

江柏坚　［十六］327

江炳灵　［十六］43,140,409

江昌贵　［十六］627

江朝宗　［四］171,400

江聪　［十四］240

江德　［十四］365

江董琴　［十五］112,140

江灌西　［十七］12

江汉　［十七］710

江湖　［十六］580

江哕鸾　［十六］323

江锦焕　［十七］122

江亢虎　［三］202;［七］300,333;［十一］
　221,252,273

江孔殷　［九］8

江来甫　［十三］128

江茂春　［十六］581

江屏藩　［十六］298,350;［十七］335,759

江庆云　［十七］11

江琼波　［七］388;［十六］79,113

江若云　［十六］175

江上青　［十三］44

江少峰　［七］313;［八］372,436;［十八］
　130

江石龙　［十七］137

江世衡　［十六］615

江天柱　［十七］394,627

江维华　［十五］458－459,547;［十六］485;
　［十七］554

江维三　［十六］110,171,286,349

江沃毕　［十六］162

江沃华　［十六］113

江英华　［七］232;［十一］3;［十六］136,
　179

江映枢　［十六］443

江长　［十六］614

江兆湖　［十六］622

江振昌　［十五］400

江卓熊　［十六］533;［十七］151

姜都统　［四］418

姜桂题　［九］62

姜汉翘　［十三］588;［十六］477

姜和椿　［十七］566

姜汇清　［十六］311－312,353;［十七］113,
　116

姜俊鹏　［十六］471

姜明经　［八］475；［九］558

姜廷荣　［十三］93 - 94

姜雅亭　［八］213（参见雅亭）

姜怡　［六］504

蒋安爵　［十七］12

蒋邦可　［十七］254

蒋报和　［五］239

蒋北斗　［十七］5,10

蒋伯器　［四］412；［八］91；［十三］314（参见蒋尊簋）

蒋超青　［十六］418

蒋成福　［十七］254

蒋楚卿　［十五］396

蒋道护　［十七］6

蒋道日　［八］250,261；［十七］5,10,280

蒋道想　［十七］11

蒋复生　［十五］263

蒋光亮　［八］386,480,487；［九］559,573 - 574,578,608；［十］613；［十二］319；［十三］550,624；［十四］143,163,169,172,182,184 - 186,188,227 - 228,232,234,238,240,262,274,279,314,361,368,385,404,453 - 454,515,550,554；［十五］21,33,122 - 123,163,290,347,462；［十六］648；［十七］81,205,227,233,243,276（参见信之、蒋司令）

蒋光鼐　［十六］478,484

蒋国安　［十七］292

蒋国斌　［八］228 - 229；［十五］185 - 186,192；［十六］215,234,335,353

蒋汉光　［十七］9

蒋会金　［十七］254

蒋纪臣　［十七］9

蒋杰臣　［十七］254

蒋介石　［四］142；［五］371,447；［八］139 - 140,239,346,449；［九］372,470,475 - 478,483,487,495 - 496,509 - 510,522,524,531 - 532,534 - 536,566,572,584,591,593,594,608 - 609,621,625,635,637；［十二］312,366,,；［十三］220 - 221,486,499,523,643,691；［十四］373,427；［十五］138,197,346,376,406,414,474 - 476,525；［十六］42,44,237,336；［十七］620；［十八］177,212,214,281,289,339 - 343,378 - 379（参见介石、蒋中正、蒋校长）

蒋克诚　［八］56

蒋克明　［十三］79

蒋立寰　［十六］581

蒋隆菜　［十七］66

蒋抢秀　［十七］254

蒋棽熙　［五］239,241

蒋梦麟　［一］84 - 85；［八］69,425；［十二］135

蒋母王太夫人　［十八］212,214,281,378 - 379

蒋群　［十六］232,333；［十七］448,730

蒋社欢　［十七］11

蒋司令　［九］455,500（参见蒋光亮、信之）

蒋天照　［十七］12

蒋伟生　［十七］11

蒋纬国　［九］510,531

蒋文汉　［九］290；［十六］212,322,341

蒋文球　［十七］254

蒋喜光　［十六］634

蒋校长　［九］609,625,635 - 637（参见蒋介

石）

蒋修身　［十七］8,10

蒋雁行　［七］263;［十三］79

蒋翊武　［十］125;［十一］328;［十八］291（参见伯夔）

蒋应澍　［十四］237;［十六］330

蒋镛　［十七］727

蒋友文　［十七］238

蒋雨崖　［十四］133

蒋雨岩　［十五］258（参见蒋作宾）

蒋玉阶　［十七］11

蒋中正　［四］131,148,165,173;［六］509;［八］5,54,139 – 140,239,307,313,345,355,360,379,513,518 – 521,525 – 527,529 – 532,534,536,538;［十二］217,390,415,419 – 420;［十三］691;［十四］309;［十五］235,259,303,314,333,354,368,376,379 – 380,413 – 414,474,483 – 484,656;［十六］475,477,497,507,516,599;［十七］26,91,164,459,479,521 – 522,531,553,558 – 559,563,571,573 – 575,579,581,590,595,600,603 – 604,665,670,671,701（参见介石、蒋介石、蒋校长）

蒋祝三　［十七］254

蒋、朱、左、罗、陆　［八］41

蒋宗汉　［四］148 – 149;［八］177;［十六］517

蒋尊簋　［四］148 – 149;［九］116;［十三］415,488;［十四］524,546,590;［十五］109;［十六］387,402,438;［十七］354,450 – 452,458,503,534 – 535,639（参见蒋伯器）

蒋作宾　［四］102,148 – 149;［十三］94;

［十五］244;［十六］435,471,516;［十七］585（参见蒋雨岩）

焦达人　［十五］649

焦桐琴　［九］301 – 302

焦心通　［四］97

焦易堂　［四］97;［八］37,60,66,91,313,363,380,450,528;［九］324 – 325,333,355,551;［十三］292,300,384,401,557,560 – 561,569;［十四］87,474;［十五］302;［十六］248,277,343,348,436;［十七］239,673 – 674

角显溃　［十六］330

孑民　［七］259;［八］50;［十一］332（参见蔡孑民、蔡元培、蔡专使）

节初　［八］267

结士　［三］122

解尔般脱　［十二］107

介臣　［八］446（参见申葆藩）

介藩　［八］260,329

介石　［四］132,142;［八］5,41,140,239,307,313,329,355,360,379,449,513,518 – 521,525 – 527,530 – 532,534,536,538 – 539;［九］317,340,362,412,428,496,534,626 – 627,663;［十二］296;［十三］374,540,643;［十八］177,339 – 343（参见蒋介石、蒋中正）

今井嘉幸　［八］6;［十三］249;［十五］670;［十八］180

今井忍郎　［十一］281 – 282,413

金佛庄　［十七］559

金国治　［九］274,276;［十］330 – 331

金汉鼎　［八］135;［十三］472;［十四］101;［十六］441 – 442,451,566;［十七］18,211

金汉生　［十七］575

金汉声　［五］222

金华衮　［九］522

金华林　［十三］652,685；［十四］33,261；
　［十六］474,566；［十七］18

金华祝　［十三］93－94

金良　［十七］44

金溥崇　［三］163；［四］43；［十三］93－94

金庆　［七］185,235（参见黄金庆）

金溶熙　［十六］331

金少穆　［十八］136

金斯莱　［十二］137

金诵盘　［十八］387

金坛　［七］500,517,572

金天翮　［十三］5

金维系　［十六］42,140,409

金文彪　［十一］467

金兀术　［十二］143

金轩民　［十七］566

金雅丞　［十六］224

金一清　［七］263,351,355,424；［十六］78
　－79,139,152

金贻厚　［十六］329

金永炎　［十三］336－337

金玉辉　［十六］627

金章　［十三］627

津段　［四］581（参见段祺瑞）

锦帆　［四］522；［八］68,304－305,468；
　［九］279,300,310,321,331－333,345,
　353,359；［十三］351；［十六］279（参见熊
　克武）

锦云　［十七］46

进藤　［十八］531

近藤　［十一］75,82

劲夫　［八］173

晋康　［八］334

晋明　［十八］454

靳翼青　［四］451；［九］459,463,465

靳云鹏　［七］484；［九］217,465－466；
　［十］356,405；［十二］45－46,48

京周　［九］225

荆嗣佑　［十六］125,165

精卫　［三］42,120－123,125－126；［四］
　438；［七］3,60,64－65,67－70,72,74－
　75,77－79,100－101,105,130－132,166
　－167,177,180,189,206,223,244,288；
　［八］7,103,286,313,329,353－354,427,
　457－458,486,519,529；［九］7,96,167,
　257,346,370－371,477,495,507－508,
　543,551－552,563,569,627,635,640；
　［十一］131,143,187,332；［十二］290；
　［十三］290,313,425；［十六］11,15－19,
　83（参见汪精卫）

井上（馨）　［四］129；［七］265,324－325；
　［九］67；［十］421－423；［十一］249；［十
　八］210,532

井上谦吉　［十五］58；［十七］356

井勿幕　［九］380－381

井岳秀　［十七］670

景昌运　［九］369；［十三］297

景定成　［七］467；［八］324；［九］324,646；
　［十三］539；［十六］329（参见梅九）

景耀月　［十］161；［十三］604

警文　［七］469,482

竞存　［四］438,454－455；［七］253－254；
　［八］19,21,29,53－54,58,74,86,117－

119，123，175，177，180，188，193，195 -
196，202 - 204，208 - 210，224，232 - 233，
235，250，254，275，383；[九]269，285，
296，357，366，405，408 - 409，415，417 -
421，423 - 425，431 - 434，437，447，449，
455，457，466，470，474，483，494，507 -
508；[十]477 - 478，492 - 493，600；[十
二]112，123，180，201 - 202，207，212，
317，333；[十三]190，290，329，375 - 376，
414，421，434 - 435；[十六]11(参见陈竞
存、陈炯明)

竞生　[七]408，414；[八]210，375 - 376，
387 - 389，419，435；[十六]83(参见叶夏
声)

竞兄　[八]235，239，242；[九]430 - 431，
434，440 - 441，453，460，466；[十三]329
- 330(参见竞存、陈竞存、陈竞兄、陈炯
明)

敬慈　[十五]253 - 254

敬恒　[十二]400(参见吴稚晖)

敬三　[八]210

敬舆　[四]513；[八]382 - 383，393，416 -
418；[九]529(参见张敬舆、张绍曾)

靖国　[八]209(参见欧阳豪)

静安　[八]295(参见李国定)

静江　[八]356，399，509；[九]370，477，
584；[十二]490，493；[十五]631；[十八]
288，317 - 318(参见张静江、张人杰)

静仁　[八]537；[十五]458(参见许世英)

静愚　[八]424

镜芙　[四]388

镜湖　[七]434，455；[十三]649

炯明　[八]305，340，366，381，391，428，446

- 447；[十]44(参见陈炯明)

九维　[八]441

久原　[一]68；[五]366；[七]465，497，509

久原房之助　[五]366；[七]465，497 - 498，
509

居、焦　[八]33，35，37(分别参见居正、焦易
堂)

居觉生　[一]77；[四]70；[七]351，482，
533；[八]192；[九]227，536；[十]764；
[十二]93；[十三]156，221；[十五]673；
[十六]390；[十七]439(参见觉生、居正)

居利文梳　[七]128

居母胡太夫人　[四]151

居正　[一]79；[四]49，147 - 148，151，365，
506；[五]251 - 252，384；[七]351，380，
466，468，470 - 471，496；[八]37，192 -
193，195，198，200 - 202，206 - 207，211，
216 - 219，223，339 - 340，342，372；[九]
192，195 - 196，198，202 - 203，205 - 206，
208 - 209，216 - 217，219 - 221，223 - 231，
233 - 235，238，422，536；[十]183，351；
[十一]433，443，454；[十二]214；[十三]
93 - 94，132，153，157，166 - 168，213，220，
227，251，264，268，271，275 - 276，279，
283，292，430，492，535，539；[十五]629；
[十六]29，32，45 - 47，49 - 50，55，58 -
59，62，64 - 65，68 - 69，72，75 - 76，78 -
85，89 - 90，97 - 100，102 - 104，184 -
185，239，241，243，247，251，255，266，269，
272 - 274，287，292 - 294，296，310，317 -
318，365，369 - 370，372 - 373，375 - 378，
380 - 381，383 - 386，388，390，393 - 395，
398 - 400，403，405，408，412 - 413，417，

423－427,429－432,435,444,447－458,
461,469,487－488,491－495,499－506,
512;[十七]438,461;[十八]33,70(参见
觉生、居觉生、觉兄)

菊池　[一]68;[八]7;[九]212,279－280

菊池(九郎)　[十八]139

菊池(良一)　[十八]533

菊池宽　[八]7

菊池良一　[五]371;[八]15,112;[九]279
－280

矩兄　[七]394－395

瞿方书　[十三]93－94

瞿钧　[十六]337

瞿钧祈　[十六]238

瞿秋白　[十七]438－439;[十]646

爵中堂　[二]247(参见李爵相、李鸿章)

觉生　[七]351,375,380,392,466,470－
471,479;[八]47,149,192,329;[九]234,
236,434;[十三]152,156,177,316,360－
362,368,381,384,538;[十八]33,70(参
见居觉生、居正)

觉兄　[七]466;[九]196,630;[十三]467
(参见觉生、居正)

包世杰　[八]398

君任　[八]370(参见罗文干)

俊夫　[八]394

郡岛忠次郎　[十八]150

郡宽四郎　[十八]207

郡司成忠　[十一]447

K

卡夫　[七]4;[十一]24

卡来呼　[二]34

卡明　[六]25

卡文迪什　[二]321

凯里约　[五]128

凯末尔　[四]590;[十二]237

凯撒　[四]177－178;[十一]487;[十二]
347

坎思　[二]286

阚钧　[十三]232

阚彦闵　[四]111－112

康炳猷　[四]68

康德黎　[一]66－67;[二]266－270,272,
274－282,284－286,292,299－303,305;
[三]131,133－134;[四]349,351;[七]
3,40,157,261,282－283,287,332,334,
391,459;[八]44,46,94,268－269,278－
279,290;[十一]14,16,18,21,23,25,27,
29－30,200,393(参见简大理、简地利)

康德黎夫人　[二]267,275,280,286;[七]
208－209,283,332,390,458;[八]44,94,
191,279,289－290;[十一]201

康发达　[二]245

康格　[十一]100

康九礼　[八]216

康俊卿　[八]122,123;[十三]360

康梁　[三]21－23;[七]135;[十三]176
(分别参见康有为、梁启超)

康通一　[十二]424

康熙　[二]33,35

康先生　[十一]39,44,62(参见康有为)

康新民　[十三]42－43

康一谔　[十四]140

康有为　[三]21－23,122,429;[七]178;
[十]5,317,321－322;[十一]57,62,70－

73,87,97,165,458;[十二]375;[十三]
　176(参见康祖诒、康先生)

康祖诒　[十一]5(参见康有为)

柯达士　[十一]99

柯尔　[二]270,272 – 277,284,286 – 287;
　[十一]22 – 23,27 – 29;[十二]253

柯尔逊　[八]268 – 269,278

柯飞立　[九]365 – 366

柯积臣　[七]84

柯建章　[十六]77

柯教海　[十六]129,171,574

柯锦全　[十六]571

柯乐文　[十二]346

柯立芝　[九]558

柯孟淇　[五]239,243

柯森　[四]47,49

柯士宾　[四]183,185 – 186

柯武炎　[十六]106,163

科(儿)　[二]217;[七]311;[八]28,30,
　39,462,464;[九]526,623,629

科林　[二]319

科母　[七]438,527,532(参见卢慕贞)

克尔　[二]295,323

克拉克　[十二]334

克拉克森　[八]280

克雷夫　[三]279,281

克礼氏　[四]84;[七]515

克里满梭　[十二]480

克鲁泡特金　[三]368,380;[十]773

克鲁尤　[十一]202

克强　[一]53,75 – 76,79;[三]242;[四]
　357;[七]108,244,277,344,347,406,
　476,510,515,517;[八]239,270;[九]

143,218,238 – 239,242,244;[十]283;
　[十一]152,289,400;[十三]240;[十八]
　132(参见黄克强、黄兴)

克兴额　[八]409;[十四]532

克兄　[七]85,108,274,277 – 278,343 –
　344(参见克强、黄克强、黄兴)

孔超武　[十七]37,262

孔庚　[七]467;[十四]495;[十六]435,
　482;[十七]373,452 – 453

孔庚望　[八]299

孔汉璋　[十七]6,13

孔洪生　[十七]49

孔立波　[十三]238

孔明　[九]401,411,417;[十一]7;[十三]
　395,422(参见诸葛亮)

孔启升　[十七]13

孔绍尧　[六]466,473;[十五]96;[十七]
　654,680 – 681,695 – 696,726,729

孔宪成　[十六]613

孔宪璟　[十七]198

孔宪章　[十五]298

孔祥麟　[十六]354,531

孔祥熙　[四]259 – 260;[十二]351,494,
　501(参见孔庸之)

孔庸之　[四]262;[十二]494,500(参见
　孔祥熙)

孔昭荣　[十七]6

孔稚圭　[一]26

孔子　[一]36 – 37,223;[二]62,74,153,
　179,212,245;[三]25,126,241,307 –
　308,338,365,377,407,411,413,416,424;
　[四]176;[五]220;[八]493;[十]29,31,
　70,228,257 – 258,265 – 266,277,341,

346，389，393，425，560，574，580，601，
732；［十一］108；［十二］152－153，370，
410；［十三］581；［十八］384（参见大成至
圣）

寇松·维利　［十二］19

寇遐　［十六］219

堀川辰吉郎　［十八］534

堀井　［十八］535

蒯寿枢　［十三］82

邝安　［十七］45

邝百晓　［十六］583

邝伯擎　［十六］628

邝才　［十六］582

邝彩　［十六］622

邝诚敬　［十七］74

邝次昆　［十七］80

邝栋敬　［十七］169

邝莪敬　［十六］625

邝富灼　［四］101

邝庚　［十六］627

邝公耀　［十六］520；［十七］312

邝光廷　［十六］582

邝光庭　［十六］578

邝光银　［十六］625

邝国桢　［十七］169

邝海公　［十六］628

邝宏　［十六］589

邝厚勋　［十六］583

邝华汰　［七］7

邝桓　［四］43

邝即起　［十六］612

邝辑卿　［十六］628

邝金保　［十六］499；［十七］314

邝锦逮　［十七］103

邝进盛　［十六］577

邝景云　［十四］365；［十六］116，180

邝敬活　［十七］74

邝敬铨　［十七］168

邝敬树　［十七］167

邝炯新　［十六］583

邝康　［十六］622

邝阔光　［十七］13

邝廉普　［十六］619，628

邝林　［十七］279

邝麟　［十六］626

邝民光　［十六］579，582

邝民志　［十六］367，426

邝名安　［十七］170

邝明溥　［十四］320

邝鸣相　［十四］214－215

邝乃元　［十六］621

邝乃彰　［十六］625

邝品元　［十六］582

邝琪琛　［十七］12

邝棋标　［十六］616

邝杞　［十六］581

邝启清　［十六］612

邝强　［十七］169

邝钦灵　［十六］615，627

邝球敬　［十六］625

邝权修　［十七］122

邝日波　［十七］74

邝荣　［十六］589，628

邝荣春　［十六］625

邝石　［十六］411

邝守慎　［十六］615

邝受田　［十七］106

邝思汉　［十七］142

邝松　［十七］71

邝松伟　［十七］74

邝维新　［十六］617

邝维修　［十六］627

邝渭三　［十六］572

邝文彬　［十六］617

邝文炳　［十六］577

邝文汉　［十七］154

邝文亨　［八］223

邝文慰　［十六］583

邝沃初　［十六］623

邝五敬　［十七］169

邝锡民　［十六］572

邝锡森　［十六］579－580

邝锡尧　［十三］684

邝锡玉　［十六］621

邝现修　［十六］579

邝燮俊　［十七］169

邝信达　［十七］142

邝修栋　［十七］74

邝修华　［十六］582

邝修沛　［十六］616

邝修霞　［十六］625

邝修献　［十七］74

邝修彦　［十六］618

邝修鏐　［十七］169

邝炎　［十六］583

邝燕　［十七］170

邝央　［十七］74

邝尧　［十六］628

邝迎　［十六］646

邝有裕　［十六］627

邝余初　［四］101

邝玉池　［十七］142

邝玉敬　［十六］626

邝煜　［十六］627

邝源洽　［十六］582

邝沾琪　［十六］582

邝兆才　［十六］583

邝振河　［十六］628

邝振敬　［十六］621

邝镇修　［十七］49

邝治　［十六］627

邝祝三　［十七］170

邝灼良　［十六］628

邝灼南　［十七］48

邝卓林　［十六］582

邝卓生　［十六］619

邝卓云　［十七］51

邝子修　［十六］122,166

邝佐志　［十六］628

邝佐治　［十六］626

夔峰（田云龙）　［八］63

夔赓　［十三］321

愧生　［七］444

坤寿　［七］561

昆伯　［八］257

昆涛　［七］574;［八］60（参见刘昆涛、刘建藩）

L

拉巴剌　［一］35

拉法叶特　［四］530

拉花执德　［三］33

拉麦 [一]35

拉蒙特 [十二]79,247

拉沙儿 [四]122

辣斐德 [三]40

莱陶 [二]320

赖弼华 [十六]598

赖炳文 [十六]136,179

赖纯卿 [十六]131,173

赖达 [九]191

赖大鸿 [十六]598

赖德嘉 [十六]409

赖多三 [十六]123,163

赖国强 [十六]581

赖海珊 [十七]106

赖家骈 [十六]123,163

赖经 [九]191;[十四]352

赖景生 [十六]545

赖君 [十三]363

赖铭光 [十四]210;[十五]630-631

赖其辉 [十六]123,163

赖启元 [十六]598

赖庆晖 [十六]330

赖人存 [十六]333

赖世璜 [八]204,238;[九]487-488;[十五]6

赖世琨 [十六]581

赖寿祥 [十六]621

赖天球 [十四]442-443,445;[十五]46;[十六]64-65,91,144-145;[十七]649

赖天瓒 [十七]727

赖文齐 [十六]115

赖文斋 [十六]156

赖心辉 [八]334;[十四]256

赖星池 [十四]579

赖星辉 [十七]143

赖奕文 [十六]598

赖玉生 [十六]166

赖总司令 [十四]133

兰泉 [七]56-58

蓝璧如 [十八]310

蓝衡史 [十六]107,156

蓝磊 [七]516

蓝茂春 [十七]62

蓝仁 [十六]507

蓝任大 [四]43

蓝瑞元 [七]93-94

蓝陶 [二]287

蓝天蔚 [八]237;[九]55,84;[十一]484;[十三]32,89;[十六]5,7(参见蓝总司令、秀豪)

蓝田 [八]509

蓝伟烈 [十三]466

蓝欣禾 [四]54

蓝杨 [十七]24

蓝耀庚 [十六]545

蓝总司令 [十四]133(参见蓝天蔚、秀豪)

朗格尔 [八]281

朗廷 [九]444(参见汤廷光)

劳斌 [十四]243

劳汉生 [十七]11

劳合·乔治 [九]247

劳亮平 [十七]7

劳廷波 [十七]11

劳伟 [十六]340

劳佐民 [十七]285

老锡煊 [十七]272

老洋人　[十二]293

老子　[一]223；[三]366，377；[四]576；
　　[五]38；[十]228；[十二]325(参见黄老)

乐极非路　[一]226

乐克里耳　[二]14

雷安　[十六]583

雷飙　[十七]494，499－500，623－624

雷宾　[八]159

雷丙寅　[十六]627

雷炳　[十六]622

雷昌　[十六]628

雷昌顺　[十七]13

雷大同　[十七]360，379

雷道月　[十六]608

雷栋材　[十七]10

雷法尧　[十七]48

雷风烈　[十六]583

雷富　[十六]624

雷根　[十六]624

雷合　[十六]624

雷衡　[十七]72

雷洪基　[十七]442

雷华桂　[十七]74

雷惠和　[十七]71

雷惠和夫人　[十七]75

雷缉甫　[十六]624

雷家楚　[十七]6，11

雷家华　[十六]572

雷家捷　[十六]627

雷家祺　[十七]46

雷家稔　[十七]75

雷家赏　[十七]43

雷家添　[十六]623

雷结培　[十六]581

雷金德　[十七]262

雷金玉　[十六]359

雷九龄　[十六]625

雷康勉　[十七]49

雷丽琴　[十七]75

雷利　[十六]624

雷连德　[十七]169

雷林　[十七]48

雷绵超　[十六]112，150

雷民志　[十六]613

雷鸣夏　[八]451

雷浓　[十六]619，625

雷鹏　[十七]71

雷聘余　[十六]625

雷庆　[十六]624

雷任庄　[十七]55

雷荣照　[十六]619

雷瑞山　[十六]618，624

雷瑞庭　[七]396

雷少俊　[十七]46

雷社享　[十六]583

雷寿彭　[十二]245

雷寿如　[十七]47

雷维安　[十六]624

雷维创　[十六]627

雷维浣　[十七]42

雷维让　[十六]608

雷维森　[十六]335

雷维盛　[十六]608

雷维新　[十六]583

雷我武　[十七]49

雷锡平　[十七]48

雷详 [十六]624

雷学海 [十七]75

雷学钜 [十六]608

雷学溢 [十六]608

雷学振 [十六]608

雷揖臣 [十七]279

雷宜礼 [十六]92,120,161

雷宜攀 [十六]608

雷宜意 [十六]605

雷宜允 [十六]608

雷溢潮 [十七]5

雷荫裳 [十六]326

雷荫孙 [十七]343

雷荫荪 [十七]84

雷荫棠 [四]91

雷祐 [十六]624

雷玉池 [七]144

雷玉昆 [十六]581

雷遇 [十七]75

雷岳 [十七]75

雷振声 [十七]42

雷震 [十六]358

雷震光 [十七]46

雷仲屏 [十六]625

雷祝三 [四]43

雷卓平 [十七]46

雷子陶 [十六]613

雷佐治 [三]317;[六]97

冷公剑 [五]222

冷遹 [四]49

黎、蓝、王、张 [四]453(分别参见黎天才、蓝天蔚、张学济等)

黎、石、(唐)总司令 [四]417,419,425(分别参见黎天才、石青川、唐继虞)

黎保 [八]200 – 201;[十六]581;[十七]49

黎秉兴 [十六]538

黎并佳 [十七]74

黎成 [十七]592

黎炽生 [十六]534

黎大总统 [四]384,400,407 – 409,412,422;[七]488,510,519;[九]226 – 228,230,232,256,262 – 263;[十]289,319,351;[十一]459;[十三]280(参见黎元洪)

黎迪 [十六]534

黎棣芝 [十六]372

黎鼎鉴 [十四]145;[十五]80 – 81,131;[十六]651

黎东 [十七]74

黎都督 [九]26;[十一]217,305(参见黎元洪)

黎萼 [十三]240,409;[十六]338(参见建侯)

黎凤朝 [十七]11

黎福 [十七]122

黎福强 [十四]13

黎副总统 [四]307,315,317;[七]289;[九]57,69,71,73,78,101,104 – 105,121;[十三]37,43,71 – 72,302;[十四]530(参见黎元洪)

黎工饮 [十四]181,444;[十六]600

黎工倾 [十三]558

黎公 [四]89,395,399,432;[七]35,490,504,506,514;[九]264;[十]304;[十一]471(参见黎元洪)

黎光　［十三］297

黎光祥　［十六］627

黎光裕　［十七］285

黎海山　［十七］84

黎宏运　［十六］582

黎洪汉　［十六］136,179

黎焕墀　［七］17

黎藉　［十六］576；［十七］54

黎晋邦　［十六］624

黎克谦　［十六］592

黎流霭　［十六］627

黎民伟　［十八］456

黎民仰　［十五］298

黎乃钧　［十五］382

黎琪　［十七］120

黎谦　［十三］466

黎桥伯　［十五］382

黎庆恩　［十六］241,355

黎日初　［十七］54

黎日滋　［十六］534

黎闰华　［十七］74

黎若彭　［四］8

黎神护　［十六］620

黎慎阶　［十六］545

黎氏　［四］521；［八］341－342,381；［十］569；［十一］305,325；［十二］68－69,227；［十四］78,256（参见黎元洪）

黎仕启　［十七］11

黎澍　［九］513

黎思赞　［十六］445,449

黎宋卿　［四］507,512；［九］421；［十四］132（参见黎元洪）

黎天才　［八］88,95,148,156；［九］283,

286,295,297,305,337,380,385；［十三］337,383（参见辅臣、黎总司令）

黎天然　［十七］47

黎铁魂　［四］43

黎铁石　［十七］62

黎庭辅　［十五］160

黎土启　［十七］62

黎文富　［十六］592

黎文樵　［十六］625

黎先良　［七］263

黎咸　［十五］87,107

黎祥辉　［十六］608

黎晓生　［四］8

黎协　［七］188,197,452,460；［七］452；［十三］178,190

黎星　［十七］42

黎业初　［十七］23

黎玉成　［十六］137,180

黎元洪　［一］78；［三］320,430；［四］44,145,171,292,315,409,412,431,478,482,521－522；［五］75；［七］304,379,489,491,493,497,501,504,507；［八］45,182,302－304,320,486；［九］29,32,34,39,42,48,53,57,61,64,70－71,73,75,78,80,84,92,101－102,105,125,226,229－230,232,235,241,243,245,250－251,253,256,262,519,521；［十］305,528,531,545,569,764；［十一］272,299－300,330,400,405,458,477；［十二］173－174,195,209,241－242,257－258,277,291,298,365；［十三］9,37,211,418（参见宋卿、黎宋卿、黄陂、黎大总统、黎总统、黎副总统、黎都督、黎公、黎氏）

黎赞新　〔八〕246；〔十六〕334

黎泽闿　〔十四〕597；〔十六〕393；〔十七〕343,669

黎仲琪　〔十七〕752

黎仲实　〔一〕71 - 72；〔四〕88；〔七〕84；〔八〕153；〔十八〕258,457

黎倬云　〔十六〕108,154；〔十七〕592

黎卓云　〔十六〕545

黎子棠　〔十六〕621

黎总司令　〔四〕421；〔九〕297,327,336；〔十三〕296,391（参见黎天才）

黎总统　〔四〕385 - 386,389；〔七〕488,493,495,503,505,536；〔九〕226,229；〔十二〕227（参见黎大总统、黎元洪）

礼尼诗　〔一〕35

礼卿　〔八〕40,54,136,261,268,455；〔九〕362,425；〔十三〕330（参见吴忠信）

李、魏　〔八〕226；〔九〕438,457；〔十三〕435,603（分别参见李福林、魏邦平）

李霭春　〔十三〕204

李爱用　〔十七〕74

李安邦　〔八〕169；〔九〕407,412 - 413,415,430,466；〔十三〕274 - 275,407,409,641；〔十四〕217 - 218,305,380；〔十五〕164；〔十六〕252,301,321,344,351

李柏春　〔十七〕254

李宝祥　〔十四〕189,212,214,421；〔十五〕495；〔十六〕119,164；〔十八〕458 - 459

李保河　〔十六〕628

李北　〔十七〕170

李本　〔十七〕254

李必英　〔十七〕278

李彬　〔十五〕657

李秉传　〔十六〕108,164

李秉均　〔十七〕50

李秉恕　〔十六〕219,323

李炳　〔十七〕144

李炳初　〔八〕41；〔十六〕225,326

李炳烈　〔十七〕48

李炳龙　〔十七〕287

李炳荣　〔八〕442；〔十二〕210；〔十三〕479,589

李炳祥　〔十七〕45

李炳耀　〔十三〕116

李炳银　〔十七〕49

李炳垣　〔十七〕376,474,478

李波　〔十七〕45

李伯湖　〔十七〕11

李伯恺　〔十六〕636；〔十七〕627 - 628

李伯眉　〔四〕43

李伯年　〔十四〕495,504,506

李伯生　〔十七〕170

李伯涛　〔十三〕550

李步云　〔十七〕154

李财　〔十六〕628

李参谋长　〔四〕453；〔九〕579（参见李烈钧）

李灿　〔十七〕13

李昌济　〔十七〕74

李昌权　〔十七〕358

李昌庭　〔十七〕54

李焯常　〔十六〕614

李焯仪　〔十六〕371

李朝栋　〔十八〕83

李陈氏　〔十五〕400

李成　〔十七〕74

李成安　[十六]627

李成功　[十六]107,172;[十七]156

李成锦　[十七]262

李成谋　[十三]80

李成其　[十六]110,157

李成启　[十六]527

李成兆　[十七]50

李承翼　[十七]245,247,353,371,475,
478,567,660－661

李池　[十七]54

李持邦　[十六]533

李崇殿　[十七]53

李传芬　[十三]80

李传远　[十七]74

李春　[十七]12

李春和　[十五]99

李春荣　[五]239,243;[十三]292

李纯　[一]56;[二]27;[三]415－416;
[七]573;[八]73,249;[九]161,281－
282,287,294,299,313,316,380－381,456
－457;[十]333,356,694;[十三]240,440
(参见秀山、李秀山、李督、李督军)

李词垣　[十三]684

李村农　[八]144

李达　[十六]622;[十七]50

李达初　[十五]400

李达民　[十七]49

李达贤　[四]43;[十六]358

李大钊　[四]543,565－566;[九]571,586;
[十二]229－230,297,488;[十五]373;
[十七]330,754(参见李守常)

李代斌　[十七]188

李得英　[十六]526

李德　[十七]48

李德贵　[十七]11

李德立　[五]128

李德南　[十六]607

李德益　[八]162

李德予　[十六]620

李德正　[十六]374

李登辉　[四]79

李迪枢　[十七]8

李棣　[十五]400

李棣谈　[十六]619

李电轮　[十七]37,262

李电英　[十七]44

李钧冲　[十七]11

李鼎　[十三]85

李东　[十六]582

李东璧　[十三]292

李东初　[十七]48

李东兴　[十四]365

李都督　[十一]406(参见李烈钧)

李斗田　[十六]274,531

李督　[七]575;[九]447

李督　[二]265(参见李鸿章)

李督　[八]86;[九]282,316(参见李纯)

李督办　[十七]246

李督办　[十三]653－654(参见李烈钧)

李督办　[十四]197(参见李济深)

李督办　[四]424;[九]383(参见李根源)

李督军　[八]221

李督军　[四]412,417－419,421;[九]281,
287,294,299,313,336,380(参见李纯)

李督军　[九]442,454,458(参见李厚基)

李笃宾　[十三]47

李笃彬　[十六]68 - 70,544

李笃奕　[十六]624

李堆衍　[十七]151

李多马　[四]14

李铎　[十七]513,683

李发　[五]114;[十七]6

李发斌　[十六]174

李发赋　[十六]132

李发集　[十七]48

李发遇　[十七]48

李藩昌　[十三]561;[十六]294

李藩国　[十七]676 - 677,692

李芳华　[十七]48

李芳南　[十七]47

李芳苣　[十六]507

李芳洲　[十六]356

李访仙　[十六]106

李飞龙　[十四]435 - 436

李丰　[十六]535

李逢均　[十六]620

李凤鸣　[七]467

李凤山　[十六]508

李凤威　[十六]340

李凤梧　[四]148 - 149;[十六]514 - 515

李奉藻　[十四]139,188;[十七]79

李扶汉　[十七]11 - 12

李福　[十六]92;[十七]47

李福昌　[十六]592

李福来　[十五]400

李福林　[四]154,493,495 - 496,515;[八]219,225,227,243,254,318,357 - 358,374 - 375,463;[九]444 - 445,449 - 450,504,539,560,607,629,664;[十]330,738;[十二]168,333,366;[十三]459,544,566,666,670,680,686;[十四]11,14,23,27,45 - 46,64,163,169,182,184 - 185,188,214 - 215,217,227,232,234,238 - 239,292,297,366,448,554,567;[十五]24,37,40,61,64,68,87,106 - 107,111 - 112,126,129 - 130,143 - 144,236,294,382,442 - 443,456,462,474,520,547,582,593,638;[十六]187,318,433,443,496,507;[十七]59,418,459,464,554,652,692,725,732,761,763 - 764(参见登同、李司令)

李福培　[十七]48

李福如　[十六]618

李福廷　[十七]154

李辅仁　[十七]53

李辅衍　[十七]260

李傅相　[二]256;[十一]99(参见李鸿章)

李富　[十六]359;[十七]54

李干云　[十六]624

李根民　[十七]50

李根生　[十五]314

李根源　[四]522;[八]134,235,396;[九]404 - 405,408,443,457 - 458;[十二]106,279;[十三]367 - 368,426;[十六]418(参见印泉、李督办、李逆)

李根云/沄　[九]578,599;[十四]143,222 - 223;[十五]122;[十七]585(参见胡、胡、王、李四师长)

李公杰　[十六]114,156

李公武　[八]39,150;[十七]158

李公侠　[四]33;[十一]196(参见李是男)

李谷全　[十七]49

李谷棠　〔十七〕49

李关雄　〔十六〕625

李观焯　〔十六〕371

李观卓　〔十六〕576

李冠廷　〔十七〕11

李冠英　〔十七〕278

李光　〔十六〕613

李光华　〔十七〕51

李光坤　〔十六〕121,169

李光业　〔十六〕374

李光迎　〔十七〕151

李光珠　〔十三〕297

李湛　〔十七〕171－172

李国彬　〔十五〕497

李国炳　〔十六〕127,168

李国钗　〔十七〕23

李国定　〔八〕295；〔九〕340－342,363；〔十六〕219,231,323,333,445（参见静安、李静安、李劳军使）

李国恺　〔十七〕477

李国梁　〔十三〕97

李国权　〔十四〕156

李国堂　〔十六〕325；〔十七〕134

李国扬　〔十七〕9,12

李国柱　〔八〕138,180,203－204,221,538；〔九〕448；〔十四〕143；〔十六〕339,422

李哈麦　〔十一〕223（参见郝门李、咸马里）

李海东　〔十四〕247－248

李海秋　〔七〕480

李海云　〔四〕91；〔十一〕177；〔十三〕388,527,529；〔十四〕308,317,344；〔十六〕92,119,145,161

李含芳　〔九〕646；〔十三〕292；〔十六〕220,323

李汉丞　〔十六〕329,339,434

李汉民　〔十七〕278

李汉平　〔十六〕545

李汉唐　〔十七〕254

李汉庭　〔十六〕621

李汉修　〔十六〕119,160

李翰屏　〔八〕165,172,252

李瀚章　〔二〕265,298,347

李豪　〔十六〕622

李和　〔十七〕170

李宏　〔十七〕286

李鸿标　〔十六〕116,158；〔十七〕225

李鸿祥　〔十四〕360,362

李鸿仪　〔十六〕624

李鸿藻　〔十七〕7,11

李鸿章　〔二〕247,265,293,298,329,332,339,341－342,345,347；〔三〕272；〔四〕170,377；〔五〕38；〔十〕603；〔十一〕79－81,83－85,87,89,100（参见李督、李相、李傅相、李爵相、爵中堂）

李厚　〔十六〕592

李厚干　〔十五〕298

李厚基　〔四〕440；〔八〕63,337,351,353,374,386,391；〔九〕362,364,381,434,442,449,454,458；〔十〕333,690；〔十二〕244；〔十三〕413－414（参见李逆、闽李）

李厚祐　〔五〕239,241

李虎臣　〔八〕513

李华进　〔十六〕584

李华林　〔十六〕218,322

李华隆　〔十七〕52

李化民　〔十六〕409；〔十七〕374

李怀宽　[十八]460

李怀民　[十七]48

李怀霜　[四]54；[五]222；[十六]29；[十七]356

李桓　[十七]41

李唤觉　[十七]53

李焕　[十六]358

李焕墀　[十六]622

李焕坤　[十五]400

李焕桐　[十六]620

李焕章　[十三]318；[十六]255,360

李晖　[十三]586；[十七]40

李哕鸢　[十六]625

李惠衡　[十七]154

李惠金　[十七]74

李惠连　[十六]615,626

李惠民　[十六]525；[十七]49

李惠元　[十七]52

李霍　[十六]621

李积芳　[十六]329

李及英　[十四]113

李吉　[七]509；[十六]627

李吉甫　[四]68

李吉庭　[十七]141

李纪堂　[一]69,71；[七]18,131；[十五]133,547；[十六]509,609；[十七]455（参见李君伯）

李纪堂母凌太夫人　[十八]334

李济民　[七]355

李济深/琛　[八]469；[九]506,597,606,615；[十三]661；[十四]111,115,128,150－151,162－163,182,184,186,188,196,227,229,231－232,234,238,240,276,311,320,357,409,471,476,480,581；[十五]7,21,131,178,293,308,458,480,606；[十七]16,64,215,247,275,532,552－554（参见李督办）

李济汶　[十五]619；[十七]183

李济源　[十四]33,240

李济准　[十七]257－258

李继膺　[五]222

李寄汉　[十七]49

李佳白　[十一]298,300

李家宝　[十五]646

李家焯　[十一]6,9－11

李家春　[十七]226

李家诒　[十六]591

李嘉鹏　[十七]103

李嘉品　[十三]408

李俭持　[十七]47

李简宾　[十七]278

李建勋　[十五]59

李建中　[九]303；[十六]216,246,322,343；[十七]336

李剑坡　[十七]12

李剑生　[十七]151

李剑侠　[十七]46

李健初　[十七]48

李健民　[十四]34

李健男　[十六]617,626

李渐来　[十七]254

李江伟　[十六]523

李将军　[四]399（参见李烈钧）

李将军　[八]520（参见李廪）

李将军　[十八]348

李降　[十六]584

李觉民　〔十六〕123,165;〔十七〕60

李杰三　〔十三〕222

李捷安　〔十七〕43

李介眉　〔十六〕545

李金练　〔十七〕48

李金銮　〔十七〕23

李金明　〔十六〕625

李金铨　〔十六〕620

李金时　〔十七〕170

李金顺　〔十六〕582

李金锡　〔十六〕628

李锦华　〔十六〕535

李锦纶　〔四〕100;〔八〕218;〔九〕465;〔十
六〕249,300,343,351

李锦全　〔十七〕142

李进　〔十七〕158

李劲　〔十三〕423

李晋光　〔十七〕44

李经五　〔十七〕54

李经羲　〔九〕254;〔十〕321

李景纲　〔十七〕185,376,473 – 474,478,
576

李景伦　〔十七〕47

李景民　〔十七〕49

李景泉　〔十六〕328

李景熙　〔十六〕262,361

李敬芳　〔十六〕581

李敬之　〔十一〕364;〔十七〕74

李靖　〔四〕16 – 17;〔十六〕23

李靖宇　〔八〕355

李静安　〔九〕320,363(参见李国定)

李镜泉　〔十六〕532

李镜如　〔十七〕46,49

李炯　〔十六〕624

李爵相　〔四〕13(参见李鸿章)

李君　〔七册〕528(参见李襄伯)

李君　〔七册〕54(参见李水龙)

李君　〔七〕14;〔八〕137,147,192,366 –
367;〔十三〕340

李君白　〔十三〕128 – 129

李君伯　〔七〕18(参见李纪堂)

李钧　〔十六〕476

李钧衡　〔十六〕628

李俊英　〔十三〕132

李开化　〔十六〕581

李楷　〔十七〕53

李康平　〔十七〕49

李康衢　〔十七〕48

李可简　〔十六〕145

李克明　〔十三〕292;〔十六〕328

李孔道　〔十七〕12

李孔广　〔十七〕8,12

李孔荣　〔十七〕11

李孔仕　〔十七〕7

李孔塔　〔十七〕23

李宽　〔十四〕71

李狂父　〔十七〕154

李奎仙　〔十五〕186

李奎元　〔九〕318;〔十三〕359 – 360

李来发　〔十六〕608

李赉明　〔十六〕122,166;〔十七〕141

李赖波刘氏　〔三〕102

李兰亭　〔七〕84 – 85

李兰轩　〔十六〕253 – 254

李郎如　〔十六〕593

李朗如　〔十五〕676;〔十六〕593;〔十七〕

409,673

李朗天 ［十七］49

李朗溪 ［十六］136,179

李劳军使 ［四］417,419；［九］340,342；
［十三］301；［十六］301（参见李国定）

李乐平 ［十六］622

李理臣 ［十七］75

李力 ［十六］623

李丽川 ［十七］10

李连 ［十六］626

李连发 ［十六］572

李连合 ［十六］628

李良材 ［四］440；［九］52,381

李良芬 ［十七］68

李梁氏 ［十四］269－270

李亮臣 ［十六］626

李烈钧 ［四］85－86,88,93,493,495；［六］
363；［七］353,356,524,572；［八］91,163
－164,220,453,456,458,523；［九］127,
242－245,271,276,350,367,408,414,
416,419,423,442－443,456,479,485,
494,512,537,543,579,628,657,661；
［十］437,614,645,750,816；［十一］410,
414；［十二］3,165,168,258,402,409,
428,468,478；［十三］314,323,429－430,
466,473,482－483,486,579,590,649,
653,664,680；［十四］250,279,286,351,
524；［十五］92,138,167,259,303,314,
338,355,368,449；［十六］186,252,316,
318,387,401－402,433,510－511,566,
598；［十七］59,211,324－325,345,355,
431,438,448,524,573,635（参见协和、李
协和、李燮和、侠黄、侠璜、李参谋长、李都

督、李督办、李将军、李总长、李总指挥）

李烈士 ［十八］461

李林 ［十七］62

李林兆 ［十六］583

李霖义 ［十七］103,144

李岭南 ［十七］105

李流 ［十七］158

李隆建 ［十七］182

李禄超 ［十六］212,322,391,396,506,546
－547；［十七］239,409,439,476,714；［十
八］267

李銮波 ［十六］624

李买维 ［十六］371,582

李买祥 ［十六］371,582

李满 ［十七］103

李茂 ［十七］74

李茂海 ［十六］109,153；［十七］25

李茂莲 ［十六］622－623

李茂吾 ［九］333

李茂之 ［十三］270；［十六］218,279,322,
349

李懋吾 ［九］460

李美安 ［十七］47

李美益 ［十六］581

李孟吾 ［十六］253

李梦庚 ［八］121－122,394,428

李梦生 ［七］198,200,207,210

李縻 ［八］518,520；［十五］376（参见李将
军）

李绵纶 ［八］138

李妙航 ［十六］589

李民丁 ［十七］50

李民生 ［十六］623

李民雨　［十七］91

李敏　［八］454

李敏钦　［十七］47

李敏周　［十六］608

李明　［十六］508

李明东　［十七］48

李明灏　［十七］183

李明扬　［六］493,504；［八］222,224；［九］441,452；［十二］404；［十四］284,312,409,544,554,594；［十五］10,19,25,46,215,235,332,469,479,506,509,520,523,550,561,569,586,618,653；［十七］635

李明杨　［九］441；［十四］370

李鸣钟　［九］646

李命根　［十七］106

李墨西　［十三］245

李谋奕　［十六］624

李睦之　［十六］274,348

李慕石　［十六］546

李薀　［十六］608,622

李乃　［十三］552

李乃斌　［十四］388

李南生　［十六］98,120

李能相　［八］260；［十六］523

李能昭　［十五］625

李逆　［八］235（参见李根源）

李逆　［八］375,386；［九］360－361,364；［十三］533（参见李厚基）

李逆　［九］549（参见李耀汉）

李逆　［十四］477（参见李云复）

李年常　［十七］104

李蟠　［十五］327,336；［十七］280,299,417

李鎣　［九］113

李培　［十七］12

李沛基　［三］430

李沛如　［十七］52

李佩芳　［十六］624

李佩剑　［十五］80

李佩莲　［十六］144

李平来　［十七］53

李平书　［九］36,38；［十一］237

李屏华　［八］443

李朴生　［十二］104

李普恩　［十六］134,177

李溥　［十七］50

李栖云　［四］88；［十六］338

李期戬　［十七］54

李期进　［十七］49

李期焜　［十七］154

李齐秀　［十七］13

李其　［十六］644

李其芳　［八］509；［十五］326；［十七］590,603－604

李其信　［十七］47

李萁/箕　［四］90；［七］448；［十三］162；［十六］38

李祺　［八］170

李祺礽　［十八］178

李锜　［八］256－257

李启光　［十七］48

李启明　［十六］35,109,149

李启瑞　［十六］523

李启元　［十五］667

李起凤　［十七］106

李绮庵　［四］278；［七］230－231；［八］169,171,178,180；［九］407,412－413,

416－421,423,427－429,433,466;[十一]189;[十三]388,407,409;[十六]321,375,409;[十七]33－34(参见绮菴)

李谦苏　[十六]626

李乾璜　[七]431－432

李乾三　[九]646

李清全　[十六]527

李擎天　[十七]12

李庆标　[八]345,415－416;[十三]174,572;[十五]432;[十六]81－82,113,152,424,495,502;[十七]313

李庆宏　[十七]53

李琼　[十七]47

李琼波　[十七]50

李琼南　[十七]48

李秋畹　[十六]545

李遁文　[十六]538

李球　[十四]365

李屈儿　[十七]54

李权　[十六]629

李全　[十七]12

李铨　[十四]173

李群业　[十七]154

李壬圣　[十六]581

李仁炳　[八]325;[十六]581

李仁巧　[十七]48

李仁治　[十六]583

李忍　[十四]457－458

李忍辱　[十七]23

李任　[十七]12

李任山　[十七]8

李礽彬　[十七]54

李礽春　[十六]622

李礽饶　[十七]42

李礽嵩　[十七]41

李礽质　[十七]45

李日垓　[九]382;[十二]278

李日升　[十七]50

李日生　[四]43

李日嵩　[十六]374

李荣芳　[十六]615

李荣福　[十六]620

李荣君　[十四]386

李荣韬　[十六]525

李荣萱　[十六]628

李容　[十六]622

李容恢　[七]455;[十三]143;[十六]38,150

李榕阶　[十四]432

李如山　[十七]48

李如松　[十七]51

李儒均　[十七]46

李儒清　[十三]126

李儒修　[四]148－149;[十六]521

李汝湘　[十六]623

李汝舟　[九]301

李锐军　[十六]359

李瑞龙　[十七]11

李瑞生　[四]101

李闰　[十七]226

李润富　[十七]46

李润生　[十七]12

李润璋　[十七]44

李三勤　[十六]621

李沙文　[十六]592

李善波　[十六]283－285,349

李善明　［十六］131,173

李尚志　［十七］50

李少帆　［十六］530

李少辅　［十六］624

李少年　［十六］626

李少勤　［十六］538

李少雄　［十六］527

李少逸　［十六］334

李少璋　［十六］127,167

李绍祥　［十七］158

李社保　［十七］47

李社洽　［十六］527

李伸来　［十七］47

李燊　［十六］571

李沈氏　［十五］300；［十八］404

李生　［十七］5,10

李声鸣　［十七］278

李省长　［四］412,417 － 418,420,424；［九］336,360；［十三］296

李圣福　［十七］50

李圣林　［十六］399,611,615

李圣庭　［十七］50

李盛铎　［一］55；［八］283；［九］93

李师赤　［十六］617

李石　［十七］74

李石曾　［一］34；［四］306；［七］180；［八］103；［九］646；［十］341,645；［十二］493；［十五］631；［十七］438（参见石曾、石贞、李煜瀛）

李石平　［十六］533

李时钦　［十五］313

李实忱　［八］73

李士霖　［四］68

李世军　［十二］482 － 483；［十七］741

李世泮　［十六］624

李世荣　［十三］386

李世腾　［十七］12

李世暹　［十七］49

李世周　［十六］625

李世濯　［十七］154

李式璠　［十三］292；［十六］324

李是男　［七］236,250；［八］275；［十一］171,173,176 － 177,196（参见李公侠）

李守常　［十］625,645；［十二］341,343,345；［十七］438 － 439（参见李大钊）

李寿　［十六］527,581

李寿干　［十四］370

李寿南　［十六］605

李书城　［九］312,337；［十三］273（参见李总司令）

李书纪　［十四］561 － 562

李述膺　［九］383；［十六］267,346,364

李树南　［十六］357

李树楠　［十六］524

李树屏　［十七］49

李树庭　［十七］48

李树云　［十七］262

李竖铨　［十六］619

李澍　［十三］297

李水龙　［七］53（参见李君）

李硕夫　［十六］398

李司令　［九］516；［十三］482 － 483；［十五］128

李司令　［十三］542（参见李福林）

李思广　［十六］70,77

李思汉　［十六］340；［十七］519

李思齐 ［四］22

李思唐 ［十七］165－166

李思辕 ［四］91；［十三］331；［十五］546；［十六］84,137,153,342；［十七］602,605,693

李斯 ［十］539

李斯灿 ［十六］627

李斯焜 ［十六］627

李泗勤 ［十六］620

李松光 ［十七］42

李松林 ［十六］624

李松年 ［十六］338

李松亭 ［十七］47

李松伟 ［十七］142

李松轩 ［十七］46

李松尧 ［十六］527

李颂韶 ［十四］484－486

李遂生 ［八］64

李穗农 ［十七］53

李太夫人 ［十八］462

李泰初 ［十六］334

李郯曰 ［十六］52

李谭德 ［十六］605

李提 ［十六］590

李提摩太 ［十一］31

李天德 ［十三］489,491,675－676；［十四］46,65,77,88,90,96,305,317；［十六］321；［十七］710

李天燋 ［十七］168

李天霖 ［十五］195,199

李天洽 ［十七］51

李天如 ［七］535；［十六］83,138,152

李天武 ［八］262

李天影 ［十六］616

李添好 ［十六］582

李添来 ［十六］526

李田扬 ［十六］371,576

李铁如 ［十六］525；［十七］46

李廷光 ［十七］53

李廷华 ［十六］523

李廷铿 ［十三］498

李完用 ［四］377；［九］501

李万 ［十七］74

李万足 ［十六］628

李旺 ［十一］176；［十六］628

李惟贤 ［四］79

李维 ［十七］50

李维汉 ［十三］403

李维珩 ［十七］434

李维新 ［十六］241,355

李维砚 ［十七］41

李维垣 ［十七］106

李维周 ［十七］47

李伟 ［八］236；［十三］432,434

李伟昌 ［十六］615,626

李伟基 ［十六］613

李伟权 ［十六］613

李伟儒 ［十六］333

李伟三 ［十七］48

李伟生 ［十五］477

李伟棠 ［十六］625

李伟涛 ［十七］262

李伟章 ［十七］559

李炜华 ［十六］581

李渭宾 ［十七］276

李文 ［九］357；［十七］49,408

李文炳　[十七]454

李文彩　[十四]506-507

李文恩　[十四]394-395,448

李文范　[十七]637,663

李文汉　[八]423

李文记　[十六]616

李文卿　[十七]23

李文藻　[十三]82;[十七]50

李文治　[十三]292;[十六]330

李文梓　[十七]23

李闻一　[十七]68

李问凡　[十七]62

李吴氏　[十五]125

李武君　[十三]355

李希槐　[十七]151

李希莲　[十]644;[十二]267;[十三]357
　　-358,579;[十五]674

李希舜　[十七]586,591

李锡蕃　[十七]106

李锡福　[十六]527

李锡三　[十六]371,572,614;[十七]151

李锡熙　[十三]260

李锡祥　[十五]10-12,284

李喜　[十七]262

李侠夫　[十六]532

李侠公　[十二]414

李侠汉　[十六]628

李侠民　[十七]49

李霞举　[十六]114,138,148,156

李仙根　[十八]463-464

李显　[十七]47

李现圣　[十七]11

李宪民　[十六]534

李宪章　[十六]622;[十七]49

李宪之　[十六]581

李香斋　[八]317;[八]365

李相　[七]575(参见李鸿章)

李襄伯　[七]527;[八]23,39;[十三]176
　　(参见李君)

李襄阳　[十三]175

李襄州　[十七]262

李祥　[十七]74

李祥茂　[十四]196

李向景　[十七]49

李肖廷　[十四]128

李箫访　[十六]617,626

李晓楼　[十七]152

李晓生　[四]43;[七]287;[十三]93-94;
　　[十八]34-35

李孝章　[十五]427;[十六]92,120,161

李协和　[四]385,412;[七]422;[八]92;
　　[九]271,329,350,359,422,424,456,
　　658;[十二]239;[十三]235,296,408,417
　　(参见李燮和、李烈钧)

李燮和　[十三]68,114;[十六]23,27(参
　　见李烈钧)

李燮阳　[十六]330

李心汉　[十六]532

李新宇　[十六]105,164

李星阁　[八]211

李星衢　[十七]84

李醒汉　[十七]41

李醒民　[十七]47

李兴高　[八]240;[九]470;[十六]262,
　　309,352,360

李杏　[十七]11

李杏生　［十六］583

李性民　［四］43

李雄　［十五］646

李雄伟　［十七］450

李雄亚　［十七］49

李秀成　［二］80；［十一］149,151,587

李秀山　［九］296（参见秀山、李纯）

李秀生　［十六］534

李绣石　［十七］50

李煦风　［十七］154

李暄培　［十三］466

李选廷　［九］479

李学缉　［十七］6

李学钧　［十六］613

李雪一　［十五］496

李血生　［十七］49

李询云　［十七］42

李逊三　［八］12；［十六］108,154

李雅文　［十六］582

李亚东　［十三］289

李亚伙　［十三］464

李炎　［十六］584

李炎源　［十七］10

李彦青　［四］549

李雁行　［十六］77,117,159

李燕仪　［十三］490

李扬　［十七］285

李扬海　［十七］262

李养来　［十七］153

李养倬　［九］646

李曜蓉　［十五］394 – 395

李耀　［十六］620,628；［十七］5,7 – 9,11

李耀邦　［一］84 – 85

李耀本　［十五］160

李耀汉　［七］478,554；［九］355,409,549；
　　［十三］330,408,435,512；［十四］30；［十五］569

李耀阶　［十七］186

李耀麟　［十六］581

李耀云　［十七］46

李业芳　［十七］262

李业棠　［八］392

李业玉　［十四］225

李一平　［十七］154

李一一　［十七］49

李伊珊　［十六］545

李宸珊　［十六］393

李錡　［八］256

李义文　［九］371

李亦梅　［十七］84

李易标　［九］525,527；［十三］620,628,631
　　– 632,634 – 636；［十四］179；［十六］604,
　　643；［十七］23,57

李峄琴　［十六］35

李奕椒　［十六］624

李奕民　［十六］624

李逸民　［十七］49

李翊东　［十五］531；［十七］505,507,694

李翊灼　［十三］115 – 116

李翼民　［十六］514 – 515

李翼棠　［十六］615

李荫堃　［十五］400

李荫堂　［十六］614

李寅　［十七］746,748,762

李寅佳　［十七］44

李寅中　［十六］430

李寅钟　［十六］358

李寅准　［十七］762

李尹衡　［十六］624

李引大　［十六］612

李引口　［十六］109,153；［十七］25

李引随　［十六］76,111,155

李引相　［十七］23

李印泉　［十三］296

李英　［十七］49

李英才　［十六］117,179

李英铨　［十三］400；［十四］240；［十六］331

李颖　［十六］526

李应生　［四］43

李永声　［十六］328

李永祥　［十六］576

李永义　［十六］582

李猷立　［十七］50

李猷新　［八］200－201；［十六］581；［十七］49

李友东　［十七］254

李友兰　［八］428

李友朋　［十六］109,150

李友三　［十六］626

李友勋　［九］480,485,488－489

李有　［十六］584,616

李有女　［十七］47

李有枢　［十七］355

李幼珊　［十七］278

李祐　［十七］5,7－9,11,74

李榆南　［十七］53

李宇南　［十六］622

李雨琴　［十七］50

李雨生　［十七］154

李雨亭　［十六］623

李玉庵　［十七］48

李玉奎　［四］68

李玉昆　［十六］228,332

李玉渠　［十五］274

李玉三　［十七］48

李玉堂　［十七］47

李玉亭　［十七］48

李玉吾　［十六］527

李育之　［十七］51

李煜　［十六］624

李煜堂　［四］91,101；［八］449－450；［十七］84

李煜禧　［十六］572

李煜瀛　［八］158,160；［十二］488；［十七］754（参见李石曾）

李毓干　［十六］581

李毓林　［十七］151

李毓民　［十六］581

李毓秀　［十六］616,628

李渊　［十二］367

李元白　［十六］269,292,301,326,347

李元三　［十六］626

李元箸（著）　［十四］13,252,272；［十七］31

李源水　［七］206,209,339,353,358－359,381；［八］292；［十三］55,184,480；［十五］440；［十六］92－94,120,161

李曰垓　［十六］364

李月芳　［十六］607

李月华　［十六］495；［十七］8

李月秋　［十六］291,362

李月天 〔十六〕612

李岳 〔十七〕154

李岳辉 〔十六〕578,582

李钺森 〔十六〕506

李悦 〔十六〕622

李跃来 〔十六〕523

李樾生 〔十三〕537

李云霭 〔十七〕151

李云达 〔十七〕50

李云复 〔八〕443,458

李云阶 〔十六〕354

李云奎 〔十七〕50

李云流 〔十七〕292

李云龙 〔九〕646

李云熠 〔十七〕48

李云彰 〔十六〕622

李允觉 〔十三〕126

李运球 〔十七〕10

李运全 〔十五〕667

李运淑 〔十七〕106

李运玉 〔十六〕139,158

李载德 〔十七〕474

李载赓 〔八〕11;〔十三〕292;〔十六〕275,
348

李赞年 〔十七〕11

李赞宗 〔十七〕11

李则以 〔十六〕574

李泽 〔十六〕624;〔十七〕47

李泽民 〔十四〕117

李泽生 〔十六〕396

李增霨 〔十六〕327

李沾 〔十七〕12

李湛 〔十七〕11

李张氏 〔十四〕269－270

李章安 〔十六〕581

李章达 〔十三〕486,613,657,682;〔十四〕
77;〔十六〕407,463,540－541,564;〔十
七〕116,128－129,620

李章朋 〔十七〕292

李彰时 〔十七〕42

李长春 〔十五〕621

李兆汉 〔十七〕51

李兆俊 〔十七〕154

李兆楼 〔十六〕105,164

李兆楠 〔十四〕317

李兆年 〔十六〕527

李兆熊 〔九〕308

李兆云 〔十六〕626

李赵南 〔十七〕47

李照心 〔十六〕581

李肇甫 〔四〕88;〔五〕50

李肇南 〔十六〕608

李贞廷/庭 〔十六〕139,158

李珍 〔十六〕626;〔十七〕103

李桢 〔十六〕333

李振黄 〔十六〕579

李振美 〔十七〕47

李振民 〔十七〕48,285

李正明 〔十六〕581

李正阳 〔十六〕330

李之煊 〔十七〕726

李之腴 〔四〕100;〔十七〕588

李芝畦 〔六〕445

李执中 〔九〕422;〔十二〕6;〔十三〕292;
〔十六〕203,320;〔十七〕249

李值生 〔十六〕523

李植　［十七］154

李植南　［十七］278

李植生　［十七］251

李植庭　［十七］48

李志强　［十六］358

李志伟　［十三］624；［八］274

郝门李　［十一］217－218（参见李哈麦、咸马里）

李秩男　［十六］523

李智寿　［十六］374；［十七］25

李忠　［十七］53

李钟珏　［五］239；［十三］21

李仲骏　［八］170

李仲夔　［十三］413

李仲泉　［十七］74

李仲三　［九］646

李仲田　［十七］47

李仲岳　［十四］246－247；［十八］371

李重贤　［十六］354

李周　［十六］580

李诛青　［十六］628

李竹痴　［七］49

李竹川　［十六］628

李竹田　［十六］109，158

李柱　［十五］646

李祝寿　［十七］254

李准　［三］430；［七］227，244；［九］8；［十］663，718，740，765

李灼轩　［十六］534

李卓峰　［一］76；［六］475；［十四］77；［十五］416，524，621，623，637；［十六］483；［十七］3－4，622，676，682－683，693，760

李卓明　［十六］581

李卓平　［十七］48

李卓生　［十六］533

李卓云　［十六］534

李子峰　［十五］606

李子和　［十六］53

李子华　［四］393；［七］525

李子敬　［十六］581

李子铿　［十六］591

李子林　［十六］628

李子明　［十六］624

李子平　［十六］581；［十七］46

李子全　［十六］628

李子蔚　［七］70

李子耀　［十六］628

李子英　［十七］544

李梓莺　［十七］12

李梓云　［十七］49

李紫宸　［十六］115，156

李自成　［十四］240（参见闯贼）

李自芳　［十三］400；［十六］266，324，346

李自坚　［十七］53

李自重　［五］8；［十六］3，321

李宗炳　［十六］622

李宗兑　［十七］12

李宗黄　［七］519，541，567；［八］40；［十］639－640，645；［十二］20；［十三］247；［十七］290－291，329，375，438－439（参见伯英）

李宗佳　［十七］42

李宗仁　［十七］713

李宗荣　［十六］622

李宗唐　［十七］380

李总参谋长　［四］417－418；［九］360

李总司令 [四]421；[十三]296

李总司令 [九]336－337(参见李书城)

李总长 [九]493,516－517；[十三]482－483(参见李烈钧)

李总指挥 [四]424；[九]327,350,367,428,527(参见李烈钧)

李祖武 [十六]618

李祖诒/贻 [十六]58－59,138,143,151

李佐 [十六]617

李作砺 [十六]438

李作舟 [十六]625

里将军 [七]169,307(参见咸马里)

理君 [八]153

理鸣 [八]151(参见覃理鸣、覃振)

立生 [八]240,285(参见胡立生)

立野 [十八]536

丽堂 [八]243,297,422；[九]444－445(参见魏丽堂、魏邦平)

利亨 [十七]74

利里 [一]35

利玛/马窦 [三]30,36

利其 [十六]581

郦模 [十二]240

连官大 [十六]592

连浚 [十六]518

连庆湘 [十六]581

连声海 [四]563；[八]515；[十三]513；[十六]125,165,242,307,312,340,546－547

连璇 [十三]587

莲伯 [七]556；[八]33(参见吴莲伯、吴景濂)

联棠 [八]509

廉炳华 [十六]328

廉泉 [八]411

练炳章 [十七]565,651

练芳 [十七]175

练嘉禾 [十七]262

练瑞隆 [十七]106,146

练水记 [十六]589

练演雄 [十四]146

良弼 [八]411

良史 [十一]192(参见太炎、章炳麟)

梁安 [十七]45

梁安家 [十七]48

梁柏明 [八]288,410；[十三]380

梁邦栋 [十七]47

梁邦和 [十七]154

梁宝珊 [十六]286,362

梁弼群 [十七]706,743

梁碧城 [十七]152

梁璧柱 [十七]46

梁炳芳 [十六]621

梁炳全 [十四]590

梁炳然 [十七]23

梁炳垣 [十六]626

梁博平 [十七]54

梁超 [十七]170

梁朝栋 [十七]47

梁朝绣 [十六]582

梁成光 [十七]52

梁成久 [十四]240

梁成泰 [七]86

梁诚 [三]30,36

梁城广 [十七]46

梁炽林 [十六]621

梁楚三　［八］392,423；［十七］280

梁传启　［十六］622

梁达　［十七］75

梁达道　［十四］585

梁达民　［十六］622

梁德明　［十七］286

梁德贞　［十六］625

梁涤亚　［十七］270

梁帝柱　［十七］37

梁栋　［十三］562

梁栋英　［十六］134,177,374；［十七］25

梁端益　［十六］328

梁敦彦　［十］321

梁铎　［十六］582

梁夭　［十五］400

梁仿咨　［十七］185,274

梁逢生　［十六］134,177

梁凤年　［十七］49

梁凤韶　［十七］49

梁福　［十七］50

梁福昌　［十七］47

梁福榆　［十六］615

梁复光　［十六］118,168

梁复先　［十六］334

梁公拔　［十七］11

梁谷勋　［十六］106,154

梁顾西　［十六］588；［十七］271

梁关勋　［十六］592

梁观瑞　［十七］7

梁广　［十六］526

梁广谦　［十七］558

梁广然　［十七］7,13

梁桂昌　［十七］169

梁桂邻　［十七］424

梁桂山　［十七］125,193,766

梁国栋　［十六］332

梁国琬　［十七］272

梁国一　［十四］363,378；［十八］433

梁国之　［十六］527

梁海　［十六］608

梁海秋　［十六］483；［十七］518

梁汉志　［十七］153

梁翰如　［十七］12

梁浩然　［十四］428

梁鹤龄　［十五］59

梁灯欣　［十七］48

梁红玉　［十二］143－144

梁洪藉　［十七］45

梁鸿楷　［四］493,495；［六］123；［八］435；
　　［九］542－543,602；［十二］160,263,265；
　　［十三］474,576,626,661,690；［十四］47,
　　141,163,169,182,184－185,188,223,
　　227,232,234,238－239,241－242,252,
　　288,492,544,554；［十五］10,39,52,325；
　　［十六］460,517；［十七］17,65,256,306,
　　319,554

梁鸿威　［十七］49

梁华显　［十七］158

梁骥　［十三］154－155

梁坚庭　［十七］154

梁俭德　［十六］625

梁椒生　［十六］582

梁杰　［十六］608

梁杰鸿　［十六］619

梁洁修　［十七］62

梁捷炜　［十六］606－607

梁捷喜 [十六]608

梁解 [十七]75

梁金福 [十七]75

梁锦泰 [十七]169

梁锦棠 [十七]50

梁进德 [十六]582

梁晋朴 [九]321

梁觐三 [十七]51

梁景 [十六]626

梁景星 [十七]62

梁竞雄 [十七]49

梁镜堂 [十六]527

梁就发 [十七]154

梁钜屏 [四]43

梁君祥 [十六]572

梁开凤 [十三]465

梁恪宸 [四]101

梁兰泉 [七]56－58

梁朗天 [十六]624

梁礼 [十七]46

梁礼干 [十六]626

梁礼光 [十六]592

梁礼庭 [十七]45

梁礼垣 [十六]626

梁李氏 [十三]464

梁丽方 [十七]154

梁丽生 [十六]118,161,332

梁励男 [十七]12

梁励三 [十六]581

梁龙 [十七]613

梁龙廷 [十七]52

梁鲁生 [十六]622

梁沦芳 [十六]534

梁纶卿 [九]54

梁侣梅 [十七]140

梁买 [十七]106

梁满 [十五]400

梁梅 [十七]75

梁美焯 [十七]154

梁梦成 [十六]608

梁梦熊 [十六]617

梁宓 [四]43

梁名和 [十六]626

梁明致 [十七]204

梁鸣一 [十四]57,169

梁铭楷 [十七]13

梁乃缵 [十七]74

梁能坚 [十三]93－94

梁年 [十六]605

梁念德 [十七]62

梁泮 [十三]437

梁培 [十六]218,322

梁培基 [十七]343

梁配仁 [十六]371

梁品三 [十五]361;[十七]154

梁评旺 [十六]523

梁璞珊 [十七]50

梁奇 [十六]582

梁杞新 [十六]580

梁启超 [三]22;[四]400,408;[七]12;
[九]256;[十]355,487,528,532,534;
[十一]43,57,62,64－65,87,96－97,
165;[十二]375;[十三]250(参见梁氏、
任公)

梁洽 [十六]572

梁钦记 [十六]577

梁钦四　[十七]252

梁琴堂　[十八]42,221

梁勤　[十七]49

梁庆记　[五]239

梁秋　[七]86；[十六]582

梁求贤　[十七]54

梁权　[十六]625

梁全焕　[十六]608

梁人　[十六]608

梁仁沛　[十七]42

梁日初　[十六]617

梁日青　[十六]107

梁荣　[十五]400

梁荣芳　[十六]77

梁荣光　[十六]623

梁荣锐　[十七]23

梁如九　[十七]68

梁瑞钿　[十六]526

梁瑞生　[十七]9

梁瑞祥　[七]456

梁闰生　[八]154

梁若泉　[十七]47

梁骚　[十七]72

梁善　[十六]615

梁善卿　[十六]136,178

梁上栋　[十一]348-350

梁芍坡　[十七]42

梁少东　[十四]295

梁绍贤　[十四]418

梁社发　[十六]582

梁社元　[十七]50

梁伸威　[十七]592

梁省躬　[十六]92,120,161

梁胜　[十七]226

梁胜林　[十六]608

梁石稳　[十七]48

梁士锋　[十二]317

梁士衡　[十三]649

梁士模　[十六]324

梁士让　[十五]361

梁士诒　[三]159,162；[四]55,82,472；[九]137,139,143-144,269,279-280；[十]145；[十一]338-339,344,484；[十二]14-15,156；[十三]89,689(参见梁燕荪)

梁士洲　[十六]605

梁氏　[三]62-91,93-94,96-116；[十一]44,141(参见梁启超)

梁世慈　[十六]335

梁世芳　[十三]464

梁市三　[十七]45

梁寿恺　[十四]434

梁寿显　[十七]74

梁树南　[十六]616

梁树熊　[十六]210,321

梁四　[十六]627

梁松生　[十七]44

梁棠　[十七]12

梁天池　[十七]50

梁廷槐　[十七]246-247

梁廷相　[十七]53

梁旺　[十七]46

梁望　[十七]75

梁维林　[十六]538

梁伟　[十六]627

梁文灿　[十三]470

梁文富　[十六]624

梁文钦　[十六]132,175

梁文松　[十五]260

梁文通　[十六]625

梁希冉　[十六]608

梁锡　[十六]646

梁锡余　[十七]23

梁系登　[十六]329

梁先生　[十一]44

梁贤栋　[十六]622

梁贤清　[十六]633

梁贤天　[十七]53

梁显宏　[十七]154

梁显桓　[十七]152

梁羡　[十六]608

梁羡如　[十七]49

梁香池　[十六]592

梁象齐　[十六]622－623

梁象灼　[十七]42

梁孝镠　[十六]532

梁孝肃　[三]162

梁燮　[十七]45

梁信仍　[十七]50

梁星俦　[十七]73

梁星初　[十七]52

梁修林　[十七]106,145

梁修文　[十七]74

梁秀春　[七]56,132

梁秀芳　[十七]278

梁秀林　[十六]530

梁旭东　[十六]533

梁旭强　[十七]46

梁萱　[十四]500－501

梁学　[十六]538

梁雪岩　[十六]578

梁亚　[十七]71

梁延槐　[十七]185

梁炎　[十七]44

梁炎郎　[四]43

梁炎炘　[十七]142

梁燕荪　[九]137,139,143（参见梁士诒）

梁耀池　[十六]118,168,332

梁耀南　[十七]151

梁耀全　[十五]667

梁耀武　[十六]143

梁乙　[十六]538

梁奕德　[十七]154

梁意和　[十六]355

梁溢生　[十六]577

梁英　[十六]482

梁英才　[十七]198

梁永　[十五]400；[十六]622

梁泳溟　[十七]45

梁有成　[十七]103

梁有燊　[十六]625

梁有长　[十七]44

梁佑勋　[十六]626

梁余永　[十六]592

梁愚　[十三]181,186；[十六]36

梁雨池　[十六]634

梁雨金　[十七]41

梁禹平　[十七]746,748

梁玉书　[十七]50

梁域裕　[十七]46

梁煜成　[十七]50

梁煜林　[十六]621

梁元亨　［十七］23

梁月臣　［十七］106

梁云浓　［十六］534

梁允祺　［十六］114,138,149,155－156

梁允煊　［十六］138,148

梁蕴兴　［十七］8

梁在　［十六］581

梁在为　［十七］49

梁泽夫　［十六］623

梁泽生　［七］240;［十六］92,119,161,646

梁沾鸿　［十四］325,328

梁占　［十六］608

梁占安　［十七］13

梁张氏　［十五］400

梁章达　［十七］154

梁章允　［十六］626

梁长海　［十二］102;［十六］432,440

梁兆荣　［十七］11

梁兆森　［十六］581

梁兆振　［十六］576

梁振华　［十五］321

梁振琴　［十六］633

梁植臣　［十七］45

梁志宏　［十三］653－654

梁秩　［十七］72－73

梁秩文　［四］43

梁钟汉　［九］181－182;［十二］116;［十六］327,333,473－474

梁仲昆　［十六］614

梁重良　［四］54;［十六］30

梁柱海　［十六］623

梁卓贵　［十六］77,88,368,502

梁卓文　［十六］605,607

梁子荣　［十七］11

梁子元　［十六］623

梁紫垣　［十七］37

梁宗汉　［十六］140

梁祖禄　［十三］111

梁祖荫　［十七］183

梁醉生　［十三］498;［十四］4,6;［十五］630;［十六］259,345(参见醉生)

梁杯　［十六］625

亮工　［八］335;［九］326(参见夏之时)

亮章　［八］225

谢梁氏　［七］307

廖安田　［十七］170

廖百芳　［八］515－516;［十七］333,337

廖财政司长　［十一］289(参见廖仲恺)

廖彩辉　［十七］278

廖传诏　［十三］126

廖达生　［十六］628

廖达岳　［十五］614

廖得山　［十］81

廖德山　［八］138;［十三］381;［十六］324

廖登　［十七］74

廖鼎铭　［十七］764

廖凤岐　［十七］153

廖凤书　［八］127

廖奉恩　［八］138;［十三］380

廖富荣　［十六］622

廖干五　［十五］592;［十七］753

廖刚　［十七］416,695

廖管廷　［十七］12

廖光享　［十六］625

廖桂生　［十六］117,158

廖国林　［十七］47

廖汉刚 〔十七〕278

廖汉寰 〔十七〕254

廖汉裔 〔十六〕583

廖行超 〔八〕488,516－517,533－534；
〔九〕610,626；〔十〕753,755；〔十二〕397；
〔十四〕160,249,253,262；〔十五〕89,442
－443,462,555610；〔十七〕206,267,418
－419；〔十八〕437（参见品卓）

廖衡酌 〔十二〕143

廖华炳 〔十七〕12

廖吉云 〔十四〕317

廖继舜 〔十六〕628

廖家栋 〔八〕128

廖家骥 〔十六〕142

廖剑秋 〔十六〕577,583

廖接 〔十五〕639

廖介和 〔十六〕637

廖金吾 〔十七〕12

廖金英 〔十六〕581

廖景唐 〔十六〕135,177

廖琚 〔十七〕13

廖恪卿 〔十六〕530

廖兰初 〔十七〕50

廖朗如 〔十七〕185,421,423,474,478,
516,522,566－567,569,657,661

廖麟 〔十七〕49

廖伦 〔十六〕373,400,451

廖命 〔十七〕278

廖谋 〔十六〕534

廖南华 〔十六〕105,154

廖鹏声 〔十五〕454

廖平庵 〔十〕72

廖耆芳 〔十五〕639－640

廖霎尘 〔十六〕130,173

廖韶光 〔十四〕391

廖石山 〔十六〕581

廖叔唐 〔十六〕398

廖天送 〔十六〕627

廖挽权 〔十六〕106,154

廖维 〔十六〕627

廖伟理 〔十七〕153

廖文科 〔十七〕60

廖文蔚 〔八〕525

廖显佐 〔十六〕625

廖湘芸 〔八〕115,132,151,173,343,390,
415,461,467；〔九〕401,404,409－410,
416,424,551,574,576,580,591；〔十三〕
355,371,521,543,550－552,563－564,
574；〔十四〕45,183－184,247,249,287,
290,292,479－480,554,567；〔十五〕5－
6,78－80,146,187－188,550；〔十六〕
433,558；〔十七〕34,88,114,398,511－
512,597,599

廖校长 〔三〕446（参见廖仲恺）

廖燮 〔十七〕691－692,749,751

廖燮南 〔十六〕128,169

廖心尧 〔十六〕545

廖宿生 〔十六〕286,361

廖炎 〔十三〕93－94

廖衍甫 〔十六〕127,168

廖耀轩 〔十六〕114－115,156,178

廖英初 〔十一〕45

廖应义 〔十五〕606

廖有权 〔十五〕192

廖远在 〔十五〕639

廖云炳 〔十七〕60

廖章启　〔十六〕572

廖振　〔十七〕49

廖正兴　〔五〕239,242

廖致和　〔十六〕624

廖仲东　〔十六〕476

廖仲厚　〔十七〕592

廖仲恺　〔一〕71 - 72,83;〔二〕148;〔三〕
　　385 - 386;〔四〕79,91,147 - 148,165,
　　173,389,494,541;〔五〕371;〔六〕27 - 28,
　　33,52,77,94,96,151,204 - 205,228,372
　　- 373,445,448;〔七〕499 - 500,503 -
　　508,536,549 - 550,552,560 - 561;〔八〕
　　109 - 111,160,165,255,276,291,372,
　　509,513,519;〔九〕234,495,499,522,
　　532,534,571 - 572,585,587,616,631,
　　664;〔十〕535,563,625,630,639,643 -
　　645,647,724 - 725,745;〔十一〕127,132,
　　214;〔十二〕143,297,303,341 - 343,366,
　　387,409,492,503;〔十三〕263,270,277,
　　282,350 - 351,460,532;〔十四〕26,33,
　　49,59,74,76,93,105,115,124,144 - 145,
　　170,173,175,184 - 185,189 - 190,193 -
　　194,196,198,202,206 - 207,212,225,231
　　- 233,238,240,245,247,250,270,275 -
　　276,279,283,309,312,314,318,322,329,
　　340,345 - 346,348,362 - 364,382,386 -
　　387,391,394,401 - 402,415,417,420 -
　　422,432,434 - 436,441,446,450 - 451,
　　454,457,466,482 - 484,488,490,493 -
　　494,515,518;〔十五〕67,208,234 - 235,
　　240,242,245,253,256,259,267 - 269,
　　272,278 - 281,289,296,298,303,307,
　　314,322 - 324,332,335,342,351,354 -

355,366 - 368,370,378,385,403,405,
415,417,420,445,449,467,471,484,506,
525,544,567,610,638 - 639,662,664,
676;〔十六〕104,146,221,262,286,304,
317,325,365,376 - 377,380 - 382,402,
512,550 - 551;〔十七〕28,96,98,117,
203,235,247,319,321 - 322,328,330,
351,367,406,421,423,436 - 439,456,
459,507,531,549,553,564,566,569,572,
579,610,614,616,623,630 - 632,634 -
635,637,645 - 646,665,670 - 671,701,
703(参见仲恺、廖财政司长、廖校长)

廖仲恺夫人　〔十二〕503(参见何香凝)

廖卓芳　〔十五〕639

廖子鸣　〔八〕120

廖梓谦　〔十七〕175

廖宗北　〔十六〕329

列堀　〔十六〕480

列宁　〔二〕38,43;〔四〕157 - 159,260 -
　　261,282;〔八〕281 - 282,297,348,369 -
　　370,504;〔九〕373,566,589;〔十〕641 -
　　643,773;〔十一〕118;〔十二〕43,77,160,
　　215,296,354,360,364,368,385,427,501,
　　504;〔十四〕431,449;〔十八〕393

列玉珊　〔十七〕169

列治臣　〔九〕366

列子　〔二〕47

烈吾朴　〔十二〕20

烈武　〔四〕72;〔七〕393;〔八〕155

烈支多芬　〔三〕3

邻葛　〔八〕366,429;〔十八〕506(参见杨宇
　　霆)

林安　〔十六〕436,520

林安定 〔十六〕621

林昂 〔十七〕154

林白水 〔十八〕466(参见少泉)

林百克 〔十二〕51,92;〔十八〕233

林百民 〔九〕421

林宝田 〔十六〕136,179

林宝彝 〔十六〕354

林葆怿 〔四〕103,405,431,438,440－441;〔八〕34,230;〔九〕328,375,379－384,386－387,389－391,394,445－446,456－457;〔十三〕262－263,308,313;〔十六〕185,316,364,379(参见悦卿、林司令、林总司令)

林北立 〔十七〕48

林秉安 〔十六〕371

林秉祥 〔五〕239,242

林炳 〔十六〕608

林炳南 〔十三〕663

林炳桥 〔十七〕146

林炳照 〔十六〕371

林伯成 〔十七〕12

林伯和 〔十六〕324

林伯岐 〔十二〕353

林伯渠 〔十三〕301(参见伯渠)

林不帝 〔十六〕394,505;〔十七〕136

林采昆 〔十三〕571

林灿礼 〔十六〕608

林灿时 〔十六〕623

林昌武 〔十七〕733

林昶 〔十七〕11

林焯雄 〔十七〕48

林朝汉 〔四〕43;〔十三〕93－94

林潮清 〔十六〕335,523

林呈祥 〔十七〕23

林持纲 〔十六〕129,171

林赤民 〔十三〕584－585;〔十七〕565

林初来 〔十六〕129,171

林春华 〔十六〕342

林春树 〔十六〕334

林椿荣 〔十五〕298

林达 〔十四〕173;〔十七〕75

林达存 〔十四〕324;〔十六〕290,362,600;〔十七〕108

林达三 〔八〕41

林大任 〔十三〕93－94

林德安 〔十六〕572

林德盘 〔十七〕48

林德胜 〔十六〕534

林德雄 〔十七〕62

林德轩 〔八〕71,141－142,161,525;〔九〕266,296－298;〔十三〕352,356－357,372,374－375,422－423;〔十六〕142(参见伯仙)

林德云 〔十七〕49

林鼎甲 〔十五〕207

林定一 〔十三〕237

林斗南 〔十七〕11

林杜 〔十六〕628

林尔佑 〔十六〕77

林芳 〔十六〕526;〔十七〕74

林飞云 〔十六〕234,335,605

林凤生 〔十七〕610,612

林凤梧 〔十六〕526

林凤游 〔十七〕409－410

林福成 〔四〕100

林福业 〔十七〕47

林改良　〔十六〕533

林干　〔十六〕608

林干廷　〔七〕53,55－56;〔十六〕530

林格兰　〔三〕162;〔七〕183

林共进　〔十七〕53

林骨　〔十七〕580

林关义　〔十六〕625

林观胜　〔十七〕11

林冠慈　〔三〕430;〔四〕43

林光　〔十七〕158

林光汉　〔十六〕615

林贵洲　〔十三〕466

林国光　〔三〕163

林国英　〔十七〕409;〔十八〕298

林海筹　〔十六〕520

林海军总司令　〔四〕412,420;〔九〕336

林汉兴　〔十七〕48

林鹤龄　〔十六〕524

林鹤松　〔七〕70

林鹤廷　〔九〕118

林鹤余　〔十七〕46

林洪干　〔十五〕400

林鸿宝　〔十六〕530

林鸿超　〔八〕107

林鸿兴　〔十六〕531

林鸿曜　〔十六〕532

林虎　〔九〕457,559,573－574,665;〔十二〕319,366;〔十三〕302,408,575;〔十四〕477－478;〔十五〕563

林护　〔十六〕321;〔十七〕84

林华　〔十六〕578

林华焯　〔十六〕608

林浣　〔十六〕525

林焕廷/庭　〔八〕371,378－379;〔九〕515,516,532,535,585;〔十三〕643;〔十六〕212,322,520(参见焕廷、林业明)

林焕有　〔十六〕581

林黄卷　〔十六〕397

林晖庭　〔十三〕408;〔十七〕84

林汇　〔十七〕272

林会卿　〔十七〕292

林惠叶　〔十七〕147

林箕忠　〔十七〕23

林济泉　〔十七〕13,292

林甲　〔十七〕71

林建安　〔十七〕170

林建昌　〔十七〕12

林建章　〔九〕544

林杰生　〔十六〕627

林杰新　〔十六〕608

林金阁　〔十六〕628

林金进　〔十六〕625

林金柳　〔十六〕108,164

林金养　〔十六〕628

林锦华　〔十七〕75

林进三　〔十七〕48

林进元　〔十七〕49

林觐　〔十七〕158

林经国　〔十六〕135,176

林警魂　〔八〕38,450;〔十四〕217;〔十五〕478;〔十六〕560

林敬满　〔十六〕580

林敬忠　〔十六〕608

林镜秋　〔十三〕50

林镜台　〔九〕269,278,289,291,339;〔十六〕220,324;〔十七〕457－458

林驹　［八］358；［十六］509

林驹望　［八］358

林举多　［十七］52

林举燬　［十七］48

林举辉　［十七］43

林举礼　［十七］46

林举棠　［十七］54

林军国　［十六］77

林君复　［十五］632；［十六］263，345；［十七］578，584

林俊廷　［八］316，448；［九］502；［十二］308；［十三］273，562；［十七］754－755（参见蒲／圃田、林蒲／圃田）

林开臻　［十七］226

林开宗　［十七］61

林克利　［十六］534

林肯　［一］243；［二］98；［三］61，311，342，351，369，380，412；［四］170，530，533；［十］261，263，303，390，450，457，555，607；［十一］230；［十七］279

林宽在　［十六］608

林逵九　［十六］374；［十七］23

林昆山　［十六］574

林来　［十六］68

林籁亚　［九］445

林籁余　［十六］108，164

林朗臣　［十五］286

林乐　［十六］526

林乐吾　［十六］613

林礼斌　［九］22

林立楠　［十七］49

林丽生　［十三］576，633；［十四］77；［十六］529；［十七］222，609

林连财　［十六］371，589

林连称　［十六］110，153，158

林连富　［十七］170

林莲荪　［十六］29

林良儒　［九］423

林良玉　［十六］286，362

林霖义　［十六］371，578

林龙波　［十七］46

林龙祥　［十六］114，155

林罗氏　［十三］454－455

林旅长　［四］409，412，417，419，421，425；［九］264，268，297，328，336，361（参见林修梅）

林买立　［十六］582

林茂龄　［十七］74

林梅端　［十六］130，173

林梅六　［十六］136，179

林梅瑞　［十六］534

林美回　［十六］122，166；［十七］140

林蜜　［十六］589

林民政处长　［四］412，425；［九］268（参见林支宇）

林敏岩　［十七］46

林明　［七］212

林明盛　［十六］534

林铭三　［十六］534

林偶然　［十六］109，153

林蓬洲　［十六］372，431，448，611，614

林平波　［十七］13，291

林莆／圃田　［四］513；［八］316

林其蕤　［十六］634

林奇　［十一］93，96，101

林祺　［十六］592

林启任　〔十六〕622

林启文　〔十七〕53

林启一　〔十三〕93 - 94

林强　〔十六〕624

林钦　〔十六〕530

林清　〔四〕40

林清泉　〔七〕224,229

林琼　〔十六〕581

林裘墨　〔十六〕578

林屈伸　〔十六〕628

林权有　〔十六〕572

林泉　〔十三〕133,237;〔十七〕74

林日章　〔十七〕48

林荣　〔十六〕589

林荣滋　〔十七〕42

林容光　〔十六〕527

林容胜　〔十六〕608

林汝荣　〔十六〕581

林汝轩　〔十六〕592

林汝扬　〔十六〕537

林瑞安　〔十六〕134,176

林瑞琪　〔三〕162

林瑞忠　〔十六〕625

林润泽　〔十七〕24

林若豪　〔十六〕535

林若时　〔十三〕499,525;〔十四〕559,586;
　〔十五〕21,86,187 - 188,232;〔十六〕463;
　〔十七〕469,489,555,557,606(参见林司
　令)

林三和　〔十六〕135,177

林森　〔四〕69,105,160,422,424;〔五〕107;
　〔六〕86 - 87,104,113,142,165,171,231
　- 232,243,263,273,281,363;〔八〕67,
70,86,90 - 91,94,107,128,364 - 365,
396,444;〔九〕183,197,218,422,527;
〔十〕646,730;〔十三〕178 - 180,315 -
316,366 - 367,391;〔十四〕171,202,231,
235,260,310,473,488 - 489,509,518,
540;〔十五〕10 - 11,14,97,100,147 -
148,150,179 - 180,229,256,258 - 259,
273,281,286,303,314,316,321,331,334,
338,352 - 353,366,368,370,371,408,
416,426,449,453,469,506,561,586,660,
663;〔十六〕297,300,303;〔十七〕154,
221,223,268,320,330 - 331,333 - 334,
438,551,564,582,623,635,682 - 683,
693,715,722 - 723,725,759 - 760(参见
子超、林子超)

林善焯　〔十七〕43

林善承　〔十五〕356

林善逵　〔十七〕49

林尚平　〔十六〕628

林韶　〔十七〕154

林少梅　〔十三〕568

林绍生　〔十七〕198

林伸寿　〔十六〕109 - 110,158,172,286,
　349;〔十七〕137

林生财　〔十六〕534

林生江　〔十七〕61

林绳武　〔十四〕240

林圣永　〔十六〕526

林胜　〔十六〕581;〔十七〕49

林师肇　〔七〕373,508;〔十三〕168

林诗必　〔十七〕168

林时塽　〔七〕72

林使　〔十二〕9

林世安 ［十六］117,158

林世爵 ［十七］5

林寿 ［十六］616

林寿池 ［十六］572

林寿华 ［十三］533；［十六］507

林寿乔 ［十六］534

林树春 ［十四］240

林树椿 ［十八］350

林树藩 ［十五］298

林树巍 ［十二］180；［十三］542,649,680,
684；［十四］182,184,207,225,238 - 239,
272,318,581；［十五］401 - 402,487,496；
［十六］539；［十七］59,117 - 118,163

林爽 ［十六］526

林司令 ［七］550,552；；［九］328（参见林
葆怿）

林司令 ［九］544（参见林建章）

林司令 ［九］602（参见林若时）

林斯琛 ［五］107；［十六］313,353

林松友 ［十六］129,170

林罩 ［十三］202

林特生 ［八］112（参见林支宇）

林天贺 ［十六］627

林天齐 ［十六］621

林天奇 ［十六］109,150

林天庭 ［十七］196

林天喜 ［十六］608

林天相 ［十六］133,174；［十七］176

林铁汉 ［十六］339

林廷干 ［十七］49

林万里 ［五］107；［十三］210

林万燕 ［十七］144

林维祥 ［十六］108,164

林伟成 ［十四］255

林伟夫 ［十六］117,179

林伟楠 ［十六］527

林蔚 ［九］231

林温良 ［十六］107,148

林文安 ［十六］136,179

林文彬 ［十六］533

林文光 ［十七］278

林文鸿 ［十六］132,174

林文联 ［十七］44

林文庆 ［七］64,339；［十三］93 - 94,466；
［十六］18

林文英 ［十八］237

林文忠 ［八］408；［十六］618

林我醒 ［十七］51

林西黎 ［十六］115,156

林希逸 ［十六］117,167

林熙树 ［十六］526

林喜智 ［七］238,243

林贤 ［十七］23

林贤炳 ［十六］623

林贤豪 ［十六］623

林贤友 ［十六］622

林翔 ［六］363；［十四］221,231,377；［十
五］14,17,41,55,57 - 58,62,85,145,
149,154 - 156,159,175,177,188,203,
230,238,259,303 - 304,309,313 - 314,
317,337,344,383,417 - 418,460,530,
559,575,598,607 - 608,641；［十六］266,
278,294,346,350；［十七］298 - 299,305,
396,523,526 - 527,532 - 533,635

林心泉 ［十四］13

林新贵 ［十六］617

林信迳 [十六]608

林醒亚 [十六]527

林兴 [十六]605;[十七]60

林兴宜 [十六]532

林修海 [十三]462

林修梅 [四]130－132;[八]60,93,124－125,157,222,231,236,247;[九]294,297,401,456,460－462,468;[十三]259,273,300,316－317,344,368,395,397,405,409,436,458－462;[十六]145,422,430(参见浴凡、林旅长)

林秀棣 [十六]628

林秀山 [十七]170

林学衡 [十六]216,322

林烟 [十七]62

林延 [十六]582

林燕 [十六]583

林扬 [十七]158

林扬武 [十六]135,178

林瑶 [十六]577

林耀如 [十七]24

林业民 [十六]519;[十七]224

林业明 [四]148－149;[十四]208;[十六]496,511,518,524－525,529,531,533,536－537,544－545,573,575,577,579,587－588,590－591,596－597,606－607,611－612,616,619,632－633,644－645;[十七]7,9,14,25－26,35－36,43,55,60－61,69－71,73,102,104－105,120－121,133,135－136,140－141,145－146,151,153,156－157,167－168,174－175,186,189,193,196－197,225,236－237,252－253,260－261,270－

271,276－277,281－282,285,287,291,293,313;[十八]467(参见林焕廷、焕廷)

林怡孙 [十六]113,157

林义顺 [七]49,79,91,96,98,113,339,353;[八]367,485;[十三]54－55,466;[十六]241,340;[十八]468

林奕权 [十七]48

林奕添 [十六]587

林逸川 [十六]523

林翼扶 [十七]253

林英 [十六]527

林英杰 [十六]306,351

林英石 [十六]134,177,374

林瀛洲 [十四]113－114

林应祥 [十六]286,362

林永伦 [八]246;[十六]334

林永谟 [十三]474;[十六]378－379,402

林永昭 [十七]23

林猷旭 [十六]534

林有祥 [十六]109,153;[十七]23,167

林鱼新 [十六]534

林玉郎 [十六]122,165

林玉台 [十六]577,583

林裕安 [十六]628

林元邦 [十六]627

林元光 [十三]189

林月轩 [十六]534

林云陔 [一]83;[六]353,476,489;[九]532;[十四]77,123,296,561,564;[十五]23－24,49,105,242－243,400,404,636;[十六]439,529,551,565,600－601,649;[十七]17,63,129－130,164,195,209,360,393,396,401,507,568,610,637,658,

683

林云生　［十六］583

林载伯　［七］290

林早　［十六］627

林则徐　［十］190

林泽民　［十六］628

林泽生　［十七］84

林泽斋　［十六］166

林章　［十六］608

林长　［十六］623

林长康　［十七］253

林长民　［十三］93 - 94,604

林长胜　［十七］48

林长盛　［十六］621

林昭春　［十六］534

林照　［十六］588

林照英　［十六］32,105,148

林者仁　［十六］241,310,352,355

林贞　［十六］534

林榛　［十七］75

林振华　［十七］46

林振夏　［十七］733

林振雄　［十七］558

林振宗　［五］239,243

林震　［九］60;［十四］541,552;［十七］148

林镇邦　［十六］651

林拯民　［四］91,494

林正复　［十七］137

林正煊　［十三］399 - 400

林政良　［十六］133,174

林之夏　［四］49;［五］108

林支宇　［八］112,323,385,400;［十三］344,443,574 - 578;［十四］374;［十七］655,734,757,759（参见林特生、林民政处长）

林织云　［十七］187

林直勉　［四］43,91,494,563;［六］492 - 493;［八］175 - 176,192 - 193,234,515;［九］469,572;［十二］180;［十三］490,525;［十四］55,324,381,488;［十五］335,361,532,547,558,575,612,624,653,655,660 - 661;［十六］213,322,460;［十七］82,93,116,129,200,546,687 - 688,694,706 - 707,719,728,735,745,748,751

林植庭　［十六］632

林志光　［十六］120,171

林志华　［十七］640,679,681

林志熙　［五］239,242

林忠华　［十六］118,159

林钟和　［十六］623

林仲鲁　［十六］310,363

林重平　［十七］153

林竹溪　［十六］527

林祝泉　［十七］158

林祝三　［十六］527

林卓平　［十七］46

林子超　［八］31,70,86,94,107,139,343;［九］362,397;［十三］140,226,301,357,549（参见子超、林森）

林子峰　［四］101;［十五］416;［十七］172,622,639,643

林宗斌　［十六］492

林宗素　［十一］231

林宗雪　［十三］36 - 37

林（海军）总司令　［四］412,417 - 418,424;［九］360（参见林葆怿）

林祖涵　［四］148；［八］59；［九］268；［十］645；［十三］302；［十六］125，166，233，335，409，511，639；［十七］438－439，683（参见伯渠、林伯渠）

林祖密　［八］118－119；［十六］246

林作舟　［七］397

伶俐/吟唎　［四］23，139；［十一］107，149，151

铃木　［一］68；［七］329；［十一］255，265－266；［十八］537

铃木（久五郎）　［七］329；［十八］87

铃木天眼　［十八］104

凌光明　［十七］252

凌厚柏　［十七］154

凌焕文　［十七］170

凌骥　［十四］398－401

凌家俊　［十六］572

凌竞安　［十六］572

凌瘦仙　［十七］252

凌霄　［十六］308，352

凌新益　［十七］13

凌毅　［九］646

凌印清　［十六］641

凌钺　［八］47，49，62，90，127，152，248；［十三］150，288，291－292，295，299，308，356，393－394；［十六］31，197，319

凌云谱　［十七］13

凌昭　［四］48－49

凌振均　［十七］278

刘蔼如　［九］646

刘蔼余　［十七］10

刘霭　［十六］608

刘安　［七］460；［十六］584

刘白　［十六］275，348

刘百泉　［十七］171

刘邦　［二］79，81；［十］557，581，592，598（参见汉高祖）

刘傍　［十六］608

刘宝珊　［十七］6

刘备　［二］125；［十一］7

刘碧波　［十三］466

刘斌　［十六］54

刘秉刚　［十三］640

刘秉纲　［十七］657

刘炳焯　［十七］47

刘炳初　［十七］44

刘炳全　［十六］628

刘炳庭　［十三］79

刘炳炎　［十三］89

刘伯昌　［十三］93－94

刘伯干　［十六］527

刘伯隆　［十六］579

刘伯英　［四］148－149；［十七］440，443

刘博明　［十六］538

刘才　［十五］400；［十六］538

刘才枝　［十六］607

刘裁甫　［十五］132

刘策　［十五］583，645，647

刘昌　［五］241；［十七］122

刘畅亭　［十七］74

刘焯生　［十七］11

刘陈氏　［十五］400

刘成　［十六］226，327

刘成勋　［四］515；［八］328，331，349，421；［九］519；［十三］537；［十四］272－273，304，313；［十七］143（参见禹九、刘禹九、

刘总司令)

刘成禺　[一]71;[三]130;[四]138;[八]297;[九]257,552;[十一]104,107–108,112,174,178–,486;[十二]27,124,231,345,369,410,482,491;[十三]63;[十四]66;[十五]601,630;[十六]201,320;[十七]120,123,559,562(参见禺生、刘禺生、刘偶君)

刘畴　[十六]538

刘楚湘　[十六]330

刘醇一　[七]402

刘存厚　[七]573;[八]98;[九]304,306,330,371;[十六]234,281,285(参见刘督军、刘将军)

刘达卿　[十七]254

刘达庆　[八]366;[九]414–415;[十六]509

刘大同　[七]470;[十六]126,147

刘代督(军)　[四]417–418,421,424;[九]311,335–336,361;[十三]296(参见刘祖武)

刘道一　[一]73;[四]26,51;[十三]121,124

刘德　[十六]627

刘德昌　[十五]488–489

刘德初　[八]12;[八]211

刘德泽　[十六]340

刘德志　[十六]608

刘灯维　[十三]203

刘帝柱　[十六]581

刘殿臣　[十七]269,335,419

刘殿生　[十六]519;[十八]383

刘鼎云　[十六]623

刘督军　[四]399–400,409,412,417,421,424;[九]280,282,284,298,300,309,315–316,327,335–336,361;[十三]296;[十六]285(参见刘显世)

刘督军　[四]412(参见刘存厚)

刘笃培　[十七]655

刘恩锡　[七]498

刘发祥　[十六]628

刘飞尔　[一]239

刘飞鸿　[十六]584

刘芬　[四]548

刘凤生　[十六]131,173

刘芙航　[八]69;[十三]301

刘福江　[十六]115,156

刘福球　[十七]156

刘福田　[十六]106,138,149,155

刘福珍　[十七]254

刘甫臣　[十四]78

刘复　[十三]218

刘富生　[十七]106,146

刘馥　[十三]93–94

刘干初　[十六]592

刘庚　[十六]339

刘公　[一]77–78

刘观华　[十七]188

刘官九　[十六]618

刘冠群　[十七]318

刘冠三　[八]69;[十三]302

刘冠雄　[四]44;[八]444;[十二]278;[十六]16

刘盥训　[十六]192,319

刘光汉　[七]140–141;[九]55

刘光烈　[九]382;[十六]364;[十七]440

刘光谦　［十一］116

刘广泰　［十七］106

刘贵友　［十六］122,165

刘贵长　［十六］572

刘桂昌　［十五］400

刘桂芬　［十七］169

刘桂亭　［十六］628

刘国定　［十七］188

刘国钧　［八］264

刘国森　［十六］581

刘国祥　［十七］746,748

刘国佐　［十六］91,144

刘海　［十七］75

刘汉彩　［十七］170

刘汉臣　［十六］337

刘汉川　［十六］225,327

刘汉华　［四］412；［七］290；［十六］238,
240,321,336－337

刘汉明　［十六］625

刘汉清　［十七］6

刘汉山　［十六］535

刘汉香　［十六］112,159

刘翰如　［十七］150

刘浩　［十六］262,360

刘和合　［十七］12

刘宏道　［十七］365

刘洪菴　［四］49

刘鸿逵　［十七］374

刘侯武　［八］511

刘护督　［九］293（参见刘云峰）

刘华　［十七］12

刘华生　［十六］107,160

刘华英　［十六］581

刘骅　［十七］764

刘焕　［十三］331；［十四］54,56

刘焕藜　［十三］343,352,403－404

刘焕清　［十七］254

刘焕香　［十六］619

刘恢汉　［十六］324,447；［十七］186,189

刘辉廷　［七］97

刘惠良　［十六］606

刘鸡　［十七］147

刘积学　［四］147－148；［十三］292；［十
六］512

刘基　［四］22,303

刘基炎　［七］479；［九］224

刘吉庭　［十七］226

刘汲之　［十七］510

刘纪文　［八］27,471；［九］549－550；［十
三］220；［十四］32,34－36,41,60－61,
63,77,86,93,117,128,149,151,164－
166,171,198,208,337；［十五］146,149,
304,449；［十六］551,564；［十七］16,89,
92,297,299；［十八］469

刘纪信　［十六］464

刘季谋　［八］78；［十三］238；［十六］118,
160

刘继新　［十七］278

刘家宾　［十五］298

刘家运　［一］73

刘见　［十七］74

刘建藩　［四］116；131；［七］574；［九］264,
293,297；［十三］273（参见昆涛、刘昆涛、
刘镇守使）

刘建凡　［四］49

刘剑芬　［十六］355

刘剑虹 [十四]170;[十五]299

刘剑侠 [十三]148

刘健 [十三]93-94

刘将杰 [十六]621

刘将军 [四]399(参见刘存厚)

刘觉民 [八]513;[十五]8;[十七]106

刘觉任 [十七]460

刘节初 [八]267

刘杰 [十六]605

刘介藩 [八]329

刘金传 [十七]254

刘锦江 [十三]672

刘锦梁 [十七]72

刘锦孝 [八]329,333

刘进旭 [十七]62-63

刘景辉 [十六]622

刘景三 [十七]74

刘景士蒇 [十七]74

刘景双 [十五]212,220;[十六]245,343

刘景新 [十五]504-505;[十七]365

刘竞西 [十四]326,394

刘敬 [十七]72,74

刘敬亭 [十三]466

刘靖 [十六]262,361

刘鞠可 [十三]93-94

刘巨良 [十五]267,277

刘崛 [十三]143-144,181;[十六]91,325,470;[十七]212

刘军长 [四]409;[十四]180,279

刘君 [七]415;[八]25,46,174

刘君亮 [十二]264

刘俊三 [八]421

刘竣复 [十六]358

刘凯 [十四]379

刘康民 [十七]75

刘孔珍 [十六]623

刘况 [十七]469

刘况许 [十七]655

刘揆一 [十一]153,340(参见培英)

刘坤 [十六]578

刘坤一 [十一]84,86-87

刘坤意 [十三]466

刘崑涛 [九]242

刘焜 [十三]533;[十六]507

刘焜灿 [十六]507

刘昆涛 [四]116(参见昆涛、刘建藩)

刘礼谋 [十七]170

刘丽泉 [十七]9,11

刘利生 [十四]238

刘濂 [十六]480

刘麟 [十七]74

刘麟书 [十六]572

刘柳波 [八]246

刘柳坡 [十六]274,347,530

刘芦隐 [六]365;[九]469;[十七]132,530

刘禄 [十七]188

刘旅长 [九]299;[十四]133

刘莽汉 [十六]581

刘茂三 [十六]356

刘懋卿 [十六]274,348

刘民三 [十七]10

刘民特 [十七]106

刘民畏 [十四]62;[十五]466;[十七]192

刘明 [十六]527

刘明德 [十七]10

刘裳生　［十七］54

刘穑　［十六］579

刘南　［十七］71

刘偶君　［四］23（参见刘成禹）

刘培寿　［十五］28；［十七］714

刘沛　［十七］363，419，421

刘聘　［十七］6

刘平　［七］290；［十三］151；［十七］74

刘岐山　［七］60；［十八］470

刘其渊　［四］148－149；［十六］517

刘其珍　［十六］627

刘奇瑶　［十六］190，319

刘祺安　［十七］145－146

刘启华　［十六］538

刘起岩　［十七］151

刘谦　［十二］93

刘谦祥　［七］333，450；［十六］100，109－
　　110，155，172，232，286，361，370；［十七］
　　135

刘钦实　［八］128

刘芹　［十七］35，262

刘清湘　［十七］727

刘群安　［十六］617

刘壬龙　［八］339

刘仁甫　［七］467，470

刘仁航　［十三］328，373－374；［十六］13

刘日贵　［十七］278

刘荣　［十三］292；［十六］624

刘荣初　［十六］615

刘榕森　［十七］254

刘如松　［十六］622

刘儒堃　［八］264

刘汝舟　［九］404（参见刘显世）

刘锐　［十七］680，695

刘瑞年　［十七］11

刘瑞庆　［十六］624

刘瑞石　［十七］47

刘瑞廷　［十五］493

刘瑞业　［十六］607

刘润祥　［十七］37，262

刘润柱　［十七］158

刘若操　［四］101

刘若生　［十七］254

刘三苗　［十七］147

刘森　［十七］12

刘森耀　［十七］37，262

刘善余　［十六］393

刘少南　［八］168

刘绍勋　［十七］53

刘绍禹　［五］239

刘社合　［十六］624

刘慎　［十五］343

刘生　［八］465；［十六］608

刘生初　［八］392；［十六］520

刘省三　［十七］51

刘省长　［四］399（参见刘承恩）

刘省长　［十四］133（参见刘显世）

刘胜意　［十七］170

刘师长　［十三］296；［十四］133

刘石荪　［四］101

刘士养　［九］646

刘世隆　［十六］615

刘世贤　［九］646

刘式庵　［十三］93－94

刘是明　［十六］584

刘守中　［八］535；［九］646；［十七］673－

674（参见允臣）

刘寿焜　［十六］621

刘署成　［十六］476

刘曙汀　［八］341 – 342

刘树屏　［五］239,241

刘树巍　［十六］539

刘思复　［三］430

刘思华　［十六］538

刘泗　［十六］622

刘泗全　［十七］74

刘松云　［八］153

刘素英　［四］43

刘燧昌　［十六］251,344

刘棠　［十七］158

刘天眷　［十四］71

刘天尧　［十六］607

刘铁城　［十七］178,284

刘廷　［十七］74

刘廷汉　［十六］75 – 76,151

刘廷敏　［十六］598

刘廷森　［九］646

刘廷珍　［十四］457

刘通　［五］107；［十六］414,447,467；［十七］320

刘晚江　［十七］75

刘万里　［十三］292；［十六］263,345

刘王氏　［十五］357

刘薇卿　［十七］424,491

刘维光　［十七］75

刘维汉　［十七］295

刘维侣　［十七］75

刘伟衡　［十六］608

刘伟卿　［十六］327

刘文辉　［八］405；［十三］568 – 569

刘文锦　［十五］392

刘西就　［十六］608

刘希波　［十七］71

刘希初　［十七］49

刘希惠　［十七］46

刘希暖　［十七］47

刘希派　［十六］624

刘锡麟　［八］12

刘显丞　［八］338；［十二］309（参见显丞、刘震寰）

刘显聪　［十六］616

刘显潜　［八］524 – 525

刘显世　［四］438,460 – 461,515；［八］9；［九］140 – 141,280,282,284,298,300,311,315 – 316,375,394,404,426；［十二］102（参见如渊、如舟、刘汝舟、刘省长、刘督军）

刘香浦　［八］68

刘湘　［八］122；［十三］360,417,420 – 421,537；［十四］313；［十六］415

刘项　［十六］357

刘星海　［十六］248,333,343

刘星南　［九］113

刘醒吾　［十三］591

刘杏津　［十六］576

刘需寰　［十七］616

刘学询　［七］11,18 – 19；［十三］92（参见耦耕主人）

刘学亚　［九］348

刘巽生　［十六］535

刘亚泗　［九］246

刘亚威　［十三］684

刘彦　[四]48－49

刘燕翼　[十三]113

刘扬　[十三]297；[十六]305

刘仰廷　[十六]605

刘尧夫　[十三]532

刘杳　[十六]608

刘耀墀　[十六]608

刘耀环　[十六]598

刘耀伦　[十七]74

刘一道　[十七]740

刘屹　[十六]274,361

刘易初　[七]237；[十三]49

刘益　[十七]62

刘逸持　[十六]626

刘毅　[十五]33；[十七]387－388,434,530,532

刘因　[四]22

刘荫　[十六]341

刘英　[十三]308；[十六]72,201,320

刘英杰　[四]100

刘英君　[八]96

刘英堪　[十六]67

刘英元　[十七]44

刘雍　[七]346,413

刘镛　[十六]95

刘永年　[十六]621

刘咏阃　[十六]447

刘咏闿　[十]644；[十六]410

刘泳闿　[十六]392,568；[十七]384

刘友敏　[十三]196

刘友珊　[十四]191；[十七]224

刘友士　[十六]77

刘有群　[十六]615

刘禹生　[十四]478(参见禹生、刘成禹)

刘禹九　[四]513；[八]329,331(参见禹九、刘成勋)

刘玉湖　[十七]74

刘玉山　[四]515；[六]493,504；[八]388,433,473；[九]573,582,597；[十三]550,614,646,660－661,667,670,678,680,685；[十四]12,14,19,22,27,37,69,163,169,180,182,184－185,187－188,220,227,229,232,234,238－239,254,279,292,310,361,366,436,471,476,525,544,554,567,594；[十五]7,10,39,52,116,202,215,234,324,332,378,469,479,506,509,520,523,550,561,563,569,586,618,653；[十六]333,509；[十七]29,59,77,94,635

刘煜焕　[十三]203

刘毓斗　[十六]144

刘豫　[四]373

刘元擗　[十三]93

刘元梓　[三]163；[十三]94

刘钺　[十七]306－307

刘悦生　[十六]337

刘悦吾　[十七]278

刘云峰　[九]293

刘云轩　[十七]278

刘云眼　[十六]470

刘云昭　[十二]320

刘栽甫　[十五]165,578－580,585

刘藻成　[十六]628

刘藻华　[十六]592

刘泽龙　[十六]219,231,323,333

刘泽泉　[十七]44

刘泽荣　〔九〕431

刘泽湘　〔十三〕456

刘张氏　〔十三〕471

刘章显　〔十六〕618

刘兆基　〔十六〕534

刘兆明　〔十六〕623

刘兆铭　〔十四〕93；〔十六〕355

刘照　〔十五〕400

刘照轩　〔十六〕534

刘臻　〔十六〕576

刘振寰　〔十五〕95

刘震华　〔十五〕645

刘震寰　〔四〕505,515；〔六〕493,509；〔八〕
311－312,422,430,433,438；〔九〕486,
502,539,551,561,573,575,582,599,601
－602,634；〔十〕614,646；〔十二〕258,
315,325,421；〔十三〕576,597,600,622,
649,670－671,680－681,685；〔十四〕14,
27,38,59,133,138,163,169,182,184－
185,188,201,214－215,219－221,225－
227,229,231－232,234,238－239,243,
247,254,279,292,305,344,366,380－
381383,416－417,436,471,476,544,554,
583,594；〔十五〕10,39,52,80,116,131,
170,175,180,197,202,215,224,234,240,
324,332,367－368,378,381,383,414,
452,467,469,471,479,506,508－509,
515,519,523,546,556,561,569,586,618,
634,645,647,653,656,666；〔十六〕432,
560,650；〔十七〕59,76,350,415,438,
635,690,737,739(参见显丞、刘显丞、刘
总司令)

刘震模　〔十五〕162

刘镇守使　〔四〕409,412,417,419,421,
425；〔九〕264,266,268,293,297,328,
336,360；〔十三〕461(参见刘建藩)

刘镇守使　〔九〕306(参见刘志陆)

刘正兴　〔十三〕466

刘政　〔十四〕243

刘芝芬　〔七〕434

刘植臣　〔十六〕592

刘芷芳　〔十六〕220

刘芷芬　〔十六〕323；〔十七〕249

刘志　〔十五〕357

刘志陆　〔九〕306,404,414－415,421,430,
574；〔十三〕322－324(参见刘镇守使)

刘志贤　〔十八〕83

刘治洲　〔八〕35；〔九〕397；〔十六〕328(参
见定五)

刘峙　〔十七〕558

刘仲文　〔十八〕253

刘柱石　〔十三〕265

刘卓英　〔十七〕253

刘濯显　〔十六〕622

刘子芬　〔十三〕153

刘子培　〔十六〕527

刘子文　〔十六〕327

刘梓森　〔十七〕43

刘宗宝　〔十六〕592

刘宗汉　〔十五〕435；〔十六〕388；〔十七〕54

刘总司　〔九〕500；〔十〕366

刘总司令　〔八〕286(参见刘湘)

刘总司令　〔九〕519；〔十四〕133(参见刘成
勋)

刘总司令　〔四〕424；〔八〕411,481；〔九〕
516,526,561－562,575－576,579,582,

601－602,625,632,634;[十]500;[十三]
622;[十四]59,201,215,279,381,383,
416－417,580,583;[十五]5－6,80,471,
563;[十七册]430(参见刘震寰)

刘祖武　[八]63;[九]288,290;[十六]443
(参见继之、刘代督军)

刘祖向　[十六]123,163

刘尊才　[十六]626

刘尊垣　[十七]11

刘佐臣　[四]67

刘佐成　[七]419,432

留鸿石　[五]239

柳大年　[九]87

柳大训　[十三]396;[十五]572,574

柳嘉发　[十六]534

柳聘农　[四]88

柳亚卢　[四]49

龙安华　[十五]516

龙道舜　[十六]111,150

龙光　[十六]78

龙鹤龄　[十六]439

龙济光　[一]75;[三]446;[四]420－421,
485,494,569;[七]253－254,366,476,
483－484,486,528;[八]63;[九]232,
294,340;[十]328,415,529,534,579,
618,694,740;[十二]100;[十三]173,
240,446;[十四]577(参见龙贼、龙逆)

龙君　[十三]577

龙逆/贼　[四]385;[七]475;[九]340－
342,350;[十三]148,225,267(参见龙济
光)

龙培尊　[十六]381

龙榕光　[十六]582

龙生　[七]101;[十三]286

龙唐阶　[十六]114,159

龙涛　[八]400;[十三]576

龙廷杰　[十七]510,624

龙旭池　[十七]12

龙灶容　[十七]13

龙璋　[八]18;[十三]259,272,274;[十
八]471

隆世储　[十三]267;[十六]181

隆裕　[四]356;[十]250;[十一]325

伦敦龙君　[九]194

楼守光　[十七]448

卢安泽　[十三]69

卢宝贤　[十一]187－188;[十二]104

卢扁　[四]10

卢炳良　[十六]534

卢炳勋　[十六]132,174

卢伯筠　[十六]36,110,149

卢伯兰　[七]98

卢焯之　[四]11－12

卢朝亨　[十七]13

卢朝伟　[十七]45

卢炽南　[四]43

卢崇章　[十五]65,280－281,284

卢督办　[八]317;[九]569,612－613,615;
[十四]133

卢谔生　[十七]184,190,284,287－288,
371

卢凤冈　[八]345

卢佛眼　[十三]348

卢夫人　[七]439,454,549,571(参见卢慕
贞)

卢副司令　[四]417,419,424;[九]320,

323,328,331,335,352,361;[十三]296;[十六]285,292(参见卢师谛)

卢冠 [十七]158

卢光 [十六]608

卢桂华 [十六]129,171

卢汉 [十七]131,733

卢鸿 [十六]104

卢华岳 [十六]607

卢极辉 [四]43

卢己明 [十六]129,180

卢今洪 [十六]626

卢锦标 [十七]252

卢菊墀 [十四]182;[十五]282-283

卢钜芬 [十六]628

卢可銮 [十七]154

卢焜 [十四]442

卢籁 [十六]576

卢联业 [十八]90

卢慕贞 [四]43;[七]438,454,469,527,532,549,571(参见卢夫人、我的妻子、科母、前妻)

卢其芬 [十七]11

卢启彬 [十六]132,175

卢启泰 [十七]125

卢球 [十六]618

卢权旺 [十七]13

卢梭/骚 [二]76-78,109,153-155,210;[三]25,310;[十一]393

卢森 [十六]581

卢善矩 [十五]305-306,384,420,422;[十六]479;[十七]555,557

卢省民 [十六]578

卢师谌 [十六]140

卢师谛 [四]154,515;[八]73,75,133,481;[九]271,274,304,308,319,352,371,562;[十二]319,483;[十三]313,417,670,680,685;[十四]6,14,90,163,169,182,184-185,188,220,227,229,232,234,238-239,254,287,292,331,436,471,476,544,554,567,594;[十五]5,10,39,52,116,180,202,208,215,234,236,324,332,378,469,479,506,508,520,523,550,561,569,586,618;[十六]230,242,337;[十七]59,433,635,667(参见师谛、锡卿、卢锡卿、卢副司令、黄卢总副司令)

卢师譔 [十六]95,126,161;[十七]218-219,403,680

卢氏 [十五]400(参见卢永祥)

卢式楷 [十六]330

卢泗初 [十六]634

卢松坡 [十六]613

卢泰基 [十六]608

卢焘 [八]421;[九]473,484,498,502;[十三]451,455,472,547;[十六]397,422;[十七]68,407(参见卢总司令)

卢天祥 [十六]129,180

卢天游 [十六]330

卢万瑗 [十六]582

卢伟廉 [十七]10

卢伟堂 [十三]149

卢锡卿 [八]74,247,386-387;[九]319;[十三]558-559(参见锡卿、卢师谛)

卢象森 [十四]97

卢心铭 [十六]527

卢信 [十六]218,322

卢兴　[十七]614

卢兴邦　[八]343;[十三]549;[十七]710

卢兴原　[十四]342,460,538 - 539,593;
[十五]58,105;[十六]406;[十七]85,
138 - 139

卢煊仲　[八]373

卢阳丰　[十六]535

卢耀堂　[七]366 - 367;[十三]158;[十
六]65 - 66,114,138,148,155

卢殷民　[十三]410

卢盈芳　[十六]525

卢永祥　[八]322,489;[九]422 - 423,452,
455,507,612 - 613,615,617 - 618;[十]
321 - 322,356,498;[十二]244,258,402,
404;[十三]235,533;[十五]397,478(参
见子嘉、卢子嘉、卢氏、卢镇守使、卢总司
令、浙卢)

卢禹庭　[十六]590

卢元弼　[十三]292;[十六]330

卢远嘉　[十六]572

卢运球　[十七]254

卢占魁　[十七]710

卢振柳　[八]520;[十四]303,568;[十五]
484,612,623;[十六]259,345,357;[十
七]191 - 192,214,616,670,701 - 702,
712,753

卢镇澜　[十六]414

卢镇守使　[四]417(参见卢永祥)

卢正兴　[十六]535

卢志棉　[十六]634

卢仲博　[四]43;[十三]93 - 94

卢仲琳　[十六]218,323;[十八]224

卢祝三　[十六]623

卢子嘉　[四]460,507,513;[八]317;[九]
422;[十]501(参见子嘉、卢永祥)

卢梓竹　[十六]340

卢总司令　[九]484,498,516(参见卢焘)

卢总司令　[九]613,617(参见卢永祥)

卢作楫　[十六]582

鲁滨孙　[三]191,217

鲁岱　[十七]510,624

鲁涤平　[六]283,297,363;[八]257,341;
[九]580 - 581;[十二]321;[十四]222,
290,337,340,584;[十五]17,23,30,95,
127,138,146,148,158,160,172,174,188,
193,240,259,262,303,314,316,368,378,
382,414,457,460;[十七]210,350 - 351,
402 - 403,485,491,495,499 - 500,505,
510,613 - 614,621 - 624,629(参见咏安)

鲁定格　[十一]467

鲁广厚　[十五]488 - 489

鲁鸣　[十六]291,362

鲁贻　[八]343,430 - 431,444(参见黄展
云)

鲁鱼　[十七]580

鲁子材　[十三]462

陆、莫　[八]234,238,245(分别参见陆荣
廷、莫荣新)

陆弼臣　[七]76;[九]30

陆伯泉　[十六]136,179

陆丹林　[六]482;[十八]270

陆发桥　[九]231

陆费逵　[十三]224

陆逢　[十七]49

陆福廷　[十三]373,389;[十七]590,595

陆辅廷　[八]232 - 233

陆干卿　[九]273,294,310;[十]350;[十一]479;[十二]6(参见陆荣廷)

陆高满　[十六]341

陆功甫　[十六]576

陆光宿　[十七]45

陆皓东　[一]65 - 66,70;[三]309,429;[四]42;[五]19;[七]288;[九]129;[十]547,645;[十一]113,153;[十三]11,246

陆宏　[十六]608

陆华显　[十七]250

陆际升　[十六]296,362

陆建章　[四]430;[七]467

陆觉生　[十六]119,164

陆杰　[十六]341

陆进　[十七]8

陆敬辉　[十六]608

陆敬科　[十五]416;[十七]172,622

陆钜恩　[十七]500

陆兰谷　[十八]274

陆兰清　[十三]331,408;[十四]138,141;[十六]200,320

陆黎氏　[十五]400

陆利　[十六]624

陆领　[十三]148;[十五]111,128

陆露斯　[十五]348

陆孟飞　[十六]74,113,151,324

陆佩文　[十六]527

陆平　[四]43

陆祺　[十四]240;[十六]331

陆秋杰　[五]239,243;[七]82,99,313

陆秋露　[七]96;[十五]147

陆秋泰　[五]239,243

陆任宇　[十六]119,145,164

陆荣廷　[一]75;[二]81,108;[三]358;[四]386,431,438,440 - 441,451,453,485;[七]68,75 - 76,440;[九]60,71,84,118,240,257 - 259,263 - 265,273,275,282,286,318,327,355,375,379 - 384,386 - 391,394,404,408 - 409,459,482,484;[十]328,355,403,440 - 442,444 - 445,449,465,579,608,618,669,691,693;[十二]14 - 16,47 - 48,98,265,308,315,378;[十三]295,308,313,323,335,344,373,378,408,448;[十六]364(参见陆干卿、陆巡阅使、陆氏)

陆石泉　[七]571

陆氏　[八]234;;[十二]47 - 48,315;[十三]295(参见陆荣廷)

陆世益　[八]445

陆嗣曾　[十六]415,554,595;[十七]605

陆天中　[十六]581

陆桐　[十七]13

陆望华　[十三]246

陆文辉　[四]43;[七]204,272,358 - 359,366,370;[九]144 - 146;[十三]49 - 50,137;[十五]147

陆文石　[十六]624

陆享　[十六]619

陆秀夫　[十二]195

陆巡阅使　[四]398 - 400,424;[九]257 - 258,327;[十一]485(参见陆荣廷)

陆耀文　[十七]610,612

陆耀芸　[十七]44

陆荫培　[十八]197

陆幼刚　[十七]763

陆裕光　［九］458

陆元陞　［十六］120,161

陆元升　［十六］92

陆运怀　［十四］339;［十八］376

陆赵氏　［十五］401

陆征祥　［十］383;［十一］299,308,314,
452;［十三］89(参见陆总理)

陆指明　［十六］106,154

陆志云　［九］191;［十四］440;［十五］582
-583;［十七］584

陆钟琦　［十一］349

陆仲履　［十七］517,522,566,568,570

陆卓卿　［四］101

陆宗绪　［十六］336

陆宗舆　［九］386;［十一］470;［十三］158

陆总理　［十一］308-309,320(参见陆征
祥)

陆祖烈　［十六］265

鹿钟麟　［九］646;［十二］485

禄代军长　［八］481(参见禄国藩)

禄国藩　［十四］385;［十七］412(参见禄代
军长)

路参军　［十三］622

路丹甫　［八］427

路里士　［五］227

路孝忱　［四］148-149;［八］285420,426-
429;［九］635;［十］613;［十四］246,268,
544,554,594;［十五］10,90,116,202,
215,235,325,332,379,479,496,506,509,
520,523,550,561,569,586;［十六］423,
516,546,548;［十七］228,274,344,379,
395,635(参见丹甫)

路易沙　［三］293

路易十六　［二］76;［四］368

路易十四　［二］73,76;［三］283

路友于　［十二］483

露迷臣　［三］48

伦允襄　［十六］332

罗、曾、左、郭　［四］22(分别参见罗泽南、曾
国藩、左宗棠、郭嵩焘)

罗爱　［十六］574

罗安　［十七］252,306

罗拔　［十三］688

罗璧初　［十七］53

罗丙申　［十六］628

罗炳四　［十七］254

罗伯茨　［四］58

罗伯炯　［十六］177

罗伯绸　［十六］134

罗伯特·大莱　［十一］271

罗伯特·赫德　［四］342

罗伯特·诺曼　［七］522

罗布　［十五］638-641

罗灿云　［十五］663

罗诚　［十］338;［十六］250,343

罗春霖　［十六］328,332

罗达廷　［十六］129,170

罗德　［十一］155

罗端侯　［十三］338-339

罗敦惠　［十六］534

罗福寿　［十六］616

罗福星　［十一］288

罗黼　［十六］328

罗猴生　［十三］429-430

罗古香　［十一］9-10

罗光汉　［十六］36,111,149

罗桂芳 [十四]117;[十七]110,419,460, 664,671,685

罗翰焯 [十三]501,503

罗合 [十七]253

罗合和 [十五]400

罗桓 [十七]188

罗惠棠 [十六]520

罗继善 [十七]371,378,474,478

罗冀群 [十六]339

罗家驳/驭 [十四]214,308,317;[十五] 640

罗家衡 [八]36;[十六]189,319

罗家修 [十六]262,360

罗检成 [十五]466,521

罗剑仇 [十三]350;[十六]272,347

罗鉴龙 [十三]412

罗将军 [四]399,403(参见罗佩金)

罗椒生 [十一]9

罗金开 [十六]132,174

罗金兰 [四]392;[七]525

罗金荣 [十六]628

罗锦星 [十六]107,152

罗进兴 [十四]113

罗劲夫 [十四]209

罗景华 [十七]103

罗镜芙 [八]60

罗钜明 [十六]628

罗君 [八]436

罗君迈 [十三]316

罗俊 [十五]125,271

罗昆 [十六]607

罗兰汀 [十六]167

罗乐三 [十七]10

罗乐事 [十六]618

罗磊生 [十七]269,398

罗立民 [十六]122,165

罗立荣 [十七]186

罗良斌 [八]434

罗林 [十七]23

罗纶 [九]94

罗洛翔 [十六]619

罗迈 [八]48,150,173

罗乃翔 [十六]628

罗乃阁 [十六]627

罗佩金 [九]141(参见罗将军)

罗翩云 [十七]43

罗平 [七]318

罗齐柱 [十六]632

罗奇 [十七]262

罗启鸿 [十六]620

罗绮园 [十五]484;[十七]670

罗前督军(佩鑫) [四]400

罗庆明 [十六]576

罗仁普 [十三]399

罗任 [十六]445,449

罗社畴 [十六]582

罗师长 [四]409

罗寿三 [十六]117,167

罗斯福 [四]340;[十]134 – 135,292,303

罗斯基 [十一]58,110

罗斯威 [三]61

罗四维 [十七]251,254

罗松贵 [十六]616

罗松乐 [十六]616

罗素 [二]62 – 63;[十]687

罗为雄 [十七]345

罗伟彊　［十四］113；［十七］87,710

罗伟唐　［十六］398

罗文干　［八］363,370

罗文庄　［四］43

罗西　［四］557－558；［十五］287－288

罗锡康　［十三］454－455

罗贤忠　［十七］252

罗翔杏　［十六］628

罗燮南　［十七］47

罗信琼　［十七］47

罗信英　［十六］623

罗旭岳　［十七］740

罗养法　［十七］47

罗仪盈　［十六］628

罗义　［十五］400

罗翼群　［六］26,482,484,486,490－491；
　［八］56,400,469,478,497；［十二］123；
　［十三］240,439,570,601；［十四］14,16,
　21,32,57,61,71,77,83,91－92,96,105,
　112－114,117,119,124,131,139,154－
　155,157－159,163－164,169,179－180,
　184,188,193,197－198,220,235,241,
　244,280,320,334,359,361,370,462－
　463,511－514,522－523,528,530,532,
　534－535；［十五］151－152,154,203－
　204,206,549－550,586,624,634,642－
　643；［十六］460,539,629,642,644；［十
　七］58,82,84,91,110,171,183,233,265,
　294,298－299,302－303,336,708,716,
　727,740,752,756

罗瑛　［十六］526

罗永基　［十七］47

罗永乐　［十六］628

罗永庆　［十六］328

罗友信　［十六］628

罗有成　［十四］428

罗禹言　［十六］534

罗玉衡　［十六］634

罗玉田　［十七］204

罗豫环　［十七］198

罗月桂　［十六］624

罗运阊　［八］179

罗泽南　［四］22

罗彰善　［十五］298

罗兆奎　［十六］445,449

罗肇初　［十七］106

罗哲明　［十七］752

罗振邦　［十七］54

罗镇湘　［十七］534

罗正文　［十三］364

罗中奭　［十七］68

罗忠　［十五］61

罗卓生　［十七］47

罗子山　［十六］534

罗宗迟　［十六］583

螺生　［七］100,209,211,347,369,371,
　373,400,405,453,555,561（参见郑螺生）

洛格飞　［三］94

洛克菲勒　［十二］169

洛克哈特　［七］9

洛吴　［四］513；［八］330,420－421；［十
　三］607（参见吴佩孚）

骆辉　［十六］577

骆伙　［十七］45

骆基化罗　［三］322

骆连焕　［十三］54；［十五］434－435；［十

六]380,452

骆谭　[八]206；[十六]74；[十七]120

骆潭　[八]424

骆重润　[十六]624

吕苾筹　[十七]377－378

吕伯陶　[十七]12

吕超　[四]48－49；[八]335；[九]307,
322,324－326,328－329,333；[十六]
276,433,435,473,478,484－485,516；
[十七]357（参见吕汉群、吕总司令、吕卫
成总司令）

吕超来　[十三]387

吕春荣　[十三]600；[十四]207；[十五]
139

吕纯阳　[四]558；[十五]287

吕凤奇　[十七]12

吕辅周　[八]336

吕复　[八]126；[十六]193,216,319,322

吕公望　[四]49；[九]236－237,242－243,
415

吕光先　[十二]428

吕国治　[十六]443,446

吕汉群　[九]321,326（参见吕超）

吕汉章　[八]247

吕浩芳　[十七]45

吕洪生　[十六]624

吕怀素　[十六]167

吕焕棠　[十六]615

吕见三　[十六]530

吕钧　[十六]608

吕俊德　[七]417,444

吕俊典　[十七]23

吕口　[十六]533

吕利达　[十五]61

吕妈成　[十七]62

吕梦熊　[十五]234－235；[十七]559,579

吕青云　[十七]61

吕日光　[十六]624

吕善超　[十七]12

吕绍登　[十六]113,157

吕守慈　[十五]253

吕双合　[十三]180

吕水源　[十七]60

吕素怀　[十六]127

吕锁　[十六]626

吕天民　[四]54（参见吕志伊）

吕维新　[十六]484

吕卫成总司令　[四]421,424；[九]328,
336,361；[十六]285（参见吕超）

吕渭生　[十六]335

吕渭英　[四]100

吕绪知　[十六]535

吕耀南　[十七]49

吕业鋆　[十六]572

吕一峰　[八]199

吕一夔　[八]245；[九]306；[十六]420

吕一虁　[八]245

吕奕球　[十六]620,624

吕毓童　[十六]127,168

吕藻奇　[十七]8

吕志伊　[四]49,148－149；[六]363；[八]
167；[十一]141；[十三]63,93－94；[十
五]49,84,115,117－118,130,216,259,
303,314,358－359,363－364,368,408,
410－411,429,444,449,647,665；[十六]
195,319,404,410,418－419,421,462,

512;［十七］489 – 490,503,507,525,635
（参见吕天民）

吕仲珊　［十七］169

吕卓文　［十七］12

吕宗堂　［十三］212 –213

吕宗望　［十七］12

吕总司令　［十四］133（参见吕超）

吕祖真　［十七］746,748

履初　［八］509

M

马爱群　［十六］576

马安良　［八］12;［九］301,339

马鳌　［十六］619

马柏桐　［十七］142

马本洁　［十七］47

马本葵　［十七］47

马本哲　［十六］581

马炳林　［十六］580;［十七］49

马伯麟　［四］494;［八］171,231;［九］419
–420;［十三］486,495,506,691;［十四］
40,249,286,289,292,299,316,340,375,
431,492;［十五］187 – 188;［十六］289,
350,356,462 – 463;［十七］19,109,296 –
297,304,519,581,587

马伯乔　［十六］538

马伯援　［九］649;［十二］49,271,278,315,
425,481;［十三］131 – 132;［十八］421

马伯瑗　［十三］93 – 94

马伯志　［十七］46

马才晃　［十六］581;［十七］41

马才杰　［十六］614

马畅廷　［十七］46

马超俊　［六］274 – 275;［八］488;［九］
637;［十二］163;［十五］38,52,88,138,
156 – 157,159 – 160,178,215,221,245,
249,259,303,314,330,333,348,352,356,
423,484,538 – 539;［十六］609;［十七］
27,359,364,370,381,620,652,654,670,
674 – 675

马超群　［十六］260,345

马焯河　［十六］576

马崇昌　［十六］302,351

马达三　［十六］619

马大俸　［十七］53

马大合　［十七］42

马大扬　［十七］52

马德贵　［九］288,290;［十六］356

马典如　［十七］46

马丁　［十二］154 – 155;［十三］195

马尔喀　［三］91

马尔克恩　［十一］73

马尔赛斯　［二］14

马耳达　［三］218

马耳德　［三］192,206

马方平　［十三］649

马芳　［十六］525

马逢伯　［十三］307,338;［十八］472

马福庆　［十六］624

马福田　［十七］170

马福祥　［八］443

马福益　［一］71;［三］429;［十一］178;［十
三］121

马高明　［十七］53

马哥波罗　［十］460

马阁　［四］299

马格里 [二]302,304－306,308－310,316－318,328;[十一]12－15,17－18,26－30

马耿光 [十七]691

马观宦 [十七]53

马冠可 [十七]142

马光炼 [十六]583

马光晔 [十三]580

马光珠 [十七]52

马国仁 [十六]534

马海 [十七]47

马汉修 [十七]46

马汉哲 [十六]576

马翰如 [九]302

马恒慈 [十七]45

马恒广 [十七]45

马恒立 [十七]46

马宏达 [十七]46

马洪藻 [十七]45

马鸿本 [十七]42

马鸿禧 [十七]46

马厚庶 [十八]431

马华芳 [十七]45

马华祥 [十七]45

马淮清 [十七]51

马焕球 [十六]523

马辉堂 [十六]634

马惠群 [十七]54

马济 [八]232,234;[九]457,468;[十]693;[十三]408;[十五]234

马骥 [十三]213,215

马将军 [四]418

马奖修 [十七]48

马杰瑞 [十三]169－170

马锦春 [四]49

马锦登 [十七]52

马锦铎 [十七]46

马锦棠 [十七]50

马锦章 [十七]46

马晋山 [二]293

马镜池 [十七]46

马炯刚 [十七]50

马均 [十六]581

马君武 [一]71,83;[三]203;[四]79,127－128;[五]222,241;[七]289－290,323－324;[八]247,274－275,282;[九]489,497;[十]13,64,211,284;[十一]220;[十三]92,94,271,449,452,456;[十六]191,223,300,317,319,388,402,416

马凯尼 [二]269－273,276－277,281－286,292－293,328

马科民 [十七]47

马科森 [十二]171

马可波罗 [一]40

马克烈 [十二]475

马克思/斯 [二]8,21,113,153－169,172,174,178,210,212－213;[三]202,206－207,210,219－220;[十]638;[十二]152（参见麦克司）

马来庆 [十七]153

马醴馨 [七]398

马力强 [十七]50

马立成 [十二]73

马砺余 [十七]54

马砺周 [十七]44

马良 [四]49,142;[十六]14

马良弼　［十六］328

马亮　［十七］54

马亮华　［十六］538

马亮荣　［十六］583

马邻翼　［八］443

马林　［八］368－369,438－439;［九］499;
　［十一］261;［十二］151－154,226－227,
　231,295－297,303－304

马民生　［十六］622

马铭林　［十七］42

马培　［十七］54

马培灿　［十七］50

马培生　［一］76;［十六］332,335

马麒　［八］414

马启润　［十六］582

马仟修　［十七］41

马峤峰　［十七］43

马清臣　［二］328

马庆勋　［十七］254

马秋帆　［十六］378

马求德　［十七］46

马群生　［十七］53

马日　［十六］625

马日龙　［十七］122

马荣日　［十七］46

马荣尧　［十七］48

马荣植　［十七］153

马如安　［十六］526

马如庆　［十六］526

马汝刚　［十六］291,362

马锐进　［十六］526

马瑞炯　［十六］582

马瑟逊　［十二］88

马尚伟　［十七］46

马社祥　［十七］74

马慎堂　［十三］259

马世源　［十七］52

马式　［十五］61

马树培　［十六］536

马舜民　［十七］106

马斯良　［十六］579

马松筠　［十七］47

马素　［七］306;［八］185,252,258,392;
　［九］171,432;［十］215;［十三］179,501,
　503;［十四］122;［十六］29,259;［十七］
　626

马索　［十六］345

马特维耶夫—博德雷　［十二］77

马廷勷　［十六］296,350

马为韶　［十七］46

马维霖　［十七］48

马文聪　［十六］612,621

马文浩　［十六］622

马文元　［八］413

马武颂　［十七］424,488,492

马希元　［十三］442

马相伯　［四］143;［十四］133

马相荣　［十七］41

马湘　［十二］50;［十三］510;［十四］365;
　［十六］593,600;［十七］719;［十八］473

马骧　［八］294;［十三］257;［十六］196,
　319;［十七］182(参见幼伯、马幼伯)

马祥　［十七］47

马小进　［十四］240

马晓军　［十五］33;［十七］296－297,320,
　382

马信 ［十六］627

马兴顺 ［七］155

马璇瑛 ［十六］572

马血民 ［十七］46

马炎 ［十六］624

马耀星 ［十三］216；［十七］54

马翊屏 ［十六］622

马荫秋 ［十六］342,357

马应彪 ［十六］321

马永灿 ［十七］84

马永福 ［四］67

马永平 ［十三］649

马友梧 ［十七］45

马右白 ［十六］342

马幼伯 ［十三］249（参见幼伯、马骧）

马玉昆 ［十六］526

马玉廷 ［十七］7

马育航 ［四］88；［八］224,230,372；［十三］424,530

马毓宝 ［九］62,74,88,100－101

马源 ［十三］669

马月华 ［十六］538

马悦常 ［十七］49

马章云 ［十七］254

马兆庆 ［十六］621

马蓁 ［十三］447

马臻璇 ［十七］46

马柱荣 ［十六］582

马祝三 ［十七］46

马庄修 ［十七］50

马卓元 ［十七］46

马子贞 ［八］537

马宗峻 ［十六］530

马宗孟 ［十七］52

马总司令 ［四］412；［十三］296,304－305

马祖谟 ［十六］143

玛尔梭士 ［三］110－112

孖膻养 ［七］87

麦宝山 ［十七］45

麦炳初 ［十六］105,153

麦炳暖 ［十七］50

麦伯干 ［十七］50

麦当路 ［九］583

麦德焆 ［十七］45

麦丁 ［二］288

麦鼎南 ［十六］581

麦斗元 ［十七］167

麦萼楼 ［十三］657；［十四］334；［十六］649

麦尔库洛夫 ［十二］173

麦干彩 ［十七］45

麦干初 ［十七］42

麦格雷戈 ［二］310；［七］30

麦根 ［十七］75

麦更 ［十七］74

麦国兴 ［十七］49

麦积超 ［十七］152

麦坚尼 ［三］61

麦健昌 ［十七］74

麦晋三 ［十七］41

麦均 ［十六］624

麦考密克 ［十一］253,255

麦克司 ［三］187,194,198（参见马克思）

麦克唐纳 ［四］21；［九］584,590,610－611

麦克唐奈 ［十一］477

麦克威廉斯 ［七］36－39；［八］125（参见

威廉斯）

麦丽生 ［十六］592

麦林 ［十七］54

麦侣云 ［十七］50

麦民生 ［十七］157

麦奇谷 ［二］277

麦琼三 ［十七］50

麦荣坤 ［十六］533

麦睿珊 ［十六］111,153

麦森 ［十七］24

麦圣雪 ［十七］50

麦世泽 ［十七］49

麦顺业 ［十六］626

麦松稳 ［十七］43

麦唐纳 ［九］618

麦添松 ［十六］581

麦铁根 ［十七］151

麦锡儿 ［十七］50

麦锡祥 ［十七］47

麦燮 ［十七］11

麦燮堂 ［十六］132,174

麦燮棠 ［十七］174

麦兴华 ［十六］583

麦绪益 ［十六］625

麦牙瓦尔 ［十一］353

麦雅各 ［十七］153

麦衍扳 ［十六］614

麦尧圣 ［十六］579

麦英俊 ［十六］422

麦英球 ［十七］50

麦泳舟 ［十六］581;［十七］53

麦元景 ［十七］41

麦源就 ［十六］127,169

麦悦志 ［十六］574

麦造舟 ［八］459

麦仲勤 ［十七］591,597

毛邦伟 ［五］222

毛邦燕 ［十六］408

毛伯龙 ［十三］70

毛拂扬 ［十五］400

毛济民 ［八］213

毛奇 ［三］50

毛如璋 ［十七］649

毛协丞 ［十五］262

毛宜 ［十八］409

毛玉书 ［十六］616

毛泽东 ［十］646;［十二］339;［十四］405;［十七］438－439

毛仲芳 ［九］425;［十三］481－482;［十六］207,320

毛周照 ［十七］74

茅乃登 ［十三］24,27

茅延桢 ［十七］559

茅祖权 ［四］148－149;［十］645;［十二］343;［十六］55,57,124,151,195,319,511－512,515;［十七］438－439,461

懋昭 ［五］239,242（参见沈缦云）

梅邦华 ［十七］122

梅彬乃 ［十七］238

梅参天 ［十六］624

梅处长 ［八］480;［十四］135（参见梅光培）

梅春煊 ［十七］198

梅栋 ［十七］122

梅放洲 ［八］177,209;［九］430;［十四］440－441;［十六］358;［十七］185,474,

478

梅庚寅　[十六]576

梅冠林　[十三]542

梅光辅　[十六]627

梅国进　[十六]583

梅鹤父　[十六]615,627

梅衡　[八]25

梅华铨　[四]101

梅华佑　[十六]624

梅杰墀　[十六]582

梅金波　[十六]615

梅锦棠　[十六]106,163

梅景森　[十六]623

梅九　[八]324（参见景定成）

梅就　[七]226（参见梅乔林）

梅濂乃　[十七]6

梅母何太夫人　[十八]449

梅乃安　[十七]74

梅乃铭　[十七]73

梅乃煦　[十六]583

梅培　[七]166；[八]86,97,104,116,344,
407,469；[九]18,542；[十三]341,548；
[十六]209,215,320,353；[十八]20（参
见梅光培）

梅启明　[十六]624

梅强　[十七]154

梅乔林　[四]43,278；[七]226；[九]13；
[十一]189 – 190；[十三]53,93 – 94,148；
[十六]22（参见梅就）

梅渠远　[十六]628

梅荣　[十七]6,12

梅缲　[十六]624

梅文杰　[十六]627

梅屋庄吉　[七]323 – 324,517；[九]240,
654；[十八]143 – 144

梅笑春　[十六]614

梅翼之　[十六]527

梅荫平　[十六]632

梅悦卿　[十六]621

梅云岩　[十六]634

梅志新　[十六]624

梅灼　[十七]9

梅卓荣　[十六]624

梅子青　[十六]628

梅宗安　[十七]238

梅宗才　[十七]122

梅宗潮　[十六]625

梅宗镶　[十七]238

梅祖翼　[十六]627

蒙棣余　[十六]371

蒙杰生　[十六]627

蒙醴泉　[十六]372

蒙民伟　[十六]217,322

蒙炮　[十七]12

蒙仁潜　[十四]107

蒙恬　[一]29

孟德斯鸠　[三]60,128 – 130,366,378,
426；[十]296,388；[十一]174,176（参见
孟氏）

孟督军　[四]418（参见孟恩远）

孟恩远　[八]83；[十三]198 – 199；[十三]
199（参见孟督军）

孟获　[四]176；[八]146 – 147；[九]401,
411,417；[十二]370；[十三]395,422

孟介　[十三]152 – 153；[十八]246（参见
张孟介、汇滔）

孟飞　［八］197

孟生　［二］267,269,276－278,280,286,300,302,309－311,313,319,325－326；［十一］25,27,29

孟施舍　［三］407

孟氏　［三］310,367（参见孟德斯鸠）

孟硕　［八］20,202,207,476（参见邓家彦、邓孟硕）

孟子　［一］8,37；［二］74；［三］126,366,378,380,412；［四］109,184；［八］284；［十］143,228,324,454,581,594,609；［十二］364；［十三］293

梦生　［七］199－200,206－207,210,212,214

梦桃　［七］68,89

梦岩　［八］319,321,455（参见宁武）

弥藏　［十一］40

弥勒　［二］87－88；［十一］393

弥勒约翰　［三］115

米尔　［十一］167－168,207－

米那　［七］488

米切尔　［七］303

密且儿　［四］360,362

缪朝佐　［十六］605

缪甘瀛　［十六］608

缪官维　［十七］75

缪国珍　［十六］608

缪晃　［十七］74

缪嘉寿　［十六］364

缪觉非　［十六］583

缪金发　［十七］12

缪近　［十六］607

缪宽　［十六］628

缪笠仁　［十七］494,499,623－624

缪亮　［十六］584

缪名震　［十六］24

缪培堃　［十五］301,311

缪培南　［十六］484

缪沛尧　［十六］605

缪庆福　［九］528；［十七］134

缪庆堂　［十六］608

缪秋　［十六］608

缪社松　［十六］608

缪颂川　［十六］581

缪祖绍　［十七］170

民疊　［八］245

民钟　［七］452,557；［八］119；［九］391

闵石麟　［十二］142

闵天培　［八］415；［十七］746,748

泯源　［八］428

闽李　［三］400（参见李厚基）

明启　［十六］581

明太祖　［三］56,425；［四］39－40；［十一］130,263；［十二］157,365

明星辰　［十六］142

鸣岐　［十三］323；［十八］474

鸣亚　［八］210

蓂赓　［七］559,564；［八］33,80,164,175,180,220－221,224,253,286,387,390－391；［九］270,273,280,404－405,411,415,421,424－425,432；［十三］285,419（参见唐继尧）

蓂阶　［八］500（参见杨蓂阶、杨廷培）

谟罕墨德　［二］8

摩理逊　［三］277

摩西　［二］210；［三］337－338

末永 [十八]538

末永节 [七]29

莫安枢 [十五]298

莫灿庭 [十五]56,59

莫督(军) [四]417－418,420－421,424；
[九]291－292,310,322,336,338,342－
343,360,409；[十]330－331,336－337；
[十三]253,296(参见莫荣新)

莫鬼王忠 [十五]126,130

莫国猷 [十六]623

莫鸿秋 [十六]562

莫康益 [十七]7

莫科里 [三]194

莫朗洲 [十五]129

莫利逊 [九]201

莫鲁 [十六]430

莫鲁克 [三]233

莫耐斯梯埃 [十一]219

莫逆 [八]195；[十三]342

莫擎宇 [四]393；[七]525；[九]269；[十]
330；[十一]476；[十三]240,408,435,
512；[十六]517,642－643

莫泉 [十七]101

莫荣新 [四]103,438,451,494；[八]164,
167,230；[九]310,327－328,355,375,
394,404,408－409,444,449－450,459；
[十]509,618,740；[十一]485；[十二]3,
100－101,267；[十三]308,313,323,341
(参见莫督、莫督军)

莫汝材 [十七]74

莫仕 [十五]298

莫苏 [十五]129

莫塔 [九]618

莫锡纶 [九]44

莫雄 [九]570

莫镇守使 [四]412

莫宗照 [十五]298

墨国 [十三]569

墨素连呢 [四]562；[八]514

墨子 [二]59

莫督(军) [四]417－418,420－421,424；
[九]291－292,310,322,336,338,342－
343,360,409；[十]330－331,336－337；
[十三]253,296(参见莫荣新)

牟鸿勋 [九]354；[十一]272；[十三]417

牟琳 [十三]292；[十六]337

木堂 [七]11,15－16,23,27,41,245；[八]
15－16,230,489(参见犬养木堂、犬养毅)

木斋 [八]283

牧野 [十一]397

慕韩 [八]28；[九]178；[十三]141－142,
330－331,335－336；[十八]69(参见邓慕
韩)

穆春阳 [四]68

穆岱 [八]158

穆尔素 [十二]30

穆赖尔 [十二]392；[十四]573；[十七]
588

穆勒 [一]25

穆斯乔 [七]291

N

拿/那破仑第三 [二]50,112；[七]409

拿破/波仑 [一]31,46[二]110－111；
[三]234,245,279,283,289,293,300－
301；[七]342；[八]281；[十]160,292,

295,301,315,481,677;〔十一〕59,105,108,130,151,232,234 - 235,258,317;〔十三〕139（参见纳波伦）

那典　〔一〕10

那破仑第一　〔二〕50

那其仁　〔十七〕668

那文　〔十三〕646

纳波伦　〔十一〕44（参见拿破仑）

纳申尼尔·柏辉　〔八〕169

乃昌　〔八〕160（参见王乃昌、王季文）

逎生　〔七〕502,514,527,532（参见郭标）

奈端　〔一〕36（参见牛顿）

南方熊楠　〔七〕20 - 21,23 - 25;〔十一〕34;〔十八〕5 - 6

南湖　〔八〕411

南万里　〔十一〕61,76,82（参见平山周）

内人　〔八〕356;〔九〕500

内田康哉　〔四〕57

内田良平　〔九〕4,8;〔十一〕54,56,65 - 68,89 - 90,379;〔十六〕8（参见硬石）

内田徒志　〔十八〕539

内子　〔七〕438,495;〔八〕509（参见宋庆龄）

尼尔　〔二〕319

倪汉信　〔十三〕132

倪节孝君　〔四〕89

倪逆　〔四〕398 - 400;〔七〕543,551（参见倪嗣冲）

倪世璜　〔十五〕619

倪嗣冲　〔四〕399 - 400,402,406,408,430 - 431;〔七〕484,503;〔八〕63;〔九〕34,62,65,69 - 70,256,351;〔十〕317;〔十一〕470;〔十三〕250（参见倪逆）

倪太君　〔十八〕181

倪贻荪　〔十一〕364

倪瀛　〔十六〕357

倪映典　〔一〕76;〔四〕43;〔十〕418;〔十一〕176;〔十三〕11;〔十五〕550 - 551,553,565

倪元潞　〔四〕284

聂光汉　〔十六〕578

聂其述　〔八〕395（参见云台、聂云台）

聂绍南　〔十七〕13

聂受　〔十七〕11

聂伟臣　〔七〕553

聂星池　〔十六〕581

聂耀初　〔十七〕45

聂豫　〔十三〕154

聂云台　〔八〕425（参见云台、聂其述）

聂卓　〔十六〕615

宁坤　〔十七〕183,683

宁武　〔七〕415 - 416;〔八〕319,321,455;〔十二〕43（参见梦岩）

寗调元　〔一〕73

牛/纽顿　〔二〕47,139,156 - 157;〔十一〕108（参见奈端）

钮惕生　〔四〕410;〔九〕576

钮永建　〔四〕79,143;〔八〕64;〔九〕180,242,576;〔十三〕92,94,258;〔十六〕16,26;〔十七〕211（参见惕生、钮惕生）

钮质彬　〔四〕68

农有兴　〔十三〕267

侬鼎和　〔十七〕79,338 - 339

茹景周　〔十六〕534

怒刚　〔八〕110,331,468（参见但怒刚、但懋辛）

诺尔氏　〔十二〕382

诺克斯　[七]251

诺曼　[七]522

O

欧朝俊　[十六]582

欧达泉　[十六]106,155

欧棣　[十六]617

欧克　[七]30

欧聂氏　[十五]400

欧绍欣　[十七]158

欧颂尧　[十七]74

欧汀贺　[十七]276

欧维纲　[十四]196

欧阳宝珍　[十六]623

欧阳碧南　[十六]582

欧阳格　[十三]493,515,519,560,618;[十六]463,469;[十七]290

欧阳梗　[十六]410

欧阳官然　[十六]623

欧阳豪　[八]209;[十三]427,429,551;[十六]75,339;[十七]471

欧阳洪烈　[十五]122-123

欧阳洪卿　[十六]613

欧阳浣祥　[十六]623

欧阳洁祥　[十六]623

欧阳敬之　[十六]427

欧阳静山　[十七]44

欧阳魁　[十一]365

欧阳濂　[十七]589

欧阳琳　[十三]516;[十六]341,470,569;[十七]755

欧阳南　[十六]538

欧阳棋　[十六]625

欧阳钦　[十五]298

欧阳卿　[十六]105,164

欧阳荣之　[四]43

欧阳寿康　[十六]590

欧阳燧　[十五]225

欧阳尧　[十三]164

欧阳沂　[十六]330

欧阳志夷　[十六]132,174

欧雨初　[十六]121,162

欧岳舟　[十六]119,160

欧赞襄　[十六]581

欧章本　[十六]578

欧卓兰　[十六]119,160

耦耕主人　[七]543,551(参见刘学询)

区暗汉　[十七]7

区栋纲　[十七]52

区敦孟　[十]77

区凤墀　[七]5;[十一]6

区富　[十七]154

区广　[十六]583

区广常　[十七]47

区汉奇　[十六]76,125,151,165,355

区景才　[十六]134,177

区克明　[十四]484-486

区林　[十五]400

区林兆　[十七]271

区流　[七]451

区买　[十六]646

区培　[十六]339

区启丁　[十七]270

区慎刚　[五]239,243;[七]347,369,373,400,405,453

区圣爵　[十七]47

区士依　[十七]270

区小光　[十六]534

区信英　[十六]120,171

区星耀　[十七]72

区毅　[十四]527

区玉书　[十六]563,595；[十七]217

区源泰　[十六]523

区作梁　[十七]13

P

潘百生　[十七]47

潘宝寿　[十四]406,411－414,453,465

潘宝兴　[十四]411－412

潘保荣　[十七]74

潘必先　[十五]298

潘璧光　[十七]53

潘超元　[十七]48

潘朝生　[十七]5

潘成　[十三]654－655

潘达微　[十五]147

潘德芳　[十七]53

潘德廉　[十七]11

潘德培　[十七]170

潘棣甫　[四]100

潘干谦　[十七]10

潘国亮　[十七]48

潘国强　[十七]48

潘国熙　[十五]162

潘汉亭　[十七]168

潘鸿图　[十五]454；[十七]434,715

潘惠居　[十七]5

潘积　[十七]74

潘季伦　[十三]383

潘嘉　[十三]654－655

潘杰　[十四]336

潘君谷　[十七]7,10

潘康时　[十三]355,371

潘克修　[十七]62

潘孔嘉　[十七]48

潘丽山　[十七]11

潘连斌　[十六]621

潘莲生　[十七]12

潘乃德　[十六]227,331

潘南山　[十七]48

潘逢有　[十七]48

潘培敏　[十七]183

潘佩珠　[十一]128

潘启光　[十六]622

潘启民　[十六]622

潘擎石　[十七]10

潘容端　[十七]11

潘瑞香　[十七]253

潘若涛　[十七]48

潘森　[十七]75

潘少亭　[十四]476

潘盛财　[十七]74

潘士　[十四]336

潘受之　[四]27；[八]186－187；[十三]8,
　　57；[十六]373

潘枢善　[十七]48

潘叔谦　[十三]52

潘颂球　[十七]11

潘颂三　[十七]11

潘桃　[十七]104

潘维安　[十七]10

潘文治　[十五]172,222；[十六]569；[十

七] 134,341,486,528,530,544 – 545,549,596,738 – 739,743

潘锡藩　[四]101

潘侠魂　[十七]46

潘先华　[十六]526

潘祥初　[十八]15

潘兴　[十二]456,459

潘杏棠　[十七]48

潘学吟　[四]165;[十五]567

潘训初　[五]108;[十六]29,264,346

潘宜之　[八]299

潘奕源　[十七]69

潘镒荣　[十七]42

潘毅　[十四]336

潘寅善　[十七]53

潘应民　[十六]317,324 – 327,329,333,336,339 – 344,354

潘应卿　[十六]534

潘西元　[十七]8

潘雨峰　[九]391

潘元谅　[十四]561;[十六]414

潘元耀　[四]100

潘月樵　[十三]109;[十八]39

潘云村　[十六]121,163

潘泽民　[十七]48

潘祯初　[十三]173

潘震亚　[十七]293,745

潘正道　[九]490;[十四]581(参见潘总司令)

潘植生　[十七]48

潘志超　[十七]252

潘珠安　[十六]110,149

潘灼南　[十六]334

潘子才　[十七]41

潘子贵　[十七]11

潘宗彝　[十三]73 – 74

潘总司令　[十三]454(参见潘正道)

盘爱隆　[十七]47

盘璀隆　[十七]52

盘达尊　[十七]45

盘公仪　[八]320

盘国昌　[十七]45

盘鸿钧　[十三]543

盘活隆　[十七]45

盘炯隆　[十七]45

盘炯尊　[十七]52

盘朋　[十六]613

盘全昌　[十六]533

盘铨昌　[十七]45

盘铨隆　[十七]52

盘润　[十七]50

盘尚呆　[十七]43

盘树南　[十六]581

盘文杰　[十七]45

盘益民　[十七]50

盘英元　[十七]45

盘煜隆　[十七]45

盘卓山　[十七]54

庞道荣　[十六]582

庞青城　[十六]29

庞三杰　[十六]39 – 40,141

庞世传　[十六]582

庞元澄　[十七]249

庞子舟　[十六]144

培荄　[八]47,149

培英　[八]321(参见培英刘揆一)

裴义理　［四］44

裴在辂　［一］34,43

裴知　［十八］146

佩珍　［十三］21

彭邦栋　［十三］258－259,305,471;［十六］329,336

彭炳森　［十六］77,85,111,135,155,176

彭伯良　［十七］62

彭伯勋　［十六］494;［十七］10

彭才德　［十四］517;［十八］395

彭昌　［十五］37

彭昌福　［十三］292

彭程万　［十三］364－365;［十六］341;［十七］355

彭澄　［十四］40;［十七］124,128

彭春朗　［十六］545

彭春林　［十六］581

彭德荣　［七］511

彭福林　［十三］466

彭纲　［十六］612

彭耕　［十七］510

彭攻坚　［十六］79

彭国洪　［十六］627

彭国钧　［十七］510

彭国忠　［十六］583

彭海　［十五］37

彭汉升　［十七］254

彭汉遗　［十六］329

彭汉章　［十六］444

彭鸿　［十五］37

彭徽儒　［十五］298

彭惠贤　［十七］147

彭吉平　［十六］95,118,123,162,168

彭家广　［十七］46

彭家珍　［十三］135

彭建标　［十三］400;［十六］331

彭介石　［十三］292;［十六］202,320,328;［十七］249,535

彭金芳　［十七］254

彭克俭　［十三］129

彭堃　［十三］317－318,385－386;［十六］357;［十七］565

彭利　［十七］154

彭砺石　［十六］634

彭禄权　［十六］625

彭銮清　［十七］10

彭梦生　［十六］527

彭年　［十六］269,361

彭湃　［十五］592;［十七］753

彭丕昕　［十三］93－94;［十六］24,30,494

彭启　［十四］365

彭芹香　［十七］251

彭清　［十七］12

彭荣燊　［十六］634

彭汝颜　［十六］128,170

彭瑞麟　［十六］256,341

彭绍尧　［十六］533

彭晟　［十六］636

彭师长　［十四］133

彭世洛　［八］501

彭寿山　［九］602

彭寿松　［五］107;［九］91

彭嗣志　［十四］170,172,190－191

彭苏　［十五］37

彭素民　［四］148－149,151;［八］147;［十］644,646,648;［十三］93－94,593;

〔十五〕360；〔十六〕271，347，495，511，
515，518 - 520，523 - 529，531 - 533，535
- 538，544 - 546，572 - 575，577 - 580，
584，587 - 592，596 - 598，602，605 - 608，
611 - 612，616，618 - 620，629，632 - 634，
644 - 646；〔十七〕7 - 10，13 - 15，24 - 25，
35 - 37，41，43 - 44，51，55，60 - 63，68 -
73，75，101 - 102，104 - 106，120 - 122，
132，135 - 137，140 - 142，144 - 147，151
- 153，155 - 159，167 - 170，174 - 176，
186 - 189，193，196 - 198，201 - 202，224
- 226，236 - 238，252 - 254，260 - 263，
270 - 272，276 - 279，281 - 282，285 -
287，291 - 293，295，313 - 316，438 - 439，
479；〔十八〕413

彭遂良　〔十三〕129

彭体　〔十五〕37

彭添扬　〔十六〕582

彭添尧　〔十六〕622

彭同　〔十五〕37

彭维纲　〔十六〕134，177，374

彭维杰　〔十六〕262，361

彭五　〔十五〕37

彭效文　〔十七〕154

彭辛西　〔十六〕620

彭星海　〔十六〕117，167，584

彭学浚　〔十六〕330

彭彦　〔十五〕37，40

彭养光　〔十二〕475；〔十三〕292，378 - 379，
384 - 385；〔十五〕471；〔十六〕84，139，
153，327

彭毅　〔十六〕359

彭禹三　〔十六〕581

彭禹铸　〔十六〕626

彭玉田　〔十六〕275，348

彭远耀　〔九〕324；〔十三〕545

彭允彝　〔九〕383；〔十二〕257；〔十六〕329，
364

彭泽　〔七〕27，327，498；〔九〕162；〔十〕
284；〔十六〕122，165，224，326

彭泽久　〔十三〕297

彭泽民　〔七〕535；〔十八〕386

彭泽文　〔八〕287；〔十六〕90，117，167

彭占元　〔九〕113；〔十三〕284 - 285

彭昭　〔十三〕129

彭贞元　〔十五〕102

彭志　〔十五〕37

彭卓光　〔十七〕154

彭子耕　〔十六〕530

彭梓彬　〔十七〕62

彭总司令　〔九〕325，329，516；〔十三〕482 -
483

丕士麦　〔二〕111 - 114

丕斯麦　〔八〕476

丕斯麦克　〔一〕21

皮广生　〔十三〕565

皮西爱　〔十一〕167，207

皮雄　〔十一〕169，207

品泉　〔八〕446（参见邓本殷）

品卓　〔八〕516 - 517，533 - 534；〔九〕626；
〔十八〕437（参见廖行超）

平宝善　〔十七〕452，726

平川清风　〔十一〕474

平冈（浩太郎）　〔一〕68；〔十一〕74；〔十一〕
90

平刚　〔十〕198；〔十四〕85；〔十六〕193，319

平山周 〔一〕68；〔七〕13－15,19－20,26,29；〔九〕3－6；〔十一〕60,75（参见南万里）

平实 〔三〕120,122－123,126－128

平一 〔七〕339,346,362,380,386,388,405,411；〔九〕168（参见伍平一、伍澄宇）

萍赓 〔八〕636（参见唐继虞）

粕谷义三 〔八〕523

蒲伯祥 〔十六〕576

蒲大芳 〔五〕38

蒲殿俊 〔十三〕9

蒲鲁东 〔二〕47

蒲名元 〔十七〕209

蒲善明 〔十六〕527

蒲生 〔七〕72

蒲素柏 〔十五〕377－378

蒲/圃田 〔八〕317,448（参见林蒲田、林圃田、林俊廷）

蒲星若 〔十六〕110,158

普瑞斯特雷 〔十二〕130

溥泉 〔七〕134,217,290,378,393,478－479；〔八〕6－7,372,380；〔九〕225,269,272；〔十三〕561,569（参见张浦泉、张继）

溥仪 〔四〕42,401－402；〔八〕543；〔九〕649；〔十二〕440,475

Q

七指 〔九〕5（参见杨衢云）

戚甘强 〔十六〕533

戚云龙 〔十六〕143

戚泽民 〔十七〕46

戚秩唪 〔十七〕6

漆运钧 〔五〕222

漆瞻琪 〔十六〕128,170

漆兆 〔十五〕324

齐抚万 〔四〕507,513；〔九〕522,648（参见抚万、齐燮元）

齐女 〔三〕304；〔四〕90

齐契林 〔九〕566

齐燮元 〔四〕549；〔八〕249,496；〔九〕522,529－530,648；〔十三〕440（参见齐抚万、抚万）

祁耿寰 〔十六〕141,337；〔十七〕638,732

祁光华 〔十七〕188

祁隽藻 〔九〕480

祁耀川 〔三〕163

祁映寰 〔十三〕421

岐黄 〔四〕10

其采 〔四〕93

其美 〔四〕93；〔十三〕26,426（参见陈其美）

其业 〔四〕93

耆善 〔十一〕171

启文 〔八〕357

绮菴 〔七〕426（参见李绮庵）

契切林 〔八〕280,296,348,504

前年彰年 〔十三〕557

前妻 〔八〕45（参见卢慕贞）

钱椿荣 〔十七〕74

钱大钧 〔十七〕479,558

钱国卿 〔十六〕534

钱化佛 〔十八〕82,266

钱嘉祥 〔十六〕262,360

钱开云 〔十七〕198

钱述 〔十六〕356

钱树芬 〔四〕43,100；〔六〕86

钱四和 [十三]79

钱铁权 [十五]669

钱显章 [十六]334

钱针 [十六]541;[十七]419

钱祖勤 [十六]337,341

潜川 [七]396,499－500,516－517,572；
[八]22,292,327(参见饶潜川)

乔佛斯 [二]285－286;[十一]14－16,30

乔根 [十六]251,360

乔林 [七]226

乔宜斋 [一]72

乔义生 [十三]211

桥本辰二郎 [十八]95,102

芹昌 [十七]45

秦斌华 [十六]634

秦炳直 [八]233

秦步衢 [十三]473

秦琛泉 [十七]278

秦广礼 [十三]281－282,302;[十六]190,
319

秦广智 [十六]340

秦桧 [四]378

秦(始)皇 [一]29－30,41,91,166;[二]
73,78－79,81;[三]11,377;[五]315－
316;[十]115,257,265,267,319,510,
551,592,598;[十一]108;[十三]16

秦觐周 [十三]466

秦力山 [十一]104

秦守经 [十三]466

秦树勋 [十六]268,346

秦天枢 [九]288,290;[十六]356

秦毓鎏 [四]47,49;[七]256,510－511;
[十三]20,93－94;[十六]9;[十八]71,

475(参见效鲁)

秦竹裴 [十三]222;[十八]193－194

覃超 [十六]205,320;[十七]429－430

覃国炳 [十六]576

覃集成 [十六]355

覃理鸣 [四]419,421;[八]322;[九]266,
336(参见理鸣、覃振)

覃鎏钦 [四]49

覃师范 [十三]93－94

覃寿恭 [十六]329

覃寿乔 [十四]409

覃体仁 [十六]122,165

覃振 [四]147－148;[九]195－196,210,
332－333;[十三]302,304;[十六]220,
323,450,512;[十七]438,468(参见理鸣、
覃理鸣)

青岛某君 [十三]207

青柳笃恒 [四]374

青木 [七]478－479,484－485;[九]189,
220,222

青阳 [八]77,152,227,305,315,333,467,
479；[九]279,291,300,310,326,345,
371,398；[十三]286,351,392,468,606,
608－609

卿衡 [十三]273

清帝 [一]54,71;[二]173;[三]21,24,
204,210,215,224,281,309,321,430,433;
[四]40,171,287－289,306－307,354,
373,380,382,416;[七]274－275,278,
341;[九]39,41,43,45－51,56－59,61－
62,64,68－70,72,76－78,82－83,86－
87,89,95,106,168,245;[十]30,47,201,
203,362,368,495,653;[十一]242,244－

247,253,256,360;[十三]16,29 – 31;[十六]15(参见载洭)

清水　[十二]416

清藤　[十一]82

庆龄　[二]220(参见宋庆龄)

琼南　[七]103

丘观胜　[十六]534

丘国翰　[十六]276,348

丘海云　[十四]225

丘汉根　[十七]62

丘汉宗　[十五]517

丘华增　[十六]596

丘吉尔　[十二]458(参见温斯顿·丘吉尔)

丘炯堂　[十六]131,173

丘堪　[十四]365

丘康　[十六]582

丘启辉　[十六]534

丘启明　[十六]578

丘润生　[十五]615

丘世琼　[十六]624

丘四　[一]66;[三]429;[九]129

丘天锡　[十六]106,155

丘湘兰　[十六]576

丘修瑞　[十七]47

丘秀松　[十六]581

丘义斌　[十六]581

丘右传　[十六]596

丘玉如　[十六]175

丘苑庵　[十六]110,158

丘珍华　[十七]278

丘政衡　[十六]545

丘祝汉　[十六]136,179

丘佐熙　[十五]298

邱福鋆　[十六]331

邱国互　[五]239

邱汉宗　[十七]680,695

邱鸿钧　[十四]85;[十六]507;[十七]257,268

邱汇宗　[十六]123,163

邱仅竞　[十六]92,120,161

邱琚　[十六]398

邱渭南　[九]443

邱文彬　[十七]171

邱文绍　[四]43

邱仰峰　[十六]112

邱莺氏　[十三]464

邱永生　[十六]334

邱于寄　[四]79;[十六]293,350

邱赞寅　[八]220

邱仲川　[十七]208

邱子安　[十六]77

秋瑾　[一]73;[三]430;[十]200 – 201;[十一]193,464;[十八]65 – 66(参见鉴湖女侠)

秋露　[七][一]68;[七]372;207,211

秋壬林　[十一]464

秋山(定辅)　[七]372;[八]16,542;[十一]281,365 – 366,448;[十八]10,540 – 541

虬髯(公)　[四]16 – 17;[十八]209

裘灿　[十七]46

裘章淦　[十六]331

仇鳌　[十三]94

仇亮　[十一]125;[十三]93 – 94

仇鳌　[十三]93

仇志远 ［十三］97－98

仇卓文 ［十七］11

衢云 ［七］11；［十一］178（参见杨衢云）

曲同丰 ［十三］449；［十七］417

屈为曾 ［十五］37

屈映光 ［七］484；［十三］604

区仁甫 ［七］555

犬养 ［一］68；［七］222，229；［十一］40－41，43，61－62，73，88，107，372，379，444－446；［十二］113，445，489

犬养木堂 ［四］23，139；［七］17，23

犬养毅 ［一］68；［七］11，15－16，23，27，41，59；［八］15，485，489；［九］151，260，348，355，652，663；［十一］53，62，444－445，482；［十二］253－254，428，445，449（参见木堂、犬养木堂）

犬塚 ［四］25

犬塚木 ［八］5

犬塚信太郎 ［一］68；［八］16

阙应麟 ［十四］196

阙玉麒 ［九］237

R

冉鑫 ［十六］143

饶宝书 ［十四］404

饶弼臣 ［十六］108，154

饶芙裳 ［十三］400；［十四］240；［十六］331

饶镜彬 ［十六］108，153

饶鸣鸾 ［十六］325

饶鸣銮 ［九］383；［十六］364

饶潜川 ［七］396，516；［八］292，327；［十六］76，111，155（参见潜川）

饶秋元 ［十六］137，180

饶如焚 ［四］43；［十三］93－94

饶章甫 ［十六］327

饶子和 ［九］425，431，433，445

人杰 ［十三］177（参见张人杰、张静江）

任传伯 ［十七］274－275

任春华 ［十七］238

任公 ［三］23；［十三］435（参见梁启超）

任光宇 ［四］79

任鹤年 ［四］49；［八］438；［十四］103；［十五］392

任鸿隽 ［四］43；［十三］93－94

任金 ［八］424；［十六］398，454；［十七］158－159

任麦森 ［十六］377，417

任培生 ［十六］357

任田桓 ［十六］518

任廷栋 ［十七］154

任彤 ［十六］534

任心符 ［十三］649

任应岐 ［十五］567；［十七］709，734

任治龙 ［十七］134

任重 ［十六］328

纫秋 ［九］234；［十八］489（参见萧萱）

日南 ［十一］72，82（参见福本）

荣禄 ［三］146；［五］42

荣润 ［十七］50

荣彰 ［四］170

容炳南 ［十七］11

容炽 ［十六］608

容观棣 ［十六］532

容闳 ［七］160，281；［九］15，20；［十一］48，87，89

容华辉 [十六]622

容觐彤 [十六]391

容景芳 [十七]87,230

容旅长 [四]417

容梅初 [十七]9

容少康 [十六]605

容树尧 [十七]11

容嵩光 [七]552;[十七]7

容五云 [十六]608

容星桥 [十三]171-172

容扬 [十七]11

容逸卿 [十七]5

容秩卿 [十七]10

溶川 [八]147,179

榕/镕川 [八]47,149;[十三]355(参见张
学济)

如渊/舟 [八]9,412,524;[十三]352(参
见刘显世)

茹辛 [八]442

儒班 [八]159

儒堂 [八]305,397-398;[九]370(参见
王儒堂、王正廷)

汝成 [八]541

汝为 [七]375,431;[八]30,40-41,56,
136,311-312,315,329,333,337-338,
351,358,362,366,368,375,391,399,410,
432,453,456,470,481,495,506,521,531
-532,534,536-537;[九]196,203,205,
224-225,317,326-327,343,362,391,
424,447,478,483,495-496,507,522,
542,559,572-573,594,605,616,626-
627,639,663;[十二]6,296;[十三]177,
306,380,382,567,573,585,594;[十八]

498-500(参见许汝为、许崇智)

汝训 [八]442

汝岩 [八]446(参见陈家威)

阮本畴 [七]408,426,495;[八]26,263,
273

阮本旺 [十六]614

阮碧湛 [十六]621

阮达初 [十六]619

阮棣春 [十六]617

阮棣培 [十六]621

阮飞 [十七]170

阮复 [十三]276-277;[十六]239,354;
[十八]200

阮观煜 [十六]371

阮官成 [十七]106,146

阮汉年 [十六]613

阮汉卿 [十六]625

阮汉三 [十八]269

阮汉生 [十七]45

阮汉祥 [十六]580

阮宏如 [十六]625

阮湖 [十六]612

阮煜 [十六]587

阮惠 [十七]11

阮建堂 [四]8

阮京宽 [十六]625

阮康 [十六]582

阮焜 [十六]617

阮来亚 [十六]621

阮乐 [十六]576

阮礼宏 [十七]74

阮力 [十七]71

阮丽川 [十六]574

阮利 [十六]613

阮伦 [七]230,255,426;[八]43,288

阮茂熊 [十七]51

阮懋初 [十六]625

阮暖 [十七]158

阮培 [十七]158

阮品琛 [十六]606

阮平世 [十七]169

阮岐山 [十六]624

阮其昌 [十六]334

阮庆金 [十六]626

阮日华 [十三]444;[十六]237

阮若春 [十七]45

阮善初 [十六]625

阮石湖 [十六]578

阮石瑚 [十七]49

阮式 [十三]25－26

阮天培 [十六]624

阮信材 [十六]626

阮信楠 [十六]581

阮炎 [十七]156

阮尧 [十六]582

阮耀祥 [十六]581

阮义顺 [十七]74

阮艺 [十七]156

阮有添 [十六]623

阮珍耀 [十七]45

阮臻德 [十六]625

阮振渠 [十七]13

阮灼宸 [十六]623

阮祖阁 [十六]628

芮恩施/诗 [一]96,237－238;[八]70,
300;[九]399

瑞安 [十七]50

瑞澂 [一]77－78;[三]393;[七]489

瑞澄 [十]528;[十]545,719,764

瑞和 [七]103

瑞华 [十六]572

瑞铿 [十七]50

瑞霖 [八]136,351,359,432(参见徐镜清)

瑞石 [七]530

瑞堂 [十八]465

S

萨鼎铭 [四]447－448(参见萨镇冰)

萨尔曼 [十一]352,355

萨里斯伯 [二]282－283,292

萨镇冰 [十一]171(参见萨鼎铭)

赛尚阿 [五]38

三上丰夷 [五]369－370;[七]71;[九]
37;[十八]12,543

桑弘羊 [一]19,21

桑文俊 [十四]180－181

涩泽(荣一) [四]64;[五]244,246;[七]
326－327;[八]523;[九]260,651－652,
654,664;[十]226－227,284;[十一]383,
385－390,434－435

森广 [十八]427

森恪 [七]327;[九]67－69;[十一]249,
402

森山 [八]16

森棠 [七]555

森下 [十八]92

沙德 [一]244

沙多 [三]7

沙淦 [十一]291

沙侯　［七］5

沙锦成　［四］68

沙利斯堡　［七］4；［十一］13

沙美　［十五］92

莎苏诺夫　［十一］168

山德士　［八］522

山东夏君　［十三］217

山根重武　［十八］118

山井　［十八］542

山内正瞭　［三］64

山上丰夷　［十一］428

山田（纯三郎）　［七］346,479,495；［八］7,
　112,139,489；［九］187－188,198,205,
　212,220－221；［十一］215,228；［十二］
　445,449,505；［十三］156,206；［十八］24,
　175－176,545－546

山田（浩藏）　［十八］86,191

山田夫人　［十二］445

山田君美　［十六］75

山田良政　［一］70；［四］106－107；［九］
　129；［十一］87,380；［十八］211

山田兄弟　［一］68（参见山田良政、山田纯
　三郎）

山下　［十八］547

山县有朋　［九］63－64

山中峰太郎　［十六］98

山座（圆次郎）　［九］151；［十一］164－166

山座丹次郎　［十一］408

杉田定一　［十八］196

杉原铁城　［十八］96

陕陈　［三］400（参见陈树藩）

善耆　［十一］171

纯三郎　［四］107

单宝鋆　［十四］386

单秀川　［十四］386

商何斯德　［三］293

商鞅　［十］324,341

商纣　［三］121

上村　［三］110

上野　［十八］544

上原勇作　［十一］455

尚天德　［十八］372,476

尚镇圭　［四］153；［十三］292；［十六］328

少白　［一］66；［四］138；［八］394；［十二］
　124（参见陈少白）

少川　［七］274,278；［八］67－68,85－86,
　91,180,247；［九］78－79,469；［十三］
　226,310,321,330,332－333（参见唐少
　川、唐绍仪）

少炯　［八］323,385（参见杨熙绩）

少穆　［八］262

少泉　［九］561；［十八］466（参见林白水）

邵德进　［十三］105,109

邵栋华　［十七］74

邵力子　［四］147－148；［十二］28；［十七］
　249

邵茂春　［十三］79

邵南棠　［五］239,241

邵逸周　［十三］93－94

邵元冲　［四］259－260,599；［七］572；
　［八］120,135,148,184；［十］645；［十一］
　441；［十二］29－30,45,49,382－383,
　488,506；［十三］585；［十六］29,42,44,
　140,211,322；［十七］438－439,530,554,
　568,719,754；［十八］135

邵钊　［十六］628

邵仲辉 [四]79

邵仲康 [十三]292;[十六]328

绍曾 [八]305,329,334,468;[十三]545

绍基 [八]350,386,434,469,481,497,
　500,516;[九]561,564,572 – 573,626,
　665;[十二]296(参见杨希闵)

绍贤 [十八]137,357(参见张友芟)

申葆藩 [八]446(参见介臣)

申鼎 [十六]508

申圭植 [十]436;[十二]139

摄政王 [三]430;[七]342;[十]196;[十
　一]183 – 184,337(参见载沣)

神户王君 [十三]161

神户杨某 [十三]235

神农(氏) [一]16,17;[二]126 – 127;
　[四]111,184;[十]460;[十一]108

神田 [十一]321

神田代木 [十三]181

沈霭塘 [十六]509

沈弼 [十六]576

沈秉荃 [五]239;[十三]28

沈炳煌 [十六]114,156

沈昌楳 [十五]298

沈城 [四]68

沈定一 [七]254(参见剑侯)

沈国英 [十六]60,142

沈汉秋 [十六]60,142

沈鸿柏 [五]239,243;[十六]111

沈鸿相 [十六]150

沈鸿英 [三]408;[四]164,495,505,515,
　521,580;[八]234,386,420 – 423,430,
　433 – 434,440 – 441,446 – 448,452,498,
　505;[九]415,485,523,538 – 539,541,
550,554 – 555,603 – 604,606 – 607,609,
619,622;[十]448,559,572 – 573,667,
690,693;[十二]258,263,265,271,278,
286 – 287,289 – 292,302,377;[十三]
324,511,550,588,597,599 – 600,646,
649,665;[十四]168;[十五]38,52,69,
109,113,217,461,479,528;[十六]535;
[十七]57(参见冠南、沈逆)

沈霍德 [七]110

沈加友 [十七]254

沈家本 [四]170

沈钧 [五]239

沈克刚 [十三]134

沈朗午 [四]68

沈离臣 [四]68

沈联 [十八]478(参见步洲)

沈联芳 [七]68,207;[十三]50

沈缦云 [五]239;[七]284 – 285,313;
　[十]199;[十八]38,174(参见懋昭、沈懋
　昭)

沈懋昭 [五]241;[七]272,282,284;[十
　三]21 – 22(参见沈缦云)

沈懋照 [九]44

沈逆 [四]522;[六]160;[八]430,446,
　456,458;[九]539,541,545,547,559;
　[十]523;[十三]588,669 – 670,672,675;
　[十四]4,9,23,30 – 31,33,36,49,102,
　126,154,168,321,406,503,594(参见沈
　鸿英)

沈启琳 [十六]509

沈秋舫 [十七]8,292

沈虬斋 [一]71;[三]429

沈荣光 [十五]25;[十六]605;[十七]57

沈声夏　［十三］413

沈树良　［十六］107,154

沈铁成　［十六］130

沈铁武　［十六］172

沈桐轩　［十七］752

沈维心　［十六］339

沈文光　［七］106

沈希南　［五］108;［十］67

沈翔云　［五］241;［十三］30

沈欣吾　［十七］185,474,478,614

沈选青　［十六］69－70,107,148,544

沈宜昌　［十六］545

沈寅宾　［十五］564,566

沈应时　［十七］558

沈镛　［四］79;［十三］297

沈贼　［八］430,435,446;［九］542;［十三］
　　627;［十四］180（参见沈鸿英）

沈振远　［四］67

沈止敬　［八］92－93

沈智夫　［十三］400;［十四］240;［十六］
　　325,331

沈子琴　［五］239

沉定一　［十］626,644－645,648;［十二］
　　39,342;［十五］498－499;［十七］438－
　　439;［十八］477

沉健飞　［十七］742

沉靖　［十六］145,267,301,346,351

沉重熙　［十七］183

沉子良　［十四］31

沉子云　［十七］254

升房　［四］322;［十三］96,122

升允　［九］52,69,89,94－95,106;［十一］
　　471

生兢雄　［十七］47

胜白　［八］166

盛碧潭　［七］395;［十六］46－47,141

盛宫保　［三］7（参见盛宣怀）

盛华林　［八］132;［十三］371

盛九昌　［十八］479

盛丕华　［五］367,369

盛荣超　［十七］95,248

盛氏　［七］274,277;［九］93（参见盛宣怀）

盛宣怀　［一］89;［二］165;［三］150;［五］
　　125;［七］278,283－284;［九］93;［十一］
　　239（参见盛氏、盛宫保）

盛延祺　［十五］581;［十六］569

威廉第二　［三］284

师谛　［八］481（参见卢师谛）

师尚谦　［十六］125,173

师世昌　［十六］342

施炳华　［十六］129,170

施卜　［十五］484;［十七］670

施成　［四］148－149

施承谟　［十六］55,124,151

施从滨　［十八］74（参见汉亭）

施恨公　［十六］51－52

施滉　［十二］354

施亮　［四］68

施朴生　［十六］533

施仁德　［十六］92,120,161

施瑞麟　［七］502,511

施愚　［十一］304

施岳文　［四］67

施肇基　［四］44

施自鸣　［十六］357

施佐卿　［四］68

辻村 ［十一］431－432

辻武雄 ［十八］549

石曾 ［八］103;［十］342(参见李石曾)

石达开 ［二］80

石大 ［十七］74

石丹生 ［七］396

石凤鸣 ［十三］14

石蘅青 ［九］32(参见石瑛)

石璜 ［十三］166;［十六］328

石锦波 ［十六］628

石井晓云 ［十八］19

石敬瑭 ［四］373;［五］24;［九］501

石美基 ［十七］50

石铭勋 ［十六］445,449

石屏 ［七］423,562;［十三］344(参见谭石屏、谭人凤)

石琴 ［八］204,221

石青阳 ［八］75,132,152,227,247,315,331,333,467－469,472;［九］232,269,271,277－278,283,291,307－308,310－311,320,322－323,326,329,331,344,348,352－353,358,364,371,398,406;［十］645,757;［十三］274,286,392,527;［十六］230,244－245,282－285,302,305,337,343,349,433,435;［十七］193,340,343,357,438(参见石蕴光、石招讨使)

石泉 ［七］571;［十六］292

石仁山 ［十三］104

石汝霖 ［十七］309,419

石顺豫 ［十七］188

石司令 ［九］311,331,608

石托勒敦 ［十四］569

石小川 ［九］452

石星川 ［九］286,290,297,308－309(参见石总司令)

石瑛 ［九］32;［十七］438－439(参见石蘅青)

石蕴光 ［十六］91,144(参见石青阳)

石招讨使 ［四］417,419,421;［九］309,322－323,326,328－329,331,335－336,361;［十六］276,284(参见石青阳)

石贞 ［七］195(参见李石曾)

石总司令 ［四］424;［九］367,516;［十三］296;［十四］133(参见石青阳)

石总司令 ［四］425;［九］283,290,295,297,308(参见石星川)

时功玖 ［十二］136;［十六］214,322

时杰 ［十八］303(参见何侠)

实珊 ［七］392

实兆远 ［十六］129,171,571－574

史宾那沙 ［一］35

史鼎孚 ［八］83

史坚如 ［一］69－70;［三］429;［四］65;［五］19;［九］129;［十］547,552;［十一］113

史久光 ［十三］93－94

史可法 ［二］35,37;［四］284;［十二］195

史明民 ［十三］197－198;［十六］126,176

史迁 ［四］134

史青 ［五］19;［十三］93－94

史梯芬 ［十］499

史推恩 ［十四］370

史志元 ［十三］346

史宗法 ［九］646

始皇 ［一］30－31,41;［七］336;［十］267

士丕文　［五］224－227

士庭　［八］475

世民　［四］16－17

市川　［十八］548

笹川洁　［八］79；［十五］677

释迦牟尼　［十］602；［十一］108

守冰　［八］283－284

寿慈　［八］387,421

寿卿　［十一］104

枢金　［十六］286,362

叔痴　［十八］140,142（参见朱叔痴、朱之洪）

叔实　［八］21,267

叔孙通　［三］242,248；［十］295

叔尧　［八］295

梳格底　［一］35

舒百川　［八］329

舒尔曼　［四］521；［十二］335－337

舒曼　［五］425

舒用之　［十五］35

树棠　［四］388

庶堪　［十三］177

帅功　［四］148－149

双合　［七］417,444

顺治　［五］41

舜　［二］32,35－36,122,124－125；［三］365,377；［十］268,459,601；［十四］243

舜卿　［十一］484；［十三］345（参见陈炳焜、陈督、陈督军）

舜中　［十七］42

司的文生　［三］194

司马懿　［十一］7

司徒　［十五］333－334

司徒安　［十六］622

司徒安谋　［十六］608

司徒碧珊　［十七］52

司徒炳伸　［十七］170

司徒朝相　［十七］52

司徒承彩　［十七］169

司徒纯　［十六］608

司徒慈　［十六］608

司徒大队长　［十四］156

司徒道之　［十七］46

司徒德彬　［十七］50

司徒德伦　［十七］54

司徒德三　［十七］285

司徒德炜　［十七］105

司徒涤怀　［十六］626

司徒董　［十七］74

司徒恩泽　［十六］621

司徒发淦　［十七］50

司徒发海　［十六］608

司徒发舜　［十七］50

司徒发位　［十六］606

司徒芬　［十六］626

司徒福　［十七］74

司徒福畴　［十七］170

司徒福年　［十七］47

司徒概　［十五］333

司徒高　［十七］74

司徒光军　［十七］47

司徒广永　［十六］608

司徒桂　［十七］71

司徒汉南　［十七］41

司徒汉庭　［十七］50

司徒怀汉　［十七］44

司徒绩懿　［十七］46

司徒竞强　［十六］627

司徒俊璧　［十七］49

司徒俊礼　［十七］168

司徒俊廉　［十六］608

司徒俊良　［十七］170

司徒俊明　［十七］167

司徒俊士　［十六］608

司徒俊照　［十七］50

司徒坤　［十六］538

司徒涞福　［十六］613,618

司徒丽川　［十七］46

司徒良　［十六］608

司徒枚　［十六］608

司徒鸣绪　［十六］627

司徒泮衍　［十六］608

司徒培芳　［十六］627

司徒渠　［十七］170

司徒群　［十六］608

司徒日月　［十七］45

司徒荣　［十六］483

司徒如　［十七］50

司徒汝林　［十七］170

司徒瑞南　［十六］625

司徒润生　［十七］46

司徒若海　［十七］49

司徒尚珍　［十六］608

司徒绍　［十七］170

司徒圣　［十七］72

司徒石　［十七］170

司徒石泉　［十七］43

司徒士伦　［十六］608

司徒氏　［十八］480

司徒仕焯　［十七］49

司徒仕芳　［十七］170

司徒寿　［十七］170

司徒树兰　［十七］46

司徒树敏　［十六］615

司徒双龙　［十七］75

司徒颂舆　［十七］45

司徒铁魂　［十七］45

司徒威林　［十七］45

司徒位番　［十七］45

司徒文海　［十七］49

司徒文华　［十七］44

司徒文锐　［十六］608

司徒文学　［十七］49

司徒文质　［十七］49

司徒侠夫　［十七］42

司徒献　［十六］627

司徒献奶　［十六］627

司徒享　［十七］13

司徒协　［十六］527

司徒携区　［十七］48

司徒绪堂　［十七］46

司徒煦航　［十七］170

司徒璇　［十六］571

司徒绚墀　［十七］52

司徒雅文　［十六］608

司徒雅轩　［十七］46

司徒衍衢　［十七］47

司徒扬　［十七］74

司徒尧　［十六］627

司徒业　［十七］50

司徒乙秀　［十七］52

司徒懿渠　［十七］51

司徒莹　〔十七〕577

司徒瀛　〔十三〕658

司徒颖　〔三〕162；〔十四〕240

司徒永春　〔十三〕464

司徒永芳　〔十七〕170

司徒有拱　〔十七〕167

司徒于业　〔十七〕122

司徒泽民　〔十六〕627；〔十七〕46

司徒榛　〔十七〕170

司徒振厚　〔十七〕170

司徒职　〔十六〕617

司徒仲明　〔十七〕41，50

司徒重臣　〔十六〕527

司徒专佑　〔十七〕74

司徒卓廷　〔十七〕42

司徒宗　〔十七〕74

司徒宗盛　〔十七〕170

司徒作　〔十六〕608

思萱　〔七〕511

思宗　〔十三〕580

斯宾塞　〔十一〕393

斯宾塞·托尔伯特　〔十一〕257

斯宾塞尔　〔三〕114

斯卡菲尔德　〔七〕492

斯密　〔一〕21；〔三〕68，116

斯密尔　〔十一〕393

斯密亚丹　〔三〕191－192，194，198

斯密亚当　〔一〕21

斯内夫利特　〔九〕547

斯汀尼斯　〔十二〕296

斯托达多　〔三〕459

斯托扬诺维奇　〔十二〕120

斯韦顿汉　〔十一〕73－74

四姑　〔七〕186（参见陈四姑、陈粹芬）

寺冈　〔十八〕550

寺内（正毅）　〔七〕221，547；〔九〕260，275，282，377；〔十一〕448，475

寺尾（亨）　〔一〕68；〔八〕5，16，140，230；〔十〕244；〔十一〕123

泗水刘君　〔七〕455

松岛宗卫　〔十二〕363

松方正义　〔七〕260

松井　〔七〕478－479，564

松均　〔十六〕263

松楠　〔七〕451

松青　〔八〕209；〔十三〕428

松永安左卫门　〔十二〕24

松元　〔十三〕43

宋霭/蔼龄　〔七〕374，376；〔九〕170－171

宋柏多　〔十七〕54

宋伯芬　〔八〕448（参见伯芬）

宋承家　〔十八〕157

宋振　〔七〕387

宋萃仁　〔十六〕166

宋大章　〔十三〕531，538；〔十六〕277，349；〔十七〕259

宋钝初　〔一〕77；〔七〕480；〔十〕377（参见钝初、宋教仁）

宋逢春　〔十六〕618

宋复九　〔十六〕569

宋广　〔十四〕389

宋海平　〔十七〕151

宋鹤庚　〔八〕257；〔九〕600，650；〔十三〕442；〔十四〕373，555；〔十五〕398；〔十七〕210，350－351，402－403，445，468，667（参见宋总指挥）

宋华荀 [十六]266,361

宋惠卿 [十六]263,345

宋姬 [三]304

宋辑先 [九]291,520;[十七]4

宋季 [七]397

宋嘉树 [七]287,324;[十一]611(参见宋跃如)

宋教仁 [一]45;[二]90;[三]433;[四]44,73－74,349－352,355;[五]63,82,84,158,239,241;[七]269,299,324,330,368;[九]157,162;[十]13,284,317,320,567,752;[十一]121,143,186,320,395,397,411－412;[十三]89,92,94;[十六]16;[十八]111,113(参见钝初、宋钝初)

宋金福 [十七]158

宋均 [十三]292,295

宋君 [七]288;[十一]419(参见宋嘉树)

宋梁 [十七]589

宋茂胜 [十六]598

宋铭黄 [四]88

宋拚三 [十六]40

宋品三 [十四]449

宋卿 [四]513;[八]303,320,486(参见黎宋卿、黎元洪)

宋庆龄/琳 [二]217,220;[四]259;[五]365;[七]374,376;[八]169,472,522－523,542;[九]240,516,523,587,655;[十一]49;[十二]339,393,486,490,493,503－504;[十五]631;[十八]260,306(参见庆龄、宋小姐、孙夫人、我的妻子、内子)

宋荣昌 [十七]479,558,602－604

宋瑞珊 [十六]34,108,170

宋善生 [十七]151

宋少白 [十七]151

宋少仙 [十七]254

宋绍殷 [十四]66;[十五]213－214

宋绍尊 [九]320

宋慎华 [十六]357

宋世科 [十四]477;[十六]357

宋树勋 [十六]272,361

宋太夫人 [八]32

宋韬 [十七]309,419

宋炜臣 [十三]24

宋卫国 [十七]154

宋小姐 [七]307(参见宋庆龄)

宋亚藩 [七]436

宋以梅 [八]409;[十六]337;[十七]383

宋渊源 [七]355,481;[八]123,136,368,381;[十三]572－573;[十五]671;[十六]194,319;[十七]235,333

宋元恺 [七]531;[十六]124,147

宋跃如 [一]65(参见宋嘉树)

宋轧先 [九]310

宋真宗 [四]61－62

宋桢 [十三]292;[十六]329

宋振 [七]413,433,439;[十三]177

宋镇华 [十五]630;[十六]409;[十七]119

宋忠勋 [十八]255

宋卓勋 [十七]46

宋子衡 [四]8,12

宋子文 [四]259－260,262;[六]376,380－381,385,387;[八]29,298,495;[十二]499－500;[十三]506,625,644;[十四]398－400;[十五]157,191,198,303,354,358,361－363,368,547,571,588;[十七]

66－67,130,323,340,402,455,491,597,603,610,613,620,664

宋子扬　[十六]13

宋总指挥　[九]598,600,650(参见宋鹤庚)

颂云　[八]59,461－462,471;[九]540;[十三]259,301,391;[十七]235(参见程潜、程颂云)

苏本炎　[五]239

苏炳培　[十七]74

苏伯特　[四]122

苏苍　[十五]75,113;[十六]243,340

苏成香　[十七]154

苏从山　[十三]649;[十四]40,45,195;[十六]586,640

苏喋周　[十六]526

苏法贺　[十六]534

苏法聿　[十五]465;[十六]412,429,454,530

苏福　[十六]428,430,492

苏格兰某君　[十三]137

苏冠民　[十六]538

苏广寿　[十七]140

苏国英　[十七]254

苏汉生　[十七]47

苏汉孙　[十六]592

苏汉忠　[七]46,77

苏护民　[十七]47

苏惠潮　[十七]74

苏筠尚　[四]79;[十三]340

苏俊五　[十七]

苏俊伍/五　[十七]131,338

苏理平　[十六]125,165,208,320

苏霖　[十七]158

苏洛　[七]388－389;[十七]60－62

苏曼殊　[十八]481

苏孟裔　[十七]37,261

苏齐　[八]379

苏启文　[十六]590

苏茕茕　[十七]10

苏慎初　[四]88;[七]366

苏世安　[十四]507;[十五]496;[十七]332

苏世杰　[十七]764－765

苏守奎　[十七]154

苏受滔　[十六]530

苏树洪　[十七]50

苏树燊　[十七]73

苏澍偕　[十六]526

苏桃舫　[十六]634

苏天霖　[十六]526

苏维亚　[十七]68

苏谓　[十五]667

苏无涯　[十六]33,125,138,148,152,480

苏效良　[十七]188

苏啸山　[十六]526;[十七]254

苏英会　[十七]70

苏应朗　[十七]592

苏有福　[十六]534

苏祐慈　[十六]324

苏玉田　[十六]334

苏元春　[十一]106

苏中　[八]215,408;[十三]427;[十六]65(参见苏中)

苏准如　[十七]52

苏子彬　[十六]535

苏子谷 ［八］77

粟无忌 ［十三］382

粟显扬 ［十七］733

燧人氏 ［二］126；［十］460

孙宝琦 ［一］55；［十］693

孙本戎 ［十五］54；［十六］475

孙本戍 ［十六］357

孙炳文 ［五］222

孙伯兰 ［四］117,410,412,417,419,421,
425；［九］274,321,327,336,361,556,
571；［十三］206,247,296,385（参见孙洪
伊）

孙昌 ［七］136,150,161,164－165,181,
219,238,362,494；［十八］190,235

孙成阁 ［十五］619－620

孙传芳 ［八］379,381；［十］501,693；［十
二］278；［十三］588

孙达成 ［四］19

孙道仁 ［九］85,91,130,138；［十一］288；
［十三］116

孙德卿 ［十八］160

孙凤石 ［九］320

孙夫人 ［八］28－29,31－32,523；［十二］
114,185－186,352,413（参见宋庆龄）

孙扶邦 ［十四］145

孙扶摇 ［七］574

孙光明 ［七］438；［十六］229,333

孙鹤皋 ［十八］482

孙洪伊 ［四］93,102,110,147－148；［七］
504；［八］7,9,11；［九］274,282,321,323
－324,333,356－357,360－361,370,
372,550,556；［十一］484；［十二］228,
505；［十三］206,247；［十五］676；［十六］

183,185,239,253,316,318,512,543（参
见孙伯兰）

孙惠良 ［十六］622

孙继烈 ［十六］224,326

孙建宗 ［十六］622

孙鉴贞 ［十七］72

孙杰 ［九］116

孙静山 ［十三］227

孙镜 ［四］148－149；［十六］76,495,511,
563,571,574－575,577－578,587,590－
591,596,606,611－612,616,618,632－
633,644－645；［十七］7－8,14－15,25－
26,35,41,55,60,70－72,102,104,120－
121,133,135－136,140,145,151－152,
156－157,167－168,174－175,186－187,
189,193,196－197,224－225,236－237,
252,260－261,270,276－277,281－282,
285－286,291－292,313－314,316；［十
八］483（参见铁人）

孙镜亚 ［十三］541；［十四］204；［十七］
191

孙君（孙文） ［十三］3－5

孙科 ［四］43,259－260,262,334,599；
［六］138,141；［七］270,293,297,557；
［八］28,30－31,39,450,462,464；［九］
179,396,407,413,419,448,451,465,629,
642；［十］646；［十一］103,192,263；［十
二］397,417,490,499,500,503；［十三］
434－435,630,646,650,660,666,674,
682；［十四］96,107,139,158,208,211,
228,231,254,257,270,292,310,329－
330,332－333,345－346,362,403,428,
430,484,499－500,548,551；［十五］70,

232,235,240,246,249,303,446 - 447,
460;[十六]300,351,363,407;[十七]
330,406,610,620(参见孙哲生、哲生、孙
市长、我的儿子、儿子、小儿、阿科)

孙麟　[四]47 - 48

孙眉　[七]214;[九]176,178 - 179;[十
一]97,282;[十六]15(参见德彰、家兄)

孙鸣圻　[五]239,241

孙谋　[十五]580

孙强夫　[七]575

孙清标　[十六]108,164

孙汝斌　[十六]622

孙瑞隆　[十六]533

孙润宇　[五]175;[十三]93 - 94

孙少侯　[九]157(参见孙毓筠)

孙绳　[十六]478

孙市长　[十四]68,209,362,488(参见孙
科)

孙寿屏　[十五]147;[十六]5

孙泰圻　[五]239,241

孙天霖　[十六]291,362

孙天孙　[十七]304

孙廷撰　[四]43

孙珽　[四]43

孙统纲　[十五]184;[十七]545

孙婉　[四]43;[七]216;[十一]273(参见
婉、我的女儿)

孙万乘　[十四]66;[十七]218

孙文盖　[十六]166

孙文元　[十四]47;[十六]19

孙吴　[四]302

孙武　[一]77 - 78;[七]279 - 280;[九]
73,95,101,105;[十六]81(参见尧卿)

孙仙霞　[四]43

孙祥夫　[十二]318;[十三]413,491,494,
617,629,647;[十四]9,99,252;[十六]
412,463;[十七]31,282,710

孙歆羡　[十六]572

孙娫　[七]216,362;[九]168(参见娫、长
女、我的女儿)

孙一鸣　[十三]220 - 221

孙寅初　[十八]158

孙勇　[十三]687;[十四]47,50

孙禹行　[九]643,646,648,651(参见孙岳)

孙玉韶　[十七]73

孙毓筠　[四]49;[九]34,40,157 - 158;
[十三]40,82;[十六]22(参见孙少侯)

孙岳　[九]53;[十]776;[十五]526(参见
孙禹行)

孙悦初　[十七]188

孙璋琪　[十六]618

孙兆良　[十六]626

孙哲生　[九]410,417,642(参见哲生、孙
科)

孙之虑　[十五]219

孙智兴　[七]454,469,549;[十六]229,490

孙钟　[十六]324

孙宗昉　[十三]326,352 - 353

孙宗孺　[十六]52,141

孙纵横　[十六]342

索尔兹伯里　[二]315 - 316,325 - 326,
329;[三]134

索飞龙　[十六]143

索凯尔斯基　[十二]221

索士比亚　[四]177;[十一]487

T

褐登临 [十六]626

塔夫脱 [四]340;[十]303

塔库尔 [十二]19

太和梅寿 [七]250

太甲 [一]50;[三]243,248;[七]379;
　[十]390;[十一]442

太史公 [二]31;[四]177;[十二]231

太田宇之助 [三]318;[十八]345

太炎 [一]71;[七]140－141,259,273,
　277,280,285;[八]271,285;[九]258;
　[十一]64,192,327;[十三]210,337(参
　见章太炎、良史、章炳麟)

太永宽 [十六]464

泰尔 [十二]494－495

泰南 [二]327

谈继昌 [十五]52

谈锡达 [十五]262

谭、赵 [八]204,221,231(分别参见谭延
　闿、赵恒惕)

谭鳌 [十六]621;[十七]154

谭柏 [十七]48

谭扳 [十七]49

谭邦 [十七]12

谭弼 [十六]583

谭丙子 [十六]106,163

谭柄鉴 [十七]510

谭炳 [十三]400,464

谭炳桓 [十七]54

谭炳鉴 [十七]708,752

谭炳塈 [十七]52

谭伯棠 [十七]47

谭步觉 [十七]49

谭裁之 [十六]588;[十七]271

谭昌琛 [十七]49

谭焯耀 [十六]115,156

谭朝佐 [十六]579

谭池 [十七]6

谭带胜 [十六]628

谭道渊 [十三]28

谭道源 [十五]275;[十七]496

谭德栋 [七]81

谭德尉 [十三]640

谭都督 [四]315(参见谭延闿)

谭督军 [四]399;[九]270,453;[十三]
　214(参见谭延闿)

谭督军 [四]399－400,409(参见谭浩明)

谭发湖 [十六]619

谭富 [十六]608

谭干臣 [九]54

谭淦明 [十七]188

谭根 [七]338,380;[九]199－200;[十
　三]164,187

谭庚 [十六]608

谭攻阻 [十六]79,113,152

谭恭发 [十七]7

谭广大 [十六]621

谭贵福 [十七]13

谭桂初 [十六]534

谭海 [十七]13

谭汉波 [十六]628

谭汉裔 [十六]581

谭浩明 [九]275,284,312,334,394,440;
　[十三]272－273,323(参见谭督军、谭联
　军总司令)

谭和发　［十七］12

谭衡　［十七］142

谭鸿　［十四］317

谭鸿任　［十七］365

谭鸿源　［十七］47

谭华汉　［十七］46

谭槐文　［十七］238

谭焕堂　［四］101

谭辉　［十六］608

谭辉屏　［十六］608

谭惠金　［十三］6

谭吉　［十六］591

谭楫　［十六］608

谭家程　［十七］272

谭家豪　［十七］49

谭家岳　［十七］49

谭兼督　［四］400；［九］266

谭杰芬　［十七］49

谭杰生　［十七］49

谭锦棠　［十七］272

谭锦元　［十七］47

谭进　［十五］433；［十六］457；［十七］167

谭景宸　［十六］628

谭璟　［十七］655－656

谭举云　［十七］13

谭钜盛　［十七］272

谭君博　［十七］154

谭俊信　［十七］122

谭开锦　［十七］50

谭楷运　［十六］626

谭葵开　［十八］21

谭乐亭　［七］111

谭礼庭　［八］374，463

谭联军总司令　［四］412，417，419，421，425，437；［九］284，312，327，334，336，360，374；［十三］296（参见谭浩明）

谭良策　［十七］278

谭亮谋　［十六］628

谭亮元　［四］68

谭烈　［十七］285

谭龙光　［十七］270

谭洛川　［十七］54

谭勉农　［十六］621

谭民三　［十六］211，290，321

谭明　［十六］608

谭南　［十七］74

谭牛　［十四］145－146

谭沛英　［十七］272

谭品臣　［十七］49

谭平　［十三］414；［十四］416；［十七］329

谭平山　［十］645；［十二］288，368，492；［十四］322，324；［十五］67，484；［十六］514；［十七］27，330，438，620，665，670－671

谭启文　［十六］576，578

谭启秀　［十四］114－115；［十五］80；［十七］710

谭泗　［十七］13

谭人凤　［四］85－86，88，93，102，110；［七］352，524，562；［九］72，74，83，242，244－245，421；［十］764；［十一］186－187，436（参见石屏、谭石屏）

谭如川　［十七］285

谭锐言　［十六］397

谭瑞恭　［十六］530

谭瑞霖　［十四］240

谭润兴　［十七］41

谭三安　［十七］12

谭森　［十四］365

谭少军　［十六］523

谭声根　［十六］587；［十七］270

谭声鉴　［十七］49

谭声耀　［十七］42

谭声永　［十七］44

谭声攸　［十七］74

谭声兆　［十七］54

谭盛　［七］535

谭石屏　［一］77；［四］410，417，419，421；
　［七］422；［九］284，293，336（参见石屏、
　谭人凤）

谭氏家嫂　［七］454（参见家嫂）

谭仕江　［十六］374

谭寿　［十七］12

谭曙卿　［十四］333

谭述唐　［十六］615

谭松寿　［十七］272

谭宋　［十七］12

谭颂平　［十七］49

谭孙田　［十七］62

谭天祥　［十七］13

谭廷芳　［十七］49

谭旺　［十七］12

谭惟详　［十三］587

谭惟洋　［十六］79，124，152；［十七］477

谭维　［十六］592；［十七］122

谭维洋　［七］401

谭伟林　［十六］620；［十七］49

谭伟南　［十七］270

谭炜楼　［十六］297，359

谭炜南　［十六］587

谭蔚文　［十七］49

谭文键　［十七］49

谭文骏　［十四］240

谭文沾　［十七］47

谭锡麟　［十六］627

谭熙鸿　［十二］344；［十三］93 – 94

谭细　［十四］397

谭显德　［十七］49

谭显辉　［十七］54

谭宪龙　［十七］155

谭宪谋　［十七］188

谭小赤　［十七］74

谭学夔　［三］162

谭延闿　［四］79，515；［六］198，363，493，
　504；［八］8，11，174，203，224，233，238，
　256，275，470，474，477 – 478，483，488，
　514，518 – 521，526，530 – 533，535；［九］
　100，270，284，404，410，424 – 425，448，467
　– 468，471，564，567，580，598，619，645，
　661；［十］645；［十二］45，93，102，321，
　377，410，421；［十三］612；［十四］95，104，
　127，168282，290，291，297，300，319，326，
　336 – 337，340 – 341，343，345，350，357，
　360，388，390，394 – 395，413，419，435 –
　437，441，459，462，464，471，476，544，554
　– 555，594；［十五］10，39，52，82，116，
　184，202，208，210，214，217，224，234，240，
　259，267，270，275 – 277，280，285 – 286，
　291，303，306，314，324，332，368，378，398
　– 399，442，445，449，452，463467，469，
　471，477 – 478，480，484，494，506，508，
　515，519，523，526，529，532，535，546，550，

561,569,573,586,605,615,617,652 – 653,666;[十六]487,550,631 – 632;[十七]96 – 97,126,138 – 139,144,171 – 172,210 – 211,222 – 223,227,232,240,437 – 438,450,456 – 458,562 – 563,616,635689(参见谭组庵/安、谭督军、谭都督、谭总司令)

谭扬　[五]239,243;[九]30

谭杨业　[十六]533

谭尧阶　[十七]188

谭裔炽　[十七]237

谭裔锦　[十六]618

谭裔谅　[十七]238

谭裔瑞　[十六]628

谭毅强　[十七]47

谭英文　[十七]71

谭有扶　[十七]272

谭余氏　[十三]464

谭宇明　[十七]49

谭雨翘　[十七]278

谭毓云　[十七]188

谭元贵　[十六]106,163

谭月波　[九]318;[十三]273

谭云轩　[十六]334

谭在田　[十六]579;[十七]53

谭赞　[八]218 – 219;[十六]614

谭泽波　[十七]272

谭长　[十七]6

谭长年　[十六]483;[十七]329 – 330

谭贞林　[十六]616

谭振　[十七]75

谭镇基　[十五]298

谭中汉　[十六]581

谭周　[十六]625

谭卓廷　[十六]627

谭卓耀　[十六]157

谭子光　[十七]11

谭子巨　[十六]128,169

谭子垣　[十七]188

谭宗荣　[十六]624

谭宗喜　[十七]154

谭宗尧　[十六]623

谭总司令　[四]154,453;[六]197 – 198;[九]448,461,467,564,567,580,600,632,645;[十四]244,282,297,350,582;[十五]184,208,210,267,270,445,463,471,477,532,652;[十七]762(参见谭延闿)

谭组庵/安　[四]410,412,417,419,421;[八]239,256;[九]327,336,425,422;[十二]410;[十三]336,442 – 443;[十四]374(参见谭延闿)

谭祖幸　[十七]23

谭佐卿　[十六]354

汤伯令　[七]113

汤发祥　[十七]151

汤华　[十七]262

汤华崇　[十六]626

汤化龙　[四]400,408;[九]256;[十一]452;[十三]93 – 94,250

汤建宽　[十七]170

汤节之　[八]382

汤介眉　[十六]627

汤朗亭　[九]445

汤连　[十七]101

汤濂　[十六]526

汤濂现　［十七］253

汤隆恩　［十六］581

汤名惠　［十七］51

汤名骥　［十七］55

汤名振　［十七］154

汤姆·古恩　［七］372

汤姆森　［四］66

汤培　［十六］527

汤普森　［四］20

汤瑞南　［十六］581

汤师长　［十四］133

汤寿潜　［十三］28；［十六］14,18

汤寿田　［十六］626

汤廷光　［八］297；［九］449；［十二］172；
　［十六］325,379,401 - 402；［十七］415,
　429（参见朗廷）

汤武　［二］46,260；［三］25,307,391,411,
　424 - 425；［四］175；［十］7,29,268,416 -
　417,419,459,462,602,619

汤熙　［十七］404 - 405,608

汤芗铭　［七］440；［十一］479；［十三］93 -
　94,344

汤漪　［十一］309

汤元　［五］111；［十六］614

汤悦　［十六］625

汤子模　［九］307；［十七］358,757 - 758

唐、伍　［九］448；［十二］101（分别参见唐
　绍仪、伍廷芳）

唐、伍诸总裁　［八］241（分别参见唐绍仪、
　唐继尧、伍廷芳）

唐宝萼　［十四］240

唐宝锷　［十二］289,291；［十三］390,431

唐才常　［十一］57,113

唐昌存　［十六］534

唐春林　［十三］466

唐代表　［八］350；［九］52,64（参见唐绍
　仪）

唐督办　［十四］133（参见唐继尧）

唐督军　［四］398 - 400；［九］245,261,263,
　397（参见唐继尧）

唐公　［七］519 - 520；［八］245；［九］262,
　426 - 427；［十］408（参见唐继尧）

唐公　［九］101（参见唐绍仪）

唐冠亚　［十六］445,449 - 450

唐继尧　［二］108；［四］121,431,438,440 -
　441,448 - 449,451 - 452,456 - 457,460 -
　461,514 - 515；［七］484,555,559,564；
　［八］33,70,101,133,224,253,286；［九］
　141,245,254,261 - 273,275 - 279,282,
　284 - 286；［十］330,350,408,448,688 -
　689；［十二］6, 106, 121, 166, 169, 315,
　365；［十三］300,308,313,321 - 322,390,
　408,419；［十四］259；［十五］431,479,
　675；［十六］222,242,285,287,292,302 -
　303,364,382,387,433；［十七］642（参见
　蓂赓、唐蓂赓/庚、唐公、唐督办、唐督军、
　唐省长、唐卫戍总司令、唐元帅）

唐继虞　［七］560,568；［九］301,357；［十
　五］479

唐鉴　［十三］466

唐锦兰　［十三］466

唐敬富　［十七］104 - 105

唐镜湖　［十三］649

唐君　［四］327 - 328；［五］205；［九］93；
　［十一］246；［十三］133（参见唐绍仪）

唐君勉　［十三］302,304 - 305；［十五］673

唐康培　［十六］309,352

唐克明　［八］155,299－300;［九］308,311,
　　380,401;［十三］332,337,390－391

唐麟　［七］166

唐蓂赓/庚　［四］513;［八］71,287,391;
　　［九］265,270,273,333,356;［十］408;
　　［十三］378,564(参见蓂赓、唐继尧)

唐纳　［十七］13

唐翘卿　［九］54

唐庆鏵　［十三］69－70

唐群英　［四］31－32;［十一］264

唐少川　［三］149;［四］117,412,421;［七］
　　494,527,531;［八］15,65,91;［八］67;
　　［九］76,81,87,99,106,123,242,258,
　　327,336,348;［十三］310,315,378(参见
　　少川、唐绍仪)

唐绍仪/怡　［三］70;［四］44,79,84－86,
　　88,91,93,110,113,121,287－288,331－
　　333,385,431,440－441,447－449,451－
　　454,456－461;［七］274,496,512,518－
　　519,523－524,547;［八］85,90,160,247;
　　［九］43－47,51,58－59,76,78－79,81,
　　85,87,97,99,101,103,107,111,121－
　　122,232,237,239－246,251－253,260,
　　379－384,422,436－437,445－446,453
　　－454,459－460,463－464,472－473,
　　475－476;［十一］220,244－246,265,
　　292,296,406;［十二］9,25,86,98,366;
　　［十三］29,74－75,77－78;［十六］16,
　　181,316,364,382,402(参见少川、唐少
　　川、唐代表、唐总长)

唐申　［十六］616

唐生智　［四］164;［十四］436;［十五］461

唐省长　［九］613－615;［十四］133(参见
　　唐继尧)

唐嵩　［十六］582

唐太宗　［十一］130;［十二］157

唐廷枢　［二］347

唐卫戍总司令　［四］417－418,421,424;
　　［九］293,335－336,361;［十三］296 参见
　　唐继尧)

唐熙年　［十六］134,176

唐贻拔　［十六］628

唐英沛　［十七］7

唐虞　［四］176

唐虞格　［十二］370

唐煜秋　［十七］122

唐元枢　［十六］410

唐元帅　［四］409,412,417－418,421,424;
　　［七］573;［九］262,265－273,276,278－
　　279,285－290,293,298,300－302,304－
　　305,306,309,310,313,322,328,334－
　　337,341,343,344,345,353,354,356－
　　358,361,363;［十六］222,242,285,287,
　　292,302－303(参见唐继尧)

唐元湛　［四］44,79

唐在礼　［九］103

唐藻华　［十六］92,120,161

唐哲夫　［八］107

唐正隆　［十六］108,155

唐支厦　［十三］93－94;［十五］630;［十
　　七］119

唐豸　［九］135;［十三］93－94

唐仲喧　［五］370

唐铸　［八］441

唐总司令　［十三］296

唐总长 ［四］410,417－418（参见唐绍仪）

滔天 ［七］10,108,211,218；［八］4,229；
［九］523－524；［十一］35,71,76－77,80,
82,80,82,103,228,,；［十三］3－5；［十八］
7（参见宫崎滔天）

韬美 ［一］71；［七］128

陶成章 ［七］126－127,130,132,422；［九］
41－42；［十一］186；［十八］162

陶澄孝 ［十七］602

陶弘景 ［七］280

陶焕章 ［十一］192（参见独角）

陶炯 ［十七］125

陶侃 ［九］254

陶乐勤 ［十三］402

陶礼燊 ［十三］317－318；［十七］414

陶勉斋 ［十七］524

陶森甫 ［八］93,96

陶思澄 ［九］36

陶一民 ［十五］400

陶荫轩 ［十八］156

陶渊明 ［一］26

陶振基 ［十三］134

陶芷泉 ［十一］237

藤井悟一郎 ［十八］119

藤濑 ［十一］224－225,260－261

藤濑政次郎 ［九］162；［十一］260

藤田谦一 ［十八］551

藤原 ［十八］552

惕生 ［七］478；［十三］258（参见钮惕生、
钮永建）

天槎 ［八］248

天仇 ［七］344,392；［八］28；［九］362,
364；［十三］373（参见戴天仇、戴季陶）

天民 ［八］167；［十三］427,604

天羽英二 ［十二］311,417

田炳章 ［十六］463；［十七］596,741

田大仓组 ［十一］93

田都统 ［四］418

田横 ［四］134,140

田桓 ［四］148；［十四］372；［十六］517；
［十七］413

田景清 ［四］68

田铭璋 ［十三］579

田清涛 ［十三］539

田士捷 ［十三］611；［十六］463；［十七］86

田颂尧 ［八］331,336；［十三］537

田桐 ［四］79,147－148；［七］351；［九］
203,214,223；［十一］443；［十三］93－94,
177；［十六］58－59,72,220,323,470,
512；［十七］361（参见梓琴）

田曦 ［十五］132,169

田应诏 ［八］137,147,149,225,236；［十
三］273,372,436；［十六］303（参见凤/风
丹）

田永正 ［十六］254,344

田玉洁 ［九］387

田中 ［八］16,64－65,181；［九］184,188,
196,233；［十二］11－12；［十四］175；［十
八］553－554

田中和 ［十五］646

田中将军 ［七］485,490；［八］544

田中节子 ［九］399

田中隆（三） ［十二］11；［十八］208

田中义一 ［七］483,490,523－524；［八］
181,544

田忠柏 ［十七］134

田钟榖　[十七]309

铁禅和尚　[十八]48

铁夫　[七]170

铁里沙夫　[十七]574

铁良　[十一]171

铁木真　[三]9,233

铁人　[十八]483(参见孙镜)

廷培　[八]488

廷扬　[七]529

佟君　[八]366;[十三]557;[十五]70

佟兆元　[八]426

桐轩　[十八]486

童常志　[十六]357

童法　[十三]458

童杭时　[八]49,66;[十二]42;[十三]381;[十六]227,329,401;[十八]484-485(参见萱甫、童萱甫)

童洁泉　[四]110

童昆瀛　[十六]214

童理璋　[十四]498

童勤培　[十六]54,141

童师长　[四]417

童天铎　[十七]355

童萱甫　[八]66(参见萱甫、童杭时)

童子钧　[十三]9-10

统才　[八]447

头山　[一]68;[七]222,229;[八]3,15,230;[十一]379,446;[十二]113,445,451-452,489

头山(满)　[八]3,15,140;[九]216,260,348,652,663;[十二]15,428,451-452;[十五]673;[十八]124

涂寄舫　[十六]153

涂莲舫　[十七]592

涂欣可　[十六]545

涂震亚　[十四]39;[十七]126

土井彩亩　[十八]555

吞宇　[七]29;[十一]61,71,76,82

托洛茨基　[八]348;[九]566

拓鲁生　[十六]29

W

瓦尔德克　[十一]352,356

瓦格纳　[十二]142

瓦特　[三]68,116,220

婉　[七]311(参见孙婉)

皖之段　[四]543(参见段祺瑞)

万斌　[十六]247,343

万黄裳　[十六]125,165,199,316-319,324-327,331,335-343,353,355,360;[十七]85,112,554

万金培　[十六]605

万丽生　[十七]62

万民强　[十七]103

万时雨　[十三]79

万世勋　[十七]319,733

万咸一　[十七]319

万应远　[四]101

汪大燮　[十三]561

汪德渊　[十三]210-211

汪福魁　[十七]380

汪汉　[十六]589

汪哕鸾　[十六]220

汪季新　[九]99(参见季新、汪精卫)

汪建刚　[十六]324

汪精卫　[一]74,76;[三]429-430;[四]

29,101,166,259－260,262,425,493,541,598－599;[五]43,222,239;[七]60,64－65,67,77,166－168,180,188,223;[八]103,286,318－319,513,519;[九]7－8,31,51,101,126,167,279－280,371,495,543,551,569,571,587,595,639－640,642,653;[十]41,44,70,72,320,625,645,815,817;[十一]130,336;[十二]17－18,297,341,366,368,414,488－490,492－493,496,498－501,508;[十三]172,175－176,296,425;[十四]87,127,133,429;[十五]323,525,631,664;[十六]9－10,12,16－19,543;[十七]330,438－439,665,719(参见精卫、季新、汪季新、兆铭、汪兆铭)

汪精卫夫人 [八]452(参见陈璧君)

汪俊升 [十三]67

汪鲲南 [十六]243,356,486

汪磊 [十二]321;[十四]222,290

汪缦卿 [十三]9－10

汪培实 [十七]573

汪松 [十六]582

汪廷襄 [四]49;[十三]93－94

汪宪琦 [十六]263,345

汪啸涯 [十六]636;[十七]601

汪彦平 [十七]89,92

汪洋 [十六]29

汪幼庵 [十六]29

汪禹丞 [十八]487

汪兆铭 [四]148－149,169,598;[九]39,103,106,279－280,422;[十]13;[十一]148,150;[十二]98,244,488;[十三]121;[十四]488;[十五]354;[十六]15－16,317,321;[十七]595,754(参见兆铭、汪精卫)

汪仲如 [十六]582

汪宗准 [十七]184,190,223,228

王爱常 [十六]545

王安福 [九]331

王安富 [九]324－325,329,335,347;[十三]455;[十六]283－285,331,349(参见王总司令)

王安澜 [八]87;[九]96

王安石 [四]61－62;[十]292,575

王柏龄 [十七]130,479,552

王宝仑 [五]239

王宝贤 [十七]380

王保 [十七]75

王北善 [十七]74

王宾 [十五]96

王秉钧 [十四]262,385,403,405;[十七]206,276,411(参见王师长、胡、胡、王、李四师长)

王秉谦 [九]326;[十]630;[十二]342;[十四]418;[十六]328

王秉权 [十七]278

王秉瑞 [十七]752

王伯常 [八]130

王伯华 [四]117

王伯群 [九]383,475;[十三]285,419;[十六]364,387,401,421－422

王博谦 [十六]30

王昌运 [十六]526

王成 [十七]146

王承斌 [十]776;[十五]526

王程远 [十六]52,141

王宠惠　［四］43－44,79,309,385;［五］
　　115,190;［七］8－9;［八］370－371;［九］
　　66,140,144,528;［十］387;［十一］232,
　　254,256,402;［十二］291－292;［十三］
　　32,41,73,84,89,92,94,312－313,604;
　　［十六］6,30(参见王亮畴)

王春初　［八］194,198

王春霖　［十五］99

王翠山　［十五］298

王大光　［十六］357

王大同　［十六］523

王道　［十三］344－345;［十四］243

王得庆　［十三］304;［十五］291,306;［十
　　七］267,496

王得胜　［四］67

王德威尔得　［十一］119

王登云　［八］459

王涤民　［八］83

王电轮　［九］277,311,314,332(参见电轮、
　　王文华)

王殿魁　［十六］53

王殿轮　［九］398,408－410

王鼎　［十三］347－349

王定华　［八］446;［十三］536;［十六］508
　　(参见尧臣)

王东桂　［十六］572

王都庆　［十七］743

王督军　［四］412,417,421,440;［九］336,
　　382(参见子春、王占元)

王度　［十六］239,354;［十七］312,359

王敦五　［十六］527

王法勤　［八］51;［十］645;［十三］292;［十
　　六］197,319;［十七］438,461

王璠笃　［十六］334

王芳　［四］67

王佛隆　［九］195

王夫之　［四］284

王孚川　［七］529,536

王莆鸿　［十七］103

王福骈　［十七］144

王斧　［七］107

王釜　［十三］292;［十六］220,323

王辅臣　［十七］278

王复苏　［十七］48

王敢　［四］68

王纲　［十七］358

王阁臣　［九］93

王观铭　［十六］219,323

王贯忱　［十四］479

王光山　［七］61

王广发　［十八］365

王国栋　［九］96

王国辅　［十七］331

王国璇　［八］464;［十七］80,84,103

王汉光　［十七］198

王汉章　［十六］29

王和顺　［四］72,329;［九］97,109－110,
　　112;［十］71－72;［十一］155,282(参见
　　和顺)

王河屏　［七］520

王恒　［十二］343,358－359;［十三］409;
　　［十七］231,513,683

王珩珺　［七］575

王衡　［十三］409

王洪身　［十六］342

王鸿鉴　［十七］462

王鸿庞　[八]409

王鸿盛　[十七]13,293

王鸿勋　[十四]371

王鸿猷　[七]121,124,126,142,145,269,
271－272;[九]147;[十三]80,92,94;
[十六]20－21,25,357

王华国　[十六]67,72,142

王华庭　[十六]131,178

王怀乐　[十七]44

王怀庆　[四]558;[十五]287

王怀盛　[十三]126

王槐廷　[七]84

王焕龙　[十七]640,667－668

王辉　[十四]185

王积源　[十六]620

王基　[十四]365

王吉壬　[十五]410;[十七]81,419

王季抚　[九]304

王季文　[八]160(参见乃昌、王乃昌)

王济辉　[七]501

王家恩　[九]118

王家驹　[十三]105

王家琦　[十七]521

王家襄　[四]368

王嘉　[十一]464

王兼善　[十六]21

王建夫　[四]68

王健臣　[十六]582

王健海　[十六]576

王觉民　[十六]530

王杰　[十六]324

王介凡　[七]480;[十六]53

王介夫　[十三]134

王金鼎　[十六]77

王金水　[十六]572

王金汤　[十七]254

王京岐　[十七]279

王景春　[十六]14

王景龙　[十七]573

王景升　[十六]77

王景炘　[十五]298

王敬渭　[十六]396

王敬祥　[五]167;[七]329,361,425－426,
428,432,436;[十三]17,88－89,175;[十
六]49－50,112,150

王敬信　[十六]414

王镜波　[十六]117,157－158

王镜湖　[十七]278

王珏　[九]387

王均　[十五]298;[十六]635;[十七]205,
207

王君　[四]397;[七]125,539(参见王亮
畴、王宠惠)

王君　[八]178

王俊　[十七]558

王峻仙　[四]43

王浚　[十六]23

王开　[十七]167

王开清　[十四]572

王凯旋　[十七]146

王闿运　[九]245

王康　[十六]533

王康财　[十七]170

王克敏　[四]421;[十五]499

王昆仑　[十二]257,276

王乐平　[十一]351

王连璧　[十六]418

王连贤　[十五]298

王良弼　[十四]225 – 226

王亮成　[十六]508

王亮畴　[四]396,513;[七]124,256,538;
　[九]31,140;[十三]608 – 609(参见王宠
　惠)

王烈　[十三]327

王龙　[十六]526

王隆中　[十七]113

王旅长　[九]454,494;[十四]133

王莽　[三]312;[七]409;[九]480;[十]
　575

王懋功　[八]232 – 233,353;[十六]507;
　[十七]546

王孟棨　[十三]152 – 153

王冕琳　[十七]632

王名熙　[六]472;[十四]389

王明　[十四]185

王明初　[十六]534

王鸣亚　[十四]225 – 226;[十六]413,489;
　[十七]754

王乃昌　[八]160;[十三]292,464,467;
　[十六]219,323,435 – 436,439(参见乃
　昌、王季文)

王南微　[十七]419,573 – 574

王品　[十七]158

王聘卿　[四]417

王柴耀　[十六]527

王期昌　[十六]477

王奇　[九]299 – 300(参见王总司令)

王祺　[十七]182,185

王祺振　[十六]409

王洽仁　[十六]530

王钦宇　[十四]240

王庆华　[十三]93 – 94

王秋湄　[十一]275 – 276

王全　[十五]400

王泉笙　[十六]127,168

王人伟　[十六]535

王人文　[五]239,242

王仁熙　[十七]368

王忍盦　[八]435

王任化　[十七]227,331,333 – 334

王如进　[十六]132,174

王儒堂　[四]425;[九]141 – 143;[十]683
　(参见儒堂、王正廷)

王汝光　[九]311

王汝为　[十四]403,405,453 – 454;[十七]
　412

王汝贤　[四]421;[九]318,336

王瑞廷　[十六]530

王瑞庭　[十六]130,173

王润女　[十四]185

王若周　[十五]126

王三槐　[五]37

王森桂　[十七]146

王善继　[十三]149;[十六]37,126,140,
　158

王尚琴　[十六]530

王尚乳　[十六]533

王少兰　[十三]466

王少文　[五]239

王绍鳌　[十六]324

王绍一　[八]190

王升平　[十三]342

王省长（永江） ［八］366

王胜和 ［四］67

王师长 ［四］412；［九］575－576,579;［十四］253;［十五］142,144（参见王秉钧）

胡、胡、王、李四师长 ［九］576（分别参见胡思舜、胡思清、王秉钧、李根沄）

王士才 ［十六］116,180

王世霖 ［十七］674

王世燮 ［十七］674

王事祥 ［十三］465

王守愚 ［十五］93－94;［十六］96,143

王寿 ［十三］297;［十六］627

王受高 ［十五］298

王叔金 ［十六］574

王淑涵 ［十六］166

王孰闻 ［十六］235

王树谷 ［十一］467

王树槐 ［十六］331,333

王顺厚 ［十六］523

王硕果 ［十七］43

王思恭 ［十七］202

王素 ［九］223

王素朴 ［十六］623

王太夫人 ［十八］212,281

王棠 ［四］43;［六］9,110,197－198;［八］450,464,478;［十二］311;［十三］664,675;［十四］13,15,24－25,27,29,31,34,41,43,49,51－53,60,67,70,75,78,80,82,88,92,96,102,108,180,190,219,257,262,529,541,558;［十五］83,85,597,599,602,604;［十六］569,594;［十七］20,80,88,92,106,118,250,289,308,556,680,713,717－718,745

王梯云 ［十六］119,160

王天培 ［十六］444

王天纵 ［八］178;［十六］314

王铁珊 ［七］507－508;［八］53

王廷庚 ［十三］465

王同德 ［四］67

王统领 ［十三］303－305

王统（一） ［九］187,193,202－203,206,208,211,214;［十一］444

王维白 ［八］141

王维纲 ［九］307,324

王维汉 ［十五］347,356

王维妹 ［十六］571

王伟昌 ［十七］47

王伟夫 ［十六］309,352

王慰如 ［十七］254

王文彬 ［十四］560－562

王文翰 ［十七］194

王文华 ［八］168;［九］277,284－285,314,332,351,398,409－410;［十三］417（参见电轮、王电轮、王总司令）

王文举 ［十六］533

王文庆 ［九］213

王文泰 ［十七］134

王文有 ［十七］262

王五星 ［十六］523

王武昌 ［十七］136

王锡均 ［九］34

王羲之 ［十八］380

王夏 ［十三］93－94

王先孚 ［十三］44

王贤忱 ［十四］585

王献芝 ［十六］144

王香山　［四］68

王湘　［七］555；［十三］292；［十六］196，199，319，476

王孝伯　［九］643，648

王孝德　［四］49

王孝缜　［十三］93－94

王啸吟　［十三］344－345

王心耕　［十七］433

王信智　［十六］530

王星南　［十六］533

王星泉　［十六］134，177，374，377

王星垣　［十六］527

王杏邨　［五］239

王亚樵　［十三］349，586

王严氏　［十四］121；［十八］361

王晏安　［十六］572

王晏来　［十六］129，171

王阳明　［十］14，324

王耀　［十六］508

王一亭　［十六］29

王揖唐　［四］368，450；［八］124；［十］362，367－368，370－371；［十二］38，40，45；［十三］198－199

王揖堂　［十三］368

王仪　［十四］476

王贻堃　［十四］225

王奕友　［七］304－305，313；［九］131

王荫槐　［十六］269，361

王应潮　［十七］236，243，419

王永宏　［十七］169

王永基　［十二］309

王永泉　［八］214，221，315，353－354，361－362，374，380，419，444；［九］379，442，449；［十二］258；［十三］533，567，588（参见王永泉）

王永锡　［十六］330

王永祥　［四］67

王用宾　［四］147－148；［十二］268；［十四］516；［十六］276，348，419，487，512－513；［十七］476－477，673－674，682（参见大蕤）

王有兰　［十六］218，322

王有青　［四］68

王有容　［十六］534

王有蓉　［十六］124，163

王宇青　［八］83

王雨我　［十七］276

王玉　［十四］365

王玉藩　［七］83

王玉树　［九］326；［十三］292

王玉珠　［七］84－85

王育寅　［八］231；［九］456，461，467

王遇甲　［九］109

王煜初　［十一］6

王毓堂　［十三］465

王元懋　［十三］466

王约瑟　［八］413－414

王月洲　［七］203

王云华　［九］34

王云阶　［九］497

王宰善　［十三］33

王占元　［二］27；［三］415－416；［七］484，573；［九］62，380；［十］432；［十二］145（参见子春、王督军）

王兆奎　［十六］506

王珍　［十四］185

王振渚 [十三]240;[十六]339

王震 [四]79,93,313;[五]239,241;[九]44;[十三]61

王镇干 [十六]571

王正卿 [八]317

王正廷 [四]79,439;[八]305-306,397-398,405,484;[九]141-143,384;[十二]3,28,357,474;[十三]290,312-313,406-407,604;[十六]16,183-184,317-318(参见儒堂、王儒堂)

王正雅 [十三]273

王之南 [十三]666

王之屏 [十五]567

王之瑞 [四]43

王芝祥 [四]49;[九]113-114;[十三]70

王志德 [十五]497

王志远 [十七]276

王治安 [九]321

王忠诚 [十六]97,108,148

王仲文 [十六]332

王竹山 [十七]417

王卓 [十三]126

王子绥 [五]239

王子珍 [八]455

王子中 [八]48,108,141;[十六]313,353

王紫剑 [十七]726,729

王自立 [十六]527

王宗妙 [十六]526

王宗沂 [十六]431,453,534

王总司令 [四]417,421,424;[九]285,335-336,361;[十三]296;[十六]285(参见王文华)

王总司令 [九]299,309,436;[十三]296

（参见王奇）

王总司令 [十六]284(参见王安富)

望月小太郎 [十二]450

威尔逊 [一]89,242;[二]41-42;[三]272,346,356,359;[四]103,340;[九]254-255,376-378;[十]303;[十二]18,79

威尔逊总统 [八]51;[九]173-174,461

威克福 [二]287

威廉 [二]157;[七]520;[八]17;[十]680

威廉第一 [二]129;[三]293

威廉姆·菲利普·希姆斯 [十二]132

威廉乔治 [十三]577

威廉斯 [七]36-39;[八]125(参见麦克威廉斯)

威路臣 [十一]282

威斯敏士打 [三]58,94

巍畅茂 [十四]107-108

韦昌辉 [二]80

韦杵 [六]473;[十四]442

韦德 [十八]351

韦冠英 [六]312;[十四]380-381,383;[十五]101,116,118;[十六]432,650;[十七]200,473,724,727,737-739,755

韦就 [十六]478

韦荣熙 [六]157,182,227,264;[十四]398,527,563;[十五]337;[十七]338,353,601

韦氏 [十四]517

韦亚杰 [七]268-269

韦一新 [十七]216

韦玉 [十六]648;[十七]719

韦玉手 [十四]154

韦增复 [十七]359,404-405

韦振谋　［十六］438

维多利　［三］280

维格尔福特　［二］320

尾崎　［一］68；［七］506－507；［八］16；［九］226；［十一］43

委林墨　［九］14

卫秉钧　［八］225

卫厚糈　［十六］622

卫鼐　［十七］171，723，725

卫旺　［十七］48

卫一新　［八］176；［八］25

卫祝龄　［四］101

渭生　［七］417，444

慰庭/廷/亭/　［四］139，307；［七］276，305，310，312；［九］32，76－78，80－81，87；［十］47，182（参见袁世凯）

魏、李　［八］222，230，232；［九］446，448－450，452，454，460（分别参见李福林、魏邦平）

魏邦平　［四］493；［八］219，225，227，420；［九］444－445，449－450，531，549，557；［十］754；［十二］195，199，271；［十三］225，474，479；［十四］23，140，179；［十六］459，510－511，556，558；［十七］110，182，243－245，266（参见丽堂、魏丽堂、魏师长、魏总司令）

魏宸组　［七］274；［十六］16

魏诚　［十六］75

魏登　［十五］400

魏恒　［四］9

魏会英　［十七］740－741

魏金斯基　［十二］97，385

魏丽堂　［八］430；［十三］574；［十六］511

（参见丽堂、魏邦平）

魏师长　［九］516（参见魏邦平）

魏熙　［十六］338

魏勋　［十三］388

魏奕　［四］303

魏肇文　［十六］329

魏正家　［十五］646

魏子浩　［四］79；［九］425，445；［十六］325

魏总司令　［四］424；［九］446，526；［十三］608（参见魏邦平）

温炳臣　［七］23

温参谋　［八］307

温昌基　［七］74

温呈祥　［十六］131，173

温崇礼　［十六］107，173

温德尧　［十六］339

温德章　［十七］444

温福田　［十四］398－399

温观福　［十七］75

温国恩　［十七］44

温金　［十三］659

温锦池　［十六］135，177

温竞生　［十七］424，491

温菊朋　［十六］105

温君文　［十六］107，151

温良　［十七］166

温蕈生　［十六］116，180

温尼伯　［七］291

温钦甫　［九］31，54，140

温庆武　［七］204，216；［十三］47

温汝辟　［八］197

温山炎　［十六］127，139，174，180

温生才　［三］430；［四］43；［十］579－580，

668,672

温生财 [十]543

温世珍 [十三]87

温寿生 [七]427

温淑铭 [十七]253

温树德 [四]515;[八]443;[九]527 – 528,531 – 532;[十二]172,204,206,293; [十三]611,649,664,680;[十四]43 – 44; [十六]462 – 463;[十七]59,133

温树棠 [十六]527

温斯顿·丘吉尔 [十二]463(参见丘吉尔)

温天铎 [六]86

温挺修 [十七]524

温王铿 [十六]174

温雄飞 [十一]173;[十四]523 – 524

温玉铿 [十六]133

温泽华 [十四]117

温振洽 [十七]74

温宗发 [十六]127,171

温宗铠 [九]301;[十六]341

温宗尧 [四]44,79;[五]190,222;[九] 33,98,140,239,251;[十]400;[十二]99; [十三]434;[十六]15,29

温祖寅 [十七]592

文炳荣 [十六]534

文步阶 [十六]356

文德 [八]255

文登瀛 [十六]328

文鼎仙 [十六]52,141

文笃周 [十三]292;[十六]324

文海云 [十四]133

文良永 [十七]47

文明清 [十六]262,360;[十七]207,250

文任儒 [十七]472

文锐成 [十七]6

文素松 [十七]558

文天祥 [三]312;[十]325,336;[十二] 195;[十八]328

文振威 [十七]12

翁德盛 [十七]198

翁汉传 [十六]582

翁和标 [十六]526

翁辉腾 [十三]662

翁吉云 [八]431

翁继芬 [十三]93 – 94

翁捷三 [十六]447,472

翁镜祥 [十七]23

翁了解 [十六]166

翁联略 [十六]624

翁世仕 [十六]526

翁世伟 [十六]526

翁式亮 [九]528;[十三]588,627

翁洗尘 [十六]534

翁享周 [十六]105,154

翁志山 [十六]121,169

倭理思 [一]16

我的儿子 [八]45(参见孙科)

我的女儿 [八]45(参见孙娫、娫、孙婉、婉)

我的妻子 [三]142;[四]269;[七]123(参见卢慕贞)

我的妻子 [八]45(参见宋庆龄)

乌德 [十二]138

乌勒吉 [十七]456 – 457

邬爱平 [十六]622

邬宝祥　[十六]327

邬达生　[十六]618

邬礼光　[十六]622

邬普衡　[十六]620

邬启濂　[十六]622

邬庆时　[十七]185,474,478

邬日初　[十六]612

邬什　[十六]627

邬顺坤　[十六]622

邬佑　[十六]622

巫爱我　[十六]545

巫国顺　[十六]579

巫琦　[十七]451

巫秋文　[十六]598

巫荣聪　[十六]598

巫荣业　[十六]598

巫士波　[十六]598

巫世珍　[十七]106

巫天宋　[十六]627

巫廷福　[十六]597

巫新喜　[十六]598

巫奕鹏　[十六]581

巫子成　[十六]596

吴宝功　[十六]508

吴斌　[十五]298,308;[十六]478

吴秉礼　[十八]409

吴伯鳌　[十六]613

吴伯群　[十六]612

吴伯容　[十四]386

吴采若　[十六]164

吴菜瓜　[十六]127,168

吴灿煌　[十三]359

吴苍　[四]148 – 149

吴曾仔　[十四]386

吴昌贤　[十六]136,178

吴朝晋　[十六]613

吴成满　[四]43

吴承斋　[十六]279,300,308,351,363

吴城一　[十七]10

吴池波　[十七]121

吴炽寰　[十六]138,148

吴楚藩　[十三]161

吴从光　[十七]154

吴大洲　[七]479;[九]192,208,224,228;
　[十六]102,143

吴道晋　[十三]129

吴得胜　[四]67

吴德操　[十六]614

吴德孚　[十三]465

吴德如　[十六]612

吴登昌　[十六]534

吴敌　[十三]626;[十六]566,610

吴涤凡　[十七]74

吴涤宣　[十六]410,441

吴砥伯　[十七]74

吴鼎　[十四]381

吴鼎昌　[十]362,366,368,371

吴东启　[十四]110;[十六]321,390;[十
　七]84,258

吴东垣　[八]189

吴栋周　[三]162

吴多铣　[十六]572

吴芳田　[四]68

吴福　[十七]13

吴干达　[十六]572

吴干哲　[十三]464

吴公奋　［十六］120,171

吴公辅　［十六］107,154,546

吴公干　［四］148 - 149；［十六］518；［十七］312

吴公侠　［十六］114,159

吴公义　［十六］625

吴贯三　［十六］581

吴冠球　［十六］572

吴光新　［十］333

吴广　［二］81；［十］234

吴桂喜　［十六］582

吴国英　［十四］481

吴海华　［十七］23

吴海机　［十六］605

吴涵　［四］43

吴汉　［十六］614

吴汉光　［十七］106

吴瀚澂　［三］162

吴合　［十六］625

吴合胜　［十六］129,170

吴和义　［十四］214

吴鸿光　［十六］618

吴鸿勋　［十六］332

吴欢澜　［十四］381

吴兔　［十七］733

吴焕廷　［十五］621

吴焕云　［十七］44

吴汇正　［十七］45

吴楫康　［十七］71

吴季谦　［十七］153

吴季祐　［十七］424,491

吴继珍　［十六］143

吴佳荣　［十六］576

吴家麟　［十七］505,510,632

吴家铨　［十七］496

吴剑鸣　［十六］625

吴剑学　［十二］321；［十四］222,290；［十五］630；［十七］210,350,388

吴鉴溪　［十六］621

吴江　［十六］583

吴江左　［十六］52,141,309,352

吴节薇　［四］7 - 8,12

吴杰己　［十六］545

吴介璋　［四］44,148 - 149；［十六］482,516；［十七］355

吴进安　［十六］118

吴进初　［十六］172

吴近　［十六］509

吴景鸿　［九］332 - 333

吴景濂　［四］44,79,103,498 - 499,522；［七］556；［八］33,64,128,313,363；［九］113,144,328,474 - 475；［十二］3；［十三］366 - 367,604；［十六］30 - 31（参见莲伯、吴莲伯）

吴景熙　［十七］440

吴景英　［十七］440

吴竞道　［十七］52

吴敬恒　［四］79,259 - 260；［八］158,160；［十二］488；［十七］754（参见敬恒、吴稚晖）

吴靖　［十七］259,419,422

吴镜如　［九］110

吴君　［七］16,453,553；［十三］230

吴君平　［十七］158

吴俊杰　［十六］60,142

吴克昌　［十六］582

吴克明　［十七］62

吴克蕴　［十六］623

吴孔恒　［十六］628

吴坤登　［十六］572

吴坤丰　［十六］572

吴坤珍　［十七］106

吴昆　［十三］292；［十六］329

吴崑　［九］309

吴礼和　［十六］466

吴礼卿　［八］293；［九］444（参见吴忠信）

吴礼庭　［十六］166

吴连拱　［十六］77

吴莲伯　［八］65；［九］87,474；［十三］378,
　385（参见莲伯、吴景濂）

吴良　［十七］640

吴良信　［十六］615

吴麟兆　［十三］138 – 139

吴麟趾　［十七］61

吴六奇　［十六］95,112,162

吴禄　［十七］47

吴禄贞／桢　［四］48；［七］234,239；［十三］
　64 – 65,158

吴茂　［十七］44

吴孟运　［十六］623

吴弥显　［十六］527

吴明浩　［八］475；［九］558

吴明皆　［十五］621

吴木兰　［十一］266

吴南宫　［十六］121,169

吴南如　［十二］266

吴能杯　［十六］617

吴能雁　［十六］623

吴泮　［十六］619

吴沛霖　［十三］19

吴佩孚　［二］99；［三］395,400,405,446；
　［四］146,516,549,562,574 – 575,579 –
　581,583,585 – 586,591 – 592,597；［八］
　206,283,302,345 – 347,377,379,381,
　437,454,496,515；［九］390,490,518,
　520,528,541,613,648,657 – 659；［十］
　385,399,432 – 433,477,498,501 – 502,
　555 – 556,580 – 581,584,640,660,669,
　672,692,721,739,777,782,784,789 –
　790,792 – 793,795,802,810；［十二］43,
　87,108,144 – 146,148,155,164 – 165,167
　– 169,173 – 176,181 – 182,201 – 202,
　223,228,235 – 237,240,257 – 258,260 –
　261,263,265,273 – 274,280,283,286,
　291,293,337 – 338,356,365,406 – 407,
　412,415,423,425,432,434,437,439,446,
　454,456 – 457,459,462,467 – 468；［十
　三］418 – 419,537,539,582,627；［十四］
　66,101,323,362；［十五］419,526（参见吴
　子玉、洛吴）

吴岐　［十六］359

吴起　［十五］325

吴起汉　［十六］337,356

吴起恒　［四］67

吴器楠　［十四］386

吴洽显　［十六］626

吴千蒿　［十七］74

吴钦德　［十七］122

吴清华　［十七］46

吴庆余　［十四］209；［十六］113,154

吴庆云　［十六］535

吴琼昭　［十六］575

吴秋寿　[十六]623

吴群芳　[十七]71

吴荣新　[十四]324

吴汝标　[十七]11

吴汝登　[十七]11

吴汝功　[十八]300

吴锐　[十五]294

吴瑞　[十七]10

吴瑞泉　[十六]612

吴润生　[十六]535

吴若采　[十六]116

吴三桂　[二]37；[四]377；[五]9,24；[九]501

吴三镜　[十五]289,351,628

吴山　[八]236；[十三]287,432；[十六]95,236,336

吴善标　[十六]616

吴善初　[十六]534,572

吴少甫　[八]12

吴少琴　[十六]336

吴绍璘　[九]86

吴审玑　[十六]545

吴铨万　[十六]534

吴胜　[十七]47

吴盛墀　[十六]615

吴士配　[十六]623

吴世富　[十六]573

吴世荣　[五]239,241,243；[七]101,186,336 – 337,339；[八]21,274 – 275；[九]204

吴世英　[十四]9

吴世桢　[十六]118,172

吴事业　[十七]151

吴适　[十三]549；[十六]241,355,467

吴守箴　[十七]137

吴述仁　[十六]613

吴树勋　[十六]289

吴澍勋　[十六]350

吴泰　[十六]534

吴天涯　[十六]526

吴田玖　[十三]465

吴铁城　[三]162；[六]493,509；[七]452；[九]220,633 – 634,638；[十二]392,399,404；[十三]45,178 – 179,187,189,191,212,601,673；[十四]21,65,77,139,158,252,254 – 256,271,274,308,310,353,374 – 375,404,485,496,554,557,570,573,577,579,583,586；[十五]29,32 – 33,39,73,240,387,421,479,484,590,595,618 – 619,626,653；[十六]139,157,224,290,326,539；[十七]330,406,484,492,495,634,640 – 642,644,649 – 650,665 – 668,670,679,681,689,692,701 – 702,704 – 705

吴维汝　[十六]627

吴伟廷　[十六]527

吴蔚章　[九]371

吴文安　[八]250

吴文彬　[十六]623

吴文川　[十五]253 – 254

吴文龙　[十三]395 – 396,417 – 418；[十七]22,234,419

吴悟叟　[七]98,113,119

吴熹照　[十七]293 – 294

吴侠夫　[十七]46

吴贤才　[十六]592

吴香初　［十六］544

吴襄佑　［十六］617,623

吴祥沃　［十七］254

吴祥祝　［十七］137

吴小枚　［七］411－412；［十六］114,156

吴信宽　［十六］607－608

吴醒汉　［八］105,151；［九］401－402；［十三］390－391；［十六］43,140,226,328,458

吴醒亚　［十六］636

吴熊　［十三］68－69；［十七］46

吴旭　［十六］509

吴煦泉　［八］355；［十三］625；［十七］625

吴选英　［十六］533

吴学显　［四］164；［十五］461

吴雅觉　［十七］640,719

吴衍慈　［十七］148,697,700

吴衍道　［十六］618

吴衍枢　［十六］591

吴琰生　［十六］120,171

吴扬芳　［十三］466

吴养初　［十六］530

吴业创　［十七］84

吴业刚　［十六］359

吴业守　［十六］619

吴业则　［四］393；［七］525

吴液波　［十六］627

吴倚沧　［九］470

吴益　［十六］582

吴逸民　［十六］534

吴毅　［十］362；［十七］122

吴翼德　［十六］627

吴寅　［四］68；［十六］627

吴英玉　［十六］592

吴应昌　［十七］295

吴应铿　［十七］355

吴永珊　［四］49；［十三］93－94

吴永襄　［十四］386

吴有　［十六］526

吴嵎　［十七］37,419,575

吴玉章　［十二］17

吴裕安　［十七］5

吴元瑛　［十六］531

吴樾　［三］430；［四］40,47－48；［九］536；［十三］69；［十八］75,83

吴允享　［十七］146

吴在深　［十六］626

吴赞坚　［十六］612

吴赞庸　［十七］158

吴藻华　［十三］193－194,196；［十六］35,41,51,54－57,124,140－141,147

吴藻香　［十六］396

吴则廷　［七］328

吴泽彬　［十六］590

吴泽理　［十三］535－536；［十六］359

吴泽舒　［七］328

吴泽松　［十七］154

吴泽庭　［十七］36,262

吴泽尧　［十六］613

吴梅　［十七］672,685

吴钊　［十六］520

吴兆鲤　［十六］339

吴兆麟　［九］354－355

吴兆枚　［十六］414

吴肇甫　［十六］337

吴贞瓒　［十七］199

吴振南 ［十六］9

吴震东 ［十四］385；［十七］412

吴镇 ［四］43；［十三］628，636；［十六］643

吴正卿 ［十六］52，54，141

吴正一 ［七］420

吴志革 ［十七］46

吴志馨 ［十三］493，611；［十六］325，463；
　［十七］134

吴智识 ［十六］574

吴稚晖 ［一］71；［三］429；［七］120，122，
　129，133，135，139－141，144，180，194，
　217，220，223，243，252，378；［九］32；［十］
　645；［十二］400，403，493；［十三］210－
　211；［十五］412，631；［十七］438（参见吴
　敬恒、敬恒）

吴稚觉 ［十四］449

吴忠信 ［四］47，49，148－149；［七］480；
　［八］40，54，261，268，293－294，455；［九］
　233，321，327，444；［十三］165，382；［十
　六］343，438，522，528（参见礼卿、吴礼卿）

吴竹之 ［十六］535

吴卓峰 ［十四］225－226；［十六］592

吴子玉 ［四］507，513；［八］213；［九］518；
　［十二］145（参见吴佩孚）

吴子昭 ［十七］226

吴梓 ［十六］625

吴自堂 ［八］317

吴宗慈 ［四］115；［七］555；［八］232；［九］
　485；［十三］292；［十六］194，198，319；
　［十八］225

吴宗民 ［十五］255；［十七］273，295

吴宗明 ［十三］144－145，176－177，197；
　［十六］108，159

吴祖约 ［十七］254

吴作道 ［十六］613

吴作合 ［十六］623

吴作奕 ［十六］623

吴作震 ［十六］623

吴作植 ［十六］623

吴作助 ［十六］623

午岚 ［八］111；［九］291

伍、唐、陈诸子 ［八］266（分别参见伍廷芳、
　唐绍仪、唐继尧、陈炯明）

伍爱 ［十六］608

伍葆初 ［十六］583

伍碧梧 ［十六］530

伍秉汉 ［十六］128，170

伍波杰 ［十六］582

伍伯陶 ［十六］619，626

伍伯庄 ［十六］626

伍博士 ［十一］232，234－235，257－259，
　426；［十二］169

伍灿瑞 ［十七］13

伍仓德 ［十七］169

伍策勋 ［十六］577，583

伍超 ［四］155；［十六］577

伍朝海 ［十七］224

伍朝枢 ［四］101，103，519－521；［六］363；
　［八］67；［九］140，266，534，599，602；
　［十］613，643；［十二］361，366；［十三］
　312－313；［十四］118，176，191，231，264，
　285－286，352，373，411，491，502；［十五］
　27，63，122，165，228，259，293，303，314，
　353，368，449，469，506，525，561，595，608，
　646；［十六］332，402；［十七］162，180，
　183，614，616，635，643，707，743－744

伍澄宇 [四]277;[七]339,346,362,380,386,388,398,405,411;[九]168;[十一]173,191-192(参见平一、伍平一)

伍崇珏 [十三]93-94

伍崇敏 [五]222

伍崇仁 [四]49

伍崇生 [十六]627

伍凑学 [十六]627

伍达卿 [十六]527

伍大光 [十五]416,621,623;[十七]138,144,183,622,722

伍德 [二]321-322;[十七]62

伍帝焕 [十六]580

伍恩 [十六]625

伍发文 [十六]122,165

伍愤然 [十七]52

伍孚卿 [十六]527

伍福常 [十六]627

伍福良 [十六]583

伍福尧 [十七]10

伍甘庆 [十六]577

伍干三 [十六]128,170

伍公赤 [十四]493

伍冠球 [四]43,49

伍光宗 [十七]169

伍广鸿 [十六]627

伍广进 [十六]621

伍桂 [十七]12

伍汉才 [十六]620

伍汉莲 [十六]527

伍浩川 [十七]48

伍横贯 [四]393;[七]525;[十三]202;[十六]324,337

伍宏达 [十六]624

伍宏汉 [四]43;[七]360;[十七]52

伍洪培 [七]449;[十三]176;[十六]133,176

伍鸿福 [十六]582

伍鸿谱 [十七]12

伍槐 [十六]626

伍焕 [十六]627

伍辉南 [十六]627

伍慧泉 [十六]622

伍藉磐 [四]99-100

伍继曾 [十四]458

伍嘉城 [十七]693

伍甲 [十七]47

伍觉魂 [十六]578

伍洁生 [十六]527

伍锦留 [十六]616

伍警常 [十六]117,179

伍俊荣 [十七]41

伍来不 [十六]624

伍礼廷 [十六]627

伍立勋 [十六]627

伍丽臣 [十六]121,163

伍良 [十六]623

伍梁氏 [十五]126

伍麟祥 [十六]129,137,180

伍六 [十六]538

伍龙驹 [十七]12

伍禄寿 [十七]54

伍旅长 [四]417-418;[九]327(参见伍毓瑞)

伍美耀 [十六]577

伍民甫 [十六]617

伍乃章　［十七］10

伍楠　［十七］10

伍盘照　［七］34

伍平一　［七］338；［九］168，175；［十三］145，151，182；［十四］395，448；［十六］79，137，147（参见平一、伍澄宇）

伍其悦　［十七］8

伍奇勋　［十七］13

伍秋学　［十六］615

伍权达　［十六］628

伍权洽　［十七］51

伍认不　［十六］583

伍荣祺　［十六］577

伍如碧　［十六］621

伍汝康　［六］140；［十四］3，11，48，258，292，294，302，306，338；［十五］72，366，430；［十六］498，507；［十七］90，322，324，342，404，420

伍瑞龙　［十六］624

伍瑞年　［十六］340

伍色旗　［十七］47

伍尚铭　［十六］109，171

伍尚铨　［十六］35，109，149，286，361；［十七］135

伍莘懂　［十六］527

伍时爱　［十六］581

伍时扮　［十六］623

伍时具　［十六］608

伍时宋　［十七］168

伍时铣　［十六］627

伍时贤　［十三］684；［十七］67

伍时仰　［十七］48

伍是民　［十六］617

伍树梅　［十六］471

伍松　［十六］608

伍松现　［十六］533

伍宋瑞卿　［十六］583

伍颂唐　［十六］358

伍陶吾　［十六］523

伍廷芳　［四］44，79，100，103，113，121，131，143，161－162，167，170，287－288，431－432，438，440－441，448－449，451－452，454，456－457，460－461，478，484，486，488－489；［五］189，239，241；［八］34，66，121；［九］31，33－34，38，41，43－52，54，56－59，65，68－70，72，75－76，79－81，88，256，266；［十］400；［十一］234，244，246，257－258，415，425－427；［十二］98，109，128，180，184－185，187，189－190，194，251；［十三］119，308，312－313，347，461，463，465，472，478；［十四］75，264－265；［十五］572，578，595；［十六］5，15，181，184，316，364，378－380，382，387，397，401－402，459；［十八］320－321，401（参见秩庸、伍秩庸、伍外交总长、伍总长）

伍廷壮　［十六］624

伍同进　［十六］627

伍外交总长　［四］420；［九］336，360（参见伍廷芳）

伍维珍　［十六］621

伍文协　［十六］627

伍物　［十六］608

伍熹石　［十六］147

伍喜石　［十六］105

伍献宸　［八］198

伍勷民　［十六］534

伍肖岩　［八］78－79,143

伍新晃　［十六］628

伍星屏　［十六］527

伍璇玑　［十七］70

伍学晃　［九］438

伍学煜　［六］11,27,161,168,180,183,
185,205,229；［九］526；［十三］615,622,
624,649,684；［十四］299－300,384,396,
401,463；［十五］47,101,340－341,344,
499－500,533－534；［十七］67,96,98,
100,114,139,230,348,406,494,498,502,
512,676,683

伍学焜　［十六］321

伍学铨　［十六］624

伍勋产　［十六］625

伍炎　［十七］406

伍曜南　［十三］137

伍耀畅　［十七］47

伍耀康　［十七］47

伍耀逑　［十六］624

伍耀绕　［十六］624

伍耀三　［十六］359

伍耀庭　［十六］321

伍毅廷　［十六］532

伍英　［十六］627

伍英文　［十六］621

伍游学　［十六］614

伍友初　［十六］527

伍于焯　［十七］12

伍于定　［十七］169

伍于护　［十六］625

伍于镜　［十六］616

伍于炉　［十六］627

伍于信　［十六］625

伍于镛　［十六］616

伍于簪　［十二］102；［十三］590；［十六］
324,432,440；［十七］84

伍遇春　［十七］74

伍毓宽　［十六］614

伍毓瑞　［八］146；［九］435；［十三］323－
324,386,665；［十六］481,651；［十七］
728,737,739（参见伍旅长）

伍毓珊　［十六］409

伍元泮　［十六］624

伍元裔　［十六］624

伍远锄　［十七］23

伍岳　［十四］42；［十五］105；［十六］561,
569,601,640；［十七］195

伍跃云　［十七］285

伍云披　［十六］78,167

伍云坡　［十七］154

伍蕴山　［十六］105,147

伍长福　［十六］583

伍植鸿　［十七］8

伍秩庸　［四］117,161,172,410,412,424；
［八］66,121；［九］31,43,45－46,51,54,
56,65,70,72,75－76,79－81,258,266；
［十三］378（参见秩庸、伍廷芳）

伍仲华　［十六］614

伍祝川　［十六］523

伍卓　［十六］592

伍卓庭　［十六］110,171

伍兹巴夏　［二］328

伍子金　［十六］374；［十七］23

伍子良　［十六］608

伍子瑜 ［十六］625

伍梓林 ［十七］9-10

伍自立 ［十五］168；［十七］528,530

伍宗珏 ［三］163；［四］43

伍总长 ［四］417-418；［十］339-340；
　［十二］184；［十五］579（参见伍廷芳）

武丁 ［一］4

武侯 ［八］147；［十三］200

武叻 ［七］212

武黎哈佛 ［三］124-125

武立元 ［十三］70

武泌 ［四］10

武士英 ［四］74

武仲英 ［十六］29

X

西川庄三 ［十一］372

西村 ［十二］469-470

西峰 ［八］513；［十四］517

西林 ［七］477；［九］525,527；［十二］266,
　278（参见岑西林、岑春煊）

西蒙 ［十一］209,211

西摩 ［二］117

西太后 ［十一］171

西田 ［十一］418

西岩 ［八］464；［九］526；［十四］59

西园寺 ［七］245,265；［十一］139

希尔 ［九］13

希姆波 ［十二］253

希斯洛 ［十］297

锡良 ［一］75

锡袍王 ［二］355

锡卿 ［八］77,423；［九］291,322,326,371；

［十三］537（参见卢锡卿、卢师谛）

锡祥 ［十五］10,12

锡子侯 ［十六］526

溪记 ［七］151,170

席楚霖 ［十七］393,407

席德辉 ［十三］92

席正铭 ［八］75,100；［十三］255；［十六］
　80,142,229,256,333

媳陈氏 ［七］311

媳妇 ［八］29-30,32,39

喜嘉理 ［十一］111-112

喜斯罗 ［三］362,374

侠夫 ［八］401

侠黄/璜 ［七］375；［八］163（参见李烈钧）

下田歌子 ［十八］18

夏百子 ［四］43；［十三］644

夏次岩 ［十三］192

夏登云 ［十六］262,360

夏斗田 ［十六］348

夏尔玛 ［十五］214,297,307-308；［十六］
　39,42,44,46-47,140

夏桀 ［三］121

夏敬观 ［九］161,163

夏君 ［十三］162,421

夏君 ［八］437（参见夏声）

夏亮工 ［八］335；［九］320（参见亮工、夏
　之时）

夏旅长 ［四］417-418

夏名儒 ［十六］95,126,161

夏求 ［十六］533

夏仁卿 ［十六］75

夏声 ［八］437；［十三］188,595；［十七］
　419（参见夏君）

夏寿华 [八]487

夏述唐 [九]224,327,329,349 – 350,415

夏宣慰使 [四]417,419,421,424;[九]331,336(参见夏之时)

夏月珊 [十三]109;[十八]40

夏拯民 [十六]123,165

夏之麟 [十六]70,77

夏之麒 [七]368 – 369,480;[十六]142

夏之时 [八]335;[九]114,307,385;[十三]9(参见亮工、谢亮工、夏宣慰使)

夏芷芳 [八]9 – 10,361;[十六]270

夏重民 [四]160,393;[七]432,472,525;[八]189;[十]89;[十三]139,148,179,331,553;[十四]479,585;[十五]649;[十六]31,139,147,151,295,363,486

夏醉雄 [十四]5;[十七]111

夏尊武 [四]49

仙乔 [十八]192

仙逸 [十三]592 – 593,610 – 611;[十八]333,363,366

先汉兴 [十四]336

咸马里 [一]80;[四]58 – 59;[七]152,158 – 159,162,167 – 169,184 – 185,191,195 – 196,201,238 – 239,249,293,303,307,334,345,354,376,447,455;[八]277,289;[九]14,16,23 – 24;[十六]4(参见荷马李、里将军)

咸马里夫人 [七]293,307,334,345,354,376,447,455,513;[八]277,289

冼灿云 [十六]489

冼海 [十四]146

冼荣祥 [十七]5

冼善之 [十四]142,145 – 147,160 – 161

冼锡鸿 [十六]634

显丞 [八]422,433,438,469,477;[九]572 – 573,626,663(参见刘显丞、刘震寰)

香芸 [八]47

香斋 [八]365,428

湘臣 [八]297;[九]206 – 207,209;[十二]370;[十三]342(参见洪兆麟)

湘丞 [八]191,205

湘芹 [八]449,536;[九]451,506,540,579,626,663

湘勤 [八]160(参见古应芬)

湘云 [八]461

湘芸 [八]149

祥盛 [十七]50

向楚 [十八]192

向传义 [九]324

向炯 [十四]105

向崑(昆) [四]148 – 149

向育仁 [九]321

项城 [四]418;[七]274;[九]48,79 – 80,82 – 83,97,99,101 – 102,125;[十]180 – 181;[十一]338 – 339,409(参见袁项城、袁世凯)

项羽 [二]79,81;[十]556 – 557,581,592,598;[十三]200

肖炳章 [十三]489

肖荣芳 [十六]262

肖萱 [十六]31

萧北垣 [十六]608

萧秉良 [十四]214

萧炳南 [十六]581

萧炳章 [十六]409,485;[十七]564 – 565

萧焯熙 [十七]74

萧成美 [十三]228

萧崇道 [十七]469

萧春生 [十六]116,158;[十七]226

萧德钦 [十七]236

萧度 [十六]434

萧凤翥 [十六]331

萧佛成 [七]108;[八]501;[十二]353;
　[十六]71,113,152

萧福 [十七]74

萧庚盖 [十七]71

萧观灵 [十七]12

萧冠英 [十七]367

萧贵 [十六]538

萧桂荣 [十八]488

萧国昌 [十六]608

萧国民 [十七]146

萧汉卫 [七]225,247;[十三]171

萧何 [三]3

萧辉锦 [十三]291－292,308;[十六]250,
　330,344,470

萧剑云 [十六]110,172

萧觉民 [十四]130－131

萧介生 [十七]74

萧金大 [十六]582

萧锦波 [十六]605

萧晋荣 [十六]202,320

萧竞三 [十七]7

萧敬轩 [八]111－112;[九]320

萧克昌 [十三]121

萧宽 [十六]608

萧昆 [十六]584

萧连开 [十七]13

萧亮干 [十六]627

萧茂业 [十六]534

萧其章 [十八]172

萧启和 [十六]608

萧全棣 [十六]107,173;[十七]158

萧人龙 [十三]485

萧纫秋 [七]480;[八]77（参见纫秋、萧
　萱）

萧荣芳 [十六]360

萧少雄 [十六]581

萧生贤 [十七]74

萧时昌 [十六]581

萧实中 [八]47

萧受子 [十六]624

萧述之 [十七]73

萧述之夫人 [十七]75

萧泗 [十六]608

萧廷才 [十六]598

萧文 [十六]310,352

萧文楼 [十六]133,176

萧湘 [十四]356;[十七]398－399

萧向炎 [八]339

萧兄 [七]226

萧萱 [七]488;[九]230－231;[十四]53;
　[十五]211;[十六]257,333,546－547;
　[十七]63,123,466－467,476;[十八]489
　（参见纫秋、萧纫秋）

萧学智 [十五]20－21,98;[十七]497

萧养晦 [十七]539

萧耀南 [九]522

萧一苇 [十六]621

萧镒基 [十七]144

萧翼鲲 [八]321－322;[十三]93－94;
　[十六]409,450

萧荫　［十六］608

萧寅健　［十六］534

萧英　［十三］145

萧友梅　［四］43；［十三］93－94

萧友三　［十六］535

萧雨滋　［七］146,166；［十一］196

萧玉海　［四］67

萧钰　［十七］727

萧毓馨　［十六］581

萧元合　［十六］608

萧章计　［十六］625

萧章解　［十六］608

萧照彬　［十六］538

萧照然　［十七］74

萧真民　［十六］622

萧植芳　［十六］608

萧祖桂　［十六］612

萧祖禄　［十六］621

萧祖雄　［十六］358

小村寿太郎　［十一］166,184

小儿　［七］160,208；［八］20,170,256,277；
　［九］410（参见孙科）

小泉　［八］481,495,500,505,508,516－
　517,533－534；［九］573－574,621,626,
　663（参见范石生）

小野正人　［十八］147

晓翠楼主人　［十八］490

孝怀　［七］478；［八］270

效鲁　［十八］71,475（参见秦毓鎏）

协和　［四］521－522；［七］393,510,572；
　［八］164,167,180,204,220,247,423,
　453,456－458；［九］271,276,285,327,
　357,359,404－405,409,411－419,423－

424,432,437,443,498,507,543,579,658,
　668；［十二］468,493（参见李协和、李烈
　钧）

协乐嘉一郎　［五］371

谢八尧　［四］392；［七］525；［十六］397

谢白燊　［十六］338

谢百城　［七］467；［十七］119

谢彬　［四］114

谢炳　［十六］579,583

谢炳光　［十六］534

谢炳坤　［七］380；［十六］139,165

谢伯杰　［十七］51

谢伯伦　［十七］73

谢彩泉　［十六］572

谢参　［十七］53

谢参汉　［十七］74

谢超武　［十六］96,143

谢承焘　［十三］100

谢持　［四］79,148－149,506；［七］382,401
　－402,404,412,414,419－420,423,429；
　［八］27,76－77,80－81,83,114－115,
　117,338,370；［九］217,443,558,571,
　576；［十］625,646；［十一］449,452－453；
　［十二］282,491；［十三］153－154,164,
　186,200,318,537；［十六］73－74,104,
　146,203,320,365,372,376－377,381,
　386,389,394－395,399,405,408,413,416
　－417,423,430,435,444,447,448,452,
　454,456,458,461,487,488,492－494,500
　－502,504,512,555,639,641；［十七］
　249,303,438－439,461,673－674（参见
　惠生、谢惠/慧/惠生）

谢持婉　［八］81

谢崇现 ［十七］154

谢春生 ［七］307

谢当 ［十六］608

谢德臣 ［十四］557

谢登 ［十七］74

谢栋 ［十七］74

谢栋彦 ［十六］628

谢敦 ［四］43

谢愤生 ［八］366；［十四］12；［十五］252；
［十六］509

谢奉琦 ［十三］135

谢福来 ［十七］47

谢福郎 ［十六］122,165

谢福煦 ［十七］73

谢光廷 ［十七］12

谢广源 ［十六］114,156

谢国光 ［九］594；［十二］321；［十四］222,
290,357；［十五］275,409,414,443,449,
457,490 － 491,506,547 － 549,552,593,
606,616,630；［十七］210,350,388,621 －
622,625,629,632,635 － 636,655 － 656,
672,685,708,727,734,738,744,746,750

谢海 ［十七］74

谢汉兴 ［十六］109,155

谢行三 ［十七］12

谢华威 ［十七］74

谢焕庚 ［十七］154

谢惠初 ［十五］298

谢惠/慧/蕙生 ［七］401；［八］80,93,117,
153,156,339,349；［九］270,304,576；［十
三］166,395,449；［十四］133,457；［十
六］555,639（参见惠生、谢持）

谢己原 ［四］91；［十六］107,148

谢济镶 ［十六］626

谢家鸿 ［十六］336

谢家琚 ［十七］48

谢建诚 ［八］357

谢鉴强 ［十七］47

谢将兴 ［十六］533

谢介僧 ［十六］145

谢晋 ［十七］469

谢搢 ［十五］364 － 365

谢巨非 ［十七］73

谢爵臣 ［十七］48

谢君 ［七］223；［八］174；［十二］30

谢俊亨 ［十七］44

谢俊廷 ［十五］182,365

谢恺 ［十六］358

谢坤 ［十七］71

谢坤林 ［四］43

谢连照 ［十七］154

谢良牧 ［五］239,241；［七］456；［八］385；
［十三］489,549,558,575 － 576,626；［十
四］77,98,119；［十六］331,553,567 －
568,610

谢麟柱 ［十七］74

谢孟杰 ［十七］278

谢明星 ［四］43

谢铭为 ［十七］47

谢某 ［八］161；［十三］303

谢沐 ［十七］48

谢能高 ［十六］626

谢能钦 ［十七］47

谢鹏翰 ［十三］292；［十六］329

谢其鸿 ［十七］48

谢其新 ［十五］613

谢其珍　［十七］254
谢谦谐　［十六］110,149
谢秋　［七］227
谢容光　［十七］73
谢汝畅　［十七］50
谢汝程　［十七］47
谢汝和　［十六］634
谢汝湘　［十六］628
谢汝扬　［十七］154
谢瑞德　［十七］48
谢少珍　［十六］396
谢申岳　［十三］424
谢盛之　［十七］424
谢石醒　［十七］733
谢式南　［十六］124,169
谢适群　［六］492;［十五］416,569,579,586
　－587,625;［十七］213,622,699－700,
　711,717－718,766
谢树棠　［十六］321
谢四女　［十七］46
谢松初　［十七］170
谢松南　［十六］332
谢铁良　［八］478;［十三］683,694;［十四］
　195;［十六］586,641;［十七］138,231
谢廷俊　［十四］116
谢万宽　［八］371
谢维悁　［十六］646
谢维显　［十七］74
谢维早　［十七］48
谢文炳　［八］441;［十］471,473－475;［十
　三］612,619;［十四］18,308
谢文兴　［十四］398－399
谢无量　［七］543;［十七］533,632－633

谢五有　［十七］122
谢禧　［十六］627
谢晓锺　［四］114
谢协民　［十七］262
谢心准　［九］217;［十三］388,668;［十六］
　264,346,466;［十七］40,112,686－687;
　［十八］491
谢信彦　［十七］12
谢星继　［十五］623－624;［十七］753
谢星南　［十七］48
谢亚德　［十六］572
谢耀公　［十六］112,154;［十七］137
谢耀光　［十六］286,362
谢耀南　［十六］545
谢一平　［十六］634
谢已原　［十六］326
谢诣斌　［十七］45
谢奕　［八］172
谢奕贲　［八］165
谢益　［十六］628
谢逸桥　［十八］203－205
谢逸如　［十六］545
谢毅　［十四］308
谢荫民　［十七］156
谢寅　［十七］680,695
谢尹　［十六］439
谢英伯　［八］50,250,273;［十二］101,169,
　368,491;［十三］411;［十四］478;［十六］
　208,320;［十七］330,579
谢瀛洲　［十七］584
谢永璁　［十七］74
谢永年　［十六］126,165
谢渔伯　［十七］54

谢宇擎　［十七］46

谢雨生　［十七］106,144

谢源兴　［十六］136,179

谢远涵　［十五］141；［十六］486；［十七］457

谢远桥　［十七］278

谢沄　［十六］471

谢章云　［十七］47

谢仲山　［十三］44

谢祝初　［十六］634

谢祝三　［十六］614

谢卓峰　［十六］582

谢梓垣　［十七］260

谢自运　［十六］572

谢缵泰　［七］22

燮丞　［八］297,442

心持　［七］81,99 – 101,111

心田　［七］96 – 97

心准　［十三］172,181,231；［十八］491

辛博森　［三］275,277

辛慈　［八］291 – 292

辛汉　［十六］26 – 27

辛焕庭　［十六］262,360

辛景祺　［十六］334

辛默　［十二］117

辛丕斋　［十七］355

辛素贞　［十一］240

信之　［八］473,481；［九］561,573 – 574；［十三］182（参见蒋光亮）

星桥　［八］321

星台　［四］72（参见陈天华）

星五　［十三］292；［十八］492

邢炳光　［十三］185

邢定培　［十六］534

邢定荣　［十六］526

邢定缵　［十六］534

邢福基　［三］163

邢福苓　［十六］534

邢福云　［十六］534

邢甘桃　［十六］526

邢栗山　［十六］526

邢森洲　［十六］444,491；［十七］201,218 – 219

邢业舜　［十六］534

邢诒禄　［十六］532

邢诒濡　［十六］523

邢诒源　［十六］572

兴禄　［十一］141

杏荪　［七］278,283 – 284

幸德秋水　［三］91；［十］134

幸焕基　［十六］608

幸跃衢　［十七］252,254

雄甫　［八］432

熊、刘　［九］435,443；［十三］430（分别参见熊克武、刘存厚）

熊宝慈　［八］441

熊秉坤　［一］78；［三］320,393；［四］148 – 149；［八］151,155 – 156；［十］364,369,531；［十六］72,228,332,521 – 522,603

熊炳坤　［十六］67,142

熊炳霖　［十六］167

熊伯言　［十六］122,165

熊成基　［一］73；［三］430；［四］40,46；［七］113；［九］60；［十］29；［十一］178；［十三］69,129

熊持危　［十八］184

熊传第　[十三]93－94

熊督军　[四]421,424,440;[九]336,363－364,368－369,382－383;[十六]281－282,285,292

熊济周　[八]334

熊锦帆　[四]513;[八]141,525;[九]353－354;[十三]350(参见锦帆、熊克武)

熊锦湘　[十六]620

熊炯棠　[十六]583

熊爵一　[十五]160

熊克武　[四]49,164,438,454,515;[八]59,98,110,179,304－305,525;[九]41,292,302,304,331,335,340,353,363,368－369,371,375,408;[十]645;[十一]122;[十二]17,258;[十三]10;[十四]63,132,134－135,272－273,304,313;[十五]461,479;[十六]280－282,349;[十七]142,438,758－759(参见锦帆、熊锦帆、熊镇守使、熊总司令、熊氏)

熊理贺　[七]474

熊略　[九]528;[十三]240,511

熊明兴　[十六]119,160

熊群青　[十七]356

熊氏　[四]454－455;[八]187,227;[九]435;[十三]351、417(参见熊克武)

熊守备　[七]83－84

熊文灿　[四]402

熊文初　[十七]277

熊希龄　[四]44,399－400;[八]53;[九]256;[十三]89,310;[十八]493(参见秉三)

熊阳钰　[十五]209－210

熊杨　[八]120

熊尧佐　[十七]278

熊英　[十三]252－253;[十六]210,320

熊有光　[十五]298

熊玉珊　[十六]117,158

熊兆孟　[十六]125,166

熊兆渭　[八]334

熊振明　[十七]278

熊镇守使　[四]409;[九]262,292,298,302－,304,307,309(参见熊克武)

熊总司令　[四]417,419;[九]322,327－328,332,335,361;[十三]296,345;[十六]282(参见熊克武)

修文　[八]215

秀峰　[四]437;[七]575;[九]375(参见陈光远)

秀豪　[八]237(参见蓝天蔚)

秀山　[四]437;[九]375;[十三]456;[十六]254(参见李秀山、李纯)

徐、岑　[八]248(分别参见徐世昌、岑春煊)

徐、段　[八]9;[十]320;[十二]23,41;[十三]368(分别参见徐世昌、段祺瑞)

徐、熊　[四]46(分别参见徐锡麟、熊成基)

徐百容　[四]43

徐百长　[十六]583

徐保民　[六]138

徐炳炎　[七]415－416;[十六]142,145

徐昌侯　[十四]85

徐承圹　[四]148－149;[十六]522

徐承庶　[十六]336

徐承燠　[十七]185,474,478,614

徐达　[四]22

徐德　[十五]169

徐德祐　［十六］132,174

徐东海　［三］76

徐东垣　［十三］399,415 – 416;［十六］325

徐栋　［十六］418

徐洞云　［十六］138,152

徐方济　［十七］131,399

徐飞虎　［十六］107,160

徐傅霖　［三］162;［十三］445;［十四］240

徐富　［十六］621

徐耕陆　［八］410

徐固卿　［八］416(参见固卿、徐绍桢)

徐贯　［十七］47

徐光启　［三］30,36

徐国楠　［十六］626

徐汉　［十六］622

徐汉臣　［十三］662 – 663;［十五］325 – 326

徐鹤仙　［九］412 – 413,416 – 417,423

徐化龙　［十三］218

徐惠霖　［十六］332

徐际恒　［十三］529

徐季龙　［四］96,143;［八］13,67;［九］141
　　– 142,144,521,528;［十］375;［十二］379
　　(参见季龙、徐谦)

徐霁　［十六］14

徐坚　［十七］575

徐见龙　［十七］47

徐鉴臣　［九］318 – 319

徐觉　［十七］5

徐经训　［十七］430

徐景贤　［十六］592

徐敬吾　［十三］210

徐镜清　［八］351,359,432;［十六］60 – 61,
　　142,507(参见瑞霖、徐瑞霖)

徐菊人　［四］437,439,447 – 448,451;［九］
　　375,378 – 384,386,388 – 389,421,459,
　　463,480;［十六］364

徐君　［七］569 – 570(参见徐瑞霖)

徐君　［十三］232

徐朗西　［四］79,390;［九］211,324 – 325,
　　333,355;［十］673;［十一］459;［十三］
　　274,327;［十六］31,146;［十八］215

徐乐亭　［四］101

徐李氏　［十五］264

徐荔　［十七］42

徐明注　［十六］571

徐璞　［十三］252;［十六］335

徐企文　［十一］248

徐谦　［四］79,96 – 97,103,142;［八］43 –
　　44,46,53,61,66,68,156,161,167,179,
　　192,466,471;［九］139,141 – 142,144,
　　521,528,541,546,567,647;［十］375;［十
　　二］74,368;［十三］288,292,295,308,
　　313,445,450,454,464,470 – 471;［十五］
　　676;［十六］30,221,314,317,387,401 –
　　402,414 – 415,445,447,449,543;［十七］
　　164 – 165,674(参见季龙、徐季龙)

徐勤　［五］424 – 425;［七］102;［九］8;［十
　　三］408

徐清和　［十四］322,478

徐清泰　［十六］333

徐群芳　［十六］109,153

徐然　［十五］400

徐忍茹　［十八］494

徐日初　［十六］538

徐瑞林　［九］204

徐瑞霖　［八］351,360,375;［十三］553;

［十六］206,255,320,344（参见徐镜清）

徐扫非　［十七］262

徐尚忠　［四］43

徐少秋　［四］43,102;［九］242

徐绍驹　［十六］592

徐绍棪　［十七］622

徐绍桢　［四］43 - 44,47,49,54,100,140;
　［五］239,241;［六］9,75,166,188,285,
　290,363,385;［七］568;［八］180,382 -
　383,416,480;［十］613;［十二］4;［十三］
　93 - 94,473,480,617,628,632,636,642,
　647,652,656 - 657;［十四］4,73,121,
　165,172,205,231,246,269,329,338 -
　339,362,419,481,514,517,572;［十五］
　53,71,104,125 - 126,182,184,196,250,
　255,258,264,273 - 274,300,303,314,
　357,364 - 365,368,386,393 - 395,408,
　411,416,445,449,469,472,494,506,510,
　527,530,533 - 534,540,542,561,649;
　［十六］6,8,290,293,296,299,313,402,
　407 - 408,411 - 412,433,443,446,557,
　561,638;［十七］33,95 - 98,115,148 -
　149,161 - 162,177,179,193,256,305,
　365,387,389,425,427,524,635,660,688,
　697,700,711;［十八］495 - 496

徐申伯　［四］43

徐申甫　［九］319;［十四］133

徐世昌　［三］400;［四］399 - 400,450,459
　- 460,463,466,468 - 473,477 - 479,
　482,585;［八］55,91,187,241,283;［九］
　256,378 - 384,386 - 389,395,474,480 -
　481,501;［十］320 - 321,369,383,399,
　405,417;［十一］484;［十二］23,26,45,47

- 48,91,95 - 96,118,125,133,177 -
　178,218,247,366;［十三］293,308,315,
　332,463,476,577;［十六］364

徐世骥　［十七］292

徐世强　［十六］249,343

徐适　［十六］262,360

徐寿南　［十六］576

徐树荣　［十三］495,676;［十四］18,39,90,
　94,219,245 - 246,292,298,305,309,376,
　567;［十五］187 - 188,220;［十六］490,
　566,610;［十七］21

徐树铮　［四］423,430;［八］64,124,152,
　253,366;［九］400 - 401,495,633;［十］
　356,363,636;［十二］38,78,244;［十三］
　368,390,393

徐双丁　［十七］47

徐苏中　［四］148 - 149;［十三］489,531,
　610;［十六］64,124,147,168,514 - 515;
　［十七］310 - 311

徐天琛　［十四］187,255 - 256,310,317,
　328;［十六］481 - 482,491

徐天趣　［十七］188

徐天深　［十五］496,511;［十七］640;［十
　八］497

徐天源　［十七］641

徐田　［四］43;［十六］14

徐统雄　［七］430,453,534,536,558,569;
　［十六］106,154

徐维绘　［十三］542

徐维扬　［四］88;［十三］448

徐伟　［十四］522,530;［十七］79,740

徐卫璜　［十七］355

徐文镜　［十七］155

徐希元　［十五］416；［十七］161－162,385
　－386,389,622,697,700

徐锡麟　［一］73；［三］430；［四］40,46；
　［九］60；［十］29；［十一］178；［十三］129；
　［十八］14

徐孝刚　［九］109,319,321

徐效师　［十五］161；［十七］275

徐血儿　［十六］29

徐演群　［十六］357

徐砚修　［十七］254

徐耀南　［十六］613,622

徐仪峻　［十七］84

徐永昌　［九］646

徐永丰　［十三］258；［十四］37

徐又铮　［九］400

徐祐申　［十七］292

徐于　［十三］691；［十四］18；［十七］86

徐元诰　［十三］404；［十六］325

徐元浩　［八］164；［十六］486

徐韵泉　［十七］752

徐赞泉　［十六］608

徐赞周　［十三］51

徐长盛　［十七］48

徐召虎　［十六］354

徐兆丰　［十三］126

徐之琛　［十六］206,320

徐峙嵩　［四］43

徐中华　［十四］107－108

徐忠立　［十六］256,258,344

徐壮立　［十六］110,158

徐子禄　［十七］43

徐宗鉴　［十三］374

许白昊　［四］548

许柏轩　［十三］51

许炳康　［十六］534

许采卿　［十七］254

许昌登　［十七］48

许崇灏　［四］568；［十四］416；［十五］78,
　80,151－152,156,204,239－240,259,
　303,312,345；［十六］485；［十七］427,
　512,555,572,617,643（参见许处长）

许崇清　［十五］349；［十七］321,330

许崇仪夫妇　［十八］501（参见徐端伯）

许崇智　［四］365,493,495－496,515；［五］
　108,386；［六］343,493；［七］387,389,
　413,418,421,433,456；［八］54,99,162,
　318,366,410,432,495,506,521,532,536；
　［九］197,201,205,212,317,321,329,
　349,372,424,447,464,495,536,539－
　540,542,545,547－548,551,570,572－
　573,576－577,579,581,585,590,594,
　610,616－617,620－621,628,639；［十］
　582,646,662,756；［十二］165,167－168,
　203,239,245,258,290,322,395,421；［十
　三］149－150,154－155,159,168,324,
　329－330,379,482,565,591,649,653,
　680；［十四］74,130,163,169,182,184－
　185,188,201,219－220,227,231－232,
　234,238－239,247,254,262,292,305,
　325,344,363,378,421,436,440,471,476
　－477,500,511,522,534,537,544,554,
　565,578,583,594；［十五］10,39,52,111,
　114,116－117,121,151,153－155,,158,
　165,167,172,174,178,188,202－204,213
　－214,222－223,234,240,304,315,325－
　326,332－333,338－340,368,378,384,

394 – 395,420,441,452,466 – 467,469,
476,478 – 479,506,508,520 – 521,523,
545 – 546,560 – 561,564,569,571,584 –
586,600 – 602,618,630,634,640,636,
653,656,666;[十六]38 – 39,41 – 44,46
– 48,51 – 56,60 – 62,64,66 – 67,80 –
81,93,138,142,146 – 147,187,215,231,
256,316 – 317,333,433,473,496,507,510
– 511;[十七]59,349,356,438,529,538,
554,556 – 557,561,571,595 – 596,599 –
600,606 – 607,616,635,652,656,665,
701;[十八]498 – 500(参见汝为、许汝为、
许司令、许总司令)

许处长　[十七]512(参见许崇灏)

许春草　[十三]562 – 563;[十六]92,120,
161,490

许大德　[十七]315

许大经　[十五]437

许大煜　[十六]634

许道生　[八]102 – 103

许得水　[十六]110,158

许德　[十五]400

许德珩　[十二]75 – 76

许德宽　[十六]262,361

许端伯　[十八]501(参见许崇仪)

许凤仪　[十六]533

许福民　[十七]45

许国霖　[七]480

许行　[一]15,18

许行彬　[七]511

许行怪　[十五]630;[十七]119

许和元　[十六]110

许荷德　[十六]354

许会民　[十七]48

许积芹　[十七]48

许济　[十三]324;[十六]358,475;[十七]
554

许继祥　[十六]207,320,339

许金柏　[十六]624

许金旺　[十六]624

许炯昌　[十七]42

许军儒　[十七]12

许军长　[九]516;[十]394;[十三]380,
482 – 483,533,554,562,609

许君　[七]390,411,421,425,457,459,482
(参见许崇智)

许君　[八]315;[十三]547

许兰洲　[九]384

许琅书　[十六]572

许礼雅　[十三]692

许良瑞　[十七]46

许清滚　[十六]110,153,158

许球　[十七]46

许人观　[十六]340

许汝为　[七]397,435 – 436,448;[八]99,
478;[九]212,464;[十]767;[十三]363
(参见汝为、许崇智)

许瑞龙　[十六]533

许瑞轩　[十七]53

许若山　[十六]634

许绍宗　[十六]506

许生　[十七]48

许石贵　[十六]107,172;[十七]158

许世英　[八]537;[九]621,625,651,656,
661;[十二]39,409 – 410,479,485(参见
静仁)

许寿民　［十五］439；［十六］315,366,384，427,503

许司令　［四］421；［九］321,336,361,372（参见许崇智）

许松祯　［十六］534

许棠　［十七］12,157

许廷聪　［十六］624

许同得　［十七］45

许文日　［十五］78

许武权　［十六］634

许锡安　［十三］439

许显南　［十六］77

许肖嵩　［十四］240

许协揆　［十三］350 – 351

许学源　［十一］327

许雪秋　［七］55,69；［九］5

许仰山　［十六］535

许亦周　［十六］582

许逸夫　［十六］82,138,152

许翼公　［四］149

许映初　［十六］535

许有　［十五］400

许有才　［十六］77

许元和　［十六］158

许月波　［十七］46

许则敦　［十六］356

许择香　［十三］212,547

许兆基　［十七］8

许振　［十七］142

许之禄　［十七］106

许直臣　［十三］187；［十六］107,172

许植民　［十七］49

许治平　［十六］621

许卓然　［八］119 – 120,343,375；［九］391；［十三］549；［十四］427；［十五］76,140，266

许宗创　［十六］622

许总司令　［四］154；［八］481；［九］539，545,547 – 548,558,562,570,575 – 576，579,581,607,617,621,625,627 – 628，632,634 – 635,639；［十］577,662；［十三］588,591,603,607,653 – 654；［十四］62，168,217,220,223,230,236,278 – 279，305,441,512 – 514,522 – 523,534 – 535，556,565（参见许崇智）

旭九　［八］178

旭氏　［四］227

叙利　［二］320

绪方南溟　［十八］22

绪先　［八］173；［九］409

续桐溪　［八］513；［九］646；［十七］673 – 674

续西峰　［七］467；［十四］516

煦章　［十七］54

轩利佐治　［三］88,112,114 – 115,344,354（参见亨利·佐治、卓尔基亨利、佐治亨利）

轩特力·安得生　［一］242

轩辕氏　［二］127；［四］111

宣明　［八］20

宣统（皇帝）　［三］446；［四］402,527；［九］44；［十］322 – 323,366,441,608；［十一］171；［十二］218（参见溥仪）

萱甫　［十三］367；［十八］484 – 485（参见童萱甫、童杭时）

萱堂　［八］295

萱野　[一]68;[七]54,58－59,69－72,
　178,193,211,218,228,251,290,466,471,
　491;[九]206,217,663;[十一]195

萱野长知　[一]74;[四]70;[五]250;[七]
　54,69,71－73,178,193,211,228,251,
　290,491;[八]6;[九]7－8,169;[十一]
　154,428－,438,444;[十二]113－114,
　489;[十七]26;[十八]79

褶善庭　[十六]166

薛彬良　[十六]286,362

薛秉禧　[十六]286,362

薛春和　[十六]626

薛德光　[十七]42

薛汉英　[七]444;[九]184,188;[十三]
　145,187－188;[十六]149,335

薛鸿雯　[十六]526

薛家弼　[十六]109,158

薛嘉祺　[十六]619,628

薛锦标　[十五]416;[十七]622

薛履新　[十七]417

薛木本　[八]258

薛钦远　[十六]613

薛群昌　[十七]152

薛新远　[十六]615,626

薛毅夫　[十七]46

薛云章　[十六]312,363

薛哲　[十三]129

雪秋　[七]68,70－71

雪竹　[八]3,188,239,430,475;[九]468,
　595;[十五]227(参见何雪竹、何成濬)

勋臣　[八]355

勋成　[八]307

勋丞　[八]399

Y

鸭都亚斯　[三]124－125

雅亭　[八]211－213(参见姜雅亭)

亚伯　[八]3,292;[十三]205;[十八]80
　(参见曹亚伯)

亚伯拉罕·林肯　[十一]256

亚昌　[七]242－243

亚丹斯密　[三]205－207,210,217－220

亚当·斯密　[四]124

亚佛　[八]119;[九]391

亚历山大　[十]315

烟格尔士　[三]91

延之　[八]636(参见缪嘉寿)

严安助　[十六]534

严博球　[十四]150

严成祥　[四]68

严德明　[十五]442,444

严东胜　[十七]7

严钝摩　[十七]733

严福纪　[十六]130,173,530

严复　[三]191,205

严干　[十六]627

严恭　[十六]330

严观业　[十六]583

严光汉　[十七]197

严桂喜　[十六]625

严华昆　[十六]625

严华生　[十六]138,152

严怀新　[十六]625

严骥　[十六]298,350

严君　[八]46

严宽　[十七]540,543－544

严连胜 [十六]626

严培俊 [十六]252,344

严庆辉 [十七]122

严瑞轩 [十六]122,165

严绍林 [十六]583

严师长 [十四]416,454,580

严氏 [三]76-77

严锡榴 [十六]625

严勋昭 [十六]627

严又陵 [一]25

严月生 [十三]512;[十四]154-156

严月笙 [十]646

严岳炽 [十六]625

严云卿 [十六]531,534

严兆丰 [十四]416-417,454,583;[十六]432,650;[十七]724

严重 [十七]558

严子芸 [十七]68

岩田爱之助 [十八]155

炎午 [八]226,306

研仙 [八]18;[十八]471

婹 [七]311(参见孙婹)

阎百川 [十]168(参见阎锡山)

阎崇阶 [十八]502

阎崇义 [十六]125,148

阎都督 [四]315;[九]150;[十]172(参见阎锡山)

阎督军 [四]418(参见阎锡山)

阎凤冈 [十七]433

阎鸿举 [十六]328

阎锡山 [七]467;[九]126,150;[十一]128-,349-;[十二]365-366;[十四]516;[十八]55(参见阎百川、阎都督、阎督军)

阎志远 [十六]333

颜炳坻 [十七]73

颜炳联 [十七]73

颜炳元 [十六]278,307,349

颜伯梁 [十六]527

颜焯辉 [十七]73

颜春侯 [十六]105,154

颜德基 [八]75,113-114,141;[九]320,322,331,369,435,450(参见颜总司令)

颜国华 [十四]336

颜惠庆 [五]425

颜继昌 [十七]70

颜鉴光 [十七]73

颜金叶 [十六]109;[十七]25

颜锦标 [十六]533

颜丽邦 [十七]73

颜利和 [十七]73

颜良伯 [十六]581

颜孟玑 [十七]73

颜强 [十六]618

颜如愚 [十六]250,344

颜若愚 [九]385

颜书鸢 [十七]106

颜文耀 [十六]533

颜绪华 [十七]74

颜耀华 [十七]73

颜毅 [十六]527

颜总司令 [四]424;[十三]296;[十四]133;[十六]285(参见颜德基)

奄比多加利 [一]35

燕浅 [八]509

扬雄 [一]27

杨百海　[十六]526

杨宝成　[十七]12

杨宝贺　[四]68

杨备朝　[十七]75

杨炳辉　[十六]120,171

杨伯文　[十六]338

杨参军　[十三]334,520,540;[十四]287

杨沧白/伯　[八]77,97,123,285,322;[十二]362,383;[十三]345;[十四]133;[十六]230(参见杨庶堪)

杨焯　[十七]74

杨朝元　[十五]377,385

杨潮　[十七]13

杨诚恺　[十六]126,167

杨池生　[十三]685;[十六]648;[十七]83,206,221

杨持平　[八]120;[九]391

杨楚材　[十六]30

杨春畴　[十六]110,158

杨春浩　[十三]405;[十六]341

杨纯美　[七]499;[八]12,211,292;[十六]410

杨大汉　[十六]128,170

杨大实　[八]366;[九]326;[十二]373－374,391;[十三]292,553,557;[十四]79;[十六]219,323

杨带　[十四]365

杨道馨　[八]321－322;[十六]450

杨德甫　[四]548

杨德麟　[八]105;[十六]127,139,174,180,338

杨德源　[十六]443

杨帝　[十七]170

杨帝荣　[十七]158

杨殿南　[十七]151

杨鼎新　[十七]158

杨督军　[四]417－418

杨笃生　[七]243;[十]722;[十三]69

杨度　[三]122;[八]451;[九]555－556;[十一]122

杨蕃史　[十六]106

杨芳　[五]38;[十六]303,363

杨飞鸿　[十一]82

杨凤岐　[十七]154

杨福荣　[十六]620

杨福田　[十六]215,322

杨复　[十六]356

杨富臣　[十八]313

杨赓笙　[四]148－149;[十三]681;[十七]356

杨古杰　[十七]169

杨官叠　[十六]396

杨官梅　[十六]582

杨冠英　[七]115

杨光庆　[十七]44

杨光湛　[十六]447,472

杨广　[四]50;[十三]99;[十四]125

杨广达　[七]437;[十三]160,188－189,191;[十六]107,172;[十八]503

杨圭瓒　[十六]142

杨桂秋　[十五]594－595

杨桂廷　[十六]133,175

杨国华　[十七]252

杨国旗　[十六]625

杨国卫　[十七]154

杨国英　[十六]523

杨汉魂　[十三]225-226;[十六]225,326

杨汉烈　[八]343,431;[十三]549

杨汉三　[十七]46

杨汉孙　[七]422;[十三]170;[十六]105,
　148

杨贺　[四]50;[十三]99;[十六]608

杨鹤龄　[一]65;[十一]51;[十三]335,
　443;[十四]410;[十六]421;[十七]19

杨虎　[六]504;[八]73-74,133;[九]
　631,633-634;[十三]313,513,520;[十
　四]261;[十五]485;[十六]289,341,
　350;[十七]31,173,334,342,467,473,
　477

杨华金　[十七]158

杨华馨　[十三]252-253,487;[十四]389;
　[十六]253,339,344,639

杨化昭　[八]527

杨辉兰　[十七]62

杨回来　[十六]574

杨惠　[十六]273,347

杨济沧　[四]79

杨继初　[十七]62

杨继志　[十七]153

杨佳礼　[十六]127,168

杨家骅　[十六]357

杨嘉猷　[十七]14

杨建来　[十六]136,179

杨建周　[十六]530

杨剑秋　[十六]434

杨健清　[十七]71,74

杨结扳　[十七]35

杨捷　[十六]533

杨锦龙　[八]481;[九]549,562;[十四]

344;[十七]554

杨锦堂　[十四]86;[十六]354

杨旌贺　[十七]154

杨兢华　[十六]535

杨菊坡　[十七]6

杨君　[七]1450,558[九]129,335

杨君　[七]199,208(参见杨惜吾、杨惜五)

杨君　[七]244(参见杨笃生)

杨君　[十三]406(参见杨春浩)

杨廷培　[四]515;[八]463,488,500;[九]
　579;[十三]638,649,680;[十四]11,163,
　179,182,184,186,231,238-239,247,
　262,267,282,287-288,291,295,436;
　[十六]585,631;[十七]59,64,76,80,
　206,239,343,346,348(参见龚阶、杨龚
　阶)

杨桐桂　[十六]590

杨万夫　[十]72

杨王超　[十五]78;[十七]511-512

杨维三　[十六]535

杨温泉　[十六]334

杨文彬　[十三]62

杨文捷　[十七]74

杨文照　[十二]304;[十四]204

杨伍璇　[十六]572

杨西岩　[六]169,195,227,230,242,257,
　261;[八]380,464;[九]526;[十三]612,
　623,639,669,674;[十四]42,58-59,
　124,470-471,473,484,487,516,536,
　584,596;[十六]15,17,321;[十七]96,
　98,100,125,127,305,383,406,423-425,
　433,435,460,467,470,483-484,488,490
　-493,688-689,698-699

杨希闵　［四］154，505，515；［六］28，229，491，493，509；［八］350，386，423，434，452，497－498；［九］526，531，545，554，575，582，598－599，606，622，630－631，665；［十］645；［十二］258，280，322，325，421；［十三］596，599－600，615，633，642，648－649，669－670，679－680，685；［十四］3，7，14，21，23，27－28，65，86，163，168，182，184－185，188，199，210，212，219－220，227，231－232，234，238－239，247，254，262，279，289，293，300，319，337，344，361，366，377，379－380，385－387，403，405－406，411－412，414－415，419，428，436，442－443，461，464，467－469，471，476，485，491－492，502，510，515，543－544，548，554－555，558，594；［十五］10，39，52，71，82，91－92，109，114，116，150－152，171，202，214，218，224，226，234，240－241，263，289－290，324，332，351，368，378，448，452，467，469，471，473，479，506，508，512－513，，515，519，523，545－546，555，561，569，586，610－611，613，617－618，620，626，634，638，644，646，648－649，651，653，656－657，659，663，666－667；［十六］510，560，647；［十七］31，59，76，203，205，219，248，288，294，345，352，438，483，591，616，635，718，746，748－749，762，764（参见绍基、杨总司令）

杨惜吾　［七］198

杨锡五　［七］207

杨锡遐　［十六］605

杨熙绩　［十三］325，396，620；［十六］546，553；［十七］83（参见少炯）

杨熙续　［十三］154

杨喜生　［十六］598

杨仙逸　［八］86，104，340，405，478；［十三］316，592，610－611，630，645；［十四］129，148，195；［十六］411，505，509；［十八］333，363，366，430

杨显焘　［十三］98

杨襄甫　［八］138；［十三］381

杨晓　［十六］606

杨孝纯　［十五］473

杨啸天　［十三］142

杨星辉　［十三］222

杨杏佛　［十八］505

杨秀衿　［十七］13

杨秀清　［二］79－80；［三］53

杨勋　［十四］365

杨训畅　［十七］13

杨亚然　［十八］414

杨延培　［九］579

杨言昌　［十七］452

杨炎　［十七］12

杨扬锡　［十六］624

杨耀焜　［十六］107，172

杨宜生　［十七］424－425，488

杨宜斋　［五］239

杨义胜　［十六］358

杨易初　［九］54

杨益　［七］478；［十六］622

杨益谦　［八］215；［十六］45，48，124，147

杨逸民　［十七］154

杨莹　［十三］132

杨映波　［八］84，134，320；［十三］672

杨庸夫　［十七］47

杨永泰　［三］163；［十六］331,418

杨友棠　［十五］672；［十七］513

杨友熙　［十六］342

杨宇霆　［八］429；［十八］506（参见邻葛）

杨禹昌　［十三］129

杨玉　［十七］23

杨玉如　［十六］623

杨玉山　［十三］401

杨遇春　［五］38

杨裕厚　［十七］154

杨裕勤　［十六］608

杨毓棻　［八］384

杨愿公　［十六］419；［十七］712

杨月乔　［十六］534

杨云鉴　［十七］152

杨允恭　［十七］706,726,729

杨运　［十六］581

杨泽民　［十七］278

杨昭达　［十六］77

杨昭雅　［十六］135,176

杨兆创　［十七］62

杨肇基　［九］342,363

杨蓁　［八］84,320；［九］480；［十五］675；
　［十七］18,38－39,205

杨蓁委　［十六］566

杨振彪　［八］12

杨振鸿　［十一］160

杨振声　［十六］622

杨镇麟　［四］43

杨镇胜　［十六］534

杨支队长　［八］141

杨直夫　［十四］119

杨志章　［十七］184,190,509,646－647

杨质权　［十六］523；［十七］252

杨朱氏　［十四］514；［十八］394

杨祝山　［九］122

杨灼如　［十六］115,157

杨卓林　［十三］68,124

杨卓霖　［四］51

杨子嘉　［十五］140；［十七］257

杨子明　［十五］187

杨子琪　［十七］226

杨子清　［十六］527

杨子生　［十六］592

杨子修　［十六］515－516

杨子毅　［十四］178；［十六］600；［十七］
　376,473－475,479－481,576,580

杨子贞　［五］239,243

杨梓任　［十四］117

杨宗炯　［十七］500

杨总司令　［四］154；［九］526,545,575－
　576,579,625,631－632；［十］500,521－
　522；［十三］631,656；［十四］3,26,71,
　196,279,344,385－386,415,417,468,470
　（参见杨希闵）

杨祖光　［四］67

杨作商　［十三］134

杨作义　［十六］571

仰之　［七］511

养稼　［十八］524－525（参见二西田耕一）

杨君文　［七］18（参见杨衢云）

杨开　［十六］608

杨开源　［十六］330

杨开珍　［十六］533

杨可任　［十七］46

杨克兴　[十六]304,351

杨宽　[十六]538

杨坤如　[二]81;[八]443;[十]612;[十三]589,607,662;[十四]30

杨烈　[十五]646

杨林耀　[十六]592

杨廪　[十六]622

杨刘安　[十七]72

杨满　[八]150;[十七]158

杨梅宾　[十四]31

杨梦弼　[十三]400;[十四]240;[十六]331

杨秘书长　[八]478;[九]550

杨勉之　[十三]93-94

杨名遂　[十五]668-669

杨明扬　[十六]137,180

杨铭源　[十三]307;[十六]219,323

杨蕘阶　[八]481(参见蕘阶、杨廷培)

杨谋强　[十六]130,173

杨某　[九]122;[十二]268;[十三]324

杨木钦　[十六]274,347

杨南仁　[十六]133,175

杨年谨　[五]425

杨念　[十六]625

杨欧氏　[十四]338;[十八]377

杨培椿　[十五]668-669

杨培基　[十七]73

杨捧章　[十七]226

杨苹溪　[十五]621

杨其焕　[十三]202;[十六]493

杨勤　[十六]607

杨清高　[十六]572

杨衢云　[一]66,69;[四]42;[七]11,13,22;[九]3,5,129;[十一]48,54,178(参见衢云、七指、杨君文)

杨日晓　[十七]47

杨容　[十七]122

杨如轩　[十三]685;[十四]22;[十六]648;[十七]206,221

杨汝威　[十五]33

杨瑞亭　[十七]544

杨森　[八]314;[十]501,693;[十三]532,537;[十四]313

杨善德　[七]484

杨少甫　[十四]436-438

杨少河　[十五]616

杨少佳　[十六]118,160

杨桑　[十六]617

杨师长　[十四]160(参见杨廷培)

杨时杰　[十六]329

杨世典　[十三]466

杨世督　[十六]291,362

杨世经　[十六]533

杨仕东　[四]43

杨仕强　[十四]348-350,364

杨守约　[十三]79

杨寿楠　[五]239,243

杨寿彭　[一]71;[七]98,428,461,485,506;[八]77,243;[十八]93

杨受百　[十三]79

杨绥荣　[八]228

杨枢　[十]20

杨述凝　[四]148-149;[十七]431

杨树德　[十六]357

杨庶堪　[四]79,147-148,507,582;[六]274,316,323;[七]433,436,439;[八]59,

68,75,77,97,123,296,322,458,461,463,467,470,473,479－480,483;［九］231,323－324,331,333,335,339－340,346,392,398,507,550;［十］614,646,816;［十一］473;［十二］383;［十三］360,468,485,595,664;［十四］175,544,552,554－555,559,561,573,576－577,580,583,586,597－598;［十五］17,31,43－44,49,59,75,79,86,103－105,108,119－122,147,149,171,179,182,185,200;［十六］137,146,230,261,279－281,345,349,372,383,386,394,399,403,405,408,413,423,430,444,447－448,452,454－456,461,487－488,492－493,500－503,512,518,547,550,555,636;［十七］166,192,203,235,307,330,436,438,463－465,475－476,509,525,541,548;［十八］326（参见沧白/伯）

杨水　［十七］75

杨四兴　［十六］121,169

杨松年　［四］67

杨泰　［十七］81,536－537

杨泰峰　［十七］543

杨天骥　［十二］291－292;［十八］504

杨添发　［十三］466

杨铁血　［十七］151

杨廷光　［十三］554;［十四］391

尧　［二］36,55,122,124－125;［三］365,377;［十］268,459,601;［十三］297,581

尧臣　［八］446（参见王定华）

尧卿　［七］280,393,405（参见孙武）

尧舜　［二］74,126－127,254,258;［三］190,204,216,377;［四］80;［七］310;［九］63;［十］267;［十三］233,306,403

姚伯麟　［四］108

姚大慈　［十四］145;［十七］182

姚大愿　［十七］183

姚观顺　［四］101;［十四］364－365;［十六］467,546,548,593;［十七］191－192

姚翰卿　［十六］328

姚金榜　［十七］169

姚金溪　［十六］95,112,162,166

姚锦城　［十三］248

姚景澄　［十六］291,362

姚轮三　［四］100

姚荣森　［十七］592

姚荣泽　［九］88;［十三］25－26

姚世俨　［十三］649

姚畏青　［十三］411

姚耀球　［十六］527

姚勇忱　［十六］29

姚雨平　［一］76;［四］88;［八］199,208;［九］60;［十一］220;［十三］601,660,662,680;［十四］138,142,147,305,547;［十五］449;［十六］539;［十七］59,101,176,242,260,415－416,431,550,560

姚瓒琚　［十六］592

姚振乾　［九］387

姚褆昌　［十六］635;［十七］365,368

姚植朋　［十七］10

药群　［八］143

耀平　［七］513

耀田　［十七］50

耀垣　［四］270

耀祖　［八］452（参见陈耀祖）

耶苏　［一］36

耶稣　〔二〕17,34,59,259－260;〔三〕36,401;〔四〕176;〔十一〕108,186

耶稣（苏）　〔十〕66,82,204,389,550,602;〔十〕93

野田　〔十一〕83

叶、伍、梁　〔七〕392（分别参见叶独醒、伍尚铨、梁实珊）

叶扳桂　〔十六〕108,159

叶宝书　〔十三〕103

叶标　〔十五〕496

叶彬章　〔十六〕124,163

叶秉衡　〔十六〕465

叶秉中　〔十七〕295

叶伯衡　〔十六〕335

叶伯英　〔十七〕53

叶昌荣　〔十六〕572

叶成林　〔十六〕592

叶承祖　〔十六〕173

叶崇濂　〔十六〕614

叶楚伧　〔四〕79,147－148;〔十〕640,645;〔十二〕115,343,345,427,496;〔十六〕496,511,519－520,524,526,529,531,536,538,544,546,573,575,577,580,587－588,590,592,596－597,602,606－607,611－612,616,620,632,634,644,646;〔十七〕7,10,14,24,26,35－36,55,60－61,69－71,73,102,104－105,120,122,133,135,137,140－141,145－146,151,153,156,158,167,169,174,176,186,188－189,193,196,198,201,224,226,237－238,252－253,260,262,270－271,276,278,281－282,285,287,291,293,313－314,438

叶春华　〔十七〕48

叶春谱　〔十七〕23

叶春裔　〔十七〕48

叶次周　〔十七〕578,657,661

叶聪明　〔十六〕574

叶萃英　〔十六〕572

叶达煦　〔十七〕238

叶定国　〔十六〕507

叶独醒　〔七〕352,391－392,410,412,418,427,436,438－439,445,448,457,469,530,553,560,574;〔八〕195,259;〔九〕180;〔十三〕164,206;〔十六〕35,102,109,148,171,233,286,362,369,395,504

叶福　〔十六〕624

叶富　〔十六〕327

叶恭绰　〔六〕52,54－55,69,72,77,83,90,139－140,153,169,175,177,204－205,225－226,228,233,265,272,278,289,312,314,323,327,344,363,372,381－382,449;〔七〕310,408;〔八〕463－464,472－473,477,482－483,496;〔九〕587,593,612,622,630,633,642;〔十〕199,631;〔十二〕289,308,337－338,479;〔十四〕105,116,121,127,157,170,176,210,213,231,253,263,268,280,284,292,329,332,352,392,399,402,417,420,432,434,450－451,454,465,481－483,494－495,502－503,527,538,546,554,574,580,583;〔十五〕3,17,33,35,43,72,75,78－79,84,86,97,102,115,127,139,166,182,190,195,213,222,224,248,259,263－264,267,272,296,300,302－304,314,319－320,344,349,354,362,364,366－369,

378 – 379,388 – 389,393,397,408,410,
417,422 – 423,425,429 – 430,446,448 –
449,458;[十七]95 – 97,99,114,180,184
– 185,190 – 191,203,213,217,221,223
– 224,228,245 – 247,257 – 258,268,274
– 275,284,287,353,371,376,378,382,
406,410,413,421,423,449,471,473 –
475,478,480 – 481,501,508 – 509,512,
515,517 – 518,520,522,534,542,566,568
– 570,575 – 576,578,580,584 – 585,587
– 588,610,614 – 615,618 – 620,630 –
631,635,643,646 – 647,659 – 661（参见
誉虎）

叶顾赵各总司令　[四]424（分别参见叶荃、
顾品珍、赵又新）

叶观生　[十七]13

叶冠杰　[十六]624

叶光明　[十六]572

叶含芬　[十六]123,163

叶汉溪　[十六]573

叶浩吾　[十三]210

叶华源　[十六]581

叶惠南　[十六]582

叶佳鱼　[十六]572

叶建兴　[十六]359

叶金发　[十六]628

叶金荣　[十六]582

叶经和　[十七]75

叶景文　[十六]533

叶竞生　[七]408;[八]87

叶举　[二]81;[四]484,493 – 494;[九]
508,510,545,574;[十二]195,204,206,
208 – 209,263,265;[十三]479,512,627;

[十五]663;[十六]468

叶君　[十三]144 – 145,162（参见叶夏声）

叶君培　[十七]237

叶开　[十六]581

叶奎记　[十七]254

叶丽香　[十六]618

叶良　[十四]435

叶良齐　[十六]533

叶霖普　[十七]12

叶隆兴　[五]239,243

叶美　[十六]606

叶鸣君　[十五]385

叶南强　[十七]169

叶农生　[十七]579

叶佩瑜　[十七]177,179

叶其芬　[十五]298

叶其森　[十四]170,172;[十五]297,299

叶青钱　[十四]170;[十五]298

叶青眼　[十六]92,120,161

叶全　[十七]168

叶荃　[四]148 – 149;[七]558;[九]367;
[十三]417;[十六]433,443,516（参见叶
顾赵各总司令）

叶任生　[十六]493

叶纫芳　[四]148 – 149;[十六]517

叶荣聚　[十六]582

叶荣燊　[十七]175

叶容　[十六]583

叶如富　[十七]42

叶汝蓁　[十七]74

叶瑞烘　[十四]303 – 304,328 – 329;[十
八]375

叶韶奎　[十三]61

叶氏夫人　［十八］252

叶仕林　［十七］46

叶嵩庆　［十七］62

叶伟君　［十七］278

叶卫民　［十七］50

叶文皋　［十七］278

叶锡棠　［十六］582

叶夏声　［四］91；［七］359,387,389,414,
488；［八］39,87,89 - 90,210,389；［九］
230 - 231,234；［十二］281；［十三］139,
145,162,315,331,564；［十四］240；［十
六］83,92,119,138,160,191,223,257,
319,326；［十七］249（参见竞生、叶君）

叶显　［十六］411

叶香石　［九］367

叶享　［十六］582

叶晓堂　［十七］254

叶心传　［十六］332

叶新元　［十六］115,157

叶燕浅　［十七］70

叶永达　［十六］624

叶友华　［十六］625

叶雨亭　［十六］544

叶玉桑　［十三］466

叶玉堂　［十六］614

叶毓勋　［十六］175

叶元　［十七］49

叶云生　［十七］47

叶泽民　［十六］106,163

叶泽垣　［十六］627

叶增铭　［九］44

叶长盛　［九］50 - 51

叶镇　［十六］359

叶知　［十六］627

叶植生　［十七］154

叶殖兰　［十六］614

叶祝照　［十七］11

叶子清　［十六］533

叶子琼　［十七］694

叶祖祥　［十七］278

叶醉生　［十六］357

一夔　［八］245

伊东　［十一］83

伊东真经　［十八］556

伊侯　［七］17；［十一］88

伊集院彦吉　［四］56

伊里　［三］64,66 - 68,71,79,81,88,90,
98,105,107,115 - 116

伊萨克　［八］159

伊斯拉　［八］174

伊藤（博文）　［一］70；［四］107,129；［十
一］88

伊藤（不是博文）　［八］544

伊尹　［一］50；［三］243,248,312；［四］
184；［十］390；［十一］442；［十三］583

夷午　［四］454；［八］203,257

诒年　［十三］210

怡昌隆　［十五］434

怡领　［七］428

乙活王第一　［四］226

乙治郭　［四］439；［十三］290

亿黎　［十］157

义华第七　［三］285,295

义顺　［七］49,79,91,96,98；［十三］230；
［十八］468

异醒　［十八］508

易白沙　［四］127－128；［八］265

易楚昌　［十八］507

易次干　［十四］240

易次乾　［八］19

易简　［十七］710

易剑泉　［十六］393

易遁谦　［九］109

易培基　［四］127－128；［十七］547

易钦吾　［十五］427

易仁善　［十四］240

易绍英　［十五］275

易廷熹　［三］162；［十三］93－94；［十六］260,345

易应干　［十七］586,591

易兆鸿　［四］49

易致和　［十六］359

奕午　［八］355

益田　［十一］250,252,383－386,388

益田孝　［九］68

益之　［八］311,316,351－352,390,392,494,498,500,521；［九］494,567,573（参见朱益之、朱培德）

毅丞　［八］236

毅生　［七］253－254,359；［十八］179

毅武　［八］362

殷鸿修　［四］67

荫南　［十八］347（参见邓荫南）

殷汝耕　［八］3－7；［十六］325,354

殷汝骊　［四］79；［十六］34

殷思君　［四］67

殷雪川　［五］239,242

殷占闿　［十三］404－405

殷镇守使　［四］409

殷子燊　［十六］534

寅安　［八］267

寅卿　［七］369

尹昌衡　［九］94；［十一］326（参见尹司令、尹都督）

尹承福　［十三］376－378

尹德　［十七］74

尹都督　［四］324（参见尹昌衡）

尹辅汤　［十六］133,176

尹洪顺　［十三］659

尹骥　［八］458；［十三］240,479；［十七］110

尹骥湖　［十六］339

尹宽　［十七］279

尹乐田　［八］144

尹伦　［十七］695

尹锐志　［十一］193

尹神武　［七］575

尹圣　［八］244

尹司令　［十一］338（参见尹昌衡）

尹天杰　［十三］357

尹维俊　［十一］193

尹文楷　［四］12

尹岳　［十六］307,356

尹正揆　［十五］164

尹忠义　［十五］159

尹子柱　［十三］185

印度副王　［十二］460

印泉　［八］396；［九］403；［十三］296,417（参见李根源）

少康　［九］437

英来　［七］397

英士　［一］78；［四］78,80,93,113；［七］

295,343 - 344,361,375,392 - 393,432,
450,478 - 481,518,531,537;［八］239；
［九］86,199,206,214,221 - 222,224,
235;［十三］170,177;［十五］669;［十八］
186,343（参见陈英士、陈其美）

赢壬癸　［十七］23

应德闳　［四］44,74

应夒承　［四］74,349

映波　［八］423

硬石　［十一］72（参见内田良平）

永福　［七］49,52 - 53,55 - 56,63 - 65,68,
90,97,102,112 - 113,182,186;［八］324；
［十三］148,230

咏安　［八］341（参见鲁涤平）

尤操范　［十六］144

尤登尼奇　［八］281

尤列/少纨　［一］65;［七］114;［十一］51

游盛庠　［十六］126,168

游运炽　［十三］297,379

游运熹　［九］385

游子山　［十六］274,347,531

游子章　［十六］535

友如　［十一］109

有巢氏　［二］72,127;［三］239,245

有贺长雄　［四］373;［十三］43

有吉明　［十一］360,395,397 - 398,400 -
401,404,406,408,410,414 - 416;［十二］
25 - 26

又明　［十八］444（参见高明德）

又香　［八］88 - 89,105,151

又铮　［八］351,366;［九］630,633

幼伯　［八］294（参见马幼伯、马骧）

幼襄　［十六］81（参见蔡济民）

祐田　［十八］557

于、周两君　［八］354

于冲汉　［八］429

于德坤　［九］140 - 141;［十三］93 - 94

于方舟　［十］646;［十七］438 - 439

于洪起　［十六］219,323

于均生　［十三］292;［十六］258,329

于克勋　［十六］262

于若愚　［八］194;［十七］258

于树德　［十］645;［十二］343;［十七］438

于尧勋　［十六］361

于应祥　［十三］297 - 298,565,590,629

于右任　［四］79,148 - 149;［五］239,241；
［八］65,85 - 86,129,418;［九］374,387；
［十］645;［十二］17,488;［十三］92,94,
310 - 313,363 - 364,398,456;［十六］29,
467,512;［十七］438,516,754（参见于总
司令）

于占奎　［四］67

于哲士　［八］48,150

于总司令　［四］453,460;［八］286;［十三］
296（参见于右任）

余蔼如　［十六］577

余百骢　［十七］45

余百发　［十七］103,145

余百逢　［十七］6

余百汉　［十六］589

余百良　［十六］598

余百年　［十七］45

余百藻　［十六］589

余保　［十七］50

余保纲　［十七］41

余彬章　［十六］624

余斌臣　[十四]110;[十六]321;[十七]84

余炳昌　[十五]585

余炳和　[十六]580

余伯筹　[十六]628

余伯良　[十二]329;[十四]334;[十六]
　597

余伯昭　[十六]533

余才　[十六]92,583

余灿和　[十六]623

余常　[十七]46

余绰夫　[十六]618

余超瑞　[十六]583

余焯礼　[十六]621;[十七]694

余焯章　[十六]624

余朝恩　[十七]46

余朝振　[十六]622

余成烈　[十三]14

余澄坡　[十六]622

余达光　[十六]625

余达章　[十六]614

余鼎初　[十七]262

余端和　[十七]49

余敦礼　[十六]400,449

余敦棠　[十七]188

余芳　[十六]625

余飞腾　[十七]45

余丰和　[十七]47

余凤棠　[十六]614

余福　[十七]262

余福旋　[十六]577

余富　[十六]626;[十七]49

余淦　[十七]74

余谷　[十六]445,449

余官章　[十六]623

余冠成　[十七]71

余冠英　[十六]534

余光礼　[十七]48

余衮羡　[十七]53

余国保　[十六]371

余国俊　[十七]45

余海　[十六]625

余海筹　[十六]582

余海和　[十七]49

余汉强　[十六]581

余汉卿　[十五]646

余浩廷　[十七]424,491,493

余和淦　[十六]613,623

余和光　[十六]533

余和翰　[十六]621

余和鸿　[八]397-398;[十三]569;[十
　五]589,592,624-625,642;[十七]144,
　600,720,730-731

余和珠　[十六]582

余鹤松　[十七]602

余鸿毛　[十七]47

余华添　[十六]584

余华熙　[十六]621

余华章　[十六]624

余怀添　[十六]621

余黄仙花　[十六]584

余辉照　[十五]562;[十六]305,363;[十
　七]589

余辉中　[十六]623;[十七]261

余蕙洲　[十六]623

余积中　[十六]613

余基　[十六]581

余鎮中　[十六]621

余吉屏　[十六]538

余藉之　[十六]572

余际唐　[十七]757－758

余寄舫　[十六]139

余佳舟　[十六]620

余家和　[十六]623

余坚良　[十七]11

余俭中　[十七]262

余简旺　[十六]592

余建光　[五]371;[七]480;[九]294;[十八]516

余建中　[八]388

余健光　[四]113－114

余杰臣　[十六]622

余杰和　[十七]154

余杰庆　[十七]45

余金练　[十六]627

余金中　[十七]53

余锦和　[十六]612

余锦龙　[十六]624

余锦森　[十七]51

余锦源　[十六]582

余进和　[十七]262

余近德　[十六]582

余京　[十六]92,645

余经章　[十七]252

余景星　[十六]576

余竞生　[十七]154

余敬礼　[十六]613

余敬全　[十六]584

余镜和　[十六]614

余玖　[十七]45

余矩方　[十六]622

余军侠　[十六]622

余君侠　[十六]614,625

余康和　[十六]628

余康中　[十六]615

余抗　[十六]572

余夔　[四]43

余坤和　[十七]260

余昆治　[十六]582

余焜和　[十七]12

余来　[十七]106

余来吉　[十三]466

余乐纯　[十六]621

余礼彬　[十七]46

余礼敦　[十七]53

余礼仲　[十六]371,587

余立和　[十七]8

余立奎　[十四]477－478

余利得　[十六]622

余连　[十六]579

余莲舫　[十七]12

余良材　[十六]56－57,141

余林甫　[十六]623

余林仕　[十六]584

余令端　[十六]592

余六吉　[十三]661

余毛　[十七]285

余孟亭　[十五]649

余民安　[十六]589

余民生　[十六]583

余民钟　[十七]142

余明三　[十七]47

余鸣岐　[十七]47

余铭元 ［十七］13

余某 ［七］291

余暮登 ［十七］12

余浓那 ［十六］584

余潘氏 ［十五］401

余彭龄 ［十六］584

余普基 ［十六］371,576

余齐 ［十七］12

余齐活 ［十七］13

余镇中 ［十六］621

余企中 ［十七］154

余启华 ［十七］48

余启康 ［十六］122,165

余强 ［十七］45

余钦汉 ［八］207

余庆标 ［十六］592

余庆强 ［十七］43

余庆宗 ［十七］52

余琼中 ［十七］170

余权和 ［十七］75

余铨章 ［十七］169

余让 ［十七］158

余仁和 ［十七］262

余仁舟 ［十六］614

余稔中 ［十七］44

余日波 ［十六］572

余日朝 ［十六］628

余日辉 ［十七］262

余日升 ［十六］574

余日章 ［一］84 – 85;［八］425;［十］375

余日长 ［十六］577

余荣 ［七］546;［八］162 – 163,195;［十六］536

余荣超 ［十六］580

余荣仕 ［十六］577

余荣鎏 ［十七］45

余如登 ［十七］13

余汝珊 ［十七］47

余瑞 ［十六］538

余瑞芝 ［十六］608

余润光 ［十六］583

余润生 ［十六］613

余森 ［十三］93 – 94

余森郎 ［四］43;［十六］620

余善绪 ［十七］154

余少民 ［十七］50

余燊熙 ［十七］49

余盛 ［十七］286

余师长 ［十四］133

余仕豪 ［十七］141

余仕鸿 ［十七］146

余仕清 ［十七］146

余轼和 ［十七］260

余寿屏 ［十六］613

余寿祺 ［十六］584

余叔藩 ［十六］625

余叔华 ［十七］262

余述畬 ［十七］50

余顺 ［十七］71

余斯博 ［十六］533

余四 ［十六］608

余松林 ［十七］45

余颂和 ［十六］613

余塔中 ［十六］622

余桃稳 ［十六］624

余陶民 ［十六］112,154

余提　[十六]538

余天民　[十六]628

余添旺　[十六]626

余田侯　[八]353;[九]442,454,458

余廷俊　[十六]621

余万清　[十六]371,589

余维谦　[十五]480,482;[十七]332,638 –
　　639

余维章　[十七]253

余伟和　[十七]45

余卫汉　[十七]49

余卫民　[十七]53

余文桂　[十六]581

余文暖　[十六]623

余文腾　[十六]581

余文学　[十六]122,165

余文仰　[十六]584

余文耀　[十六]582

余稳和　[十七]45

余翁如英　[十六]584

余五中　[十七]169

余锡　[十七]8

余锡坤　[十七]45

余熙和　[十七]47

余禧中　[十七]6

余湘兰　[十五]404

余祥辉　[四]79;[十三]357

余祥炘　[十六]254,344

余新　[十七]50

余信盛　[十六]371

余星和　[十六]627

余杏　[十六]623

余雄飞　[十七]47

余修中　[十七]49

余旭　[十六]572

余煦中　[十六]623

余雅丞　[十六]326

余炎　[十七]7,12

余衍廷　[十七]45

余演中　[十七]42

余尧　[十六]447

余尧礼　[十七]74

余垚　[十六]472

余耀棠　[十七]46

余耀正　[十六]624

余耀枝　[十七]154

余耀宗　[十六]527

余业和　[十六]621

余叶和　[十六]623

余揖/楫　[十三]189;[十六]148;[十七]
　　158

余仪　[十七]285

余以和　[十六]112,151

余义和　[十七]287

余易初　[十六]622

余逸滨　[十六]621

余溢初　[十七]226

余毅生　[十六]574

余寅礼　[十七]12

余鹰扬　[八]213;[十三]422

余优想　[十六]616

余有　[十六]583

余祐　[十六]577

余祐晃　[十七]170

余雨培　[十六]619

余玉南　[十六]448

余玉章　　[十七]169

余郁良　　[十六]622

余育之　　[九]410；[十七]89

余毓鳌　　[十六]582

余毓衡　　[十六]617

余毓伦　　[十七]154

余毓瑞　　[十七]260

余毓伟　　[十七]262

余毓文　　[十六]622

余毓携　　[十六]583

余毓源　　[十七]146

余毓赞　　[十七]285

余毓照　　[十七]49

余元乐　　[十七]154

余元享　　[十六]584

余沅　　[十六]25

余悦和　　[十六]622-623

余云初　　[十六]645

余云卿　　[十五]548

余赞和　　[十六]623

余藻　　[十七]154

余燥礼　　[十七]45

余泽臣　　[十七]262

余泽镂　　[十四]435

余占魁　　[十六]621

余章广　　[十六]533

余章森　　[十七]48

余兆麟　　[十七]154

余蓁中　　[十七]261

余振福　　[十六]584

余振贵　　[十六]623

余振琼　　[十六]572

余震华　　[十六]622

余植三　　[十七]47

余植宪　　[十七]154

余植勋　　[十六]582

余质民　　[十七]452

余质生　　[十六]622

余治中　　[十六]113,154,623

余中胖　　[十七]254

余中永　　[十七]12

余中钺　　[十六]620,627

余仲强　　[十七]106,145

余朱如芸　　[十六]584

余珠章　　[十六]572

余柱庆　　[十七]9

余柱铨　　[十六]584

余祝礼　　[十六]572

余祝平　　[十六]582

余祝三　　[十七]44

余壮鸣　　[十七]302,377

余卓　　[十七]45,47

余卓凡　　[十七]6

余卓华　　[十六]622

余卓民　　[十六]622

余子光　　[十四]113

余子豪　　[十七]62

余子燕　　[十七]46

余梓南　　[十六]619

余宗耀　　[十六]538

余祖荫　　[十七]7

禹生　　[四]138-139；[八]297；[十一]109
　　（参见刘禹生、刘成禹）

俞飞鹏　　[十七]554,558

俞凤韶　　[四]79

俞河汉　　[十六]418

俞继进　[十六]121,169
俞应麓　[十七]355
俞智盦　[十七]424,488
渔父　[十]546(参见宋教仁)
虞和德　[四]79;[五]367,369－370
虞洽卿　[五]367
虞汝钧　[十六]29
虞元弼　[八]164
予潭　[八]212
雨公　[八]319;[九]543(参见雨亭、张作霖)
雨亭　[四]513;[八]294,317,344,365－366,457,496;[九]543,630;[十二]373,468(参见张作霖)
禹　[二]36,122,124－125;[三]19;[四]45,87,89,104,325,410;[十]268,459－460,601;[十三]301
禹皋　[二]254
禹九　[八]110,328,349,468;[十三]351(参见刘成勋、刘总司令)
禹瀛　[十三]292;[十六]329
禹之谟　[一]73
庾常氏　[十五]510;[十八]417
庾恩荣　[十八]389
庾恩旸　[九]343;[十八]216
玉虎　[十五]397
玉龙　[十三]488
玉鍪　[八]229(参见陈玉鍪、陈渠珍)
玉山　[八]388,433;[九]573;[十三]595
玉水　[十一]83
玉斋　[十八]188(参见胡祖舜)
郁怀智　[五]239
育航　[四]138;[八]224,230
育麟　[八]441
育仁　[八]328－329,331－332,334－337;[九]520;[十三]568
浴凡　[四]132－133;[八]157,222,231,247(参见林修梅)
喻培棣　[九]324
喻培伦　[十三]135
喻师长　[十四]133
喻世钧　[十七]380
喻毓藩　[十七]195
喻毓西　[九]135;[十三]93－94,692;[十四]34,251;[十七]57,719
裕仁　[九]561
裕如　[八]167;[十三]45,675
誉虎　[八]463,472,474,477,480,482－483,496;[九]622,630,633,642(参见叶恭绰)
毓朗　[十一]171
元丞　[十一]104
元冲　[八]41,120,148,184;[九]224－225;[十三]311,314－316,320－321,327,329,341－342,344－346,350,359－361,364,367,369,371,411,579;[十五]677;[十八]135(参见邵元冲)
元世祖　[十一]108
元太祖　[十二]157
袁、黎、冯、徐　[四]152
袁、赵诸人　[七]324(分别参见袁世凯、赵秉钧)
袁琫明　[十六]357
袁炳煌　[十六]328
袁曹汝　[十六]621
袁大总统　[四]317,333,335;[九]80,84－

85,87,92 - 93,95,98,104 - 107,109,112
- 115,121,123,130,133,140,160 - 161,
163,;[十]111,126,146 - 147,159,180,
190;[十一]263,294,304,310,360;[十
三]75,89,111,119 - 120;[十六]16,21
(参见袁世凯)

袁带　[九]354;[十三]286,536;[十四]
251

袁德墀　[十六]509

袁鼎卿　[四]513(参见袁祖铭、鼎卿)

袁国王　[十一]426(参见袁世凯)

袁国雄　[十六]581

袁华伍　[十六]581

袁华选　[七]324

袁家瑞　[九]354

袁景荣　[十六]175

袁军征滇总司令　[七]461(参见曹锟、仲
珊)

袁良骅　[十三]487,500;[十四]40;[十
六]463;[十七]124,128

袁麟阁　[十三]378;[十六]241,355

袁培　[十六]357

袁勤能　[十七]46

袁瑞石　[十七]47

袁氏　[一]45,49,51,54 - 56;[三]242,
273,275 - 277;[四]69,71 - 72,90,122,
353 - 354,356,359,364,367 - 384,389,
393 - 396,398,405,410,429,436,438,
526,537,597;[七]143,324 - 325,331,
333,335 - 336,342 - 343,350,352 - 353,
357,365,381,388,392,397,400,406,409,
417 - 418,425 - 426;[八]38,182;[九]
41,57,59,232,275,336,375,377,482,

522;[十]288 - 289,292,300,304 - 305,
312,322,355,369,382 - 383,387,389,
482,565,567 - 568,640;[十一]242,245
- 247,251,301,307,319,325 - 326,328 -
330,332,336,349,401,412,450,452,462,
477;[十二]22 - 23,67 - 69,140;[十三]
15 - 16,139,147,162,171,175 - 176,179,
196,214,228,249,257,320,416

袁世凯　[一]45,48,51 - 52;[二]74,78,
90,99 - 100,206,221 - 222,230;[三]137
- 139,146,169,235 - 237,240,242,247 -
248,272,312,320,358,404,417,430,432
- 434,445 - 446;[四]44,72 - 75,115,
135,178,287,304,307 - 308,316 - 317,
332,340 - 342,346,350 - 355,358,378,
382,393,407 - 408,410,413,422,456,
461,466,579,585,591 - 592,596 - 597;
[五]128,334,344;[七]143,147,274,
276,282,301,305,310,312,324,332,341
- 342,348,350,358,365,371,388,390,
441 - 443,447,456;[八]15,17,182,281;
[九]26,28,32,35,41,43,46 - 47,49 -
52,57 - 59,64 - 65,68 - 70,76 - 81,83 -
85,87,89 - 91,92 - 95,98 - 99,101,104
- 105,107 - 108,109 - 110,112 - 113,115
- 116,119,121,123 - 125,127 - 128,130
- 140,145 - 148,150 - 154,156 - 158,160
- 163,165,168,173 - 174,181 - 183,275,
377,472,477,480 - 482;[十]35,39,41 -
43,47,110 - 111,283,290,292,294,312,
314,317,320,354 - 355,357,360,362,382
- 383,389,399,415;[十一]136,165,
210,214 - 215,220,238,242 - 247,250,

253,255 - 256,259 - 260,263,277,289,
291 - 292,295 - 296,299,305 - 306,309
- 310,312,314,318 - 338,341,344,347,
360,362,368,370 - 371,373,395 - 401,
403 - 406,409,411,413,416 - 417,424 -
427,434,443,448 - 452,455 - 456,460,
477,487;[十二]4,27,43 - 44,68 - 69,
97,112,128,153,159,175 - 178,181,234
- 235,243,246,258,284,406,454,456,
459;[十三]15,30,71 - 72,74 - 75,77,
136,139,158;[十四]530;[十六]16,18 -
19,101(参见慰庭/廷/亭、袁慰庭、项城、
袁项城、袁总统、袁大总统、袁国王、袁贼、
夫己氏)

袁慰庭 [九]76,78 - 79,89,96(参见袁世
凯)

袁项城 [七]298;[十]180,291,294;[十
一]409;[十二]27(参见袁世凯)

袁兴福 [十四]424

袁兴周 [十三]587

袁炎 [十七]42

袁奕相 [十七]45

袁逸 [十六]355

袁远胜 [十六]578,583

袁贼 [四]358,365,384;[五]333;[七]
368,412,428,440,450,519;[九]223;[十
三]138,188,198 - 199,225(参见袁世凯)

袁兆祺 [十三]659

袁肇春 [十七]101

袁振 [十六]534

袁总统 [三]164,169;[四]316 - 317,340,
344;[五]126;[七]276,285;[九]105,
109,112 - 114,150,153,156;[十]110 -

111,122,181,188 - 189;[十一]282,300
- 301,303 - 305,307,309 - 310,312 -
313,319 - 320,322,331 - 333,335,403,
412;[十三]110 - 111,119 - 120(参见袁
世凯)

袁纵 [十六]285

袁祖铭 [九]269,277 - 278,322;[十四]
313

原敬 [七]545;[八]65

原田万洽 [十一]470

源水 [七]100,206 - 207,209,211,339,
347,353,369,371,373,400,405,413,428,
453,555,561

源泰来 [十六]393

约翰·安德逊 [四]269;[七]123

约翰·斯图亚特·汤姆森 [四]66;[七]
322

约翰海 [十]382,385

约翰斯顿 [三]295

约西亚 [三]338 - 339

月好 [十六]623

岳飞 [四]378;[十八]209

岳军 [七]572

岳森 [十七]218 - 219,403,562 - 563

岳维峻 [九]646

岳云宾 [十五]392

悦卿 [八]34;[九]285,408,422,425,431,
463;[十三]341(参见林葆怿)

越飞 [四]509 - 512;[八]301,346,376,
421;[九]546,548,553,604;[十二]236,
238,272

粤督 [十三]218

燏和 [十七]50

云逢益 [十六]530

云阶 [七]562;[九]163(参见岑云阶、岑春煊)

云金发 [十六]386

云南都督 [十四]259

云卿 [八]389(参见贺龙)

云台 [八]395(参见聂云台、聂其述)

云瀛桥 [十七]182,707

云右卫门 [十八]558

云章 [八]215,429

芸农 [八]406

允臣 [八]535(参见刘守中)

允明 [七]499 - 500,517,572;[八]22

Z

载沣 [十]323;[十一]171 - 172,337(参见摄取政王)

载涛 [十一]171,184

载湉 [三]21(参见清帝)

载洵 [三]430;[十一]171

载泽 [十一]171

赞臣 [七]451

臧、陈 [八]379(分别参见臧致平、陈炯明)

臧伯庸 [十八]222

臧和斋 [八]353;[十四]120(参见臧致平)

臧善达 [十三]334,370

臧在新 [十六]41,141

臧重新 [十六]42

臧致平 [八]380,527;[九]446,449,452,454,460,559,595,606;[十三]562;[十四]87,120,127;[十五]112;[十六]507

(参见臧和斋)

藻林 [八]315,337,351,376,387,389 - 391,403,419,435;[十二]296;[十三]559,563 - 564,575

择生 [八]471(参见邓演达)

泽村幸夫 [九]650;[十]281;[十一]377;[十二]12

泽如 [四]268,392;[七]61,75,77 - 79,81,88,91,94 - 96,99 - 101,104,111,113,115,119,154,157,185 - 187,196,198 - 200;[八]14,21,23,154,339 - 340,365;[九]145;[十三]576

泽畲 [七]67,177,508(参见邓泽如)

曾安韶 [十六]583

曾澳 [十七]695

曾拔 [十七]107

曾办 [十七]336

曾炳 [十六]623

曾成裘 [十七]46

曾传鲁 [六]86

曾春和 [十六]620

曾春仪 [十七]47

曾道 [十七]440

曾德天 [十七]278

曾法江 [十七]272

曾繁庶 [四]148 - 149

曾飞云 [十六]116,180

曾福 [十七]122

曾干楠 [十六]130

曾干桢 [十六]330

曾根俊虎 [一]66;[四]23,139;[十一]40,149

曾公乐 [八]298

曾广大　［九］101

曾广理　［十七］46

曾桂芳　［十七］11，41

曾国藩　［一］26；［二］341；［四］23；［五］9，38；［十］575，603，606；［十一］109

曾海恩　［十六］526

曾汉川　［十七］6

曾翰生　［十六］335

曾胡　［四］89（分别参见曾国藩、胡林翼）

曾惠霖　［十七］46

曾混清　［五］243

曾集卿　［十六］627

曾集棠　［十三］156 – 157

曾纪华　［十七］47

曾纪孔　［十五］435；［十七］169

曾纪泽（曾侯）　［二］278，311；［十一］5

曾继梧　［四］102；［九］422

曾绩之　［十六］612

曾兼金　［十六］572

曾江水　［五］239，243

曾杰　［十三］346；［十七］670

曾介眉　［十四］173，276

曾金坛　［十六］135，176

曾景星　［十六］262，345

曾均明　［十六］622

曾康义　［十七］75

曾克祺　［十四］324

曾连庆　［七］74，92 – 93

曾连胜　［十七］47

曾联森　［十六］621

曾鲁　［十五］667；［十六］600；［十七］419，746，748

曾妈庇　［五］239

曾民权　［十七］52

曾明　［十四］365

曾鸣鸾　［十六］534

曾墨园　［十六］626

曾攀荣　［十四］388，390，472

曾培　［十六］614，625

曾沛传　［十七］41

曾璞丘　［十六］620

曾齐　［一］71

曾其严　［八］11

曾勤康　［十六］634

曾清早　［十六］135，177

曾庆模　［十四］240

曾秋　［十六］625

曾壬龙　［七］74，92，117 – 118，216

曾容　［十四］145 – 146

曾容荣　［十四］146

曾三贵　［十七］73

曾森贤　［十七］254

曾尚武　［十六］72，142，228，332；［十八］41

曾省三　［四］148 – 149；［十三］360 – 361；［十五］52；［十六］76 – 77，151，517；［十七］456

曾诗传　［十六］620

曾水英　［十五］400

曾天福　［十六］582

曾万钟　［十四］555

曾唯　［十七］155，186

曾维翰　［十六］123，163

曾卫民　［十六］571

曾西盛　［十五］125；［十七］648

曾锡周　［一］76；［十一］153

曾先齐　［八］254

曾显锋　[十七]49

曾宪纯　[十六]134,177

曾祥瑞　[十六]581

曾杏初　[十六]130,173,533

曾秀　[七]186,214

曾呀　[十六]629

曾彦　[九]382；[十六]204,320,364；[十七]429 - 430

曾彦委　[十七]429

曾耀毓　[十六]623

曾镛　[十五]427；[十七]503,588,593

曾勇甫　[十七]355

曾优群　[十七]45,50

曾有胜　[十七]12

曾祐荣　[十七]49

曾瑜瑚　[十七]13

曾雨佳　[十六]576

曾玉麟　[十七]49

曾毓鳌　[十七]43

曾毓隽　[八]124

曾云渠　[十七]49

曾允明　[七]499 - 500,517,572；[八]22；[十六]135,176

曾赞基　[十六]626

曾长福　[十六]107,172

曾昭墀　[十六]357

曾昭文　[十六]16

曾振五　[十六]136,178

曾志高　[十六]135,178

曾秩军　[十七]37

曾稚南　[十七]336

曾子安　[十一]49

曾子书　[十六]291,295,362

曾子伟　[八]348

曾自完　[十六]534

曾宗鲁　[十六]128,169

查光佛　[十六]410

扎萨克　[九]61

斋藤玄　[九]214

翟波　[十六]627

翟崇亮　[十六]508

翟富文　[十六]330

翟桂　[十六]627

翟浩亭　[八]196 - 197；[九]450

翟吉　[十六]627

翟理思　[二]258

翟汪　[九]447,450；[十三]330

翟熙　[十六]615

翟义　[十六]23

詹炳炎　[十六]41,358

詹大悲　[四]146 - 148；[十二]344；[十三]609；[十六]512

詹大为　[十七]13

詹德烜　[十六]239,354

詹行瑰　[十六]530

詹金斯　[八]269

詹开柏　[十七]106

詹开奉　[十七]106

詹美生　[一]129

詹蒙　[十三]126

詹姆士/斯·康/戴德黎　[二]299；[七]360；[十二]454

詹姆斯·乔克曼　[八]277

詹启新　[十七]198

詹所奉　[十七]106

詹调元　[十三]292；[十六]331

詹扬文　[十七]169

詹义生　[十七]13

詹易浓　[十七]198

詹映奎　[四]146－147

詹永祺　[十六]330

詹仲民　[十七]103

展堂　[七]70,180,189,253,278,370,512,554;[八]47,62,107,259,360,422,473;[九]213,338,477,593,605,617,663;[十二]140;[十三]298－299,362,381,384,534;[十七]235;[十八]349(参见展兄、胡展堂、胡汉民)

展兄　[九]568;[十七]235(参见展堂、胡展堂、胡汉民)

展云　[七]553;[八]375,387,403;[九]196;[十三]177,549

湛湘芬　[十七]217

湛海清　[十五]594

克、展兄　[七]69(分别参见黄克强、胡展堂)

张、段　[十二]280,401、417(分别参见张作霖、段祺瑞)

张、段、冯　[十二]416(分别参见张作霖、段祺瑞、冯玉祥)

张、段、卢　[十二]401(分别参见张作霖、段祺瑞、卢永祥)

张、刘　[三]11－12;[十一]84(分别参见张之洞、刘坤一)

张、刘二司令　[八]389

张、周、胡总司令　[四]417,419;[九]361

张霭/蔼蕴　[四]33,275－276;[七]312－313;[十一]196;[十三]56;[十六]19

张安　[十六]526

张百麟　[十六]335

张百韶　[十六]582

张百思　[十七]13

张百雄　[十七]13

张邦昌　[九]501

张宝钊　[十六]525

张保　[十三]464

张本汉　[十三]161－163;[十六]137,153,262,352,360

张弼臣　[十六]582

张璧　[九]646

张彪　[一]73,78;[三]393;[七]489;[十]545

张柄骥　[十七]254

张炳光　[十六]624

张炳槐　[十六]628

张炳荣　[十四]498

张炳善　[十六]628

张炳生　[十六]371,588

张伯烈　[七]570;[九]290;[十六]193,319,341

张伯伦　[三]278－279;[七]9

张伯南　[十七]488

张伯平　[十四]428

张伯荃　[十七]525

张伯轩　[十七]60

张伯荫　[十六]530

张伯英　[九]374

张伯雨　[十七]424

张伯桢　[三]162

张博望　[二]34

张策秦　[十六]622

张察　[十三]26

张昌鲁　[十六]126,167

张超　[十六]507

张超神　[四]43

张成谟　[七]388;[十六]79,113,152

张承橶　[五]111;[十一]367

张澄和　[十七]24

张炽章　[十三]93－94

张崇　[十三]19

张崇智　[十七]10

张楚　[十三]132

张楚白　[十六]622

张春木　[四]148－149;[十六]521

张椿楠　[十六]527

张椿协　[十七]46

张椿泽　[十六]628

张达一　[十六]621

张大昕　[十三]292;[十六]203,320

张大义　[四]49;[十三]93－94;[十六]
　191,319

张丹青　[十六]324

张道藩　[十二]43

张得尊　[九]301

张德　[十六]527

张德徽　[十五]298

张德卿　[七]84－86

张德彝　[一]40

张敌清　[十六]622

张棣廉　[十六]626

张殿儒　[九]62

张东健　[十七]169

张栋耀　[十七]45

张都督　[四]315(参见张培爵)

张都督　[七]306(参见张锡銮)

张督军　[四]418(参见张怀芝)

张督军　[九]409(参见张敬尧)

张恶石　[十三]580(参见张冈)

张恩汉　[十六]115,156

张发　[十六]598

张藩　[八]322－323;[十三]453

张芳　[十一]302;[十七]285

张钫　[九]387;[十八]509(参见伯英)

张飞生　[九]387

张凤墀　[十六]628

张凤翔　[九]80,89,94

张福安　[十七]122

张福民　[十六]598

张福荣　[十六]621

张福双　[十六]621

张福堂　[十七]427

张福怡　[十六]622

张黻臣　[十七]51

张甫坚　[十七]13

张副司令　[四]453,460;[十三]296

张馥祯　[十一]240

张干之　[八]120;[九]391

张冈　[十三]580,583;[十四]373(参见张
　恶石)

张阁　[八]396;[十六]356

张公悌　[十六]545

张拱辰　[四]148－149;[十六]522;[十
　七]586

张嗀　[十七]510,632,752

张观显　[十六]620

张光崎　[十六]77

张光炜　[十三]451,455

张广建　[八]205;[九]88

张贵子　[十七]47

张桂林　[十六]598

张国涵　[十六]592

张国权　[四]68

张国森　[十七]22,364,419

张国焘　[四]548;[十]646;[十二]75 - 76,343,352;[十七]438 - 439

张国威　[十四]261,372;[十七]301

张国扬　[十七]278

张国元　[四]43;[十七]138,144,232,234

张国桢　[九]568;[十三]626;[十四]554;[十六]338;[十七]418

张国振　[十六]612

张果　[十三]404

张海涛　[十三]438

张海一　[十七]46

张海洲　[十六]262,360

张涵初　[九]87

张汉　[十七]501

张汉持　[十七]60

张汉森　[十七]12

张汉溪　[十六]534

张汉贤　[十五]646

张汉雄　[十七]51

张汉彰　[十七]105

张浩　[四]79

张合　[十四]184 - 185

张宏远　[十五]612

张洪　[十七]154

张侯春　[十六]118

张侯椿　[十六]159

张华澜　[十六]218,322,419

张华玲　[十六]592

张化成　[八]246;[十六]340

张化璋　[十六]275,348

张怀信　[十三]408

张怀芝　[四]423;[七]495;[八]63;[九]62,64,228 - 230,294,362;[十三]259,362(参见张督军)

张槐青　[十五]125

张浣兴　[十七]49

张辉瓒　[十三]303 - 304;[十七]496

张汇滔　[十三]227;[十六]54,79,124,140,147,245,343;[十八]246(参见孟介、张孟介)

张惠臣　[十七]649 - 650

张惠良　[十六]464

张惠人　[十三]79

张惠长　[八]86,104;[十三]316,592;[十六]262,360,464

张积梧　[十五]298

张吉盛　[十六]321

张季直　[四]513;[七]257,277;[九]112;[十一]237;[十四]133(参见季直、张謇)

张继　[四]79,102,110,145 - 148,507;[七]134,217,252,290;[八]352,380;[九]225,228,242,279 - 280,571;[十]751 - 752;[十一]349,414,418,480;[十二]235,368,394 - 395;[十五]488;[十六]325,389,404,406,410,415,417,423,428,430,432 - 434,444,447 - 448,452,454,456,461,487 - 488,493 - 494,500 - 502,505 - 506,512 - 513,540;[十七]438,461,673 - 674(参见溥泉、张溥泉)

张骥先　[七]130

张家瑞　[十七]479,558

张謇　［七］256,277；［九］36,73,96,112；［十三］18,113（参见季直、张季直、张总理）

张建励　［十六］598

张建勋　［十六］52,141

张健男　［十六］524

张健斋　［十六］143

张鉴安　［十六］255,344

张鉴藻　［十五］226,646；［十七］82,586,591

张节　［十七］285

张介眉　［十四］102-103,234

张金胜　［十七］158

张金印　［九］387

张金源　［十六］615

张金钊　［八］353；［十三］570

张锦　［十六］621

张锦堂　［十六］55,124,151

张劲夫　［十八］83

张晋　［十七］304

张觐庆　［十七］51

张经席　［十六］524

张荆野　［十八］324

张精卫　［十五］477

张敬三　［十五］86

张敬尧　［四］423；［八］10,173,268,307,399；［九］409,416；［十三］404（参见张督军）

张敬舆　［四］425,507,512；［八］444（参见敬舆、张绍曾）

张敬之　［十六］329

张静江　［一］76；［四］148-149；［八］356,399,509,535；［十］645；［十一］148,153；［十二］490,495；［十三］17；［十六］512；［十七］438,523,601（参见静江、张人杰）

张静愚　［十七］122

张九维　［八］442；［十三］613；［十六］546,548,603；［十七］366

张巨华　［十六］577

张君　［七］125（参见张翼枢）

张君　［十］99（即张振勋）

张骏　［十三］535

张开儒　［四］159；［六］363；［八］315,337,351,387,402,419,435；［九］358,367,523；［十二］263,265,296；［十三］530,546,555；［十四］83-84,174,302,315,407,444,476；［十五］21,209-210,241,251,259,285,303,314,350,368,449；［十六］182,291,313,316,589；［十七］27,79,131,245,272-273,283,295-296,325-326,334,338-339,341,344,349,363-364,372,377,393,399,407,419,421-422,430,437-438,445-446,470,493,496,499,506,510,536-537,540,543-544,589,594,635,649-650（参见张师长、张总司令）

张开智　［十六］628

张康　［十六］527

张克瑶　［八］458；［十三］587

张孔钿　［十七］75

张坤炳　［十六］592

张锟伦　［十六］583

张来就　［十七］13

张蓝田　［十七］69

张澜　［九］330；［十六］281

张老深　［十六］620

张乐行　[五]38

张礼炯　[十七]13

张李　[四]40

张丽埙　[十七]74

张沥林　[十四]145

张莲盟　[十六]622

张莲生　[十六]133,175

张烈民　[十七]46

张麟　[十七]371,378,474,478

张龙恩　[十七]254

张龙云　[十六]239,354

张鲁藩　[七]574;[八]25;[十三]277 -
278

张陆军总长　[九]336,360(即张士钰)

张鹿鸣　[十五]298

张洛川　[十六]614

张旅长　[十]662;[十四]248(参见张民
达)

张旅长　[十四]133

张茂祥　[十六]598

张孟介　[十三]152(参见、孟介张汇滔)

张孟鹏　[十六]534

张梦汉　[十七]43

张棉祥　[十七]11

张民达　[七]420 - 421;[八]471,473,531;
[九]639;[十]662;[十四]248;[十五]
131,136,194,200,213;[十六]86,139,
155,321;[十七]513,524,554,690(参见
张旅长)

张明春　[十六]628

张明魁　[十六]581

张鸣岐　[一]80;[七]473;[九]21;[十]
663,718;[十一]191

张铭彝　[十三]93 - 94

张母武太夫人　[十八]510

张乃恭　[十七]719

张乃燕　[十三]526;[十七]522

张南生　[十六]334

张培爵　[十三]9(参见张都督)

张培焜　[十六]624

张沛　[十七]185,471,474,540,542

张沛均　[十七]474

张霈霖　[十七]743

张鹏程　[十六]143,414

张鹏云　[四]156

张平安　[十六]526

张溥泉　[一]71;[三]429;[四]146;[八]
352;[九]228;[十二]277,316;[十三]
210,552;[十四]132;[十六]540(参见溥
泉、张继)

张其浣　[十七]285

张岂庸　[十六]473 - 474

张启荣　[六]243;[八]375 - 376,401 -
402;[十三]546 - 548,559,566,573 -
574;[十五]13;[十七]442,462,482

张起龙　[四]68

张清泉　[七]289

张晴旭　[十六]533

张庆豫　[十三]311;[十六]313,353

张秋白　[四]148 - 149;[八]342 - 343;
[九]536;[十]486,639 - 640,644,646;
[十二]277,349;[十六]432,511,519,
524,531,536,544,575,577,587,590,596,
606,611 - 612,616,633,644;[十七]7,
14,26,35,55,60,70 - 71,102,104,120,
133,135,140,145,151,156,167,174,186,

189，193，196，224，237，252，261，270，276，281－282，285，291，313，438－439

张权　[十三]132，402

张全享　[十六]525

张群　[八]97－98；[十六]237，336

张人杰　[四]79，93；[五]239，241，367，369－371；[七]52，389，，；[十三]46－47；[十六]69，86－89，93－94，100－103，146；[十八]288，317－319（参见张静江）

张仁俭　[十六]526

张仁奎　[四]68

张仁普　[十六]268，346

张日新　[十七]25

张荣椿　[十七]154

张荣光　[十五]301，311

张荣郡　[十六]622

张荣茂　[十七]11

张容川　[十三]423

张溶川　[九]303

张如富　[十七]198

张汝翘　[三]163；[十]144－145

张汝勤　[十六]628

张瑞玑　[九]387

张瑞荃　[十七]44

张瑞萱　[十二]38；[十三]292；[十六]219，323

张睿阶　[十六]526

张若湖　[十七]74

张赏权　[十六]621

张少繁　[十七]187

张少龄　[十六]625

张少棠　[十三]672

张绍曾　[四]402，405；[八]381－383，393，416－418；[九]528，533；[十二]289

张绍峰　[十六]537

张绍庆　[四]67

张社均　[十六]628

张升平　[十四]457－458

张生笏　[十六]534

张胜　[十六]508

张师长　[四]417；[十]600

张师长　[十]339（参见张开儒）

张识尘　[十七]184

张士仁　[十三]317；[十七]414

张士钰　[九]62

张世昌　[十七]424，491

张世忱　[十六]251，359

张世膺　[十三]64－65

张世宗　[七]481；[十六]128，169

张式博　[六]77

张室　[十六]28

张寿南　[十七]43

张树元　[十三]301

张澍时　[十七]159

张刷五　[十六]534

张双　[十六]646

张双全　[十六]526

张顺诚　[八]315

张四维　[十六]124，163，636

张松　[十七]11

张松源　[十七]11

张崧年　[十七]558

张太雷　[十二]151

张唐氏　[十五]400

张韬　[八]257－258

张韬来　[十七]11

张天骥　［九]269

张添赏　［十六]621

张铁梅　［十三]342,416

张廷弼　［十六]328

张廷琛　［十七]71

张停　［十四]365

张通典　［四]49；［十三]93－94,114；［十六]27

张通焕　［十六]445,449

张统垂　［十七]23

张土有　［十六]127,168

张歪嘴裕　［十五]639－640

张惟圣　［十四]97－98

张维　［十三]259；［十六]55

张伟丞　［十七]752

张伟勋　［十六]129,170

张苇村　［十]646；［十七]400,438－439

张纬培　［十七]51

张温广　［十二]332

张文　［十五]497；［十六]608,622

张文案　［十五]477

张文财　［十六]110,171

张文甫　［八]215

张文焕　［十三]516

张文奎　［四]67

张文桑　［十七]74

张文生　［四]67；［十六]509

张文资　［十七]45

张汶祥　［十一]115

张我华　［十五]471；［十六]270

张我权　［七]366,384

张吴氏　［十五]400

张午岚　［九]270,277,283,290,368；［十六]240

张武　［九]556；［十三]532,607

张鋈钦　［十六]527

张西溪　［十六]127,168

张希明　［十五]232－233

张锡富　［十七]262

张锡亮　［十六]581

张锡銮　［五]222；［七]306；［九]82（参见张都督）

张熙　［十七]208

张禧　［十四]365

张禧带　［十六]592

张贤　［十七]62

张显辉　［十六]643

张献忠　［十四]225

张相文　［八]71；［十三]309

张香坡　［十六]144

张香帅　［十一]11

张祥　［十七]75

张晓初　［十七]51

张孝准　［十六]478

张新志　［十七]12

张星辉　［十三]629,636

张星五　［十八]83

张星云　［十七]254

张旭昌　［十六]616

张煦　［九]270,273,277,308,368；［十六]342

张煦告　［十六]240

张煊　［十三]375－376,560

张学济　［八]47,146,179；［九]297－298,303；［十三]273,355（参见榕川、鎔川、张总司令）

张学良　［八］318，427；［十八］400（参见汉卿）

张勋　［二］78；［三］404，410，446；［四］67，115，399 – 403，408 – 409，430，432，449，456，585；［七］440，477 – 478，484，503，557，565 – 566；［八］38，182，543；［九］57，65，69 – 70，254，256，259，376，472；［十］315，317 – 318，320 – 322，325，328，341，348，355，362，366，369，399，416，419，500，565，569，573，605，692；［十一］401，470 – 471，486；［十二］140，316；［十三］134，249

张彦同　［十六］592

张宴宾　［十七］278

张仰云　［十六］274，348

张尧昌　［十四］162

张尧卿　［九］251

张耀　［十七］8

张耀曾　［七］569

张耀东　［十六］523

张耀名　［十四］588

张耀轩　［十八］81

张耀忠　［十五］400

张叶　［十六］526

张一熙　［十七］726

张以祥　［十四］555

张义华　［十六］347

张义斋　［十六］105，154

张亦超　［十六］526

张易畴　［十六］415

张益友　［十六］128，171

张翊初　［十六］525

张毅　［十四］507；［十七］710

张毅卿　［十七］43

张翼鹏　［十四］350 – 351；［十七］462，472，487，668

张翼枢　［七］124，126；［十三］9；［十六］7

张翼振　［十三］369 – 370

张荫芳　［十六］616，628

张荫桓　［四］377

张荫棠　［七］202

张荫庭　［十六］531

张瀛　［十三］107

张镛修　［十七］154

张永　［八］156

张永成　［九］62

张永福　［五］43；［七］1，43，45，47，49 – 50，52 – 56，58，63 – 66，68，77 – 79，90，92 – 93，97 – 99，102，105，109 – 110，112，116，177，535；［八］324；［九］10；［十一］120，142，158，161 – 162，164；［十三］56；［十六］106，147

张永涛　［四］68

张永修　［十六］125，173

张永益　［十六］534

张永铮　［十六］534

张泳廉　［十六］628

张友　［十六］646

张友苌　［十八］137（参见绍贤）

张佑丞　［八］541；［十七］767

张于浔　［十六］218，323

张俞淑华　［四］167 – 168；［十五］542，587；［十八］420

张宇明　［十五］298

张雨亭　［四］507，513；［九］537；［十］501（参见雨亭、张作霖）

张玉麟　［十六］374

张玉明　[十七]254

张玉山　[十三]79

张玉相　[四]67

张郁才　[五]239,243

张郁霖　[十六]598

张郁梅　[十六]596

张裕　[十五]640-641;[十八]53

张元琼　[十七]74

张元章　[十七]51

张援民　[十六]117,179

张运秀　[十六]534

张簪瑶　[十六]533

张藻华　[十七]286

张藻林　[八]352,355,388;[九]311,365,523;[十二]7

张泽霖　[九]235

张泽荣　[十七]13

张沾桐　[十七]12

张钊　[十三]134

张昭汉　[七]264;[十六]29

张兆　[十三]565

张兆辰　[十六]270-271,347

张兆基　[十三]468,584;[十四]99,508;[十八]511

张兆义　[十三]464

张肇基　[十六]31,146

张贞　[八]343,380,432;[十三]549;[十四]584;[十五]54;[十六]357;[十七]733

张桢伯　[四]8

张振发　[十六]20

张振民　[十六]398

张振南　[十六]132,174

张振武　[一]78;[四]74;[九]41,95-96,125;[十]110,528;[十一]301,305,308,320,325;[十二]68-69;[十三]661;[十六]543,629;[十七]683,710

张之洞　[一]73;[三]150,162,367,379;[十一]84,86,165

张之江　[九]646

张知　[十三]292

张知本　[十]646;[十七]438-439,461

张植卿　[十六]625

张志澄　[十五]89

张志坤　[十六]532

张志升　[七]535;[十六]117,167

张治中　[十六]255,360

张忠义　[十七]417

张仲景　[十二]487

张重兴　[十六]355

张周　[十三]93-94

张祝华　[十三]56

张卓立　[十七]726

张子丹　[十七]607,611

张子明　[十七]254

张子贞　[十五]669

张自强　[十七]44

张宗昌　[九]467

张宗福　[十七]344

张宗海　[十六]37,53,125,149

张总理　[九]40,74;[十三]95-96(参见张謇)

张总长　[四]417-418,424;[十三]118

张祖安　[十七]262

张祖杰　[十三]542

张醉侯　[十三]421

张遵甫 ［十五］400,410－411

张佐/左丞 ［七］559－560,568；［八］84－85,122,130－131,348－349,363－364；［九］301,311,417；［十六］220,222,324

张作霖 ［三］395,400；［四］423,470,510,512；［八］182,281－282,294,301－302,317,344,346－348,365,369,376－378,420－421,457,489,496；［九］87,317,334,338,341,344,346,351,357,456－457,537,543－544,591,595,630,644；［十］384－385,399,415,417－418,498,796,801；［十二］43,87－88,90,98,108,118,120,133,166,168－169,171,173,175,228,236－237,239,244,246,258,273,303,307,316,365,402,406,417,435,455,457－458,462,468－472,474,476；［十三］418；［十四］323；［十五］397,478（参见雨亭、张雨亭、雨公、扶舆、张总司令）

章炳麟 ［三］15－17,20；［四］79,88,93,101－102,110,148－149,183－184,398－400；［七］379,422；［八］271,285；［九］102,245,251－257,262－263,266－269,272－273,281,285,287,291,296,298,304,318,320,422,553；［十一］147,471,473；［十六］186,316（参见太炎、章太炎、良史）

章行严 ［八］106；［十三］326（参见章士钊）

章焕文 ［十七］134

章来峰 ［四］64

章烈 ［十七］344,675

章枚叔 ［十一］64

章佩一 ［十六］29

章勤士 ［十六］299,363

章士钊 ［四］439；［九］382；［十一］37,63,71,77,80,82,122；［十三］3,290；［十六］364（参见黄中黄、章行严）

章氏 ［七］144

章氏夫人 ［十八］501

章太炎 ［一］71；［三］429；［四］409,412,417,419,421,424,513；［七］134,139－140,273,277,285；［九］102,264,266－269,272－273,277,281,285,287－288,291,296－299,304,309－310,318,320,322,327－328,331,335－336,361；［十］294,546；［十一］153；［十三］210,296；［十四］132；［十六］285；［十八］219－220（参见太炎、章炳麟）

章昙 ［七］467；［十三］421

章锡和 ［十一］304

章裕昆 ［十六］479,484

章梓 ［七］393

章宗祥 ［九］386

长女 ［七］283（参见孙婠）

招桂章 ［十三］507,514,517；［十四］368；［十五］21；［十六］463；［十七］605－607

招醴泉 ［十六］627

招钰琪 ［十三］505

兆彬 ［八］460,541

兆铭 ［十］817；［十三］323（参见汪兆铭、汪精卫）

兆周 ［八］238

赵 ［四］513

赵安国 ［十六］576

赵柏 ［十六］396

赵宝珊　［十六］625

赵宝贤　［十七］219 – 220

赵保　［十六］623

赵保林　［十六］622

赵北京　［十七］13

赵弼卿　［十六］334

赵璧磋　［十七］68

赵璧如　［十六］581

赵彪　［十七］103

赵秉钧　［四］44,74；［九］161；［十］605；
［十一］320,400 – 401；［十三］89

赵炳炎　［四］68

赵伯先　［一］73 – 74,76

赵超　［八］402；［十六］308,352；［十七］
577,719

赵成梁　［六］468；［八］535,538,540；［九］
560,620；［十四］242,268,337,442,548,
550,555；［十五］132,169,171,512 – 513；
［十七］206；［十八］512（参见赵师长）

赵成伟　［十六］621

赵承烈　［十五］640

赵崇光　［十六］621

赵锄非　［十三］538；［十七］259

赵楚珩　［十七］41,51

赵慈　［十六］613

赵从宾　［十三］533 – 534,564

赵从达　［十六］621

赵德艮　［十七］252

赵德恒　［十三］256；［十六］244,342,436,
635；［十七］33,321

赵德辉　［十六］617

赵德裕　［八］242；［九］455,498；［十三］
437；［十六］342,418

赵殿英　［十六］53

赵鼎荣　［十六］613

赵东垣　［十七］170

赵端　［九］273；［十六］287,338；［十七］
723 – 724

赵尔丰　［十三］9

赵尔巽　［九］84,87,126

赵藩　［十三］308,313

赵凤昌　［七］271

赵福　［十六］534

赵公璧　［四］92；［九］500；［十三］354,
633；［十四］77；［十六］528（参见公璧、赵
士觐）

赵公堂　［十六］583

赵光　［十三］117

赵光焯　［十六］621

赵国乔　［十七］48

赵国泰　［十五］596

赵国扬　［十六］582

赵国璋　［十三］284,441

赵国铮　［十六］357

赵汉一　［八］27；［十六］488；［十七］390

赵汉余　［十七］169

赵鹤　［十三］352；［十六］506

赵恒惕　［二］108；［四］49,164,515；［八］
203,226,257,306,333；［九］243,460 –
462,467,471 – 474,497；［十］689,691；
［十二］102,145 – 146,148；［十三］273,
471；［十五］461；［十六］450（参见恒惕、
赵师长）

赵华麟　［十七］6

赵华美　［十六］626

赵华石　［十七］46

赵挥尘　［十三］301

赵惠　［十六］623

赵继猷　［十七］10

赵家蕃　［四］79；［五］367,369；［十六］21

赵家艺　［四］79；［五］367,369 – 370；［十八］236

赵简文　［十六］614

赵江汉　［四］22

赵杰　［八］355,362；［十五］33；［十七］396,405,717

赵介宸　［十六］263,345

赵金堂　［十三］292；［十六］329

赵精武　［十六］262,360

赵鲸　［十六］329

赵景福　［十七］48

赵景山　［十六］622

赵敬　［六］86

赵君　［七］8；［十三］230

赵俊才　［十六］612

赵康年　［十六］628

赵康时　［十三］134 – 135

赵来　［十六］624

赵连城　［十三］356；［十五］109 – 110

赵烈庭　［十七］13

赵林　［十七］48

赵鸾恩　［十三］207 – 208

赵念伯　［十六］20

赵泮生　［八］459；［十七］46

赵培　［十六］614

赵鹏飞　［十六］72,142

赵丕臣　［八］132；［十三］286

赵平鸣　［七］434

赵平山　［十六］533

赵启棠　［十七］74

赵启骤　［十六］485

赵翘初　［十七］10

赵庆平　［十七］188

赵全季　［十七］166

赵群胜　［十六］584

赵群旺　［十六］573

赵饶　［十七］106

赵日初　［十七］44

赵荣灿　［十七］47

赵荣勋　［十六］278,327

赵儒忠　［十七］169

赵瑞兰　［十七］13

赵瑞芝　［十六］624

赵珊达　［十七］71

赵珊林　［九］55；［十三］635

赵商民　［十五］109

赵社龙　［十七］62

赵伸　［八］236；［十三］434

赵慎民　［十六］527

赵声　［四］47 – 48；［七］227,237,369；［十］418；［十三］117,158（参见伯先）

赵绳先　［八］240

赵省长　［十四］133

赵师贡　［十七］10

赵师长　［四］409,421

赵师长　［九］243,268,328,336,461 – 462,560,576（参见赵恒惕）

赵师长　［十四］160,163,267,468,543 – 545,550 – 551,558（参见赵成梁）

赵士北　［四］43；［六］34,49,77,86,89,112,147,268；［八］76；［十三］647,654,659,667；［十四］19,29,73,106,121,123,

192,283,330,342,444,460,537,571;[十五]23;[十六]392,441,631;[十七]20,127,138－139,394,396,489

赵士槐　[十三]469

赵士觐　[五]424;[六]91,93,123,198,286;[七]151－153;[八]407,505;[十三]530,541,556,668;[十四]35,63,173,200,258,273－274,277,324,396,402,408,424,430,440－441,469,475,496－497,520,541－542,556,566,569;[十五]13－14,21－22,83,85,212,543;[十六]442;[十七]58－59,96,212,328－330,362,406,414,422,504,511;[十八]514（参见公璧）

赵士养　[十七]269,397－398,608,611

赵氏　[八]354

赵世杰　[十七]417

赵世荣　[八]207

赵世钰　[八]35;[十六]198,319

赵仕北　[十八]513

赵式睦　[十七]5

赵守范　[十三]497

赵舒同　[十六]330

赵树艺　[十七]6

赵司炳　[十六]626

赵泰纪　[十三]319－320

赵桃之　[八]273

赵淘臣　[十六]534

赵梯昆/琨　[十四]163,177,182,184,223,231,238,240;[十七]134,266,317

赵侗　[十三]353－354

赵铁汉　[十六]527

赵铁桥　[四]148－149;[十六]95,161

赵铁樵　[十六]126

赵拓平　[十七]13

赵唯水　[五]239,242

赵惟清　[十五]298

赵炜廷　[十七]13

赵文初　[十七]154

赵文蔚　[十七]52

赵务义　[十六]626

赵鎏波　[十六]626

赵西山　[十四]175;[十五]96

赵锡昌　[十七]283

赵锡华　[十六]621

赵锡之　[十六]615

赵贤　[十七]46

赵祥　[四]68;[十七]75

赵新民　[十六]581

赵炎武　[十三]259

赵耀楼　[十七]53

赵一峰　[十六]626

赵一暖　[十六]579

赵一山　[十七]51

赵一枝　[十七]45

赵义　[十三]354－355;[十六]359

赵义为　[十六]613

赵溢光　[十六]605

赵荫父　[十六]627

赵镛大　[十七]49

赵永　[十七]24

赵又新　[九]437;[十三]651（参见叶顾赵各总司令）

赵予潭　[八]212

赵雨畴　[十六]581

赵育民　[十五]110

赵育庠 [十四]31

赵昱 [四]275-276

赵煜 [十一]196；[十六]582

赵毓坤 [十七]186

赵毓灵 [十六]626

赵元立 [十六]621

赵振岳 [十六]525

赵正平 [四]49

赵之璋 [十六]337,341

赵植之 [十三]614；[十六]322

赵植芝 [十六]68,92,111,139,151,161

赵志超 [十六]339

赵志清 [四]68

赵志戎 [十七]3

赵中玉 [十六]143

赵仲 [十三]432

赵仲勋 [十六]618

赵庄 [十六]527

赵卓 [十七]60

赵卓湛 [十七]11

赵卓忠 [十七]51

赵兹 [十六]613

赵子蕃 [十六]615

赵子澜 [十三]684

赵宗稳 [十六]619

赵宗香 [五]370

赵总指挥 [四]453；[九]453,460,467,471

肇基 [八]423

遮化臣 [二]105,109,114

哲尼干 [四]74

哲生 [八]170,177,433,435；[九]417,
  642；[十二]493；[十四]366；[十五]631
  （参见孙哲生、孙科）

瞀皆 [十八]455

浙（之）卢 [三]400；[四]513,543,581；
  [九]496,507,563；[十]499,756；[十四]
  181（参见卢永祥）

真密孙 [十四]264

甄璧 [一]71

甄昌 [十六]580

甄常兆 [十六]623

甄登 [十六]583

甄恩活 [十六]622

甄光洧 [十六]579,583

甄国炽 [十六]623

甄国瑞 [十六]578,582

甄国扬 [十六]583

甄海山 [十七]141

甄挥振 [十六]523

甄吉锦 [十六]622

甄吉堃 [七]145

甄吉亭 [一]71；[七]85

甄锦 [十六]617

甄锦寿 [十六]580

甄晋 [十七]12

甄来苟 [十六]621

甄兰满 [十六]579

甄立国 [十六]622

甄良染 [十七]47

甄梁 [十六]623

甄龙齐 [十六]583

甄伦准 [十六]613

甄明霭 [十七]51

甄明芹 [十六]618

甄明翕 [十六]582

甄明羡 [十六]581

甄泮　［十六］623

甄泮芹　［十六］621

甄平番　［十七］11

甄其正　［十六］527

甄深　［十七］122

甄胜　［八］235

甄寿南　［十六］112,150

甄树昂　［十六］613

甄天民　［十七］51

甄添　［十六］526,646

甄同京　［十六］622

甄炜吉　［十六］132,174

甄稳　［十七］154

甄锡　［十六］623

甄香泉　［十七］106

甄祥初　［十六］572

甄祥伟　［十七］48

甄新辉　［十七］47

甄秀山　［十六］613

甄煦球　［十七］6

甄耀汉　［十六］622

甄奕爙　［十六］623

甄奕照　［十六］623

甄英常　［十六］615

甄英武　［十六］625

甄英羡　［十六］110,172

甄永藩　［十六］527

甄永铭　［十六］623

甄永楠　［十七］7

甄永治　［十七］5

甄郁林　［十七］154

甄元熙　［十六］267,346

甄增培　［十七］105,146

甄兆瑚　［十六］622

甄兆麟　［十六］336；［十七］154

甄植　［十六］646

甄壮　［十六］623

甄子逵　［十七］45

甄缵　［十六］623

郑安　［十六］587

郑百富　［十六］534

郑邦钟　［十七］106

郑北　［十七］262

郑弼　［十七］158

郑弼臣　［四］42；［九］129；［十一］51－52

郑炳南　［十六］112

郑炳煊　［十六］342

郑炳烜　［十七］573

郑炳垣　［十六］42,44,140

郑炳中　［十六］590

郑昌信　［十七］74

郑成功　［十］278－279；［十三］187

郑成忠　［十六］122,164

郑初　［十七］158

郑传发　［十七］49

郑传瀛　［十五］162

郑次豪　［十三］558；［十六］622

郑达礼　［十六］572

郑达棠　［十六］133,174

郑大奇　［十六］110

郑丹老　［十六］110,172,286

郑丹志　［十六］361

郑德昌　［十七］47

郑德铭　［十四］469；［十七］425,427,697,700

郑德泉　［十七］44

郑德元　[八]42；[十六]265,346

郑飚安　[十六]622

郑东梦　[五]4；[十]6-7,9；[十八]515

郑福　[十七]12

郑福东　[十六]334

郑阜南　[十六]627

郑公禄　[十七]5

郑观　[四]148-149；[十六]517

郑观陆　[十六]538

郑观祺　[十七]238

郑光宗　[十四]458

郑广池　[十七]12

郑国华　[十六]290,362

郑国辉　[十六]620

郑汉淇　[十六]96,105,108,147-148

郑汉武　[十三]149

郑汉雄　[十六]623

郑行果　[十六]328

郑号亮　[十七]49

郑何　[十七]74

郑和　[一]29

郑和利　[十七]11

郑鹤年　[七]433,448,512

郑衡之　[十六]470

郑洪安　[十六]616

郑洪年　[六]350,358-359,363-364,368；[九]630,642；[十四]484,493,496,500-501,503,506,550,553；[十五]7,124,201,205,222,259,303,314,318,368,397,449,469,540,629；[十七]181,406,441,453,456,501,506,508-509,562,566-567,588-589,593-594,618,620,635,657

郑洪荣　[十六]634

郑洪铸　[十七]177,179

郑鸿鉴　[十七]655

郑鸿年　[十七]96,100

郑鸿铸　[十七]424,510

郑厚常　[十六]526

郑厚聪　[十七]49

郑怀声　[十六]576

郑黄氏　[十四]205；[十八]368

郑惠添　[十六]607

郑计申　[十六]623

郑继周　[十七]506,510

郑寄毫　[十六]533

郑鉴明　[十七]45

郑杰臣　[十六]374

郑金强　[十六]572

郑金兴　[十六]356

郑进行　[十七]155

郑君　[七]14,425；[八]440；[十一]53,77,82-83（参见郑士良）

郑君泽　[十六]625

郑开　[十六]527

郑开煨　[十七]169

郑忾辰　[八]107；[十六]272,347

郑康成　[十一]108

郑科　[十六]612

郑克成　[七]383；[十三]159

郑匡华　[十六]622

郑里铎　[十七]482

郑连　[十七]170

郑良民　[十七]41

郑烈民　[十七]46

郑螺生　[五]239,243；[七]209,353,381,

413,428;［十三］55,168,183;［十四］205;
　　［十五］464;［十六］92,94,97,120,161
　　（参见螺生）

郑旅长　　［十四］133

郑茂生　　［十六］130,172

郑美金　　［十六］95,112,162

郑梦兰　　［十七］170

郑民强　　［十七］50

郑明琨　　［十七］187

郑鸣九　　［九］318－319

郑盘　　［十六］622

郑沛华　　［十六］623

郑聘三　　［十七］50

郑其妙　　［十六］531

郑其三　　［十六］527

郑其祥　　［十六］533

郑启聪　　［十六］245

郑启和　　［十七］358

郑谦　　［十六］628

郑钦　　［十六］605

郑清渊　　［十六］127,180

郑权　　［十六］29,302,351

郑全寿　　［十六］627

郑泉　　［十七］11

郑荣武　　［十六］524

郑融康　　［十六］628

郑汝成　　［七］444－445,449;［十三］179

郑润民　　［十七］23

郑润奇　　［十七］32

郑润琦　　［八］338;［九］597;［十三］626;
　　［十四］303;［十五］7,139,592;［十七］
　　16,554,648,765

郑三阳　　［十六］128,169

郑森　　［十六］606

郑少芝　　［十六］138,148

郑绍本　　［十六］128,169

郑生　　［十六］526

郑胜　　［十七］12

郑士良　　［一］64－66,69－70;［三］429;
　　［四］107;［十一］58,75;［十二］65;［十
　　三］4（参见弼臣）

郑士琦　　［九］659

郑士铨　　［十六］77,111,155

郑寿康　　［十七］12

郑寿培　　［十六］530

郑受炳　　［十五］433－434;［十六］89,116,
　　164,405,456;［十七］167

郑述龄　　［十七］424,490,493

郑爽　　［十七］12

郑顺恒　　［十六］621

郑泗全　　［十七］167

郑松盛　　［十七］41

郑台　　［十六］96

郑太奇　　［十六］153

郑涛　　［十六］318,337,341,344,349－352,
　　362－363

郑陶斋　　［九］54

郑铁城　　［十六］523

郑廷选　　［十七］424

郑渭江　　［七］575

郑文保　　［十六］584

郑文炳　　［十三］141;［十六］105,147－148

郑文华　　［十七］423,467,491

郑文集　　［十六］583

郑文倩　　［十七］23

郑文轩　　［十七］284,410,413

郑文在 [十六]627

郑侠夫 [十七]50

郑侠民 [十六]615

郑宪武 [三]163;[四]43;[十三]93-94

郑香题 [十七]84

郑校之 [十六]359;[十七]249,505,507,686

郑心儒 [十七]169

郑新皖 [十七]12

郑信 [十七]5

郑星槎 [十四]223,311

郑兴国 [十六]526

郑兴玉 [十六]634

郑杏嘉 [十六]618

郑秀炳 [十三]177

郑衍祥 [十七]37

郑业臣 [九]54

郑以均 [十六]622

郑以濂 [十七]424,491

郑应鹏 [十六]581

郑应祥 [十七]292

郑永 [十五]441

郑咏琛 [十五]186,191;[十六]509

郑裕庆 [十三]106-107

郑煜 [十七]11

郑元欢 [十六]576

郑源 [十六]613

郑藻昌 [十六]592

郑藻如 [二]241

郑泽概 [十七]6

郑占南 [七]242;[八]254,340-341;[十三]234

郑昭杰 [十三]121

郑振春 [十三]182;[十六]126,158,241,355

郑仲兄 [七]454

郑卓仁 [十六]535

郑子敬 [八]25

郑子钦 [十六]526

郑子瑜 [十三]68

郑总司令 [十四]133

郑祖发 [十六]592

郑祖怡 [十六]222,325

芝泉 [四]396,513;[七]487,505,508,538;[八]293,366,418;[九]62;[十二]428;[十三]411,427(参见段芝泉、段祺瑞)

织田英雄 [十八]206

执信 [四]121-122;[七]253-254,459,478,517,536,542;[八]190,226,239,254-255,276;[九]258,355,428,438,443,507;[十]435;[十三]182,186,234,384,582

直曹 [八]187

直臣 [十三]227;[十八]284

直勉 [八]175,192-193;[十三]556;[十四]245;[十五]661

直斋 [八]236

侄媳 [七]165

秩庸 [四]143,167,170;[八]34,175,180;[九]79,469(参见伍秩庸、伍廷芳)

智利某君 [十三]217

稚晖 [七]120,122,133,135,139-141,144,180,194,217,220,223,243,252,378

中川恒次郎 [十一]4-6

中岛行一 [五]369-370

中岛荣一郎　［十八］423

中家仲助　［十八］122

中泉半弥　［十八］105

中奭　［八］509

中西重太郎　［十一］73

中野　［一］68；［十一］64

钟、谭二君　［七］375

钟、张等军人　［七］382

钟百毅　［十三］621

钟标　［十五］400

钟炳华　［十六］582

钟炳良　［十六］336

钟伯磷　［十七］5

钟昌鹤　［十七］103

钟昌谱　［十四］155－156

钟超俸　［十六］354

钟大囊　［十七］74

钟的臣　［十六］527

钟鼎　［十六］31

钟鼎基　［四］49；［七］366，384；［十三］
　408，435；［十六］409

钟发　［十七］25

钟辅戚　［十七］46

钟馥　［十六］445，449

钟工宇　［十一］396－397

钟公任　［十六］108，153，376，544

钟冠华　［十三］467

钟光传　［十八］356

钟广周　［十六］577

钟国聪　［十六］623

钟海珊　［九］319

钟汉　［十六］484

钟汉良　［十七］278

钟汉民　［十七］62

钟汉荣　［十五］154

钟翰生　［十七］5，10

钟和　［十六］622

钟恒升　［十五］555

钟华荣　［十七］254

钟华廷　［十七］694－695，714

钟华雄　［七］214；［十六］4

钟吉辰　［十七］48

钟嘉澍　［十六］247，359

钟坚持　［十六］335

钟金昌　［十六］131，173

钟锦芬　［十七］74

钟锦延　［十七］254

钟景邦　［十六］134，177

钟景棠　［十三］479，627

钟军凯　［十七］62

钟凯强　［十六］592

钟克明　［十七］252

钟肯　［十六］624

钟孔心　［十七］74

钟立　［十六］580

钟连福　［十七］74

钟孟雄　［四］148；［十六］517

钟妙容　［十七］75

钟明　［十六］534

钟明阶　［十五］25；［十七］411，415

钟鸣　［十六］533

钟铭三　［十七］254

钟木清　［十七］292

钟南光　［十六］581

钟奇梅　［十五］160

钟琦　［十六］340

钟启镇 ［十七］72

钟起宇 ［十七］199

钟庆 ［十七］74

钟庆楠 ［十六］608

钟铨如 ［十七］52

钟日南 ［十七］106

钟荣光 ［十二］104；［十三］354

钟荣兴 ［十六］533

钟阮 ［十三］464

钟少文 ［十六］108,154

钟声鸿 ［十六］534

钟世元 ［十七］254

钟属汉 ［十七］278

钟桃辉 ［十七］74

钟腾瀚 ［十七］695

钟体道 ［九］304,319,321

钟铁生 ［十七］285

钟夏卿 ［十六］625

钟宪之 ［十六］77

钟晓鸣 ［十七］106

钟燮 ［十七］75

钟秀南 ［四］88；［十二］163；［十三］627；
［十六］432

钟秀珊 ［十六］108,154,545

钟业 ［十七］11

钟义帝 ［十六］608

钟亦志 ［十七］154

钟镒 ［十七］75

钟荫墀 ［十七］104

钟寅 ［十六］624

钟英勤 ［十七］48

钟英寿 ［十六］626

钟应熙 ［十六］336

钟玉堂 ［十七］278

钟玉吾 ［十六］527

钟裕华 ［十六］581

钟毓桂 ［三］162

钟毓兰 ［十七］45

钟毓群 ［十七］48

钟震岳 ［十七］448

钟忠 ［十七］510,632,744,746

钟资能 ［十六］338

钟子垣 ［九］54

仲才 ［八］348－349

仲甫 ［八］265（参见陈独秀、陈仲甫）

仲衡 ［七］552

仲凯 ［十三］354

仲恺 ［七］253,288,506,508,512,550,552
－553,564；［八］30－32,110－111,160,
200,291,313,361,372,404,525；［九］
234,412,477,522,593,627,635,663；
［十］639,647；［十一］127；［十二］503；
［十三］187－188,190,197,207,227,350
－351,381,384,573；［十五］351,676；［十
七］235

仲珊 ［四］437；［九］375,556－557（参见
曹锟）

仲廷 ［八］358

仲元 ［四］495；［七］370,466,471,478；
［八］205,270；［九］196,198,203－204,
362,372,505,507；［十三］329,354；［十
八］442（参见邓铿、邓仲元）

重行 ［七］141,145

重民 ［七］401,432,472；［八］226；［十三］
163,190,350

周霭瑞 ［十六］526

周鳌山　　［十七］131,199,419,486

周柏祥　　［十三］610;［十六］116,170,520

周秉三　　［十七］45

周炳林　　［十三］222

周炳炎　　［八］184 – 185

周伯甘　　［十四］12;［十五］454 – 455

周勃雄　　［十七］733

周参谋　　［八］236,389

周参谋长　　［九］237

周朝栋　　［十六］626

周朝桂　　［十六］526

周朝宗　　［十五］114,116 – 117

周成　　［十六］627

周成训　　［十六］534

周澄清　　［十七］103,105

周初慎　　［十六］626

周传祎　　［十七］188

周传权　　［十七］188

周达为　　［十七］53

周淡游　　［九］392;［十三］194;［十八］516

周道　　［十五］342 – 343

周道参　　［十七］236

周道初　　［十六］577

周道富　　［十七］151

周道刚　　［九］300,310（参见周师长）

周道凯　　［十七］154

周道龄　　［十六］583

周道万　　［十六］31,146,243,263,346,355;
　　［十七］310

周道伟　　［十七］45

周道绪　　［十六］626

周道腴　　［八］224,330,372;［九］443,445,
　　448,453,460,467;［十三］613,686（参见

周震鳞）

周东朝　　［十七］152

周东屏　　［十五］480,482 – 483;［十七］356

周冬　　［十六］608

周栋潮　　［十六］621

周端文　　［十七］293

周恩来　　［十七］279

周访　　［十三］234;［十五］61

周逢寿　　［十七］12

周福　　［十七］23

周馥兰　　［十七］50

周干平　　［十七］50

周高伦　　［十七］236

周诰　　［十七］213

周公　　［一］32,50;［三］243,248,312;［十］
　　463,601;［十三］583

周公谋　　［八］411;［十六］602

周公松　　［十六］534

周拱彬　　［十七］47

周贯虹　　［十五］484;［十六］563;［十七］
　　670

周光魂　　［十六］614

周光魄　　［十六］626

周广柏　　［十七］43

周桂笙　　［四］54

周桂枝　　［十七］71

周国清　　［十七］44

周国荣　　［十六］623

周汉　　［二］346

周汉三　　［十七］154

周汉声　　［十三］454 – 455

周汉醒　　［十七］45

周汉勋　　［十五］142,144

周汉裔　［十七］42

周豪伟　［十七］49

周浩　［十六］30

周合安　［十六］613

周鹤年　［十四］115－116；［十六］356

周宏瑞　［十七］45

周洪　［十七］12

周厚家　［十六］572

周华　［七］98

周华林　［十七］54

周华伦　［十六］606

周怀　［十六］526

周焕华　［十六］622

周焕忠　［十六］591

周恢三　［十六］626

周惠　［十六］628

周惠生　［十七］154

周积旺　［十七］188

周楫　［十七］106

周济时　［十六］51－52,122,165

周家瀚　［十六］572

周家琳　［十七］128

周家麟　［十七］43

周家榻　［十七］46

周家甜　［十七］45

周家闲　［十六］626

周家香　［十七］45

周家修　［十六］626

周家苑　［十七］43

周家珍　［十七］72

周柬白　［四］152

周觉　［四］90

周杰和　［十六］592

周杰三　［十七］45

周锦辉　［十六］612,621

周锦庸　［十七］170

周锦云　［十六］617

周晋镳　［五］239

周景溪　［四］148－149

周竞持　［十七］41

周敬　［十六］616

周镜泉　［十七］292

周炯伯　［十七］440

周九　［十六］613；［十七］23

周爵臣　［十七］45

周爵廷　［十六］583

周骏声　［十七］615

周骏彦　［十七］558

周开基　［十六］623

周开泉　［十七］45

周开穗　［十六］523

周开旋　［十七］151

周孔生　［十七］45

周匡时　［十七］52

周况　［十六］340

周礼现　［十六］615

周礼祥　［十六］621

周连添　［十六］626

周莲　［十六］621

周练梓　［十六］613

周亮臣　［四］100

周麟　［十七］48

周麟开　［十七］12

周麟杏　［十七］12

周灵　［十六］526

周龙甲　［十三］207－208

周伦　［十六］526

周梦年　［十六］615

周梦如　［十七］10

周梦生　［十七］45

周南山　［十六］458；［十七］44

周佩箴　［四］79,148；［五］370；［十六］513

周栖云　［十六］51－52

周启　［十六］621

周启刚　［十七］5

周潜　［十七］439,710

周强　［十六］622

周庆云　［十七］154

周庆藻　［十六］623

周球　［十五］61

周仁卿　［四］148－149；［十六］396

周日初　［十七］45

周日宣　［四］79；［五］371

周荣庆　［十七］13

周荣炜　［十六］623

周如柏　［十六］583

周如日　［十七］47

周阮　［十三］25－26

周瑞典　［十七］103

周瑞钿　［十六］615

周瑞厚　［十六］620

周瑞实　［十六］526

周瑞述　［十七］45,52

周瑞祝　［十七］151

周善培　［八］270

周少棠　［十四］15－16,210；［十五］608,
　630－631

周申　［十七］75

周神辅　［十六］581

周省长　［四］453,459

周胜　［十七］122

周盛　［十七］170

周师长　［九］262（参见周道刚）

周师长　［十三］534；［十四］133

周诗　［四］47－49；［十三］158

周实丹　［十三］25－26

周世灿　［十七］46

周世钊　［十七］43

周寿君　［十八］332

周寿眉　［十七］154

周寿民　［十七］49

周寿山　［十八］517

周述尧　［十七］12

周松均　［十七］45

周颂平　［十七］45

周颂西　［四］148－149；［十三］526,587；
　［十六］511

周苏群　［七］535

周遂鳌　［十七］42

周孙维　［十六］130,173

周太夫人　［十八］234－235

周天达　［十七］10

周天禄　［十四］308

周天顺　［十六］576

周添瑶　［十七］154

周甜　［十六］608

周廷弼　［五］239,241

周廷卫　［十七］48

周廷章　［十三］126

周维桢　［十三］64－65

周伟　［十三］355

周伟烈　［十六］571

周卫东 〔十七〕48

周文彬 〔十六〕625

周文彩 〔十六〕592

周文驹 〔十七〕12

周文培 〔十七〕6

周文祥 〔七〕85－86

周文中 〔十六〕574

周我汉 〔十七〕46

周无我 〔十六〕626

周西成 〔十七〕358

周希尧 〔十六〕116,158

周禧 〔十七〕45

周细 〔十七〕71

周侠志 〔十七〕45

周宪达 〔十七〕10

周宪良 〔十七〕46

周宪禄 〔十七〕151

周宪实 〔十六〕626

周献瑞 〔八〕184－185；〔十三〕56－57

周祥安 〔十六〕622

周想 〔十七〕71

周孝怀 〔七〕466,478

周爕猷 〔十三〕222

周新甫 〔九〕371

周兴盛 〔十七〕45

周兴周 〔八〕83

周雄彪 〔十七〕46

周学宏 〔十六〕331

周学熙 〔七〕311；〔九〕133,147,160－161,
　163,165

周亚南 〔十七〕440,443

周严 〔十六〕622

周演明 〔十四〕57,71,112,154,169,359；

〔十七〕79,171

周尧坤 〔十七〕131

周耀武 〔七〕467；〔九〕646

周一新 〔十七〕49

周贻逯 〔十六〕628

周逸群 〔十二〕414

周溢之 〔十七〕45

周毅 〔八〕312

周翼常 〔十七〕45

周荫初 〔十六〕608

周荫南 〔十七〕49

周英 〔十六〕626

周英鹄 〔十七〕45

周应时 〔三〕233－234；〔七〕431,568；
　〔九〕180,211,240；〔十三〕165,170,383；
　〔十六〕39,41－43,46,51－54,56,64,73
　－74,77－78,81,141,146,188,291,318,
　350

周应云 〔十六〕318,335－347,354－355,
　361

周雍能 〔四〕148－149；〔八〕250,261；〔十
　三〕601,610；〔十六〕408,514－515,546；
　〔十七〕693,721－722

周宇传 〔七〕280

周雨泉 〔十六〕574

周玉成 〔十六〕134,176

周玉衡 〔十七〕45

周玉堂 〔十七〕188

周裕家 〔十六〕572

周煜 〔十七〕285

周在焯 〔十七〕45

周在俭 〔十七〕49

周则范 〔八〕151,173；〔九〕297－298；〔十

三]273;[十六]303

周泽苞　[十三]93-94;[十六]329

周泽波　[十七]47

周长福　[十七]41

周昭岳　[十六]324

周兆河　[十六]619,627

周哲谋　[三]234;[十三]142;[十六]74

周蔗增　[八]115-116

周振彪　[十六]418

周振奉　[十六]572

周振国　[十六]572

周振华　[十六]121,169

周振卿　[四]67

周震鳞/麟　[四]116,148-149;[八]151,275,330,456,458;[九]422,445,497;[十]283;[十二]282;[十三]257,293,456;[十六]195,319,420,512;[十七]111（参见周道腴,道腴）

周正峰　[十八]83

周正群　[十六]409

周之翰　[十六]324

周之武　[十六]570

周之贞　[四]91,393;[七]525,570;[八]251;[九]438,538,542,586,607;[十三]182,331,388,408,601,626,634;[十四]5-6,77,85,103,240,251,290,311,369;[十五]75,100,180;[十六]160,189,319,500,509,539,609;[十七]94-95,163

周知礼　[十六]45,48-49,51,80,124,150,243,331,340,356

周直民　[十七]53

周志忠　[十七]238

周中坚　[十七]45

周仲良　[十三]564;[十四]85;[十六]338,547

周重嵩　[八]226

周祝三　[十七]6

周卓云　[十七]272

周子骥　[十三]222

周子禄　[十六]460

周子球　[十七]60

周子英　[四]152

周子贞　[九]414;[十六]139

周梓骥　[十四]115;[十五]38

周自得　[十四]510;[十五]103,169,172,175,484,516;[十七]480,483,515-516,528,556,575,670

周自怀　[十七]45

周自齐　[三]276;[四]378;[七]348;[十二]45-46,48

周宗汉　[十六]592

朱、邱二烈　[四]42

朱安龄　[十四]388

朱拔英　[十七]197

朱宝滋　[十三]79

朱本夫　[九]419-420

朱本富　[四]43;[十三]408;[十四]337;[十六]326

朱本固　[十七]45

朱弼臣　[十六]613,623

朱璧山　[十六]77

朱彪吾　[十六]530

朱炳麟　[十六]615

朱炳祥　[十七]285

朱炳酉　[十七]169

朱炳长　[十七]48

朱伯平　［十六］614

朱伯卿　［十六］117,159

朱伯为　［十三］358

朱伯元　［四］391

朱步云　［十六］132,174

朱超　［十三］192

朱焯文　［四］101

朱承洵　［十二］31

朱赤霓　［十四］324;［十八］252

朱创凡　［十七］510

朱达泉　［十七］13,292

朱大符　［五］371;［八］15-16;［十六］257

　（参见朱执信）

朱大同　［十三］265

朱道南　［十七］586

朱道孙　［十五］400,404

朱德　［十二］245

朱德煊　［十六］526

朱定和　［十五］440;［十六］101

朱栋　［十七］73

朱尔典　［九］131

朱蒂煌　［九］117

朱凤吾　［十七］103

朱干　［十七］45

朱艮　［十七］165,170

朱公彦　［十七］442

朱观玄　［十六］331

朱光成　［十四］388

朱光汉　［十七］152

朱光楷　［十四］389

朱广凤　［十三］126

朱广奕　［十七］46

朱贵全　［一］66;［三］429;［九］129

朱桂芬　［十六］592

朱桂莘　［八］85

朱海山　［十六］262,360

朱汉光　［十六］624

朱和中　［六］84-85;［七］41,542;［八］
　290-292,462;［九］534;［十一］113-
　114,116;［十二］142;［十三］93-94,332,
　337,402-403,411,418-420;［十四］17,
　50,115,125,177,218,254,291,294,302;
　［十五］415,418,534,537;［十六］566;
　［十七］18,55-56,77,370,373,497-
　498,719

朱羢　［十七］59

朱洪武　［二］32

朱洪祝　［二］32

朱华冲　［十七］11

朱华经　［十七］358

朱辉如　［十七］174

朱惠民　［十六］77

朱惠章　［四］101

朱箕安　［十七］155

朱继武　［十三］134

朱霁青　［四］148-149;［十三］200-201;
　［十六］516;［十七］133,381

朱家　［十六］23

朱家宝　［九］62,69

朱家训　［十六］309,352

朱葭　［十三］228

朱剑凡　［十七］624

朱觉之　［十六］592

朱锦乔　［十六］367,385

朱进德　［十六］120,171

朱进锐　［十六］613

朱晋经　〔十三〕595－596；〔十四〕537；〔十
六〕236,336；〔十七〕202

朱晋武　〔十三〕596

朱景　〔十六〕537

朱景丰　〔十七〕185,474,478

朱炯昌　〔十七〕41

朱军长　〔四〕154；〔八〕505；〔九〕575－
576,579,598；〔十四〕244,279,423,482－
483（参见朱培德）

朱君　〔十三〕221；〔十六〕16

朱君　〔十六〕10（参见朱执信）

朱开鳌　〔十七〕54

朱开鼎　〔十六〕623

朱开强　〔十七〕50

朱康泽　〔十六〕592

朱克刚　〔四〕148－149；〔十五〕629；〔十
六〕521

朱葵　〔十六〕617

朱立初　〔十六〕77,111,135,155,177

朱连谦　〔十七〕48

朱龙　〔七〕39

朱露华　〔十六〕527

朱梅溪　〔十六〕622

朱民表　〔十一〕275,277－278

朱明　〔十三〕130

朱明芳　〔十三〕266

朱乃斌　〔八〕412

朱念祖　〔七〕576；〔十二〕475；〔十六〕218,
322,327,447,472

朱培德　〔四〕493,495－496；〔六〕493；
〔八〕311,315,318,351,390,392,494,
498,500,505,519,537－539；〔九〕523,
567－568；〔十二〕258,404；〔十三〕547,

598,641,670,675,677,680,688；〔十四〕
14,31,90－91,99,107－108,163,169,
180,182,184－185,188,220,222,227,229
－230,232,234,237－239,243,248,254,
262,284,321,406,423,436,471,476,482
－483,508,544,554,594；〔十五〕8,10,
15,39,52,82－83,85,116,142,144,202,
215,232－236,246－247,249－250,262,
297－298,324,332,378,406,469,479,
506,508,520,523,550,561,569,586,618,
634－635,653；〔十六〕433,547－549,
575,593,626,630,637,647,651；〔十七〕
22,37,39,59,67,81－82,87,107－108,
123,194,196,205,207,220,230,234,236,
243,259,268－269,302,307,309,318,
321,325,357,418,599,635,667,678,760
（参见益之、朱益之、朱军长、朱总司令）

朱沛霖　〔十六〕623

朱佩珍　〔四〕79,93,313；〔七〕279；〔九〕
44；〔十三〕61；〔十六〕17

朱平安　〔十六〕625

朱普元　〔十五〕438；〔十六〕403,456；〔十
七〕168

朱启钤　〔九〕149,381；〔十〕371

朱谦良　〔十七〕510

朱芹衍　〔十七〕152

朱晴波　〔七〕404,413

朱庆澜　〔七〕567；〔十〕328；〔十三〕9,198
（参见朱省长）

朱裘炳　〔十六〕624

朱全德　〔十七〕196,437－438

朱仁甫　〔十七〕48

朱荣基　〔十六〕624

朱荣仕 ［十七］45

朱儒翰 ［十七］106

朱汝材 ［十六］580

朱瑞 ［七］440；［十六］623

朱润德 ［十七］203－204,356

朱若愚 ［十七］46

朱绍南 ［十六］582

朱深 ［十三］250

朱省长 ［四］399；［十三］241（参见朱庆澜）

朱师长 ［四］417

朱始森 ［十六］621

朱始杏 ［十七］74

朱世贵 ［九］620；［十三］617；［十四］98；［十五］99,110；［十七］429

朱寿康 ［十六］621

朱叔痴 ［九］320（参见叔痴、朱之洪）

朱廷燎 ［八］9－10；［十六］253－254,270,446

朱维烈 ［十七］104

朱伟民 ［十五］438；［十六］77,369,425,501；［十七］314

朱伟南 ［十七］62

朱蔚 ［四］47－49

朱蔚然 ［十三］610；［十六］520

朱文伯 ［十四］557

朱文灿 ［十七］285

朱五郎 ［十七］46

朱务善 ［八］454

朱熙 ［四］68

朱侠生 ［十六］592

朱羡 ［十六］623

朱相丹 ［十六］176

朱相州 ［十六］125,133,165

朱晓湖 ［十七］154

朱新辰 ［十七］285

朱熊 ［十七］6

朱秀如 ［十七］291

朱许 ［十七］72

朱旭东 ［十六］143

朱炎 ［十六］626

朱耀华 ［十二］321；［十四］222,290

朱一民 ［十六］599

朱一鸣 ［四］148－149；［十六］516

朱义然 ［十七］105,146

朱奕堃 ［十七］45

朱益 ［十六］625

朱益藩 ［十二］475－476

朱益均 ［十七］278

朱益之 ［八］312,316,355,539；［九］523,574；［十］767（参见益之、朱培德）

朱印山 ［十六］136,179；［十七］61

朱应銮 ［十七］8

朱由榔 ［八］289

朱友渔 ［一］84－85

朱有 ［十六］621

朱玉清 ［十七］154

朱玉亭 ［十七］137

朱煜森 ［十七］13

朱毓 ［十六］614

朱元璋 ［四］22,176；［十］574－575；［十二］367,370

朱云阶 ［十七］278

朱运南 ［十七］285

朱赞棠 ［十七］46

朱则 ［十七］597

朱泽民　[十四]436 – 437

朱章惠　[十六]626

朱章仪　[十六]572

朱长盛　[十六]621

朱兆良　[十六]616

朱兆熊　[十七]332

朱肇新　[十六]576

朱震　[九]65;[十六]358

朱之安　[十七]394

朱之洪　[四]148;[九]291;[十六]475,514;[十八]140 – 142(参见叔痴、朱叔痴)

朱执信　[一]76,83;[三]256,306;[四]33,88,90 – 92,95,121 – 122;[七]517,535,542;[八]16,190,229,254 – 255,276;[九]183,186,190,223,227,372,428,438,443;[十]389,435,673;[十一]215;[十三]224,395,437;[十六]9,145,276;[十八]301(参见朱大符、大符)

朱直民　[十七]53

朱秩章　[十六]623

朱仲华　[十八]229

朱灼均　[十七]53

朱卓文　[一]80;[四]43,81;[七]226,549,567;[八]365,407;[九]466 – 467,586,637;[十一]196;[十二]73;[十三]164,220,426,601;[十四]77,85,240,244,271,305,309,356 – 357,381,415;[十六]142,460,464,539;[十七]55;[十八]432,518

朱卓修　[十七]48

朱资生　[四]43

朱子机　[十六]530

朱自治　[十七]7

朱总司令　[九]516;[十三]482 – 483(参见朱培德)

朱祖汉　[十七]52

朱缵　[十七]12

朱作民　[十七]153

朱作贞　[十六]592

诸德建　[十四]381

诸葛亮　[二]125 – 128;[三]312;[四]176;[十一]7;[十二]370(参见孔明)

诸葛武侯　[八]146(参见诸葛亮)

竹间　[八]357

竹君　[七]271,277 – 278;[八]215

竹青(孙永安)　[八]63

渚舟　[七]451

祝膏如　[十七]750 – 751

祝晋　[十三]78

祝润湘　[十六]641

铸人　[八]312,342,354(参见蔡钜猷)

庄保　[十七]122

庄代都督　[十三]83

庄光奕　[十七]198

庄家传　[十六]175

庄来　[十六]598

庄明清　[十六]623

庄启元　[十六]582

庄庶管　[十七]592 – 593

庄硕三　[十六]126,167

庄添　[十七]122

庄廷芳　[十六]130,180

庄文学　[十六]143

庄文亚　[七]40,159(参见愤亚)

庄希泉　[五]239,242

庄银安　［五］242;［七］105,109,116

庄应宜　［十六］109,171

庄蕴宽　［四］49;［九］36,53,98;［十三］25
　　-26,33,35

庄赞周　［五］239,242

庄子　［十］228,554,558

卓慈生　［十六］127,168

卓尔基亨利　［三］193,206 亨利(参见亨利
　　·佐治、轩利佐治、佐治亨利)

卓光　［十七］48

卓桂廷　［八］215

卓锦　［十六］622

卓恺耕　［十七］452

卓麟　［十七］158

卓南　［八］257

卓卿　［十七］46

卓庆标　［十八］519

卓全　［十七］13

卓仁机　［十四］206,230

卓文　［七］247;［八］407;［九］451;［十三］
　　422,589;［十八］518

卓祥　［十六］613

卓祖泽　［十六］499

子超　［八］49,67,97,351,358,364,396,
　　444;［九］218,413,474;［十三］190-191,
　　354,368,573,584(参见林子超、林森)

子春　［四］437;［九］375(参见王占元)

子黄　［八］47,152,248;［十三］289

子惠　［八］314

子嘉　［四］513;［八］322,421;［九］630-
　　631;［十五］397(参见卢子嘉、卢永祥)

子靖　［八］368,381

子培　［八］443;［十三］524

子荫　［八］214,284,311-312,315,338,
　　344,360;［九］446,492,536;［十三］411,
　　414,548(参见黄大伟)

子英　［八］290

子瑜　［七］55-56,58,67,74-75,90,186,
　　232,414,534-535;［九］427,434;［十六］
　　83

子裕　［八］120

梓琴　［七］351,472;［九］193;［十三］152,
　　316(参见田桐)

紫云　［八］139

自由　［八］77,226,372,498;［十三］191-
　　192,219-220,436;［十八］36(参见冯自
　　由)

宗方小太郎　［七］233-234;［十一］367-
　　369

邹邦兴　［十七］278

邹炳　［十六］527

邹炳煌　［十五］125,271

邹陈氏　［十三］465

邹春茂　［十六］581

邹德荣　［十六］583

邹殿邦　［十五］657

邹光烈　［十五］603

邹海　［十四］365

邹海滨　［四］134,576-577;［八］338,340,
　　364;［十三］316,408,560;［十六］507(参
　　见海滨、邹鲁)

邹建廷　［八］483;［十六］278,349;［十七］
　　761

邹建庭　［十七］182

邹竞　［十六］485;［十七］280

邹君　［十三］210-211(参见邹慰丹)

邹科珍　［十七］106

邹苦辛　［十六］268,346

邹烈卿　［十六］531

邹琳　［十七］346

邹鲁　［二］4;［四］133,259 - 260,262;
　［五］21,23,409,412,416;［六］52,63,115
　-116,315 - 316,384,411,506;［八］62,
　87,208,259,340,364,404,437;［九］240;
　［十二］37,366,381,400,403,499 - 500;
　［十三］298 - 299;［十四］59,64,69,81,
　105,111,135,139,158,174,189,212,214,
　228,231,254,279,292,320,382 - 383,
　391,466 - 467,488,526,544,547;［十五］
　183,196,208,210,238,259,272,274,295,
　303,314,451,453,469 - 470,481 - 482,
　492,500,503,525,544,561 - 562,586,
　587,600,617,632,652,654,666;［十六］
　197,222,319,324 - 325,510;［十七］115,
　203,227,247,322,346 - 347,362,378,
　392,438,443,461,547,572,597,756(参
　见海滨)

邹培豪　［十三］684

邹容　［一］71;［三］429;［十一］112;［十
　三］135,210

邹若衡　［十七］517 - 518

邹树声　［十六］330

邹畏之　［十七］358

邹慰丹　［十三］210

邹温氏　［十三］465

邹耀　［十四］365

邹耀元　［十七］154

邹义同　［十六］132,174

邹毅　［十四］241

邹玉山　［七］511

邹云彪　［十六］61,63,141

邹中杰　［十五］298

组庵/安　［四］453 - 454;［七］393;［八］8,
　11,174,203,221,233,238,275,256,315,
　311,333,354,421,457,477,479;［九］
　443,468,471,543,567,593,600,619,663;
　［十四］133,507,516(参见谭延闿)

祖穌　［四］93

祖华　［四］93

醉生　［八］441 - 442(参见梁醉生)

尊权　［八］388

左丞　［八］123,131,349,363;［九］310,371

左新辉　［十六］339,356

左西山　［十三］95 - 96

左忠文　［十六］357

左宗棠　［二］32 - 33,340;［五］9,38;［十］
　576,603,606;［十一］115

佐顿　［十八］559

佐藤虎次郎　［七］24

佐文　［八］255

佐治第三　［三］121

佐治亨利　［一］20(参见亨利·佐治、轩利
　佐治、卓尔基亨利)

佐佐　［十八］560

佐佐木到一　［十八］384

地名索引

A

阿颠　[二]6

阿尔然丁　[一]100

阿尔赛士　[二]112

阿弗尔　[十二]20

阿富汗　[二]42,108；[三]450,451,455,
458－461,464；[八]492；[十]23,633,
674,679－680,682,686；[十二]19,295,
330

阿富汗斯坦　[三]290－292

阿根廷　[一]198；[二]13,180

阿金滩　[三]149

阿勒腾塔格岭　[一]176

阿利桑纳　[七]36

阿连治　[三]51

阿美尼亚　[二]274

阿迷　[一]155－156

阿姆利则　[四]573

阿遮利　[三]284

埃/唉及　[一]22－23,31－32,34；[二]16,
42,70－71,111；[三]278,281,283－284,
287,291,294,299,338,451,454,458－
459,461,464；[四]36,571,573；[七]388,
463；[八]490；[十]14,18,40,42,440,
678,686

埃仑顿　[十六]616,618－620,627－628

爱宕山　[十一]62

爱尔兰　[二]39,111；[四]571,573；[八]
490；[十]336,632；[十二]83

爱耳兰　[三]102,111

爱珲　[一]191

瑷珲　[一]195

暖江　[一]193

安东　[一]166,179,189,194－196

安化　[一]185

安徽　[一]126,129,172－174,178－180,
182－183,186－187；[二]79；[三]6；
[四]55,57,73,314,558；[五]22；[七]
44,113,368,379；[八]12,19；[九]73；
[十]115,149,189,298,382,463,575,
603；[十一]294,347；[十二]90,228,337
－338,349；[十三]15,27,35,40,43,64,
69,82,105,109,129；[十五]288,307；[十
六]22,79,124,126,144,147,152,158,
243；[十七]211（参见皖、皖省）

安南　[一]22,37,71,74－76,151,155－
156,164；[二]10,21,23－24,41－42,44,
51,57,66,91,108,334；[三]10,47,50,
159,259,261,274,284,395－396,403,409
－410,439,455；[四]285,577；[五]9,22,
234；[七]29,73,82,89,114,129,131－
132,187,329,496；[八]145,492,511；
[九]102,172,287；[十]24,56,113,141,
312,415,439－440,486－487,528－529,
532,575,579,595－596,656,669,674,

695,697 - 698,701,760,766,786,791 -
792,807;[十一]114,141;[十二]98,249,
255,340,364;[十三]7,645;[十六]274 -
275,335,337,347 - 348

安庆 [一]117,123,126,133,174;[三]53;
[四]149;[八]12;[九]34,40,60,87,
158,316 - 317,536;[十]788;[十四]370;
[十八]353

安仁 [一]188

安斯得坦 [一]168

安西 [一]170,172,176,211

安远 [十六]123,163

奥大利 [三]49

奥地利 [三]308

奥国 [一]10;[二]9,22,39 - 40,52,78,
112;[三]166,289,295,350,385;[十]
787,812;[十二]75;[十五]284

奥克斯福 [二]288

奥匈帝国 [十二]72

澳 [四]13;[九]72,448;[十]112,469,
510 - 512,516;[十四]143,165(参见澳
门)

澳 [三]75,117,218,220,279,281,417;
[四]135,137,578;[十]14,236,238(参
见澳洲)

澳大利亚 [十二]135

澳门 [一]65,147;[二]189,243,261 -
263,266,295 - 296,299,355;[三]131,
133,319,413 - 414;[四]7;[六]208;
[七]44,71,143,148,243,362,439,454,
488,535,571;[八]30;[九]176,178 -
179,448;[十]24,86 - 87,509,511 - 512,
515 - 516;[十一]5,58,281 - 282,284 -

286,411;[十二]35 - 36,52,57,65,206,
451 - 452,455,459;[十四]217;[十五]
10,12,282;[十六]3,418(参见澳)

澳洲 [一]100;[二]6,14,39,51,171,180,
291,324;[三]73,117,145,149,278 -
281,291,326 - 327,358;[四]134,136 -
137,145,285,470,577;[七]434,496;
[八]41,156;[九]239;[十]262,675 -
676,807,813;[十二]80 - 83,86,347,
389;[十三]139,175 - 177,190 - 191,
288;[十六]101,139,248,333,343,407,
415(参见澳)

B

八卦洲 [一]117;[十三]84 - 85

八闽 [七]393;[八]119,357,432;[九]
527;[十四]180

八莫 [一]154

八寨 [一]153;[七]85

巴比伦 [一]22 - 23,34;[三]10;[十二]
151

巴毕干 [二]280

巴城 [七]118,430,434,499;[十三]153;
[十六]33,68 - 70,78,107,138,148,151,
153

巴楚 [一]206

巴达斐亚 [七]355;[十六]376

巴达维亚 [四]125;[七]263;[九]181;
[十三]153;[十五]522;[十六]544 -
546;[十八]16 - 17,277

巴东 [十六]105,148,154,164

巴尔干 [一]83 - 84;[二]22;[三]272,
286,292,304,333,335;[九]588;[十]

245,677；[十一]354；[十二]72,408；[十三]125

巴尔淖尔　[一]201

巴阔洼　[一]200

巴黎　[一]30,34,72,76,80,229；[二]40,112；[三]25,105,134,334,346,354,356,458；[四]283－284；[七]41－42,49,57,73,110,122,124－126,130,133,207,233,249,303,313,356；[八]67,78,81,90,98,103,272；[九]22,26,134,139,147,151,388,662；[十]384,683；[十一]113－114,116,147,151,167－169,204－209,426；[十二]141；[十三]210,328；[十六]7；[十七]279（参见佛京）

巴罗　[七]99－100

巴拿马　[一]31－32,43,122；[三]24；[七]342；[八]492；[十]140,142；[十一]254；[十三]179

巴拿马河　[三]302

巴戎　[一]209

巴生　[十六]403,405,455－457；[十七]167－169

巴生港口　[十六]130,173,412－413,429,431,451,453－454,530－532,534

巴士杰　[四]276；[十六]583

巴市杰　[十六]576,578－580

巴梳　[四]276；[十六]576－580,583

巴蜀　[四]368,415；[八]68；[九]286,290,437；[十]56

巴双　[十六]89,103,116,164,180

巴斯团搭格拉克　[一]206

巴塘　[一]209,212；[十]684

巴西　[二]13；[三]183

巴彦　[一]192

把利佛　[十七]41－43,45,52

坝罗　[七]101,207,212；[十七]103－106

白鹅潭　[二]50；[四]494－495；[八]361；[九]512；[十]596,610,689,694－695,805；[十二]201；[十三]506；[十五]252

白宫区　[二]285

白河　[一]31,102

白芒花　[一]70；[四]107；[十二]310；[十五]114

白沙　[十一]91；[十三]5

白沙堆　[九]561；[十四]195

白厅区　[二]318

白云庵　[十八]67

白云山　[九]538,540－541；[十]606,620,669,690；[十二]290；[十三]670；[十四]411－412

百色　[一]155－156；[七]60,318－319；[八]187－188；[九]405－406,415；[十三]408

百顺　[十四]435－436

百粤　[四]42,52,127,162,575－576；[八]64,180,214,338－339,345,359－360,373,390,430,446,449,511；[九]232,436,447；[十三]449,575,596,598；[十六]13

柏塘　[九]551；[十二]310

班让　[十六]122,165

般埠　[十六]605－608

般鸟　[二]246

斑烂山　[一]209

邦博　[一]205

邦咯　[十六]530－532,534

包比干　［二］313

宝安　［六］163,319;［九］438,622;［十四］145 – 146,160 – 161,381;［十五］6,80,663 – 664

宝坻　［一］177

宝鸡　［一］171

宝庆　［一］152,188;［三］8

宝山　［一］114;［三］19

宝应湖　［一］179

保德　［一］173

保地麽　［四］275

保定　［四］145 – 146,507,513;［七］470 – 471;［九］103,518;［十］719 – 720;［十二］242,260 – 261;［十三］195,247,302,305,545

保夫卢　［四］275

保宁　［一］176;［四］421,424;［九］322 – 323,328,336;［十三］296;［十四］133;［十六］285

保士顿　［四］275;［十六］614,617,619 – 620,625

鲍街　［二］321

剥隘　［一］155

北般鸟　［十三］148

北冰洋　［一］200;［十］582

北方　［一］69,91,101,129,166,220;［二］23,78 – 81,97 – 99,106,182,187 – 188,264,298;［三］29,163,169,180,222,339,348,395 – 396,399 – 400,405,408 – 409,434,453;［四］37,40,103,107,265,316,332,344,346,354 – 355,382,386,397,403,418,431 – 433,437 – 440,448 – 452,456 – 459,462,464,477,479 – 481,486,488 – 489,493 – 494,496,516,519 – 520,534,543,558,562,575,581,599;［五］19;［七］49,227,304,371,394,459,468,477,479,483 – 484,489,503,522,540,553;［八］3,11,15,29,44 – 45,48,51 – 53,55,81,83,85,88,91 – 92,94 – 95,106,108 – 109,112,124,130,168,180,182,206,212,383,390,394,434,439,444 – 445,450,452,454,456,458,465,513 – 514;［九］4,28 – 29,39,48,50,53,77,79,85,89 – 90,102 – 103,110,113,125,204,259,274 – 275,296,316 – 317,337,356 – 357,361,374,376 – 377,379 – 380,382 – 384,394 – 395,398,400,414,417,425,456,459,463 – 467,472,474,476 – 477,498,513,519,521,534,546,548,554,574,604 – 605,623,639 – 640,643,646;［十］71 – 73,104,106 – 108,140 – 141,180 – 182,194 – 195,317,322,325 – 328,333,340,355 – 356,362 – 371,373,378,384 – 385,399,401 – 403,407,410 – 411,414,430,432 – 433,448,458,463,472,477,479 – 484,488 – 491,501,511,515 – 516,519 – 520,523,559,565,607,631,689,691 – 694,697,720 – 721,758,764,769,771,774,777 – 779,782 – 785,789 – 790,796,801 – 802,808,813,817;［十一］8,94,136,238,251,254,262 – 263,282,300,302,313,332,339,347,350,354,357,396,400,412,425,427,460,479,482,484,486;［十二］8 – 10,12,15 – 17,26,45,73,78 – 79,87 – 90,98,105,118,133,141,146 – 148,169,174,177 – 178,182,201,207 – 209,222,234,240,

247,256－258,260－261,276－277,282,
306,312,316,352,356,359,365－367,
406,409,418,420－421,424;[十三]71,
96,158,166,290,293,297,307－308,310,
314,323,325－326,329,339,357,361,
363,370,420,427,440,446,457,528,533,
561,564,581,596;[十四]87,104,213,
265－266,323,394,516,529－530;[十
五]96,287,478,522;[十六]428;[十七]
710

北海 [一]30;[六]163;[七]53;[十]609;
　[十三]408;[十四]367;[十六]552,576

北加非 [四]276

北架斐 [十七]6－9,12

北江 [一]135,140,142－144,149,152－
　153;[二]334,336;[三]440;[四]485,
　494,522,575,583,592;[六]157－159,
　182,227,264,286,455,484－485;[七]
　18;[八]219,225,441,448,453,458,463
　－464,498－499,518,534;[九]445,448,
　451－452,457－458,467－468,514－
　515,539－540,545,561,580,594,620,
　624,657;[十]471,522,573,577,606,690
　－691;[十二]204,206,296;[十三]408,
　428－429,448－449,458,511,536,554,
　589,599－600,604,685;[十四]4,14,49,
　83,86,88－89,136,160,188,300,319,
　321,326,335,337,341,345,354,394－
　396,408,419,478,528,563,566,594;[十
　五]82,85,201,230,272,274,467,481;
　[十七]338,353,601,640,676－677,690
　－692,749－751

北京 [一]18－19,54,71,76,99,124－

125,177,189,193,195,201,204－205,
238,240;[二]26,79－80,117,127,188,
209,222－223,228,231,236,264,293,
297,326,334,338－340,353;[三]5,27,
30,32,35－36,39,43－45,47,50,131－
133,138,146,179,185,223,244,261,280,
282,332－336,345,355,383,395,398,
400,410,419－420,446;[四]30,36,40,
72,74,81－82,145－146,157,171,261－
262,287,289,316－317,331－335,341,
343－345,349－354,367,374,380,389,
394,402,407－410,417,419－424,431－
433,438－439,447－449,451,460,462－
466,470,475－476,478－479,482,489,
491,493,497,507－508,510－512,516－
517,520－521,524,529,531－534,548－
550,553－554,557－560,576－577,585,
593,595,599;[五]41,48,169,226,233－
234,241,365,367,396－397;[六]35,
204,280,317,489;[七]5,73,82－83,135
　－136,147,166,167,168,175,177,180,
184,211,223,238－239,282,293,297－
299,303,326,328,384,400,408,409,427,
430,467,485,487,509,518;[八]69,72,
82,90,109,159,182,202,272,281－283,
301－302,310,324,352,369－370,376,
379,393,397－398,437,454,484,542;
[九]28,35,43,47－48,50,57,61－62,65
　－66,70,72,76－79,81－82,84,87,92－
93,95,97－99,101－109,112－113,115,
119,121,123,125,128－130,132,134－
137,139－152,154－155,157,160－161,
163－164,167－168,181,217,226,230,

235,239,241,244 － 246,250 － 253,256 － 257,305,311,313,316 － 317,332,338,355,358,364,371,378,380 － 384,386 － 389,391,394,400,402 － 403,421,454,456,459,463,465,468,477 － 478,480 － 481,501,503,512,517,519,521,526,533 － 534,548,552 － 553,565 － 567,569,571,584,586,588 － 590,595,640 － 641,643,646 － 649,651 － 653,656 － 658,660;〔十〕7 － 8,20,22,24,27,35,39,43,47,57,69,72,74,100,103,105 － 106,110 － 114,116 － 117,119 － 126,128,130 － 133,135,138 － 139,143 － 144,146,162 － 165,172,174 － 176,180 － 182,187 － 188,190,195 － 196,225,244,250,274 － 275,279,283,289 － 290,313,319,327 － 328,330,334 － 336,343,353,357,361 － 363,368,370 － 371,382 － 384,399 － 400,407,409,411,427,433,463 － 464,467,481,483,485,489,494,496 － 498,508,510,512 － 513,515 － 516,519,522 － 523,533,535,540,552,554 － 556,567,589,608,613,617,628,631,636 － 637,654,689 － 693,720,758,762,765,768 － 769,771,774 － 779,782,784,786 － 787,791,800 － 802,808 － 810;〔十一〕9,45,47,49,55,70,81,87,95,100,126,132,135,137 － 138,146,165,168,173,191,193 － 195,198,204,231,233,236,241 － 243,247,251,253 － 254,259,262,264,276,281,288,292,296,299,301,304,307,309 － 310,312 － 313,315,317 － 318,321 － 322,324 － 325,327,329 － 330,333,336,338,342,346 － 347,

354,357 － 362,368 － 369,375,397,400,403,405,412,414,418,424 － 425,458,461,468,482 － 483;〔十二〕29,45,56,60,67 － 69,76,90,100,107,118,121,125 － 126,133 － 135,142,149,174,176 － 178,184,187 － 189,197,220,223 － 226,229,232 － 233,236,241 － 243,247,258,267,273,277 － 278,294,296 － 297,300 － 302,304,306 － 307,327,335 － 336,338 － 339,343 － 344,348,356,359,365,367,371 － 372,385,405 － 407,414 － 415,417,419,421,428 － 429,439,441 － 442,449,456 － 457,462 － 463,465 － 466,468 － 469,479,482,485 － 486,488 － 491,493,495,500 － 502,504;〔十三〕16,29 － 30,71 － 72,77,83,89,110 － 111,120,129,136,158,195,234,239,242 － 243,250,269,290,296,311 － 312,314 － 315,328,332,340,371,376,384,393,431,453,531,542,557,567,569,580,608 － 609;〔十四〕132,154,264 － 265,370,426,431,516,530;〔十五〕524,526,601,628,656;〔十六〕16,30,364,540;〔十七〕754(参见京、京城)

北满(洲)　〔一〕159;〔三〕222,226,261,292;〔八〕303,347 － 348,369 － 370;〔九〕92;〔十〕128;〔十一〕357;〔十三〕195

北茅津　〔九〕76

北美　〔二〕39;〔三〕94,114,421;〔七〕38,525;〔十〕19;〔十一〕206;〔十二〕411

北美合众国　〔一〕99 － 100,168,225;〔四〕392;〔十〕313(参见美国)

北盘江　〔一〕154

北圻　〔三〕259

北塘　[一]178

北通州　[二]188

北运河　[一]128

贝尔池　[一]191

贝加尔湖　[一]200

贝士　[四]275

贝市　[十三]202;[十六]616,618 – 620,
628

贝辛霍尔街　[二]312

本溪湖　[四]368;[十一]447 – 448

比国　[三]8,150,291,303;[七]135;[十]
72,261;[十一]276;[十二]74;[十三]
32;[十七]279

比(利时)京(城)　[一]72;[五]22;[七]
122,125,127;[十一]114

比勝　[七]95

比利时　[二]156;[三]8,53,110,235,258,
284,291,303 – 305;[四]333;[七]121;
[九]22;[十]42 – 43,178;[十一]119,
478;[十三]369

比令士　[四]275

比鲁　[一]34

比路麽　[四]276

比市布　[四]276

吡叻布先　[十六]129,170

吡叻朱毛　[十六]121,162

必珠卜　[四]275 – 276;[十六]613,617 –
618,620,623

毕节　[一]154;[四]417 – 418,421,424;
[九]305 – 306,322,327 – 328,330,334 –
337,341,343 – 344,353,357 – 358,361;
[十六]285,287,292,302 – 303

庇勝　[四]27;[七]79;[十三]8

庇叻咕　[十七]6,8 – 9,13

庇利士滨　[十七]71 – 74

庇能　[七]67,100 – 101,210,339,406 –
407;[十三]140 – 141;[十六]32,101,
107,147,158,406,433 – 434,444,505,530
– 532,534

庇宁　[七]110,189,193

庇罐利　[十六]576,578 – 580,582

碧家啡　[七]156,164 – 165

碧口　[一]176

碧瑶　[四]123

泌阳　[一]171

边陲　[七]190;[十七]420

边拿李耀　[十七]5,7 – 9,11

别开穆　[一]202

别留　[一]201 – 202

宾川　[十八]77

槟城(州)　[一]77;[七]49,182 – 183,185
– 187,192 – 193,195,198,204 – 205,214;
[九]252;[十]23,25,31,34;[十一]236;
[十三]53

槟榔屿　[一]76;[五]234;[七]162,167,
170,180 – 181,185,190,193,195 – 196,
202 – 203,208 – 209,215,302;[八]274;
[九]27,204;[十]33;[十一]136,187;
[十六]31,117,179

兵库　[四]560

拨峀　[四]275

波打云埠　[十三]176

波德兰路　[二]280

波德兰区　[二]279 – 280,284 – 285,293 –
294;[四]269;[七]4,123;[十一]14,25

波德兰区四十九号　[二]278;[十一]14

波地坚　〔十六〕605-608

波兰　〔二〕34,41,52,329;〔三〕289-290,305,308,320;〔十〕122;〔十一〕117,478;〔十二〕36;〔十三〕369

波兰顿　〔十七〕41-42,44,49,54

波兰佛　〔十七〕41-43,48-49,53

波兰弗　〔十七〕53

波利磨　〔十六〕616,618-620,628

波罗波勒格孙　〔一〕201

波罗的海　〔一〕30;〔三〕289

波士顿　〔三〕79;〔四〕530,534;〔七〕8,141-142,144-146;〔十一〕196;〔十二〕247;〔十三〕501

波斯　〔二〕42,108;〔三〕290-292,294,299-300,450-451,455,457-459,461,463;〔八〕490-492;〔十〕30,190,595,599,633,674,678-680,682,686-687;〔十二〕295,330;〔十三〕125

波斯湾　〔三〕290,294;〔十〕678-679

波特兰街区　〔二〕294,300,311-313,316-318,326,328-330,352;〔三〕134

波特兰路　〔二〕313

波特塞得　〔九〕26

砵仑　〔五〕14;〔七〕241,242;〔十〕38;〔十一〕196

钵仑　〔十三〕202;〔十六〕614,617-618,620,624

柏林　〔一〕72;〔三〕19,290,299;〔五〕169;〔七〕124,233;〔八〕291;〔十二〕296

伯达　〔一〕97;〔三〕299

伯多滚台　〔一〕201

伯勒台　〔一〕201

勃生　〔十六〕81-82,113,152

勃卧　〔十六〕116

勃牙利　〔三〕285-286,299

亳州　〔一〕172-173,178;〔九〕35

博鳌　〔三〕159

博尔霍　〔一〕202

博尔努鲁　〔一〕202

博尔台　〔一〕206

博芙芦　〔十六〕399,611,615,617,619-620,626-627

博罗　〔六〕163,319;〔八〕238,462,477-479,481-482;〔九〕550,560-561,567-568,572,575-576,598;〔十〕573,612;〔十二〕310,319;〔十四〕22,59,71,119,160,167-168,179,193,234,236,294,331,554;〔十五〕48,88,150,442

博罗里治　〔一〕200

博山　〔一〕178

博兴　〔一〕178

博伊西　〔九〕17

渤海湾　〔十〕673,676,678

跛打　〔十三〕179,213;〔十七〕6,8-9,12

薄寮　〔十六〕274,347,378,528,530-533,535

不丹　〔三〕460;〔八〕490,492;〔十〕527,534

不列颠　〔二〕5,296;〔三〕278;〔四〕130(参见大不列颠、英国)

布丹　〔二〕22,45;〔三〕453

布加利亚　〔二〕40

布拉戈维申斯克　〔十二〕94

布赖顿　〔二〕335

布林　〔十七〕167-170

布鲁塞尔　〔三〕235;〔九〕22;〔十一〕113,

115,117－119

布鲁台　［一］177

布鲁些路　［七］233

布满　［四］276

布哇　［七］24－25,28－29,38

布宜诺斯艾利斯　［八］277

C

菜苑　［十七］6－9,12

苍梧　［八］274;［十三］452,614;［十八］287

曹州　［一］172,178;［十六］143

茶陵　［一］188

茶山　［十］562;［十四］214－215,253,263

查哥士拉夫　［三］309

柴塔木　［一］208

昌化　［一］183

昌江　［六］163,319

昌黎　［四］576

常、澧　［八］188;［九］297－298

常德　［一］182－183,186,188;［三］8;［四］164,417,419,421,425;［九］303,312,332,336,361,493;［十三］272－273,423;［十五］461;［十六］303

常山　［一］187;［四］50

常州　［四］68;［九］615

长白　［一］189,193,196;［四］286

长白山　［一］193

长城　［一］29－31,41,101,173－174,191,194,200－201;［三］19,400;［四］286;［五］39;［九］60,86,240,263;［十］257－258,265,267;［十一］354;［十三］319;［十六］23

长春　［一］191,193,198;［八］83;［十二］238;［十三］221,357

长堤　［二］130,170－171,175;［三］344－345,354－355,405;［五］47;［六］374;［七］292;［十］75,90,453,573,696;［十三］658;［十四］235;［十五］667

长江　［一］31,65,69,74,101,104,106－107,110,115,119,122－133,147－148,169,171,175,183;［二］32,78,354;［三］53,340,347－348,357,390,398,428,430;［四］29,40,57,67,150,359,378－379,390－391,394－395,423,493,576;［五］47;［七］16,59－60,62,145,184,189－190,192,440,459,485,573;［八］3,10－11,88－89,92,109,113,188,213,227,261,263,268,273,282,285,379,421,534;［九］277,286,296,303,305,312,322－323,333,345,351,356－357,422,444,450,456－457,496,631,650;［十］22,70,154,159,195,326,431,447,471,566,568,640,694,719,764,789,792,794－795;［十一］57,100,113,126,135－138,194,282,345,416,479,483;［十二］123,155,166,169,241,276,366－367,423,425,447;［十三］79－80,114,128,243,333,336,405,484,582,608;［十四］435;［十五］478;［十六］27,41,429,477

长津　［五］217

长岭　［一］190

长龙　［九］370

长宁　［一］184,186;［九］319,447;［十六］123,163

长崎　［二］27－28;［四］71,560;［七］28,

73,352;［十］254 – 255,273,276 – 281,
579,765,793,796,801;［十一］88,369 –
371,392,426;［十二］66,438,440,470;
［十三］17;［十六］84,139,153;［十七］
304

长沙　［一］185 – 186;［二］27;［三］8;［四］
86,116,315,400,412,417,419,421,430,
453,460;［五］21,23,370,409,412,416;
［七］166,173,176,573;［八］18,157;
［九］270,284 – 286,294,297,312,327 –
328,334,336,355,360,401,409,456,460
– 462,467,471,473 – 474;［十］341,473;
［十二］156,304;［十三］68,227,272,304;
［十四］133,168;［十六］450;［十八］439

长山　［一］178

长泰　［一］185

长滩　［四］29;［七］191,345;［九］14,16

长涂港　［一］166

长兴　［一］171

长洲　［一］138;［四］494;［八］170,297,
513,531;［九］433,576;［十二］197,204,
206;［十四］40,45,84,286,368;［十五］
37,333,466

长洲炮台　［十］689

长洲要塞　［四］154,494;［十二］197,206;
［十三］649;［十四］8,40,45,84,194 –
195,292,299,305,316,340,368,375,431,
492;［十五］187 – 188,333,346,413;［十
六］462 – 463,586,640;［十七］296 – 297,
304,332,519,581,587,600

朝鲜　［二］304 – 305;［三］11,47,284,296;
［七］239;［九］395,653;［十］24,56,282,
352,415,436,681;［十一］381 – 382,452;

［十二］70 – 73,80,83,85,89,125,128,
132,139,305,340;［十三］198,281,339,
608;［十八］247(参见高丽)

潮　［三］395;［七］16,53,55,56,70,71,92,
93,131;［八］41,436;［九］5,204,209,
362,364,406,415,420,437,594;［十］
333,501,561,585;［十一］45;［十三］190,
240,253,254,323,579,590;［十四］104,
127,130(参见潮州)

潮安　［六］319

潮、梅　［九］362,364,406,437 – 438,440,
594,665;［十三］253;［十四］104,127,510

潮梅　［八］162,195 – 196,200,202,218 –
219,225,494,500;［九］274,364,453,
558,620;［十三］240,253,342,588;［十
四］87;［十五］477,557;［十七］439,710

潮桥　［九］349;［十五］451;［十七］85,112

潮汕　［八］201,205,208,213,379,458,
481;［九］294,306,323,410,413 – 414,
419 – 420,424,429 – 431,435,439,449,
458,547 – 548,559;［十］330,662;［十三］
240,362,428,579,590;［十四］104,180,
507;［十五］18,363 – 364,462,663 – 665;
［十六］255,344;［十七］391

潮阳　［六］319

潮音　［四］82

潮州　［一］74,186 – 187;［三］395,430;
［四］28 – 29,332,421;［七］69,106,132,
184,419,471;［八］481;［九］33,203,321,
329,336,404;［十］78,474 – 475;［十一］
48;［十三］322,579,590;［十五］284,477;
［十七］409(参见潮)

车陂　［四］154

车臣汗 [一]204;[九]145

车城 [一]176,206,212-213

车尔城 [一]211

车里 [一]207,209

车歪炮台 [四]451;[九]459;[十二]200
-201,204;[十三]225,498-499

郴州 [一]185;[九]396,422;[十三]344;
[十四]246,282

臣浊 [一]201

辰州 [一]152,156,182,185-186;[三]8;
[八]173;[十三]296,375

陈村 [一]144;[六]162,207-208;[九]
433,607;[十四]136,567

陈台 [一]177

陈州 [一]178

成、渝 [八]267

成都 [一]131,151,153-154,156,207-
209,211-213;[三]7-8;[四]57,314,
400,409,421,424,513;[五]123;[六]16,
19;[八]11-12,267;[九]94,145,,304,
307-308,315,322-326,328-333,335
-337,341,345,361,363,368-369,385,
392,436,519;[十]121,154,159,341,
527;[十一]345;[十二]109,160,169,
384;[十三]9,296-297,545;[十四]78,
133,256;[十六]276,281-282,285,292

成都平原 [一]154,209

承德 [一]194;[六]55;[十一]449

承化寺 [一]202

城步 [一]152

澄海 [六]163,319;[十五]665;[十六]
287,292-293,362,415

澄迈 [六]163,319;[十四]225

池州 [一]186

赤阪 [四]73;[七]346,350,364,372,375,
391

赤间 [三]19

赤奎河 [一]200

赤露 [八]490-491

赤水 [一]153

赤塔 [一]96

赤溪 [六]162,319;[十五]621,623

崇安 [九]228;[十]471

崇义 [一]185;[十三]482;[十六]123,
163;[十七]695

重庆 [一]89,132,151-152,156,170,175
-176,182-183,185-186,188,232-
234;[三]6-8;[四]57,314,379,409,
417,419,421,424,447,525,575;[五]7,
22;[七]457,573;[九]106,269,277-
279,284-286,288-289,291-292,294,
298,302,304,307,309-310,313,318,
320,322-323,328,335-336,339,341,
345,347,352-354,361,367-369,371,
436;[十]154,159,788;[十一]45,49,
345;[十二]101;[十三]9,296;[十四]
133,304;[十六]30,281,285,292

楚雄 [一]154,213;[七]318

楚云台 [十一]462

处州 [一]184-185

滀臻 [十六]274,347,530-534

川 [一]17,18,72,77,80,152;[三]52;
[四]40,87,359,378,395,399,423,425,
430,455,515,520,525,574,580,582;
[五]38;[七]459,562,568,574;[八]44,
48,97-98,109-110,122,130-131,179,

200,218,220,224,227,267,304 - 305,
331,333 - 335,337,348,408,421,472;
[九]41,106,163,183 - 184,261,266,276
- 277,282,289,291,295,299 - 301,303,
305 - 309,313 - 315,321,323 - 324,330
- 332,335,340,345 - 346,353 - 354,
359,363 - 364,383,385,392,405,435,436
_437,440 - 441,443 - 444,450,469,485,
544,556,563,591,605,614;[十]333,
399,524;[十二]106,135,145;[十三]
177,333,345,350,351,360,368,374,,
392,411,417,418,430,545;[十四]63,
78,133 - 134,256,304,313,406,412 -
414;[十六]303(参见四川、川省)

川、滇、黔　[四]164;[八]179,218;[九]
262,289,292,310,320,346,392,408,436,
614;[十五]461

川、滇、黔、鄂　[十三]374

川北　[九]291,299 - 300,308,311,353;
[十三]417,545;[十六]91,144,244 -
245,284 - 285,305,343,349

川边　[二]64;[八]82,113;[九]283,368;
[十六]240 - 241,339

川滇黔　[九]261,291,408;[十三]333

川东　[九]271,310;[十三]417,568;[十
六]91,144,230,245,337

川鄂　[八]146;[十二]165

川汉　[十一]294,345

川龙口　[二]130

川南　[七]163;[九]283,291,308,318 -
319;[十六]91,144,240,342

川省　[六]16;[七]249;[八]76,108,110
- 111,120,220,267,304,331 - 332,334

- 337;[九]94,328,330,332,340,345,
364,408;[十三]351,455;[十四]78,133
- 134,256,272 - 273,313,404;[十六]
279 - 283,302,349,415(参见川、四川)

川西　[十六]93,230,337

川中　[八]11,68,73,75,108,110 - 111,
113,130,132 - 133,137,142,153,179,
187,227,267,286,295,314,325,329,332
- 333,348 - 349,389,406,421;[九]269,
278,291,289,299,302 - 303,306 - 309,
322 - 323,332 - 333,340,353,363 - 364;
[十三]345,350;[十四]133 - 134

淳化　[一]175

醇化　[九]387

慈利　[一]183

葱岭　[二]22,36

从化　[一]184;[四]154;[六]159,162,
319;[九]447,451,539;[十四]282;[十
五]267 - 268,477

粗李杜　[十六]616,618 - 620,628

粗里庙　[一]201

翠亨　[十二]51 - 57,59 - 62,64;[十八]3,
275

D

达打　[十六]612,621 - 622

达打意忌基　[十三]179

达克木苏马　[一]205

打箭炉　[一]212;[三]395;[十]683

打金麻　[一]134

打扪　[十六]134,177

打拿根　[十六]523 - 525,527

打市巧夫　[十七]151 - 154

大阪　［一］104；［二］199；［三］79；［五］246；［七］496；［十］254－256，258－259，269；［十一］372，374，388，391－392；［十二］66，453，455；［十六］49－50，112，150

大不列颠（帝国）　［二］5，39，296；［三］278；［四］542；［十一］23，139；［十二］18，20，82－85，250，255，407（参见不列颠、英国）

大不列颠三岛　［二］39

大埠　［二］299；［四］271－272；［五］10，14－17；［七］152－153，179，194，198，220，231，240－243，250，557

大产关　［十四］567

大城　［一］177，

大定　［一］154

大东沟　［一］196

大东门　［二］130

大佛寺　［十八］297

大沽　［一］178；［三］395；［四］57，576；［十］57，154，159；［十一］345

大沽口　［一］91；［七］184；［十］196

大韩民国　［十］436

大行山　［三］19

大湟　［一］153－154

大湟江　［一］154；［十三］555

大吉岭　［十一］334

大江　［一］104，117，126，129；［四］40，46－47，104，368，527；［七］393，518，562；［八］11，68，88；［九］269，278，284－286，288，290，292，313，324，335，337，367；［十三］69；［十六］282

大赍　［一］191

大览尾　［十五］24

大缆尾　［十四］571

大理　［一］151，154，207，209，212－213；［四］57；［五］389，403－404；［六］27，34，36，38，49－51，77－78，83，86，89，112，147－148，268，345，347，363；［十］154，159；［十一］345

大连　［一］159，162－163，193；［二］21，28，182；［三］12，261；［四］375，577；［七］404；［九］192，650；［十］15，679，816；［十二］465；［十六］139；［十七］304；［十八］346

大连湾　［三］45，47；［十］24

大良　［一］143－144；［六］207；［九］433，607

大凉山　［一］154

大凌河　［一］190，194

大马路　［二］130；［三］199，211

大宁　［一］173，177

大鹏　［一］70；［三］429；［四］107

大埔　［一］185；［六］163，319；［八］193；［九］434，449；［十三］560；［十八］311

大桥　［十五］496

大沙河　［一］174

大沙华　［十七］5，7－10

大沙头　［二］65；［八］482；［十］610，696；［十三］592；［十五］377

大山脚　［十六］100，132，174，433－434

大汕　［十四］33

大塘　［十］594；［十二］210

大田　［一］184；［八］351；［十五］298

大通　［一］117，133；［四］48；［十三］35

大同　［一］170，174－175，177，，；［四］368；［七］35；［九］62，66；［十三］105

大完肚　[十六]131,173

大西洋　[一]32,41,66,168,231;[二]39,51;[三]160,257,269,295;[四]108,343;[七]7;[十]300

大溪地　[九]511;[十四]334;[十六]576,578－581

大兴安岭　[一]191－192,194,197

大洋洲　[十]675

大英帝国　[二]310,347;[三]277,280,282,299;[十]675－678,681,683;[十二]18,412(参见英国)

大涌口　[十三]616

大鱼湖　[一]194

大榆树滩　[十五]504

大庾　[九]539;[十四]168;[十六]123,163,486;[十七]695,727

大庾岭　[一]186;[四]493;[十]689

大芉嶂　[四]154

大运河　[一]101,160

大竹　[四]421;[九]303,322－323,328,336;[十三]296;[十四]133;[十六]285

大竹河　[一]175

大资　[六]126

大纵湖　[一]180

代州　[十一]349

岱南　[十六]144

丹江谷地　[一]171,175

丹麦　[二]39,110;[三]266,271,284,320;[十]803;[十二]36

丹阳　[一]184

儋县　[六]163,319;[十四]225

淡水　[一]70;[四]107;[八]473,481－482;[九]559,561－562,564;[十]559;

[十三]3,649;[十四]132,143,254;[十五]462

导河　[九]301－302

道江　[一]152,185

道禧　[十七]6,8－9,12

道州　[一]152,185

得氓　[七]411

德安　[十六]123,165

德国　[一]12－13,229－230;[二]9－13,15,19,22,35,38－42,45－46,48,52－53,60,78,111－114,121,129,153,156－159,162－164,180－181,203,213,288,293,321,329;[三]3,8,44－45,59,107,109,125－126,145,150,160,166,187,202,213,257－261,264,267,269,271－275,282,284－285,288－296,299,303－305,313,318－320,335,341,349,350,364,375,385,389,402,404,461;[四]84,375,396,406,501,533,542,549－550;[五]176,442;[七]41,86,390,515,538,540;[八]476,509;[九]66,248－249,402;[十]24,136,179－180,337,367,383,417－418,423,465,550,583,659,675,677,681,683,685,697,787,812;[十一]100,138,195,249,353－358,404,420－421,445－446,449,452,474,480－481;[十二]18,20,34－37,72,75,83－84,89,142,215,246,249,295－296,330－332,336,392,454,457,460－461,465;[十三]369;[十四]302,397,573(参见德意志)

德化　[八]351;[十六]122,165

德克萨斯　[七]36

德平　[一]178

德清 [一]184

德庆 [一]153,208,210;[六]163,319;[七]317;[十二]263,265

德文希尔街 [二]300－301,303,308,314,319,330

德兴 [一]185

德宣路 [二]130

德意志 [一]21;[二]12,40,112;[三]94,282,293,404;[十]298,451(参见德国)

德州 [三]8;[六]159;[十六]144

的他睐 [一]7

登州 [九]50;[十六]143

邓州 [一]171,209

低沙角 [一]127

堤岸 [七]60

狄道 [一]171,176

迪化 [一]96－97,172,177,199－200,202

底门赤鲁 [一]201

底特律 [九]18

地彩 [四]275

地高打掌慎 [四]275

地温些街 [十一]21

地洋丸 [十六]36,110,149,153

地中海 [一]31;[二]100,352;[三]257,282－283,292－293;[四]108;[十]676,678

第一公园 [四]158,590;[十八]242

滇 [一]72,154;[三]8,83,166,222,390,395,399,401,408;[四]87,164,380,395,399,401,413,415,417,423,425,430,433,492,513,515,583;[六]383,509;[七]85,86,87,92,93,125,132,,213,316,317,399,440,461,462,477,524,557,559,560,565－568,573,574;[八]34,40,48,70,98,134,168,179,200,218－220,224－225,236,238,307,318,354,390,399,404,411,422,446,448,489,524,538;[九]119－120,126,145,185,262－263,267－268,271,273－274,287－288,290－292,295－296,299－302,314－315,335,340,343,349－350,359,361,372,403,408,410,436－437,443－444,455,458,469,490,506－507,617,620;[十]56,122,299,408,434,448,500,503,506,508－513,516,524,561,572－573,614,756;[十二]102,119,135,145,166,169,258,325－326,417;[十三]247,252,332,333,345,369,374,378,386,432,433,434,564,575,595,604,607;[十四]321,337,352,418,438,458,468,510,537;[十五]77,448,461,471,545;[十六]240,303;[十七]595(参见滇省、云南)

滇、黔 [四]164,380,399,423,425,430,433,454－455,492;[七]440,461－462,477,574;[八]12,175,179,188,200,218,318,524;[九]120,262,277,286,289,291－292,295,299,304,308,310,320,335,340,346,359,392,408,424,426,436,458,614;[十]56,122,299,434;[十二]148,166,417;[十三]374,473;[十五]461;[十六]282,303

滇边 [九]311,425;[十六]253,344

滇桂粤 [七]316－317;[十三]599－600

滇桂粤湘豫 [十五]387

滇黔川联军 [八]11

滇省 [三]395,408;[七]86,317,567;

[九]245,271,288,291,343,490,500;[十一]141;[十三]190,215(参见滇、云南)

滇西　[十一]160

滇湘桂　[十五]471

滇粤　[七]125,173,316;[九]141,286,620;[十三]620

滇粤桂　[十五]659

滇中　[三]8;[四]415;[七]560;[八]63,84－85,187－188,391;[九]263,268;[十三]546;[十五]669

典的市　[十六]373,400,451;[十七]150－153

典华　[一]78－79

典化　[四]275

点问顿　[十七]41－43,46,52

电白　[一]162,165;[六]163,319

定安　[六]163,319

定南　[六]461;[十六]123,163;[十七]714

定日　[一]210

定陶　[一]172

定远　[一]171－173,180

定远营　[一]173

东阿　[十一]148,150

东北(各省)　[一]160,198,248;[二]265,298－299;[三]3,22;[四]511,574－575;[六]160;[七]466,471,551;[八]281,295,308,347,525;[九]92,126,192;[十]503;[十二]147,157,283,285,300;[十三]197,281－282,357;[十四]376(参见东三省)

东部　[一]104,151,166,188;[三]67,451,458－461;[四]529;[五]22,316;[七]

189,242;[九]552,598

东昌　[一]178

东川　[九]283,368;[十六]240

东岛　[八]127

东关　[四]13;[六]122;[九]384;[十]492

东莞　[一]150;[六]163,207,318;[八]497;[九]433,438,551,622;[十]562;[十三]175,600;[十四]194,214,267,349,381,416－417,567,580,583;[十五]37,78,80,160,663－664;[十七]512

东海　[一]58;[二]22;[四]16－17,48,133;[七]508;[九]572;[十三]336;[十四]245,251;[十五]108,199;[十六]240,337,354－355;[十七]525

东海十六沙　[四]411－412

东江　[一]135－136,138,142－144,149－150,185,187;[二]190;[四]154,156,574－575,580,583;[六]110,161,197－198;[七]495,502;[八]177,338,351,453,455,462－464,469－471,473,477－481,486,488,494,496－498,500－501;[九]414－415,424,427,433,449,467,527,536,543,547－548,551,558,561,567,573,582,585,593－594,598－599,601,605,620,623－624,630,637,663,665;[十]500,573,577,600,606,612－614,620,655,662,672,690－691,693,756,779,805;[十二]51,147,361,370;[十三]554,603,619－620;[十四]36,71,75,104,119,131,147－148,156,169,188,190,207,220,224,226,232,243,245,254－257,279,292－293,300,308,317,321,331－332,337,344,358,376,409,443,

484,498,505,510,525,537,541 – 543,
553 – 554,572;[十五]18,25,28,46,58,
65 – 66,68,82 – 83,88,91,117,125,134,
150 – 151,168 – 170,184,186,195,221,
234,265,271,282,327,398,419,634,640,
656,662 – 664;[十六]566,610;[十七]
21,289,308,321,325,379,392,487,509,
543;[十八]578

东交民巷 [二]26;[四]74;[十一]325

东较场 [四]163;[十三]682;[十四]49

东京 [一]11,68,71 – 74,104;[二]30,
208;[三]6,40,94,234,273,280,295,
364,365,376,428 – 429;[四]15,25,30,
63,73,77,86,101,285,364 – 366,370,
379,560;[五]7,18,47,169,246;[七]20
– 21,26,29,35,43 – 44,47 – 49,51,59,
69 – 70,72 – 73,126,132,134,139,166,
173 – 176,188,193,229,251,322 – 323,
329 – 332,339,344,346 – 347,350,352,
354 – 356,358 – 359,364 – 365,368 –
370,372,374 – 375,378,386,388,391,
404,406,411,417,422,427,434,436,446
– 448,450,456,459,479,483,485 – 486,
490,493,499,500,502 – 503,512 – 513,
516,523,528,533;[八]7,16,28,45,139,
281;[九]37,59 – 60,149,151 – 152,217,
227,246,275,417,553,561,628;[十]12
– 13,20,146,153,158,216,222 – 223,
226,228,232 – 234,240 – 241,243 – 245,
248,254 – 255,269,276,284 – 286,386,
531,534,554,615,772,797;[十一]41 –
43,49,55,57,65 – 66,69,86,88,104,
109,121 – 122,124 – 125,127 – 128,141,

143 – 144,146 – 148,151 – 152,192 – 193,
249 – 250,336,370,372,377 – 381,383,
386,388,392,394,426,431,432,434 –
441,444 – 445,447,449 – 451,453,455 –
456,482;[十二]15 – ,69 – 70 – ,86 – 87,
97,110,249,316,433,435,445,461;[十
三]138,140 – 141,144,146,160,168,
177,183,193,196 – 197,199,225,302,
305,340,346,361,532;[十五]673,675;
[十六]71,380;[十七]202;[十八]87,
136,352

东京湾 [一]161;[三]159;[四]30;[五]
47;[十一]135,140

东兰 [一]154,156

东流 [一]109,117,119,129,186

东南 [一]130,165198,208;[二]247;
[三]45,71,80,433;[四]26,40,55,78,
94,285,322,353 – 354,359,574 – 575,
580,582,585,592;[五]38,41,175 – 176;
[七]194,280,396,435,456,464,510;
[八]295,354,413 – 414,524;[九]28,35,
69,130,168 – 169,649;[十]115;[十三]
19,45,122,124 – 125,582;[十六]13,23

东内蒙古 [四]375

东宁 [一]196

东欧 [三]291,299

东婆罗 [十六]95,121

东婆罗洲 [十六]162,169

东三省 [一]88,159,162,165;[二]107 –
108,187 – 188;[三]27 – 28,138,183,
284,387;[四]59,71,558;[五]22;[七]
60,143,145,379;[八]319;[十]95,126,
128 – 130,145,161,196,383,412,692;

［十一］325,354;［十二］141,314,365,
455;［十三］333,538;［十四］418;［十五］
288;［十六］126,147(参见东北)

东山　［二］130;［四］159;［八］208,461;
［十三］563;［十四］411－412

东省　［八］321,366,399,426,429;［九］92;
［十］356;［十三］197(参见山东)

东台　［一］180

东太平街　［九］144

东兴　［一］74,151,156;［十五］307

东亚　［一］135;［二］10,18,45,60,108,
276;［三］9,14,31,34,48,250,269,275,
320,340,349,404,450,464;［四］17,64－
65,71,129,363,375,379,502,562,595;
［五］244－245;［七］29,66,229,323,325,
340－343,464,490,545,547－548;［八］
3,5－7,15－16,159,181－183,230,489,
491－493,544;［九］63,135,152－154,
157,165,260－261,275,279－280,348,
650,652;［十］8,28,123,216－218,220－
225,227,231－232,236－242,245,254－
255,259,274－275,279,282,285,423,
678,680,786,794,796,812－813;［十一］
38,361,378,449,451;［十二］12,25,37,
215,436,439;［十三］58,256,367;［十五］
563;［十八］68,187

东亚大陆　［一］77;［三］343,353;［四］325

东粤　［七］145;［九］578

东镇　［一］189－193,195－198,204

洞多利　［十六］523－526;［十七］252－254

洞口　［十七］251－254

洞庭　［一］128,131－132;［四］89;［十二］
155

洞庭湖　［一］131－132,183;［十］447

洞涡水　［一］172

斗华必力打　［十六］576,578－580,582

斗门　［十四］567

独山　［一］154;［七］479

笃城　［十六］614,617,619－620,626

笃市拿　［四］276

杜国　［三］14,55,409

杜兰斯哇　［三］259

杜朗度　［七］222

都城　［五］113,176;［九］597;［十四］162;
［十五］7,563,606

都江　［一］153

都朗杜　［十七］41－43,46,52

都弯　［十六］134

都湾　［十六］176

都匀　［一］154,156

端洛　［十六］135,177

敦煌　［一］176

多榄喜亚　［十七］41－43,47,53

多伦　［一］189－192,194,197－200,202,
204－205

多伦多　［九］14

多伦诺尔　［一］92,96－97,100－101,173,
175,197,203－204

E

俄　［一］8,79,96,190,192,196,229;［二］
19,20,66;［三］3,4,24,27,45,46,47,
110,126,160,223,224,226,227,234,258
－262,264,269,271－274,277,293,295－
297,300－302,304,305,308,316,319,
333,340,341,350,359,368,391,402;

［四］56,60,87,284,500,552,598；［五］128,164,276；［七］201,325,540；［九］61,97,111,136－137,148－149,279－280,282,339,361,373,403,553,565,584,588－589,597,608；［十］15,24,30,36,39,40,55,95,116,121,122,128,129,133,141,148,149,153,154,159,161,173,236,237,239,240,245,282,299,402,424,482,484,535,536,537,544,546,570,572,580,582,583,586,629,632,633,637,641,657,659,675,679－682,704,715－716,780,787,792；［十一］44－45,55－56,59,110,169,188,208,294,345－347,373－374,376,378；［十二］36,43,93,94,118,119,153,155,183,215,216,255,327,363,412,436,494；［十三］125,195,244,369；［十七］304,574（参见露、露国、俄国）

俄国　［一］78,171,200；［二］9－13,18,20－21,35,38－40,42－43,47－48,52－53,78,87,96,113－115,153,156－157,167－168,178,180,190－191,208－209,246,347；［三］24,34,38,45,110,126,145,260－261,265,270,282－286,288－293,296,299,313,335,342,349,351,380,385,394,404,406,413,415－416,438,448,450－452,456,462,464－465；［四］158,162,462,499－501,510－512,537－538,545－547,553－554,589－590；［五］127－128；［六］126；［七］6,540；［八］100,281,301,303,346－348,369,421,466,471,484,503－504,529；［九］136－137,148,279－280,282,373,403,499,565－566,588,608；［十］4,7－8,23－24,30,40,42,96,124,128,131,141,149,153,159,167,173,196,210,237,239,250,298,392,397,403,424,428,430,452－453,458,486,536－537,544,546,550,560－561,570－572,574－576,578,580－583,586,617,619,621,629,632－635,637－638,641－643,659－660,675,677－682,684－685,704－706,715－716,721,747－748,751－752,773－774,780,787,792,794－795,798,812；［十一］54－56,58－59,100,110,138,168,195,207,209－211,249,345,355,357,362,373－374,376,404,417,445－446；［十二］5,34,77,80－81,85,93－94,97－98,122,130,152－153,183,215,236－238,250,254－255,272,296－297,312,316,327,330－331,334,336,340,354－355,357,360,363－364,368,372,385,412,427,436,439,447,454,457－461,465,470,473－474,481,492；［十三］238,369；［十四］322－323；［十五］265,466；［十七］547（参见露、露国、俄、俄罗斯、苏俄、苏联）

俄京　［十三］244（参见莫斯科）

俄罗斯　［一］196,205,229；［二］206,208；［四］262,501,545；［五］142；［十］30,319,322,344,417,451,637,678,682,715；［十一］167－168,249,357；［十二］73,82,133,215,332,406,408,492（参见俄、俄国）

额尔古纳　［一］204

额济纳河　［一］203

额穆　［一］193,197

恶顿　［四］275

鄂　[一]78;[三]400,411;[四]47,103,
164,313,315,411,430,433;[七]19,289,
304,431,440,459,471;[八]87,88,225,
237,340;[九]34,42,48,73 - 75,96 - 97,
119,121 - 122,183 - 185,187,189,193,
203,282,296 - 297,303,311 - 312,337,
344 - 345,348,353 - 354,357,392,471,
496;[十]49,86,432,434;[十一]112,
214,273,309,318;[十二]144 - 145,239,
421;[十三]16,18,90,105,116,276 -
277,332,333,337,374,476;[十四]180;
[十六]285(参见鄂省、湖北)

鄂北　[八]178

鄂叠尔河　[一]203

鄂兰淖尔湖　[一]204

鄂陵湖　[一]208

鄂罗盖　[一]203

鄂省　[八]88 - 89,188;[九]92,95,312,
497;[十]52;[十一]325;[十二]144 -
145;[十三]43,273,332 - 333(参见鄂、湖
北)

鄂西　[四]103,164,440,447;[八]151,
155;[九]380;[十三]332 - 333,337,374,
391;[十五]93,461

鄂湘　[四]59;[十三]16;[十六]41

鄂湘赣　[十三]634

鄂中　[七]289;[八]88,225;[九]337,345

恩京　[一]201

恩开　[十六]145

恩开台　[十五]333 - 334

恩开新台赤五邑　[十五]86

恩平　[一]155;[六]163,319;[十三]589;
[十五]325,600 - 601

恩施　[一]237 - 238;[八]155;[九]382

洱源　[一]209

F

发木谷　[一]197

法　[一]34,35,42,46,47,71,73,75,76,78
- 79,158;[二]11,17,18,42,51,52,73;
[三]29,34,45,147,188,203,214,218,
258 - 266,269,271 - 274,277,279,281 -
295,301,304,309,342,349,359,409;
[四]60,80,533;[七]41,73,84,89,98,
103,111,124,125,128,132,187,235,333,
356,525;[八]53,102,103,158,346;[九]
42,126,282,355,474 - 475,664;[十]15,
26,75,77,96,125,147,158,215,270,294,
296,300,303,402,458,560,571,610,632,
637,657,680,682,685,760;[十一]45,
112 - 113,128,132,135,141,147 - 148,
151,168,183,188,198,207,211,258,346,
358,380,445,446;[十二]36,175 - 176,
181,191,328,345;[十三]370,451(参见
法国)

法国　[一]7,31,34,46 - 47,72 - 78,80,
150,155 - 156,229;[二]9,12 - 15,19,21
- 23,39 - 41,51,53,57,63,66,76,78,
82,85 - 87,89 - 92,96,99,101,104,109
- 114,119 - 120,130,137,181,197,206 -
208,255,287,293,320,329;[三]3,25,
60,102,124 - 125,145,147,155,157,159,
166,206,234,245,260 - 261,265,282 -
284,289,291 - 293,311,335,341,349 -
351,359,364,366,375,378,380,385,395,
403 - 404,409,438,448,458;[四]15 -

16,82,100,145,343,559 － 560,590,603；
〔七〕6,55,57 － 58,68,73,103,125,128,
167,169,238,313,329,356,489；〔八〕17,
28,102 － 103,106,158 － 160,283,305,
482；〔九〕10,22,126,134,139,147,151,
175,181 － 183,191,229,392 － 393,395,
477,521,662；〔十〕24,42,99,128,148,
152 － 153,156,158,160,199,268,287,
321,337,341,344,379,409,416,418,451
－ 452,481 － 484,502,526 － 527,529,
531,550,560,575 － 576,580,586,591,
593,595 － 596,598,619,658,677,684 －
685,695,697 － 699,701,716,760,763,
770,773,800,807,809；〔十一〕69,106,
131 － 132,135 － 136,138 － 140,153,158,
164 － 165,167,197,211,219,258,365,
404,422,426；〔十二〕30,63,74,215,218,
249,274,284,307,332,340,347,406,465；
〔十三〕348,369；〔十五〕26,61,122,219；
〔十六〕7；〔十八〕271（参见佛、佛国、法兰
西）

法界环龙路四十四号 〔四〕148,385

法兰西 〔一〕219；〔二〕196,245；〔三〕52,
83,124 － 125,152,240,309,417；〔四〕
135,311；〔七〕55,61；〔十〕75,268,300,
417,451,697；〔十一〕130,219,359；〔十
二〕240；〔十三〕59（参见法国）

法属印度支那 〔十一〕483；〔十三〕269

法雨寺 〔四〕82

法源寺 〔四〕81

法（租）界 〔四〕73 － 74,79,93,102,148,
288,385；〔五〕169,369；〔九〕42,181 －
182,474；〔十二〕375；〔十三〕301,319,334

樊城 〔一〕175

范家屯 〔一〕159

范县 〔一〕178

梵音洞 〔四〕82

芳村 〔十四〕173；〔十五〕81,163,667

防城 〔一〕74；〔六〕163,319；〔七〕58 － 61,
67,108,131；〔十三〕11

飞腊宾 〔十六〕149

飞立宾 〔十六〕108,137

飞律滨群岛 〔七〕413 － 414；〔十三〕145；
〔十六〕96 － 97

非列宾 〔十二〕347

非匪 〔四〕276

非士那 〔四〕276；〔七〕156

非洲 〔二〕39,43,70,72,75,77,97,174,
194,252,288；〔三〕34,55,109,278,280 －
281,284,287,291,294,309,453；〔四〕
293,577；〔十〕117,164,460,675,686,
807；〔十二〕135,330

菲律宾 〔二〕45；〔三〕51；〔四〕72,123,
293；〔七〕178,436,557；〔九〕172；〔十一〕
60 － 62,67 － 68,70；〔十二〕138,388；〔十
三〕168；〔十六〕35,84,147,151,153,159,
164

菲律宾群岛 〔三〕34；〔四〕72,281；〔十〕
135

斐岛 〔十二〕388 － 390

斐列滨 〔十二〕388 － 390

斐匪 〔十六〕615,617,619 － 620,627

斐市那 〔十六〕614,617,619 － 620,625

费城 〔三〕121,137；〔七〕40；〔八〕207；
〔九〕12,15,20,23；〔十一〕193；〔十六〕
614,617,619 － 620,625 － 626

费路妲化　［四］275－276

芬兰　［三］290,308

汾河　［一］101

汾水　［一］173

汾州　［一］177

丰宁路　［二］130

丰沛砀　［十六］39,144

丰顺　［六］163,319；［十一］137

封川　［六］163,319；［十二］263,265；［十四］303－304,328－329

凤凰　［九］31,303

凤凰店　［一］197

凤凰冈　［十三］654

凤宁北　［十三］654

奉　［一］99,169,188,190；［三］400；［四］375,403,475,493,508,523,581；［八］187,293,319,455,525,534,535；［九］507,595,616,619,625；［十］448,501－502；［十二］87,160,165－166,168,241－242,244,284,286,337,409,410,417；［十三］198,282；［十五］397,419,504－505（参见奉省）

奉化　［十七］304

奉省　［七］501；［八］318（参见奉）

奉天　［一］92,165,195－197,205；［三］13,165,；［四］146,379,418,507,513,582,585；［七］464,501；［八］313,426,438－439,459,496；［九］81－82,84,92,100,111,195,317,326,537,549,569,595,615,630,642,644,653,658,664；［十］173,341,384,501,758；［十一］329,447－448；［十二］87,168,228,237,260—261；［十三］195,206,531,535,608；［十五］526,588

佛　［三］4,341；［七］17,28,42,342,490－492（参见法国）

佛地　［十六］612,617－619,621

佛顶山　［四］81－82

佛顶台　［四］81

佛冈　［六］163,319；［十三］429

佛国　［七］41－42,221,342（参见法国）

佛京　［七］41－42（参见巴黎）

佛兰西　［三］56（参见法兰西）

佛山　［一］138,140,143,155,195；［二］335－336；［三］7；［六］162；［七］370,464；［八］518；［九］433；［十四］186,189,194－195,550－551,553；［十五］44,331,365,475,507,613

夫冷士塔　［四］276

伏波滩　［二］186

扶朗爹鲼　［十六］576,578－580,582

扶桑三岛　［四］364

扶溪　［十四］435－437

扶余　［一］193

扶馀　［一］46

芙蓉　［五］234,239,243；［七］77,80,95,99－101,110,128,212；［十一］142；［十三］146,609；［十六］105,135,147,153,163,178

浮芦山背　［十六］132

浮庐山背　［十六］174

浮山　［一］173

符拉迪沃斯托克　［十二］173,275,312（参见海参崴）

涪州　［一］183

福安　［一］184,187；［五］58

福鼎 〔一〕187

福建 〔一〕69,160,164,166,182,184 - 185,187；〔二〕341；〔三〕6,261,428；〔四〕15,71,73,444,505,517,575；〔五〕22,316,447；〔七〕44,80,246,248,313,355,409,439,457,459,496；〔八〕29,41,343 - 344,358,372,374,377,379,535；〔九〕138,228 - 229,361,404,527,620；〔十〕66,319,333,576 - 577,640,662 - 663,690,692 - 693,767,779；〔十一〕44,70,135,137,357,361,416,459；〔十二〕25,244,258,260 - 261,263,265,304,360,403；〔十三〕140,298,323,340,361,373,389,438,549,554,562 - 563,567,584,588,594；〔十四〕10；〔十五〕75,113,298,305,308 - 309,419,479,496 - 497；〔十六〕47 - 48,55,60 - 61,63,126 - 127,138 - 139,141 - 142,144 - 145,147,150,153,168,490,498 - 499,507；〔十七〕496,570,651,669,710(参见闽、闽省)

福开森路三百九十三号 〔四〕110

福宁 〔一〕166,187

福生船 〔十六〕164

福州 〔一〕159 - 162,166,182,184 - 187；〔二〕345,356；〔三〕5；〔四〕315；〔五〕169,369；〔七〕304；〔八〕30,41,44,315,337,339,341,343,345,350 - 351,355,360 - 361,365,380,404；〔九〕91,228,379,389,458,524,527；〔十〕65 - 67,126,662,690,767；〔十一〕420；〔十二〕69,376；〔十三〕439,542,548,579,584,591,627；〔十五〕128；〔十六〕54 - 55,57,142；〔十八〕43

福州马尾 〔十一〕420

抚河 〔二〕186；〔十五〕33,308；〔十六〕437；〔十七〕320,382

抚顺 〔一〕197；〔十一〕215,421

抚松 〔一〕193

抚州 〔一〕184

府谷 〔一〕173

阜康 〔一〕202

阜宁 〔十三〕100

阜新 〔一〕190,194,197

富贺 〔十四〕203

富士山 〔十一〕366

富阳 〔一〕183

G

丐冷 〔十六〕530 - 535

甘 〔一〕92；〔三〕199；〔四〕59,378,379；〔七〕467；〔八〕92；〔九〕52,301,339；〔十〕346(参见甘肃)

甘必大街六十一号 〔十一〕155

甘省 〔九〕301 - 302,339；〔十三〕42,442(参见甘肃)

甘肃 〔一〕72,101,127,171,173,175 - 176,198,207 - 208,226,235；〔三〕5,166,171,265,428,440；〔五〕211；〔七〕44；〔八〕205；〔九〕132,301 - 302,339,344,358,658；〔十〕115,126,149,692；〔十一〕294,329；〔十二〕274,482；〔十三〕42,333；〔十六〕30,37,53,125,149,173；〔十七〕741(参见甘、甘省)

甘星敦 〔二〕276

甘州 〔一〕172

甘珠庙 〔一〕194

甘竹 〔九〕433；〔十四〕588,592

甘竹滩 ［十三］634

甘孜 ［一］209

感恩 ［六］163,319

溆浦 ［一］103 - 104

干崖 ［七］109;［十三］66 - 67

赣 ［一］183,184,185;［三］390,408;［四］59,80,141,163,368,430,433,483,484,493,495,496,505,515;［五］333;［七］366,431,444,459,465,510;［八］3,7,219,238,295,353 - 354,374,379,381,433,440,456 - 457,459,501,524,535,537 - 538;［九］91,127,156,184 - 187,280,323,356 - 357,362,367,392,442,445,456 - 466,471,496,507 - 509,526,543,615 - 616,622,630 - 631,658,661;［十］756;［十二］151,165,263,367,421,493;［十三］18,240,259,265,278,302,362,427 - 429,473,483,534,567,573,604,614;［十四］130,178,180,337,352,363,419,436,533;［十五］18,96,201,235,426,461,526（参见赣省、江西）

赣东 ［四］495 - 496;［八］311 - 312;［十七］745

赣江 ［一］186

赣南 ［四］493,495;［六］160,456 - 460,462,464,473,484;［八］441,534,536 - 537;［九］456,467,617,619,657;［十］690,767;［十三］333,427,482 - 483;［十四］168,285,368;［十五］463,670;［十七］654,680 - 681,694 - 696,726,729

赣省 ［一］183 - 184;［三］408;［七］309;［八］374,534;［九］62,74,383,631;［十二］164;［十三］185,427,429,634（参见赣、江西）

赣西 ［九］456;［十六］479

赣县 ［十八］262

赣粤 ［四］368;［八］537;［十六］64

赣中 ［四］483 - 484;［六］483 - 484;［八］354;［九］623,658;［十三］598;［十七］706

赣州 ［一］186;［二］80;［四］171,493,495;［六］487 - 488;［九］383,637,645;［十］193,477,662,689,692,767;［十二］165,168,202,402;［十三］483 - 485;［十四］267 - 268;［十五］247,517,531;［十七］694

冈根河 ［一］143

纲甲烈港 ［十六］493

港 ［一］79;［四］496;［七］13,14,22,53,54,119,135,166,175,205,210,227,235,237,250,252,369,370,374,509,568;［八］37,160,180,190,197,216,292,338 - 340,350,352,364 - 365,400,403 - 404,407,450,495;［九］24,26,31,72,129,131,144,190,204,258,263,410,415,419,425,429,430,433,448,451,518,527 - 528,532,535 - 536;［十］43,93,448,477,492,496 - 498,510 - 511,518;［十一］48,90,274,392,411 - 412;［十二］206,270,285,289;［十三］,117,144,145,148,153,240,407,408,434,511,543,547,548,554,555,556,559,564,575,579,590,592,595,623,625,692;［十四］58,106,118,143,145 - 146,165,173,300,391,398 - 399,502;［十五］10 - 12,120,122,230,294,461,466,560,656,672;［十六］19,222;

[十七]33,676,707（参见香港）

港澳 [一]65；[七]381；[八]29；[九]71；[十]509,513－514；[十三]225；[十四]259；[十五]146；[十六]92,119,160,164；[十七]19

港粤 [七]131；[十二]279；[十五]172

港中 [十]43,492,507

高淳 [一]180,187；[七]502

高砥 [十六]131,173

高加索 [三]292,299；[九]618

高浪堡 [七]214

高老沙 [十七]103－106

高雷 [六]243；[九]498；[十三]267,426,649,680,684；[十四]141,182,184,207,225,238－239,272,305,376,391；[十五]13,36,401－402,487；[十六]145,288,349,539；[十七]59,67,117－118,163,319,442,462,482

高丽 [一]22,37,65,166,193,195；[二]9－10,15,17,21,23－24,33,44,57,60－61,66,91,124,271；[三]297,319,396,439；[四]117－118；[七]197,204,218,409；[八]145,490；[九]102,282；[十]56,124,141,383,486－488,528－529,532,575,595－596,669,680,682,701,760,786,792,807；[十二]28,36,81,95,380,389；[十三]200（参见朝鲜）

高路鱄 [十七]6,9,13

高明 [一]155；[六]162,207,319；[十八]444

高平 [三]50

高羌 [三]290

高桥河 [一]107

高沙 [十四]251

高要 [六]163,207,319；[十三]175；[十五]161,459；[十八]198,244

高知 [四]70

高州 [一]155；[六]163；[七]167,450,464,467；[八]488－489；[九]483；[十三]449,479,537－538,554

哥伦/仑比亚 [一]134；[二]13；[三]362,374；[六]16；[七]223；[十]28,297

哥罗提诺 [三]289

格合 [一]199－200,204－205

格兰斯顿 [三]109

格雷法学院坊 [二]300

葛兰法学协会场 [十一]23

葛兰旅店街 [二]267；[七]6

葛兰旅店街八号 [十一]14,24－25

葛岭 [十一]462

葛仑 [十]36－37；[十三]234；[十六]613,617－618,620,623

个旧 [一]227；[七]85

个郎 [十六]615,617,619－620,627

个窿 [十七]5,7－9,11

公安 [一]147；[四]417,419；[九]311,361；[十三]273

公共租界 [四]557－559；[七]521；[十]307,309；[十二]223,423,430；[十三]301；[十五]287－288

恭城 [九]485－486；[十三]466

龚公村 [十二]51

巩昌 [一]171

贡江 [一]186；[十三]484

唝呎 [十六]275,348

姑刺 [四]19,21

古巴　［三］50－51,318,413；［四］140；
　［七］139；［八］27,250,252,261；［九］
　506,515,517；［十二］35；［十三］434；［十
　六］381,408,495；［十七］5,7－10；［十
　八］265,285－286

古北口　［一］194

古璧　［十七］41－43,46,52

古兜　［十三］536；［十五］27

古尔斑　［一］201

古鲁士/市　［十七］6,8－9,13,291－293

古碌　［四］276

古水　［十四］33

古宋　［九］319

古镇　［一］144

古州　［一］153

谷架坡　［十七］71－74

故厘亚根　［十六］577－580,584

瓜洲　［一］115

挂罗庇胜　［七］565；［十三］8

关丹　［七］212

关东　［四］515；［九］561；［十二］313；［十
　三］198

关外　［二］253,255；［四］470；［七］415－
　416；［九］35,55,506；［十二］43,239；［十
　三］16,149,608；［十六］5,7,37,140－143

关中　［三］19－20；［五］243；［九］132,
　374,380,553－554

观音山　［二］3；［三］445；［四］138－139；
　［八］230,234,269,443；［九］447,450；
　［十］435,492,611－613,689,717；［十二］
　100；［十三］434,631－633

官窑　［一］142－143；［九］433

灌县　［一］209,211

灌阳　［十三］466

光化　［十三］129

光山　［一］178

光州　［一］178－179；［九］659

广、惠　［八］197；［十三］575

广安　［一］190；［十三］417；［十四］133

广安栈　［十五］477

广昌　［一］184

广东　［一］55－56,122,132,134－136,149
　－150,152－153,156,164－166,182,185
　－187,234；［二］5,24－25,26,45,108,
　142－143,150－151,173,181,183,186－
　187,189－190,195,197,200,202,209,
　249,259,260,267,290,296,298－299,
　305,316,322,334,336,347,353,354；
　［三］5－8,24,50,53,64,71,113,132,
　138,149－150,159,162,165,200,212,
　339,346－348,356－358,361－362,373,
　395,399,408,413,415,422,429,437,440,
　442－444,446－447；［四］15,24－25,30,
　33,50,54－55,57,59,73－74,96,116－
　117,141,167,170－171,289,304,314,320
　－321,332,389,392－395,399,419－421,
　423,444－445,451,454－455,457,459,
　465,469,481－482,485－487,489,492,
　505－506,515,517,521,562－563,575－
　576,583－584,592；［五］8,20,22,47,75,
　248,316,377,428－430,447；［六］9,11,
　16,24－25,27－28,33,52－54,57－59,
　61,63,69－74,76－79,81－85,90,94,96
　－99,111,115－116,118－120,135－
　136,138,140,151,153,155－156,161－
　162,164,168,170,173－176,178－180,

183,185 - 186,191,204 - 205,207,210 - 211,225 - 226,228 - 229,233,236,242, 255,261,274 - 275,278,285,302,312 - 321,324 - 325,342 - 343,345,347 - 348, 350,353,355 - 356,358 - 359,370,372 - 376,380,384,391,411 - 419,422,425, 432,436,445,448,467,475 - 476,479, 485,488 - 491,493 - 495,498,500 - 503, 506 - 508;［七］12,16,44,54,59 - 60,62, 66,148,163,167,169,184,191,193,234, 240,249,266,285307,317,318,320,329, 353,359,366,369,370,371,384,389,436, 449,464,471,472,483,484,486,495,496, 525526,528,550,551,552;［八］4,23,28, 87,116,118 - 119,159,166,169,182 - 184,186,196,203,215,222,235,247,250 - 251,290,318,340,344,354 - 355,361, 399,405,411,421 - 422,436,450,452, 466,468,471,486,489,496,506,514 - 515,520,532,535,541;［九］8,33,35,37 - 38,54,59 - 60,71,90,109110,113 - 114,127,146,149,167,173,181,194,309, 342,376,390,413,419 - 420,446,451 - 452,459,469 - 470,509,526,529,533, 583,595,602 - 603,624,629;［十］28,43 - 44,64,68 - 72,74,77 - 79,85 - 87,91 - 92,94,101,112,115,144 - 145,154, 159,168,171,179,229,245,248,295,297, 299,306,319 - 320,322,324 - 326,329 - 330,332 - 335,337,339 - 340,343,346, 351,355,364,395 - 398,400 - 401,403, 406,409 - 415,417 - 420,425 - 426,428, 430 - 433,436,438,441,447,449,456 -

457,465,467,470,472,475,478,489 - 492,497 - 498,500 - 502,505,508 - 518, 523,529 - 530,538 - 542,544,552,555 - 557,559 - 562,564,568 - 569,576 - 579, 581,585,590,592,596 - 598,606,608, 614,621,631 - 632,634 - 635,640,656, 658,660,662,665,668 - 669,671 - 672, 688 - 695,709,712,714,716 - 717,723 - 725,731 - 732,734,739 - 741,744,749 - 750,752 - 755,757,764,768 - 769,775, 779,781,792,800 - 801,805 - 806,813; ［十一］4 - 6,9 - 12,14,25,33,41 - 42,44 - 47,52,58,62,65 - 66,71 - 72,75 - 76, 78,83 - 84,135,137,148,150,165,170, 233,259,265,270,272,281,294,296,313, 329,332,334,345,361 - 363,396,398,405 - 406,412,414,416,419 - 421,436,440, 459;［十二］13,17,43 - 44,78,93,95,97 - 98,100,102,104,106,109,126,133, 141,147,157,159,168,173,179,181 - 183,190,193,202 - 203,207,212,216, 228,237,247,258 - 263,265 - 266,268, 276,278,280 - 284,286,292,295,297 - 301,310 - 314,316,319 - 321,325 - 326, 329 - 330,363 - 364,366,372,378,386 - 387,390,400 - 402,404,407,445,449 - 450,474,478,492,503;［十三］3,4,11, 99,148,175,182,190,201,218,246,253 - 254,262,280 - 281,298,303,324,330 - 331,335 - 336,347,380,408,417,431 - 432,476,478,511,542,545 - 546,582, 588,607 - 608,613;［十五］15,78,115, 216,228,280,283,333,347,391;［十六］

10－13,15－16,18,37－38,78,91,95,123,125－126,133,140,142,144－145,147,149,158－159,165,167,176,214,268,278,294,321－322,346,350,380,382,395,407,413,459,462－463,468,510－511,514,528－529,540－542,548,552－554,556－559,561－562,564,567－569,585－586,595,601,631,637－638,640,649－651;〔十七〕16－17,21,28,30,32－33,55－56,59,64－66,77,80,88－90,92,95－96,98－100,102－103,107,114－119,125,128－129,148,150,163,182,189,195,199－203,209,213,217,227,229,240,263－264,268,272－273,283,295－296,306,321－322,327－328,339,343,346－348,351,359－360,364－367,369－370,373,378,380－382,385－387,389,393－394,396－397,401,404－406,408－409,415－416,425－426,429,431,436,441,443,446,450－451,453－454,459,461,463－467,469,471,473,475－476,484,489,492,494－495,497－498,506,509,512,515,525,527－529,534,537,541,545,547－551,555,557－558,564－567,572,577,580－584,596,606－608,611,626,630－631,633－637,644－645,648,652,654,662－664,669,672,675－676,690,692,707,726－727,736,743－744,747,751－752,755－756,759;〔十八〕44,49,57,230,419(参见粤、粤省)

广东河南　〔二〕185

广东省河　〔六〕313

广河　〔十一〕48

广济　〔一〕174

广利　〔九〕427;〔十三〕656

广宁　〔一〕153;〔六〕163,319;〔十二〕387;〔十四〕33,49,136,275,277;〔十五〕44,592,623;〔十七〕753

广水　〔九〕82

广西　〔一〕131,148,150,152－155,161,185;〔二〕79,81,89,108,186,334,347;〔四〕15,55,57,382,386,399,417－418,421,475;〔五〕22,38,447;〔六〕24－25,332;〔七〕44,55－56,58－60,62,66,73,75－76,78－81,85－86,115,129,132,148,163,197,243,318－320,483;〔八〕118,167－168,173,188,215－216,226,240－243,248,251,260,268,277,290,366－367,408;〔九〕84,114,123,173,288,336,401,437,452,469,471,489,493,549;〔十〕113,115,145,149,297,306,382,394,396,403,412,414,431－433,437－447,449,455,464－467,471,473－474,502,523,575,603,669,688－693,732,767;〔十一〕6,44,69,83－84,106,135,137,165,294,347,362,426,440;〔十二〕,98,121,126,148,156,237,251,258,284;〔十三〕143－144,172,215,296,304－305,324,344,373,395,404,408,436,438,448,451－452,456,466,471,474,555;〔十四〕107,460,520,525;〔十五〕26,69,109,113,293,308,424,479,528,563－564;〔十六〕12,33,91,125,140,144－145,148,416,419－422,432,438－439(参见桂、桂省)

广信 ［一］183 – 184

广州 ［一］65 – 66,70,76 – 77,85,89,133 – 136,138,140,142 – 144,147,149 – 155,159,161,164 – 165,169,182 – 185,187 – 188,212 – 213,225,228,232 – 234;［二］22 – 24,26 – 27,45,80,130,141,150 – 151,170 – 172,175 – 176,178,186,188 – 189,217,220,259,262 – 267,271,290 – 291,293,295 – 296,298 – 299,301,304,306,316,324,326,328,335 – 337,352,354;［三］25,31,37,130 – 133,136,140 – 142,161,168,171,280,332,334,339,344 – 345,347,354 – 355,357,370,372,379,381,384,394,405,424,429 – 430,434,442,445;［四］28,50,57,65,74,87,95,100 – 101,122,124,126,133,139,142,154,161,171 – 172,177 – 178,273,285,289,394,399 – 400,405,408,412,417 – 418,420,423 – 425,428,430,433 – 434,447 – 448,451,453,456,458,460,483,485,487 – 488,490 – 491,493 – 494,500,505,514 – 515,521,525,529 – 531,533,535,541,554,562,568,570 – 575,583 – 584,599;［五］8,45,75,123,169,227,234,373 – 384,386,389 – 390,395 – 397,399,402 – 405,420,425,428 – 430;［六］9 – 13,16,19,24 – 29,31,33 – 34,38,52,54,58,60,63,66 – 68,70 – 72,74 – 75,77,81 – 86,89,91,93 – 94,96 – 97,104,108 – 110,112 – 113,115,120,123 – 124,135 – 138,140 – 142,147,149,151 – 154,156 – 157,159 – 162,165 – 166,168 – 175,177 – 183,185,188,190 – 191,195,

197 – 199,204 – 205,215,224 – 234,236,239 – 240,242 – 243,255 – 257,259,261,263 – 265,267,272 – 275,277,280 – 283,285 – 286,289,295,297,304,311 – 314,316,319,322 – 324,327 – 328,331,333,342,344 – 345,347 – 350,353,357,359 – 360,362 – 363,365,368 – 369,372 – 376,379,381 – 387,393 – 394,397,411,444,448 – 450,454 – 456,466,468,473 – 477,479,482 – 486,489 – 492,494 – 495,497 – 499,501 – 509;［七］16,18,130,148,150,151,152,162,163,167,184,190,191,192,227,234,240,283,292,310,317,320,358,371,393,406,467,484,529,557,563,564,565,566;［八］17,24,44 – 45,52,55,67,131,201,218 – 219,222,227,229,235,241,247,250,269,277 – 282,286,289,290,292,297,302,316 – 317,361,377 – 378,411,417,420,437,440,465,484 – 485,493,496,505,507 – 508,512,514,531,544;［九］13,46,129,140,159,255,258,290,314,319,336,344,376,383,395,398,405,409,412,414 – 415,418,422,424,430 – 431,437 – 438,447,449 – 450,458 – 459,464,468,470,472,474,477 – 478,482,495 – 496,502,505,508,510,517,525 – 527,547 – 548,550,552,554,556,560,567 – 568,570,575 – 576,581,586,590,,599,604,607,610,611,617 – 622,624 – 632,634 – 636,638 – 640,657,658,661;［十］11,22,24,32 – 35,74 – 75,78,80 – 86,90,93 – 94,112,126,145,149,154,159,183,221,224 – 225,227,231 –

232,240,245,250,293,318,321,325,327－328,331－332,334－335,338－339,342－343,354,364,384,397－398,400－401,403,405,407,409－411,414－418,420,425,430－431,433－437,453,468－472,474－477,479,489－490,492,494,500,503－505,507－509,511,514,517,519,521,523－525,528,530,538,543－544,547－548,553,556－557,559－565,569,571－573,577－582,586－589,599－600,609,611,614－626,630－631,633,636,639,643,645,651－653,655,658,661－663,665,668,687－690,692,699－700,706－708,714,718－719,723－725,728,730－732,735－739,741,743,745－746,749－750,752,756－763,765－767,777,779－781,784,789－790,799,801,803－806,809－811,813－814;［十一］4,6,49,51,54,70,101,126,129,135,137,161,170,181,189,196,222－223,225－226,236,259,274－275,295,345,347,425－426,478,480,484－487;［十二］3－7,65,98－103,105,107－109,111－112,115－116,118－120,123－124,126－127,135－136,138－139,143,148,160－161,163－165,167,171－175,177,180,182－183,185,187－189,191,197－201,203－204,206,208－209,220－221,226,247,250－251,263,265,267,271－273,276,279－281,283,285,288－291,293,296－298,300,303－304,311－312,314－315,317,319－320,322－329,335,340,343－344,346,352－354,358－

360,363,369,371,374－377,380,382,385－386,388,391,393－395,398,400,402,406,410－411,413－415,417－418,426,445,457－458,460,462－463,484,488,492;［十三］57,99,136,216,235,246,269,283,316,318,328,330－331,354,365,367,375－376,385,408,429,436,467,474,479,482,494,577,583,595,596,606,608,615,624,627,632,651,659,668,674;［十五］3,16,44,73,74,89,122,139,160,189,193,253,275,284,331,446－447,456,477,479,483,489,499,543,551,563,628,644,667;［十六］5,11－12,15,17,19,28,40,101,139,160,181－224,226,228－229,231－232,234－237,239,241－245,250－261,263－269,271,273,278,280,283－285,287,290－304,306－309,311,314,343,345－346,373,389－393,396,398,404,407,415－416,418,421,441,444,458－460,478－480,489,511,535,539,541－543,547－565,567－571,575,585－586,593－595,598－604,609－610,629－632,635－644,647－652;［十七］31,40,59,76,80,116,128－129,200－201,217,240,294,343·367,369,380,385,389,582－583,595－596,670－671,673－674,689,715,746,748－749,754,762;［十八］47,405,407,410（参见穗、穗垣）

广州博济医学校 ［一］64

广州府 ［二］259;［七］317;［十］749;［十三］99

广州市区 ［六］157,231－232;［十二］191;

〔十四〕362；〔十五〕89,160,193,667

广州湾 〔二〕21；〔三〕24,45,47,160,261；〔四〕577；〔七〕167,169,232,243；〔九〕175,191；〔十〕24,760；〔十二〕465；〔十五〕139；〔十六〕139,160

归德 〔一〕172

归化 〔九〕658

归绥 〔九〕75-76；〔十五〕504-505

归州 〔四〕421,425

贵 〔四〕378,,；〔七〕44,246,366,456,457,459,477,478,483；〔九〕184,223；〔十〕297,306（参见贵州）

贵县 〔一〕155

贵阳 〔一〕154,156；〔三〕8；〔四〕314,400,421,424,453,459；〔九〕280,282,284,298,300,309,314-316,327,332,335-336,351,361,404,409-410,415,426,436,473,484,498；〔十三〕296；〔十四〕133；〔十六〕285

贵州 〔一〕127,131,147-148,150-154,156,161；〔二〕36；〔三〕5,8,199,211,400,440；〔四〕15,55,57,382,399,409,412,417,447,513；〔五〕22；〔七〕308-309,320,379,464；〔八〕175,187；〔九〕6,141,280,411,425；〔十〕115,412,414,441,474,689,692,757；〔十一〕6,135,137,294,333,362；〔十二〕121,146,237；〔十三〕451,455-456；〔十五〕479；〔十六〕80,126,140,142,145,150,397,421-422（参见贵、黔、黔省）

桂 〔一〕154,161；〔二〕265,298；〔三〕400,408；〔四〕59,116,117,121,378,379,395,399,423,425,430,433,474,492,493,496,505,513,515,523,583；〔六〕383；〔七〕483；〔八〕18,157,160,175,179-180,188,190,195,199,202,220-222,224,227,236,238,240,243,245,254,286,311-312,318,320,386,440,448；〔九〕48,118-120,126,223,264,272,285-288,290,351,360,372,401,403-404,406-408,411-412,416,423-425,430,433-435,437,439-445,447-449,452,456,458,460-462,465,467-471,484-485,487,489,496,498-499,508,523,526,529,533,549,600,603,606-607,617,620,622,641；〔十〕299,341,399,432,434,437,440,442,448,455,470,500,503,506,512,524,561,572-573,614,756；〔十二〕102,135,151,315,378,417；〔十三〕259,273,385,422,430,432,436,438,448,449,450,460,464,466,511,550-551,554-555,575,597,599,604,607；〔十四〕30,141,180,187,211,352,458,594；〔十五〕52,58,77,299,387,424,448,471,509,563；〔十七〕595（参见桂省、广西）

桂省 〔四〕395；〔七〕317；〔八〕160,222,225-226,245,248-249,253-254,260,282,350,367；〔九〕291,440,458,471,482,489；〔十〕406,432,438；〔十二〕309；〔十三〕428,451,456；〔十四〕391,460；〔十五〕475,563（参见桂、广西）

桂阳 〔一〕185；〔十四〕243-244

桂中 〔八〕394

桂、粤 〔四〕379,433,513；〔七〕483；〔八〕245,388-389,405,415；〔九〕526；〔十〕

500,572;[十二]151

桂边　[六]31 - 32;[八]188;[九]467,
469,491

桂江　[一]147 - 148,153

桂疆　[十三]599

桂林　[一]131,147 - 148,151,153,156,
182,184 - 187;[三]390,392,398,406,
408,412,415 - 416,419;[四]130,132,
134,171,400,475,477,484,492,574;
[七]62;[八]173,187 - 188,225,228 -
229,286,289 - 290,311 - 312,352,355;
[九]60,71,404,485 - 488,491,494 -
495,497,502,504,604,606,609,619;
[十]437,448 - 449,453,455 - 459,463 -
465,467 - 468,470,474 - 475,662,688 -
689;[十二]151 - 157,164,166 - 167,
169,251,302;[十三]427,429,450,452,
461,464,466 - 467,469;[十六]436,439;
[十八]287

桂平　[八]392;[十八]287

郭里得果勒　[一]200

国府津　[十一]378

H

哈毕尔罕布鲁克　[一]201

哈尔滨　[一]189,191,193,196 - 197;[八]
281;[九]92,548;[十一]195;[十三]195
- 196;[十四]418;[十七]304

哈佛　[三]303;[七]328

哈兰区　[二]276

哈利街区　[二]309

哈密　[一]170,172,177,200 - 201,204 - 205

哈萨克　[十]24

哈特呼尔　[一]200

哈藤　[一]204

哈同呼图克　[一]202

哈威夷群岛　[二]266

海安　[一]156,165 - 166

海参崴/威　[一]196 - 197;[三]110,450;
[八]346;[十二]98;[十三]195 - 196;
[十四]323(参见符拉迪沃斯托克)

海城　[一]195

海防　[一]156;[三]5,160 - 161;[六]343
- 344;[七]60,64,67,85,266,382;[十]
695;[十六]118,161,168,332,334 - 335;
[十七]391,767

海丰　[一]187;[六]163,319;[七]16,
167,184;[十一]90 - 91;[十三]4 - 5,
416,662

海康　[六]163,319

海口　[一]106,114,122,162,165 - 166;
[三]159;[四]128;[六]163;[九]465;
[十六]552

海拉尔　[一]96;[十二]316

海楼府　[一]97

海陆丰　[七]55,184;[八]201,359,481;
[九]559;[十四]132;[十五]91,462

海伦　[一]192,197

海门　[一]180;[四]68

海南(岛)　[一]165 - 166,211;[三]159 -
160,162;[五]447;[七]103,110,183;
[八]467;[九]392

海宁观潮亭　[十八]169

海峡殖民地　[四]332;[七]192 - 193;
[十]495,683

海牙　[二]61,320;[九]45 - 47;[十]509,

511;[十一]273

海盐 [八]120

海阳 [一]180;[十六]523 – 527

海洋岛 [一]166

海印 [四]82

海悦 [十六]491

海州 [一]159 – 160,170,179 – 180;[十一]46 – 47;[十三]100;[十六]41,140

海珠 [四]494;[十三]429;[十五]107

海珠码头 [九]327;[十三]264

海幢寺 [九]560

涵江 [四]440;[九]343

韩国 [十]792;[十二]71,140 – 141

韩江 [一]165,185;[五]316;[十五]451

汉口 [一]78,88,109,119,122 – 123,127 – 128,131 – 133,170 – 171,174 – 175,178 – 180,182,228;[二]25,27 – 28,32 – 33,102 – 103,160;[三]8,280,320,393;[四]266,548;[五]22,234,369;[七]147,361,489;[九]24,78,109,142,144,199,209,212 – 214,219,389;[十]85,126,302,307,328,369,418,545,692,719,744,760,764,788;[十一]129,194,197,220,229 – 230,273,329;[十二]121 – 122,149,172,194,273,304,367,455,459;[十三]19,24 – 25,332;[十四]66;[十六]58,137,151

汉水 [一]119,127 – 128,175;[九]496

汉阳 [一]78,127 – 128,225;[三]83,434;[四]290;[八]145;[九]52;[十]98,347,417 – 418,545,692,764;[十一]194;[十三]608;[十六]23

汉中 [一]130;[八]98;[九]106,289,383

翰县 [八]12

杭卜和老比 [四]276

杭定顿 [四]275

杭面顿 [四]275

杭州 [一]31,87,102,183 – 184,187;[二]188;[三]8;[四]368,417,507,513;[七]368,371,504;[九]116,236 – 237,241,243,379,422,452,612 – 613;[十]200 – 201,204 – 205,297,299,301 – 302,306 – 307;[十一]461 – 462;[十四]120,133,507;[十八]67

杭州湾 [一]103 – 104,110

好望角 [一]97;[三]278 – 279,281,291,301

呵利市 [十六]577 – 580,584

合川 [九]299 – 301,307;[十三]286,417

合肥 [四]111 – 112,170

合江 [九]278,310

合浦 [六]163,319;[八]163,448;[十三]295

合州 [一]176;[十四]133

和歌山 [七]21,23

和兰 [二]39

和平 [六]163,319;[十五]25,46

和阗 [一]199,205 – 206,227

和阗河 [一]206

和州 [一]174

河滨马路 [二]300

河口 [一]71,75 – 76;[三]430;[四]29,86 – 87,394;[六]32,159;[七]82 – 88,108,128,132,205,334;[九]9;[十]183,337,475,520,544,611,615;[十三]11,475,617;[十四]14;[十五]44,52

河雒　　[三]19

河南　　[一]45,92,125－127,129－130,
138,140,163,171－174,178－179,191;
[二]113;[三]8－9,113;[四]13,55,57,
368,418,451,568;[五]22;[七]44,379,
485;[八]11;[九]35,39,62,75－76,137,
139,323,418,433,459,560,658,664;
[十]115,126,149,341,412,414,501,
606,692,754,804;[十一]45－47,243,
294,331,347,349,354,358;[十二]176,
273,337－338,365;[十三]16,149,333,
654;[十五]37;[十六]37,40－41,124,
140,142,145,147,314,507－508;[十七]
239(参见豫)

河内　　[一]71,74－75;[七]47,54－58,60,
64,67,70,73,79,82－83,85－87,91,98,
100,129－130,132;[九]5－6,10,175,
191;[十]22,695,766;[十一]153,155,
159;[十三]7;[十六]332,334－335,380,
452

河头　　[八]520;[十四]389

河源　　[一]185,191,202;[六]163,319;
[八]201,208,215,220,224－225,481;
[九]440,539,551,559,568,574,600;
[十]559;[十二]314,319;[十四]254,
510;[十五]28,125,261,398,463

荷(兰)属殖民地　　[九]238;[十一]271

荷兰　　[一]168;[二]77,85－86,110,287－
289,320;[三]59,107,110,257,266,281,
301,303,341,349;[五]224,276;[十]59,
215,696;[十三]41

荷属　　[一]77;[七]18,132,154,205,216,
368,414,435,459,508－509;[八]105,

154;[九]246,514－515;[十]29

荷属分吧城　　[十六]62

贺丰乡　　[十五]639

贺县　　[一]153;[十三]450

鹤峰　　[一]183;[九]382

鹤山　　[六]118,162,319;[九]428,441;
[十三]673;[十四]175－176

黑　　[十三]195,579(参见黑龙江)

黑海　　[一]30;[二]7;[三]290;[十]679

黑龙江　　[一]96,159－160,192,195,197,
200,227;[二]21－22;[三]29,35,226,
261;[四]418;[九]92,323,658;[十]23,
326,341;[十二]157;[十三]282(参见
黑)

黑水河　　[一]176

横滨　　[一]66,68,76,104;[二]27－28,
266,299;[三]110,133;[四]23,139,560;
[七]8－9,11,17,20,22－23,25－26,28
－29,33,35,41－43,45,173,189,222,
224,229,243,347,446,450,496;[八]
425;[九]11,27,155,175－176,189,217;
[十]249,269,276,797;[十一]4,7,34,
40,42,54,56－57,60－62,64,66,70,84
－86,92－93,98－100,104,108,125,
128,130,148,150,405;[十二]66;[十三]
17,141,146,586;[十六]118,159－160,
165;[十七]40,42－44,51;[十八]89

横岗　　[十一]91;[十三]5

横湖乡　　[十五]165－166

横林　　[十]185,187

横琴　　[一]143

横琴岛　　[一]166

横州　　[七]61

衡山 [四]116;[十二]164,167;[十三]303

衡阳 [四]116,130－131,133;[八]318;[十三]278,303,458,461;[十四]358

衡州 [一]188;[三]8;[四]116,368,409,412;[九]266,268,461,567;[十]473,802;[十三]296;[十四]168;[十五]614

弘前 [四]106;[十一]380

红海 [一]31;[三]278,283;[七]215;[九]27;[十]676

红河 [二]186;[十]698

红花冈/岗 [十四]96,203,211;[十五]107

红水江 [一]148,154

虹口 [二]130－131;[四]173

洪、溆 [八]173;[九]404

洪泽湖 [一]129,180

呼都克卒尔 [一]201

呼兰 [一]192

呼兰河 [一]192

呼伦 [一]189,194,198,204

呼伦池 [一]204

呼玛 [一]190,195

呼志尔图 [一]202

葫芦岛 [一]91,162－163,189－190,193－195,197－198,205

湖北 [一]127,131,175,178－180,182－184;[二]79,113;[三]6,393;[四]33,37,298,421;[五]22,38,75,126;[七]44,62,335,379,496;[八]339;[九]53,73,283,295,336,645;[十]49,55,57,126－127,248,330,333,418,431－432,501－502,504,575,577,579,603,626,692,764;[十一]32,109,264,273,329,426;[十二]17,174,284,367;[十三]104,129,166,265,302;[十五]550;[十六]16,38,43,45,56－59,66－67,72,81,96,124,140,142－145,147,341;[十七]195,373－374,452－453,672－673(参见鄂、鄂省)

湖口 [十六]122,165

湖南 [一]127,131,147,150－152,182－183,185－186,188;[二]79,108,151,173,187,346;[三]7－8,138,400,408,411,429;[四]15,73,87,116－117,399,430,444,492,496,513,575;[五]22,38,75,126,447;[六]160;[七]44,62,144,148,163,379,496,512,542,573;[八]9,71,112,115－116,125,166,175,268,315,318,354－355,385,489,538;[九]73,242－243,396,404,452－453,456,462,497;[十]127,149,333,412,414,432－434,441,447,471,473－475,502,506,523,553,577－579,656－658,660,689,691－693,767,779,802;[十一]32,39,135,137,148,150,332,335,347,416,436,479;[十二]17,86,93,102,121,146,148,156,165,175,206,258,273,284,313,337－339,367;[十三]69,121,158,240,259,265,296,302－303,312,336,357,365－366,423,453,456,471,577;[十四]243－244,358,405;[十五]398,557,614,649－651;[十六]37,125,142,144－145,149－150,165－166,233,289,335,339－340,350,420,434,445,449－450;[十七]210－211,241,267(参见湘、湘省)

湖湘 [四]80,87;[七]131;[十三]320;[十五]649

湖州　［一］171,184;［四］93,314;［十三］
　　334

虎林　［一］196;［四］89

虎门　［一］135－136,138,143;［四］121－
　　122,154;［七］184,232;［八］214,216,
　　219,229,251,254,461,497;［九］370,
　　418,433,438,443,446,449,574,576,580,
　　591,622;［十］327;［十三］3,511,600,
　　622;［十四］46,136,145,185,227,255,
　　286－287,290,368,479－480,493,567;
　　［十五］78－80,146,148,560;［十七］332,
　　512

虎门要塞　［四］494;［八］218,467;［十四］
　　45,183,247,290,292,305,479－480,493,
　　554;［十五］6,78,146,148,187－188,
　　339,395;［十六］466;［十七］19,34,88,
　　114,332,398,512,597－599

虎跑寺　［十一］463

虎头岛　［一］164

护列根　［三］94－95

沪　［一］17－18,37,56,171,182;［二］138,
　　245,247;［三］163;［四］45,54,64,67,78,
　　85,93,96,98,101,102,117,141,144,146,
　　163,165,291,313,314,334,352,385,389,
　　394,430,434,435,436,444,450,491,496,
　　497,509,558;［五］190,333;［七］33,252
　　－254,264,272,289,296,304－305,309,
　　310,313,327,337,368,385,393,396,407,
　　430,431,444,449,459,466,467,471,472,
　　477－480,483,484,485,490,502,503,
　　507,509,511－515,519,532,542,549,
　　550,552,553,560,565,572,575;［八］5,8
　　－11,28－30,40,43,48,55,59－60,64,
67,71－72,77,83－85,87,89,91,95－
　　96,99,105－106,113－116,118－119,121
　　－122,128,132,134,137,141,146,148,
　　155,161－162,164,181,211,224,231,
　　235,263,303,307－308,312－315,319,
　　322,334,350,353,358,360,365,370,380,
　　388,435－437,441,449,465,495－496,
　　528,534,537－538;［九］28,35,41－42,
　　51,78－79,98－99,112,116－117,128,
　　143－149,157－158,167,170,183－185,
　　187－189,192,198,200－204,207,211－
　　212,214,216,218－219,220,223,257－
　　258,282,291,296,308,339,352,355,371
　　－372,378,383,389,393－394,396,402,
　　406,409－410,419,423－424,434,439,
　　444,456－457,465,470,508,511,515－
　　517,522,525,529,531－532,536,544,550
　　－552,571,581,605,617,629,635,642,
　　649,651;［十］41,44－45,54,198－199,
　　206－207,283,289,320,325,327,334,
　　354,362,489,490,492,499,614,790,
　　792,;［十一］193,217,225,234－235,
　　237,240,259,273,289,291－292,301,
　　350,352,395,411,414,418,466－467,
　　476,480;［十二］95－96,139,198,212,
　　221,223,227,240,264,271,285,291,321,
　　383,404－405,408,421－422,427,430,
　　435,439,442,495;［十三］9－10,25,43,
　　90,112,128,129,142,210,240,282,286,
　　287,288,301,305,310,314,316,318,325,
　　329,332,333,334,336－337,,341,344,
　　348,356,357,361,362,367,368,382,395,
　　406,409,411,417,420,425,432,433,455,

532,543,547,548,555,579,583,588,
589,595,608,609;[十四]87,180,204,
391,466,502;[十五]96,211,381,461,
525,650,675;[十六]73,142,563,571;
[十八]271(参见沪上、上海)

沪津 [十二]435

沪南 [九]44

沪宁 [二]138

沪宁车站 [十三]36

沪上 [四]87,94,112,144,147 − 148,318,
390,394,425,451,513;[七]253,264,
277,304,306,316,327,378,381,409,435,
466,472,477 − 478,502,518 − 520,560,
562;[八]7,10,38,42,64,69,87 − 88,91,
93 − 95,97 − 99,109 − 111,135,140,142,
153,199,237,249,365,468,503;[九]39,
116,150,235,244,371 − 372,394,410,
459;[十]405;[十二]45,178,268,404,
422,424;[十三]9,21,44 − 45,77,95,
134,143,148,310,322,327,336,440,524,
540,579,582,590,603,608;[十五]649;
[十六]20,72,314(参见沪、上海)

沪中 [八]459

花地 [一]140;[九]418,433;[十]692;
[十四]533;[十五]81,163,667

花县 [三]440;[六]162,319;[九]539;
[十]75,690;[十三]429;[十五]160,
272;[十八]261

华北 [四]30,464;[五]47;[八]272;[十]
816;[十一]460;[十二]94,123,141,273,
319;[十三]319

华臣顿 [四]275 − 276

华都呀吧 [十六]134,177

华冷架 [十六]612,617 − 618,620,622

华南 [二]324;[三]37,138;[四]29,512;
[五]47;[七]148,163,189 − 190,192,
249;[八]512;[十一]74,84,90,92,134 −
135,242,373;[十二]94,121 − 122,147,
238,274

华赛尔 [二]10,61

华盛顿 [一]242;[二]45,50 − 52,61,325;
[三]36,94 − 95,134,280,419;[四]21,
179,287,343,468 − 469,471 − 473,476,
521,582;[七]38 − 39,133,135,141,202,
207,238,294,350,492;[八]300;[九]18
− 20,501,503;[十]434,487,787,792;
[十一]21,179,195,227,230,241,426 −
427;[十二]124,141;[十三]179(参见美
京、米京)

华铁路 [二]50

华阳营 [十三]79

华中 [四]30

哗造 [十七]35 − 37,260 − 262

滑铁庐 [三]283

化古 [十六]577 − 580,583

化县 [六]319;[十六]165

化州 [一]155 − 156;[十四]275

桦甸 [一]193

怀德 [一]159 − 160

怀集 [一]153;[十四]33

怀庆 [一]173;[十五]287

怀仁 [十三]105

怀远 [一]172 − 174,179,212;[十三]105

淮安 [一]179 − 180

淮河 [一]128 − 129,172,179;[四]37;
[五]316;[十一]238

淮扬　[十一]47;[十三]16;[十六]41

淮阳　[九]35

欢布库里　[一]205

欢墩　[一]179

环河　[一]175

环龙路　[十一]467;[十三]292

环龙路六十三号　[四]82,174;[五]369;
　[七]492,494,514,523

环龙路四号　[七]506

环龙路四十四号　[四]83;[七]528;[十
　三]643

环县　[一]175

荒尾村　[十]274-275

黄安　[一]178

黄陂　[九]254-256,320;[十四]87;[十
　六]81

黄草坝　[七]318

黄村　[四]576

黄渡　[十五]397

黄冈　[一]74,76;[三]430;[四]394;[七]
　131;[八]193;[九]434;[十]544,762;
　[十三]11,240

黄河　[一]22-23,88,92,101,124,129,
　160,163,166,172-175,177-178,201,
　205,208,212;[二]36,72,78,186,212,
　249,333;[三]347,357;[四]291,526,
　576;[五]315-316;[七]62;[九]286-
　287,296,309;[十]70,163,758,779;[十
　一]238;[十二]169;[十三]575,608

黄河港　[一]162-163,170,178,180

黄河铁桥　[三]9

黄鹤楼　[十]51

黄花冈/岗　[一]77;[三]411;[四]43,52,

87,104,122,126,134,140,150,159;[八]
102,139,189;[十]66,415,417,419,524,
543,552,559,578,611,617,621,641,645,
663-664,667,706,762,765;[十一]478;
[十三]69,246;[十四]202-203,488-
490,518;[十五]179;[十七]165;[十八]
294

黄连　[九]433

黄梅　[一]174

黄埔　[一]138,140,144,149;[三]345,
355;[四]160,165,173,494-495;[五]
316;[八]296-297,514-515,520,525-
526,529-532;[九]418,510,608-609,
625,635-637;[十]318,409,477,509,
511-512,515-516,715,768,774;[十
二]180-181,184,188-189,191,196-
198,201,204-206,419-420;[十三]
540;[十四]309-310,316-317,328,340
-341,542;[十五]77,197,326,483,525,
567;[十六]490;[十八]402

黄浦江　[一]103,106-107,109,112,114,
125,130;[十三]334

黄浦滩　[一]107;[二]170,175;[三]58,
93,96,103-104,148,199,211,405;[十]
807

黄沙　[二]92,150,189;[六]160;[八]
531;[十]573,688,696;[十三]628-629,
636;[十四]173,276,438,464,469;[十
五]611;[十六]643

黄沙河　[十四]528

黄石港　[一]133

黄县　[九]50;[十六]133,176

黄岩　[一]187

黄州 [九]35,496

晃州 [三]8

珲春 [一]196

徽州 [一]126,183,187

会昌 [一]186;[十六]123,163;[十七]726

会稽 [四]89;[六]220,448;[九]43;[十三]583

会理 [一]212

会宁 [一]193,196-197

会仙楼 [十一]191

惠 [四]128,518;[七]18,53,55,92,93,130,131;[八]197,234,469;[九]209,269,370,440,447,452,454,466,542,558,562,567,568,575,599,600,602;[十]492,561,585;[十三]422,434,512,575,589,607;[十四]87,104,127,130,138;[十五]184,236,657(参见惠州)

惠、潮 [七]53,92-93;[八]467,471,477;[九]209

惠潮 [七]70,78,80;[九]5,159;[十三]190,479,603

惠城 [八]208,215,224-225,482;[九]440,567,599-600;[十二]296;[十四]30,74,193,207,219

惠来 [六]163,319

惠阳 [六]163,319;[八]214,235;[九]443,572;[十]559;[十二]319;[十三]662;[十四]207;[十七]251

惠夜基 [十六]372,431,448,611;[十六]611

惠州 [一]69-71,74,150,187;[二]353;[三]27,31,37,394,429-430;[四]29,42,45,106-107,285,394,493,495,557;[六]122,163,207;[七]16,56,67,72,130,132,167,184,232,370,450,464;[八]195-196,200-201,205,207-208,218-221,224-227,229,233,238,405,416,464,471,478;[九]5,129,365-366,437-438,442-443,451-453,457-459,461-462,467,526,542,545,551,558,567,575,580,593,598-602,620,658;[十]183,406,474-475,490,501,544,559-560,612,653,690,762;[十一]153;[十二]165,168,204,206,210,310-311,313-314,366,403;[十三]3,511,530,583;[十四]138,142,147,193,207,216,219,281,310,510,553;[十五]58,88,265,287,419,563;[十六]71;[十七]176,242,260(参见惠)

慧济寺 [四]81

活打担步 [十六]577-580

火活 [四]276

火炉山 [四]154

火奴/纳鲁鲁 [二]266,290-291;[三]133-134;[四]14,20;[七]30,156-157,160-161,164,168-169,175,181,208;[九]185,220;[十一]95;[十二]51,56-59,62,64-65

火烧岛 [十一]47

火伟林 [十七]53

伙伟林 [十七]41-43,48

霍尔本 [二]300

霍尔楚台 [一]202

霍尔庞 [二]267

霍尔庞区 [七]6;[十一]14,25

霍罕　［二］21

霍勒特　［一］200

霍山　［一］171,180

霍州　［九］76

J

积彩　［十六］615,617,619－620,627

积活　［四］275

姬路　［十一］372,374

基尔运河　［三］284

基隆　［八］28；［九］4；［十一］90,419,421

吉　［四］375；［八］122；［十］356；［十三］195,198,199,357,358

吉安　［一］186－188；［四］493,495；［六］484；［八］536；［十］193,689,769

吉勒斯屯场　［二］280

吉布斯通街区　［二］312－313

吉奉　［十三］415－416

吉礁　［九］499；［十六］35,109,149,153,576,578－580,582；［十七］23－25

吉来　［四］276

吉林　［一］160,190,193,196－198；［四］379,418；［九］323,658；［十］23；［十一］243,329；［十三］196,198－199,282,357－358,399；［十六］126,176,325

吉隆坡　［五］243；［七］67,99－100,110；［九］512；［十一］143；［十三］239

吉樵　［十三］181；［十六］150

吉水　［一］187；［六］484

吉垣　［十三］199

吉治打　［十七］41－42,44,50,54

即墨　［一］178；［九］66

辑安　［一］196

济南　［一］170,179；［三］8,163,169,177,184；［七］467,471－472,479；［九］62,128,205,219,224,229－231,506；［十］176－177,187；［十一］351；［十三］16,371；［十四］479；［十六］145

济宁　［一］178

蓟门　［八］465

加尔罅尼　［十］294

加兰姐　［十六］612,617－619,621

加里昔　［十六］129,171,180

加利地　［三］10

加利福／佛尼亚　［二］14；［七］36；［十三］506

加马威　［十七］6－9,11

加拿大　［一］100；［二］6,39,106,180；［三］150；［四］20,56,281；［六］16,18－20,24－25；［七］164,220,223－225,229,235,291,401,496；［八］39,252,357；［九］194,238,552；［十］35,807,813；［十一］188；［十二］82,86；［十三］146,179,190,216,226,231,387；［十六］139,151,369；［十七］132；［十八］418

加拿利岛　［一］231

加士华利　［十六］615,617,619,626

加斯福斯克　［三］290

加罅宽呢　［五］14

葭州　［一］174

嘉柄　［十七］167－170

嘉定　［一］131－132,154；［十］23；［十三］296；［十四］133

嘉丽　［十六］126,167

嘉陵　［九］352

嘉陵江　［一］176

嘉应 ［一］182,185－187;［七］184;［十五］451

嘉峪关 ［九］132

甲必地 ［十六］92,119,161,644－646

甲子 ［八］208

驾芽鄢 ［十六］118,159,172

尖顶车 ［一］204

尖牛 ［一］201

坚时 ［十七］167－170

简州 ［一］153;［九］436

建昌 ［一］182－187;［九］283,291,308;［十六］133,176,240,342

建宁 ［一］185,187;［八］315

建平 ［一］194

谏义里 ［十六］304,351

江安 ［九］319;［十三］43

江北 ［一］124,176;［二］113;［三］162;［四］54,525;［七］263;［九］36,53,531,539,573;［十］145;［十一］237－238;［十三］79,100,118,207,599;［十六］41－42,54,140－141

江川 ［十四］411－412

江村 ［九］541,657;［十］655;［十五］74

江达 ［一］208－209

江海关 ［四］141

江户 ［三］19;［四］139;［七］233;［十］245;［十八］65

江津 ［九］277－278,280

江口 ［十三］547;［十七］727

江门 ［一］144;［四］393,495;［六］162,207;［七］525;［八］219,430;［九］367,428,433,453,538－540,549,586;［十］746;［十二］381;［十三］225,408,536,540,589,592,611,626,640,645,663,678,686,692－694;［十四］33,94,100,111,115,124－125,136,156,196,223,375,464,533;［十五］7,21,37,165,325;［十七］4－5,432

江沔 ［三］19

江南 ［一］124,130;［四］54,112,178,298,405;［七］143;［九］36,86;［十］44,70,95,145;［十一］138;［十三］14,33,72,80,85－86,129,231;［十五］649－650;［十六］20－21,25,35,41,51－52,54,140

江宁 ［四］310;［五］55,63,145;［九］281,648;［十］24,55－56;［十一］115;［十三］12,34－35,41,68,73,83,85,119;［十五］649;［十六］22,52,141

江浦 ［十三］70;［十五］111

江山 ［一］187

江苏 ［一］31,129,166,180,182,184,187;［二］339,341;［三］6,162,440;［四］37,55,57,73－74,419;［五］22,63,76,316;［七］44,476,484,496,510;［九］507－508,576;［十］115,145,149,298,328,330,333,575,577,692;［十一］45－46,294,347,361,416;［十三］18,21,26－27,33,43,85－86,100,111,118,159;［十五］32;［十六］11,13,52,54－55,57,124,141,144－145,147,150－151,341,487;［十七］211(参见苏、苏省、宁省)

江皖 ［四］47－48,50;［九］95,112;［十三］16,110

江西 ［一］56,126－127,130,164,182－186,188;［二］79－80,151;［三］6,408;［四］15,73,171,315,354－355,483,493

－494,521,592；〔五〕22,75,126,158,
221,241,369,447；〔六〕160,456－458,
465－466,484,488；〔七〕44,356,496；
〔八〕7,318,535,538；〔九〕62,73,88,91,
389,539,631,645,657；〔十〕192－194,
320,330,333,471,473－475,504,575,
577,603,631,662,689－692,766,768－
769,801；〔十一〕148,150,170,406,410,
414－416,436；〔十二〕165,167－168,204
－206,237,239,258,263,337－338,360,
402,404；〔十三〕45,70,106,129,151,
170,185,239－241,265,303,323,583,
619；〔十四〕168；〔十五〕517－518；〔十
六〕38,64－65,70,75,77,84,122－124,
128,130,133,136,142,144－145,147,
163,165,169－170,172－173,176,178,
485－486,566；〔十七〕211,740－741；〔十
八〕60(参见赣、赣省)

江阴　〔一〕107,109,112,114－115,122；
〔九〕649；〔十〕184－187,195；〔十一〕
148,150；〔十三〕35,76,79

江源　〔一〕132

江浙　〔四〕67；〔六〕469；〔七〕369,465；
〔九〕192；〔十〕447,758,809；〔十三〕164；
〔十五〕649

交城　〔一〕177

交趾　〔一〕22；〔八〕273

交趾支那　〔十一〕135

胶东　〔十六〕143－144

胶州　〔三〕107－109,126,261；〔四〕377；
〔九〕402；〔十一〕474；〔十二〕74；〔十六〕
143

胶州湾　〔一〕178,180；〔三〕45,47,59,160；

〔四〕577；〔十〕24

焦写栋　〔四〕154

蕉岭　〔六〕163,319；〔八〕193

蕉门　〔九〕433

阶州　〔一〕176

揭阳　〔一〕187；〔六〕163,319；〔十三〕324

街津口　〔一〕195

捷克　〔二〕39,41；〔三〕320；〔十二〕36

捷克士(斯)拉夫　〔三〕308,346

碣石　〔八〕208

介华连　〔十七〕5－9,11

金巴仑　〔七〕222

金宝　〔十六〕129,172

金边　〔十六〕332,335－337,341,356

金家口　〔一〕178,180

金陵　〔三〕12,18－19；〔四〕41,44,54,163；
〔五〕117；〔七〕393,519；〔九〕38,60；〔十〕
545；〔十一〕105,173；〔十三〕13,44,79,
107,129；〔十五〕461,649；〔十六〕21,23,
25

金门　〔七〕220；〔十三〕562

金牌口　〔一〕161

金沙江　〔一〕208－209,212－213；〔七〕524

金山　〔四〕125,272；〔五〕18；〔六〕150；
〔七〕32－33,133,136,145,154－155,157
－158,161,171,174,177,194,217,219,
226,235－236,245,290,418,436,446；
〔九〕30,435,439,535；〔十〕36；〔十三〕
161,167,169－170,184,191,226,434；
〔十六〕19

金山大埠　〔四〕273－274；〔五〕10,18,22；
〔七〕141,146,151,154,170,220,228,
237,246,248,426,440；〔十一〕173；〔十

三〕184

金塔 〔一〕203

金坛 〔一〕184

金谿 〔一〕184

金星港 〔十二〕51,60

金星门 〔八〕525

津 〔一〕100,179,180;〔二〕253;〔三〕261;〔四〕167,168,170,262,322,400,600;〔七〕470,471;〔八〕211,293,318－319,538,544;〔九〕127,192,280,592,625,643,646,651,653,655－656,658－660;〔十〕56,319,334,775,790,794,817,;〔十二〕414,422,424,427,433－435,440,469－470,482;〔十三〕122,129,196,497,534,561(参见天津)

津沽 〔四〕170;〔十〕121

津沪 〔八〕211

津京 〔四〕262;〔八〕179;〔九〕653;〔十三〕195

津市 〔四〕421;〔九〕336－337;〔十三〕273

锦碌 〔十六〕523－526

锦州 〔一〕194

近东 〔十〕530,532,534,674,678－679,680,686

晋 〔四〕315,344;〔七〕302,304,467,468;〔九〕52,68,93,126,324;〔十〕56,168,174,176,188,816;〔十三〕105,580(参见晋省、山西)

晋北 〔九〕93

晋省 〔九〕76,87,93;〔十〕169－170;〔十五〕38(参见晋、山西)

晋阳 〔四〕80

晋中 〔九〕150

京 〔一〕65,99,100,169,171,174,177,197,236,237;〔二〕296,339,340,341;〔三〕345,404;〔四〕23,40,54,166,168,169,170,262,359,402,432,451,471,599,600;〔五〕42,54;〔六〕36,76,77;〔七〕11,18,23,301,305,310,311,499,500,501,503,504,505,506－508,512,536,538;〔八〕161,182,253,325,338,352,465,541;〔九〕78,99,108,120,124－126,131,137,142,144,150,156,158,167,206,229－230,234－235,276,334,338,346,389,456,459,477,524,583,605,643,646,652－653,657－661,665;〔十〕10,57,89,99,103,121,122,126,137,140,142,146,162,180,181,182,319,322,327,351,409,427,480,595,769,776,777,784,793,794,795,810,816,817;〔十一〕43,81,238,282,288－289,292,309,313,315,318,324－325,334－336,360－361,446,474;〔十二〕68,87,90,178,195,223,291,302,415,419,421,430－431,458,470,474－476,481－483,485,490,493,502－503;〔十三〕195,196,209,227,232,281,290,348,349,371,408,534,537,541,552,561,;〔十四〕474;〔十五〕504,588,601;〔十六〕78(参见京城、北京)

京城 〔二〕296;〔三〕125;〔四〕288;〔五〕22,54;〔七〕26,135;〔十〕90,595;〔十一〕95(参见京、北京)

京都 〔三〕261;〔七〕274;〔十〕251－252,685;〔十一〕250,372

京畿 〔四〕40,310;〔八〕187,318;〔十〕234;〔十二〕273;〔十三〕41

京津　[一]65,99;[四]166,359,600;[九]99,456－457;[十一]360

京津保　[十三]196

京师　[三]25;[四]170;[六]36;[七]143;[九]250;[十]10;[十一]325;[十四]133－134

京中　[四]168;[八]380;[九]276,389,656;[十三]243,337

经棚　[一]191

荆　[四]48;[七]431;[八]3,74;[九]284－286,290,292,294－295,305,309,316,345,347;[十]341;[十三]200,273

荆州　[九]283,286,290,295,297,308－309,311;[十三]79

荆紫关　[一]171

景亳　[三]17

景德镇　[一]127

景东　[一]213

靖边　[一]173,199,201,203－204

靖海新街　[十三]400

靖江　[一]112

靖州　[一]152

静安寺　[三]199,211;[七]546

静海　[一]177

镜海　[七]18

镜湖　[四]7－8,11;[七]434,455

九峰　[十二]321;[十四]222,290;[十五]203

九江(广东)　[一]133,174,183;[六]207;[七]343;[十五]21,194,213,243,289－290,292,345,351,386－387

九江(江西)　[四]493;[九]496,508;[十]193,788;[十四]212－214

九龙　[二]21;[三]50,261;[四]577;[七]131,214;[十]15,24,760;[十一]66,75－78;[十二]147,465－466,508;[十五]378

九龙江　[一]185

九龙山　[十一]401

九台站　[一]193

九州　[三]19－20,432;[四]127,144;[七]29;[十八]100

旧金山　[二]266,300;[三]134,193,219;[四]20;[七]8,150,153,156－157,220,231,239,384－385,544;[九]14,16－17,22,30,126,174,177,179,182,184,187,197,200,210,217,439,469,518,535,552;[十]11,28,95,97,552,572;[十一]24,111,124,173－174,176－177,192;[十三]167,209,219

旧金山湾　[十二]332

莒州　[一]179

巨港　[十六]110,149,153,157

句容　[十三]111

掘地孖罅　[十六]615,617,619,626

军粮城　[四]576

军田　[八]458;[十]520;[十四]297

君士坦丁　[三]295,299;[十]680

K

喀什噶尔　[一]96－97,176,199,206;[三]166,171;[十]126

喀特尔呼　[一]199

卡忌利　[八]165,177;[十七]41－43,46,52

卡加利　[七]222,227

卡慎　[四]275

开封　［三］7 – 8；［六］411；［九］35,389；
　　［十］121；［十一］43,309,322,325,331,
　　354,357 – 358；［十三］16
开化　［一］187；［七］85 – 87；［九］9
开建　［六］163,319；［九］82
开平　［一］155；［二］253；［六］162,319；
　　［九］557；［十］151,155；［十四］175 –
　　176,196；［十五］487
开州　［一］172
坎拿大　［一］134；［三］274,278 – 281,291；
　　［四］392 – 393；［七］525 – 526；［十］96,
　　127,311,313 – 314；［十一］317
坎问顿　［十六］530 – 533
康平　［一］190
柯富汗　［八］490
柯湖岛　［四］19
柯京　［十七］41 – 42,44,49,54
柯景　［十七］6 – 9,11
柯连　［十六］613,617 – 618,620,623 – 624
柯未贺　［四］275
科布多　［一］199 – 205；［十］24,126
科尔芬　［一］189,192,195
可渡河　［一］154
可仑波　［九］27
岢岚　［一］172,174
克布丹　［十］686
克奎河　［一］200
克里雅河　［一］97
克利甫兰　［三］246
克列迷阿半岛　［三］281
克鲁伦　［一］96,189,191,194,198 – 200,
　　204 – 205
克穆赤克谷地　［一］200

克山　［一］197
肯辛顿　［二］309
恳士失地　［四］275 – 276
恳寅失地　［四］276
库尔勒　［一］170,177,206,211
库伦　［一］92,97,170,172 – 174,179,198
　　– 201,203 – 205；［四］462；［九］138,148；
　　［十］237,239；［十一］294,328,376；［十
　　二］274
库玛尔河　［一］195
库苏古尔泊　［一］200
库页岛　［十］24
奎勒河　［一］191
夔、峡　［八］9
夔府　［八］155；［十］788
夔门　［十八］136
夔峡　［二］186；［三］80 – 81
夔州　［四］453；［九］385；［十三］296,391
坤甸　［七］199,208；［十六］136,179,373
昆明池　［一］213
昆士仑　［十六］333
昆阳　［一］213
阔多　［一］199
廓尔喀　［三］453 – 455,460

L

拉法河　［一］193
拉萨　［一］207 – 213；［九］145
拉子　［一］210
来布芝　［三］289
来吉雅令　［一］207,210,213
莱顿斯通　［二］312
莱阳　［一］178

莱州　［一］180

兰顿　［十六］523 - 525,527

兰州　［一］101,170,172,176,207 - 208,
211 - 212,232,235；［三］166,171；［四］
57；［七］318；［九］132；［十］126,154,
159；［十一］329,345,358

蓝关　［一］171

蓝藤斯敦　［二］279

蓝田　［一］171；［八］509；［九］384

澜沧江　［一］155,209

榄面顿　［十六］614,617,619 - 620,624

廊坊　［四］576；［十二］316

廊房　［十］777；［十二］415

榔城　［七］235 - 236

浪噶子　［一］210

老城　［四］13,451；［九］459

老河口　［一］175；［十三］129

老街　［一］150,155 - 156；［七］84 - 85

老龙市　［一］149

老隆　［八］201,225；［九］274,276,440,
451,457,574 - 575；［十四］254；［十五］
463

老市仑　［十七］41 - 42,44,50,54

叻埠　［七］207

叻地　［十］5

乐安　［一］187

乐昌　［二］151；［六］159,163,319,485；
［九］452,458,516,576；［十二］321；［十
四］222,290,321,370；［十五］201,203,
236,262,549,634 - 635

乐桂　［十四］259

乐会　［六］163,319

乐居　［十六］590 - 592

乐陵　［一］178

乐平　［一］185

乐清　［一］187

乐亭　［一］191

勒楼　［九］433

雷波　［一］213

雷城　［十七］41 - 42,44,49,53

雷州　［一］156；［九］451

雷州半岛　［一］165 - 166；［三］159

耒阳　［九］564

梨花埠　［十一］24

黎洞　［十四］575

礼村　［十四］163

李糯　［四］275

里昂　［八］158 - 159；［十五］631 - 633；
［十七］279

里海　［二］7,58；［三］290,292；［十］595；
［十二］157

里勒本巷　［二］309

里塘　［一］212；［十］684

醴陵　［三］430；［十三］68,456

力连　［四］276

丽江　［九］311

利川　［一］183；［八］88,155；［十三］296

利介　［九］511

利马　［十六］590 - 592

利物浦　［一］104；［二］266 - 267,300 -
301；［七］7；［八］206,424；［十三］168,
173；［十六］74,113,151；［十七］120 - 122

笠庇坦　［十六］117,159

笠夫李市　［十七］41,43 - 44,50,54

笠巳士顿　［四］275

粒巴洗　［四］276

粒卜碌 [十六]613,617-618,620,623

溧水 [一]187

溧阳 [一]180

连城 [一]184;[十五]299

连江 [一]152;[九]381;[十五]60

连江口 [六]159;[十三]628-629,636；[十四]418;[十五]34,36,59-60,63；[十六]643

连平 [六]163,319;[十五]25

连山 [一]153;[六]163,319;[十三]448-449;[十四]170,172,190-191

连山湾 [一]163

连县 [六]163,319;[九]484;[十三]449;[十四]170,172;[十五]56,59-60,63,297-299

连阳 [六]159;[十四]170;[十五]8,15,33,60,82-83,299,549,634-635;[十七]288,311,420,428,710

连州 [一]152;[十五]481

莲花 [一]186,188

莲花山 [一]135;[十三]506;[十四]247-248,293,496,567

廉 [四]484,493,496;[六]243;[七]53,254;[八]401,409;[九]405-406,409-410,415,432,438,451;[十]145;[十三]546,554,,;[十四]226-227

廉江 [六]163,319;[十三]448

廉州 [一]156;[九]6

凉州 [一]172;[九]132

梁化 [一]70;[四]107

梁山 [一]117;[九]303,352

两广 [一]69,72,74;[二]80,265;[三]24,428,430;[四]71,100,133,171,399,403,420-421,447,458,493;[六]11,140,170,198,286,323,455,484-485;[七]60-63,67,75,78,134,163,172,246-248,478,483;[八]180,202,215,220,237,241,243,366-367,422;[九]5,221,267,298-299,408,411,416,456,458;[十]328,433,441,443,449,501-502,553,719,731-732;[十一]79-81,83-85,114,116,137,481;[十二]146,148,260,272,284,327,502;[十三]3,217,,270,302,323,481,575,615-616,622,624,628,636,649,684;[十五]21-22,72,83,135-137,191,200-201,213,223,240,262,272,303,329,366,378,426,428,451,453,469,481,483,486,489,529,533,547,549,554,556,584;[十六]279,349

两湖 [四]86;[七]60,197,366;[十]56,431-432,545;[十一]44,46;[十二]367；[十三]282

两阳 [六]123;[十二]381;[十三]554,634;[十四]5-6,356-357,505;[十五]36;[十六]133,145,176,289,350,609;[十七]94,256,306

两阳、三、罗 [十四]141;[十七]256

两粤 [三]400;[四]368,413,496;[七]66,80,144,183,213,563;[八]63,200,216,225,228,241,245,249,253-254,259-260,316,429,438,440,448;[九]21,264,292,294,299,404,409,464,470,506,549,604,607;[十]432,438;[十一]121;[十二]309

两浙 [四]515;[七]393;[十三]96

琼山 [一]75;[二]21

辽东　[一]25,188;[三]284;[四]55,57;[十]24,115;[十一]294

辽东半岛　[一]166,190,193;[四]595;[十]679

辽东湾　[一]159,162,166

辽河　[一]87,159-160,162-163,188-190,194,197-198,205;[十]95

辽河以西　[十一]148,150

辽宁　[十二]338

辽阳　[十]173

辽源　[一]190,198

辽州　[一]172

列必珠　[十三]236;[十六]576,578-582

列港　[十六]107

列孔列姐　[十七]41-43,45,52

邻水　[一]176

林明　[七]212

林西　[一]191,194

临安　[一]155,183;[七]85-86;[九]9;[十]56

临城　[四]517,519,524;[九]565-566,569;[十二]293,298;[十四]265

临高　[六]163,319;[十四]225

临洪河　[一]179

临江　[一]186,190,196-197,205

临洮　[一]29;[四]286

临沂　[一]179

临邑　[一]178

临颍　[一]174

灵川　[十三]466

灵南阪二十六号　[四]73;[七]346,350,354,364,372,375,391

灵山　[一]74;[六]163,319;[七]61,131;[八]448;[九]506;[十三]448;[十五]365

灵山卫　[一]180

灵州　[一]175

零丁岛　[一]135-136

零陵　[四]116,409;[九]264,293,297,328;[十三]459

浏阳　[一]185;[十三]121;[十五]649

流石　[七]74,93

琉球　[二]17,21;[十]24,56

柳　[七]317-319;[八]236;[九]443,484-485,600;[十二]315;[十三]397,422,436,449,498;[十五]52(参见柳州)

柳江　[一]147-148,153-154;[十三]452

柳州　[一]154,156;[七]317-319;[八]187-188;[九]404,485,488-489,504;[十]689-690;[十一]121;[十三]614;[十五]424(参见柳)

六合　[一]179-180;[四]86;[五]111

六和塔　[十一]463

六榕寺　[十八]47-48

六三亭　[四]173

龙川　[一]185;[六]163,319;[八]201,225;[九]440;[十三]323

龙冈　[一]70;[四]107;[十四]534-535;[十五]347

龙口　[一]166;[三]297-298,304;[四]368,375,377

龙门　[一]185;[二]186;[四]154;[六]163,319;[七]317;[九]451,573;[十]228;[十二]314;[十四]282

龙门江　[一]161

龙南 〔一〕184；〔十六〕123,163,484；〔十七〕726,729

龙泉 〔一〕186

龙岩 〔一〕187；〔十三〕440,563

龙眼洞 〔四〕154；〔九〕539；〔十八〕410

龙州 〔一〕75,155；〔七〕57,75－76,79,132；〔八〕284；〔九〕492；〔十三〕336

隆昌 〔一〕153；〔十三〕296

溇水 〔一〕183

卢森堡街 〔十一〕169

芦苞 〔一〕143；〔二〕336；〔六〕159；〔九〕538,540；〔十三〕656；〔十五〕52

芦台 〔四〕576

庐山 〔一〕127；〔三〕365,376

泸州 〔一〕151,153,156；〔四〕400；〔九〕296,307,437；〔十三〕296；〔十六〕230

鲁 〔三〕183；〔四〕59,136,344,359,430,433,524；〔七〕468,483；〔八〕8,11,398；〔九〕88,128,186－187,219,222,224,232－233,501,580；〔十三〕153,282,371,607；〔十四〕180,191；〔十五〕650（参见鲁省、山东）

鲁北 〔九〕230

鲁东 〔十三〕415

鲁港 〔一〕125

鲁库车鲁 〔一〕199

鲁省 〔九〕128；〔十三〕284,339；〔十六〕311（参见鲁、山东）

陆丰 〔一〕187；〔六〕163,319；〔七〕16,167,184；〔九〕440；〔十三〕649

陆凉 〔一〕154

陆水 〔六〕319

鹿步圩 〔一〕136,138,144,149－150

鹿邑 〔一〕173

潞江 〔一〕208－209,213

露 〔三〕10,12；〔七〕29,41（参见露国、俄国）

露国 〔八〕490－493（参见露、俄、俄国）

露西亚 〔三〕32

六安 〔一〕126,180；〔四〕368；〔九〕40

滦河 〔一〕84－85,91,96,191

滦平 〔一〕194

滦州 〔四〕48,576；〔九〕35,334；〔十二〕316

伦敦 〔一〕47,67,89,127,232；〔二〕261－262,267,276－280,283－284,287－295,300－301,309－311,313－314,317,320－328,330,335；〔三〕8,58,87,89,105－106,130,134,136,142,185,208,277－278,280－281,320,344,354；〔四〕20,185－186,224,240,269,349；〔五〕169；〔六〕73；〔七〕3－5,7,9,41,120,122－123,138,147,149,154,192,209,233,244,249,261,312,334；〔八〕269,279,282；〔九〕23－24,146,194,583,610；〔十〕3,15,18,75－76,298,571,675,683,743；〔十一〕9,12－14,16－17,19,21—25,31,34,164,166,194,200－202,204,283,426；〔十二〕19,260－261,374,454,458,463（参见英京）

伦敦摄政公园 〔十一〕24

伦敦西区 〔二〕300,330

罗布泊 〔一〕176

罗定 〔一〕155；〔六〕163,319；〔九〕440；〔十一〕148,150；〔十三〕408,554,600；〔十四〕444；〔十五〕139

罗多克　[一]213

罗伦　[二]112

罗马　[一]22,240－241;[二]7,17,40,44,
　69,73,79,83－85,100;[三]29,35,41,
　233,286,310,366,377,449,457,463;
　[四]177,481;[十]14,18,460,595;[十
　一]487

罗马/米尼亚　[一]41,229;[二]41;[三]
　269,285－286,304

罗平　[一]154;[七]318

罗森堡　[三]258

罗省　[四]276;[七]231;[八]216－217,
　405;[十三]202;[十五]487;[十六]615,
　617,619－620,626

罗士舞珠　[十七]7

罗田　[一]180

罗星塔　[一]161

罗源　[一]184

罗珠卜　[四]276

洛得坦　[一]168

洛锦顿　[十六]605－608

洛龙宗　[一]209

洛杉矶　[七]36,190,203,215,346;[九]
　11,13－14,24;[十六]4

洛士丙令　[四]275

洛阳　[一]170,173－174;[三]7;[四]145
　－146,507,513,562;[八]515;[九]48,
　518;[十]56,802;[十二]238,242,273,
　406,434;[十四]516

落利大　[三]162

吕四港　[一]166,171,180

吕宋　[一]25－26;[二]37;[七]153;[十]
　312;[十三]439

旅大　[十二]451－452

旅顺　[二]21;[三]12－13,110,126,160,
　261,290,402,404,464;[四]375,577;
　[九]650;[十]15,679,816;[十二]465

旅顺口　[三]45,47;[十]24

绿筠花圃　[十三]36

M

麻布市　[七]401

麻城　[一]179;[十六]148

麻楮巴辖　[十六]112,150

麻厘柏板　[十六]428,430

麻厘杯板　[十六]492

麻六甲　[三]281;[五]239;[十六]95,
　111,150,159,162

麻/蔴坡　[七]91,95,355,405;[九]551;
　[十三]141,149;[十六]32,105,147

马鞍　[八]208;[十]559

马鞍街　[四]101

马达加斯加　[三]109,284;[十六]371

马丹沙　[十七]252－254

马当　[一]133

马儿打　[二]6

马架连汕丹　[十六]583

马架连仙丹　[十六]577

马拉　[三]259,278－279

马拉半岛　[三]274,278,280－281

马拉甲海峡　[十]676,678

马刺居时　[三]124－125

马来半岛　[七]154;[十]518;[十三]609

马来亚　[七]138;[十二]143

马里勒本路　[二]309

马六甲　[五]234,243;[七]405;[十六]

166

马龙山 [十]195

马尼拉 [四]72;[七]177-178,192,196,
372;[九]174,184,189,197,199-201,
205,212

马尼剌 [十六]105

马宁河面 [十五]112

马赛港 [七]120

马士端尼亚 [三]124

马斯波他米亚 [二]71-72

马斯加斯 [一]97

马孙角 [一]112,114

马头山 [三]50

马尾 [五]316;[十一]419-422

马尾港 [十一]419

马些港 [七]42

玛琅 [十六]523-526

玛珑 [十六]116

孖敢厘 [四]276

孖礼位 [十六]116,157

孖且鑵 [四]276

孖沙打冷 [十六]572-575

孖写 [四]276

满地可 [七]7-9,222;[八]137,264;[十
六]399;[十七]151-154

满蒙 [三]10,226;[四]468,470;[七]
409;[八]282;[十]55,149;[十一]307,
318,346,374

满洲 [一]4,30,50,99-100,134,160,
162,188,190-192,195-196,216,229-
230;[二]8,13,15,22,30-33,37,47,49,
58,189,191,208,221,224-225,229-
230,233,266,318,338,347-349,355;
[三]5,12,18,22,27-30,32-34,37-
39,43,45-46,,55-56,59-60,125-
126,147,163,168,174,234,242,247,308,
340-341,343,349,363,425,427-428;
[四]15,57,107,177,281,288,293-294,
298,300,368,304,557,573,577-578,583
-585,587,591,596,600;[五]9,24,30-
31,33,35-43;[七]33,67,73,95,147,
197,204,233,239,409;[八]37,118,369;
[九]62,68;[十]7,9-10,28-29,35-
36,39,52,55,57-58,95,97,130,132,
141,149,154,159,174,190,232-233,
236,239-240,248,251,260,278,363,
369,378,388,401-402,425,441,458,
525,531,536,539,558,579,584,595,628,
655-657,663-664,668,679,681,707,
712-713,715,718,726,731-732,760,
763-764;[十一]7,55-56,59,99,143,
156,164,211,223,249-250,322,345-
346,351,354,357,404,440,455-456,
483;[十二]62,70,74,80-81,95,98,
133,172-173,237,246,273-275,294-
295,307,367,458-459,462;[十三]116,
172;[十五]287,478

曼谷 [七]28,110-111,138;[九]238;
[十一]163

芒街 [一]74,156

氓埠 [七]406

猫失地 [四]275

毛里士埠 [十六]336

毛利企 [十六]577,584

毛伊岛 [十一]97

茂名 [一]205;[六]163,319;[十四]192

茂宜　［四］19,21;［五］4;［十七］6,8－9,
　　12－13

茂州　［一］211

梅尔蓬路　［二］276

梅岭　［十二］367

梅县　［六］163,319;［八］481;［九］449,
　　559;［十三］380

梅州　［十三］240,428;［十八］202

鄮县　［一］171

美　［一］35,46,66,76,79,80,96,158;［二］
　　17,18,266,268,281,290,300,302,344;
　　［三］8,29,30,33,45,47,49,51,54,66－
　　73,75,89,102,103,117,121,130,147,
　　148,150,152,153,155,157,160,172,173,
　　188,192,199,203,206,210,218,219,230,
　　240,241,257,262,265,274,288,294,301,
　　313,319,342,344,347,349,356,359,391,
　　399,406,435;［四］23,60,72,77,80,155,
　　170,178,286,391,395,438,439,535,542,
　　546,552,578;［五］276,423－425;［七］
　　103,126－128,133,135,142,145,153－
　　154,157－158,179,192,194,196－199,
　　207,214－215,217,220－221,225,230,
　　235,237,245－246,248,252,255,283,
　　293,296－297,333,440,448,460,512,
　　520;［八］20,24,52－53,70,91,135,144
　　－145,148,207,229－230,252,259,346,
　　452;［九］11,18,25,163,183,210,282,
　　437,451,524,583;［十］28－30,38,54,
　　75,77,90,109,112,113,116,125,134－
　　136,141,145,148,150,153,157－158,
　　165,173,207,211,227,243,248,268,286,
　　292,294,300,313,328,337,349,362,446,

458,532－534,560,571,574,587,599,
632,637,657,695,752;［十一］70,99,
112,130,177,179,188,197,198,202,206,
216,237,255,260,284,285,297,308,323,
375,380,428,451;［十二］9,36,45,47－
48,111,113,137,138－140,142,169,175
－176,237,307,328,336,345,357,380,
388,389,405,408,452,456;［十三］39,
72,138,179,184,190,191,192,196,219,
225,290,293,370,388,406,410,437,451,
530,577(参见美国)

美狄　［十六］332

美东　［一］76,79;［七］145,194,237,246,
　　248;［八］207;［九］393;［十六］259,345

美国　［一］7,28,41－43,46－49,60－63,
　　78－79,89,92,101,106,134,156,168,
　　198,218,225,228－,230－231,260,267－
　　268,,276,300;［二］6,9,12－14,16,19－
　　20,22,24,36,38－41,45,50－51,53,57,
　　62,65,74,76,78,87,89,92,96－101,104
　　－109,111－115,119,121,127,132,137,
　　141－142,145－147,153,156－159,161,
　　164－166,168,178－182,187,191,199,
　　203,206,212－214,247,249,259－260,
　　279,291,299,302,314,325－326,330;
　　［三］8,34,40,44－45,54－55,60－61,
　　64,66－69,71－72,75,94,96,102,105,
　　121,129－130,133－134,136,140,143,
　　145－146,149－151,157,162,165－167,
　　171,173,186,193,197－200,206,210－
　　212,221－222,240－241,245－247,257,
　　261,263,266－277,280－281,289,291,
　　297,301－302,310－311,322－323,332－

336，341－342，344，346，349－351，354，356－358，362－364，367－370，373－376，378－380，382，385，406，412，419，421，438，440－441，445，447－448，452－453，456，459－460，462，464；［四］20－21，30－31，33，56，66，73，99－100，103，177，275，281，284，286－289，292－293，332，339－343，377，391，393，396，431，439，464－465，468，470，476，501，521，530－531，533，537，561，590；［五］8－9，14－15，18，48－49，169，425；［六］126；［七］34，48，50，103，121，127－128，134－135，139，152，154，157，160，164，169－170，178，191－192，194，202，215，223，226，233－235，240，269，294，312，322，348－349，361，363，373，376，417，448，456，492，518，521－522，525，538，557；［八］17，24，26，45，50－51，55，70，125，135，145，158，184－185，269，271－273，283，300，302，405，484，512；［九］25，68，126，173－174，241，254，346，365－366，376－378，399，452，454，462，503，552，558，565－566，583，585，662；［十］7，11，24，28，36，38，40，42，44，60－61，95－97，106，113－114，128，133－135，139－140，142，147－148，153，155，157－158，160，165－166，171－172，183，187，189，193，198－199，216，220，227，241，243，253，261，263，265，268，277，280－281，290，292－295，297，303，311，314，328，335－337，344－345，348－349，374，381－383，385，387－388，390－391，416，418，423－424，430，450－451，457－458，462，465，488，502，511，526，529，531，549－552，555，558，574，580，586，590，593－597，599，607－608，619，623，632，658－659，684，695，697－699，701，716，742，752，773，786，798，808，813；［十一］14，22，24，30，62，95－96，98－99，101－102，121，129，156，164，166，175，177，181，185，189－190，192，195，199，201，204，207－208，211，226，230，243，250，254，256，258，271，273，282，290，306，314，334，345，356，361，363，400，415，422－423，425－427，445－446，449，451－452，476，480；［十二］18－21，34，45，52，55，68，74－75，79，82－84，89，92，107，117－118，125－126，129－130，133，136－138，147，150，159，166，169，171，190，208－209，215，224－226，231，245－249，255－256，266，274，305－307，322，331－332，334，336－338，347，354，357，380，384，389－390，412－413，438，440，454，458－459，467；［十三］11，39，63，86，179，196，233，260，290，293，369，558；［十四］265，491，502；［十五］487（参见美）

美国太平洋海岸　［十一］185

美界　［四］144

美京　［七］135；［九］183；［十三］192；［十六］398（参见华盛顿）

美利滨　［三］418；［四］134，136；［十三］175；［十七］71－73，75

美利坚　［二］13，266；［三］240，309－310，341，349－350，417；［四］36，130，135；［十］19，53，75，135，148，268，296，417，451；［十一］130；［十二］83，125

美利坚合众国　［四］72；［十］10；［十一］

219;［十二］132,134

美西　［七］133,145－146,180,194,220,237

美洲　［一］7,34,65－67,231;［二］13,19－20,29,39,43,97,114,165,180,185,206,255,288;［三］66－67,71,102,114,117,198,210,266,279,310,414,428;［四］76,90,124,136,176,270,272－274,285,334,344,364,392－394,465,577;［五］9,22,424;［七］7,33,103,126,133,135,141－142,146,152－153,162,167,170,176,187,189,194－195,213,221,228,237,296,311,357,374,381,384－385,388,417,426,429,446,461,469,514,525－526;［八］116,247,252,272;［九］182;［十］29,53,101,117,261,293,295,300,311－313,388,441,451,510,532,602,675,742－743;［十一］143,176,,252,283,367,413,422;［十二］330,370;［十三］11,137,140,171,179,189,201,209,212,219－220,224,234,316,341,354,437;［十六］112

美孖写　［十六］615,617,619－620,626

美租界　［五］369;［十二］337

内蒙(古)　［三］261;［五］160;［七］459;［八］377;［九］148;［十一］277,334;［十二］312,316

门得内哥罗　［三］269,285

门公　［一］207,209,212

门司　［四］63,560;［八］28;［九］4,655;［十一］92－93;［十二］8,12－13,69,464,467,470

门司海峡　［九］4

蒙　［三］27,28,199,211,224,248,309,354;［四］308,468［七］409;［九］138,145,481;［十］85,95,97,124,140,143,173,188,299;［十一］173,283,308,312,319,320,325－328,332,334－337,339,354,374,376;［十二］23,453;［十三］125,208,241(参见蒙古)

蒙藏　［三］243,248;［九］148,148;［十］95,124,140;［十一］312,326,327,328,332,371

蒙城　［一］172,179

蒙古　［一］14,30,88,90,92,99－100,102,158,160,162,169,173,177,188,191,198,200－201,230;［二］7－9,13,15－18,22,44,58,71－72,79,107,189;［三］12,19,27－28,56,223,227,425;［四］39,55,57,62,295,577;［五］22;［六］217;［七］168－169,172－173,336;［八］152,301,409;［九］11,61,78,145;［十］55,95－97,115,121－122,124,126,128－129,131,145,149,161,237,239－240,252,257,265－267,298,451,633,635－636,779;［十一］173,206,211,277,294,319,323,328,336,355,357—358,361－362,375－376,399,404,417;［十二］172,237,274—275;［十三］105,125,332,393(参见蒙)

蒙阴　［一］179

蒙自　［七］82,84－87

孟定　［一］207,213

孟加映　［十六］133,175

孟米　［四］58,179;［十七］270－272

孟遮斯打　［一］104

咪厘埠　［十四］191

米国　[七]218,229;[八]491 – 492;[十]14 – 17(参见美国)

米京　[七]228 – 229(参见华盛顿)

米麻　[十六]612,617 – 618,620 – 621

米尼梭打　[三]94 – 95

米脂　[一]174

秘鲁　[十]152,156;[十三]212 – 213

密山　[一]196

密西悉比河　[一]101

密云　[一]194

棉答步路　[四]275

棉兰　[八]509;[十一]439;[十七]68 – 70

沔县　[四]440;[九]382 – 383

缅甸　[一]151,154 – 155,164;[二]10,21,42,45,66,91,108,355;[三]6,47,259,261,274,395 – 396,403,439,455,463;[四]577;[五]22;[七]184,536 – 537;[八]27,492,507;[十]23,149,164,669,674,695,760;[十一]141,483;[十二]363 – 364;[十三]143,237;[十六]80,113,150,152,314 – 315,495,497,499;[十七]313 – 316;[十八]315,316 – 305

缅属勃卧　[十六]158

乜地慎　[四]275

岷江　[一]154;[四]41

岷山　[一]176,212

闽　[一]184;[三]11,13,274,400,409;[四]150,315,430,440,447,491,520,523,574;[五]333;[七]43,145,274,304,366,373,432,439,444,457,459,568;[八]9,12,30,54,56 – 58,61,67,74,81,105,116 – 119,164,214,307,311,312,315,318,329,338,343,351,353 – 355,360,366 – 367,374 – 375,379,381,386,389,403,405,410,415,421,432,444,475,496;[九]48,85,130,156,196,201,229,232,286 – 287,294,296,306,309,315 – 317,321,323,329,343,349,354 – 358,360 – 362,372,379 – 380,382 – 383,392,414,424,433 – 434,442,446,449,454 – 456,458 – 459,496,508,522,524,544,559,567,595;[十]66 – 67,129,161,333,418,431,448,501;[十二]6,151,244,278,286,403;[十三]91,116,259,286,308,310,311,323,324,329,335,341,342,380,389,414,422,473,533,540,541,549,554,563,567,573,585,587,588,599,608,627,664;[十四]23,130,211,363,477;[十五]93,185,201,419,497,499,650;[十六]290(参见闽省、福建)

闽、桂　[八]386,405

闽桂　[八]359

闽江　[一]160,184;[十二]63

闽疆　[八]354,381,399;[九]537

闽南　[八]40,351,375,379,431,475;[九]424,559,600;[十二]360;[十四]507,565,576;[十五]18;[十六]92,120,161,168,246,507;[十七]235,333,487,570

闽省　[七]145,364,448,482,528;[八]105,195,329,333 – 336,338,343,351,354,365,375,387,396,431;[九]130;[十]112;[十二]244 – 245;[十三]116,329,533;[十六]60;[十七]496(参见闽、福建)

闽垣　[十六]55

闽粤　[四]136,290,319,359,515,582;

［八］44,195,419;［十二］289;［十三］342,540,563,574

闽浙　［三］11;［四］59;［七］247;［十］129,161;［十三］533

闽中　［四］440;［八］30,56,99,118－119,123,136,195,351,353－354,362,364－365,475;［九］360－361,379,381－382,;［十三］422

名古屋　［七］72;［十一］372

明安　［一］200

明光　［一］180

摩尔泰　［三］278

摩洛哥　［三］284－285,287,290,295;［十］164,678

摩洛棉　［十六］121,163

磨刀门　［一］143

磨诗耀　［十七］7－10,13

末士卡利　［十六］612,617－619,621

莫架　［十六］616,618－620,628

莫利哀路　［八］46,70,95,136,169

莫利爱路　［八］28;［十二］27;［十三］340

莫斯科　［三］227,289－290,301;［四］511,591;［八］280－282,301,348,369－370,484;［九］431,547－548,605;［十］643;［十一］323;［十二］94,121,154,161,226,238,272,295－297,311－312,374(参见俄京)

漠河　［一］96,189,192,195,204－205,227

墨国　［八］397;［九］494;［十三］569;［十七］7－10,13,144－146

墨简　［四］276

墨西哥　［一］26,34,47;［二］13;［四］437;［八］252,397;［九］375,494;［十三］179,203;［十六］370

墨溪　［十七］71－73,75

墨竹工卡　［一］208

牡丹江　［一］193,197－198

木兰　［一］192

幕府山　［一］117

穆布伦　［一］200

穆克图　［一］200

N

哪威　［十五］413;［十七］614

那伏　［十六］577－580,583

那卡利　［十七］103－106

那赖哈　［一］200

那琴　［四］90

那市比　［十七］151－154

那威　［二］39;［三］271;［八］513;［十］740

那罅　［十六］616,618－620,628－629

纳卯　［十六］122,166;［十七］140－142

纳闽　［七］207,211

纳木果台　［一］202

纳溪　［一］153

嗥吃　［十六］374,377

嗥乞　［十六］417

南安　［一］186;［六］487－488;［九］365

南澳　［六］319

南巴　［四］275

南北美　［十］117,313

南北美洲　［二］20,39;［三］21;［五］22;［十］813

南昌　［一］184－186;［三］49,53;［四］314,412,417,419,421,493,495;［五］158;［八］535－536;［九］62,74,100,287,

299,336;〔十〕192－195,689,767;〔十一〕
365,414;〔十三〕362;〔十五〕96

南川　〔一〕152

南丹　〔一〕156

南定　〔十六〕334－335,523－525,527

南番　〔十四〕306;〔十五〕519－520

南方　〔一〕30,45,56,76,134－135,140,
148,158,165;〔二〕22,44－45,51,78,81,
90,97－98,100,107,187,244,345;〔三〕
18,31,126,159,163,168,222,325,333,
336,339,348,399－400,403,411,433;
〔四〕15,73,96,141,171,265,332,341,
344,346,355,382,397,405,433,438－
439,450,458,462－464,477,486,490,
500,510－511,516,533;〔五〕14,19;〔七〕
78,147－148,188,332,336,351,366,392
－395,448,459,463,477,479,483－484,
504,506,540,542,551;〔八〕29,44,48,50
－52,55,60－62,67,70,74,76,81,88－
89,92－93,98,106,109,146－147,182,
206,229,272,277,283,382,527;〔九〕43,
99,101－102,109,125,153,208,221,223,
257,279－280,294,302－303,311,315,
323,346,361,376－377,394,398,410,
417,491,519,524,574,582;〔十〕56－57,
73,101,108,140－142,180－182,194,
279,283,317,319,322,326－328,333,335
－336,338,356,362,364－371,378,384,
416,430,432,456,485,488－489,501,
519,596,607,631,636,689,691－694,
717,758,760,779,789,802,808;〔十一〕
74,89,106,136－137,140,220,251,255,
313,339,347－348,350,360,397,399－

401,409－410,415－418,425,430,440,
476,478－483;〔十二〕8－10,15,17,45,
47－48,70,72－73,78,83,86,88－91,98
－99,105,118－119,127－128,133－
135,139,147－148,162,171,174,176,
178,182－183,187,209,222,237－238,
240,247,258,269－271,278,288,295,
302,305－307,312,315,329,335,337－
338,350,356,359,366－367,464－466,
474;〔十三〕11,77,242,290,299－300,
326,333,338,363,377,382,386－387,
427;〔十四〕266－268

南非　〔三〕227;〔八〕216;〔十一〕236;〔十
二〕81－83,86;〔十三〕227;〔十八〕571

南非洲　〔二〕77;〔三〕409;〔七〕496;〔八〕
216－217;〔十〕111,807,813;〔十一〕225,
233;〔十六〕179;〔十七〕59－62

南斐／菲（洲）　〔九〕525;〔十二〕80;〔十六〕
136

南丰　〔一〕184

南关　〔四〕13;〔六〕161,374;〔七〕68,72,
108

南海　〔二〕247;〔四〕54－55,57,98,112,
426;〔六〕162,318;〔九〕638;〔十〕115;
〔十一〕294;〔十二〕157;〔十四〕45,175－
176,189,212,214,349,421,550－551,
553;〔十五〕111,236,351,386－387,495,
628,639;〔十八〕281

南海九江镇　〔十五〕628

南海漳　〔十六〕121,163

南华寺　〔八〕537

南疆　〔四〕411;〔八〕134;〔九〕293,593

南京　〔一〕54,56,72－74,78,81,115,117,

123 − 125,133,140,170 − 174,179 − 180,
182,186 − 187;〔二〕37,79 − 80,182,187,
345;〔三〕8 − 9,53,135,146 − 148,153,
156,158,175,181,280,321,343,353,364,
370,372,376,382,384,430;〔四〕22,39,
48 − 49,54,59,90,145 − 146,171,266,
286,288 − 289,307,309,315,317,326,
328,332,334,343,354,356,367,407,412,
416 − 419,421 − 422,507,513;〔五〕50 −
51,53 − 57,59,62 − 64,69,72 − 77,101,
103,108,111 − 117,122 − 124,126 − 129,
132,139,143 − 148,158,163,166 − 167,
169 − 172,174 − 175,189 − 191,199 −
200,203,205,207,218,223,234,241,243,
249,251 − 252,339 − 340,361,364,369,
420;〔六〕25;〔七〕143,147,257,260 −
263,270,273 − 275,282 − 283,288,296,
310 − 312,329,336,349,361,378,384,
385,431,477,478,510;〔八〕268,273,
281,;〔九〕28,35,37,43,49,52,53,57,
68,80 − 82,84,89,101,103,105,113,120,
121,135,160,235,241,244,281 − 282,
287,294,299,313,336,356,380,457,508,
522,648;〔十〕47,57,72,121,140,142,
150,188 − 189,195 − 196,200 − 203,205
− 206,226,244,249,290,294,317,321 −
322,328,362 − 363,366,369 − 370,398 −
400,406,414,478,502,539 − 540,555,
575,603,628,644,689,692,762,788;〔十
一〕49,126,135,137,139,165,221 − 224,
226,228,231 − 233,236,238 − 239,241 −
242,246 − 248,251,253,256,259 − 260,
263 − 264,271,281,292,322,325,354,

357,364,368 − 369,383,406,415 − 416,
425 − 426,434;〔十二〕73,154,202,284,
367,502,504;〔十三〕11 − 13,15,29,31,
35,41,44 − 45,71 − 72,77,148,157,243,
310,328 − 329,377,604,608;〔十四〕447,
530;〔十五〕672;〔十六〕6,8 − 11,21 − 22,
26 − 27,52,81,141;〔十七〕14,159;〔十
八〕32,236(参见宁)

南京路　〔五〕241

南京中正街　〔四〕43

南靖　〔一〕185

南康　〔一〕186;〔六〕487 − 488;〔十六〕
123,163

南满　〔一〕159;〔二〕10;〔三〕222,261,
290,296;〔七〕357,409;〔八〕303;〔十〕
121 − 122,128,130,167

南满洲　〔一〕225;〔四〕375;〔十〕128

南美(洲)　〔一〕47;〔二〕13,19,39,180,
185,288;〔二〕321;〔三〕115,149,183,
281;〔七〕139;〔九〕238;〔十〕131,313;
〔十〕261,510,742 − 743;〔十三〕125,190
− 191,212

南宁　〔一〕147 − 148,155 − 156,161;〔二〕
186;〔四〕398,400,409,424,513;〔六〕
207;〔七〕59 − 60,62 − 63,75 − 76,317 −
319,483;〔八〕241,244,286;〔九〕257,263
− 265,267,327,356,406,409 − 410,438,
451,486 − 487,489,492 − 493,497,641;
〔十〕22,350,439,467;〔十三〕214 − 215,
423,425,437,452;〔十五〕138

南沙　〔一〕144

南生船　〔十六〕169

南石头　〔十五〕61,466,667

南台岛　[一]161

南太平洋群岛　[四]134－135,137

南通　[一]160;[四]513;[七]511－512;[九]235;[十三]142

南通州　[二]160;[四]68;[十三]26

南雄　[一]186;[二]151;[四]495;[六]159－160,163,319,468－470,487－488;[八]379;[九]365,515－516,560,619,658;[十]662,690;[十三]482－483;[十四]55,300,321,335,337,340－341,358,388－390,394－396,435－436,442－443,472;[十五]18,176

南亚洲　[十]164

南阳　[一]131;[九]48,286

南洋　[一]28－29,72,75,77,164－165;[二]44,70,75,85,97,194,252－253;[三]86,122,127,160,243,249,260,267,272,274,281,286－287,319,413－414,416,428,453,461;[四]90,170,185,268,271,356－357,359,361,364,368,392,394,494;[五]22,43,233－234,239,242－243,357;[七]18,28,41－45,47,49－50,52－54,56,58,63－66,68,72,76,79,90,92,97－99,105,109－112,214,218,235,237,246,248,263,284,304－305,313－315,336,338－339,351－352,356,358－359,364－366,368－370,373,375－376,380－381,384,387,389,401,405－406,413－414,420－422,424,429－431,433,436,448,459,461,474,496,525,529,533,535,542;[八]24,266,282,298,324;[九]10,30,60,71,144;[十]59,145,199,262－263,276,293,295,312,396,460,

579,585－586,668－672,686－687,696;[十一]70,120,152,154,189－190,193,439,445－446;[十二]36,70,72,216,364;[十三]11,24,27－28,146,148,158,175－176,210,340,351,439,506;[十四]191－192;[十六]12,14－15,18,31,38,62－63,65,86,101,138－139,142,155,509;[十八]29,231

南洋卑南部　[十三]228

南洋荷属　[七]18;[十]29;[十六]79,139,150,152

南洋群岛　[一]25－26;[二]42,44,70,174;[三]84;[四]136,285;[八]490;[十]33,585,813;[十四]191;[十七]282,295

南苑　[九]62;[十二]78

南中　[四]140,581;[八]26,47,84,92,126,128－131,134,144,221,270,474,481;[九]361,396,437,482

内华达州　[九]14

内江　[一]153;[五]52;[十三]417;[十四]133

嫩江　[一]188－189,191－193,197

尼泊尔　[一]210;[二]22,45;[三]453－455,460－461;[八]490,492;[十]527,534

尼勒河　[十三]125

尼罗河　[二]71

坭益爹　[十六]596－598

泥古/呢咕洒利　[十六]370,587－589

碾伯　[一]208

娘子关　[九]87

鸟加市　[七]546

鸟卡素　[十六]605 – 608

鸟约　[七]127,133,135 – 136,140 – 141

聂拉木　[一]210

宁　[一]182;[三]8;[四]309,310;[五]115,205,333;[七]256,273,279,339;[八]3;[九]28 – 29,36,43,55,61,65,67,76 – 77,79 – 81,97,103 – 105,111,113 – 115,118,122,133,270,280,311,323 – 324,356 – 358,394,506;[十]56,195,322;[十一]265 – 266,309;[十三]16,39,,80,86,87,208,,310,608;[十五]650;[十六]10,18 – 19(参见南京)

宁波　[一]162 – 164,187;[九]215,379,470,510;[十]306 – 310;[十二]376;[十四]465;[十六]42,46 – 47,141

宁德　[九]66

宁都　[一]184;[十六]123,163

宁古塔　[一]197

宁国　[一]187

宁海　[一]187

宁羌　[九]382 – 383

宁羌　[四]440

宁陕　[一]175

宁省　[五]113;[九]116;[十三]33 – 34,36,75,86 – 87(参见江苏)

宁武　[十三]105

宁夏　[一]170,173,175;[九]132

宁乡　[一]185 – 186

宁阳　[一]178;[十四]235

宁洋　[一]187

宁垣　[四]54;[十三]83

宁远　[一]154,207,212 – 213;[八]111;[九]87,270,283,290,311;[十六]240,

342

宁州　[一]175

柠檬　[十六]613,617 – 618,620,623

牛津广场　[十一]25

牛津圆形广场　[二]300

牛育　[七]245

牛约　[十]172

牛庄　[一]195;[二]182;[十]679;[十一]243

纽查沙　[三]94

纽柯连　[四]276;[五]14

纽丝兰　[二]6;[十]813

纽丝仑屋仑　[十七]71 – 75

纽丝伦　[十六]115

纽斯纶　[三]86

纽特　[十六]615,627

纽育　[十]686

纽约　[一]7,66,79 – 80,84,91 – 92,104,106,127,226,268;[二]266,300;[三]87,105 – 106,180,186,200,212,344,354,364,375 – 376;[四]20,29,33,275 – 276,281,289;[五]14,47,169;[七]8,17,36 – 38,40,110,127,137 – 139,143 – 146,149 – 151,154,160 – 162,164,166 – 167,170,174,176 – 177,189,191,194·202,207,217,220 – 223,226,228,231,233,239,242,245 – 246,248 – 251,446;[八]512;[九]11 – 12,15,18,20 – 24,126,432;[十]28,75,166,387,743;[十一]24,128 – 129,170,176,188,193,195,204,209,227,243,269,297,423,426,480;[十二]331;[十三]434;[十六]613,617 – 618,620,623;[十八]145

纽约港 [一]88

钮丝兰 [二]39

农安 [一]193;[十三]357

挪佛 [二]244

诺和 [一]207,211,213

诺和湖 [一]213

O

瓯江 [一]164,185,187;[五]316

欧 [一]12,19,72,82,83,214,228,230,
231;[二]262,263,266,281,295;[三]53,
54,66,72,73,86,90,93,97,102,116,117,
118,134,135,214,234,240,257,260,265,
295;[四]146,502[五]234;[七]103,
116,119 – 121,124,128,133,154,210,
215,237,245;[八]60 – 62,68,76,81,90
– 91,94,98,490,492;[九]25,40,279,
280,403,462,553,610;[十]15,16,116,
144 – 145,164 – 165,237,239,248,254,
293,546,676 – 680,686,715;[十一]216,
322;[十三]300,316,328;[十五]298(参
见欧洲)

欧陆 [十]680;[十一]473

欧西 [二]262;[三]10,186 – 187,189,
465;[九]40;[十]15 – 16,254;[十三]
195,389

欧洲 [一]7,23,25,30 – 31,34 – 35,40,
47,61,67 – 68,71 – 72,97,102,168,226,
229,231,234,237;[二]7,9 – 13,15,17 –
18,22,24,27 – 28,34,39 – 48,51,53,58,
74 – 76,78 – 79,82,84 – 87,89 – 93,95 –
97,100,102,106,108 – 110,112 – 113,
121,127,129,143,170,175,180 – 181,
192,194,196,200,206,232,241,246,248,
253,288,292,296,324 – 325,329 – 332,
335 – 336,345,347,349,355 – 356;[四]
6,9,71,99 – 100,103,129,171,284 – 285,
293,339,349,355,363,542,549,589;
[五]19,22,142,223 – 227;[六]22;[七]
5,108,111,113,124,135,180,215,217 –
218,233,235,246,248 – 250,315 – 316,
325,342,348,352,357,360,388,426,443,
458;[八]16,45,53,67,91,94,98,102,
292,490 – 493,512;[九]25,247,254,
275,388,403,612;[十]14,16,39,117,
119 – 120,137,164,215 – 216,231 – 232,
236,241,253,265 – 266,299 – 300,307,
319,347,367,379,384,389 – 390,396 –
397,406,422,441,451,460,494,503,529,
534,536,558,570,595,598,602,645,673
– 675,677 – 678,680 – 681,683,685 –
686,701,798,803;[十一]33,44,59,96,
100,112,114,117 – 120,134,136,138 –
139,151,153,155,171,191,195,208,213,
250,283,299,322,325,336,347,354 –
355,357 – 358,363,445 – 449,451,463,
469;[十二]76,224 – 226,245,359,389,
407,411,445,449;[十三]234,238,300,
316,406;[十六]74(参见欧)

P

琶江 [九]541,543,624

帕米尔高原 [一]96;[十]237

簰州 [十三]79

簰洲 [一]132

泮大连 [十六]613,617 – 618,620,622

番东顺　［十四］582；［十五］111

番禺　［四］65,89,168；［六］162,318；［九］31,441,638；［十四］175－176,421,567；［十五］104,208,210,542,652,654；［十七］228；［十八］299

炮台山　［一］114

佩星和尔街　［二］279

彭亨文冬　［十六］122,165

彭水　［十三］456

彭泽　［一］186；［十六］122,165

澎湖　［二］21；［十］24

霹雳　［五］234,239,243；［七］110；［十六］93－94,97

霹雳安顺　［十六］128,170

霹雳哞乞　［十七］23－25

皮卡迪里广场　［二］300

郫县　［一］209

啤喇　［十七］270－271

片臣　［四］276

片的顿　［十七］41－43,47－48,53

片市打佛　［十七］41－42,44,49－50,54

片市鲁别　［十七］41－43,46－47,52

片市阻珠　［十七］41－43,45－46,52

品夫　［十三］226；［十七］41－43,45,51

平海　［一］70；［三］429；［四］107

平湖　［八］461；［九］573－574；［十］559；［十四］143,254－255

平乐　［一］153；［九］486－487,516；［十三］461,547,551

平南　［八］389；［九］486；［十三］547；［十四］409

平泉　［一］193

平山　［八］220,225,482；［九］440,562,564,573－574,627；［十二］310,314,319；［十五］125

平阳　［一］173,187；［十二］164

平远　［一］175；［六］163,319

平越　［一］153,156

坪石　［六］159,485；［九］452,458；［十三］278,303；［十四］321；［十五］83,142,144,201,203,262

屏南　［九］228

屏山　［一］213

萍醴　［一］73；［七］393

萍乡　［一］73；［三］430；［四］40,46,285；［六］484；［七］131；［九］127；［十一］148,150；［十三］129；［十六］128,170

坡厘士璧　［十七］285－287

婆罗　［三］274

婆罗洲　［十一］483；［十二］389

鄱阳港　［一］123,126,186

鄱阳湖　［一］126－127,130－131,185－186

迫架　［十七］42,44,50,54

铺前　［三］159

莆田　［九］381

葡萄牙　［二］13,39,110,262,287,295,320；［三］131,279,281；［七］148,198,206,234,488；［十］24,32,300,610,787；［十一］254；［十二］65,451

蒲犁　［一］206

蒲田　［四］440

蒲县　［一］173

濮家店　［一］125

埔神　［四］154

浦城 [一]187

浦东 [一]107;[三]8;[十三]92

浦口 [一]115,117,123 - 125;[九]296,356;[十]328

普洱 [一]155

普扶 [十七]71 - 74

普济寺 [四]81 - 82

普鲁士 [二]112;[三]293;[四]433,542

普宁 [六]319

普陀山 [四]81;[十八]163 - 165

Q

七河省 [十二]94

七女湖 [七]131

齐 [三]183;[四]136,344,359;[七]80,302,304(参见山东)

齐尔山 [一]172

齐鲁 [四]136,344,359;[七]466,479

齐齐哈尔 [一]192;[十一]173

祁门 [一]183

祁山 [九]411;[十一]7

祁阳 [九]284

岐河口 [一]91

岐口 [一]178,180

蕲水 [一]174

乞佛 [四]275;[十六]615,617,619,626

企城 [十七]6 - 9,12

企里嵩 [四]275

企粒顿 [四]276

企仑打 [十七]41,43 - 44,50 - 51,54

杞连湖 [十六]615,617,619,626

气连打 [四]275

恰克图 [一]97,198 - 200,203 - 205;[十]128

迁江 [一]154,156

前门车站 [十二]485

前山 [四]9;[十一]191;[十三]641;[十四]217,357;[十五]10,12

虔南 [十六]484;[十七]695 - 696

钱塘江 [一]183

乾雪地 [十七]6 - 9,12

乾州 [九]52

黔 [一]154;[四]164,314,380,399,423,425,430,433,492,515;[七]440,461 - 462,477;[八]11,220,247;[九]119,120,126,140 - 141,183 - 184,261 - 262,277 - 278,282,286,289,291 - 292,295,298 - 300,304,308,310,314,315,320,324,329,335,340,346,359,392,408,411,424,426,436,443 - 444,498,605,614;[十]434;[十二]102,106,145,417;[十三]214,317,318,333,339,374,386,417,455,473,651;[十五]461;[十六]282,284,303(参见黔省、贵州)

黔边 [四]164;[十五]461

黔省 [十三]318,451,455(参见黔、贵州)

黔西 [一]154;[十二]166

且砧 [十七]41,43 - 44,51,55

钦廉 [一]74;[三]410,430;[四]29,46,394;[六]243;[七]53,61,75,78 - 79,81;[八]205,401;[九]5,413 - 414,417,419 - 420,427,433,458,465;[十]544,579,656 - 657,762,766;[十三]408,425,549,573 - 574;[十四]141,207,225,238 - 239,305;[十五]13;[十六]95,123,162;[十七]306,319,383,442,462,482

钦县 ［六］163，319；［十五］365

钦州 ［一］74，151，155－156，159，161，166；［七］59，61－62，68，75，86；［九］6，453，467

芹苴兴亚 ［十六］530－534

秦皇岛 ［一］91，166；［三］7；［四］55，57，405，576；［五］315－316；［九］35，262，317；［十］115，319；［十一］294；［十三］16

秦岭 ［一］175

秦州 ［一］171

沁水 ［一］173

青岛 ［一］163；［二］21，45；［三］177，184，273－274，318－320，404；［五］234；［七］420，470－471，506；［九］187，206，230，402；［十］178－179，352，487－488；［十一］249，352－353，355－356；［十二］35－36，74，465；［十三］207，210，328，338

青海 ［一］88，207－208，211，216，225

青河 ［一］85，91

青森 ［十一］380

青田 ［一］185

青弋河 ［一］125

青州 ［十六］144

清江 ［一］152；［六］484；［十六］41，128，169

清澜 ［三］159

清流 ［一］185

清平 ［一］175

清溪 ［一］212

清远 ［一］143；［四］72；［六］159，163，207，319；［九］447，539，542；［十］75；［十一］9；［十三］121，429；［十四］14，49；［十五］160；［十七］202

清远峡 ［一］149

清漳河 ［一］172

顷士顿 ［八］202，357；［十七］41－42，44，49，53

顷市顿 ［十八］254

庆阳 ［一］175

庆远 ［一］154；［七］318；［九］485，516

庆云寺 ［十八］280

琼 ［四］128；［九］406；［十］145；［十二］163，288；［十三］331，408，426，437，，684

琼东 ［六］319

琼海 ［十四］82；［十七］266

琼山 ［六］163，319；［十四］444；［十五］196

琼崖 ［四］128；［八］241－242；［九］455，475；［十三］331，408，426，437，684；［十四］225；［十六］489，506；［十七］243－244，266，482

琼州 ［一］156；［三］159－163；［七］103；［九］406，451；［十］144－145；［十三］182，239；［十六］113，152，158－159

琼州海峡 ［一］156，165－166

球那暗步 ［十七］144，147

屈慎委利 ［十六］613，617－618，620，622

渠县 ［一］176

衢州 ［一］183；［九］379；［十五］499

曲江 ［六］163，319，468，474；［十二］303，410；［十四］424，436；［十五］493，511，615

曲靖 ［七］318

曲水 ［一］210

全椒 ［一］171

全县 ［九］497；［十三］466

全州 ［一］152，156；［四］128；［九］491，

619;[十]470－471;[十三]469

泉、永 [八]359

泉、漳 [八]415

泉州 [一]187;[八]41,375;[十三]329,438,563,591;[十五]18;[十六]60,127,142,168;[十八]255,259－260

确山 [一]171

R

饶河 [一]189,192,196

饶平 [一]187;[六]163,319;[八]193;[九]434,537;[十三]240

饶州 [十]193

热河 [一]92,162,189－191,193－195;[二]107;[四]418;[六]217;[九]658;[十五]478

热河山 [一]191

仁丹 [十六]174;[十七]174－176

仁化 [六]163,319,468;[九]516;[十二]321;[十三]482;[十四]23,222,290,435－437

仁怀 [一]153

仁寿 [十三]215,296

仁物 [十六]137,180

日 [一]55,66,229;[二]11,17,297;[三]45,47,110,133,160,262,264,265,274,285,292,295,296,301,302,304,305,318,333,350,409;[四]64,65,126,533,535;[五]76,124－126,244,371,447;[七]14,70,71,168,277,409,547,559;[八]3,64,145,230,277,523;[九]8,97,149,151,154,157,159,180,219,282,342,355,598;[十]36,40,96,121－122,128－130,149,153－154,159,218－221,223,225,227－229,232,236－237,239－241,245,253,255,257,274－275,278－279,281－283,385,422,560,637,657,794－796,799,811－812,815－816;[十一]41,44,54－56,68,75－76,124－125,169,233,239,251,308,345－347,354,372－374,376,393,398,445,446,449,451,455,456,470,482;[十二]11,19,25,44,47,48,70,71,72,74,75,80,81,85,87,88,90,91,109,110,111,117,118,133,137,147,185,191,272,380,389,395,409,429,451,452;[十三]195,256,,415,451;[十五]480（参见日本）

日本 [一]7,22,28,37－38,40－42,55,66,68－72,74－76,79－80,104,191,193,196－198,218－219,229－230;[二]7,9－10,12－13,15,17－19,21,23,27－28,33,39－40,46,50,55,57,60－61,66,72－73,108,115,124,129,131－132,137－138,143,166,181－182,192,196－197,199－200,202,253,256,264,266－267,271,291,297,299－301,304,324,326,345;[三]6,10－13,19,33－34,40,44,59,64,66,74－76,79－80,91,99,108,110,125－126,128－129,131,133,147,149,152,154,157,162,176－177,184,188,203,226,234,249－255,258,260－261,264－269,272－273,275－277,280,282,284,286,288－291,296－302,304,318－320,332－333,335,340,349,364－365,367,376,378,385,394－396,402,404,419－420,422,428,438－441,450－

452,455,457 − 461,463 − 466;〔四〕17,
20,65 − 66,70 − 71,73,76,95,101,107,
117,126,129,144,147 − 148,166,185,
269,285,289,339,343,354,364 − 366,
370,373 − 379,389,392,394 − 396,435,
438 − 439,445,464 − 465,469 − 473,476,
510,512,516,531,560 − 561,579,595;
〔五〕9,14,39,41,75,102 − 103,124 −
126,142,169,200,234,239,243,246 −
247,356,366,370,447;〔六〕52;〔七〕9,
12,16 − 17,22,29,39,42,45,47,49,58 −
59,69 − 71,73,109,112,123,130 − 132,
146,159,168 − 170,172 − 180,184,188 −
191,201,211,218,222,224,229,233 −
234,239,243,245 − 246,248,265 − 267,
315,323 − 325,329,332,334,340 − 342,
346,350,353 − 354,357 − 358,363 − 364,
367 − 368,381,386,388,390,407,409,419
− 420,439,447,473,479,483,496,502,
517,525,538,544,564;〔八〕16,22,28 −
29,31,39,48,64 − 65,73,144 − 145,159,
181 − 183,229 − 230,272,281,302 − 303,
313,335,346 − 347,482,489 − 493,527,
542;〔九〕5,7 − 8,63,67 − 68,92,102,
129,134,149,151,153 − 155,159,162,
166,169,189,191,194 − 195,206,216,
222,235,241,246,260 − 261,272 − 273,
275,278 − 282,348,355,358,377,395,
402,422,503,562,628,650 − 652,654;
〔十〕6 − 7,9,14 − 16,18 − 20,24,31 − 32,
40,42,45 − 46,95,121,124,128,131,134,
136,141,144 − 146,153,158,163,169,
173,188,190 − 191,198,201,204,207,

210,212,214,216 − 225,227 − 228,231 −
232,235 − 241,243 − 245,247,250,252 −
256,258 − 259,262 − 263,265,269 − 270,
272,276 − 282,284 − 287,318 − 320,323,
324,326,337,347,349,352,374,382 −
386,389,421 − 423,427 − 429,440,461,
486,488,519,527 − 529,531 − 534,542,
552,554,567 − 568,571,574 − 575,578 −
580,583,595 − 596,599,610,632,642,
665,674,680 − 684,687,694 − 697,699,
701,716,720,722,736,745,760,765,772,
786,790,792 − 799,801 − 802,807,809,
811 − 816;〔十一〕4,30,32,39,41,49,55
− 56,58 − 59,62,67,69 − 70,73 − 78,83,
86,88,90,92 − 95,98 − 100,102,120,122
− 125,127,135,138 − 139,143,146,149 −
154,163 − 169,174,184,188,195,210 −
211,217 − 218,225,231,233,236 − 237,
249 − 252,254 − 255,258 − 259,283,285 −
287,289,314,322,325,352,354,357,359,
361 − 363,365 − 366,369 − 392,394 − 395,
402 − 404,407 − 410,416 − 417,419 − 421,
423 − 426,429 − 432,437,439,440 − 441,
445 − 453,455 − 456,461,469 − 470,476,
480 − 483;〔十二〕8 − 10,14,16,18 − 21,
24 − 26,35 − 37,39 − 40,44,47 − 49,66,
69 − 75,80 − 92,96 − 97,107 − 111,113 −
114,117 − 118,122,125,128 − 132,134,
137 − 138,141,146 − 148,150 − 151,159,
171,173,176,181,233 − 235,237,241,249
− 250,253 − 255,272,274 − 275,294 −
296,300,307,311,316,322,331 − 333,
341,364 − 366,369,375,380,384,388 −

389,402,405,408－409,412,416,424,
427－429,433－436,438－446,449－
459,461－462,464－465,467,469－473,
481,489,495－496;[十三]7,38,43,113,
121,160,162,168,181,190－191,204,
210,290,302,305,332,340,369－370,417
－418,451,463,531;[十四]119,286,
293,433;[十五]126,673;[十六]3,21,
71,81;[十八]99－100,149,352,438,573
－574(参见日)

日本越後　[三]75

日厘　[七]205,212

日里　[十六]111,149

日里属　[十六]36

日内瓦　[九]618

日照　[一]180

荣经　[一]212

荣县　[十三]449

容奇　[一]144;[九]433;[十三]225;[十
四]588,592;[十五]422

容县　[一]155

蓉埠　[七]91

柔佛六条(石)　[十六]139,158

如皋　[一]180

汝城　[一]185;[十四]168

汝利慎　[十七]41－43,48,53

汝路士　[四]276

乳源　[六]163,319;[十四]196

瑞昌　[十六]123,165

瑞典　[二]39;[三]271,290;[十五]126

瑞金　[一]184;[十七]726

瑞士　[一]30,243;[二]114,122,124－
125,143,146;[三]240－241,245,247,

266,309,311,341－342,350－351,359;
[八]471;[十]291,295,300,423,451;
[十一]461;[十二]19

瑞州　[一]185

婼羌　[一]170,176－177,207,211－212

S

撒里司平原　[二]244

撒伦尼加　[三]304

萨丁诺　[一]242

萨拉齐　[一]173

萨里　[一]211

萨特来得河　[一]210

塞尔比亚　[十二]75

塞尔维　[三]258,269,285－287

塞尔维亚　[三]309;[十一]478

塞维亚　[二]40

赛里木湖　[一]201

三宝垄　[五]234;[十六]128,169,601

三宝雁　[四]179;[十六]130,173,180,530
－533

三岔　[一]171

三池港　[十一]250

三道河　[一]201

三多祝　[一]70,187;[四]107;[八]225;
[九]440;[十一]91,94;[十二]310;[十
三]5

三藩市　[一]66,76;[四]271－272,277;
[五]46;[七]193,233;[八]102,170,
185,234－235,250,252,264,452;[九]
16,552;[十一]196,454;[十三]138,220,
224,437;[十五]487,673;[十六]417,
616,618－620,628;[十七]147;[十八]

263 - 264

三佛齐　［一］29

三华店　［十三］482

三江　［一］135,143,152;［四］86,426;［六］207;［七］197,246 - 248;［十四］180

三罗　［六］123;［九］597;［十三］554,589,646;［十四］505,525;［十五］7,557;［十七］256,306,710

三马路　［十三］349

三门湾　［一］166

三盘岛　［一］164

三山　［一］138;［十三］225,504;［十四］97

三水　［一］143 - 144,147,149,153,175;［三］7;［六］32,159,163,207,319;［七］320;［八］170,405;［九］418,433,538,540,547;［十］473 - 475,520;［十三］512,617;［十四］23,118,138,335,349,575;［十五］52,325

三五眼桥　［十五］81,163

三湘　［四］133;［七］393,462;［八］223,231;［九］290,453;［十三］578

三亚　［三］159 - 160;［十三］684

三迤　［八］63;［九］598

三音达赖　［一］204

三原　［一］174;［四］418 - 419,421,425,453,460;［六］427;［九］336,386 - 387;［十三］456

三洲田　［一］69;［七］232;［十三］3 - 4

桑德韦奇岛　［十一］20,23

桑港　［七］245;［十六］150

桑给巴尔　［二］321

桑西巴　［二］288

色楞格谷地　［一］200

沙布克台　［一］201,203

沙城　［八］200 - 201;［十六］576,578 - 581;［十七］41 - 42,44,49,53 - 54

沙俄　［十一］188

沙河　［一］76,193;［四］154;［八］500;［十］690

沙基　［二］130;［十四］563

沙加免度　［九］17

沙角　［八］461;［十四］146;［十五］119 - 120,346

沙口　［十四］389

沙面　［一］140;［四］495,562,571,573;［六］73;［七］550 - 552;［八］514;［九］447,583 - 584;［十］336,478,735,746,803 - 804;［十一］285,287;［十二］201 - 202,208 - 209,390,392 - 393;［十三］434,490,613,639,657,682;［十四］49;［十五］10 - 12,41,284,646

沙漠联站　［一］199,204

沙市　［一］131,156,185 - 186,188;［十］788

沙湾　［六］207;［十一］94

沙尾山　［一］110,112

沙县　［一］187

莎车　［一］206

汕　［四］515;［八］41,86,97,197;［九］204,206,209,257,323,430,447,451,467;［十三］240,322,323,511,611;［十四］33,48;［十五］477(参见汕头)

汕爹咕　［十六］590 - 592

汕头　［一］162,164 - 165,168,182,186,188;［二］265,267,298 - 299,301;［三］132;［四］392 - 393,417 - 418,421,424,

438；［七］525；［八］28，86，104，196，205，224，380，456，461；［九］206－207，209，306，315，317－318，320，326－327，335，338，340－341，343，346，349－350，354－355，359－362，364－366，370，372，414，419－420，425，431，436－437，439，448，458，465，531－532，539，545，547－548；［十］316，327，406；［十一］165；［十三］286，290，322－324，354，389，428，431，611，653－654；［十四］9，13，43，45；［十五］284；［十六］593，651；［十八］296（参见汕）

汕尾　［一］166；［九］340，542；［十二］400；［十三］324，662

鄯善　［一］206

陕　［七］44，366，448，459，464，467；［一］15，92，101；［三］52，199，400；［四］22，59，315，378－379，430；［五］38；［八］44，61，87，92，95，97，98，113，188，286，538；［九］35，52，68，106，188，215，311，333，344，345，348，353，357，380，383，392，394；［十］346，756；［十二］145；［十三］16，96，177，274，282，307，308，310，311，312，327，333，345，417；［十四］133，175，544，554，594；［十五］496；［十六］305，364（参见陕西）

陕北　［十三］584

陕西　［一］101，127，130，171，173，175，201，226；［四］55，57，440，444，447；［七］440，444，449，459，467，485；［八］12，241，285；［九］52，89，106，196，316－317，323－324，374，379－380，382－384，387，392，658；［十］115，126，149，333，341，

692；［十一］294，354，400；［十二］17，146，148，271；［十三］179，296，312，456；［十六］124，147，277，348；［十七］239，670（参见陕）

陕中　［八］94，108；［九］344，357，384

山班剪打　［四］276

山打根　［十三］148

山担　［十六］577－580，583

山地巴把　［十六］613，622

山地巴罢　［四］276

山地杯　［十七］285－287

山爹姑　［四］276

山东　［一］31，45，92，163，172，178，180，229；［二］113，173，188；［三］6，8，24，114，165，171，184，261，272，286，318－320，404；［四］82，368，375，379，389，392－393，418，464，471－473；［五］22；［七］357，409，466－468，470－471，479，482，484－485，495，525，536；［八］272；［九］35，50－51，55，88，206，208，220，225，230，234－235，386，388，402－403，569，658；［十］99，177－178，341，412，414，501，504，568，640；［十一］45－47，243，329，360，404，459；［十二］35－36，75，83－84，95－96，246，316；［十三］16，169，217，284－285，301－302，333，369，371，463；［十五］650；［十六］41，126，143－145，150，273，311－312，347，353，435，488；［十七］400（参见鲁、鲁省、齐、东省）

山东半岛　［一］163，166，178

山东省　［五］315－316

山多寸　［四］276

山多酒　［四］276

山多些　〔四〕276；〔七〕552,566；〔十七〕7
　－10,13

山古罗思　〔四〕276

山海关　〔二〕345；〔三〕163,169；〔四〕576；
　〔十〕121,196,679,789；〔十二〕434,437

山姐咕　〔十六〕447；〔十七〕186－189

山口羊　〔十六〕114,155,178

山路自路　〔十七〕6－10,13

山拿罗　〔十六〕577－580,584

山西　〔一〕90－92,101－102,125,133,172
　－173,175,200,224－225,241；〔三〕169；
　〔四〕59,368,418；〔五〕22；〔七〕303,467
　－468,470,485；〔九〕69,75－76,93,150,
　323,658；〔十〕168－174,330,692；〔十一〕
　348－350,360,400,416；〔十二〕337－
　338,366；〔十三〕105,333；〔十四〕516－
　517；〔十六〕125,148,487（参见晋、晋省）

山阳　〔九〕48；〔十三〕26

山寅打兆　〔十七〕6,8－10,13

山域治群岛　〔十一〕24

山月寓楼　〔四〕23,139

山子罅　〔四〕276

商州　〔一〕171

上高　〔一〕185；〔六〕484；〔十六〕130,172

上海　〔一〕5,27－28,43,56,65,71,78－
　80,83－84,103－104,106－107,109－
　110,112,125,130,171,180,182,219,232,
　236,245；〔二〕25－28,30,63,108,128,
　130,141,151,160,170－172,175,197,199
　－201,264,271,297,304,336,345；〔三〕
　8,53,58,83,93,96,104,126,148－149,
　154,156,158,163,168,171,174,177,179,
　184－186,199－200,202,211,228,230,
238,245－246,252,267,315,322,332,
334,336,405,420,424,429；〔四〕20－21,
34,53,62－63,73－74,88,93,101,105－
106,114,117－118,142－143,145,170－
171,271,283－284,286－288,292,313－
314,318,332－333,341,343,345,347－
351,355,385,390－391,395,401,410,
412,417,419,421,425,443,448,450,453,
455,464,484,487－490,493,509,511－
513,549,557－558,562,576,580；〔五〕
14,19,21－22,43,45,53,60－61,67,73,
79－80,82,84－87,89－90,111,118,
120,122,127－128,133,135,142,144－
145,169,172,190,194,199,204,210,219
－221,223,225,232－234,236－239,241
－243,246,251,253,316,336,357,367－
371,380,407,418,420,423,431－436,
438,441,443－446,448,451－454；〔六〕
4,6,9,40－44,49,127,134,482；〔七〕20,
35,72,82,103,140,177,230,234,271,
279,284,287－288,293,302－303,305－
308,311,313,325,327,329,333,343－
344,356,361,368,371,374,376,400,409,
420,445,452－453,456,458,464,467－
468,484－488,492,494,509,514,516－
517,521,523,527－528,533,545,550,
552,560－561,564,572；〔八〕10,28－29,
31－32,39,43－44,46,70,91,95,99,
109,112,124,134－135,174,179,272－
273,285,300,303,308,348－349,356,
370,378,382,392,436－438,448,512,
514,535；〔九〕26,34,38,41,42,44,49－
52,56,59,68,70,72－73,75－76,79－

82,86 - 89,98 - 100,112 - 113,115 - 116,132,135,137,139,154,156,163,168,181 - 182,184 - 190,192,193,196,198,201 - 208,210 - 211,213,215 - 216,219 - 220,280,282,316 - 317,327,336,339,346,351,361,371,378 - 379,384,389,393,422,431 - 432,479,517,522,533 - 534,548,550,552,554 - 556,560,563,570 - 571,576,585,594,616,617,622,630,633,638,640,642,652,661;[十]21,33 - 35,40,43 - 45,47 - 48,50,52 - 54,56 - 57,59 - 69,71 - 75,77 - 80,82 - 83,85,87,90,92,94 - 96,98 - 100,102,104,107,109,111,114,116,121 - 123,125 - 126,128,131,133,135 - 138,141 - 144,146,150 - 152,154,156 - 157,160 - 161,163 - 165,167 - 171,173,176 - 185,188,191,193 - 200,202 - 204,206,208 - 212,214 - 215,226,231,279,282 - 284,287,289,291,293 - 297,299 - 302,304 - 305,307 - 311,315,317,319,321 - 322,324 - 325,327 - 329,331,333 - 334,338,340,342,345,348,350,352 - 354,358 - 359,361 - 362,365,367 - 381,383 - 386,388,390 - 391,393 - 394,396 - 398,400 - 404,408 - 409,414,416,418 - 419,430,432,437 - 438,440,443,445,447,454 - 456,458,465,468,472,474,479 - 481,483 - 485,487 - 489,491 - 493,495,497 - 498,500,502 - 506,508,510 - 511,515,517 - 522,528,530 - 531,534,537,544 - 545,552,556,559,561,564,566 - 567,577 - 578,587 - 588,608,613,633,644,648,653 - 654,673 - 674,678,687,690,708,710,714,723,725,743 - 744,754 - 756,760,763 - 764,775 - 777,780,782 - 784,786,788,790,792 - 793,795 - 796,799,801,804,806 - 811,814,816 - 817;[十一]11,39,41,43,49,86 - 87,129,134,191,203,213,215 - 216,219 - 222,224 - 225,228,232 - 234,238,243,246 - 247,258 - 259,267,269,273,288 - 289,291 - 292,296,307,318,333,343,352,358 - 359,361 - 363,366 - 367,383,385 - 386,390,396,399,402 - 405,408 - 409,418,420,425,427,436 - 437,457 - 460,465,467 - 469,471,480;[十二]16,20,22,24,28 - 32,37,43,45 - 46,48 - 51,69 - 70,73 - 79,82,86,88,90,93 - 94,97 - 100,104,106,146,164,183,188,215 - 217,219 - 224,226,228 - 232,234,236,239 - 240,242 - 243,245,249 - 250,253,255,257,263,265 - 266,268,270 - 272,277 - 278,284,288,296,304,319,325 - 327,336 - 337,361 - 362,364,375 - 376,379,422 - 429,431 - 433,435,441,453 - 455,459,490;[十三]3,5,12 - 13,15 - 17,21,23 - 24,34,38 - 39,41,45,55 - 56,58,61 - 62,71 - 72,76 - 77,91 - 92,99 - 100,105 - 106,109,111 - 113,134,136,155,159 - 161,164,166,183 - 184,191,201,211,224,237,240 - 242,250,254,261 - ,316,340,341,366,375,376,393,394,423,431,439,441,447,476,468,591,643;[十四]13,204,447,455,457,466,502;[十五]96,128,211,287 - 288,381,632;[十六]

7,12,15,17,20,141,161,230,254,270,279,518－520;［十七］155,186－188,303;［十八］25,52,62,63,231,232,307,313,325,329(参见沪、沪上)

上海北四川路虹江路二号　［四］101

上海江西路 B 字九号　［五］239

上海外滩　［三］153,156

上海英租界宁波路九号　［五］369

上杭　［八］12,41;［九］424;［十三］440

上辽河　［一］191

上清　［一］184

上饶　［一］184

上犹　［一］185;［十七］695－696

上元　［四］310;［五］63,145;［十三］41

尚贤堂　［四］79

韶　［六］158,455,469;［七］53;［八］520,529－532,534,537－538,540;［九］419,511,615－616,625－626,630,633－637,639,642,644;［十］472,767;［十二］208,210,290,404,,;［十三］368,,575;［十五］430,476,489,515,563(参见韶关)

韶城　［六］473－474;［九］412,539,545;［十二］296;［十四］561;［十五］446

韶关　［二］150－151,189,334,336;［四］494,582;［六］159－160;［七］295;［八］293－294,299,518,520－521,524－526,529－532,536,540;［九］409,506－507,513,516,539－540,542－543,545,554,576,614－616,619－621,624－625,633,635－636,640;［十］468,474－475,478,521－522,559,658,662,689－690,756－757,759－760,762,766－769,801,809;［十二］164－165,167－168,171,180,203

－204,206,209－210,278,302,400－405,408－410;［十三］459,475,518;［十四］11,14,102－103,182,199－200,217,245,321,326,424,560;［十五］37,52,419,441,456,469,476,478,496,516,550(参见韶)

韶州　［一］149,182,186,188;［四］171,386,424,493,495,576;［六］474,485,487－488;［八］134;［九］232,409,539,545,559－560,629,632,636,645,650,658;［十三］459,512;［十四］23,102,126,182,199,326,337,394,468;［十五］142,144,171,476,488,642,653

邵武　［一］184;［八］315

绍兴　［九］116;［十］304－306;［十一］463－464;［十六］42,44,140;［十八］159

赊旗店　［一］131

舍咕　［十七］5,7－9,11,14

舍路　［二］165;［四］275;［十一］196;［十三］137;［十六］614,617－618,620,624

深泽　［一］177

深圳　［一］70;［四］107;［八］461;［十五］10,12,377－378,656

神户　［一］68,104;［二］266,299;［三］133,449;［四］560;［五］169;［七］25－26,28,70,72,329,461,496,506;［八］28,544;［九］652－653,661;［十］260,264,267,269,271－272,276,794,797,800－801,811;［十一］83,85,87—88,372,374－377,391－393,419,421,426,428－430;［十二］16,66,427,433－435,439－440,444－445,447,449－451,453－455,470,489;［十三］17,141,161,235;［十六］49－

50,112,150,493-494;[十八]424

神京 [二]244

神奈川 [九]207

神田 [十三]181

沈阳 [三]171;[七]201;[八]362;[九]605,653

生瓦 [十六]131,174

省佛 [八]515;[九]642;[十五]331,365,507,515

省河 [四]484,494,532,535;[六]60,77,81,159,162;[九]512,531-532,622;[十二]197,200-201;[十三]265,498-499,506;[十四]3,40-41,43,200,223,244,258,311,358-359,428,482,526,545,548-550,554,557,563,566,570,586-587,589;[十五]21,61,81,232-233,246,249,332,341,344,391,451,453,481-483,500-501,503,546,554-555,557,561,611,657

圣彼得堡 [十]571

圣教书楼 [二]257

圣卡顿 [十七]41,43-44,51,54

圣蕌 [四]275-276;[十六]613,617-618,620,622-623

圣路易 [七]37-38

圣路易城 [一]79

圣路易斯 [十]14

圣路易斯学院 [七]161

圣罗伦士河 [二]106

圣沙路华打 [一]231

圣转 [十七]41-42,44,49,54

胜缅 [十七]236-238

胜普 [四]275

渑池 [九]52

诗鹅 [十六]139,160

诗诬 [十六]576,578-581

狮子岭 [十五]247

狮子山 [一]115

狮子洋 [十四]496

施南 [一]183;[八]155;[九]380,385,401;[十三]296

湿比厘 [十六]523-527

十万大山 [一]74-75;[七]75

石城 [一]156;[八]73;[十三]554

石岛 [一]180

石岛湾 [一]166

石井 [九],433,538,540;[十三]635;[十四]454

石龙 [一]150,187;[四]154,163,393,484,494;[六]163,207;[七]525;[八]238,461,463,469,477-479,481,487,496-497;[九]433,441,451-452,457-458,462,545,550-551,573,575-580,598-599,602-603;[十]405-406,492,522,561,573,579,582,690;[十二]210,295,319;[十三]121,435,600;[十四]14,30,59,113,119,160,163,190,249,253,258,271,278-279,289,293,331,334,358-359,437,491-492,590;[十五]65,131,133,160,180,280-281,284-285,295,377,442,444,656,663-664

石龙门 [十六]116,158

石门 [九]433

石牌 [八]520;[十]573,690;[十四]477;[十五]74,205;[十七]446;[十八]407

石屏 [一]155;[九]284,293,336,422

石浦　［一］166

石岐　［六］207；［七］243；［十二］265

石泉　［一］175,206

石首　［一］132

石滩　［四］153；［八］487；［九］574,578 -
580；［十］577,579；［十四］46,255,287,
289,293,321,331,376,386 - 387

石围塘　［十］700

石下　［十四］46

石钟山　［一］127

实兆远　［九］500；［十六］129,171,571 -
574

始李巴　［十七］151 - 154

始兴　［一］186；［四］495；［六］159,163,
319,468；［八］164；［九］405,560,619,
658；［十］573,690；［十三］482；［十四］
23,160,326,335,337,340 - 341；［十五］
18

士丙非　［四］275

士得顿　［十］37

士卡古　［四］275

士湾拿　［四］276

士作顿　［十六］614,617,619 - 620,625

世利乔　［十七］103,105 - 106

市必汗　［十七］41 - 45,51

市打罐　［十七］41 - 43,48,53

市粦打　［四］276

市桥口　［十四］502

室苇　［一］195

寿州　［一］171,179

瘦狗岭　［十］579,667 - 668

梳叻　［十六］613,617 - 618,620,622

梳力　［四］275

舒城　［一］180

蜀　［四］41,59,80,150,314,368,378,405,
413,415,433,523；［七］399,448,463；
［八］59,63,73,75,92 - 93,97 - 98,109 -
110,200,202,286,305,336,349,468；
［九］94,126,145,261,271,273,296,303,
320,333,335,369,392,449,520；［十］
336；［十三］286,339,395,537,651；［十
六］281,282

双流　［一］212

双门底　［二］257；［十四］457

双山　［一］190,198

双山寺　［十五］253

双溪大年　［十七］316

双溪大哖　［十六］132,174,492

水口关　［七］68

水路花失地　［四］276

水注　［十三］98

顺德　［一］144；［四］411；［六］162,318；
［七］16；［九］433,440,572,638,664；［十
三］324；［十四］85,103,175,245,349,
567；［十五］100,236,638 - 639

顺庆　［一］176；［四］417,419,421,424；
［九］307,322 - 323,326,328 - 329,331,
335 - 336,348,352 - 353,361,406；［十
三］296；［十四］133；［十六］276,284 -
285,292,305

顺天　［五］9；［九］554,592,657,660；［十
一］49

顺义　［一］194

朔方　［四］89

朔州　［一］174

司后街小东营　［十四］121

思恩　［一］154

思茅　［一］151,155,213

思明岛　［一］164

思贤滘　［一］143

思州　［七］68

斯巴达　［二］100

斯巴斯图堡　［三］290

斯丹　［二］50

斯和硕特　［一］202

斯堪达奈维　［三］266

斯玛透罗　［十二］70

斯屈朗　［二］267

斯图加特　［十一］118

斯托罗盖台　［一］202

斯亚德尔埠　［九］365

四川　［一］42,51,78,127,131－132,150,
152－154,158,161,175－176,183,207,
225－226；［二］9,18,22,80,143,187；
［三］6,8,261,393,400；［四］15,54－55,
57,399,412,444,447,517,525,558,575；
［五］22；［七］44,98,163,237,246－249,
440,444,449,456－457,467,483,496,
512,573；［八］12,41,267,290,314,325,
329,331－332,348－349,377,468,472,
489；［九］5,55,94,94,145,271,307,,
383,417,516；［十］15,96,115,127,149,
248,330,333,337,346,412,414,427,441,
447,458,502,504,509,523,553,578,632,
640,679,692－693,757,779,784,788；
［十一］44—46,123,294,334,347,362,
450；［十二］17,25,146,148,175,237,
258,273－274,284,304；［十三］134－
135,215,282,296－298,345,351,354,455

－456,532,537,545；［十四］63,132,265,
272－273,304,313；［十五］288,675；［十
六］41,78,91,93,95,126,140,144－145,
152,161,168,230－231,234,247,250,
261,269,276,279－285,292,301－302,
305,333,338,341－345,347,349,415,
445,566,610；［十七］143,193,340,343－
344,357－359(参见川、川省)

四道沟　［一］196

四会　［一］153；［六］163,313,319；［九］
539－540,542－543；［十三］408,656；［十
四］33,49,136,275,277；［十五］44,592

四平街　［一］198

四邑　［一］144；［七］570－571；［八］410；
［九］324,458；［十三］175,408,536,634；
［十四］5－6,100,103,111,196,356－
357,505；［十六］133,176,289,350,609

四邑、两阳、香、顺　［十六］609；［十七］94

泗城　［一］156；［七］318

泗属玛垄　［十六］158

泗水　［五］234；［七］455,474；［八］77,
105；［九］246－247,514；［十三］41,116；
［十六］62,115,156－157,364

泗州　［一］179

松花江　［一］87,159－160,188－189,191
－193,195,197；［十三］199

松江　［一］130；［二］245；［十］209－210；
［十三］21；［十五］649－650

松口　［一］185,187；［十八］202

松潘　［一］211

松溪　［九］228

松香河　［一］193

淞沪　［四］558；［十］356；［十五］288；［十

六]23

嵩口　[四]440;[九]382

嵩山　[一]174

苏　[七]459,510;[八]9,379;[九]44,54,
72,91,184,186 – 187,189,195,211;[十]
89,546;[十一]237,486;[十二]421;[十
三]282,477,599;[十五]397,525(参见苏
省、江苏)

苏城　[十六]577 – 580,583

苏村　[八]479

苏叠图　[一]199

苏俄　[四]157 – 158,511,541 – 542,590 –
591;[八]281 – 282,297,347 – 348,369,
376;[九]499,572,584,589;[十]535,
546,582;[十二]83 – 84,94,151,153 –
155,160 – 162,172 – 173,183,194,226,
232,236,249,295,307,314,328,334,362
– 363,371 – 372,391,414,457,473;[十
四]322 – 323,431(参见俄国)

苏格兰　[二]17,39,278,283;[三]111;
[十三]137

苏格伦　[七]40

苏沪　[二]253

苏华　[十七]71 – 74

苏拉威西群岛　[十一]483

苏联　[四]164,260 – 262,589;[八]301,
489;[九]546,608;[十]535(参见俄、俄
罗斯、露、露国、苏俄、俄国)

苏禄　[十六]113

苏洛　[七]389;[十六]79,152,157,162,
167;[十七]60 – 62

苏门答腊　[十一]439,483;[十二]72;[十
六]337

苏省　[十三]21,86(参见苏、江苏)

苏威亚　[三]24

苏萱　[十七]144 – 147

苏伊/夷/彝士(河/运河)　[一]31 – 32,
43;[二]278,310;[三]279,451,458,464;
[七]216;[九]26 – 27;[十]678

苏伊士河口　[九]26

苏浙　[四]359;[十二]86,405;[十三]11;
[十五]397,499;[十六]23

苏治　[一]203

苏州　[一]107,130,180,182;[二]79,188;
[四]68,93,417;[五]63;[九]98;[十]
576;[十一]49;[十六]52,54,141;[十
八]243

苏州河　[一]107;[十三]92

肃州　[一]172,199,201,203

宿迁　[一]179;[九]48

宿松　[一]174

宿务/雾　[七]377,381,392,425,446,449,
469;[九]180;[十三]150;[十六]35,
100,102,109,155,158,171,286,349,361,
504 – 505;[十七]135 – 137(参见务埠)

宿雾　[七]333,446,449,560;[十六]109,
148,369 – 370,394 – 395

宿州　[一]179;[十]72

睢州　[一]178

绥德　[一]174

绥定　[一]176,205;[九]322 – 323,335,
450;[十三]296;[十六]285

绥东　[一]194,198

绥江　[一]153;[十四]14

绥来　[一]172

绥远　[一]173,189,195 – 196,199 – 200,

202－205;〔二〕107;〔三〕346,355;〔四〕418;〔六〕217;〔九〕75,148;〔十五〕504－505

遂宁　〔九〕301

遂溪　〔一〕156;〔六〕163,319;〔九〕458;〔十三〕554

穗　〔十〕474,475(参见广州)

穗垣　〔七〕358(参见广州)

所慎尾利　〔十七〕41－43,48,53

T

他郎　〔一〕155

塔巴腾　〔一〕201

塔城　〔一〕170－172,177,202

塔里木河　〔一〕177,206,211

塔普图　〔一〕201

塔顺呼图克　〔一〕203

台　〔十一〕92,93

台北　〔五〕126;〔七〕19;〔十一〕92;〔十三〕116

台南　〔九〕4

台山　〔六〕319;〔十一〕197;〔十四〕175－176,320,344,536;〔十五〕132－133,141,165,256,385,416,578－580,584－585,621;〔十七〕390;〔十八〕374

台湾　〔一〕69;〔二〕17,21,28;〔三〕47,52,108,159－160,162,261,319,396;〔四〕107;〔五〕447;〔六〕52;〔七〕21,55,202,469,513,550－552,569;〔八〕12,21,28,488;〔九〕4,188,198,204－207,209;〔十〕24,56,145,415,760;〔十一〕10,39,46－47,73,75－77,90,92－93,288,420－421,423－424;〔十二〕36,63,69,71－72,

305,496;〔十三〕4,149,434

太仓　〔十三〕21

太和　〔一〕174;〔四〕154;〔七〕250

太湖　〔一〕107,130,171,182;〔十五〕649;〔十六〕52,141

太康　〔一〕173,178

太平　〔一〕117,155,186;〔六〕207;〔七〕110,212;〔十四〕493;〔十六〕92,120,161

太平门　〔十三〕68

太平沙　〔十四〕194,493

太平洋　〔一〕32,66,79,97,99,133,200;〔二〕39,50;〔三〕69,302,387,417－418;〔四〕108,468－470;〔五〕244;〔七〕281;〔十〕14,16,430,433－434,436;〔十一〕185,283;〔十二〕81,85,153,256,274;〔十三〕369,453

太原　〔一〕172,177;〔三〕9,45,163－165,169,171;〔四〕16－17,315;〔九〕75－76,93,126;〔十〕121,168－170;〔十一〕349－350;〔十三〕200;〔十八〕115

泰安　〔一〕178－179

泰顺　〔一〕184

泰尾　〔十二〕311

泰州　〔一〕180

覃文省街　〔二〕267－268,294

覃文省街四十六号　〔二〕270,282;〔七〕3,4,7;〔十一〕14,16

檀埠　〔三〕23;〔七〕166,174,177,197,440,450;〔十三〕189

檀岛　〔一〕65－67,71,76;〔二〕255;〔三〕26,428;〔五〕22;〔七〕33,174,187;〔十三〕190

檀地　〔七〕189,198

檀山大埠　[五]22

檀香山　[二]299-300,323-326;[三]23,
28,89,162;[四]18,21;[五]3-4;[七]
31-33,130,133,157,172,180,233,244,
452;[八]392;[九]238,516;[十]6,9-
10,16-17,81,145,220;[十一]8,98-
101,162,180,192,230;[十三]6,48,161,
441;[十六]107,139,148,157,172,326,
398,450,454;[十七]156,158-159

檀香山群岛　[三]109;[五]22

唐宁街　[八]504;[十二]330,412

唐山　[三]185;[四]576;[七]238,242-
243;[十]777;[十二]415

唐县　[一]171

塘沽　[四]576;[五]315;[十]792;[十一]
303

洮河　[一]176

洮南　[一]191,198-199,205;[十]167

腾格里池　[一]208,211

腾永龙顺　[十三]66

腾越　[一]151,154

藤县　[四]505;[九]485;[十四]177

提郎宗　[一]207,210

天草　[三]19

天灯台　[四]81

天津　[一]72,87,91,102,128,177;[二]
25,28,117,151,160,188,291,323,341,
345-346;[三]8,263,395;[四]57,60,
166,169,287,306,315,379,399-401,
409,412,507,513,562,576,595,598;
[五]42,369,427;[七]301,471,570;
[八]313,514,542;[九]62,82,103,122,
127,255-256,262,314,389,421,481,

569,582,592,615-616,640,642-643,
650,655,661;[十]57,85,101,126,154,
159,302,320-322,743-744,768-769,
778,789,794,796,801,815,817;[十一]
129,131-132,243,292,296,302,345,
350,360;[十二]118,133,270,356,422,
427,429,433-435,437,439,441,455,
459,468-472,474-479,481-483,485;
[十三]196,334;[十四]132(参见津)

天全　[一]212

天山　[一]92,96,206;[二]36;[四]55,
57,286;[十]115,236,239;[十一]294

天洋丸　[十六]34

天长　[一]179

田南　[十三]452

帖克斯河　[一]206

帖里吉尔穆连河　[一]201

帖里淖尔湖　[一]201

帖列克特山　[一]202

帖斯河　[一]203

铁狮子胡同　[四]262

汀、漳　[八]30,44,57;[十三]446

汀西　[十六]168

汀州　[一]184;[八]19;[十六]61

通河　[一]192;[五]183

通化　[一]197;[五]123

通肯河　[一]192

通扣　[十六]136,179

通山　[一]183

通许　[一]173

通州　[一]31,180;[四]368;[十三]95;
[十六]41,54,140-141

同安　[十四]507;[十六]127,168

同官 ［一］174

同江 ［一］195

同仁 ［十六］285

铜鼓 ［一］147；［六］475；［十五］415 -
416,418,524,621,623；［十六］133,176；
［十七］622 - 623,627

铜梁 ［八］120；［九］310

铜陵 ［一］117,186

铜仁 ［九］324,329,347；［十六］284

童颂 ［十六］572 - 575

潼关 ［九］89,93,348,384；［十三］96

统麻笃亚 ［四］276

突尼斯 ［三］284

突泉 ［一］194,205

图里克 ［一］204

图们江 ［一］196

图塔古 ［一］203

土尔扈特 ［一］202

土尔克斯坦 ［十二］161

土耳其/基 ［二］11,18,40,42,208,274,
292 - 293,307,327 - 328,347,355；［三］
24,49,123 - 125,283,285 - 287,290,299,
303,308,450 - 451,455,458 - 461,464 -
465；［四］481,547,589 - 590；［七］125,
206；［八］361；［十］30,32,164,190,217 -
218,220,222 - 223,530,532,534,633,674
- 675,677 - 678,685 - 687；［十一］182,
407；［十二］72,237 - 238,250,254 - 255,
295,408；［十四］322

土耳其斯坦 ［十二］238

土江村 ［十四］386

土鲁番 ［一］172

土斯赛 ［一］202

土谢图汗 ［一］204

吐根河 ［一］197

吐鲁番 ［一］206

吞塞 ［三］299

托拉山 ［一］208

托里布拉克 ［一］177,200,205

拖堊司 ［十六］341

脱兰斯哇 ［三］109

W

挖臣委利 ［四］276

瓦城 ［十六］81,113,152

外摆渡桥 ［二］130

外蒙（古） ［一］160,177,199；［二］189；
［三］387；［四］55,57,510 - 512；［五］
159 - 160,211；［九］138,148,400,482；
［十］115,282,635；［十一］277,294,
334,374

湾城 ［十六］381

宛平 ［三］18

皖 ［一］126,182；［三］400；［四］47 - 51,
59,72,150,163,314,368,403,430,543；
［五］333；［七］431,465,574；［八］168,
187 - 188,211,232,381,455；［九］34,73
- 74,285,312,323 - 324,444,496,536；
［十］56,501,502；［十二］6,169,244,284,
286,362；［十三］18,105,129,152,282,
427,582,586,,；［十五］461,525；［十六］22
（参见皖省、安徽）

皖北 ［九］40；［十六］140

皖南 ［一］126；［十三］334；［十六］35

皖省 ［十三］40,69（参见皖、安徽）

万安 ［六］484；［八］534,536；［十］769；

［十六］136,178

万磅　［十六］530 - 532,534

万里望　［十六］128,170

万隆　［八］211;［十六］410;［十七］60 - 63

万呢拿　［八］39

万宁　［六］319

万顷沙　［一］136

万山李祐　［十七］5,7 - 9,11

万县　［一］183;［二］186;［四］571,573;
［十三］296,374

万载　［一］185;［六］484

王光山　［七］61

阆墟　［四］154

威尔斯　［二］9

威海卫　［二］21;［三］45,47,261,404;
［四］577;［五］369;［十］24;［十二］465

威灵顿　［十七］70 - 74

威斯巴登　［七］238

威斯堪新　［三］94 - 95

韦茅斯街　［二］313,317 - 318

韦涌　［十四］567

维也纳　［三］300 - 301

潍县　［四］393;［七］479,495,502,525;
［九］223,227,229;［十三］221

尾步隙　［十七］151 - 154

尾利扮　［四］276

尾利和　［十七］41 - 42,44,50,54

尾利慎血　［十七］41 - 43,47,53

尾妖岛　［一］164

委伴　［十六］458;［十七］41 - 42,44,50,54

委林墨　［四］275

委林士　［四］276

位问奴　［四］19

位夜基　［十六］614,617,619 - 620,625

渭北　［八］12

渭河　［一］101,171

渭墨街　［二］280,285

蔚汾河　［一］174

温谙　［十七］41 - 42,44,50,54

温地辟　［十六］400;［十七］151 - 154

温地群　［十六］336

温哥华　［一］134;［六］16;［七］7 - 9,291,
406;［九］22;［十一］188;［十三］231

温加顿　［三］96

温县　［一］173

温州　［一］162,164,166,182,185 - 187;
［四］368

温州岛　［一］164

文昌　［六］163,319;［十五］395

文昌沙　［十四］194

文岛　［七］92 - 93,118,205,216

文登　［一］180

文冬　［十六］584

文都鲁苏　［十六］129,171

文水　［一］177

文渊　［七］131

吻里洞　［十六］338

稳梳　［十六］523 - 525,527

汶川　［一］211

汶河　［一］178

翁江　［二］186

翁源　［四］495;［六］159,163,319;［八］
520;［九］513,516,539;［十二］210;［十
五］170 - 171

瓮安　［一］153,156

瓮城　［一］197

倭肯河 〔一〕192

倭伦呼都克 〔一〕201

涡阳 〔一〕172

我利古 〔四〕275

乌尔格科特 〔一〕203

乌尔霍盖图山 〔一〕202

乌江 〔一〕152 – 153,183

乌拉岭 〔一〕201,205;〔三〕20

乌兰固穆 〔一〕199,202

乌兰和硕 〔一〕204

乌兰呼图克 〔一〕204

乌里雅苏台 〔一〕97,170,173 – 174,179,
199 – 204

乌梁海 〔一〕198 – 205;〔四〕55,57;〔十〕
24,115;〔十一〕294

乌列盖 〔一〕202

乌陵 〔十七〕252 – 254

乌龙山 〔一〕117;〔九〕649

乌鲁河 〔一〕202

乌鲁克穆河 〔一〕200 – 202

乌鲁木齐 〔一〕201 – 202,204 – 206

乌尼格图 〔一〕201

乌市打 〔十六〕614,617 – 618,620,624

乌松阔勒 〔一〕202

乌苏里 〔一〕190,195 – 196;〔二〕21

乌苏里江 〔一〕192,196;〔十一〕55

巫来由 〔二〕44;〔三〕455;〔四〕281;〔八〕
490,492

无极 〔一〕177

无为州 〔一〕174

无锡 〔五〕234;〔十三〕89;〔十六〕337

芜湖 〔一〕104,107,109,114,117,123,125
– 126,130,180,186;〔九〕132;〔十〕197,

788;〔十三〕79

吴城 〔一〕186

吴淞 〔一〕56,72,107;〔三〕8;〔四〕141;
〔十〕56,786,792;〔十一〕363;〔十三〕
113,134 – 135,148;〔十六〕23

吴淞口 〔十〕788;〔十二〕422,437

吴岳 〔三〕19

梧州 〔一〕147 – 148,151,153;〔二〕186;
〔四〕412,484,492 – 493,505;〔六〕331 –
332;〔七〕16,62,243,317 – 319;〔八〕170,
286,389,397,404,408;〔九〕122,273,
418,485 – 487,516,557,597,606 – 607;
〔十〕350,437,440,442,445,447,468,474
– 475,523,690;〔十二〕146,157,159,
164,167,251,263,265,272,309;〔十三〕
448,461,511 – 512,551,564,597,599 –
600,634;〔十四〕111,118,140,143,187,
223,409,520 – 521,581;〔十五〕7,26 –
27,83,131,139,293,308,391,606 – 607

五常 〔一〕193

五道沟 〔一〕196

五华 〔一〕185;〔六〕163,319;〔九〕276;
〔十三〕323

五岭 〔四〕428;〔十〕694

五羊城 〔十四〕57

五邑 〔十四〕431 – 433;〔十五〕86 – 87,
260,277,294,325,441

五原 〔一〕199,205

五寨 〔一〕174

五指山 〔十〕145

武昌 〔一〕47,72 – 74,76 – 79,127 – 128,
182,184 – 187;〔三〕12,18 – 20,52,163,
181,224,320,391 – 395,400,402 – 403,

405,430;[四]33,74,104,133,159,277 -
278,281 - 282,307,315,317,376,379,
405,412,417;[五]123,169;[七]143,
147,331,369;[八]95,466;[九]29,64,
78,80,101,103 - 105,129,245,261,522;
[十]40 - 42,51,55 - 57,72,103 - 104,
121 - 122,168,172,183,194 - 195,231,
248,316,318,327,337,359,364,368 -
369,372,376,386,399,415 - 419,432,
444,463,501,504,528,531,541 - 542,
545,565 - 566,568,570,582,586,601,603
- 604,607,611,616 - 618,622 - 623,626
- 627,629,635,692,707,716,719 - 720,
763 - 764,767,779,802;[十一]194,196,
203,216,222 - 223,226,259,264,272,
305,318,322,325,354,357;[十二]429,
482;[十三]11,71 - 72,134,198,273,302
- 303,320,608;[十四]530;[十六]81

武定　[十六]144

武冈　[三]8

武汉　[一]65,72,77 - 78,123,127;[二]
26,80;[三]393;[四]39 - 40,46,49,51 -
53,116,150,290,295 - 296,322,329,359,
423,454,474,477,526;[五]58,132;[七]
263,281,288 - 289,304,391,463,489;
[八]12,18,187,213,227,261,263,268,
274,286,290,299,318,521,535,538;
[九]29,57,92,106,268,271,273,277,
283,285 - 288,294 - 297,301 - 303,307,
311 - 312,330,332,334,357,359,417,
493,496,508,628,639,650;[十]39,43,
50,52 - 54,75,82,108,189,271,282,369,
432,448,473,534,545,554,615,653,689,

758,764 - 765,768;[十一]49,113,126,
197,406;[十二]141,144,155,160;[十
三]9 - 11,24,43,79,122,126,129,131 -
132,259,332,422;[十四]495;[十六]56
- 57,141;[十七]453

武叻　[七]212

武鸣　[九]258,360;[十]442

武宁　[十六]128,169

武平　[九]424

武宣　[一]154

武穴　[一]109,119;[四]421;[八]12;
[九]318 - 319,323,336;[十一]406;[十
二]316

武义　[一]184

舞士阻　[十六]572 - 574

务埠　[七]212(参见宿务)

X

西安　[一]170 - 171,174 - 175,177;[二]
32 - 33;[三]7,20,30,35;[四]315;[八]
12;[九]80,89,94,316 - 317,323,344,
348,357,658;[十]595;[十一]100,354,
357 - 358

西班牙　[二]13,39,110,288,321;[三]51,
124 - 125,266,281,283;[七]342;[十]
19,134 - 135,148,152,156,787;[十一]
117,365

西北　[一]97,134,148,151175,,219 -
220,224 - 225,237,241;[二]36,114 -
115,146,246 - 247;[三]50,94 - 95,277;
[四]39,55 - 56,322;[五]14,38,175 -
176;[六]159 - 160;[七]449,551;[八]
25 - 26,413 - 414,443,528,538;[九]61,

69,132,302,322,339,344 - 345,357,458,
554,567;[十]95,115,132,149,346;[十
一]347;[十二]5,237,300,367;[十三]
122,124 - 125,421,453,468,584;[十四]
78,104;[十五],96

西北江 [八]464;[九]561;[十三]458;
[十四]104,157 - 158;[十五]52

西伯利 [三]260;[十二]70

西伯利亚 [一]92,96,99,188;[三]292,
336;[七]38;[八]346 - 347;[九]355;
[十]4,240,536,583;[十二]72;[十六]
36,110,149,235

西部 [一]127,131 - 132,151;[三]95,
451,458 - 461;[五]22,316;[七]145,
217;[九]363;[十一]194

西藏 [一]7,14,88,151,207 - 208,210 -
211,216,225;[二]8,22,45,64,72,74,
79,107,189;[三]6,171,199,211,261,
292,340 - 341,349,387,395 - 396,454,
460;[四]55,57,295;[五]159 - 160,211;
[六]217;[七]306;[九]145,148;[十]95
- 97,115,122,124,128 - 129,131,149,
152,156,162,527,679 - 680,682;[十一]
206,294,323,325 - 326,328 - 329,334,
336,338,347,355,357 - 358,361

西陲 [七]541;[八]65,73,111,113,122,
323,468

西堤 [十五]586;[十六]233,332,340

西都文罗 [十六]127,139,168,171,180

西贡 [一]76;[七]12,28,42 - 44,46,49,
56,58,60,67,70,110,333;[八]246;[九]
8,10,238;[十一]69,72 - 74,83;[十六]
375,404

西关 [一]143;[二]178,188;[四]13,
451,571,573;[六]122;[九]459,610,
626,638;[十]88,671,743,754,804 -
805;[十一]6;[十二]395,458,463;[十
四]458;[十五]73,475

西湖 [九]241 - 242;[十]200 - 201,300 -
302,304;[十一]461 - 462

西江 [一]87 - 88,131,135,140,142 -
144,147 - 148,153,155,160,165;[二]
186,265,298 - 299;[四]495,522,575,
583;[六]29,31 - 33;[七]16;[八]170,
225,238,251,338 - 339,350,365,367,
389,394,396,400 - 401,407,410,433,
463,471,506;[九]405,418,467,506,
539,549,586,597,600,607;[十]492,
523,606,691;[十一]137;[十二]196 -
197,200;[十三]498,505,538,554,574,
589,599,646;[十四]8,14,36,45,64,74,
84,111,118 - 120,136,141,143,150,187,
196,235,241 - 242,260,276,335,368;
[十五]44,47,138,165,271,458,481,
606;[十六]64,500,509

西江口 [一]166

西江四邑 [八]288

西库伦 [一]201

西辽河 [一]190,194

西隆 [七]318 - 319

西美 [七]231,246,248

西门 [四]13

西南 [一]142,149 - 152,158,169228,
248;[二]71,90,265,298 - 299,336;[三]
286,408,433 - 434;[四]56,87,94,98,
116 - 117,131,146,159,343,398 - 401,

403,405,409,412 – 414,416,418 – 420,
424,432,434,437,447 – 455,459,467,
472,475,485,507 – 508,513 – 515,517,
522 – 523,531,558,581；〔五〕22,158；
〔六〕143,207,317；〔七〕318,440,462,
519,551,553,555,557,562,564 – 567,
569,573 – 575；〔八〕3,5,10,23 – 24,27,
44,48,60,63,81,87 – 88,155,167 – 168,
175,179,183,196,199 – 200,214,219 –
220,222 – 224,229,234,237,239,248,256
– 257,263,268,271,275,281,284,286?
287,292,305,310,312,316,318 – 319,
322,333 – 336,341 – 342,350,361,422,
438,440,448,452,457,489,496,511,524
– 525,528,534 – 535,538；〔九〕232,245,
254,256 – 257,259,261 – 264,266,272 –
273,276,279 – 282,284,290,292 – 296,
299,304,310 – 311,313 – 314,316,320 –
321,329,337 – 338,356 – 358,361,366,
374,379,395,402,404,408 – 411,423 –
425,437,440 – 441,445,453,456,459,
463,465,468 – 471,473 – 476,478,484,
490 – 491,493,517,520,525,563,578,
582,613 – 614,643,646；〔十〕115,125,
194,333,335 – 338,340,346,370,406,408
– 412,414,448,453,468,475,479,501,
503 – 504,506,521,548,583,590,614,
629,757 – 758,761,765,782,784,790 –
791,796；〔十一〕484,486；〔十二〕5,13 –
14,24,93,97,102,108,119,135 – 136,
145,150,166,175,241 – 242,280,282 –
283,285,300,309,402,404 – 405,408,
476,478；〔十三〕253 – 254,272 – 273,

278,286,293,296 – 297,307,321,323,
327,329 – 330,338,348,365,372 – 373,
376,385,394,402,429,439,444,458,461,
575,581 – 582,596,600,656；〔十四〕133
– 134,211,264 – 266,356,362 – 363,426；
〔十五〕44,215,288,470,478

西宁　〔一〕208

西欧　〔一〕168；〔二〕257；〔七〕484；〔十〕
15,318；〔十一〕100

西山　〔十八〕287

西雅图　〔十一〕195

希腊　〔一〕22,35；〔二〕11,44,69,79,83,
100,119,152；〔三〕49,258,285 – 286,303
– 305,310,369,381,449,457,463；〔十〕
14,18,30,295,429,685

希利尼　〔三〕308

希炉　〔七〕168,179,246,248,437,440,
452；〔十〕6；〔十三〕6,178,187,190 – 191；
〔十六〕613,617 – 618,620,622

昔哈特　〔一〕201

悉尼　〔十一〕96

锡金　〔十三〕20

锡兰　〔二〕6,22,245；〔三〕278,301；〔九〕
27

隰州　〔一〕177

喜路市姊　〔十七〕41 – 43,45,52

喜马拉雅山　〔二〕22

霞飞路　〔四〕79；〔五〕369 – 370；〔八〕29

下关　〔一〕115,125,209；〔二〕182；〔五〕
51,111,113；〔十一〕369,394

下首塘　〔八〕120

下洋　〔一〕185

夏路弗市　〔十七〕41 – 43,47,52

夏湾拿 [十六]500;[十七]5,7-10

夏威仁岛 [二]259

夏威夷 [四]14,19-21,289;[七]30,189,
　248,270;[十]7,216;[十一]50,101,103,
　201;[十二]58,506;[十八]284

夏威夷群岛 [二]299;[四]21

罅辖 [十六]134,177

厦门 [一]162,164-166,182,185,187;
　[二]278,311;[五]234,239,447;[七]
　529;[八]28,30,44,351;[九]346,424,
　442,458;[十一]75-77,90-91;[十二]
　376;[十三]4-5,296,389,439,562,591;
　[十七]381;[十八]293

仙葛洛 [十六]130,173,572-574

先仙拿打 [四]275-276

暹罗/逻 [一]42,77,164;[二]21,45,66,
　245,334;[三]177,184,258,340,349,
　404,455,461;[四]285;[五]22,234;
　[七]28,67,101-103,107-108,112-
　114,119,132,138,155,213,435,496;
　[八]144-145;[九]8;[十]24,121,140,
　188,315,389,427-429,461,528-530,
　532,534,786,792;[十一]163,283,483;
　[十二]375;[十六]71-72,113,152,333,
　386;[十七]201

咸虾栏 [十一]9

冼基 [四]13-14

香安 [十四]440-441,556

香港 [一]28,65-66,69,76-77,79,134
　-135,166;[二]5-6,16,24,28,37,45,
　51,247,259-260,262,265-267,271,
　286,290-291,295,299-301,304,316,
　319,322-326,353;[三]7-8,50,58,93,
96,131-133,142,243,249,259,261,278,
325,347,357,414,429;[四]6,20,54,57,
107,170,184-185,265,269,289,331,
341,500-501,505,562,571,573,577,
598;[五]14,22,47-49,234,447;[六]
208;[七]4,5,9,12-13,22,44,53-54,
63,65,82-83,96,105,110-111,114-
115,123,130-131,150-151,155,164-
165,167,169,172,175,177,180-181,
184,188-189,195,197,210,213-214,
243-244,266,328,365,370,456,458,
460,472,550,552;[八]22,27,279,340,
365,514,537;[九]26-27,143,176,179,
186,227,355,389,414,419-420,446,
453,455,,518,524,528,535,575,611;
[十]3,23,40,69-70,75,81,85-86,92,
94,146,154,159,183,295,302,456,477-
478,490-498,501-502,504,509-510,
512,515-516,529,552,579,582,585,
665,670-671,678,688,691,743,746,
751,760,762,765,779,789,804-808,
813;[十一]3-5,10-11,24,48,51-52,
58,65-66,71-77,82-85,90-91,93-
94,98,121,134-136,146,177,196,202,
250,276,281,284,286,291,295,345,356,
384,398,411-412,424,426,436,480;
[十二]59,62-65,100,111,138,163,
172,183-184,186,189,194-195,202-
203,205,208,216-217,247,250,270,283
-,312,340,363-364,374,421,423,451
-453,455-456,459-460,465-466,505
-506;[十三]4-5,130,141-142,145,
164,168,172,175,186,192,209,223,226,

324,331,393,406,425,498,544,555 -
556,559,589,593,622,627;[十四]10,
58,143 - 146,362;[十五]41,230,462,
656;[十六]3,9 - 10,15,17,71,92,104,
139,161,229,333,507;[十八]50（参见
香）

香河　[一]177

香山　[二]241,246,255 - 256,258 - 259,
355;[三]50,70,105;[四]50,90,97,104,
410 - 412,417 - 418;[五]20,248;[六]
162,207,318;[七]16,290;[八]219;
[九]31,327,354,433,458,572,638;[十]
113,494,496,748;[十一]372;[十二]56
- 57,60,265,326,388;[十三]99,175,
210,286,367,408,536,589;[十四]85,
101,136,175,217,244 - 245,349,356 -
357,381,415,422 - 423,500 - 501;[十
五]104,108,199,236,327,356,416,478;
[十七]417;[十八]5,275,295,576

香顺八属　[十三]634

香邑　[二]247

香洲　[十一]287

湘　[一]56,71,78,152,161,185;[三]17,
400;[四]32,116,163,164,315,378,399,
401,423,425,430,433,453,454,495,523,
580,582;[五]333;[六]383,509;[七]
393,440,444,462,466,534,562,563,568,
573;[八]48,150,164,166,173,175,194,
203,218 - 220,223 - 224,226,237 - 238,
247,256,257,307,312,315,322 - 323,
330,333,354,381,421,440,457,478,501,
535;[九]34,73 - 74,100,125,183,196,
209,244,250,264 - 266,272,282,284 -

286,291 - 293,295 - 296,303,312,315,
341,343,351,356,358 - 359,361,367,
392,425,434,440,442 - 443,445,448,
453,458,462,471,490 - 491,497,543,563
- 564,567;[十]86,333,434,614,756;
[十一]46,57;[十二]102,106,135,145,
165,168,239,314,,;[十三]18,214,240,
257,258,265,272,277,278,297 - 298,302
- 304,320,333,339,341,344,359,362,
372,,422,430,438,443,577,604,607,
612,634;[十四]95,168,211,244,352,
374,413,419,436,438,443,458,537;[十
五]77,419,426,448,461,471,509,555,
572,649,650;[十六]450;[十七]595（参
见湘省、湖南）

湘、蜀　[八]63

湘边　[四]495;[八]318;[九]622;[十三]
278,619;[十五]234

湘东　[九]295;[十七]241

湘鄂　[三]400;[四]477;[七]60;[九]
119,122,296;[十]86,434;[十二]165;
[十三]476

湘赣　[六]158 - 160;[九]445;[十四]
419;[十五]461

湘桂　[九]453;[十三]272,298,305,598

湘桂边　[十三]298

湘江　[一]131,148;[十]447;[十三]417

湘南　[四]116,413,447;[八]157311 -
312;[九]264,408 - 409,419,423 - 424,
467,497;[十]333;[十三]303;[十六]
303,336;[十七]210

湘省　[四]395,453 - 454;[七]542,553;
[八]60,115,203,225,234,237,306,321,

323,341 - 342,384 - 385;[九]100,312,
409,442,453 - 454,462,493,497,498;
[十]434;[十二]168;[十三]129,214,
273,304,359,404,575;[十五]201(参见
湘、湖南)

湘西 [四]164,447;[八]18,47 - 48,115,
128,137,142,146 - 147,149 - 151,161,
228,236,247,355,384;[九]296 - 298,
303,312,332,401 - 402,404,415,461;
[十三]272 - 273,372,395,397,422,436;
[十五]461;[十六]246,253 - 254,272,
303,343,347;[十七]210,734

湘垣 [十三]214

湘中 [四]164,437,575;[八]18,25,47,
71,93,115,138,149,157,190,247,257,
333;[九]294,297 - 298,315,374,401,
443,456,461 - 462,467;[十四]358;[十
七]210

箱根 [八]28;[十二]8 - 9,12 - 13,15

襄城 [一]174

襄阳 [一]131,175;[九]106,286,295,
297,305;[十三]175

项城 [一]178;[七]274

象山 [四]68,81

象州 [一]154

萧山 [十一]464

小北江 [六]158 - 159;[十四]14,527 -
528;[十五]3 - 34,36,56,59 - 60,63,99

小北门 [二]130;[十]690

小池口 [一]174

小孤山 [一]119

小关 [一]173

小吕宋 [一]26;[三]159;[四]90;[七]

200,339,431,435,450;[八]259,364;
[九]154 - 155;[十]499;[十三]162,
176,197,654;[十六]232 - 233,235,335

小坪 [八]531;[十五]312

小石川 [七]174

小兴安岭 [一]192

小亚细亚 [十一]323

小鱼湖 [一]194

孝感 [九]64

些路 [一]134;[七]245

谢米巴拉廷斯克 [十二]94

新 [四]59;[十一]361(参见新疆)

新(兴) [十四]432

新安 [一]70;[三]24,50,429;[四]107;
[十]559

新蔡 [一]171,178

新昌 [十六]128,170

新城 [六]488;[十三]70,482

新丰 [一]184;[六]319;[九]451;[十四]
336;[十五]25,46,261,398,564

新会 [二]350;[六]162,207,319,334,
340;[十三]225,535 - 536;[十五]27,
365,368,394 - 395,450

新加/嘉坡 [二]291;[三]243;[四]269,
289,361;[五]22,243;[七]118,337,339,
411,458;[八]493;[九]3 - 4,8,27,131,
195,454;[十]4 - 5,21,27,670;[十一]71
- 73,96 - 97,120,124,142,159 - 163,
270,356,421;[十二]249,253,255,364;
[十六]64 - 66,90,106,138,147 - 148,
151,156,160,388

新疆 [一]88,90,92,99 - 100,102,158,
169,177,198,207,216,225 - 227;[二]32

－33,36,107,189,255,340;[三]5,12,
19,199,211,261,265,282,292,397,440;
[四]55,57,418;[七]190;[十]24,95－
97,115,126,149,178,252,412,679,686,
692,779;[十一]206,294,336,347,355,
358,361;[十二]94,237,274(参见新)

新街　[七]84－85;[十四]297,502

新津　[一]212;[九]342,363;[十六]285

新宁　[三]105;[十四]260,392－393

新塘　[一]150;[十四]591;[十五]24,180

新田　[一]185

新西兰　[九]239;[十二]82－83,135;[十
八]282

新兴　[六]319;[十三]408,538,661

新洋港　[一]166,171,180

信丰　[一]184;[九]383;[十三]482;[十
六]123,163;[十七]695

信阳　[九]62,161

信宜　[六]163,319

星加(架/嘉)坡(波)　[一]75－76;[二]6,
324;[三]123,126,128,278－279,281;
[四]170,268,571,573;[五]233－234,
237－239,242;[七]56,58,64,67,70,75
－78,93,100－101,104,106,110－112,
123,132,137－138,140,168,176－180,
206,212,366－367;[九]27,146,252,
514;[十]499;[十一]70－73,83－84,135
－136,161,164－165,353,372,376;[十
六]82,84,99,114,131,149,152,154－
155,157,178

星宿海　[一]208

星洲　[一]75;[七]42,44,49,64,100－
101,103－104,107,141,205－207,209,

211,313,512－513;[八]184－185;[十
三]148－149,157;[十六]82－83,393－
394,461;[十七]196－198

星子　[一]186;[十二]321;[十四]222,
290

兴安岭　[一]96,205

兴安运河　[一]147－148

兴国　[一]63,183－184;[十三]166;[十
七]726－727

兴化　[一]187;[八]54;[十六]60,139,
142,153

兴京　[一]197

兴凯湖　[一]196

兴宁　[六]319

兴文　[九]319

兴县　[一]174

兴义　[一]154,156,185－186,188

熊本　[十]275

修水　[十六]133,176

秀山　[十三]456

盱眙　[一]180

徐闻　[六]163,319;[九]362;[十五]365

徐州　[一]179;[四]67,402;[九]35,82;
[十]72,328;[十六]13,41,140

叙城　[九]313

轩佛　[四]276;[七]156

宣城　[一]187

宣平　[一]185

玄武湖　[十三]68

雪兰峨　[十六]90,116,131,167,175

雪梨　[三]358;[七]527;[八]41,195;
[九]552;[十三]175－176,288;[十六]
536－538

浔州 ［一］147－148；［七］318；［九］486；
　［十三］450,530

Y

鸦龙江 ［一］209,213

鸭绿江 ［一］166,196－197；［五］315

鸭绿湾 ［一］166

鸭仔埠 ［十五］236

崖门 ［二］49

崖县 ［六］163,319；［十六］413

哑庇 ［十四］191

雅江 ［一］212

雅州 ［一］212

亚巴里 ［十六］135,178

亚巴尼亚 ［三］286

亚包 ［十六］605－608

亚庇 ［十六］139,158

亚丁 ［三］278；［九］27

亚东 ［一］42,55,207,210；［二］262；［三］
　6,10,12；［四］41,53,311；［五］9；［七］
　41,233；［八］490；［九］154；［十］104,
　188,233,236－239,255；［十一］36,354；
　［十三］58,289

亚顿 ［十六］614,617,619－620,625

亚非利加 ［三］28；［十三］125

亚华吉地 ［十七］6,8－9,13

亚剌伯 ［二］7,71；［四］187；［八］492

亚剌山 ［三］309

亚李士庇 ［十六］576,578－580,582

亚连打 ［四］276

亚美尼亚 ［二］292,307,327；［三］286

亚米利加 ［三］29

亚齐 ［十六］338

亚太地区 ［十二］147

亚特力海 ［三］295

亚西亚 ［十］680

亚细亚 ［一］164－165；［二］7；［三］28－
　29,457－465；［九］599,602；［十］223－
　224,242,679,681,686；［十二］274,472－
　473；［十三］125,340；［十六］137,178；
　［十八］425

亚洲 ［一］60,133,172；［二］7,9－10,12,
　18－19,22,27,34,41,43,45－46,48,58,
　71,78,108；［三］19,34,177,218,266,282
　－283,291,296,302,449－456,460,463,
　465；［四］106,534,561,577；［七］28,323,
　547；［八］145,181,183,335,490－491；
　［九］260－261,588,628,654；［十］85,95,
　117,121,124,188,216－220,227,236－
　239,258,282,326,427,441,446,532,534,
　595,599,601－602,675－676,681,685－
　686；［十一］36,38,40,45,128,154,188,
　195,213,223,230,357,379,451,456,481
　－483；［十二］18,20,80－81,85,153－
　154,253－256,311,449,470；［十五］677

烟台 ［四］315；［五］22；［九］35,50－51,
　54－55,66,70,84,88；［十］98－100；［十
　一］241；［十三］16；［十五］128；［十八］53

焉耆 ［一］199,205

延安 ［一］173－174,206

延吉 ［一］189,192,196；［七］234

延平 ［一］184,187；［四］285；［八］41；
　［九］379

延水 ［一］173

延长 ［七］341

严州 ［一］183；［十六］42,140

沿海　[一]69－70,74,88,92,96－97,100,
　　134,158,162,165,169,190,196,226,237；
　　[二]21,50,252－253,345；[三]35,50,
　　108,226,289,429；[九]194,209,309,
　　362,465；[十三]201；[十四]11－12,200,
　　258－259；[十五]91

盐城　[一]180；[十三]208

盐河　[一]129

盐山　[一]178

盐县　[十三]207

盐源　[一]213；[九]311

郾城　[三]9

晏埠　[十六]615,627

燕　[四]45,48,104,285,322,344,368,
　　378,379,474,581；[七]80,302,479,507,
　　508；[九]466；[十三]122,198

燕、晋、齐、鲁　[七]302

燕都　[七]462；[十]55

燕京　[三]29；[四]80；[七]276,311；[八]
　　157；[九]271；[十]55

燕塘　[十]662,718；[十四]125；[十五]74

燕赵　[七]479

燕赵齐鲁　[三]183

扬州　[一]124,129,180；[二]49,188,244；
　　[三]25,403；[四]67－68；[九]40,73；
　　[十]23；[十一]173；[十三]95－96；[十
　　六]41

扬子江　[一]87－88,103,106,109－110,
　　112,114－115,122－123,125,128－129,
　　133,152－154,174,180,182－183,186,
　　208,212；[二]186,335；[四]57,71；[七]
　　147；[十]145,163；[十一]434；[十二]
　　73,434,437

扬子江口　[一]92,109－110,112,166,
　　180；[四]55,359；[十]115,149；[十一]
　　294,347

扬子江流域　[一]106,148,160；[三]166,
　　171,261；[七]147,551；[十三]125

羊城　[一]65－66,69；[三]27；[四]40,
　　87,96；[七]18,130,180,232,235,244,
　　253；[八]199,228,254,430；[九]129,
　　527,583,617；[十二]203；[十三]287,
　　303,305,362,416,439,449,554,583

羊房　[一]174

羊石　[七]19；[八]265；[十三]538,586

阳城　[一]173

阳春　[一]155；[六]163,319；[七]16；[十
　　四]252

阳江　[四]90－91；[六]163,207,319；
　　[七]16,450；[九]350,428；[十三]408；
　　[十八]116

阳逻　[九]35

阳山　[六]163,319；[九]484；[十三]408,
　　449；[十五]59－60

阳朔　[九]487－488；[十]445－447

杨村　[二]117；[四]576

洋浦　[三]159

仰光　[一]154；[五]234,239,243；[七]
　　91,100－101,108,112－113,116；[八]
　　326－327；[九]238,514；[十六]59,76,
　　79,81,85－89,102,111,135,138,150－
　　151,155,176,365－369,383－386,423－
　　427,501－504,507；[十八]304－305

夭马　[四]276

耀州　[一]174

叶尔羌河　[一]206

叶族乡　[十五]385

伊藏　[三]11

伊哈托里　[一]201

伊犁　[一]96 – 97,199,201,205 – 206;
　[二]21;[三]20,165 – 166,171;[四]55,
　57;[五]38;[十]24,115,126,149,151,
　154,156,159;[十一]294,345,347,361 –
　362;[十三]125

伊里岛　[二]244

伊宁　[一]205

伊士林敦　[二]280

伊斯灵顿　[二]312

伊通河　[一]193

衣华　[四]19

依兰　[一]190,192,197,204;[十]679

依里岸　[七]457;[十六]127,168

仪城　[一]172

沂州　[一]179

怡保　[七]407;[十三]151;[十六]92,98,
　120,161,171

怡朗　[九]197,201,203;[十六]112,151,
　154,530 – 533

宜昌　[一]131 – 132,183;[二]186;[八]
　187 – 188;[九]286 – 287,289,294,357,
　490;[十]788;[十二]175;[十三]333,
　537;[十六]66,72,140

宜黄　[一]187

宜君　[一]174

宜兴　[一]130,180,184;[五]200;[九]
　615

宜章　[十三]129,303,305

颐和园　[三]27;[五]42;[八]543;[九]
　44,48

以/义大利　[三]308 – 309;[十四]176

义顺　[七]63

义乌　[一]184

义兴　[九] – 491

义州　[一]194

益　[十三]200

益阳　[一]186

意大利　[一]40,219,239;[二]9,13,22,39
　– 41,66,115,196,245,265,298,329;
　[三]49,270,284,286,294,341,350,394;
　[四]360,362,562;[八]159,514;[十]
　30,141,152,156,190,486,637,682,716;
　[十二]332

意基度　[十七]103,106

意基忌　[十五]361;[十六]615,617,619 –
　620,627

茵陈答步士　[四]276

银河谷地　[一]197

银盏坳　[二]92;[八]458;[十五]109

印度　[一]32,37,97,154,210,218,231;
　[二]5 – 6,8,16 – 17,21,34,41 – 43,45,
　48,51,56,108,111,128,192,198 – 199,
　242,245 – 246,249,252,255;[三]259,
　274,277 – 285,287 – 288,291 – 292,294,
　296 – 300,349,396,450 – 451,453 – 455,
　457 – 461,463 – 464;[四]571,577;[五]
　9;[六]424;[七]341,463;[八]490 –
　492,507;[十]122,296,527,575,595,
　599,601,674,676,678 – 679,681,683,686
　– 687,762,806;[十一]188,323;[十二]
　19 – 20,80 – 83,85 – 86,255,330 – 332,
　336,340,347,363 – 364,369,389,411 –
　412,456 – 458,460 – 461;[十三]125;[十

五]122;[十六]119,160

印度河 [一]213,218,231

印度洋 [二]352;[十]676;[十一]195

印度支那 [七]73;[十一]136,140,323,483

印京 [十七]276-278

英 [一]31,32,35,42,46,66,75,79,80,134;[二]11,17,18,20,42,52,66,261,262,263,268-275,278,283,286,291,292,306,316,323;[三]4,6,8,12,25,29,34,45,47-51,53,78,102,118,121,147-150,152,153,155,157,172,177,183,188,189,192,193,202,203,210,213,217,227,245,257,260-262,264-266,271,304,305,310,319,323,333,341,342,347,350,399,404,406,409;[四]60,72,185,309,339,342,392,396,500,534,535,537,542,546,552;[五]22,115,121,164,227,276;[六]25;[七]5,73,111,134,158,187,205,220,221,235,239,244,252,368,388,435,476,532,540,575;[八]144-145,229,462,490-493,525;[九]23,68,131,238,247-250,342,451,583,584,599;[十]14-15,24,43,53-54,75,90,109,134-136,141,149,158,173,183,189,202,205,207,215,294,327,335-336,349,416,534,560,571,574,582,587,609-610,632,637,657,660,675,680-682,685,695,752-753,760,;[十一]17,23,44,112,139,141,188,198,236,258,259,354,434,445-446;[十二]18,20,36,44,47,48,80,81,85,135,140,147,175,176,237,255,285,290,328,345,362,372,390,405,408,412,443,452,456;[十三]69,125,139,142,170,173,176,242,327,370,434,451,603,627,657;[十四]58,191(参见英国)

英大马路 [五]241

英德 [二]334-335;[三]294,297;[四]154;[六]159,319;[九]451,513,539,658;[十]521;[十二]210,290,302;[十四]182,245,336,575

英格兰 [二]9,39;[四]289,343;[十]32,682;[十一]166

英国 [一]18-19,32,41,46-47,79-80,104,134-135,156,234,236,245;[二]5-6,8-10,12-14,16-17,20-22,24,28,30,34-36,38-41,45-46,48,51,53,56-57,60,66,75-79,87-88,96-98,101,104-106,109-113,115,117,139,146,153,155-156,158-159,162-165,168,178,180-182,203,206,210,213,244,247,258,265-266,270,274-275,277-279,282-285,287-288,290,292-293,295-296,299-300,302-305,307-308,310-312,314-318,320,325-332,335-336,339-340,345-347,353,355-356;[四]66,244,269,289,330-331,349,495,501,530,534,542,545-546,571-573;[五]200,316;[六]19-21,97,103,126;[七]3-4,7,9,42,120,123-124,192,208-209,239,249,283,306,312,340-342,381,390,458,521;[八]22,45,95,191,269,278,280,377,490,492,514,520,526;[九]247-250,583-584,590,611-612,618,662;[十]

4,15,17－18,23－24,43,88,90,96,109,
118,125,127－128,133,135,151,155,
183,186,193,202－203,207,291,298－
301,335,344,383,387－388,392,397,
465,486,494－496,502,512,515－516,
526－527,550,574－576,580,593,596,
623,634－635,638,659,675－686,695,
704－706,716,722,752－753,760,762－
763,786－787,803－808,813;[十一]11,
13－16,18,23－24,26,28,30,32,34,83
－85,90,93－95,100,138－139,165－
166,175,198,202－203,225,233,236,258
－259,278－279,284－287,291,342,
350,353,356－357,365,379,393,413,
426,451,480－482;[十二]18－20,30,
34,44,47－48,57,74,80－86,89,107,
126,143,147－148,,155,159,215,248－
251,254－255,274,307,322－323,330－
332,334,340,357,360,363－364,407,
412,425,437,439,443,453－454,456,458
－460,463,465－466,468;[十三]170,
173,242,369;[十四]192;[十六]74,151;
[十七]3(参见不列颠、大不列颠、大英帝
国)

英吉利 [十一]336

英京 [五]169;[七]23,120,128,137,173,
502－503(参见伦敦)

英伦 [一]233;[二]17,51,295,352,356;
[三]69,96,179,196,218,278－280;[四]
170;[六]97;[八]206;[十]805;[十二]
250

英属都朗度埠 [十三]139

英属七州府 [七]205

英租界 [四]64;[五]221,241,369;[十]
202－203

营口 [一]158－160,162－163;[五]234;
[十]95,130

颍州 [九]34,62,82;[十六]126

映市仓 [十七]260－262

永安 [一]187;[八]225;[九]440;[十三]
329

永安社 [十四]194

永北 [一]213

永昌 [一]154

永川 [九]310

永春 [八]351

永淳 [七]61;[十三]555

永定 [一]156,187

永定门 [十二]485

永定门车站 [十二]485

永丰 [一]187;[六]484;[十六]130,173

永福 [一]184;[九]497;[十三]466

永湖 [一]70;[四]107;[八]473,482;
[九]562;[十四]119,130;[十五]125

永利石场 [十四]389－390

永宁 [一]153,186;[四]417,419;[九]
308,310,319－320,322－323,328,335,
361;[十六]285,292

永平 [一]191;[十一]449

永泰 [一]184;[四]440;[九]380－381

永泰村 [十四]488

永新 [一]188;[六]484

永兴 [十三]304,305

永州 [一]152,156;[四]68,412,425;
[九]268,404,415;[十]471;[十三]278,
296,336,430

甬江　[一]163;[十]307

涌金门　[十八]209

涌口　[十四]563

幽燕　[四]368,474;[十二]160;[十六]101

酉阳　[一]152;[三]8;[八]267;[九]335,347,516;[十三]456

右江　[一]148,155

于阗　[一]97,170,176,206-208,211,213

余姚　[十一]464

鱼珠炮台　[十二]419;[十三]408

雩都　[一]184;[十六]123,163

渔阳里五号　[四]83

渝　[八]244,267;[九]106,280,285-286,289,300,304,308,310,437

榆次　[一]172

榆林　[三]159-160

榆林港　[一]166;[十]145

榆树　[一]193

愚园路　[十二]50

禹城　[一]178;[十三]301

禹域　[四]17,40-41,52,302;[五]39;[七]273

禹州　[一]174

玉门　[一]172

玉山　[一]185;[四]368;[六]493,504

郁林　[四]484,493

郁南　[六]163,319

域多利　[一]134;[七]223,399,406;[八]165,172;[十三]170,190;[十六]576,578-581

豫　[四]59,319,430,433,524;[六]383;[八]318;[九]52,132,137,284,292,348,

659;[十]756;[十二]239,367;[十三]91,153,,;[十四]180,352;[十五]555;[十七]595,734(参见河南)

豫鲁　[十三]153

豫南　[四]163;[十五]461

元江　[一]155,207,212-213

元谋　[一]213;[九]365

元洲　[十四]386-387

沅江　[一]131,152-153;[十]447;[十三]79

沅州　[一]183,185-188

圆明园　[三]395;[十]327

源潭　[九]538-539,542,554;[十]559;[十四]182,199,326,394

远东　[二]21,290,311,322;[三]28-29,34,125,138,254,264,294,299,389,419;[四]462,468-469,476;[七]7-8,157,169,196,239;[八]101,307;[九]248-250,503;[十]45,530,532,534,674,678-682,685-686;[十一]135,140,165,205,219,481;[十二]19,82-84,93-94,122,138,147,446,453;[十三]11,358,453;[十四]322

约顿　[十七]41-43,48,53

约翰内斯堡　[九]191

岳阳　[四]116;[九]286,336

岳州　[一]132,183;[四]116,421;[八]18;[九]270,285,303,305,312,327,336-337,341,343,345,351,356,401;[十]341,471;[十二]145,175;[十三]278

越南　[一]148,166;[三]83,259;[四]129;[七]101,237;[十]164;[十一]69,128,158,211;[十二]253;[十六]334

越南堤岸 ［四］129

粤 ［一］56,71,83,149,152,161,184,185,
186,188;［二］253,266,268,291,298,
301;［三］13,17,64,70,83,85,105,162,
166,274,318,347,357,358,390,394,400,
409;［四］13,43,45,52,72,80,87,94,95,
96,107,116,117,121,128,136,138,142,
150,161,164,329,330,334,368,378,379,
385,386,401,403,412,415,420,423,425
－428,430,433,434,448,451,453,456－
459,491－496,505,507,513－514,520,
523,529,569,571,573,575,576,580;
［五］333;［六］383,469,509;［八］3,5,
11,13－15,19,23,25,27,31－33,35,38
－39,41－44,53,61,63－64,70,83,87,
96,104,106,118,126,131,144,168,175,
180,188,195,203,213－214,216,218,220
－221,233－235,239,243－245,251,256
－257,259,264－265,268,270－271,
273,276,285,295－296,299,311－312,
315,333,337－341,350－351,358－359,
362,367,372－375,378－381,387,390－
393,399－400,404－405,412,419－420,
422,430,432－435,437－438,440－442,
444－447,449,455,458,460,469,481,
484,486,495,499,501,509,535;［九］4,
60,96－97,109－110,112,114,116－
117,126,129,141,159,185,187,198,200,
207,232,240,257－259,262,264,266,
267,269,272,283,287－288,291－292,
294,298,308,310,314,322－323,337－
338,341,348－350,353,355,362－363,
367,371,390,392,395,403－406,410,412

－421,424－425,429－431,433,440,442
－449,452－456,457－464,467,469－
472,474－478,481－483,496,501,506,
509－510,516－517,522,528－536,544,
549,－550,554,556,570,572,578,580－
585,587,590－591,593－594,603－605,
607,611－612,615,617,620,631,647－
648,651,657－659;［十］41,43,67,68,
70,72,74,86,88,89,112,145,188,289,
290,293,319,320,325,326,327,330－
334,337,339,341,346,347,394,396,397,
399,401,403,405,406,408,411,413,416,
418,431,432,434,441,446,448,468,469,
471,477,489,490,492,499,501,502,503,
506,509,510,511,512,513,515,516,517,
518,524,542,546,560,572,573,578,582,
587,614,621,631,654,756,757,813;［十
一］48,57,112,266,270,273－274,288－
289,292,294,476,479－480,484－485;
［十二］4,7,42,74,99,101－102,105,
119,123,135,139－141,145,151,155,
160,163,177－178,191,193,196－198,
201,204,207,214,219,260,264,266,269
－271,278－279,281,283－287,290,292,
299,308－309,318,325,327－328,335,
361,374,383,399,404,410,415,422,424,
430,457,482,487,503;［十三］91,116,
182,190,212,222,241,262,264,265,272,
278,284,286,288,292,295,299,303,304,
305,315,316,318,322,326,330－332,
334,336,344,348,356,357,362,368,369,
377,378,381,384,386,395,417,421,422,
428－432,434,435,438,446,451,455,

456，460，467，468，473，476，486，511，
538，547，550，555，562，564，567，570，572，
573，588，590，595，598，600，602，603，606
－609，615，627，634，654，656，662；〔十
四〕13，23，58，74，118，126，168，187，194，
203，209，211，218，222，229－230，240，
242，259，291，352，358，368，373，391，411
－414，419，426，436，458，488，502，510，
516，561，577；〔十五〕3，77，92－93，96，
122，151，172，201，204，211，219，239，365，
387，398，413，419，426，497，563，572，601，
611，645，650，662，670；〔十六〕3，10，12－
13，15－19，240，279，311，314，375，418，
432；〔十七〕570（参见粤省、广东）

粤、闽 〔八〕79

粤北 〔八〕134

粤边 〔九〕442，445，549；〔十五〕18

粤地 〔七〕195；〔十三〕241

粤东 〔二〕246－247，257；〔四〕95，385；
〔七〕66，143，213，277；〔八〕180，187－
188，190，220，238，266，341，350，456，497；
〔九〕118，302，464；〔十〕144，394，777；
〔十一〕291；〔十二〕415；〔十三〕148，214，
267，415；〔十四〕352；〔十六〕446

粤港 〔二〕253；〔十二〕270

粤桂 〔二〕265，298；〔八〕203，317，339；
〔九〕272，467，533，607，620；〔十〕433；
〔十一〕214；〔十二〕123，309；〔十三〕479，
622；〔十四〕293，386，461，491；〔十七〕
345，352，356

粤桂边 〔十三〕479

粤疆 〔十五〕662－663

粤省 〔二〕272；〔四〕72，94，96，425，457，

529；〔六〕54－55，82，116，178；〔七〕103，
142，237，253，300，364，457，459，475，481
－482，551，564－566，574；〔八〕87，183，
188，195，201，225，233－234，238，245，251
－252，254－255，257－259，372，387，394，
415，420，428－429，436，450，455；〔九〕
35，38，119，221，240，314，395，454，471，
501，504，527；〔十〕41，44，72，112，290，
306，332，396，401－402，405，411，508，
510；〔十一〕278，280，282，292，479，484；
〔十二〕123，167，169，270，286，308，327－
328；〔十三〕121，266，298，322，341，347，
405，436，446，448，554，595；〔十四〕81，
105，126，259，340－341，484－486，557；
〔十五〕11，21，49－51，104，117，332，417，
469，487，560－561，600，627，632；〔十六〕
375；〔十七〕464（参见粤、广东）

粤西 〔八〕275；〔十一〕151；〔十二〕267

粤秀楼 〔四〕138－139，494；〔十四〕364－
365

粤秀山 〔四〕161

粤垣 〔四〕90；〔八〕188，243，442；〔九〕
447，452，459；〔十三〕616；〔十四〕9

粤中 〔三〕70，104；〔四〕42－43，98，329，
426，428，487；〔八〕10，14，29，91－93，96，
125，203，210，226，242－243，248，253，
362，390－391，404－405，420，422，434－
435，437，444，447，452，477，499，503；
〔九〕120，260，310，410，419，505－507，
524，553，658；〔十〕490，492；〔十一〕214，
289；〔十二〕103，374，456；〔十三〕190，
272，321，385－386，409，435，511，547，597
－599，608；〔十四〕51，144；〔十五〕211，

282

云 ［四］59；［七］44,246,366,459,477 –
478,483；［九］223；［十］297,306；［十三］
455（参见云南）

云埠 ［七］220,224；［八］201

云丹拿 ［十六］632 –634

云浮 ［六］319

云高/哥华 ［七］133,219 –220,223,240；
［十三］146；［十七］41 –43,47,53

云贵 ［一］75；［七］78,247 –248；［九］
123；［十］129,162,458,501；［十一］457；
［十三］191,198,451,455

云贵陕 ［四］59

云南 ［一］75,147 –148,150 –151,154 –
156,161,207,212 –213,225 –227；［二］
36,108,173,188；［三］5 – 6,165,171,
261,276,400,433；［四］15,36,55,57,71,
314,382,394,398 –400,409,415,417 –
418,421,424,447 –448,453,459,513；
［五］22；［七］78,80 –83,85 –88,109,
129,134,163,172,183,184,197,237,249,
317 –318,320,458,464,489,564；［八］
180；［九］5,9,94,118,245,262,265 –
267,269,271 –273,277 –279,281,283,
285,287 –293,296,298,300 –302,304,
309,310,311,333,335 –336,356 –357,
361,397,405,408,410,419,426,436,469,
476,479 –480,486,498,500,613 –614；
［十］40,42,115,149,154,159,164,317,
333,337 –338,382,408,412,414,441,
474,504,506 –507,509,688 –689,692,
695,697,757；［十一］6,70,141 –142,
165,294,345,347,362,404,440；［十二］

19,101,106,121,146,237,357,365 –366；
［十三］62,66,80,208,217,255 –256,
286,372,408,432 –433,596,617,650 –
651；［十四］133,237,259,411 –412；［十
五］479,669；［十六］12,45,48 –49,51,
80,113,124,142,144 –145,147,150,152,
240,242,244,285,341 –342,397,441 –
443,451；［十八］77（参见云、滇、滇省）

云南省城 ［一］154；［二］51；［七］81,318

云尼辟 ［七］222,225

云塞行宫 ［四］185

云士路 ［四］276

云台山 ［十一］47

云霄 ［一］187；［十三］323,563

运河 ［二］177,188 –189,215,218；［三］
167,173,210,323,345,355,451

Z

匝哈布鲁 ［一］201

匝们苏治 ［一］200

匝盆谷地 ［一］202

藏 ［八］82；［九］136,145；［十一］312,326
–328,334 –335,337 –338,354,375；［十
二］23；［十三］125

藏南 ［五］75

昃臣委 ［四］276

增城 ［一］185；［四］153 –154；［六］163,
319；［八］461；［九］452,539,545,572 –
573,578；［十］690；［十二］319；［十三］
121,175；［十四］14,46,187,254,256,
279,289,293,307 –308,312,317,325,
331,363,374,386,478；［十五］267 –268,
270,277,286；［十七］372

曾州　〔十一〕148,150

札陵湖　〔一〕208

札木台　〔一〕206

闸北　〔八〕99;〔九〕98

乍浦　〔一〕103 - 104,125,130,171

张家口　〔一〕175,177,198,200 - 201,203
　　- 205;〔三〕163,169;〔九〕82,126,658;
　　〔十〕128,143;〔十一〕294

张绥　〔九〕132

彰德　〔一〕172;〔三〕320;〔四〕402

漳、厦　〔八〕353,475

漳平　〔一〕185;〔十三〕563;〔十四〕507

漳浦　〔一〕187

漳州　〔一〕185,187;〔四〕171;〔八〕41;
　　〔九〕380,392,407,422,424,428,431,
　　595;〔十〕400,406;〔十三〕344,389;〔十
　　八〕195,242

樟木头　〔八〕481;〔九〕562,573,582;〔十
　　二〕319;〔十四〕113,214 - 215,263,321;
　　〔十五〕131,377

招远　〔一〕180

昭化　〔一〕176

昭平　〔六〕85,103,468;〔九〕486;〔十〕444
　　- 445;〔十二〕157

昭通　〔一〕154,227

爪哇　〔二〕22,42,86;〔三〕59,107 - 108;
　　〔五〕239;〔七〕46,380;〔十〕31,499,696;
　　〔十一〕483;〔十二〕70,72,389;〔十四〕
　　191

诏安　〔一〕187;〔八〕12,193;〔九〕458;〔十
　　三〕323,563

赵城　〔九〕76

肇　〔四〕484,493;〔七〕18,478;〔九〕406,

409,432,442,526,543,547;〔十三〕634;
〔十五〕657

肇庆　〔一〕153;〔四〕382,505;〔七〕317,
　　484;〔八〕254,397,400,402 - 405,408;
　　〔九〕442,466 - 467,506,526,538 - 539,
　　542 - 543,547,549,586,597,638;〔十〕
　　471,754;〔十二〕263,265,290;〔十三〕
　　253,480,538,540,599 - 600,612,646;
　　〔十四〕20,49,70,223,409,521,309,537,
　　581;〔十五〕7,606;〔十六〕133,176;〔十
　　八〕280

肇州　〔一〕192

哲斯　〔一〕177

浙　〔一〕183,184,187;〔三〕53;〔四〕64,
　　67,89,319,368,430,433,582;〔七〕126,
　　366,369,465,511,519,568,574;〔八〕44,
　　295,354,421,449,521,534;〔九〕54,72,
　　192,213,215,220,223,224,315,316,379,
　　496,508,563,613,616,619,633;〔十〕
　　346,447,614,756,758,809;〔十二〕314,
　　337,401,404;〔十三〕91,96,282,533;〔十
　　四〕181

浙、皖　〔七〕465,574;〔八〕295

浙东　〔十一〕46

浙江　〔一〕163 - 164,166,182,184 - 185,
　　187;〔三〕6;〔四〕81,382,558,574 - 576,
　　580,585;〔五〕22,316;〔七〕44,368,371,
　　476,482,484,496;〔九〕42,60,215,569,
　　615,620;〔十〕200 - 201,297 - 300,302 -
　　303,306,319,501,575,579,692,758;〔十
　　一〕416,436;〔十二〕25,258,313,366,
　　403,338,404;〔十三〕92,334;〔十五〕214,
　　288,297,307 - 308,419,498 - 499;〔十

六]33 - 34,39,42,44,46 - 47,124,140,
144 - 145,147 - 148,401;[十八]154

浙省　[七]529,536;[九]242,615;[十]
301,305 - 306;[十一]462;[十二]404;
[十三]103

浙西　[十三]103

浙中　[十五]499

镇江　[一]115,123 - 125,128 - 129,133,
182,184,187;[二]188;[三]6,8;[四]
68;[九]649;[十]188,195,788;[十一]
229,364;[十三]134;[十六]52,141

镇江关　[九]98

镇南　[四]46,87,127,285;[七]132;[十
三]452

镇南关　[一]75,155;[二]21;[三]430;
[四]28 - 29,40,394;[七]66,68,75 - 76,
125,131,334;[十]21 - 22,544,611,613,
615,762 - 763;[十一]157 - 159;[十三]
7,11

镇平　[九]372

镇西　[一]199,203,206

镇雄　[一]154

镇远　[一]152,156;[三]8;[六]504

正定　[一]177;[三]8 - 9

正果　[九]594;[十四]256,308,321,478

正宁　[一]175

正阳关　[一]179

郑家屯　[一]191,198;[三]253

郑州　[一]173;[九]35;[十三]16

政和　[九]228

支那　[三]3 - 4,9 - 14,28 - 33,44,54,74,
125 - 126;[四]16 - 17,28,56;[五]7,
247;[七]16,41,66,74,87,218,221 -

222,228 - 229,233 - 234,245,340 - 342,
386,409;[八]229,490 - 492;[十]31,
254;[十一]35 - 36,56,89;[十三]340
(参见中国)

芝城　[七]226;[八]176,219

芝罘　[一]162 - 163,170,178 - 180;[三]
6;[四]375;[十]24

芝加哥/高/古　[一]80,123;[三]105 -
106,419 - 420;[四]277 - 278,443;[五]
423;[七]146;154,174,194,226,228,
233,244,250;[九]12 - 13,15,19 - 21,23
- 24,511,513;十一]170,189,196,302;
[十三]171;[十六]614,617,619 - 620,
625

芝利　[一]26;[二]13

直　[四]515,524;[八]8,11,168,187 -
188,211,318,393,458;[九]64,507,;[十
二]408,410;[十四]180(参见直隶)

直布罗陀　[三]278,284;[十]677 - 678

直隶　[一]31,45,91 - 92,96,102,133,
158,163,165 - 166,172,180,188,224 -
225,241;[三]6 - 7,9,14,146,162;[四]
146,170,417;[五]50,63,84 - 87,112,
164 - 165,207,315 - 316,390,398,400,
418,435,438,443;[六]39 - 41,44,164,
259,265,332,343,370,383,391,394,483;
[七]44,239,468;[九]39,114,658;[十]
35,39,382,412,414,501,817;[十一]55
- 56,329,354,357,360 - 361;[十二]90
(参见直)

直隶湾　[一]90 - 91,101,163,166

智利　[二]185;[三]183,318;[七]496;
[十二]35;[十三]217

中部　［一］88,90－91,101,104,127,160,
　173－175,177－178,205,241;［三］341,
　346,350,356,461;［四］86;［五］22,316;
　［九］296;［十二］247,312,367
中东　［十］82,674,678－679,682
中国　［一］3－11,14,17,19－27,29－35,
　37－40,42－43,45,47－52,55,59－64,
　66,68－70,72－73,75－76,79－80,82－
　85,87－92,97,99－104,106,123－124,
　127,129－130,133－135,140,142,147－
　148,150－151,154,158－166,168－169,
　171－173,176,178,183,188,198,206－
　207,214－232,234－239,241,243－244,
　310;［二］4－10,13－41,43－66,68,70－
　75,77－79,81－91,95－100,102－104,
　107－108,112－113,115－122,124－
　128,131,133,137－138,140－143,146－
　147,149,151－153,160－161,164－167,
　170－186,188－204,206－211,214,221
　－238,242,245,249－254,256,258－
　298,300－304,306－336,338,340,343－
　356;［三］3,7－8,15,17,24－27,30,34－
　39,41－49,51－54,56－63,65－68,72－
　79,81－82,84－86,92－93,96,102,104
　－105,107,115－116,119,121－123,125
　－131,133－141,143－159,163,168－
　173,176－186,188,197－198,202－205,
　207,209－211,213,215,222－223,225,
　227－229,231,235－239,241,244－258,
　261,263－269,271－277,280－283,291
　－292,294,296－307,310,313－320,322
　－324,326－327,329,331－345,347－
　355,357－360,363－368,370,374－380,

　382,384－387,389－398,401,403－411,
　413－421,424－426,428－431,433,435,
　437－448,450－455,457－461,463－466;
　［七］3－4,6,9－11,13,16,22,24,30－
　34,36,39－40,44,46,48,50－51,57,60,
　63,71,74,77,82,123,125,130－131,137,
　139－140,143－144,146－147,149,167,
　169－170,189－191,196－197,201－207,
　218,221,233,239,244,249,252,258,261,
　263,266,268－270,274,283,287,291,293
　－295,308,310－316,319－320,322,327,
　334－336,339－340,343－345,348－350,
　354,357－363,371,378,385,388,390,
　393,407,421,427,441－443,447,458,
　461,465,473,478,484－490,493,495,
　497,513－514,521,538－540,544－545,
　547－548,551;［八］15,17,20,22,31,37
　－39,45,51,68,91,95,99,125,144－
　145,158－160,166,181－183,191,207,
　218－219,229－230,236,250,254,256,
　261,266－268,271－272,274,277－282,
　290－291,300－303,323,331,346－347,
　369－370,376－378,405,417,445,452,
　464,466,468,471－472,476,484,489－
　490,492,504,512,516,521－522;［九］
　10,15,29,66,68,93,126－127,133,146－
　148,153－155,160－162,173－174,182,
　220,241,247－250,253－255,260－261,
　278,280,282,361,373,376,377,388－
　389,399,432,445,461－462,465,477,480
　－481,494,496,502－503,517,528,554,
　557,565－566,569,583－585,588,590,
　597,608,610－612,618,650,655,658;

［十一］4－5,8,10－34,37－39,41,44－
47,49,51－52,55－56,58－59,62,67,
69,73－74,83,86,88,93－102,105,107
－114,116－124,126－130,132,134,
136,138－146,148,150,155－161,163,
165－169,172－178,180－190,193－
194,196－201,203－211,213－214,217
－222,224－227,229－230,233,236,241
－243,249－250,253－255,257－258,
260－261,264－274,276－280,282－
300,302－306,308,310－311,313－315,
319－320,322－326,329－330,332－
343,345－348,350－351,353－359,361
－363,366,368－369,371－374,376,
378,380－384,386－395,397,399－400,
402－405,407,410,412－413,417－419,
421－428,430－432,434－440,445－
447,449－458,460－461,465,468－471,
473－474,476－484,486－487;［十二］8
－9,12,14,16,19－21,26－28,33－37,
43－44,46－50,52,55－56,58－－60,62
－65,67－72,74－77,79－94,97－98,
103－104,107－109,111,113,115－122,
125－129,132－138,140－144,146－
157,159,161－162,165－166,168－178,
181,183－184,186,188,190－191,194,
197,202,208－209,211,215－217,220－
222,224－227,229－238,241－243,245
－258,260－262,266,268,270,273－
277,280,282－283,292－298,300,304－
307,312－314,316,320,322－323,325－
326,330－332,334－337,339－348,350
－352,355－357,359－360,363－369,

371－372,375－376,379－380,385－389,
391－393,395,398,400－402,405－409,
411－414,416－417,420－423,425－429,
432－434,436－444,446－448,450－468,
470－477,480,483,486,492,494－495,
497,504－505,507－508;［十三］7,11,
29,59,68,92－94,113,116,160－162,175
－176,179,242,291,293－294,317,332,
336,339,340,343,349,369,411;［十四］
155,191,265,322,398,400,446;［十五］
145,372,375

中美 ［三］281;［七］139,220

中美洲 ［二］13

中牟 ［一］173

中沙 ［十四］251

中夏 ［三］20;［四］39－40,49,285,299,
311;［五］3;［十］458;［十三］58;［十六］
21

中亚细亚 ［三］290,294;［十一］323

中原 ［一］23,30;［二］244;［三］11,13,
340,348,417,434;［四］135,159,162,
359,369,379,491,493,525,575－576;
［五］334;［六］469;［七］397,440,559,
567－568,570－571;［八］9,11,137,146
－147,188,213－214,241,261,274,276,
286,344,354,366,452,481,502,511,535,
538;［九］286,296,305,307,309,311,
332,340,344,358,363,401,417,437,488,
498,502,568,581－582,614,619;［十］
55,145,327,346,380,432,470;［十一］
44;［十二］365,399－400;［十三］64,93－
94,132,387,395,422,596;［十四］304;
［十五］431,526;［十六］21,282;［十七］

642

终南　［三］19

钟山　［十三］466

舟山　［四］81；［十一］465

舟山群/列岛　［一］110,122,166；［十一］
　465

周村　［七］479；［九］224 – 225,228

周家口　［一］174,178

鳌屋　［一］171

宙巴仑　［十七］41 – 43,46,52

宙布碌　［十七］41 – 43,47,52

珠卜　［十六］448 – 449

珠海　［八］442；［九］455

珠江　［一］136,138,140,143 – 144,150；
　［二］32,36,261,295；［四］46,159,428；
　［九］257,424；［十二］191,200；［十三］
　575；［十四］156,359

珠江三角洲　［二］325；［三］132

珠市桥　［九］311

株州　［四］430

株洲　［一］156,186

诸城　［一］178 – 179,222

诸暨　［一］184

主咕　［十七］103 – 106

渚溪　［一］130

祝圣寺　［十八］77

抓李抓罐　［四］275

庄河　［一］196；［九］84

追加失地　［四］275

资江　［十］447

资阳　［一］153

资州　［一］153；［九］55,319,321,335；［十
　三］296

子打厘　［四］276

子筒　［四］276

姊忌利　［十六］576,578 – 580,582

紫金　［六］163,319

紫金山　［十］195；［十一］263；［十二］502

紫萝山　［四］90

紫阳　［一］175

宗札萨克　［一］207,211

祖笋　［十六］613,617 – 618,620,623

遵义　［一］152,156；［八］247

左江　［一］148,155

佐哥斯拉夫　［二］39；［三］356

佐世保　［三］160

叻架伙　［十七］41 – 43,45,51

专名索引

A

阿芙蓉 〔二〕255

阿剌伯人 〔二〕7 – 8；〔三〕464

阿利安民族 〔十〕18

阿美尼亚人 〔二〕273 – 274

阿片 〔三〕5

阿屯 〔十一〕64

哀的美敦书 〔三〕48；〔十三〕41

埃仑顿中国国民党分部 〔十六〕616,618 – 620,627 – 628

爱国 〔一〕53；〔二〕203,304 – 305,323, 325,344；〔三〕10 – 11,13,24,30 – 31,33, 39,42,125,133,135,322,402,418,437； 〔四〕97,123,128,135 – 136,326,340, 348,359,362 – 363,373,389,393,395, 399,413,418 – 420,426 – 427,442,444, 462,464 – 465,467,472,480,501,509, 523；〔五〕7 – 9,37,164,257,262,357, 368,384；〔七〕46,80,214,237,263,305, 308,340,347,353,355,397,399 – 400,408 – 409,425,433,437,439,446,449,456, 458,463,495,503,526,543,553,560,564 – 566,570；〔八〕13,50 – 51,79,81,83, 109,122,154,165,178,183,189 – 190, 212,214,219,252,265 – 266,272,284, 287,292,316,326,328,333,345,350,354, 373,379,394,408,450,465,535；〔九〕65, 110,155,182,247 – 248,260 – 261,270, 277,314,317,332,338,351,376,386 – 387,393,395,400,422 – 423,502,508, 559,658；〔十〕8 – 9,80,108,163 – 165, 180,194,233,258,262,264,285,337,353, 355,357,364,401,404,575,683,685,770 – 771；〔十一〕36,38,122 – 123,134,180, 297,367,427,457；〔十二〕29,38,44,63, 65,160,184,186 – 188,215,248,362,426, 481；〔十三〕13,17,62,161,208,214 – 215,251,254,294,312,339,360,362,368, 393,420,444 – 445,449,453,533,609, 620；〔十四〕126,191,211,285,322；〔十 五〕165,558；〔十六〕3；〔十八〕204,347

爱国储金 〔四〕444,446；〔八〕164 – 165

爱国储金奖章 〔八〕136 – 137

爱国奖章 〔八〕165,172,176

爱国团风潮 〔八〕187

爱国（之）精神 〔三〕30,35；〔四〕134,381； 〔五〕164；〔七〕538；〔八〕275；〔十一〕465； 〔十二〕11；〔十四〕298

爱民 〔二〕59,124；〔七〕570；〔十〕53,503； 〔十二〕285；〔十三〕294,439；〔十四〕46, 65,191；〔十五〕487；〔十八〕129,204

安北（舰） 〔九〕564；〔十四〕3,11 – 12；〔十 五〕135,213

安布伦斯学院 〔七〕458

安福国会 〔四〕449；〔十二〕46,48

安福派　［九］389；［十二］45,365,457；［十三］332

安福系　［十］370；［十二］78,86,274,462

安抚委员　［十四］219；［十六］321；［十七］648

安徽都督　［十三］27,35,40,43,82,105－106,109；［十六］22

安徽都督府　［十］189

安徽颍州分部　［十六］126,158

安徽招抚使　［十六］243

安徽支部　［十六］79,124,147,152

安徽中华银行　［十三］15

安徽总司令　［十七］211

安澜泰轮船　［十五］61

安民布告　［五］25,31,35,270,334

安南薄寮埠筹饷委员　［十六］274

安南滀臻埠筹饷委员　［十六］274

安南喷呔埠筹饷委员　［十六］275

安南之割　［三］47

安南总督　［七］63,128；［九］172；［十一］114

安宁垦牧公司　［十三］112

"安平"　［十一］301

安田银行　［九］155

"安艺丸"　［十一］372,376

安勇　［十一］48

按察使　［三］144

暗杀宋教仁事件　［十一］395

暗杀主义　［十一］240

盎格鲁撒(克)逊　［二］6,9,39；［三］294；［十二］71－72,250,253－254

奥吉恩牛圈　［二］348

奥加可捐　［六］278；［十四］495

《奥克兰论坛报》　［十一］156

《澳门晨报》　［十八］561

澳门大街　［四］7

澳门警厅　［十四］217

澳门政厅　［十］512,515－516

澳门中国医局　［二］262

澳洲筹饷委员　［十六］248,343

澳洲国民党　［四］138

澳洲雪梨民国报　［十三］288

B

八股文　［二］344；［三］129,395；［十一］175

八国联军　［一］69,71；［二］116；［四］577；［十］382；［十一］123

八国联军之役　［十二］375

八旗　［二］343；［三］5；［五］38,41；［九］50,63；［十］143,250

八旗会馆　［十］250；［十三］589

八十字有奖义会　［十四］555

八邑筹饷督办　［十六］603

八邑绥靖处　［十四］5

巴城筹饷局　［十六］68－70

巴城支部　［七］434,499；［十六］69－70,107,148,153

巴达斐(维)亚中国国民党支部　［十六］376,544－546

巴达斐亚支部　［七］355

巴东支部　［十六］105,148,154,164

巴尔干战争　［十一］356

巴尔梯克舰队　［三］160

巴黎豆腐公司　［一］34

巴黎和会　［四］464；［八］67,78,81,90,98,

272；〔九〕388；〔十〕384；〔十二〕28，480

巴黎和平/谈会议 〔三〕346，356；〔十二〕44，90，135

巴黎和约 〔三〕334；〔九〕388

巴黎联合银行 〔九〕139，147

巴黎旅馆 〔七〕42

巴黎政府 〔七〕73

巴黎中国国民党通讯处筹备处 〔十七〕279

巴生港口（正）分部 〔十六〕130，173

巴生港口中国国民党分部 〔十六〕412 - 413，429，431，451，453 - 454，530 - 532，534

巴生中国国民党支部 〔十六〕403，405，455 - 457；〔十七〕167 - 169

巴士底狱 〔二〕328 - 329

巴士（市）杰中国国民党通讯处 〔十六〕576，578 - 580，583

巴梳中国国民党通讯处 〔十六〕577 - 580，583

巴双支部 〔十六〕89，103，116，164，180

巴湾京中国国民党《民声日报》馆 〔十六〕494

吧哇分部 〔十六〕122，165

拔萃书室 〔二〕259

把利佛中国国民党分部 〔十七〕41 - 43，45，52

坝罗中国国民党分部 〔十七〕103 - 106

罢工 〔二〕101，163；〔三〕41，85，148，150，153，155，157，166，172，197，199，209，308，317，329；〔六〕452 - 453；〔七〕102；〔八〕278；〔十〕53，355，357，452，608 - 609，646，735，745，781；〔十二〕32 - 33，76，250 - 251，269，340，390，392 - 394，454；〔十

三〕656 - 657；〔十四〕307；〔十五〕60，282，287 - 288，454，658

罢官权 〔二〕114 - 115，146，215，218；〔三〕328，342 - 343，351 - 353，359，371，383 - 384，391，405，423

罢免权 〔二〕144 - 146，217，219；〔三〕241，246；〔四〕522；〔六〕3，127；〔十〕423

罢市 〔四〕568 - 570；〔六〕469；〔八〕520，529 - 530，534；〔九〕611，626，629，633，638；〔十〕355，357，737 - 740，746，755，766，804；〔十二〕32，76，232，269，395 - 396；〔十三〕339，420；〔十四〕57，217，438；〔十五〕60，387，389 - 390，454，467，475 - 476，478，519，528，554，611

霸道 〔二〕6，16，201；〔三〕227，453 - 454，456，459 - 460，462 - 464；〔十〕523

白饼仔 〔十一〕33

白鹅潭之役 〔十五〕252

白莲教 〔十一〕18；〔十二〕168

白马誓师 〔十五〕564

白鸟变形 〔二〕352

白人种 〔十二〕380

白色人种 〔二〕16，97；〔十〕242，266 - 267，275；〔十一〕249，445

白云山之战 〔十四〕411 - 412

白蔗税 〔十四〕502

白种 〔二〕10 - 11，13，18 - 19，39 - 40，43，330；〔三〕9，233，297，341，349，464 - 465；〔五〕9；〔九〕628；〔十〕102，227，242，275，599

百货公司 〔七〕345，349 - 350，354，360 - 363

百货捐 〔十五〕142，144，262

百年战争 〔三〕283

百日维新 〔三〕21

百姓 〔二〕36 – 37,55,250,252,263 – 265,296 – 298,333,344,346,353;〔三〕140 – 141,157,237 – 238,347,357,439;〔四〕310,377,458,465,505;〔五〕5;〔七〕443,505;〔九〕399;〔十〕17,51,442,454,574 – 575,593,683;〔十一〕268,442;〔十二〕56,59,63,325,501;〔十三〕58;〔十六〕21

百姓民族 〔二〕36

柏林伯达铁路政策 〔三〕299

柏林条约 〔三〕290

班让分部 〔十六〕122,165

般埠中国国民党分部 〔十六〕605 – 608

办理海军事务 〔十四〕261;〔十七〕334,473,477

半殖民地 〔二〕23 – 24,57,91,221 – 222,228 – 231,237;〔四〕261 – 262,563,596;〔六〕125;〔十〕674,780,786,806,810;〔十二〕398;〔十五〕375

邦咯中国国民党通讯处 〔十六〕530 – 532,534

包工人 〔三〕164,169 – 170

包萨民军 〔九〕75 – 76

"宝安" 〔十四〕557

宝安清佃局 〔十五〕80

宝安县经界分局 〔十四〕381

宝璧(舰/兵舰/兵轮) 〔十〕437,738;〔十一〕412;〔十四〕293,295;〔十六〕479

宝恒公司 〔十四〕555

宝记银号 〔十三〕106 – 107

保安公所 〔十四〕549

保安条例 〔十一〕71 – 72,79 – 81

保澳团暂行章程 〔六〕183

保定军官学校 〔十〕720;〔十三〕302

保定军校 〔十三〕247

保国存种 〔十一〕141

保和养 〔二〕68

保护费 〔二〕164;〔十〕788;〔十四〕155,257 – 258,541 – 542,557 – 558,563,571,588;〔十五〕24,45,520 – 521,657 – 658

保护关税 〔十〕135

保护米商酌抽湘军给养费简章 〔六〕197

保护侨民 〔十三〕84,101 – 102

保护人民财产令 〔五〕56

保护税法 〔二〕24 – 25,202 – 203;〔三〕10;〔十〕788,792;〔十二〕443

保皇 〔二〕30;〔三〕21 – 24,27,89,122;〔四〕365;〔七〕12,31 – 34,45,154;〔十〕5,29;〔十一〕57,176,427;〔十二〕27

保皇报 〔三〕22 – 23

保皇党 〔一〕69;〔二〕30,106,206;〔三〕429;〔四〕288,304,445;〔七〕32;〔十〕250,377,534,578;〔十一〕170;〔十二〕27;〔十三〕171,330

保皇会 〔三〕21 – 22,27 – 28;〔七〕33;〔十一〕96 – 97

保皇军 〔四〕288

保路 〔十〕149,154,159;〔十一〕345 – 346;〔十四〕215

保、洛 〔八〕365,381,444;〔十二〕241(参见曹锟、吴佩孚)

保全领土主义 〔三〕43,45,47

保商 〔二〕251 – 253;〔十四〕542,563,574;〔十五〕60,493

保士顿中国国民党分部 〔十六〕614,617,

619－620,625

保守派 ［三］146

保卫局 ［五］14;［十三］265;［十五］600

保障言论自由 ［十三］63

报界 ［二］282,284,294,330;［三］174－
175,179－181;［四］339;［五］144－145;
［六］478;［七］4,289;［九］71,104,115;
［十］73－76,88－89,91,126,129,146,
159,161－162,325－326,341,470,472－
473,480－484,782－783,790－791,793,
808;［十一］26,275－277,306,343,346,
392,438;［十二］120,122,224,290,345,
458;［十三］91,99,175,330－331,335,
679;［十五］677;［十六］11－12

报界公会 ［九］90,96,109,446;［十三］91,
331,431,636

报界邮电费 ［十三］120

报生 ［十四］102－103,163;［十五］282－
283

北川市长 ［十一］369

北狄 ［一］30;［三］29,233;［十］258,503,
581,602;［十二］285

北敌 ［四］116;［八］314,333,456,469,
471;［九］299,367,417,467,545,559;［十
三］532;［十四］126,345,385,388;［十
五］122－123;［十七］411－412

北伐 ［二］80,125,127,209;［三］393－
394,399－401,409,419－420;［四］37,
138,171,304,473－476,492－496,580,
582,584－585,591－592,596;［六］275,
449－450,459,466,468－469,473,485;
［七］253－254,258,264,478,481－482;
［八］168,187,284,286,296,302,306,

327,397,455－456,489,496－497,499,
501,503,511,519－521,523,528,531,533
－538,540;［九］33－34,37,41,46,50,
60,106,266－267,302－303,322－323,
340,477,490－492,497－498,500－502,
504－506;［十］431－434,436－438,444
－449,463,468,470－472,475,503,577,
613－615,631,662,688－695,756－758,
760－761,766,777,801,809;［十一］231,
238;［十二］43,93,123,136,141,143,146
－149,153－155,158－160,164－165,168
－169,173,176,181,183,207,247,251,
275,289,312－314,316,337－338,350－
351,361－363,366－367,399,401－404,
410－411,415,421,446;［十三］9,20－
23,65,201,467,472,477－478,484,545,
547,569,581,596,598,603,608－609,
651;［十四］93,178,274,443,498,516,
524,533,553;［十五］37,185,239,401,
405,408－409,417,419,421,426－427,
441,443,456,462,467,490－491,512,514
－515,523,525,526,531－532,535,549,
550,560,609,624,635,662,664;［十六］
7,11,13;［十七］403,634－635,654,689

北伐第二军 ［九］624;［十五］325;［十六］
5

北伐第三军 ［十五］324,388

北伐第一军 ［十五］161

北伐军 ［二］80;［四］142,306,483;［六］
483,504,508;［八］299,308,315,500,
537;［九］96,503,510－511,624,632,
658;［十］471,474－475,477,689－690,
692,762,779,801,806;［十一］400;［十

二〕146,148 - 151,196 - 197,202,204,
206,210 - 211,219,239,258,265,313 -
315,366 - 367,402,411,421;〔十三〕32,
484,511 - 512,581,583;〔十五〕427,462,
467,484,514,518,531,535,560,625,634
- 635,643,653,666

北伐军第二军　〔十五〕332,469;〔十七〕
635

北伐军第三军　〔十五〕332,469;〔十七〕
635

北伐军第四军　〔十七〕635

北伐军饷/费　〔十二〕158;〔十五〕484,
514,560,634 - 635

北伐讨贼军　〔十五〕378,650

北伐讨贼军第二军　〔十四〕544,594;〔十
五〕10,39,52,116,202,215,234 - 235,
378;〔十七〕418,467

北伐讨贼军第三军　〔十四〕544,594;〔十
五〕10,39,52,116,202,215,235;〔十七〕
454

北伐讨贼军第四军　〔十五〕163,257,271;
〔十七〕538 - 539,550,627

北伐讨贼军第一、二军　〔十四〕450

北伐讨贼军第一军　〔十四〕450,544

北方大港　〔一〕84 - 85,90.- 91,96,101 -
102,158,160,163,169 - 170,177 - 180,
189 - 191,198,200 - 205,224,228,241

北方非法政府　〔八〕283;〔十〕430

北方军阀　〔四〕456,464,481,486,519 -
520;〔八〕234,272,302,465;〔十〕355,488
- 489,520,631,692 - 693;〔十二〕17,43,
240,243,258,266,268,282,345;〔十三〕
596;〔十四〕265 - 266

北方军人　〔四〕397,543;〔七〕477,540;
〔八〕214,310;〔十〕194,325;〔十二〕168,
222;〔十四〕266

北方讨贼军第一路　〔十五〕557;〔十七〕
710

北方武人　〔二〕78;〔四〕431 - 432,480;
〔八〕308,310,350,465;〔九〕376 - 377,
521;〔十〕365,367 - 368,432,472,480 -
484,565;〔十二〕12,73,228;〔十三〕363,
420,446

北柜官运　〔六〕286

北架斐中国国民党分部　〔十七〕6 - 9,12

北江车运盐业同和堂　〔十四〕566

北江大捷　〔十四〕337

北江农团　〔十二〕411;〔十五〕467

北江坪石盐业公所　〔十五〕201

北江商运局　〔六〕157,182,227,264;〔十
四〕393,398,527 - 528,543,558,563;〔十
五〕60,63,337;〔十七〕338,353,601

北江商运局暂行简章　〔六〕157

北江盐务督运办法　〔十五〕428 - 429

北江盐务督运处　〔十五〕486;〔十七〕676
- 677,690 - 692,749 - 751

北江银行　〔六〕286

北京暗杀之役　〔四〕40

北京兵变　〔四〕407;〔九〕569;〔十一〕262

北京参议院　〔四〕354

北京大学　〔四〕444;〔八〕159,460;〔十〕
464;〔十三〕376

北京法文报　〔十四〕154

北京非法政府　〔四〕420 - 424;〔五〕396;
〔八〕283;〔九〕332,358

北京公使团　〔四〕531,593;〔十〕409

北京国立大学　[十七]547

北京国民党　[九]142,157

北京国务院　[五]367;[九]119

北京和平期成会　[十三]296

北京集团　[八]484

北京军队　[九]103;[十一]165

北京军阀　[十]433;[十二]142

北京蒙古联合会　[九]78

《北京日报》　[三]9

北京事变　[十]768,774

北京苏俄代表　[四]157;[九]589;[十四]431

北京天坛之战　[三]410

北京条约　[三]6;[十]24

北京同文馆　[二]288,321

北京外交使团　[十四]264

北京学生联合会　[八]454;[九]658

北京邮局　[十三]120

北京政变　[十]809

北京政府　[一]18;[二]223,228,231,236;[三]138,332 - 335,355,420;[四]331,349 - 353,419,423,432 - 433,462 - 466,470,476,482,491,507 - 508,512,516 - 517,520 - 521,529,531 - 534,553,558,577;[五]226,396;[七]73,82,147,175;[八]90,182,272,281 - 282,301,310,369 - 370,376,398,437,484;[九]57,128,132,134,137,145,148,152,154 - 155,246,364,387,402 - 403,468,477 - 478,503,512,517,519,521,565;[十]69,122,327,335 - 336,353,361,363,370 - 371,383 - 384,399 - 400,411,498,508,512,515 - 516,519,555,628,636,689 - 691,779,802;[十一]74,84 - 85,135,164,195,223,226,236,254,260,310,337,412,478;[十二]32,47 - 48,67,75 - 76,83,88 - 90,95 - 96,99,118 - 119,123,125 - 126,128,133 - 134,142,147,149 - 150,159,171,196,222,224 - 226,234,248,260,262,267,273,275,277,281,285,294 - 295,298,301,306,319,328 - 330,348,371 - 372,382 - 383,385,389,405 - 407,466,468;[十三]15 - 16,120,315,328,332,569;[十四]265 - 266,426;[十五]287 - 288;[十六]30

北京中央执行委员大会　[十七]760

北军　[一]56;[三]224,411;[四]301 - 302,306,354,430,440,483 - 485,488;[七]80,368;[八]18,41,67,98,312,314,381,391,441;[九]63 - 64,89,169,207,230,262,270,285,296,299,303,305,336,344 - 345,348,356 - 357,370,380 - 381,383 - 384,392,543;[十]431 - 433,448,520,559,573;[十一]238,241,416,458;[十二]8,10,47 - 48,151,165 - 166,286,296;[十三]32,272 - 273,291,305,307,323,389,423,427,664;[十四]9,180,313,321;[十六]72

"北岭丸"　[九]653;[十二]464

北满　[八]303,347 - 348,369 - 370;[十三]125,195

《北美评论》　[七]38

北上　[一]56;[四]262,332,335,339,433,486,589,591;[七]62,303,567;[八]106,146,300,370,416,438 - 439,465,544;[九]68 - 69,102,108,119,124,139,163,

165,168,257,517,519,552,640 – 648,
650,658;[十]5,327,479,775,777,781,
801,809 – 811,815 – 817;[十一]79 – 81,
84 – 85,226,242,247,263,282,289,300 –
304,306,360,406,413;[十二]144,198,
227 – 229,233,239,316,338,404,414 –
422,424 – 426,432 – 433,449,470,475 –
476,,;[十三]351,387,577;[十五]524,
526,664;[十七]689,756,759

《北上宣言》　[十二]482

北廷　[四]430,453 – 454;[八]67,80,87 –
88,97 – 98,374,452;[九]458,540;[十]
362,406,412,448;[十二]287 – 288,296,
302,391;[十三]332 – 333,394,607,609;
[十四]10;[十六]21

北庭　[三]400,407;[四]430,460,472,520
– 521,581;[八]8 – 9,85,247,253,257,
283,329,421,429,446 – 447,454;[九]
311 – 312,387,468 – 469,501,597;[十]
399,504,537;[十二]39,108,159,287 –
288,291,296,302,313,391;[十三]333,
345,577;[十四]285,426

北系　[一]175 – 176;[八]9,89

北洋　[二]90,253 – 254;[三]185,422;
[四]13,425;[七]218,234;[八]300,
444,527;[十]99,110,180,182,321 –
322,761;[十一]323,471;[十二]43,204,
239,469;[十四]286

北洋大学　[四]170;[十三]370

北洋舰队大演习　[十一]4

北洋军　[七]547 – 548;[十一]136

北洋军阀　[二]222,230;[四]527,549,
555,558,569,583,586;[八]290;[十二]

44,123,327;[十三]580;[十五]287

北洋派　[四]422;[八]182,187;[十]322;
[十二]23

《北洋商报》　[三]7

北洋武备学堂　[四]170

北洋招讨使　[十七]417

北政府　[四]517;[八]109;[九]312,389,
478;[十]398 – 399;[十二]304;[十三]
323;[十四]264

北朱家桥　[十三]243

贝市中国国民党分部　[十六]616,618 –
620,628

被压迫的人民　[二]93;[十二]393

本初子午线　[五]316

本党主义　[三]346 – 347,357;[四]540,
543,546,558,565,570;[七]554;[八]
325,501 – 502,510;[十]539,541 – 542,
563,637,649,726,728;[十二]421,430,
483;[十三]435;[十五]77,288,373

本党总支部　[八]102

本国政府　[一]75;[四]21;[五]425;[七]
458;[十]129,161,808;[十一]195,396,
401,587 – 588;[十二]147,434

本溪湖铁厂　[一]225

本溪湖之役　[四]368

比国中国国民党通讯处筹备处　[十七]279

比利时公司　[三]8

吡叻布先(朱毛)分部　[十六]121,129,
162,170

彼得遗训　[三]289

彼国政府　[一]55;[十]129,161

币制方策　[十一]338 – 339

币制改良　[十三]76

币制统一 ［五］220；［十］64

必珠卜中国国民党分部 ［十六］613，617 –
618，620，623

闭关时代 ［一］61；［三］207；［十］142，347

闭关政策 ［十二］376

闭关主义 ［三］30，177，195；［十］26，140，
190，421，423，432

庇勝同盟会 ［七］79

庇叻咕中国国民党通讯处 ［十七］6，8 – 9，
13

庇利士滨中国国民党分部 ［十七］71 – 74

庇能筹饷局 ［十六］101

庇能支部 ［十六］32，107，147，158

庇能支部总务局 ［十三］140

庇能中国国民党分／支部 ［十六］444，505，
530 – 532，534

庇罅利中国国民党通讯处 ［十六］576，578
– 580，582

边拿李耀中国国民党分部 ［十七］5，7 – 9，
11

汴洛借款 ［七］320

变法 ［一］38；［二］264；［三］12，428；［十］
282；［十一］470；［十三］95

变法维新 ［三］10，12

标准时 ［五］316

表决权 ［一］273，308；［五］68，160，212；
［六］334；［九］147；［十］292；［十二］339；
［十七］665

槟城平章会馆 ［十］23

槟城书报社 ［十三］53

槟城小兰亭俱乐部 ［十］25

槟城阅书报社 ［九］252；［十］34

槟榔屿支部 ［十六］117，179

槟榔屿中国同盟会 ［十］33

兵工厂 ［二］109，345；［三］260；［四］379；
［五］392；［六］181，445 – 448，494 – 495；
［七］191，361；［八］257，457，529；［九］
540 – 541，628；［十］141，504，582，587，
651，690；［十二］63；［十三］531，670，678
– 679；［十四］50，91，99，115，131，201，
216，222 – 223，230，242，246，252，291，
294，314，338，344，375，454；［十五］52，
69，88，113，138，159 – 160，175，178，214 –
215，221 – 222，244，312，348，368，385，
414，418，450，467，484，489，494，539，608；
［十六］460；［十七］373，670 – 671，674

兵工计划／画 ［八］445，452

兵工局 ［十六］609

兵轮 ［四］405；［九］243，379；［十］326；
［十一］48；［十二］63；［十五］136，657

兵权 ［二］81，173；［四］266；［五］25，38 –
39；［七］384，573；［八］210；［九］351；
［十］368，784 – 785，791；［十一］130 –
131，250，317，332，334；［十三］385

兵站 ［四］474；［五］442；［六］29，468 –
469；［八］456，461 – 462，464，470，472，
478；［十三］472；［十四］14 – 17，21，32，
38，56，61 – 62，71 – 72，83，91，112 – 114，
117，119，131，139 – 140，142，149，155 –
158，163 – 164，166 – 167，182，199，201，
211，218，220，224，235，244，254，274 –
275，292，334 – 335，358 – 359，361，370，
388，418，462 – 463，511 – 514，522 – 523，
528，530 – 532，534 – 535；［十五］119，151
– 156，158，176，203 – 206，218，646；［十
六］432；［十七］294，299

《丙辰杂志》　[四]88

丙辰之役　[三]433;[十]507

波德兰区之牢狱　[二]293

波地坚中国国民党分部　[十六]605 - 608

波兰顿中国国民党分部　[十七]41 - 42,
44,49,54

波兰佛中国国民党分部　[十七]41 - 43,48
- 49,53

波利磨中国国民党分部　[十六]616,618 -
620,628

波令有限公司　[一]232

"波罗斯基"号　[十二]415

波希维克主义　[四]542

钵仑中国国民党分部　[十六]614,617 -
618,620,624

伯庸医院　[十八]222

《驳革命可以召瓜分(说)》　[三]42,123;
[十一]143

《驳某报惧召瓜分说》　[三]123

勃生分部　[十六]82,113,152

勃卧分部　[十六]116

博爱　[一]67,89;[二]59,91,103;[三]
190,204,216,228,401;[四]62,90,311,
320,418;[八]218,250;[十]85,132,256
- 258,264,266 - 267,276 - 277,409,
770;[十一]153;[十三]59,84,101,131 -
132,343,361,439;[十八]48,97,203,
212,507,524

博芙芦中国国民党分部　[十六]399,611,
615,617,619 - 620,626 - 627

博济医学校　[一]64;[十二]65

博济医院　[二]260;[十]81;[十三]383

博罗行营　[十四]179

博罗之役　[十四]554;[十五]150

博学鸿词科　[二]31

薄寮中国国民党分部　[十六]528,530 -
533,535

跛打中国国民党分部　[十七]6,8 - 9,12

不动产　[三]155 - 156,158;[五]102,173,
178,182,186,234,450;[六]55,135,139,
152,176,318,378,454;[七]267;[十一]
239,390;[十三]554;[十四]161,330,333

不动产典卖契据　[十五]614

不法武人　[四]471;[八]87,126,128;
[九]395;[十四]426

不干涉主义　[十一]421;[十二]233,235,
405,416

不平等(的)条约　[二]11,201,203,208,
227,236;[三]251,255,438 - 439,450,
457 - 458,463;[四]166,512,553,577,
586,592,596,598,600,603;[九]658;
[十]24,665,701,703,705,780,786 -
788,797 - 799,801 - 802,806,808 - 816;
[十一]67,378 - 379;[十二]28,363,442
- 444,450 - 452,464 - 467,472,475,479,
486,496

不平等之阶级　[三]405

不信任岑春煊案　[十三]381

不知不觉　[二]110,123 - 125,131;[三]
316,377;[四]570;[十]384,526

不知不觉者　[一]41 - 42;[二]103

不知亦能行　[一]59,63

布尔什维克　[四]501;[十二]77,82 - 83,
323,492

布尔什维克主义　[四]500

《布告海外之同胞》　[七]63

《布列颠之前锋队》 [二]286

布林中国国民党分部 [十七]167-170

布政使 [三]144

步兵编制 [八]528

步辇 [三]15

步泰西之法 [二]258

部落割据主义 [八]374

C

财产权 [三]37,137;[四]386;[七]503

财厅 [十四]19,111,146,186,349,372,515

财团 [一]54-55;[二]324;[四]29;[五]47,277,302,304;[六]384;[七]143,202;[八]373;[九]8,148;[十一]211,293;[十二]126,134,224,373;[十五]104

财政 [一]54,221;[二]291,344;[三]59,78,97-98,100,144,174,181,212,214,224,226,268,292,333,335,387;[四]36,56,60,171,284,293,295,301,313-315,324,332,342,375-376,379,396-397,421,431,437,448,454,456,471,482,490-491,509,535,539,559,576-578,596-597,601,603;[五]12,34-35,41,43,58,61,76,88-89,123,136,139,147,170,179,200,212-213,223,225,255,272,288,357,374,412,419,428,434,442,452-453;[六]25,54-55,57,69,77,116,129-132,170-171,176,178,182,219-221,238,260,298,306,323-325,332,336-340,351-352,364,441-442,444,453,506;[七]18,81,111,116,148,170,182,188,197,230,241,253,265,272,277,313,345,352-354,384,427,477,481,503,539,551,565;[八]48,76,111,149,186,201,211-213,281,324,339,343,358,363-365,373,383,387-388,391,441,450,457,462-464,471,474,476-477,496;[九]68,72,80,89,91,133,147-148,156,160-161,163,375,389,402,482,542,552,593,608,623,630,661-662;[十]40-41,60-61,72,77,87-88,90,92,243,250,262,264,270,285,295,297,299,326,401,405,413,518-519,564,577-578,653-654,741,766,798;[十一]69,119,198-199,206,209,211,216,250,274-277,292,296,303,308,310,317,319,323-324,326-327,330-332,340,373,376-377,439,480;[十二]121,131,159,224-226,233-236,266,274,280,290,295,304,313,328,361,366,379,407,438,440,448,467,470,473-474,492;[十三]16,21,33,40,44,62,67,72,86-87,90,104,108,113,125,127,160-161,179,184,190,293,332,351,408,465,480,573,591,606,612,639,640;[十四]36,64,75,81,96,104,112,118,126-127,139,149,196,202,205,212,253-254,268-269,284,292,342,381,421-422,432,452,468,470,480,515,520-521,571,574;[十五]3-4,41,87,89,96,121,134,147,158,165,171,178,224,231,244,248-249,251,260-261,268,332,337,388,393,417,431-441,463-465,472,495,506,516,547,550,555,604,642;[十六]17,20,114,262,286,304,316-

317,324 - 325,355 - 356,361,365,382,
402,459,550;[十七]344,378,451,529,
537

财政部 [二]217,219;[四]76,167,313 -
314,323 - 324,332 - 333,389,394,471,
493 - 494,507,550;[五]54 - 56,59 - 62,
74 - 75,87 - 88,104,106,108,123 - 124,
126 - 127,170 - 175,177,180 - 182,184
- 186,188 - 189,200,208,217,240,255,
260 - 261,286,288 - 289,292,329,356 -
357,372,381,383,397,407 - 408,412,
416,418,434,442;[六]56 - 63,70 - 74,
78 - 83,91,139,153 - 156,171,175,204
- 205,225 - 226,233 - 240,265 - 267,
313 - 314,325,327 - 331,346 - 349,364,
368 - 369,380 - 382,498 - 501;[七]256,
263 - 264,364,384,389 - 390,403,407,
410 - 411,427 - 428,430,436,449,455,
461,469,476,481 - 482,499 - 501,503,
512 - 514,516,527,533 - 536,550,552,
558,561,569,574;[八]12,22 - 23,25 -
26,82,139,150,187,217,235,263,474;
[九]73,89,95,123,133,143 - 144,156,
160, 163, 246, 315, 351, 389, 495, 505;
[十]196,743;[十一]205,292,296,333,
362;[十三]10,14 - 15,17 - 18,20 - 21,
28,30,32 - 33,40,44 - 47,61 - 62,64,
69,72 - 73,76 - 77,82 - 83,85 - 86,88 -
89,90,95,96,97,108,109,110,112 - 114,
116,118 - 119,123 - 128,131 - 132,136,
160, 162, 176, 178, 255, 262, 270, 276 -
277,281 - 283,451,455 - 456,459,465,
468 - 469,473,528 - 529,556,622,640 -

641,647,674;[十四]24 - 25,29,54 - 55,
60,78,80,82,89,93,120 - 121,127,149,
159, 171, 231, 253, 269, 271, 283 - 284,
329,331 - 332,399,401,433 - 434,495,
497,504,506,527 - 528,538 - 539;[十
五]3,5,9,15 - 17,34,36,100,115,118,
157, 161, 178, 182, 184, 203, 216, 222 -
223,229,248 - 249,251,272,274,293,
304,309,342,354,358,362 - 363,365,367
- 368,390 - 391,406,413,420,425,448,
450,459,504 - 505,514,533 - 534,554,
556,579,641 - 642,644,647;[十六]14,
18, 20, 69, 86 - 89, 93 - 94, 100 - 101,
103,262,355 - 356,361,372,377,380 -
381,383,386,394,399,403,405,408,413,
423,430,444,447 - 448,452,454 - 456,
461,487 - 488,492 - 494,496,500 - 503,
524 - 525,529,531,579,600,611 - 612;
[十七]14,96,100,178,181,184 - 185,
189 - 190,223 - 224,228,246 - 247,274,
284,287 - 288,313,353,371,376,378,
410,413,449,474 - 475,478,516 - 517,
568,575 - 576,614 - 615,657 - 662,683,
762 - 763

财政部(部)长 [二]105;[五]57,128,
174,419;[六]170,204 - 205,234,266,
324,381,455;[七]279,356 - 357,364,
376,390;[九]36;[十]631;[十一]238;
[十三]33,123,162,640,674;[十四]127,
176,451,564;[十五]3 - 4,17,102,205,
272,410,458,610;[十六]146,382,387,
401 - 402,461,550 - 551;[十七]14,96 -
97,99,180,186,223,313,518,631,644,

663

财政部第三局　[十六]649;[十七]63

财政部发行南京军用钞票条款　[五]55

财政部官制　[五]434;[六]265,289,449

财政部检查广东全省火油类经理处暂行章程　[六]498

财政部检查广东全省火油类施行细则　[六]500

财政部取缔广东全省奥加可(酒精)暂行章程　[六]278

财政部盐务署　[十五]376

财政会　[十四]543

财政机关　[二]132;[六]369,389,483;[八]477;[九]623;[十]614;[十二]361;[十三]44,548,629,636,684;[十四]136,159,167,186,201,221,254,292,536,564;[十五]9,218,302-303,366,522,527,558,575,585,589

财政家　[一]230,241

财政局　[三]241,246;[六]345-347;[十]475;[十四]212-214,238,279;[十五]253,446-448,560,615

财政科　[十六]155,171,314,368,529

财政厅　[六]53-54,63-66,78,94-95,154,176-177,317,346-347,353,358,376,507;[八]372,438;[九]526;[十]471,473;[十二]163,179;[十三]199,354,548,630,633,639,644,658,660,666,669,671,679,682,689-690;[十四]42,59,69-70,72,76,81,101,103,111,115-116,124-125,136,173,178-179,189-190,221,320,329,340-341,350,364,391,421,428,432,456,515,520,545,576;

[十五]3,28-29,50,77,104,121,124,142,178,185,222-223,226-227,231,242,265,267-268,280,283-284,286,332,367,391,446-447,469-470,495,511-512,523,545,551,553,560,565,610-611,622,633,658;[十六]460;[十七]529,567

财政厅官产处　[十四]216

财政厅税验契各县分局办事简章　[六]358

财政统一　[九]593-594;[十]613-614,653;[十二]325-326,360-361;[十三]615;[十四]221,320,432,438,471-472,481-483,521,536,544,551,553,563,575,588;[十五]80-81,121,124,224,231,512,545;[十七]529

财政委员　[四]535;[十四]452;[十五]18,20,86,113,251;[十六]262,332

财政委员会　[六]178,204-205,233,240,255,272,282,314,320,323,326,363,501;[十]614;[十四]397,402,406,415-417,423,427,431-432,434,439,447-450,456-457,466,471,475,482-483,508,517,519,525-526,544-548,565-566,570,580-583,586,589,593,595-596,598;[十五]8-9,16-17,19-20,28,39-43,48-49,54,62,64,69-71,73,75-82,84-85,88,90-91,109,112-115,124,132-133,140-142,144,150,152,155,157,181,198,216-219,221-222,225,227-228,230-233,237,239-241,243-244,257-260,262,266-270,275,279,285,290-292,302-303,305-306,310,314,318,329,339,342,359,368,384,

390 - 391,393,403,429 - 430,449,469,
472 - 473,493 - 495,500,503,506,512 -
513,561,586,632,641,643;〔十七〕406,
416,421,423,427,432,455,463 - 464,
482,488,491,502,507,511 - 512,532 -
533,536,545,566 - 567,569,571 - 572,
629,635,673,706 - 707,718,730,738,764
- 765

财政委员会干事处组织规程　〔六〕326

财政委员会章程　〔六〕169 - 170

财政主管机关　〔四〕535;〔十四〕452

财政总长　〔十五〕572,578

裁兵　〔一〕101;〔四〕508,512 - 514,517,
520 - 521;〔八〕55,71,73,93,265 - 266,
395,416 - 417,420,425 - 426,452;〔九〕
518,533;〔十〕489 - 493,498 - 499,502 -
503,505,508,511 - 516,518;〔十二〕26,
138,151,176,181,234,258,264,266,268
- 269,280 - 285,288,336,448,472;〔十
三〕596;〔十四〕95,256

裁兵制宪理财委员会　〔十〕491

采办沿海余盐运省应销章程　〔六〕93 - 94

菜苑中国国民党分部　〔十七〕6 - 9,12

参军处　〔四〕130;〔五〕373 - 374,378 -
379,387 - 389,430 - 431,442,444 - 445;
〔六〕361;〔十三〕252 - 253,297,616;〔十
四〕55,65,181,278,315,365;〔十五〕22 -
23,209,350,456,496,511,532;〔十六〕
215,273,291,484 - 485;〔十七〕82,230,
234,243,339,363 - 364,407,419,422,
493,510,543,634,640,666,679

参军处办事细则　〔五〕386 - 387

参军处会计科　〔十六〕215,353

参军处庶务科　〔十六〕215,297,353

参军处总务科　〔十六〕215,353

参谋本部　〔一〕229;〔七〕158;〔八〕65;
〔九〕222,607;〔十一〕171,237;〔十四〕
279

参谋部　〔一〕72;〔五〕51,91,104,107 -
108,112 - 113,150,155 - 156;〔七〕285;
〔八〕523;〔九〕106,442;〔十〕614;〔十三〕
117 - 119;〔十四〕219;〔十六〕26,387;
〔十七〕651

参谋处　〔四〕432;〔五〕51,272 - 273,298,
373 - 374;〔六〕332,361,493;〔八〕494;
〔九〕88,597;〔十四〕97,229,252,255,
267,377,379,405,510,519 - 520;〔十五〕
7,134,187,339 - 340,456,480;〔十七〕
339,543,561

参迫咕中国国民党分部　〔十六〕612,617,
621

参议会　〔六〕414,418 - 419;〔七〕258;〔十
三〕11

参议员　〔四〕327 - 328;〔五〕66,68,160 -
161,163,210 - 219;〔十〕121 - 122,166;
〔十二〕268;〔十三〕16,395;〔十四〕237

参议院　〔一〕54;〔三〕223,370,382,430;
〔四〕73,307,311,317,323 - 324,327 -
328,353 - 354,380,394,407 - 410,413,
430,439,449;〔五〕54,61,64 - 69,111,
115 - 116,126,128,142 - 145,148,159 -
163,170 - 172,175,177,189 - 191,200,
209 - 218,240;〔七〕257,262,269,274,
299,378,384,540,563;〔八〕15;〔九〕14,
32,43,45,47 - 48,50 - 51,53,56,72,77
- 82,84 - 85,103 - 108,111,121,123,

128,142,147,153,157,241,244,381 –
382,395,397;[十]47,70,110,121,144,
146 – 147,151 – 152,155 – 156,160,162,
166 – 167,180,182,214;[十一]252,256,
303 – 304,308,320,332 – 333,335,342 –
343,480;[十二]83 – 84;[十三]17 – 19,
22 – 24,29 – 30,34 – 35,37 – 40,42,47,
58,63 – 64,71 – 75,7,89,92 – 94,99 –
100,108,111,118 – 120,123,125 – 128,
132 – 133,316;[十四]529 – 530

参议院法　[五]161,210

参战　[三]286,318 – 320;[四]423,549;
　[十]328,383 – 384,683;[十一]474,481;
　[十二]18,26,30,35 – 36,87,89 – 90

参战借款　[八]109

参政权　[三]447;[五]24;[十]29,124;
　[十一]231 – 232,257,265;[十三]22 – 23

参政同盟会　[七]301

参众两院　[三]145;[四]117,394,437,
　448,459,460,512,514;[七]540;[九]
　239,244,252 – 253,257,336,374 – 375,
　395,436;[十三]242,296

参众院　[七]536

残废　[三]173;[五]133,135,268,343;
　[六]122;[十]395;[十五]109,247,548,
　591,594 – 595,618 – 620

残废官兵纪念章　[十五]590

藏粤线　[十一]361

曹锟贿选　[四]522,524;[十]613;[十二]
　313

测量局　[十四]279;[十五]255 – 256

测丈处　[六]370 – 371;[十七]610,612

《策略》　[二]241

查验民产押借外款暂行章程　[六]139

查验枪炮章程　[六]180

柴杉竹行商　[十五]47

"柴枝"　[二]351

产业革命　[三]117

产业工人阶级　[十二]398

长堤会谈　[五]47

长堤会议　[五]47

长堤旧官纸局　[十四]235

长堤实业团　[七]551,560

长冈电报局　[十四]162

长江　[十三]114,128,243,333,405,484,
　582,608

长江上下游水师　[十六]27

长江上下游水师总司　[十三]114

长江上游水师　[十六]27

长江上游水师总司令　[十三]114

长江上游招讨使　[十六]429,477

长江水师　[十三]79 – 80

长江下游水师　[十六]27

长江下游水师总司令　[十三]114

长崎高等商业学校　[十七]304

长崎基督教青年会　[十]276

长崎医学专门学校　[十]279

长沙暴动　[十一]185

长沙溥利磺矿公司　[十三]227

《长沙日报》　[四]315

长沙湘雅医科大学　[十八]439

长沙之役　[八]157;[九]401

长滩计划　[四]29

长、岳之战　[四]423

长洲要塞司令　[四]494;[十三]649;[十
　四]8,40,45,84,194 – 195,292,299,316,

340,368,375,492;〔十五〕187 – 188,333,
　413;〔十六〕462 – 463,586,640;〔十七〕
　296 – 297,304,519,581,587,600

《常识外交政略》　〔三〕295

常委会　〔十五〕535

钞引　〔一〕20

"超武"　〔九〕379,524

《朝日新闻》　〔三〕252;〔四〕379;〔十一〕
　197

朝日新闻社　〔三〕318

朝鲜《东亚日报》　〔十八〕247

朝鲜复国运动　〔十〕436;〔十二〕139

朝鲜之割　〔三〕47

潮海关　〔十二〕163

潮梅守备司令　〔十七〕439,710

潮桥盐款　〔九〕349

潮桥盐税　〔十五〕451

潮桥运副　〔十七〕85,112

潮汕安抚委员　〔十七〕391

潮汕筹饷委员长　〔十六〕255

潮勇　〔三〕395

潮州黄冈之役　〔三〕430

潮州会馆　〔七〕311;〔八〕436;〔九〕33,
　638;〔十三〕579,590;〔十五〕477

潮州善后委员会　〔十七〕409

潮州同乡会　〔十〕78

潮州之役　〔七〕106

车歪炮台　〔四〕451;〔十二〕200 – 201,204;
　〔十三〕225,498 – 499

彻底的革命　〔十〕370,641,748,769,810

陈家将　〔十〕472,490;〔十二〕179

陈家军　〔九〕527;〔十〕471 – 474,500,507,
　562

陈炯明叛变　〔二〕3;〔四〕491,538;〔八〕
　296,322;〔十〕631;〔十二〕183 – 184,189,
　216;〔十三〕558

陈逆叛乱　〔八〕308,328,405;〔十三〕540

陈桥之变　〔十一〕60,105

陈天太部　〔九〕540,543

《晨报》　〔八〕226,275,451;〔十三〕331,
　498;〔十五〕477

成德堂　〔十三〕658

成都卫戍总司令　〔九〕328,331 – 332;〔十
　六〕276

成都总商会　〔十四〕133

诚仁医院　〔十八〕42

诚兴公司　〔十五〕632

承办广东造币厂合同　〔六〕314

承办广东造币分厂合约　〔六〕73

承办什赌商人　〔十五〕73

承购军事内国公债奖励条例　〔五〕382

程船　〔十四〕396,541 – 542;〔十五〕72,
　191,366,430

惩戒委员会　〔六〕6;〔十七〕249

澄海地方检察厅　〔十六〕292 – 293,362

澄海地方审判厅　〔十六〕287,292 – 293,
　362,415

澄清轮　〔十五〕190

吃饭问题　〔二〕180 – 182,188 – 195;〔十〕
　706

《斥〈新民丛报〉之谬妄》　〔十一〕141

赤俄　〔四〕541 – 542

赤化　〔四〕542,544,546,598;〔十二〕358,
　363 – 364,372 – 373,438

赤化运动　〔十二〕363 – 364

赤露　〔八〕490 – 491

赤十字会　［四］184，186；［五］135，269，271，344，352；［十一］152；［十三］22 - 23，132

《赤十字会救伤第一法》　［四］183；［十一］147，152

赤塔政府　［十二］122

崇德公报社　［十三］234

崇明第四高等小学　［十八］309

酬勋章程　［五］254，259

筹安会　［四］380；［七］427，433，440，468；［八］49；［十］294；［十一］122，456；［十三］198

筹办全皖义赈　［十三］69

筹办铜鼓商埠委员　［十五］415；［十七］627

筹发饷项　［十四］115

筹画广州防卫委员长　［十七］595

筹款　［一］76；［三］136；［四］99，270，303，347，457；［五］12，209，257，262，358；［六］55，459；［七］43 - 44，49，55，60，62，67，69 - 70，74 - 75，78 - 80，88，91，108，110，126，132，151，161，182，188 - 193，195 - 197，199，201 - 205，209 - 210，212 - 213，217，220，222 - 223，225，227，232，237，243，247，249，263，303，308，316，319，336，338，351 - 352，355 - 356，358 - 360，363 - 366，368 - 371，373 - 374，377，394，400，405，411 - 413，421，425 - 426，428 - 430，432 - 436，439，445 - 446，457，460，472，476，480 - 482，486，534，550，561，569，574；［八］25，27，77，97，108，141 - 142，224，235 - 236，247，324，326，357，363 - 365，378，385，397，405，451 - 453，464，470，474，478，482，501，534；［九］7，13 - 15，19，30，151，163，171，178，185，199，201，203 - 204，208，231，321，333，342，393，410，429，514 - 515，525，635；［十］34，128，161，183，414，508，513，560；［十一］112，153，172，176 - 177，187，196，239，270，274，328，343，379，445 - 446；［十三］7，44，118，128，138 - 140，145 - 146，151，163，170，176，181，183 - 184，187，189 - 191，225，410，460，501，503，576；［十四］139，157 - 158，268，300，304，340 - 341，370，381，416；［十五］28，77，217，221 - 222，224 - 225，227，246，261，493，676；［十六］101

筹饷　［四］87，274，321，583；［五］354，359；［六］29，94 - 95；［七］34，61，63，68，78，194，235 - 237，250，352 - 355，396，414，421，427 - 428，433，436 - 437，531，534；［八］231，246，263，327，345，379，416，423，436，501 - 502，509；［九］98，393，438；［十］401；［十一］111，189，196，332，334；［十三］30，52，98，122，145，162，180，184，187 - 191，437，501，536，545，592；［十四］57，81，111，170，194，381，566；［十五］80，268，286，335；［十六］83，137，509；［十七］347，464

筹饷奖励章程　［五］355

筹饷局　［四］33，76，273 - 274；［五］354 - 355，360；［六］94 - 96，170；［七］194，198，235 - 237，241，355，370，389，428，452，457，459，509，556；［九］602；［十一］196；［十二］313，361；［十三］145，178，434；［十四］206，232；［十五］87；［十六］332，

335

筹饷局章程　［五］354

筹饷委员　［七］370；［十六］149，225，236 -
238，304，321 - 322，324 - 328，332 - 339，
341，344，351，376，489 - 490，499，507

筹饷总局　［六］94 - 95；［十一］196；［十
四］475，489，494，531，555，574，593；［十
五］29，124，277，378，577 - 578；［十七］
328，347，351

《筹饷总局章程》　［六］255，320

出口鸡鸭蛋捐　［十五］142，144

出勤委员　［十七］165，171

出师表　［二］125

出租土地者　［十二］387

初贝中国国民党分部　［十六］530 - 534

锄奸　［四］382，581；［八］5，502；［九］613；
［十三］347 - 348

"楚同"　［十二］318

"楚豫"　［八］380，461

楚豫（舰/军舰）　［八］380，461；［十］523，
689；［十二］318；［十四］45，79，84，368；
［十六］222，463，569；［十七］134

处理俄国部分庚款委员会　［十七］547

滀臻兴民中国国民党分部　［十六］530 -
534

川北招讨使　［九］291，311；［十六］244 -
245，284，343

川北镇守使　［九］353；［十六］284 - 285，
305

川边宣慰使　［十六］241

川变　［十三］545

川滇劳军使　［七］555；［十六］198 - 199，
319

川滇黔建国联军　［十七］759

川、滇、黔三省靖国军　［九］262

川东招讨使　［九］271，310；［十六］230，
245，337

川汉（铁路/道）　［一］80；［三］8；［四］56；
［十］40，42，152，154，159

川汉铁路总公司　［三］7

川湖陕之役　［三］52

川祸　［八］227

川局　［八］60，180，187 - 188，220，247，
295，315，329，331，335 - 337，389；［九］
271，289，292，302 - 304，306，308，321 -
322，326，331 - 335，340 - 341，353 - 354，
359，363，435，450；［十三］417，430，527，
568；［十四］78，256，495；［十六］41，281 -
282，292，301；［十七］453

川军　［四］164，440，454 - 455，525；［八］
111，295，318，457；［九］271，273，296，
299，304，321，328，330，335，348，359，382，
436，490，564；［十］341，448；［十三］345，
568；［十四］78，256，304，495；［十五］461；
［十七］453

川军第二军　［十三］532

川军讨贼军　［十四］132，134 - 135；［十
七］142 - 143

川军总司令　［九］302 - 304；［十四］304，
313；［十七］143，758

川路　［四］322；［九］163；［十三］9 - 10，
122

川民　［八］496；［九］335；［十三］417；［十
六］281

川南镇守使　［九］283，291，308；［十六］
240，342

川难 [八]314;[九]306,363;[十六]282

川崎船厂 [一]28

川崎造船所 [十]271;[十一]393

川人 [八]332;[九]330,332,353;[十二]168;[十三]9-10,135,537;[十四]256

川陕乡兵之役 [三]52

川省议会 [九]335,340,364,441;[十六]279,283

川事 [四]453,455;[七]559,568;[八]11,59,80,83,123,130,188,215,237,244;[九]271,273,289,302,304,307,310,323,326,328,337,353-354,359,398,415,442-443;[十三]351,545

川西招讨使 [十六]230,337

川粤汉借款 [七]321

川粤铁路 [十]515

川战 [八]304;[十三]417,545;[十四]495;[十七]453

传达所 [十四]220

传邮 [二]251

船民输纳经费发给旗灯及查验枪炮照暂行章程 [六]205

船民输纳经费发给旗灯及查验枪炮照章程 [六]229

船民输纳自治联防经费暂行章程 [六]205-206

船民输纳自治联防经费章程 [六]180

船民自治联防 [六]162-164,183,206,210;[十四]384,559,586-587

船坞 [一]103,107,124-128;[二]278,345;[三]166;[五]269-270,284,343,347;[十一]353

船坞局 [十四]316

创办中华实业银行招股简章 [五]239-240

创办中华振兴商工银行草约 [五]224

创立民国 [一]81,243;[三]108,314,337;[四]92,485,496;[五]7,10,18,20-21,29;[七]31;[八]309;[十]12,13;[十八]179

创造革命军 [十]715,717

创制权 [二]114-115,144-146,215,217-219;[三]242,328,342-343,352-353,360,371-372,383-384,391,405,423;[四]522;[六]3,127;[十]292,295,423

《春秋》 [八]505;[十]601;[十三]93-94

春阳丸 [十三]625

"春洋丸" [十二]421-422

春洋丸分部 [十六]107,152

次殖民地 [二]23-24,57,91;[四]553,569,583,586,591,600;[十]648,807,813;[十二]486

粗李杜中国国民党分部 [十六]616,618-620,628

存亡问题 [三]256,266,282,298;[七]461;[十]349;[十三]247

D

搭收纸币 [六]61-63;[十五]495

达打中国国民党分部 [十六]612,621-622

达尔文学说 [十]389

达文之道 [二]260

鞑靼 [二]32,343,345,348,353-354;[三]233;[四]278-279,293;[七]9

鞑靼暴政　[十一]269

鞑靼人　[二]331,334,346－347;[十]421

鞑靼士兵　[二]343

鞑靼专制统治者　[二]349

鞑虏　[二]258;[三]31,122,403;[四]273;[五]45;[七]203;[十]5,25,29,80

打扪分部　[十六]134,177

打拿根中国国民党分部　[十六]523－525,527

打市巧夫中国国民党分部　[十七]151－154

《大阪朝日新闻》　[十一]374,468;[十二]35,78,95－96,175－176,272

大阪基督教青年会　[十]256

大阪经济会　[十]258

《大阪每日新闻》　[九]73;[十一]264,450－,458;[十二]176,181,402,417,427

大阪商船会社　[二]27

大本营　[二]265;[四]130,153,157,162,171,474,493,518,536,576,582;[五]266,272－273,329,442－445,451－453;[六]10,13,29,66－67,81,85,92,150,153,157,265,323,360,363,455,458－459,469,486,488,504,507－508;[八]292,461,465,467,476,520,524,537,540;[九]506,538,540,549,551,558,615,629,632,636,645;[十]518,559,565,572,582,587,600,613－614,653－654,756,777,804;[十二]160,196－197,291,323,377－378,418,469;[十三]117,458,472,616,623,626,640－641,663,675－676,681,692;[十四]8,23,33,35－36,46,65－66,77,81,85,88,93－94,113,

123,152,161－162,196,204,206,218,220－221,240,253,278,280,282,284,286,308,325－326,332,334－335,344,351,358－359,387,403,418,442,445,557;[十五]32－33,39,58,101,109,151,164,166,168,172,188,202,205,259,291,302－303,314,325－327,346,394,396,456,469,496,506,514－516,526,532,550,563,592,622,642,653－656,659－660,666;[十六]464－465,470,483,569,589,610;[十七]345,372,407,649－650,689,717

大本营兵站　[六]469;[十六]482;[十七]233,302－303

大本营兵站第二支部　[十七]91,183

大本营兵站第三支部　[十七]110,298－299

大本营兵站第一支部　[十七]82

大本营兵站总监　[六]26;[十四]14－16,21,32,57,61,71,83,91－92,96,105,112－113,117,119,122,124,131,139,154－155,157－159,163－164,169,180,184,188,197－198,220,244,280,320,334,359,361,372,528;[十七]58,82,84,91,110,171,183,233,294,298－299,302－303

大本营兵站总监部　[五]442;[十四]32,61;[十五]671;[十七]79

大本营兵站总监部交通局　[十七]79

大本营财政部　[六]52,54－55,69,72－74,77,79－80,83,90,139－140,153,155－156,169,175,177－178,205,225－226,228,233,265,272,278,289,312－314,

323,327－328,344－347,363,372,381－
382,449,475,486,497－498,502－503；
［十三］622,641,647；［十四］24－25,29,
55,60,80,82,105,116,121,157,170,176,
210,213,231,253,263,268－269,280,
284,292,329,332,392,399,420,451,454,
465,481,483,494－495,502－503,527,
538,554,574；［十五］3,16,33,35,97,
102,115,127,139,166,182,190,195,222,
224,248,259,263－264,272,290,296,
300,302－304,314,319－320,344,354,
362,364,366－369,378－379,388－390,
393,408,417,422－423,425,429－430,
446,448－449,458,469,474,484,506,
514,533,537,540－541,547,554,561,
566,579－580,586,588,599,605,608,
614,641,645,647；［十六］638；［十七］15,
19,114,180－181,184－186,190－191,
213,217,223－224,228,245－247,258,
268,274－275,284,287,353,371,376,
378,382,410,413,449,471,473－475,
478,480－481,509,515,517,520,522,
534,542,568,570,575－576,578,580,584
－585,587－588,614－615,618－620,
631,635,643,645－647,657－663,676－
677,683,690－693,749－751,762－763

大本营财政部参事　［十七］479－480,516,
576,619

大本营财政部第二局　［十六］600；［十七］
108,178,288,371

大本营财政部第三局　［十六］600,649；［十
七］63

大本营财政部第一局　［十六］600；［十七］

376

大本营财政部短期军需库券条例　［六］313

大本营财政部赋税局　［十七］478,576

大本营财政部泉币局　［十七］478

大本营财政部特设广东沙田验领部照处简
章　［六］153

大本营财政部有利支付券发行细则　［六］
233

大本营财政部有利支付券条例　［六］178

大本营财政部总务厅　［十七］184,376

大本营参军　［十三］483；［十四］364,407；
［十六］463,467,548,558,561,567,593,
603；［十七］86,95,134,160,173,192,
214,248,257,290,297,342,359,379,395,
398－400,448,521,546,577,621,638

大本营参军长　［六］363；［十三］641,675,
677；［十四］31,107－108,180,237,302,
315,407,444；［十五］21,209－210,241,
259,285,303,314,350,368,449；［十六］
433,473,478,484－485,547－548,575,
593,600,637,647,651；［十七］22,37,67,
81－82,87,107－108,123,194,196,220,
230,234,236,243,259,268－269,302,
307,309,318,325－326,338－339,341,
344,349,357,363－364,372,377,393,
399,407,419,421－422,430,438,445－
446,470,493,496,499,506,510,536－
537,540,544,589,594,635

大本营参军处　［四］130；［五］442；［十三］
616；［十四］210；［十六］600,647；［十七］
22,37,81－82,87,107,123,194,196,220,
230,236,243,259,269,302,306－307,
309,318,338,340－341,344,349,372,

377，393，399，419，430，445，470，493，
496，499，506，510，536，540，589，634，640
－642，644，649－650，665－668，679，
681，704－705

大本营参谋　［十四］237；［十六］599；［十
七］221，651

大本营参谋长　［六］363，504；［十四］83，
174，524；［十五］138，167，259，303，314，
338，355，368，449；［十六］433，599；［十
七］26－27，79，131，245，272－273，283，
295－296，324－325，334，345，355，431，
448，524，573，635，653，706，733

大本营参谋处　［四］156－157；［六］282；
［十四］84，409，519；［十五］21，88，128，
139，339，456，480，482；［十七］79，131，
245，338，349，354－356，409－410，431，
448－449，524，573，638－639，706，733

大本营参谋处谍报局　［十七］649

大本营参谋团　［六］507－508

大本营参谋团组织条例　［六］507

大本营参议　［十五］202，303，327，664；［十
六］435－436，470，476；［十七］258，291，
309，329，331－332，336，361，375，447，
457，461，468，476－477，517，519－520，
522，535，559－560，562，564－565，579，
585，633，701，703，712，721

大本营筹饷总局　［六］94，96；［十四］206，
253，487；［十七］322，347，351，378，390，
441，443，456

大本营筹饷总局设置员司简章　［六］95

大本营筹饷总局组织办法　［六］94，

大本营出勤委员　［十四］175；［十五］96；
［十七］131，150，155，160，170，182，207－

208，259，275，368，442，477，544，586，593，
601，612，625，675，691

大本营党务筹备委员　［十七］408

大本营党务处　［十四］326

大本营党务处条例　［六］66

大本营第十四路游击司令　［十六］473－
474

大本营第十一路游击司令　［十六］467

大本营第四路游击司令　［十六］465，469，
480

大本营第五路司令　［十六］481

大本营法制局　［十六］551

大本营法制委员会处务规则　［六］287，365

大本营法制委员会会议规则　［六］288，367

大本营副官处　［十五］525

大本营高级参谋　［十三］670，685；［十四］
101，541，552；［十六］566；［十七］18，33，
38，55，57，66，68，99－100，130，148，220，
309，329，355，366，375，383，387－388，
462，703

大本营公报　［十三］664；［十四］221，258；
［十五］548

大本营供给局条例　［五］446

大本营巩卫军　［十三］680；［十四］14，91，
100；［十六］549，630，635；［十七］59，205

大本营管理处　［十六］467

大本营管理战地地方民政条例　［五］452

大本营广东宣传委员　［十七］100

大本营规定点验北伐各军办法　［六］504

大本营桂林安抚处　［十三］464，467；［十
六］436

大本营海军特派员　［十七］31

大本营海军委员　［十七］501

大本营航空局 〔六〕363；〔十五〕259，303，314，368，449，506，561；〔十七〕635

大本营护卫军 〔十六〕547

大本营会计司 〔六〕9－10，323，363；〔十三〕664，675－677，680，689；〔十四〕13，15，24－25，27，29，31，34，41，43－44，49，51－52，60，67，70，75，78，80，82，88，92，102，108，130，176，180，231，262，283－284，303，331，529；〔十五〕28，55－58，62，83，85，141，143，209，259，302－303，312，314，319，326－327，351，368，380，390，449，514，516，518，529，532，547，558，560，573，575，589，591－592，624－625，642；〔十六〕569，594；〔十七〕20，92，106，118，250，289－290，386，390－391，397－398，428，472，538，540，542，607－608，611，635，687－688，694，705，719－720，728，731，735

大本营会计司官制 〔六〕9－10

大本营会计司收入科 〔十七〕472

大本营会计司统计课 〔十七〕398

大本营会计司支出课 〔十七〕399

大本营技师 〔十三〕668；〔十四〕307；〔十五〕140，319－320；〔十六〕604；〔十七〕40，257，505，507，686

大本营建设部 〔四〕160；〔六〕86－87，89，104，113，142，165，171，231－232，243，263，273，281，363；〔十四〕24，27，44，80，104，171，202，231，260，299－300，473，489，509，540；〔十五〕10－11，14－16，97，100，148，179－180，229，256，258，273，281，286，303，314，316，331，334，352，366，368，370－371，408，416，426，449，453，469，499，506，533，561，586，637，660；〔十七〕32，97，138－139，144，147，171－172，223，227，230，232，240，268，320，331，334，551，623，635，676，682－683，693，715，722－723，725，760

大本营建设部财政部 〔十五〕15

大本营建设部工商局 〔十七〕4

大本营建设部交通局 〔十七〕335

大本营金库 〔十三〕622；〔十六〕439，551，565，601

大本营禁烟督办署 〔十五〕606

大本营经界局 〔十七〕580－581，747

大本营警卫第二团 〔十六〕478

大本营警卫团 〔十六〕483－484

大本营军法裁判官 〔十四〕193；〔十七〕265

大本营军法处 〔十三〕479，637，641；〔十六〕471，629，642，644

大本营军粮局 〔十六〕442

大本营军事委员 〔十七〕86，534

大本营军事委员会委员 〔十七〕616

大本营军务处 〔十六〕478

大本营军需处 〔六〕364，368－369；〔十三〕612；〔十五〕240，259，285，303，313－314，318，368，384，449；〔十七〕562，588－589，593－594，635

大本营军需处章程 〔六〕362，368

大本营军需处职员分掌职务规则 〔六〕364

大本营军需总局 〔六〕482－484，486－487；〔十五〕549－550，560，586，624－625，634－635，642－643；〔十七〕708，716，740，756

大本营军需总局官员出差暂行规则 〔六〕

484

大本营军需总局运输处暂行简章　〔六〕487

大本营军政部　〔六〕25,28,77 – 78,83 –
84,108,149 – 150,240,295,323,331 –
332,349,360,363;〔九〕628;〔十三〕626 –
627,631,637,641,646 – 647,649,652,
655,661 – 662,670,680;〔十四〕14,68,
86,97,105,107,113 – 114,119,128,130,
138,141 – 142,145,152 – 153,160 – 161,
183,196,220,231,253,274 – 275,292,
296,306,308,328,331,354 – 355,358,
378,382,384,388 – 389,392,410,412 –
414,418,431 – 432,434,453 – 454,460,
465,467,472,477,488,502,506,519,528,
530 – 531,538 – 539,541,552 – 554,559
– 560,566,585,592,594,597 – 598;〔十
五〕4 – 5,11,16,20,26 – 27,32,35,37 –
38,42,55,61,67,76,78,82,93 – 95,98 –
99,102,107,109 – 110,116,119,122,134,
136,150,153 – 154,156,159,162,164,
169,172,175 – 176,178 – 179,185 – 187,
191 – 192,195,199,207,212,214,219 –
220,225,228 – 229,240,247,250,255,
258,260 – 261,275,297 – 298,301,303 –
304,307 – 309,311,313 – 315,317,324,
328,332,342 – 343,347 – 348,357,368 –
369,377,381,385,388,392,398,402,404,
408,414 – 415,420,424,426 – 427,449,
468 – 469,480,488,506,508,523,544,
561,564,566,569,572,574,580 – 583,585
– 586,594,596,598,603,606,613 – 614,
618,622,626,637,645,649,651,653,659,
666;〔十六〕550,563,565,570;〔十七〕38,

59,100,174,182 – 183,185,241,318,359,
364,377,394,397,404 – 405,497,513,
608,611,635,656,658 – 659,707,761

大本营军政部军法处　〔十七〕183

大本营军政部军法处组织条例　〔六〕26

大本营军政部军务局　〔十六〕563;〔十七〕
375,658

大本营军政部审计局　〔十七〕513

大本营军政部纂译官　〔十七〕182

大本营劳工宣传委员　〔十六〕479

大本营劳军使　〔十七〕111

大本营粮食管理处　〔六〕91,93,123;〔十
四〕173,200,258,273 – 274,277,314;〔十
五〕13 – 14,212;〔十六〕483;〔十七〕212,
328 – 330,362

大本营粮食管理处试办规程　〔六〕91 – 92

大本营秘书　〔十五〕211,327,630 – 631,
641 – 642,644;〔十六〕547,553,635 –
636,647 – 648;〔十七〕4,17,39,82 – 83,
93,129,216,312,365,377 – 378,384,498,
546,626 – 628,637,686 – 687

大本营秘书长　〔六〕363;〔十三〕664;〔十
四〕441;〔十五〕198,259,303,314,368,
449,529,573;〔十六〕433,547,550,555,
636;〔十七〕166,192,307,436 – 437,450,
456,458,635

大本营秘书处　〔四〕162;〔六〕166;〔八〕
511;〔十三〕253;〔十四〕77,113,165,556,
591;〔十五〕105,151,347,512,516,529 –
530,533,573,575,605,607;〔十六〕636;
〔十七〕166,192,307,456,458,483,591 –
592,597,617

大本营秘书处电报室　〔十七〕592

大本营幕僚处　［十六］470,474

大本营内地侦探队　［十五］541

大本营内政部　［六］75,166,188,285,290,363,385,492；［十四］58,73,77,121,124,165,172,205,231,246,269,329,338－339,362,419,481,514,517,572；［十五］53,71,104,125－126,182,184,196,250,255,258,264,273,300,303,314,357,364－365,368,386,393－395,408,411,445,449,469,472,506,510,527,530,533－534,540,542,561,569,579,586－587,625；［十六］631－632；［十七］97,126－127,148－149,161－162,177,179,193,256,305,365,387,389,425,427,524,635,660,688－689,697－700,711,718,766

大本营内政部第二局　［十六］568；［十七］386,711

大本营内政部第一局　［十六］568；［十七］213

大本营内政部侨务局　［十七］401

大本营内政部总务厅　［十七］119,401

大本营琼崖警备军　［十六］489

大本营审计处　［六］313,323,328,363；［十五］97,145,149,154－156,159,175,177,188,203,230,238,259,303,309,313－314,317,330,336－337,341,344,368,371,380,383,414－415,417－418,449－450,457－458,460,490,506,529－530,538－539,558－559,573,575－576,589,591,596,598,605,607－608,641－642；［十七］523,526－527,635

大本营审计局　［六］264；［十四］32,34－36,41,60－61,63,86,93,117,128,149,151,164－166,171,198,208,221,231,377－378；［十五］13－14,17,38,41,55－58,62,83,85,97,146；［十六］551,564；［十七］16,89,92,297－299,305

大本营收解新币章程　［六］372

大本营庶务科　［十七］250

大本营庶务司　［六］12,14；［十三］664,680；［十六］569,571,594

大本营庶务司办事细则　［六］14

大本营庶务司官制　［六］12－13

大本营特设北江盐务督运处办法　［六］455

大本营特设广东北江盐务督运处护运军队暂行章程　［六］485

大本营特务秘书　［十七］533,632

大本营特务委员　［十七］109,112,123,380

大本营条例　［五］444；［七］159

大本营外交部　［六］363；［十四］82,118,176,191,231,264,285－286,411；［十五］27,63,122,165,228,293,303,314,353,368,449,469,506,561,595,608,646；［十七］162,172,180,183,301,307,635,707,744

大本营外交部第二局　［十七］172

大本营外交部第一局　［十七］172

大本营卫士队　［十六］593,637；［十七］192,616－617,702,712

大本营无线电报局　［十六］464

大本营宪兵　［十六］438

大本营宣传处　［十六］470

大本营宣传委员　［十七］120,123,156,204,208－209,231,234,311,368,379,559,628

大本营宣传委员会　［十四］326,347,377－

378;[十七]149

大本营宣传员　[十七]312

大本营医官　[十五]394;[十七]590

大本营游击队别动队组织条例　[五]454

大本营运输委员　[十七]642,644

大本营暂行陆军官佐士兵薪饷等级表
　　[六]241

大本营暂行陆军军师旅团营连公费马干表
　　[六]242

大本营战地民政管理局组织条例　[五]451

大本营侦缉队　[十四]379

大本营政治训练部组织大纲　[六]449

大本营直辖陆军第四旅　[十三]663;[十
　　五]557;[十六]543,629;[十七]710

大本营制弹厂　[十四]284;[十五]394,
　　630

大本营主任参谋　[十七]733

大本营驻江办事处　[四]515;[十三]626,
　　639 - 640,649,661,680,692 - 693;[十
　　四]6,14 - 15,82,111,115,124 - 125,150
　　- 151,296;[十五]166;[十六]517,642 -
　　643;[十七]4 - 5,59,65,181,246

大本营咨议　[十六]436 - 437,442,470,
　　473 - 474,480 - 482;[十七]111,113,
　　116,119,125 - 126,128,133,166,184,
　　191,199,203 - 204,212,218 - 219,222,
　　244,258 - 259,265,280,283,298,310,
　　312,318 - 319,331,333,336 - 337,361 -
　　362,374,399,403,413 - 414,426,430,
　　440,443,454,456 - 458,469,471,518,
　　539,543,551 - 552,565,580,586,592 -
　　593,600,602,609,629,703,723 - 724,
　　730,738

大本营总参议　[十五]197,526,578 - 579;
　　[十七]162,634 - 635,689

大兵工厂　[三]410;[八]445

大仓物产　[十一]384

大仓洋行　[九]155

大东酒店　[十四]146

大多数人民　[二]114,179;[三]344;[四]
　　551,565,583,588;[七]305;[八]450;
　　[十]538,553,569

《大公报》　[十]751;[十三]482

《大共和报》　[四]314

《大共和日报》　[四]313;[九]102;[十三]
　　61

《大光报》　[三]325 - 326;[十八]50,290,
　　500

大韩帝国　[四]374

大韩民国临时政府　[十]436

《大汉报》　[七]219

大和民族　[二]9 - 10,17,55

大华民族　[八]409

大借款　[二]222,230;[四]352,579,585;
　　[五]126;[七]321,324,343;[九]156;
　　[十]148,152,157,160,321,490;[十一]
　　211,326,359,403,409;[十二]456

大理院　[五]403;[六]27,34,36,38,49 -
　　51,77 - 78,83,86,89,112,147 - 148,268,
　　345,347,363;[十三]260,445 - 446,450,
　　454,464,470 - 471,638,647,654,659,
　　667;[十四]19,29,73,106,121,123,192,
　　283,330,342,444,460,537 - 538,540,
　　543,561,571,577;[十五]23 - 24,49 -
　　51,84,86,105,115,117 - 118,130,166,
　　216,259,303,314,358 - 359,363 - 364,

368,408,410 - 411,429,444,449,647, 665;[十六]402,414 - 415,445,449,631; [十七]20,127,139,217,394,396,489 - 490,503,525,635

大理院庭长　[十六]406,474;[十七]613

大理院暂行章程　[五]403

大理院组织大纲　[五]389,404

大理院组织大纲案　[十三]275

大连企业公司　[十七]304

大连《新文化》[十八]346

《大陆报》[三]163,228;[四]62;[七] 409;[十]786;[十一]216 - 218,222,232, 234,243,246,269,291,307,318,343,358; [十二]46,48,86,146,188,270

《大陆报双十节纪念》[十八]416

大南洋轮　[十四]591

大贫与小贫　[二]170

大埔旅沪同乡会　[十八]311

大强织造厂　[十三]654

大秦景教碑　[四]299

大清帝国　[二]173;[三]437,443,445 - 446;[十]616 - 617

大清国　[二]295;[三]24,28,122;[七] 148;[九]66;[十]27;[十一]166

大清王朝　[七]283

《大清一统志》[三]3

大清银行　[十三]67,92

大清银行清理处委员　[十四]486;[十七] 455

大沙华中国国民党分部　[十七]5,7 - 10

大山脚分部　[十六]132,174

大山脚分部总务科　[十六]100

大赦　[二]284,286;[五]65,162;[十三]

119 - 120,659

大赦政治罪犯　[四]597

《大声》[七]133

《大同》[七]133

《大同日报》[七]154,157,243;[十一] 178

大同日报馆　[七]35

大同世界　[二]74,179;[三]413,416; [十]393;[十三]135

大同之世　[一]228;[三]201;[十]132

大同之役　[四]368

大同之治　[一]83;[二]67

大统领　[三]60;[十一]66,200;[十二] 139 - 140

大图丸　[十五]126

大湾商会　[十五]59

大完肚分部　[十六]131

《大西北日报》[十八]562

大溪地中国国民党分部　[十六]576,578 - 581

《大学》[一]62;[二]61;[三]244,249

大学馆　[二]242

大学条例　[六]383 - 384

大学学生联合会　[四]601

大亚西亚民治主义　[十三]402

大亚细亚主义　[三]457,461,463,465; [十]257 - 258;[十一]381 - 382;[十二] 311

大亚洲主义　[三]449,454 - 456;[九]628

大洋补水　[十五]484,554,556

"大洋丸"[九]527 - 528

大一统　[二]34

《大义觉迷录》[二]32

《大易》　［三］25

大印刷所　［一］224；［八］176，218－219；
　　［十］377

大英博物院　［十一］25

大庾统税局　［十七］727

大庾乌砂局　［十七］727

大元帅　［三］434；［四］96，154，156，160，
　162，164，171，324，400，407－409，413－
　415，420－421，425－426，428，434，469，
　471－474，477，479－480，515，518，520，
　525，535，556，563，574－575，580，582；
　［五］264，266－267，271－274，276，291－
　292，310，312，314，318，320，324－325，
　328，333－334，338－340，342，344，350，
　352－354，372－377，379，387－388，390，
　398，400，403－404，442－446，451；［六］9
　－14，25－26，28－31，33－34，49－50，54
　－55，57，63，66－69，72，75，78，83，85－
　87，89，91－94，96－97，103－104，108，
　110－113，115－116，120，123，135－136，
　138－142，147，149，151，153，157－158，
　161－162，164－171，173，175－177，179
　－180，182－183，185，188，195，197－
　199，204－205，210，225－233，240，242－
　243，255－257，259－261，263－268，272
　－273，275，277－278，281，283－287，289
　－290，293，295，297－298，306，312，314
　－321，323－325，327，331－332，343－
　344，349－350，353，358－373，376，380－
　381，383，385，387，389，392－394，400，
　411，445，448－450，455－461，467－469，
　473－476，482－484，486－492，495－
　498，501－504，506；［七］553－555，557，
　563－566，574；［八］6，10－13，18－21，24
　－25，27，38，82，501，511，515；［九］310，
　314，557，597，600－601，620，648；［十］
　321，338，350－352，517，522－524，535，
　587，611－614，632，655－657，661－663，
　688－690，692，699，723－725，739，742，
　745－746，754－757，759；［十一］220，
　485；［十二］6－7，9－10，13，16，281，
　288310，313，325－327，354，390，392，396，
　399，401，403－404，413；［十三］37，250－
　255，259－263，265－268，270－271，275－
　276，278－283，302，304－305，319，456，
　458，472－474，476－484，514，530，551，
　563，596－601，612－615，617－618，620，
　622－624，626－642，644－657，659－663；
　［十四］10，22，30，33，35，44，46，49，57，
　59，63，65，75，77，78，83，91，108－110，
　112，113，118－119，123－127，132，133－
　136，140－141，155－157，161，169，171，
　173，178－179，181，185－186，188，195－
　197，203－204，217，219－220，226，238，
　240，244，254，255－256，268，275，286，
　288，292－293，298，300，304，320，329，
　334，346，352，356，358－359，362，364，
　371，376，379，382，385－386，388，391，393
　－395，398，404－405，415－416，421，432
　－433，442，451－452，461，468，470－471，
　482，484－485，486，495，510，515，531，
　536，544－545，550，567，571，575，577，
　578；［十五］3，7，10－12，28，34，38，45，
　50，59－60，63，74，78，80，82，84，127，142，
　147，150，161，163，182，202，208，221，235，
　252，281－284，332，351，387，389，400，

410,419,470,476,478,481,500 - 502,507,512,516,519,526,528,533,545,547,561,563,570,585 - 586,600,607,610,615,627,634,642,645,646,652,658 - 660,664,668;[十六]311

大元帅府 [二]45;[五]338 - 340,373 - 374,387;[七]556;[八]24;[十]329,753;[十二]7,299,310;[十三]354;[十四]359;[十六]316,318,321 - 322,353

大元帅府参军 [十六]187 - 189,200,215,222,226,228 - 229,231 - 232,234,237 - 238,245,256,267,289,296,303 - 304,308 - 309,316,318,320,322,325 - 328,332 - 333,335 - 336,338,342,346,350 - 352,356,358 - 359,362

大元帅府参军处 [五]378;[十六]262,291,305,312,359 - 361,363

大元帅府参军处组织条例 [五]378

大元帅府参议 [七]555;[十六]193 - 198,201 - 207,210 - 211,213 - 214,217 - 220,223 - 225,227,236,241,245,248,251 - 253,255 - 258,260,262 - 267,270 - 272,275 - 278,288,293 - 294,298 - 299,302,306,309,311,313,319 - 322,324 - 328,330,332 - 333,335 - 337,339 - 353

大元帅府稽查长 [十六]295,363

大元帅府军事委员 [十六]287

大元帅府秘书 [七]570;[十六]186,189 - 193,199 - 200,208 - 213,216,221,234,236,243,246,248 - 250,254,258 - 260,263,268 - 269,271,275,278,302,304,310,316 - 317,319 - 320,322,324,

326 - 328,330,333,335 - 338,340,343 - 349,351 - 352

大元帅府秘书处 [五]379

大元帅府秘书处组织条例 [五]375

大元帅府亲军 [十六]187,318

大元帅府特别军事会议条例 [五]377

大元帅行营 [六]66;[九]577;[十三]275;[十四]59;[十七]263,280,301,308

大元帅行营参谋长 [十七]164,205

大元帅行营金库 [六]67;[十七]214,229,269

大元帅行营金库组织章程 [六]67

大元帅行营军用票监督 [十七]244,547 - 548

大元帅行营秘书长 [十五]259,303,314;[十七]249,251

大元帅行营庶务科 [十七]249

大元帅行营卫队 [十三]275;[十六]252

大元帅行营委员 [十七]250

大元帅印 [四]406,409;[五]272,373,375,377 - 378,381 - 383,386,390,396 - 397,399,403 - 404;[十二]138 - 139;[十三]254,256,456;[十四]111;[十五]441;[十六]181 - 226,228 - 229,231 - 232,234,236 - 239,241 - 245,250 - 269,271,278,280,283 - 284,287,290 - 304,306 - 308,311;[十七]635,680,682,718

大元帅印章 [五]332

大元帅章 [二]4,220;[十三]628,646,650,660,666,682 - 683;[十四]45,66,69,79,94,187,219,224,250,327,339,343,404;[十五]443;[十六]540,602;[十七]40,86,280,391

大元帅直辖讨贼军　［十五］557；［十七］710

大总统　［一］232；［二］98，129；［三］54，61，223，243，248，351，369 - 370，381 - 382，400，434；［四］36，126 - 127，130 - 131，133，140，171，177，286，289，297 - 298，307 - 308，310，314，317，323 - 324，332，337，344，346，348，351，354，368，400，406 - 407，422，431 - 432，463，468，478，484；［五］24 - 25，50，53 - 54，56，63 - 65，68，77，84，109 - 110，112，123，133，142，149 - 150，155 - 156，166，170，177，189，209，214，231，240，266，373，424，428 - 434，437 - 438，440 - 441，443，453；［七］261，264，266，269，276，282，308，310，312，488 - 490，497，501，504，507 - 508，510，519；［八］15，158，274 - 275，339；［九］26，28，39，43，46 - 48，84，113，133，148，153，160 - 161，163，168，232，253，378，479 - 480，485，495；［十］47，102，110 - 111，126，134 - 135，144 - 147，150，152，154 - 155，157，159 - 162，171，180，190，230，261，263，283，289，319，322，349，351 - 352，355，417，426，432，437 - 440，444 - 447，449 - 452，454 - 455，458 - 459，462 - 465，467 - 468，472，477，500 - 503，554 - 555，558，648，693，732；［十一］83，201，217，220 - 222，231，235，247，256，261，297，299，306 - 307，313 - 314，316，323，337，339，341，344，367 - 368，370 - 371，373，375 - 376，380 - 381，396，399 - 400，405，413，436；［十二］6，13 - 15，24，26，123，137，139 - 141，149，156，160，189，201 - 202，209，231，258，284，348，465；［十三］11，19，24，29，31，33，37，41，45 - 46，62，71，76，80，86 - 87，93 - 96，108，113，118 - 120，123，125，127 - 128，130，132，246，281，294 - 295，297，307，312，345，356，383，446 - 448，450 - 452，454 - 467，469 - 471，473 - 477，480 - 481，484，511 - 512，527，531，535，538，544 - 545，554 - 555，564，573，574，577，580 - 583，592，594，611，651，654，659；［十四］55，324，530；［十六］21，510；［十八］285，300

代表政体　［十］291

代理大元帅　［十一］171

代省长　［九］339，345 - 347，352 - 354，359，368，371；［十六］285

代议政体　［二］115 - 116，120，144，266；［六］124；［十］295

"丹佛"轮　［九］26

单税社会主义　［三］193，206，219

单一之国　［四］338

疍/蛋户/家　［四］319；［十一］161；［十三］91

弹劾权　［二］146；［三］129，362，367 - 369，374，379，381 - 382；［四］436；［六］126；［十］296 - 297，345，387；［十一］144 - 145，175；［十二］22

弹劾之制　［十］303；［十一］145

弹劾制度　［十一］144

弹药　［一］70；［二］47，291，324，346；［三］135；［四］31，87，107；［五］49，169，269 - 270，312，324，327，336，348 - 349，392，438，447；［六］31，488；［七］16，163，184，191，329，483；［九］575；［十］38；［十一］

66,91,93 - 94,349,452;[十二]89,317；
[十三]5,656;[十四]484 - 485;[十五]
88,140,396

弹药局　[五]269 - 270,343,347

党代表　[四]165,173,288,526;[十一]
248,467;[十五]235,567,592,662;[十
六]29;[十七]553,579,701,753

党的意志　[十二]354 - 355

党军　[四]384,392;[七]87,151,153,440；
[八]259,445,520;[九]215;[十]546,
700;[十五]163,207,407,504 - 505,568；
[十七]701

党魁　[二]266;[三]30;[四]351,356,359
- 360,362;[七]344,422;[十]777;[十
二]415;[十三]233,403

党人治粤　[三]347,357

党所　[八]193,197 - 198,216,258,539；
[十四]310,446

党务　[四]356,360,362,384,389,434 -
435,443,551,567;[五]222,228 - 229,
256 - 257,261 - 262,357,361,407,410 -
412,418;[六]4 - 5,39 - 44,46,66,128 -
132,134,217,219 - 222,224;[七]355 -
356,366,370,387,389,391,396,414,433
- 434,439,452,474,506,512,514,517,
533,544,572;[八]39 - 40,43 - 44,93,
148,162,164 - 165,172,176 - 177,196 -
197,207,211,216,218,223,235,237,246,
250,258,261,264 - 265,267,321,325,
338,345,380,387,408,413,425,445,501
- 502,509 - 511,518;[九]552,586,596；
[十]34,163,386,485 - 486,539 - 540,
542,544 - 547,623,627,731,778;[十一]

171,298,467;[十二]74,329,366,394 -
395,416 - 417,432;[十三]138,143,158,
161,179 - 180,185,187,190 - 191,212,
233 - 234,273,288,387,435,535,580,
586;[十四]373,389,425,578;[十五]66
- 67,112,374,498 - 499,522;[十六]47,
58,68,74,83 - 84,92,104,126,153,160,
176,365,555,639;[十七]320,323,466

党务部　[四]365,506;[五]255,260 - 261,
356 - 357,363 - 364,407,412,416,418；
[六]4,130;[七]351,356,367 - 368,377,
424,431,434,454,457,481 - 482,502,
533;[八]154,196,320;[十三]143,146,
151,162,164 - 167,181 - 182,361,586；
[十六]31 - 34,36,38,45,47 - 51,55,57
- 59,62 - 63,65 - 66,69 - 70,74,76,78
- 80,82,85,89 - 90,97 - 100,102 - 103,
146,154,372,376 - 377,381,386,394 -
395,399,405,408,413,417,423,430,435,
444,447 - 448,452,454,456,458,461,487
- 488,492 - 495,500 - 502,504,511,517
- 519,524,529,531,536 - 537,544,563,
571,574 - 575,577 - 578,587,590 - 591,
596,606,611 - 612,616,618,632 - 633,
644 - 645;[十七]7 - 8,14 - 15,25 - 26,
35,41,55,60,70 - 72,102,104,120 - 121,
133,135 - 136,140,145,151 - 152,156 -
157,167 - 168,174 - 175,186 - 187,189,
193,196 - 197,224 - 225,236 - 237,252,
260 - 261,270,276 - 277,281 - 282,285 -
286,291 - 292,313 - 314,316

党务部第二局　[十六]31,151

党务部第三局　[十六]31,151

党务部第四局　［十六］31

党务部第五局　［十六］31

党务部第一局　［五］252；［十六］31,146

党务部机要处　［十六］151

党务处宣传委员会　［十四］326

党务科　［十六］55,77,92,95,124,150,153
　－180,315,371－372,374,395,399,417,
　458,493,504,519,524,528,531,537,544,
　574,578,587,590－591,596,606,617－
　618,633,645；［十七］7－8,15,25,35,40
　－41,44,60,69,72,104,121,136,140,
　145,152,157,168,175,187,197,225,237,
　252,261,270,277,286,292,314,316

《党务杂记》　［十八］268

党义　［二］208；［三］343,346－347；［四］
　363,491,539－540,551；［六］133,223；
　［八］176,445,451,502,510；［九］563；
　［十］247,582；［十二］431；［十三］349,
　529,537,545,604；［十四］578；［十五］
　502；［十七］323

党员　［一］45,58,72,74；［二］162,174,
　224,227,233,236,263－264,266；［三］
　186,213,326－327,347,357,417；［四］
　70,135,137,356,359－364,366,371－
　372,386－389,503,528,536－537,539－
　540,546,548,551,554,557－559,564－
　571,599；［五］45,141,221－223,228－
　231,249,251－252,254－257,259－262,
　355,357－364,406－419,426；［六］4,6,
　9,39－48,66,127－134,216－224,280；
　［七］187,203,355,367－368,377,386,
　391－392,396,401,422－423,431,440,
　481,516,531－533,544；［八］22,43,93,

176,217,357,397,424－425,503；［九］
　195,522,586；［十］133－135,163,205－
　206,209,212,214,246－248,270,440－
　443,446,486,535－542,545－547,552－
　555,557,563,565－566,569－572,582－
　587,624－625,628,637,642,650－651,
　716,731,750－752,774－777；［十一］5,
　21,66,127,159,186,191,330,340,397,
　441－443,466－467；［十二］28,172,230,
　300,315,352,354－355,368,386,413,
　415,430,432,491－492；［十三］141,151,
　154,156,158,167,200－201,212,232－
　233,237,317－318,343,363,435－436,
　537,540－541,582,604；［十四］155,310,
　322－324,424－425,478；［十五］67,287
　－288,372－375,522,588－589；［十六］
　29,34,43,45,49,53,64,67,78－79

党员自由储蓄救国金简章　［四］386

党争　［三］232；［四］381；［七］324；［九］
　167；［十］213－214,245,247,267,269,
　378,380,423,426,550；［十一］299,329－
　330,341；［十四］322

党政　［四］362；［十二］373；［十四］322,
　429；［十五］375

党治　［四］528；［十五］66－67

倒赵　［八］330

道清借款　［七］321

道统　［十］389,425

道禧中国国民党分部　［十七］6,8－9,12

《德臣西报》　［二］322；［七］328；［十一］
　146

德川　［二］72

德发债票案　［四］549－550

德法战争 [二]112

德国技师 [十四]302

德国教官 [十二]392

德国人民 [二]42

德国商荣华洋行 [三]8

德国政府 [二]121,159,321;[四]549;
[八]476;[十一]195

德和公司 [十五]86-87,277

德郡中国国民党分部 [十六]614,617-
618,620,624

"德谟克拉西" [二]83;[四]590

德侨 [十四]25

《德文报》 [十一]322

德新荣字号 [十三]657

德育、智育、体育 [三]338;[十]83,548,
551-552,556-557

登录局 [十五]399

敌党 [七]107,422;[八]395,397,426;
[十]539;[十二]87,363;[十四]332

诋毁政府传单 [十五]387,472

《抵抗养生论》 [一]11;[十三]346

抵押借款 [三]177;[四]448;[五]101;
[七]266;[八]340;[九]71;[十一]362;
[十三]38,244

地方分权 [二]106,216,219,228,237;
[三]421-422,435;[十]192,291,294;
[十三]86

地方善后委员会 [六]179,228

地方税 [二]333;[四]375;[五]301-
302,304;[六]267;[九]156;[十三]87;
[十五]132,600

地方税捐 [十四]533;[十五]393

地方议会 [五]25,216;[六]36;[九]86;

[十一]131;[十三]100

《地方政府》 [二]3

地方政府 [二]108,216,218,228,237;
[三]144,240,386-387,436;[五]232,
235-236;[十]413,613,631;[十一]181,
189;[十三]34

地方自治 [一]44,47,49,52,223,249,
259,263,265,269,275,278-279,283,
289,304,309-311;[二]216-217,219;
[三]238-243,245-249,327-329,331,
346,356,427,435;[四]118,315,335,
338,454,456,487,490,581,588,596;
[五]25,136,139,220,253,256,259,277,
301,416,421-422,439;[八]101;[九]
472;[十]64,78,300-302,306-307,
309,360,440,443,548,555-556,558-
559;[十一]60,105-106,131,135;[十
二]20-21,99,118,134,144,158,419;
[十三]214,292,367;[十五]579

地方自治法 [四]118;[十一]59-60,105

地方自治局 [四]118

地方自治励行会 [一]249,259,263,265,
269,275,278-279,289-290,304,309,
311

地价 [一]104,106,129,140,151,161,
235;[二]28-29,170-172,174-177,
214,216,218,228,237;[三]58-59,85,
87-89,93,96-99,104-107,118,148-
149,156,158,179-180,185-186,193,
199-200,211-212,314-315,329-330,
344-345,354-355,405;[四]36,57,
119;[五]24,423;[六]97-104,145-
147;[八]273;[十]42,58,76,86-88,90,

166－167,171－172,203,301－302,308,
310,388,424,453－454,749;[十一]129,
278－279,336;[十二]251;[十三]19,592

地价抽税　[十]87－90

地价单税法　[十一]336

地价税　[二]175－177,226,229,234,238;
[三]149,167,173,200,212,315;[四]
504,544;[六]3,97;[十]166－167,172;
[十一]332

地雷队　[十四]38

地能尽其利　[二]248－249,253

地契　[三]149,153;[六]17;[十]90,166;
[十二]56;[十五]307,543

《地球报》　[二]282,284,314－315,317,
325;[七]7

地税　[一]237;[二]28,176,228,238;
[三]66,77,85,99,104,140,149,151,
185,200,212,219,315,406－407;[四]
556;[六]97,99－100,102－103;[十]42,
88－90,165－166,301－302;[十一]278
－280,297,336;[十二]56;[十三]19,35

地图　[一]216;[五]344;[八]269,282,
291;[十]300,674;[十一]93,238,294,
362;[十二]79,238,466;[十三]634;[十
五]621

地位平等　[二]4,94,207;[十]709

地文　[三]3,121,325

地形课　[十七]295

地学　[二]250

地学家　[一]132

地洋丸分部　[十六]36,110,149,153

地质　[一]173,216;[二]69－70,255;
[三]3,121;[八]273;[十]396;[十一]

128

地质学　[一]35

地主　[一]216;[二]158,170－172,175－
177,183－184,186,216,218,226,229,
234,238,354;[三]11,58－59,69－70,77
－78,81－82,84－85,87,89,91,93－
104,106－107,111,114,118,148－149,
151,155－156,158,167,180,192－193,
195－197,200,208－209,211－212,218－
219,314－317,329,345,355,360,407;
[四]504,544;[六]97,103,126;[七]31,
131;[十]76,91,146,166,171－172,187,
250,402,424,509,747－749;[十一]65,
105,117,119,129,167,339,375;[十二]
56,251,387－388;[十三]19,34,104,
277;[十五]621

地租　[一]214;[二]28－29,171;[三]58
－59,66,78,85,87－88,93,98－100,
104,167,180,186,200,212;[六]97－98,
102,104,174;[十]172;[十一]202

地租税　[十二]234

帝国　[一]135,229;[二]10,18,50,173,
310,321,342－343,347;[三]10,36,144,
254－255,277－280,282－283,285,287－
288,293－294,299,437,443－446;[四]
62,284,287,374,464,510,537,555;[七]
16,30,71,73,139,149,193;[八]272;
[十]8,217,288,336,426,444,446,449－
450,555,557,606,616－617,621,641,
665,675－678,683,732,784,787;[十一]
97,138,164－165,178,182－185,208,255
－256,367,452,477;[十二]18,71－73,
81,132,348,406－407,412,489

帝国大饭店　［十一］380

帝国派　［十］40

帝国政体　［十］444

帝国主义　［二］10－12,18,22－24,29,34
　－35,37,40－44,46,56,61,66,90,221－
　222,224－227,229－230,233－236;［三］
　218,278－279,282－283,318,404;［四］
　164,260－262,500,512,521,526,534－
　535,537,547,553－556,563－565,569,
　571－574,578－579,583,585－586,590
　－593,596－598,603;［五］9;［六］125－
　126,334,450;［八］281,301,348,369－
　370,490－492,503,522;［九］565－566,
　588,611－612,618;［十］11,134－135,
　210,257－258,265－266,277,629,637,
　641,647－648,673－678,680－686,752,
　780,787,789,792－795,798,800－802,
　809－811;［十一］482;［十二］31,35,110,
　159,170,237,274,280,311－312,327,
　332,340,345－346,350－351,375－377,
　385－386,398,412,423－425,432,448,
　451,475;［十四］323,445;［十五］372,375

帝国主义者　［三］109;［四］542,546,555,
　558,571－573,578－579,590－591,596
　－597,603;［九］387,618;［十二］170,
　275,340,350－351,429;［十五］287,478

《帝王春秋》　［八］265;［十八］279

帝王革命　［三］391,411

帝王思想　［十］52;［十一］178

帝制　［一］45－49,51,243;［二］10,74,76,
　84,99,206;［三］238,244,246－247,275
　－276,404,425,431,433－434;［四］40,
　75,89,111,115,136,139,178,289,292,

336,359,372,379－381,386,392－396,
398,400－402,407－409,415,419,461,
472,500－501,503,558,585,592;［五］
24;［七］331,427,433,436,447－448,
461,472－473,487,503,510,519,525－
526;［八］63,182,281,472,543;［九］46,
78,182－184,203－204,246,254,256,
293,377,501;［十］71,122,181,283,288,
294,312,314－315,317－318,321－323,
328,346,355,389－390,408,416,419,
441,444,482,495,497,546,636,640,653,
685,692,791;［十一］8,130,156,168,
178,399－400,429,458,470－471,477,
487;［十二］14－16,23,97,128,436,456,
459,462;［十三］29,139,179,191,320;
［十五］287

帝制复辟　［四］150;［十一］470

帝制派　［十］327－328;［十一］459;［十
　二］159

第八军　［十三］423

第百银行　［九］155

第二次革命　［一］70;［三］25;［四］72,
　357;［七］349－350,369,422－423,435,
　512;［十］69,74,,387［十一］448;［十三］
　160,162;［十六］55

第二次国际共产党　［二］162

第二工业革命　［一］86

第二国际　［十一］120

第二计画　［一］102,133,179

第二舰队　［九］192,202;［十］326

第二军　［九］34,295,363,610;［十］471;
　［十二］384;［十三］16,440,563;［十五］
　167;;［十六］477;［十七］402

第二军　〔十四〕450（参见北伐讨贼军第二军）

第二军　〔十六〕433（参见滇黔联军第二军）

第二军　〔十三〕408；〔十六〕496,507（参见东路讨贼军/讨贼军第二军）

第二军　〔十七〕739（参见建国桂军第二军）

第二军　〔十七〕402（参见湘军第二军）

第二军　〔十六〕303（参见湘南靖国军第二军）

第二军　〔十五〕187,188（参见粤军第二军）

第二军　〔十七〕205（参见中央直辖滇军第二军）

第六军　〔九〕35；〔十三〕16,302；〔十五〕217

第六军　〔十七〕57（参见中央直辖第六军）

第七军　〔九〕273,277,365,368,597；〔十三〕661；〔十四〕371；〔十五〕7,561

第七军　〔十三〕670；〔十四〕22（参见中央直辖第七军）

第三次革命　〔三〕25；〔四〕69－70；〔七〕362,365－366,379,385；〔十〕285,320；〔十一〕441,443,448,616；〔十三〕147,156,168,176,188,228

第三国际　〔四〕565；〔十二〕154,230；〔十四〕322；〔十五〕373－374

第三军　〔四〕154；〔九〕35,114；〔十三〕16,70,565；〔十四〕308,404－405；〔十五〕462,499

第三军　〔十五〕252（参见滇军第三军）

第三军　〔十六〕433（参见滇黔联军第三军）

第三军　〔十七〕739（参见建国桂军第三军）

第三军　〔十四〕357（参见湘军第三军）

第三军　〔十七〕652（参见粤军第三军）

第三军　〔十四〕279,361,385；〔十七〕205（参见中央直辖滇军第三军）

第四军　〔八〕169；〔十三〕16；〔十四〕554；〔十五〕257

第四军　〔十五〕195（参见东路讨贼军第四军）

第五军　〔九〕35；〔十三〕16

第五军　〔十四〕435（参见湘军第五军）

第一次革命　〔一〕66；〔三〕235；〔四〕70,356,364；〔五〕355；〔七〕349,369,371,378,385,408,435,441,455－456,458,503；〔十〕231,312,355,752；〔十一〕448；〔十二〕140,440；〔十三〕137,156,303

第一次国际共产党　〔二〕162

第一次全国代表大会　〔四〕548；〔十四〕429

第一次全国代表大会宣言　〔四〕259,540,553,591,594

第一次世界大战　〔十一〕481

第一计画　〔一〕83,90,96,102－103,133,168,198,216,224；〔十一〕342

第一舰队　〔四〕405；〔十〕326－327；〔十三〕262

第一届国会　〔十〕412；〔十二〕177－178

第一军　〔五〕377；〔九〕34－35,96,363；〔十三〕16,440,563；〔十五〕325

第一军　〔十六〕433（参见滇黔联军第一军）

第一军　［十五］424（参见广西第一军）

第一军　［十七］739（参见建国桂军第一军）

第一军　［十四］345，388；［十五］275；［十七］403（参见湘军第一军）

第一军　［十四］593（参见中央直辖第一军）

第一医院　［十五］619－620，637

第一银行　［七］305；［九］155

滇边宣慰使　［十六］253，344

滇川黔靖国联军援陕第四路　［十］345

滇督　［七］82；［八］167－168；［九］332，426

滇桂军　［八］375－376；［十］500；［十二］325；［十三］574

滇桂铁路　［九］119

滇桂问题　［八］350

滇桂湘战时军需处第五分处　［十五］509

滇桂粤铁路　［七］316－317

滇军　［三］395，399，401，408；［四］154，395，413，417，454－455，505；［六］468，493，509；［八］164，167，175，188，205，215，240－241，245，311－312，316，330，338－339，350，355，363，376，386－388，390－392，403，405，420，423，437，452，467，473，477，481，496，516；［九］106，285，287－288，290，296，323，341－342，356，404－405，408，419，425，432，470，488，490，494，516，523，538－539，542，559，564，598，599，610，620；［十］321，335，337－340，490，492，501，504，507，520，524，561－562，572，576－578，580，587，619－620，654－655，662，688－691，693－695，700，738；［十二］166，169，258，263，265，267，278，315，322，366，402；［十三］190，258，417，462，546－547，558－559，563－564，566，596，599，604，607，624，656，669；［十四］11，27，71，93，104，121，163，170，172，179，182，186，212－214，224，234，243，279，335，337，345，361，366，386，404－405，443，453，457，465，468，470，473，477，499，506，543，548，555，563，593－594；［十五］18，21，44，74，81，89，99，110－111，128，142，169，207，231，239，243，277，281，283，292，298，301，311，351，385，414，443，462，512－513，516，638，641，644，646，650，672；［十六］418；［十七］31，81，83，173，205－206，221，242，248，411－412，429，586，591；［十八］354－355

滇军兵站　［十四］595；［十五］194，650

滇军兵站部　［十四］593；［十五］218，226－227

滇军兵站部广九运输站　［十五］596

滇军第二军　［十四］361；［十五］74，231，301，311，414，443，650

滇军第二师　［九］610；［十四］411－412，563；［十五］74，555，611；［十七］267

滇军第三军　［十四］170，177，189476，550，553；［十五］20－21，98，237，289－290，347，386，454；［十七］233，243，412，497

滇军第三师　［十］339；［十七］75，239

滇军干部学校　［十五］484，603，650；［十七］670－671

滇军宪兵司令　［十四］354；［十七］288，294

滇军阵亡将士　[十八]354 – 355

滇军总司令　[四]505,515;[十三]596,599
– 600,615,633,649,669 – 670;[十四]7,
214,224,301,337,360,366 – 367,415,544
– 546,548,550 – 551,555;[十五]109,
224,226,240,252,289,332,368,469,471,
506,508,515 – 516,519,523,546,555,
557,561,569,586,610,613,617,634,638,
641,644,646,648 – 649,651,653,656,
666;[十六]441,549,560,630;[十七]
352,480,635,718,764

滇黔赣援桂联军忠烈祠　[十三]473

滇黔军　[十二]167,169

滇黔联军　[九]315,614;[十二]165;[十
六]433

滇黔起义　[十三]214;[十六]101

滇黔通道　[三]8

滇人　[三]395;[六]509;[八]168

《滇声报》　[十五]669

滇事　[三]395;[七]92 – 93;[十二]166

滇湘桂三军总司令　[十五]471

滇粤桂联军　[十四]293,386,491;[十五]
659;[十七]345,352,356

滇粤(铁路)　[十]512,515 – 516

滇粤之役　[七]205

典的市中国国民党分部　[十六]373,400,
451;[十七]150 – 153

点问顿中国国民党分部　[十七]41 – 43,
46,52

电报　[十]43,116,460,463,478,579,641,
765,777,794,799,801 – 802,808 – 809,
811

电报局　[二]346;[四]170;[九]432;[十

一]464;[十四]102,136,256;[十五]
284,506

电报室　[十五]529 – 530

电报线　[七]190;[十四]334;[十五]10 –
12,14

电报线路　[一]88;[二]346

电车公司　[十一]161

电话　[一]88,222 – 223,262;[二]345;
[三]90,315;[五]84,114,269 – 270,289,
323,327,343,347,349,440;[六]455;
[七]173;[八]463,472;[九]579;[十]
460,463;[十二]28,209,270;[十三]75;
[十四]55,182,199 – 200,218,326,334,
358 – 359;[十五]10 – 12,91,114,148,
284,319,476,582 – 583,656

电话线　[十四]55,199 – 200,359;[十五]
10,14

电力　[一]142,148,223;[二]65,149,185
– 187,250 – 251;[三]57,80 – 81,313,
344,353;[四]546;[八]536;[十]771;
[十四]295;[十五]605

电气风扇　[二]155;[三]444

电生轮船　[十三]634

电戏筹备善后补助会　[七]263

电信　[三]78,90,220;[五]392;[七]159,
213,257,265,358;[九]600;[十]291;
[十三]327,341,393;[十四]61,140,157
– 158,335,359,534 – 535;[十五]656;
[十六]651

碉楼　[十四]194 – 195;[十五]165,640

丁未义军　[四]150

定地价　[三]59,78,97,105 – 106,180,
200,212,315,328 – 329,344 – 345,354,

360,406;[十一]278－279

定都 [十一]259,264

定海(舰) [十四]223,276,311;[十五]21－22,135,213

东北军 [四]393,395;[七]468,482,496,525－526;[九]192

东北铁路系统 [一]169,188,193

东斌学堂 [十一]123

东渡 [四]359,362,434;[七]393,490,545;[八]4,6,15－16,523;[十]254;[十二]433;[十三]93－94,143,302,362,608

东方病夫 [三]28

东方大港 [一]102－104,106,160,164,170－174,176－177,179,182－183,185－187

东方饭店 [十一]419,421

东方问题与世界问题 [十]673,683

东海十六沙 [四]411－412;[十四]251;[十五]199;[十六]240,337,354－355

东海十六沙局 [十五]108;[十七]525

《东华报》 [十三]176

东华公司 [六]314

东华医院 [九]446

东江北江商运局 [十四]543

东江各军 [八]470

东江缉匪司令 [十四]292;[十五]187－188,220;[十六]566;[十七]21

东江刘军 [十四]131

东江南岸别动队 [四]154

东江叛军 [十五]18,419

东江前敌总指挥 [十五]117

东江商运局 [六]110,161,197－198;[十三]619;[十四]190,257,541－542,558;

[十五]97;[十七]289,308

东江商运局暂行章程 [六]110

东江商运局组织大纲 [六]110

东江战事 [四]157;[八]463,479,497;[九]547,567,593;[十二]296,310－311;[十四]188,332,337,358;[十五]65－66,83,151,282

东江招抚委员 [十七]392

东京本部 [一]74;[四]366;[七]352,355－356,365,368－369,406,434,446;[九]217;[十一]132;[十三]199

《东京朝日新闻》 [十一]469

东京朝日新闻社 [十二]441

东京大学 [七]517;[十一]453

东京河内中国国民党支部 [十六]380

东京基督教青年会 [十]241

东京酒店 [九]417

东京军事训练班 [五]7

东京日华学生团 [十]228

《东京日日新闻》 [十二]99

东京同盟会 [三]361,363,373,375;[七]134,139;[十一]148,151

东京中国国民党第一分部筹备处 [十七]202

东军讨贼军第一旅 [十五]116

东路第七第八两旅 [十五]140

东路讨贼军 [四]154,515;[八]351,359;[九]568;[十]500,662－663,669;[十三]600,649,663,673;[十四]52,62,75,130,163,169,182,184－185,188,199,201,207,212,219－220,227,231－232,234,238－239,246－247,254,292,305,325,344,363,378,421－423,434,440,

477,500 - 501,511,522,533 - 535,544,578;[十五]10,18,39,52,93,111,114,117,153,158,185 - 187,191 - 192,195,199;[十六]507;[十七]59

东路讨贼军步兵第四旅　[十三]570

东路讨贼军第八旅　[十七]446

东路讨贼军第二旅　[十六]507

东路讨贼军第三军　[四]515;[八]358;[十三]670,680;[十四]14,23,64,163,169,182,184 - 185,188,214 - 215,227,232,234,238 - 239,292,368,554,568,571;[十五]24,37,40,61,64,87,106 - 107,112,143 - 144,671;[十六]507,509;[十七]59,464

东路讨贼军第三旅　[十四]180 - 181;[十六]507

东路讨贼军第十四路　[十四]15 - 16,198

东路讨贼军第四军　[十四]554

东路讨贼军第一军　[十四]10;[十六]507

东路讨贼军第一路　[十四]573

东路讨贼军第一旅　[十五]117;[十六]507

东路作战军　[十四]14;[十五]93;[十七]543

东路作战右翼总指挥　[十五]134

东南铁路系统　[一]169,182,188

东婆罗(洲)支部　[十六]95,121,162,169

东清铁道　[三]12;[十]149,679;[十一]346

东三省民治俱进会　[十三]538

东三省支部　[十六]126,147

东省当局　[八]399

东莞宝安经界分局　[十四]381

东莞护沙费征收委员　[十五]78;[十七]512

东莞沙捐清佃局　[十四]583

东西药局　[四]12 - 14

东校场无线电台　[十三]639

东兴洋务局　[十五]307

东亚病夫　[三]34;[十]8

东亚和平　[二]18;[四]65,595;[七]548;[八]5;[九]63,153,157,275;[十]217,221,225,254,285;[十一]374,449;[十二]73,141

东亚民族　[三]464;[八]544;[十二]436,451,473

东亚日报　[十八]247

东亚同文会　[九]135;[十]216,221 - 223

东亚同文书院　[十八]187

东亚问题　[二]45;[三]48;[四]71;[七]490;[十一]434,445 - 446

东亚义会　[七]222,229

东亚义会会则　[七]221

东洋汽船会社　[二]27

东意　[十五]112

东征　[八]463,477,482,511;[九]561,603;[十五]398,564,572,634;[十七]403

董事选举暂行章程　[六]168 - 169

洞多利中国国民党分部　[十六]523 - 526;[十七]252 - 254

洞口中国国民党支部　[十七]251 - 254

洞庭系统　[一]128,131

都督　[一]55 - 56;[三]204,223,239,245,430,435;[四]74,78,93,297 - 298,303 - 304,306 - 309,311,313 - 314,316 - 317,320 - 324,347,349,354 - 355,382;[五]

23,25－27,29,34－35,37,40,63,72,75,
104－105,107,115,124,150,156,372;
[七]54,257－258,262－263,306,308,
324,327,343,358,366,384－385,436,
470,486;[九]29,48－49,53,60,66,73－
74,76,90,93,95,100,106,110－111,113
－114,121,123,129－130,132－133,
138,153,156,162,213,241;[十]41,44,
69－70,73,78,88－90,169,172,188－
190,531,545,567;[十一]217,237,242,
247,274,282,288－289,292,305,317－
318,326,329,332－334,349,351,364,
371,399－400,406,409,411;[十二]460;
[十三]9,18,21,25－27,33,35,40,42－
46,58,61－65,68,79－87,90,92,99－
102,104－106,108－109,116－118,121
－123,127－129,240;[十五]147;[十六]
5,9－13,15,17－18,20,22

都督府 [三]162;[四]322,349;[五]63,
68,103－104,107,155;[七]264;[九]42;
[十]692;[十三]25,62,123

都朗杜中国国民党分部 [十七]41－43,
46,52

都弯/湾分部 [十六]134,176

斗华必力打中国国民党通讯处 [十六]
576,578－580,582

督办公署 [六]162,164－165,185－187,
207,211,215;[十四]385,586

督办公署暂行章程 [六]161,164

督办署章程 [六]227,257

督办西江筹饷事宜处组织章程 [六]29

督标 [十一]48

督察处 [六]227,231,297－300,302,304,

308－311;[十七]424,494,499,623－624

督军 [一]45,59;[三]400,422;[四]94,
96,146,398－400,409,412,417－421,423
－424,431,437,440,447－448,451,456,
465,487,490,513,517,534;[五]156,
372;[七]527,571;[八]9,55,73,173,
221,277,281,286;[九]241－242,244,
256,261,269,330－331,333,368,375,
392,422－423,426,442,463,472;[十]
297,318,328,330－331,333,337－338,
348,360,363－366,368－369,371,373,
427,444,465,592,598,617,621,660,733;
[十一]470－471,474－476,479－480,
484,486;[十二]3,78,93,118,133－134,
148,229,241－243,265,281－282,306,
337,456;[十三]272－273,288,294,331
－332,342;[十四]133;[十六]279,

督军团 [四]116,408,422,449,456;[九]
314,366,472,481－482;[十]321,328,
365,500;[十一]476;[十二]177;[十三]
282;[十四]75

督军团会议 [四]423;[十]785

督垦营地局 [十三]112

督粤 [三]162;[九]97,232;[十]330;[十
二]287;[十四]488;[十六]11,18－19

独立 [一]42,46－47,49,51,56,63,84,
246,269,275－276,288,291,297－298,
304,312;[二]13,33,45,60,66,74,76,
87,96－99,105－108,111,140,146,202,
215,218,221,223－225,229－233,238,
286;[三]13,32,38－39,41,43,47－49,
51,53,60－61,67,71,87,90,109,118,
121,123,129－130,138,151－152,154,

168,201,222,227,245,250,254,275,278 − 279,281,285,297,300,303,305 − 306,308,310 − 311,313,340 − 341,346,349 − 351,356,361 − 362,369,373 − 374,381,386,391,393,395 − 396,398,403 − 404,417,423,425,431,449 − 452,454,457 − 461,463 − 465；[四]36,55 − 56,118,135,147,261 − 262,295,318,341,346,378,380 − 383,386,398,432,434,444,450,464,487,489,500 − 501,507,510 − 511,541,553 − 554,556 − 557,562 − 563,569,579,583,585 − 586,590 − 592,594,596；[五]9,12,37,72,162,199,256,261,310,318,383；[六]124,126,318,394,400,506；[七]50,215,239,295,328,336 − 337,342,348 − 349,366,370,390,455 − 459,464,473,475 − 476,481 − 484,486；[八]12,145,206,214,216,219,225,227,272,490 − 492,514,522；[九]25,66,148,184,213,215 − 217,221,232,235,245,253,256,269,273,282,294,296,303,319,418,443,448,465,565 − 566,618,；[十]14,17,19 − 21,24,26 − 27,39 − 42,58,83,104,112,115,123,141,164,188,220,237,239 − 240,297,299,322,334,341,346,387,406,412,414,427 − 428,446,457,488 − 490,502,528 − 529,532,545,571,586,595,599,632,635 − 636,647 − 648,653,676,685 − 686,692,703,785 − 786,792,794 − 795,810,813,815；[十一]35,44,61 − 64,68,74,79 − 81,84 − 85,128,130,132,135,145 − 146,174 − 175,185,193,196 − 197,283,326,328,337,348,373,

375,415 − 416,420,453,456 − 457,478；[十二]13,19,28,44,59,70 − 74,80 − 81,86,95,140 − 141,154,170,217 − 218,236 − 238,243,253 − 254,284,305 − 306,322,330,334,348,351,375 − 376,388 − 390,398,411,418,449,452 − 453,455,458 − 459,462,465,476；[十三]9,81,92 − 93,100,190 − 191,195,214,260,332,342,378,423,437,608；[十五]34,50,94,102,287,298,325,375,563,644；[十七]451

《独立》 [十一]297

独立国 [三]49,177,184,340,349,403 − 404

独立国家 [三]450,455,457

独立军 [三]49；[十一]61

独立厅 [十八]43

独立外交 [三]277

独立宣言 [二]92,97,105

独立战争 [二]98 − 99,104 − 106；[三]245

独人 [十一]44

独头政治 [三]404

笃城中国国民党分部 [十六]614,617,619 − 620,626

端洛分部 [十六]135,177

短期军需库券基金委员会办事细则 [六]329

短期军需库券基金委员会章程 [六]327 − 328

短期手票办法 [六]228

段系 [九]456,563；[十]356,398,809

断发改装 [一]66

对华政策 [三]255；[七]447；[八]181；[九]590；[十一]165,361,448,461；[十

二]87,132,150,233,235,256,323,434

对家 [八]297

对外开放 [十一]342

对外贸易 [三]35 - 36,38;[四]15;[十二]477

对外宣言 [四]298,394,462,468,470,478,486,519,524;[五]25,36;[十二]301,308

对外政策 [二]227,236;[三]44,385 - 386,420;[四]280,476,540,553 - 554,591;[十]644,647;[十四]446 - 447

对阳馆 [十一]60 - 62

多榄喜亚中国国民党分部 [十七]41 - 43,47,53

多数人民 [一]214;[三]189,198;[四]540;[八]75;[十]134,299,348,525,565

惰民 [四]319;[十三]91

E

俄国革命 [二]11,18,42 - 43,87,96,113,156,167,208 - 209;[三]413;[四]553,590;[八]100;[九]373;[十]30,397,424,536,546,570 - 572,580,582 - 583,621,629,635,637,641,659,675,684 - 685,715 - 716,751 - 752,774,780,812;[十二]439;[十四]322

俄国革命党 [十二]355

俄国共产党 [四]537

俄国尼古拉皇室 [十一]59

俄国人民 [二]42;[四]510 - 511;[十]124,452,570 - 571,659 - 660

俄国巡舰 [十五]466

俄国政府 [四]512;[十]30,128;[十二]334,371 - 372

俄军 [四]510,512;[七]201

俄罗斯革命 [三]56

俄罗斯虚无党 [三]56

俄蒙条约 [十一]374

俄蒙协约 [七]306;[九]136;[十一]375

俄蒙之约 [九]136

俄人 [三]3,27,223,258,284,291,295 - 296,299,305,316,368,464;[四]56,591;[七]325;[八]100;[九]61;[十]30,95,116,122,129,149,161,282,536,544,546,572,637;[十一]44 - 45,211,346;[十二]119,372,456;[十三]195;[十四]322 - 323;[十七]574

俄日战争 [三]34

俄乌铁路 [一]196

俄政府 [四]500,510;[九]136;[十]128,546,780

鄂督 [七]489,573;[十一]318

鄂江起义 [十三]19

鄂局 [十三]391

鄂军 [四]52;[八]74;[九]42,337,385;[十三]9,391,454;[十七]743

鄂军政府 [四]313;[十三]61,90,104

鄂民 [八]339;[十二]144

鄂人 [三]400;[九]493;[十二]145

鄂事 [七]466,472;[九]193;[十六]72

鄂西靖国军 [四]103

鄂州方言学堂 [十一]273

鄂属汉江交通委员 [十六]59

鄂属汉口交通委员 [十六]58,151

阆逢 [十一]34

恩开台长塘峒联团总局 [十五]333 - 334

二次革命　［三］237,326;［四］90,137,329,
　364,394;［七］324,442;［九］164;［十］
　317,567－568;［十一］448,451,457,464;
　［十三］162,331;［十六］64,81

二次政治革命　［四］372

二十一条（要求/款/件）　［四］166,375,
　449－450,464－465,468－471,595;［七］
　408;［八］272;［九］501,650;［十］364,
　381－385,519,527,529,531－533,683,
　816;［十一］452;［十二］74,89,95,97,107
　－108,117－118,125,127－129,131－
　132,134,141,467,471,475;［十五］551

二五补水　［十五］429－430,554

F

发匪　［二］254

发给旗灯暂行章程　［六］180,205

发行债票办法　［十三］90

发展地方自治　［五］228

法工界侨胞　［八］102

法官　［一］75;［二］314,349;［四］170,
　300;［五］57,67,77,90,162,199,405;
　［六］49,148,353,356,405－406;［八］
　382;［十一］258;［十二］378,388;［十四］
　123

法官考试委员官职令　［五］199

法官学校规程　［六］353,405

法官学校预算表　［六］357

法国第一次革命　［三］25

法国革命　［二］76,78,82,87,90－92,96,
　101,109－111,114,207－208;［三］234;
　［四］145,590;［十］321,416,418,526－
　527,531,586,770,773,800,809;［十二］

218,242

法国公使　［四］603;［十一］69

法（国）人　［一］31,34;［三］49,109,218,
　259,261,289,304,333,359,368;［七］84,
　87,100,125;［八］159,482;［九］147;
　［十］14,122,129,162,439;［十一］151;
　［十三］286

法国人　［二］13－14,21,63,76,293,329;
　［三］260,335,341,349,380;［十二］63,65

法国人民　［二］76,110

法国银行　［八］482;［九］139;［十一］136

法国政府　［一］73,75;［三］395;［四］16,
　559－560,603;［七］128,169,235,313;
　［八］158－160;［九］22,134,151;［十］
　697－698;［十一］69,114,165,209,211;
　［十六］7

法国之大革命　［三］311

法国之三大革命　［三］25

法国驻华公使　［十一］169

法国驻粤领事　［十五］219

法界　［七］84;［十六］141

法科学院　［十五］295

法兰坎斯坦事故　［三］32

法兰西白耳义集团　［十一］359

法兰西大革命　［三］52

法兰西人权宣言　［十三］59

《法兰西新闻》　［七］61

法郎　［三］270（参见佛郎）

法律　［一］52－53,55,90,230;［二］47,54,
　105,114,120,131,135,144,147,159,163,
　176,183－184,205,213,216－219,223,
　228－229,231,237－238,261,263－264,
　287－289,292,294－295,297,310,320－

322,325,327,340,344,349,352,354 -
356;［三］26,29,31 - 32,37,67,94 - 96,
115,137,140 - 141,145,161,188,196 -
197,209,212,217,241,244,246,249,252,
255,342,352,360,362,364,368,372,375
- 376,380,383 - 384,404 - 405,420,
426,436;［四］74 - 75,287,300 - 301,
311,318,321,326 - 327,333,336,354,367
- 368,372,374,380,389,399 - 400,408,
413,417,419,422,426,428 - 429,441 -
442,451 - 452,457,460,462,469,476,
478,481 - 482,491,497 - 499,508 - 509,
520,532 - 533,556,559,561,580 - 581,
586,592,597;［五］42,50,64 - 68,72 -
73,84 - 85,104 - 105,144,146,159 -
163,168,175,178 - 179,187,189,203,205
- 206,213,215,232,245,272 - 274,291,
301,303,324 - 325,327,349,351,365,
376,383,390,400 - 401,432,437,450;
［六］5,17,34 - 36,38,47,86,113,148,
267,287,366,401,404 - 405;［七］9,260,
341,392,453,521,544,563;［八］19,48,
51,53,57,59,88 - 89,91,109,124,126,
131,145,148 - 149,352,363,382,397,
499,504,533,542 - 543;［十］4,11,17,
135 - 136,146,151,154 - 155,165,167,
217,226,228,244,269,292,317,331,334,
340 - 341,349 - 351,365,368,378,380,
384,388,395,399,404,412,423,452,481
- 484,514,567,613,632,644,647,684,
702,704,806;［十一］15,102,192,199,
202,204,232 - 235,258,270 - 271,316,
318,333,353,365,375,383 - 389,395,402

- 403,429,477;［十二］6 - 7,13 - 14,22
- 23,29 - 30,55 - 56,58,64 - 66,90,
101,115,127,174,178,222,243,267 -
269,306,337,376,378,455 - 456,459 -
460,477,492;［十三］59,63,76,120,122
- 123,208,260,273,281,314,329,339,
353,368,377,394,457,536,569;［十四］
155,186,191 - 192,208,425,440,446;
［十五］115,216,295,399,487

法律学　［二］131,135;［三］121,128;［十
一］174

法律学校　［十二］65

法人　［五］215,385,448;［六］112 - 114,
143,244,250,451;［十一］351

法司　［五］64,67

法庭　［一］242;［二］75 - 76,322,325,329,
355;［四］74,152,433;［五］90,162,324 -
327,352;［六］27,52,81,211,298,310,
314,360,495;［七］510,540;［八］382,
397;［九］166,566;［十］206 - 207,807;
［十一］258,342 - 343,352,400;［十二］
388;［十三］391,659;［十四］26,476;［十
五］24,136

法统　［四］486,497,507 - 508,528;［八］
305,383,398;［九］441,518 - 520,524;
［十］484,784;［十二］174,212,240,320;
［十三］569,583;［十四］133 - 134

法西斯蒂　［十］789

法西斯蒂党　［九］611

《法意》　［三］310,367,378

法院　［一］253;［四］72;［五］159 - 160,
162;［六］34,36 - 38,271,310,354,399,
453,455;［十一］199,401;［十二］378;

［十三］275;［十四］106,149;［十五］23 -
24,364

《法政学报》　［八］141

法制　［一］34;［三］141;［四］116,319,
324,370,482;［五］73,212,272,374;［六］
47,287,366,453;［七］269,305,399;［八］
45;［十］15,388;［十一］232;［十二］184,
378;［十三］29,91,110,127,260,294;［十
五］470,622

法制局　［五］50,63,76,105,107 - 108,115
- 117,143 - 144,175,190,199,205,207;
［九］570;［十三］25,35;［十六］16

法制局职制草案　［五］50

法制委员会　［六］5,39,46 - 47,286,363,
365,393;［十二］378,397,418;［十五］
114,259,303,314,321,334,350,368,406;
［十六］408

法制委员会委员　［十七］500,507,514,
530,568,584,605

法制院　［十六］11

法制院官职令草案　［五］84

法治　［一］50 - 51;［四］369,416,428,437,
463,496,507 - 508,581;［六］126,363;
［七］324;［八］50 - 51,53,63,73,87 - 88,
308,396;［九］250,281,312,375,400;
［十］344,387,389,412,472;［十一］433;
［十三］260,292,416

法租界　［八］28 - 29

藩属　［一］42;［二］28,60;［三］43,453;
［四］577;［六］124;［十］26,143

凡尔赛会议　［九］501

反革命派　［十］628 - 629,632,809 - 810

反清复明　［一］67;［二］30 - 32;［三］31,

340,348,428;［四］177 - 178,273;［七］
235;［十一］46,115,135,487

"反清(满洲)复明(中国)"　［三］37

反清起义　［四］29;［十一］134

泛太平洋会议　［十二］141

防城起义　［七］58

房捐　［五］41;［六］376;［八］456;［十四］
550 - 551,553

放射治疗　［十二］494

飞船公司　［十三］187

飞岛　［七］223,389,410,436

飞(菲)律滨群岛支部　［十六］96 - 97,148

飞机　［二］51,65,142 - 143,180;［三］270,
369,371,381,383,409,452;［四］109,
393;［六］296,497;［七］201,247,346 -
347,372,380,386,389,472,495,506 -
507,525;［八］77 - 78,86,104,152,190,
405,476,478;［九］197,199 - 200,210,
215,217,406,448,451,535,585;［十］
610;［十二］104,238;［十三］164,204,
235,392,434,438,558,645;［十四］46,
132,157 - 158,1255,297;［十五］20,48,
88,122,265,430;［十七］317

飞机队　［六］497;［九］466 - 467;［十］431
- 432;［十三］354;［十五］88,426,483;
［十七］671

飞机人员　［十四］168,236

飞机师　［二］143;［六］497;［九］612;［十］
610;［十三］354,558;［十四］255;［十五］
20

飞机学校　［六］497;［七］338,347

飞鲸(轮)　［十五］26

飞立(菲律)宾支部　［十六］108;［十六］

147,159,164

"飞鹏" ［十五］135,213

飞潜主义 ［十三］397

飞券 ［一］20

飞行队 ［四］393;［七］525;［十四］479

飞行学校 ［八］200－201;［十三］426,558

飞鹰(舰) ［十三］551;［十五］167,206,
　　602;［十五］167,222;［十六］463,469;
　　［十七］134,741;［十七］486,528,530,
　　545,741

非常大总统 ［四］465;［十二］117,119

非常国会 ［四］171;［七］554,557,565－
　　566;［八］67;［九］270,344－345;［十］
　　325,327,334－336,349;［十二］6,13,78;
　　［十三］283,461

非常会议 ［三］434;［四］95,116,412,423,
　　426,428,430,434,483;［七］563;［八］10
　　－11,35,310;［九］262,314,344;［十］
　　330,332,334,339,348,351;［十二］282;
　　［十三］280－283

非常议会 ［七］564

非单独媾和条约 ［三］292,294,296

非法国会 ［四］469;［八］106,283;［九］
　　395,521;［十］412;［十二］47－48;［十
　　三］348

菲列宾第二支部 ［十三］161

菲律宾抗美战争 ［十一］60

菲沙面粉公司 ［九］365

匪患 ［六］28;［八］223,242,332;［九］
　　379;［十］440;［十二］412;［十三］481,
　　642;［十四］567,581;［十五］7,45,91,
　　520;［十六］483

斐匿中国国民党分部 ［十六］615,617,619

－620,627

斐市那中国国民党分部 ［十六］614,617,
　　619－620,625

废除不平等条约 ［三］450;［四］259,262;
　　［十］647－648,794,811;［十二］311,376,
　　418,429,441,451,464,469,479－480,504

废除条约 ［三］450;［十］786,802;［十二］
　　443,467

废帝 ［四］42;［十］325

废督裁兵 ［四］456;［九］426,472;［十］
　　791;［十二］99,105,448,467,472,474;
　　［十四］133－134

《费城纪事报》 ［八］300

费城中国国民党分部 ［十六］614,617,619
　　－620,625－626

分配 ［一］12－13,92,215,217,221,226－
　　228;［二］109,159,161,179,187,191－
　　193,213,342;［三］65－67,70－71,73－
　　75,77－86,89,91－93,103－104,116,118
　　－119,162,172,177,190－198,205－210,
　　216－220,300,344,353,383,392,406,421
　　－422,440;［四］10,59,61,63,459,520,
　　545,550;［五］22,52,71,93,218,226,
　　229,299,301,304,359,362－363,370,
　　376,387,392,411,414,422,427,441;
　　［六］30,46,58,84－85,119,132,155,
　　157,222,282,307,336,343－344,347,
　　379,390,507;［七］292,365,421;［八］
　　117,189,358,445,536,539;［九］353,
　　638;［十］477,485,540,630,638,670,
　　754,764;［十二］144,176,201,252,342,
　　344;［十三］10,270,422;［十五］9,28,75,
　　80,96,233,243－244,251,260,414,558

分配三要素 [三]218

分配之社会化 [二]158 – 160,165,168

分权 [三]421,435;[四]462;[六]126;[七]92;[八]68;[十]192,291;[十一]323,351

分县之治 [八]437

分县自治 [三]423 – 424;[十]555;[十二]217;[十三]574

坟山税契 [十五]84

坟山特别登记章程 [六]268

丰沛砀游击队 [十六]144

《风餐雨宿》 [十八]187

风动轮 [二]250

封川县德坊联团 [十四]303 – 304,328 – 329

封建贵族制度 [三]69,72

封建制度 [二]84 – 85,95,170;[三]354;[十四]445

峰市、上杭两役 [八]41

冯玉祥军 [八]12

奉军 [四]164,440;[八]187,308,534,537;[九]317,379,381;[十]758,796,801;[十二]166,468;[十四]371;[十五]461,504 – 505

奉天代表 [八]438 – 439;[九]549

奉天行宫 [九]81

奉天谘议局 [九]111

奉系 [三]400;[四]508

奉、浙 [四]523;[八]525;[九]619;[十]631,761

奉、浙联军 [八]524

奉直两系 [四]475;[十二]155

奉直战(争) [四]493;[八]318;[十]758

佛 [二]48,72,74,79;[三]10,321;[六]423;[七]286;[九]538;[十]30,502;[十一]9,312;[十二]63,284,438;[十三]317,327,577;[十八]163,297

佛地中国国民党分部 [十六]612,617 – 619,621

佛东京条约 [三]6

佛国邮船会社 [七]17

佛家 [十]502;[十二]284

佛教 [二]8,17;[三]30,36,401;[四]376;[七]286;[十]389,601;[十二]437;[十三]115;[十八]47

佛教会 [七]286;[十三]115

佛兰西大革命 [三]56

佛郎 [四]559,603;[七]126,320;[八]158;[九]511;[十一]116,148(参见法郎)

佛山官产清理分处 [十四]194

佛山商会 [十四]194 – 195;[十四]269

佛山商会团保局 [十四]194

佛山商团 [十五]507,613

佛山镇碉楼 [十四]194

芙蓉华侨 [十一]142

芙蓉琼州分部 [十六]135,178

芙蓉支部 [十三]609;[十六]105,147,153,163

扶朗爹罅中国国民党通讯处 [十六]576,578 – 580,582

扶清灭洋 [一]38;[三]43,47,51,126;[四]557,578;[十五]287

扶助劳农 [十五]407,501

苻秦 [十六]23

浮芦(庐)山背分部 [十六]132,174

福安（舰）　［十三］492,551；［十五］49,167,222；［十六］463；［十七］134,341,486,528,530,545

福冈九州大学　［十八］100

福冈三井工业学校　［十八］99

福海（舰）　［十四］223,311；［十五］21－22,135,213

福建革命军　［九］228；［十六］60

福建革命军第二师　［十六］60,142

福建革命军第一师　［十六］60,142

福建革命军泉州司令　［十六］60,142

福建革命军汀龙司令　［十六］61,141

福建革命军兴化司令　［十六］60,142

福建建国军　［十五］479

福建建国军总司令　［十七］669

福建泉州分部　［十六］127,168

福建泉州培元中学　［十三］438

福建上游指挥官　［十七］710

福建省长　［八］343；［九］527；［十三］549；［十五］75,113；［十七］496

福建讨贼军　［十三］562－563；［十五］298,308；［十六］490

福建讨贼军南路　［十六］507

福建同安分部　［十六］127,168

福建盐务稽核所　［十六］498,507

福建银行　［七］313

福建支部　［十六］47－48,126,147,150,499

福军　［八］358；［九］578,626,664；［十］331；［十四］46,496；［十五］44,639

福莆仙平善后处　［十五］174

福生船分部　［十六］122

福特汽车厂　［二］164

福州革命军　［十六］54－55,142

福州公益社　［十八］43

福州商会　［七］304

福州天皇岭各团体　［十三］579

福州耶稣教会　［十］66

福州造币厂　［八］365

福州之役　［八］404

抚标　［十一］48

抚河船务管理局　［十六］437

抚河招抚使　［十五］33；［十七］320,382

“抚顺丸”　［十一］421,611

府学宫步蟾书屋　［二］257

妇女　［二］163,213,242；［三］35；［四］225,318,504,518；［五］28,323,328,335,345,350；［六］5,39,46,48；［八］277,356,524；［十一］27,198,204；［十二］114－115,144；［十三］77,441,536

附加教育经费　［十五］562

附伪人员　［十三］457

赴欧会议代表　［八］61

赴欧议和大使　［十三］300

复辟　［二］74,76,78,96,110－111,120；［三］340,349,431,434,443；［四］115,399－403,405,408,419,422,425,430,432,449,472,521,581,585；［七］551,557,565－566；［八］9,17,182,281,543；［九］254－256,259,275,334,376,408－409,411,456－457,481－482,501,537,649；［十］315,317－318,320－323,325－326,328,330,346,348,362,366,369,401－402,417,419,449,481,495,525－526,530,533,607,692；［十一］470－471,474－475,477,479,484,486；［十二］97,118,

128,133,421,457;〔十三〕245,249,282,342,348

复旦大学　〔十二〕29;〔十八〕360

复决权　〔二〕114－115,144－146,215,217－219;〔三〕246,328,342－343,352－353,360,371－372,383－384,391,405,423;〔四〕522;〔六〕3,127;〔十〕423

复三代之规　〔二〕258

复心女学校　〔十三〕88

副元帅　〔九〕613－614;〔十五〕431;〔十七〕642

副总统　〔一〕273;〔三〕239,245;〔四〕315,400,422,436;〔五〕60,62,64－65,67,75,161,214;〔七〕289;〔九〕32,105;〔十〕328,365,477－478;〔十一〕299,400,471－472;〔十二〕22,201－202;〔十三〕37,43,63,71－72,104,302;〔十四〕530

赋税制度　〔十一〕117

《富国》　〔一〕21

富国　〔二〕246,248,251,253;〔五〕5,176;〔六〕87;〔七〕340;〔八〕145;〔十〕60－61,113－114,189,208,227,259,299,421

富国学　〔三〕190,205,216

富国之本　〔七〕314

G

改订法制院官制　〔五〕76

改订邮政现行办法　〔四〕309;〔五〕115

改定凭折账簿税　〔十五〕588

改革派　〔三〕134

改革时代　〔二〕137

改革委员会　〔二〕298;〔三〕132

改加二五　〔十五〕484,554,556

改历建元　〔四〕297

改良　〔一〕8,22,25,32,36,78,83－84,90,102－104,106－107,109,114,126,128－134,136,138,140,142－144,147－150,159－161,164－165,198,216－220,222,231,237－238,248,277;〔二〕54,64,96,113,116,118－119,121,132－138,153,158－161,163,165,168,171－174,176－177,181,187－188,191－192,196－198,210－211,213,216,218,226,229,235,238,296－297,344,347;〔三〕32,52,57－58,60,63,72,75,77,84,96,107,113,147,162,171－172,179,185,187－189,202,213－214,219,231,248,280,324,388,392,425,445,454;〔四〕112,119－120,144,271,295,301,305,316,326－327,329,376,383,445－446,458,504,544－546,586,592;〔五〕9,23－24,52,82,143,176－177,183,243,290－291,366,393－394,422－423,438－440,449;〔六〕87－88,97－99,103,105,122,292,308,333,451,453－454;〔七〕99,104,107,112－113,187,266,295－296,341－342,384,489;〔八〕80,100,414,424,476,508;〔九〕63,638;〔十〕16,19,29,52,55,59－61,81,83－84,93,119－120,164－165,190,234－236,238,242,245－246,248,250,291,299,307,337,345－346,374,379,421－423,425,427－430,441,446,453－454,458,486,494,512－514,540,548,550－552,554,558,574－576,590－591,593,598,610,653,748,771,786,808,812,814;〔十一〕19,31,113,115,127,129,198,206

－207，233，280，285－286，325，348，373，425，429；［十二］166－167，169，216，251，316，335，357，369，433，443，467；［十三］24，61，68，75，82，87，97，103，109，354，369，435，580；［十四］266，324，373，561；［十五］50，106，323，447，568；［十八］37

改良党务　［十一］186；［十三］191

改良监狱　［十五］49－51，105，117

改良教会　［十二］170

《改造》　［十八］438

改造中国　［一］230；［二］116，221，230，263；［三］147，155，318；［四］265，478，482；［七］239；［八］378；［十］359－361，427－429，657，721；［十一］13；［十二］35，277

改组　［一］57；［二］11，224，227，233，236；［四］145，171，344，361，364，370－371，373，384，426，429，431，434，503，510，526，536－538，540－541，543，546，565－566，584；［五］357，412；［六］43－44，184，265，341，412，451；［七］302，422，447，541；［八］25－27，33－37，82，106，126，129，343，445，503；［九］252－253，342，358－360，366－367，370，377，395，475，548，617；［十］100，205－206，213，245，349－352，355，376，441，565，569，582，584－585，601，603，624－625，627－630，632，636－637，642，647，652，726－728，730，747，751，754－756；［十一］172－173；［十二］8，13，42，230，239，276，324，346，354，356，358－359，362，377，379，396－397，414；［十三］137，140－141，161－162，236，281－282，297，326，344，361，378，

381，384，386，395，415，444，467；［十四］321－323，424，490，538，561，573，577－578，584，589；［十五］5，183，372－373，442－443，452，474，501，600；［十六］71；［十七］319，485，636

改组国民党　［九］548；［十］133，546，622，624，651；［十二］154，226－227，295，320；［十三］138

改组问题　［八］503；［十七］319

丐户　［四］319；［十三］91

丐冷中国国民党分部　［十六］530－535

概算　［四］56，443；［五］93，96，297；［六］283－284，325，349；［十三］72，108－109，118－119，123，125－127；［十四］531；［十五］178，390

甘肃都督　［十三］42－43

甘肃革命军　［十六］53

甘肃革命军事特派员　［十六］53

甘肃留日同乡会　［八］205

甘肃支部　［十六］37，125，149，173

赣边先遣队司令　［十七］670

赣东善后委员会　［十七］745

赣督　［七］573；［八］7

赣鄂宣抚使　［十七］655

赣局　［九］657

赣军　［三］390，408；［四］154，495，583；［八］204，220，224；［九］404，441，443，452，485，506，516，600，624；［十］662；［十三］428；［十四］279，312，321，350，409，554；［十五］94，102，235，561，563，569；［十七］720，723

赣军警备司令　［十七］721

赣民　［九］661；［十三］481

赣南善后会议暂行细则　［六］456－457

赣南善后条例　［六］456,473

赣南善后委员会　［六］456,460－462,464,466,473；［十七］654,680－681,694－696,726,729

赣南善后委员会各职员之职责及公费暂行细则　［六］456,458

赣南征发事宜细则　［六］456,459

赣人　［九］645

赣事　［八］312；［十三］427,429；［十五］96

赣事善后会　［十七］743

赣团　［八］238

赣县戚氏宗祠　［十八］262

赣中善后会议　［六］483－484

赣中善后条例　［六］483－484

赣中善后委员会　［六］483－484；［十七］706

赣州之役　［十五］247

纲甲烈港中国国民党支部　［十六］493

钢甲车　［八］518

港澳特务调查员　［十七］19

港澳招商局　［九］71

港澳支部　［十六］92,119,160,164

港币　［六］55；［七］161,513；［八］25,150,501；［十一］177；［十二］104；［十三］323,491,495,503,521－522,528；［十四］7,302；［十五］20

港军　［二］266

港银　［七］194,235,454,543,549；［八］139,165,371,509

港英政府　［十二］147

港纸　［六］64,74,494；［七］469；［十三］492,497－498,500－501,506,513,515,523,526,667；［十四］391；［十五］21,672

高等大学　［十一］353

高等顾问　［四］163,450；［七］497,505,556；［十六］12,589；［十七］407,649－650,717

高等审判厅　［六］36,38,50－51,481；［十四］123,283；［十六］561；［十七］195

高砥分部　［十六］131,173

高老沙中国国民党通讯处　［十七］103－106

高雷等处绥靖处　［十七］67

高雷军事委员　［十六］288,349

高雷钦廉各军总指挥　［十七］319

高雷绥靖处　［十三］684；［十四］141,225,238－239,272,305；［十五］401－402,487；［十六］539；［十七］117－118,163

高雷讨贼军　［十四］272,376

高雷讨贼军总司令　［十三］649,680；［十四］182,184,207,272,376；［十五］487；［十六］539；［十七］59

"高丽"　［七］156

高丽船　［十六］170

高丽人　［二］23,33,44,124；［三］396；［十二］117

高丽丸分部　［十六］34,108

高路镶中国国民党通讯处　［十七］6,9,13

高师法大农专三校归并广东大学办法　［六］315

高原铁路系统　［一］169,206,213

高州起义　［十三］537－538

高州之役　［七］464

《告癸丑以来死义诸君文》　［十八］219－220

《告国民》 ［四］466

哥老会 ［二］32－33；［三］134，340，348；
［七］86；［十一］5，65－66，106，135，435－
436，613－614；［十二］65，168

哥老会支部 ［三］131

哥伦比亚大学 ［三］362，374；［十］28

哥罗拉多筹饷总局 ［十一］196

革命 ［一］4－5，11，17，21，41，43－53，57
－58，60，64－65，67－74，76－79，81，86
－87，243－244；［二］10，12，18－19，21－
22，30，33－35，42，45－46，73－74，76，78
－83，86－87，90－96，98－104，106－
107，109－110，113，116，118－120，122，
124，132，137，140，146－147，156，162－
163，167－168，172－173，178，190－191，
206－209，215－218，221－222，225，227，
229－230，234－236，275，284－285，290
－291，298，308，317－318，322－324，
326，334；［三］15，21－27，31，37，41－42，
44，46－47，50－59，63－70，72，84，92－
93，96，108，115－116，120，122－126，130，
134－135，138，141－142，147－148，152
－155，157－158，165，169－170，174－
175，180－181，195，198，200，203－204，
208，211，215，217，224，226，230，235－
237，239，245，247－248，304，307－309，
311－313，321，336，339－342，345－346，
348，350－351，353，355－356，358－360，
362－363，366－367，369，373，375，377－
378，380，386，390－396，398－400，402－
405，411－413，415－418，424－431，433，
435－436，438－441，443－444，446－
448，466；［四］18，23，25，28－30，33，38，

42，45，58，69－72，76，78，87，90，105，111，
113，122，133－136，138，147－148，160，
164，175－176，178，259，262，270－274，
278，281，283，288－289，294－295，299－
300，303，307，310，327，329，332－333，339
－340，350－352，357，360，362－365，368
－369，371－372，378－379，384－385，
389，391，393－395，407，427，445－446，
461，473，485－486，490－491，502－503，
526，528，530，533，537－538，540，543，546
－547，551－553，555，558，563－565，567，
569，571－573，576，580－588，590－593，
596，598；［五］8－9，24－25，27，30，38，
44，47，248－250，253－254，257，259－
260，262，264，266，268，310，321，327，350，
355，416，418；［六］450，463；［七］12，31－
33，40，44－45，47，58，60，62，66，76，78，
82，87，92－93，124－126，129－132，134
－135，138－139，141－142，147－148，
154，162，166，170，174，176－177，186，
194，198，205－208，211，214，218，220－
221，224，227－228，231－232，234－235，
238，240，241，244，246，248，281－282，287
－288，307，310－311，314，319，321，324，
328，330，331，335，341－342，344，347－
349，354，363，365－366，369，377－379，
384－386，388，391，393，397，399，407，421
－422，427，431，433，441－443，445，447，
451，453，460，462－464，484，503，506，
518，524，526，551；［八］15，17，37，72，
100，136，166，206，237，248，266，281－
282，308，322，367，376－378，437，460，
466，468，471－472，489，491－492，495，

498－499,504,515－516,520－521,527,529－530,532－533,538,542;［九］27,40,42,60,68,172,175,180－181,191,241,248－250,377,432,448,464,507,521,526,553,560,588,618,626－627,629－630,646;［十］4－10,12－13,18,22－39,41,44,49－54,57,59,62－63,66,68－70,73,75,77－78,80－84,86,90,93－94,100－101,103－104,107,117－120,122,126,129,132,134,136,138－140,142,152－153,157,161,168－171,173,181－183,185,188－189,194,200－207,209,211－215,217－220,222－223,226,228－242,244－248,250,254,259－260,263－264,269－270,272－274,278,280－284,286,290－291,311,316－318,323－324,337,339,344－345,354－360,362－364,368－369,371,376－377,380,386－390,392－393,395－396,401－402,405－407,409－411,414－419,421,423－424,427,435,437－438,441,443,449－450,452－454,462－464,466－467,472,478,483,485－486,488－489,495－498,500－503,507－508,513,525－536,538－546,549,551,553－554,558,560－561,563,565－566,568－572,574－586,596－597,599－603,605,607－610,612－613,615－629,632－635,640－642,647－648,650－653,656－660,663－664,667－672,675,681,684－688,691－702,705－707,709－732,745－748,750－753,757－760,762－765,768－781,789,792,794－795,798,800－801,809－

810,812;［十一］3,8,19,35－38,49,51－53,55－59,62,65－67,69,75,77－78,90,93－95,98,102－103,107,110－114,116,120－121,123－127,130－131,133,135－136,138,141－142,148－153,158－160,163,166－170,172,176－178,180－181,187－196,198,201,203－204,206,209－210,214－222,225－226,230,233,248,250,260－261,267－269,271,273,276－277,280－282,285,287,290,297,299,301,306,339,344,347－350,354,357－358,370,373,379,391,395－396,399,407,410,422－423,425－426,429,432－433,436－437,439,441－448,454－456,461,464－465,468,475,477,482,487;［十二］11－12,15,17－20,23,27－29,40,43－44,46,48－49,51,63－65,67,76,82,84,91,93,96－98,103－104,115－116,120,127,140－141,152,154－155,158－159,162,170－171,183,202,208－209,211－212,216,218,230,241,257－258,271,276－277,280,283－285,290,294,300,304－305,309,315－316,318,321,327,329,340,346,354－355,357－359,361,367,375－376,378,386,393,398,406－407,411－412,419,425,428,436,438－439,442,445,459,461－463,480－483,498,506－507;［十三］4,11,31,106,115,121,126,129,142,147,151,156,158,167,171－172,175,191,196,198,200,208,225,267,284,306,309,312,320,329,343,372,374,384－385,389,402,408,419,422,442,473,480,580－

583，610，665；〔十四〕133 - 135，180，204
- 205，285，322 - 324，373 - 374，424，
446，495，510；〔十五〕76 - 77，288，323，
372，374 - 375，431 - 441，463 - 465，478，
499，504，525，533，564，649 - 650，673；
〔十六〕11 - 12，16，21，，75，81；〔十七〕
453；〔十八〕12，205，245，369，401，434

革命策源地 〔十〕413，417，419

《革命潮》 〔十八〕8

革命潮 〔七〕39 - 40；〔十一〕213

革命程序论 〔十一〕104 - 105

革命次序 〔十〕424

革命党 〔一〕3 - 5，45，49 - 52，64，66 - 68，
73，76 - 79，243；〔二〕26，75，78 - 79，81，
86 - 87，90，92，98 - 100，106，110，113，
124，173，208 - 209，324；〔三〕62，72，124
- 125，230，311，320 - 321，339 - 341，
348，350，430，433，438，442 - 443，446，
448；〔四〕69，134，281，288，327，360，362，
364，370，372，375，578 - 579，585；〔五〕
351；〔七〕19，32 - 33，57，86 - 87，134，
136，140，143，147，155，173，176，187，205，
218，233，245，330，342，357，365，370，378
- 379，462，480，489，533；〔八〕22，151，
203，400，466，468，471；〔九〕6，59，172，
373，611 - 612，631；〔十〕7，12，22，24，30
- 32，89，205，207，209，212 - 214，234，245
- 246，250，269，285，292，311，313，316，
337，339，346，354 - 355，357 - 358，360，
366，368 - 371，376，385 - 386，389，391 -
393，405 - 406，413，415 - 416，418 - 419，
427，441 - 443，450 - 451，485 - 486，490，
495，525 - 526，528 - 531，533，536，538，

543，545 - 547，561，566 - 571，573 - 575，
579 - 580，583，585 - 586，595，603 - 604，
607 - 609，617 - 619，621 - 624，626 - 629，
633，642 - 643，649，655 - 658，662 - 664，
668 - 669，672，691 - 693，706 - 707，709 -
710，712 - 713，716 - 722，726 - 728，731 -
734，760 - 761，763 - 766，769，772 - 776，
778，789，792，800，802，809 - 810，812；
〔十一〕6 - 7，33，59，96 - 97，111，120，123
- 124，127，132，165，168 - 169，176 - 177，
187，194，199，209，226，282，289，363，368，
405，418 - 419，422，424，428 - 431，433 -
434，436 - 440，442 - 443，446 - 447，450，
590 - 591，595 - 596，610 - 616，618 - 619；
〔十二〕80，82，86，93，241，258，276 - 277，
316，354 - 355，357，406，456 - 457；〔十
三〕137，147，418，423，443，581，609；〔十
四〕322，410；〔十五〕673

革命党领袖 〔五〕8；〔七〕148；〔十一〕98；
〔十二〕413

革命党人 〔二〕222，230，300，324；〔三〕
307，309，392 - 394，417，430；〔四〕71，
133，135，288，304，496，583；〔五〕337 -
338；〔七〕147 - 148，378 - 379，483；〔九〕
2，10，184 - 190，192 - 193，196 - 216，218
- 220，414；〔十〕211，311，362 - 364，366，
369，390，422，443，526，545，566 - 567，
569，584，613，626 - 627，629，729，751，
810；〔十一〕59，122 - 123，132，181，185，
299，450 - 451，454；〔十二〕27，37，154，
266，325 - 326；〔十三〕233

革命党员 〔一〕5；〔三〕311，320；〔九〕172；
〔十〕583，710，716，773；〔十一〕132，165，

450

革命方略　［一］4；［三］307，423，426－427，431－432，434；［四］356；［七］340；［十一］125，153，433

《革命方略》　［一］3，44，46－48，50；［三］346，356，386；［五］29；［九］339；［十一］160

革命公司　［七］230；［十］776；［十一］189－190，196

革命纪念会　［十四］235－236；［十五］147，150，185，543，551，553，565

革命决不致召瓜分　［三］46，52，123

《革命军》　［一］71；［三］429；［七］47；［十一］112；［十三］210；［十八］563

革命军　［一］44，69－70，73－75，79－80；［二］26，81，235；［三］46－52，54，124－126，175，204，320－321，394，412，416，427，429－430，433－434；［四］106－107，136，183，270，273，278－279，281，292，300，369，378，495，557－558，575；［五］44，46，254，259－260，263－270，317－318，334，336－341，343－344，346；［六］507；［七］40，59－64，67，74－76，78－83，87，92－94，96，108，114，132，147，170，183，187，194，196，205，226，228，241，310，320，341－342，349，379，468，489，506；［八］203，527－528，532；［九］27；［十］22，32，39，70，231，283，312，376，412，414，441，519－520，541，566，580－581，584，611－613，615，623，627，655－659，661－664，667－669，672，691－692，694，716－719，721－723，731，759，763－764，766；［十一］36，58，114，116，122，125，141－

142，153，165，177，187，193－196，214，217－218，220，226，250－251，276，349，400，455；［十二］154，238，288，317，350－351，358；［十三］181；［十四］445－446；［十五］77，287－288，487；［十六］3，41，91

革命军筹饷约章　［四］274；［五］46

革命军广东游击队　［十六］38

革命军/事起，革命党消　［四］291；［十］376，386，441，546，566，627

革命军债票　［四］24，26；［十一］196

革命排满　［一］50，68，71－72；［十一］176

革命派　［二］290；［四］534，565；［八］282；［十］776；［十一］96，190，410；［十二］89，412；［十五］372

革命思想　［一］77；［二］30，324；［三］22，37，139，152，155，157，396；［四］289；［七］129，133；［十］139，229，232，441，493－494，496，531，533，620，700，727，730，770，772，776；［十一］49，52，202，212，589；［十三］121，175，196

革命同盟会　［一］72－73；［三］152；［四］335，525，539；［十一］587

革命委员会　［八］529，533；［九］627，630；［十五］476，479－482；［十七］665

革命运动　［一］65，73；［二］227，235－236，323；［三］139，461；［四］33，261－262，283，326，551，555，564，572，596－597；［七］40，50－51，66，131，149，184，313，421，453；［十］396，615，635，752，778；［十一］103，180－181，191，195，217，226，295，361，412，447－448，480；［十二］18，66，320，340－341，386，412，505；［十五］375

革命政府 [一]44,48,80;[二]221,230,235;[三]427,431,436;[四]25,282,292,534,583-584,586,590;[五]254,257,260;[六]450,507;[七]348;[八]533;[九]68;[十]140,142,570,618,631,684,717,741,747-748,759,761,803;[十一]68-69,249-251,260;[十二]5,140,153,392,480;[十五]533,563-564

革命(之)精神 [一]81;[三]390-393,396,400;[四]295,364,370,528,552,573;[七]411,454;[八]385,468;[九]501-502;[十]33,217,415,417,419,544,546,568-569,571,613-615,623,664,720;[十一]218;[十二]75-76,170,218;[十三]467,483;[十四]352

革命之破坏与革命之建设 [一]46

革命主义 [一]68,72;[二]79,91,209,275;[三]122,391,426-429,432;[四]71,295,554,584;[七]480;[八]480,503;[十]172,231,415,441-443,449-450,531,569,578,580,583,601,618-621,623,640,657,714,717,727,769,778;[十一]111,158;[十二]96,127,420

革命主义者 [一]66,68;[三]63;[十一]176,186;[十二]420

革命组织 [四]566;[十一]112

革新党 [二]331-332,347-348;[十一]19

革新俱乐部 [十二]253-254

格来/伦公司 [二]271,304

格来轮船公司 [二]281;[十一]13,15,28,30

格兰诺去 [十二]57

格雷旅馆 [二]300

格物 [一]35;[二]61,63,248,250

格物家 [三]192,206

格致之学 [二]250

葛兰法学协会场 [十一]23

葛兰旅店 [二]267;[七]6;[十一]14,24-25

葛仑中国国民党分部 [十六]613,617-618,620,623

个郎中国国民党分部 [十六]615,617,619-620,627

个窿中国国民党分部 [十七]5,7-9,11

个人的意志 [十二]354

个人的自由 [二]87;[十]773-774;[十二]354-355

个人利益 [十一]219

个人主义 [三]114,187,191,202,213,217;[七]244;[十]560

各国政治 [三]109,317,362,373;[五]7;[十一]310

各国政治家 [二]180

各国驻广州领事团 [十三]490

各军军事筹备委员长 [十七]595

各军请造枪枝办法 [六]84-85

各军政治训练筹备委员长 [十七]595

各商认定承领军盐办法 [六]11

各省都督府代表联合会 [四]37

各省旅沪工商实业慈善教会各公团 [十三]347

各省审检厅暂行大纲 [五]158

各团各界请领枪弹暂行简章 [六]445,448

各团各界请领枪枝枪弹暂行简章 [六]445

各县包征钱粮处办事简章 [六]350-351

各县筹饷局设置员司简章 〔六〕96

各县民团备价请领枪弹暂行细则 〔六〕276

各征收机关收解新币暂行章程 〔六〕372

庚子惠州之役 〔四〕42,107;〔七〕67

庚子赔款 〔二〕228,236;〔四〕433,532 -
533,549 - 550,552,554;〔七〕521;〔八〕
158;〔十〕644,647;〔十一〕210;〔十二〕
225,398,412;〔十四〕446

庚子条约 〔一〕78 - 79;〔三〕261 - 264;
〔四〕603;〔十一〕324

庚子义和团事(变) 〔四〕170;〔十二〕375

庚子议定书 〔八〕522;〔十二〕398

庚子之变 〔三〕45

庚子之役 〔一〕70;〔三〕44 - 45,47;〔四〕
552;〔五〕41;〔十〕26

耕者有其田 〔二〕184;〔十〕746,748 - 749;
〔十一〕338 - 339

工兵 〔三〕393;〔四〕68,480,485,487,490,
496;〔五〕155 - 156,317;〔六〕362;〔八〕
528;〔十二〕235;〔十四〕573

工兵计划 〔四〕479

工兵局 〔十三〕689

工兵局筹备委员 〔十三〕601,689;〔十六〕
539,560,602,639;〔十七〕3,18,27,33 -
34

工兵委员 〔十六〕560,602;〔十七〕3

工兵政策 〔四〕146;〔十〕518;〔十二〕232
- 233,241 - 242

工部局 〔四〕557 - 559;〔十〕378,394,806;
〔十二〕29,394;〔十三〕210;〔十五〕287 -
288

工场条例 〔三〕72 - 73,77,84,119

工程师 〔一〕84 - 85,233 - 235;〔二〕123,
129,134,136 - 137,140,142,145,186,
345;〔三〕8,178,182,333,336;〔五〕234,
424;〔七〕310,320;〔八〕472;〔十〕324,
360,539;〔十一〕106,335,362;〔十三〕
658;〔十四〕13,287;〔十五〕131,175,178,
353,377 - 378;〔十六〕30;〔十七〕80,608

工党 〔一〕245;〔二〕101 - 102,111;〔三〕
166,197,209;〔四〕571 - 572;〔九〕590;
〔十〕392,646,704;〔十二〕129,169,195,
360;〔十四〕156

工会 〔四〕119,513,550,557,593,601 -
602;〔五〕367,448 - 451;〔六〕122,129,
134,219,223,374,451 - 455,477;〔九〕
627;〔十〕391,608,646,735,796;〔十二〕
77,167,394;〔十四〕57,155;〔十五〕284,
551

《工会法》 〔六〕455

工会条例 〔五〕448;〔六〕451,454

工矿企业 〔十一〕138

工农团军 〔十〕759;〔十五〕443

工人 〔一〕43,61,82,214,227 - 228,230 -
231,238;〔二〕41,56,65,86,101 - 103,
111 - 113,123,131,150 - 151,153,158,
160 - 166,168 - 169,174,177,186,199 -
201,213,225 - 227,233 - 235,333,346;
〔三〕58,147,150,153,155,166 - 167,,
172,177,191 - 199,201,205 - 206,209 -
210,217 - 219,228 - 229,260,265,308,
313 - 314,317,319,324,343 - 344,352 -
353,397,406,414,441;〔四〕63,103,119,
217,534,544 - 547,570,592 - 593,596 -
597;〔五〕436,449;〔六〕22 - 23,84,451 -
455,477;〔七〕114;〔八〕462,488,516 -

517,533;[九]373,583,624,627;[十]53,
58,90,96,120,128,261,298,300,391 -
393,458,462,556,608 - 609,633,700 -
706,735 - 736,739,745 - 746,752,781,
788,792;[十一]117 - 120,283,460;[十
二]32 - 35,41,50,63,66,76 - 77,94,
129,153,160,167,169,182,230,252,340,
343,353,374,390,392 - 393,483,492;
[十三]199,624,659;[十四]56 - 57,155,
203,316,323,423;[十五]345,454,551,
658,667

工商　[一]14,18 - 21,40,42,61,63,89,
245;[二]117,171,191,216,218,228,
237,256;[三]15,29,85,103,148,166,
171,184,186,191,193,200,205,211,215,
224,226,267,312,314 - 316;[四]267,
301,320 - 321,390 - 391,426;[五]38,
304,401,428,434;[六]87,339;[七]64,
162,304,340 - 341,360,399,463;[八]
264;[九]25,410;[十]59,75 - 76,141 -
142,177 - 178,190,234,303 - 304,322,
403,428,498,781;[十一]196,293,315;
[十二]232,345;[十三]84,101 - 102,
254;[十四]162,191,423,498;[十五]97,
282

工商部　[二]217,219;[十一]332;[十三]
192

工商局　[十七]3 - 4,676,682 - 683

工商业　[一]124 - 126,140;[二]24,149,
168,170 - 172,174,176;[三]88,102,155
- 156,177,184;[四]504;[五]296,367,
440;[六]167,250,391;[七]341,350;
[十]39,42,76,259,428,452,454,607,

713,742;[十一]305,356,391;[十二]33,
67;[十六]7

工商政府　[二]191;[十]403

工士　[二]256

工团　[八]102 - 103,532;[九]633;[十]
469,700 - 702,735,781,783;[十四]165;
[十五]476

工团军　[九]627;[十]804;[十五]443,
476,484;[十七]670 - 671

工业部　[十三]89

工业革命　[一]20 - 21,86 - 87,214;[三]
65 - 66,68,72 - 73,87,116 - 118,308,
314;[十]675,684

工业化　[十二]412

工业局　[四]120

《工业星期报》　[十八]189

公安局　[三]241,246;[六]27 - 28,78,
170,330,345 - 347,509;[九]638;[十]
507;[十二]392,399;[十三]659;[十四]
46,65,112 - 113,135,156,169,193,202,
233,252,256,270,301,332,346,353,355,
359,398 - 399,476,484 - 485,523,533,
543,554,557,563,588;[十五]29,74,89,
123 - 124,193,232,240,265,292,421,
472,558,591,619,626,636,646

公报局发行令草案　[五]72

公报局官职令草案　[五]85

公报局官制　[五]76 - 77

公共花园　[三]201

公开路款议决案　[十五]515 - 517

公款收入消纳纸币办法　[六]61

公理　[一]21,56;[二]11 - 12,18 - 19,38,
42,46,48,73;[三]122,126,167,172,188

－189,193,203,206,214,217,227,230－232,258－260,285,454;[四]28,124,319,437－439,508,554,559,575;[七]133,306,324,423,575;[八]38,51,98,113,199,341,382,411－412,475,491,493;[九]100,164,336,374,445,464,583;[十]19,72,89,106,117－119,123,132,134－135,183,190,200,205,207,211－212,215,247,250,268－269,312,333,341,367－369,481－484,521,587－588,724,786,792,816;[十一]36;[十二]23,192,215,219,241,301,345;[十三]68,91,242,260,290－291,317,331,582;[十四]265,426;[十五]254,288;[十八]56

《公理报》 [七]411;[九]174,194;[十三]162,175

公路运输顾问 [十七]408

《公论报》 [十八]116

公卖科 [六]92;[十七]329

公民 [二]320;[三]155;[四]20－21,37,328,340,490;[五]228,242,254,260,355;[七]3,329;[八]45,200,339,382,522,543;[九]90,116,250－251,351,395,559;[十]112,320,455,495;[十一]105,190,300,344,443;[十二]125,335,426;[十三]133,147,310,320,347,351,466,584;[十四]126,145－146,195,243;[十五]33,145,299;[十六]257

公民党 [七]432

公仆 [一]44,49,255,303;[三]60－61,204,311,321,359,370,381－382,405,427;[四]40,49－50,146,308,310,313,353－354,360,379,459,498－499,529,

581;[七]276,286;[九]29－31,83,90,169,226,476,481,662－663;[十]49,65,72,118,120,143,176－177,261,288,294,343,415,450,455,457;[十二]242;[十三]29－30,42,59,69

公使 [一]71,96;[二]62,117,267,270－273,276,282－285,287－289,292－294,302,304－306,315－316,318,320,322,326－327,344;[三]24,27,30,36,134,262,264,277,297;[四]15,57,72,266,309,374,422,438－439,517,521,576,603;[五]115,161－162,425;[六]148,409;[七]7,124,173,202,274,332;[八]158,279,397－398;[九]50－51,57,181,355,446,477;[十]319,351,409,753,804;[十一]15,25－28,30,43,86－87,163,242,401,425,427,452;[十二]10,97,337;[十三]15,281,290－291,293,308,368,569;[十四]264;[十五]288

公使团 [十]320,422－423,631

公署办事通则 [五]307

公司注册规则 [六]165,171

《公司注册规则》第三条修正条文 [六]172

公文程式 [五]53,269,343;[六]406;[九]114;[十四]470

公务酬劳 [二]333

公务局 [三]241,246

公益局 [三]241,246

公用局 [三]241,246;[十四]587,589

公债 [一]19,216;[四]24,64,96,421,468,470,533;[五]57－62,66,68,74,77,88,95,160,172,179,184,187,208－209,

367 - 368,380 - 383,396 - 397,423 - 425,428,434 - 435;［六］55,168,265,267,378,380 - 381;［七］320,562;［八］12,20,109,364 - 365;［九］89,225,265,283,287 - 288,298 - 299,378;［十］88,308;［十一］274,332;［十二］119;［十三］28,45 - 46,90,116,126,255,259,282,556;［十四］127,209,265 - 266,426;［十六］14,18,240

公债票　［三］185;［四］313 - 314;［五］58,74,95,381,397,423,425;［六］144,381;［八］82;［十］192;［十三］42,45 - 46,61 - 62,118 - 119,131 - 132,282

公债券　［一］232;［十三］197,283;［十四］209

公债条例　［五］396 - 397;［六］380 - 381

公债证券　［十三］10

功成身退　［四］328;［十］49,54 - 55,68

功章规条　［五］356

巩固共和　［四］335,338,364,437,462;［五］227,406;［七］514;［十］163,758;［十三］139,296,422

共产　［二］47,87,157,169 - 170,174,176,179;［三］189,215;［四］541 - 542,544 - 546,570,598;［九］499;［十］637,789;［十二］155,160,215,226,363,373 - 374,468

共产党　［二］152,162,172 - 174;［四］538,541 - 543,551;［八］360 - 361;［十］570 - 571,637,752;［十二］231 - 232,324,339,391,432,491 - 492;［十四］321 - 323;［十五］373,375

共产党广东省委员会　［十二］492

共产党人　［十二］245,304,491 - 492;［十四］323

共产党员　［二］174［四］563,566;［十］637,750 - 752;［十五］375

共产党主义　［四］541 - 543,551

共产分子　［十五］372

共产国际　［十］751;［十二］94,226,238,275

共产派　［四］543,551,564 - 567;［十］750 - 752;［十二］368,391;［十五］372 - 374,488

共产派党人　［四］551

共产社会主义　［三］188 - 189

共产政府　［十二］327,374

共产制度　［二］169;［三］204;［十］575 - 576

共产主义　［二］47,149,151,169 - 170,172 - 176,179,209;［三］187,189,204,215;［四］499 - 500,510 - 511,541 - 544,546,564 - 565,598;［十］633,637 - 638,750 - 753;［十二］34,119,152,161,215,245,359,362 - 364,412,471;［十四］322;［十五］373,375

共存共荣　［十二］450

共管中国　［十］523,711,713;［十二］438

共和　［一］3,46 - 49,51,54,69 - 70;［二］76,79,81,83 - 84,99 - 100,173,207 - 208;［三］26,32,61,74,107,146 - 147,150,154,161,163,168,203 - 204,214 - 215,241,245 - 247,309 - 311,339,347 - 348,357,359,363,373,375,400,416,419,421,433,436,445,448;［四］17,37,40 - 42,47 - 48,53,60,69,75,77,79,87,95,

99,107,124,128,140,151,278,281,289,
294,296,299 − 300,302 − 304,306 − 308,
311,317,319,325,328 − 330,335 − 336,
338,342,344,352,354,359,362,367,369,
373,380 − 383,385 − 386,389,391,393 −
396,400 − 410,412,415 − 417,420,429,
433,437,458,461,466,472,476 − 477,
509,514,563,581,597;〔五〕8,58,145,
167 − 168,176,220 − 221,242,333 − 334,
344;〔七〕257,263,276,280 − 281,302,
305,325,334,336,341,379,387,399,409,
417,425 − 426,433,435 − 437,439,451 −
453,461 − 463,468,473,478,487 − 488,
501,503,510,514,526,533,538,543,546,
550,552,554 − 555,557,563,565 − 566,
568,576;〔八〕15,38,63,72,79,81,84,
87,94 − 95,102,110 − 111,115,117,120,
122,130 − 131,137,154,248,253,263 −
264,266,270,284,293 − 294,297,379,
382,501 − 502,510,515,543;〔九〕39,41,
43,46,52,56 − 59,61 − 64,68 − 69,75 −
7782,90,92,94 − 95,107,109,121,123,
159,164,173,190,226,235,246 − 247,
249,261,264,270,281,293,299,302,309,
329,335,343,357,367 − 368,375,379,
422,482,491,501,537,616,649;〔十〕7,
13,16 − 17,19,39 − 40,42 − 43,45,49,52
− 54,57 − 58,62 − 63,65,70 − 72,75,80,
82,85,100 − 103,105 − 106,108,110,112
− 113,118 − 120,122 − 124,129,133,
136,140 − 141,143 − 144,159,161 − 162,
164,168 − 169,172,174 − 176,179 − 182,
184,188,194,196,198,202 − 203,206 −
207,210 − 211,215,226,230,232,236,
240,248 − 250,268,271,273,282,286,
288,290 − 292,294 − 295,298,300 − 301,
305 − 306,311 − 319,321 − 335,339 − 340,
344,348,366,368,380,390,401 − 402,414
− 415,424,426,437 − 439,441,444,446,
449 − 452,457 − 458,481 − 484,500 − 501,
504 − 505,508,523 − 524,559,565,574,
605,653,660,685,692,718,720 − 721,
723,757,760,789 − 790,809;〔十一〕35 −
38,60,105,128,144 − 145,190,193,200 −
201,203 − 204,206 − 207,209,218 − 221,
225,229,233,243 − 246,253,262 − 263,
270,272,277,282 − 283,299 − 301,317,
332,335,339,347 − 348,360,364,408,
425,432 − 433,457 − 459,471,475 − 476,
478 − 479,486;〔十二〕12 − 16,89,140,
146,148 − 149,176,185 − 187,190,242 −
243,348,460;〔十三〕1,11,15 − 16,20 −
23,29 − 30,32,44,46,58,65 − 67,72,80,
91,95 − 96,104,106,121,125,132 − 134,
139,142,147,198,201,203,214,215,240,
246,260,284,287,296 − 297,310,317 −
318,324 − 325,328,353,385,411,414,
422,449,476;〔十四〕73,75,285,298,
510,572;〔十五〕673;〔十六〕15,23,26;
〔十八〕358

共和促进会 〔七〕279

共和党 〔四〕344;〔十〕39,133 − 135,205 −
207,245 − 250,269 − 270,567;〔十一〕
203,264

共和党人 〔十一〕259;〔十三〕11

共和革命 〔一〕64,66;〔八〕72;〔九〕129;

［十三］309

共和国 ［一］47－48,198；［二］79,81,98,
100,108,288；［三］138－139,152,181,
222－223,245－246,321,402,417；［四］
15,36－37,66,135,260－261,271,279－
281,284,303,307,333,337,341,346,351,
354,374,422,433,466,490,530,545；
［五］333；［七］258,462,488,531；［八］
15；［九］77,241,432,565,618；［十］7,15,
17－18,21,82,111,120,124,143,178,184
－185,246,263,278,280,291－292,295,
300,304,306,318－319,328,339,344,
346,348,371,373,390,396,451,458,510,
576,659,686；［十一］5－6,71,96－97,
101－102,106,131,135,138,156,181,200
－201,205,210,219,255,259,285,287,
290,295,297,375,380,407,424－425,
427,456,471,486；［十二］23,120,122,
125,151,153,160－161,196,243,246,
347,390,473；［十三］23,32,86,577；［十
六］7,21

共和国家 ［二］78－79,81,96－97,100,
204；［三］202,363,375,402,418；［四］
135,416,432；［五］384；［七］543；［九］
66,522；［十］9,111,124,143,194,236,
240,280,301,303,313,316,319,328,342,
369,412,415,451,457－458,501,655；
［十三］251,297

共和国体 ［一］79

共和立宪 ［四］336－338；［十］136；［十
一］479

共和立宪政体 ［十］164

共和联邦政体 ［十一］206

共和民国 ［一］54；［三］185,358；［四］
296,299,306；［七］284,341；［九］62,66,
82；［十］54,79,174,184,194,536,665；
［十一］234,243－244；［十三］22－23,63

《共和日报》 ［十三］22

共和实进会 ［四］337－338

共和政府 ［一］54；［三］107,419；［四］15,
36,300,373,395,476；［五］168,221；［七］
263；［九］76－77,153；［十］39－40,42－
43,65,226,230,273,524；［十一］190,200
－201,207,218,245－246,262,270,360

共和政体 ［二］119,124－126；［三］31,
155,163,203,236,348；［四］36,282,331,
342,367,596；［五］142；［七］312,431,
441；［九］27,39,64,181；［十］10,39,47,
55,63,101,133,135,143,175,189－190,
215,231,236,246,261,268,271,295,303,
313,317－318；［十一］35,37,95,167,181
－183,190,207,225,233,246,251,298－
299,479,583；［十二］43,346－347

共和政治 ［二］206；［三］252,348；［四］
33,53,313,413,456,581；［八］72,102；
［九］472；［十］230－231,312,322,352,
484,817；［十一］36,38,144－146,348,
486；［十三］59,281

共和制 ［三］156－157,255；［四］289；
［七］521；［十］27,230,272,312－313；
［十一］128,190,198－199,408；［十二］
243,391

共和制度 ［二］96,173；［十］10,246,313；
［十一］299；［十二］13

共和主义 ［三］403；［四］462；［八］239；
［九］50－51,62；［十］482；［十一］35,37,

96,425；[十三]320

共和主义者 [四]66；[十一]235,242 -
243,259,263,481

共进大同 [十一]330；[十三]438；[十八]
259

共进会 [十一]436

共靖国难 [四]414 -415,430；[九]281

共同利益 [一]190,234；[二]225,234；
[四]516；[六]20 - 21；[八]542；[九]
373；[十]281；[十一]219,395；[十二]
398

共作新民 [四]311；[十三]58

贡品 [二]29

购还罗拔洋行兵工厂机器筹款办法 [六]
494

孤立 [一]60；[三]32,34,43,289,423；
[七]521；[八]33 - 34,36,38,116,302,
388 - 389,493；[九]272,282,356,461 -
462；[十]220,240 - 241,676 - 678,680；
[十一]414,451,459；[十二]98,109

《孤星》 [十八]397

古巴《民声日报》 [十八]285 -286

古巴同志恳亲会 [九]506

古巴湾城中国国民党支部 [十六]381

古巴中国国民党支部 [十七]5,7 - 10

古璧中国国民党分部 [十七]41 - 43,46,
52

古经济学派 [三]207

古鲁士中国国民党分部 [十七]291 -293

古鲁市中国国民党通讯处 [十七]6,8 - 9,
13

谷架坡中国国民党分部 [十七]71 - 74

鼓铸纪念币 [十三]76

固镇之捷 [九]60

故厘亚根中国国民党通讯处 [十六]577 -
580,584

瓜分 [一]229；[二]11,21,40,52,224 -
225,233；[三]24 - 25,32,42 - 47,49 -
51,53 - 54,56,123,125 - 126,166,174,
176,180,226 - 227,254,272,282,395,
415,446,455,461；[四]71,266,273,341,
363,439,465,593；[五]3,5；[七]19,388；
[八]272,490,531；[九]63,181,377；
[十]10,24,29,32 - 33,71,96,120,122,
129,162,169,222,233,235,238,254,323,
382,477,528 - 529,532,534,634 - 635,
713,785,789,791,793,798；[十一]44,
89,121,143,196,284,286,469；[十二]
75,121,202,375,433 - 434,437；[十三]
291,369

瓜分中国 [一]229；[二]21 - 22,52；[三]
38,56,125 - 126,176,300,394；[四]577；
[十]8,10,15,26,72,382,385,709,711,
713,716,789,793,798；[十一]97,122,
142,181,190,470；[十二]437,465

刮地皮者 [二]296

挂罗庇勝埠商会 [七]565

关东大地震 [九]561

关税 [一]236；[二]24 - 25,102 - 103,
159,201 - 202,335；[三]5,255,258,261
- 262,264 - 265,267,276,278,282；[四]
267,284,397,529 - 532,555,560,603；
[五]289,401；[六]267；[七]341,539；
[九]583；[十]24,127,129,206 - 207,
322,347,410,427,587 - 588,665,763,
792；[十一]67,208,210,351,379；[十二]

103,106,234,248,306,327 - 329,337,340,406 - 407,443,452 - 453,456,459 - 460,467;[十三]376;[十四]197,265 - 266,348,352;[十五]60,128

关税独立 [十]427;[十二]451 - 452

《关税纪要》 [八]141

关税税则 [四]603

关外革命军 [十六]141

关外游击司令 [七]416;[十六]143

关外游击司令部 [十六]142

关外招抚使 [十一]484

关于财政交通事务补则 [五]288

关于民生主义之说明 [十]636

关于文武职官宣誓之议案 [五]420

关余 [二]24;[四]448,530 - 534;[六]57;[八]189;[九]465,477 - 478,582 - 583;[十]404 - 405,409,411,422 - 423,587 - 589,608,631,694;[十二]106 - 107,119,163,301 - 302,319,323,326,328 - 330,335 - 337,344 - 345,457,462;[十三]375,444;[十四]264 - 266,353,356,426;[十五]476

《观象丛报》 [八]82

观音山之役 [十]611;[十四]365

官产处 [八]480;[十四]88,94,97,100,116,173,202,236,301,327

官产清理处 [十四]76 - 77,116,327,329

官吏社会 [十二]369

官僚 [一]44 - 45,54 - 55,57,134;[二]26,74,222,230,331 - 332,334,344,348,355;[三]36,140,268,272 - 273,275,277,301,309,311 - 312,318,321,337 - 338,340,349,391,403,405,422,424,427,

432,436,446;[四]69,105,336,362 - 364,368,417,471,527,534,558,579;[五]337;[七]276,280,342,379,384 - 385,425,440,473,477,479,486,527;[八]15,17,38,45,129,154,182,206,228,243,256,266,368,460;[九]249,253,261;[十]269,284,292,312,314,317,321,337,354,356 - 357,360,363 - 365,368 - 369,371,376,389,393,395,401 - 402,415,421,425 - 426,438,441 - 446,450,457 - 458,463,482,484,490,494 - 496,500,526 - 527,529,531 - 532,534,545 - 546,551 - 553,555 - 556,558,566,605,617,623,627 - 629,660,692 - 693,710,712,733,760,763,769 - 770,776,802;[十一]96,100,173,193,470,477;[十二]35,43 - 44,233,235,258,306,421;[十三]147,171,203,288,310,323,339,393,582,604;[十四]426;[十五]287

官僚军阀 [二]128;[八]227,274,424;[十]438,708,716,720,760,789

官煤局 [十三]652,655

官运余盐局 [十四]259

官职试验章程草案 [五]116

官制 [二]24,344;[四]22,322;[五]63,67,76,105,150,155,158,161,205,291,423,429 - 431,433 - 435,438,441;[六]10,13,33,265,267,282,289,363,449;[九]88,91;[十]159,763;[十一]272,317,371;[十三]25,36,77,100,123;[十四]459;[十五]170;[十七]480

官制官规 [六]363,382

官制通则 [五]63,76,105,431

管海军三舰整理事宜　[十七]596,739,743

管军需总监　[十五]514

管理党务　[十五]66-67

管理俘虏处　[十四]35-36

管理俘虏委员　[十七]58-59,62

管理俘虏主任委员　[十四]35;[十七]58-59

管理药品营业规则　[六]290,293,492

管理医生暂行规则施行细则　[六]188,190

管理粤汉铁路事务　[六]180-181,492-493;[十三]672,685;[十四]228,301,354,389-390,418,421,468,470,509,579,592,594;[十五]39,42,239-240,259,303,407,427-428,516-517,549,612,624,653,655,660-661;[十七]34,78,444,555-556,563,617-618,628,713,716,744-745,748,751

光大　[十八]374

光复　[一]45,49,57,78,243;[三]24,27,30,55,147,308-309,331,340,348-349,352,358,363,375,403,425,430,437-438;[四]39-40,47,52,124,150,171,272-273,277,294,296,301-302,310,312-313,321,323,329,354,395,577;[五]9,23-25,30,189;[七]83,146,209,253,258,262-263,273,284,312,314,325,418,437,510,518;[八]14,153,266,285,357;[九]28-29,42-43,59-60,91,105,113,116,130;[十]18,26,29,32,34,49,64,67,78,84,100,200,233,260,306,355,358,370,396,441,546,595,604;[十一]229,340,445,462;[十三]9,12,20,25,31,33,36-37,41-42,45,59-

60,69,73,86,90,108,121-122,127,129,134-135,198-199,211,323,473;[十五]272;[十六]23;[十八]38

《光复报》　[七]205

光复会　[九]59-60,116;[十三]210-211

光复军　[九]41-42,98;[十三]68;[十五]650;[十六]23

光复上海　[九]34,44;[十三]134

《光华报》　[七]339;[八]274

《光华日报》　[八]258;[十八]564

广澳铁路　[二]189

广北(舰)　[十四]241-242,288;[十五]29,49

广丙　[十一]10

广慈医院　[九]42

广东北伐军　[九]60

广东北江盐务督运处护运军队暂行章程　[六]485;[十五]584

广东兵工厂　[六]84-85,275,503;[十]740;[十四]17,50-51,115-116,125,177,254,294,302;[十五]38,41,156-157,160,175,177-178,215,217,221,245,249,259,303,314,330,333,348,352,356,415,423,538-539,576;[十七]55-56,77,359,370,373,381,394,608,652,654,675-676,690

广东兵工厂工程师　[十七]608

广东兵工厂工务处　[十七]359-360,404-405,608,611

广东兵工厂管理委员会组织条例　[六]503

广东兵工厂料械处　[十七]394

广东兵工厂审计处　[十七]360,394

广东兵工厂审验处　[十七]360,497,608

广东兵工厂有价证券发行条例 ［六］494 – 495

广东兵工厂总务处 ［十七］359,364,394, 397

广东博爱医院 ［十二］506

广东财政厅 ［六］11,52,63,115 – 116, 119,151,155,170,175 – 176,226,314, 324,345,350,358 – 359,374,467；［十三］ 270,612,623,639 – 640,674；［十四］42 – 43,69 – 70,72,89,135 – 137,139,144, 186,202,480,515,557；［十五］77,79,91, 103,134,201,222,231,240,242 – 243, 247,250,256,267 – 268,270,280,284, 296,332,367,391,393,420 – 421,446 – 447,452,473,511 – 512,523,545 – 546, 549,555,557,560,610 – 611,632,645,659 – 660；［十六］382,548,559；［十七］96,98 – 99,102 – 103,114 – 115,125,227,346 – 347,366,378,385,441,443,453,506, 509,565 – 567,633 – 634,636,644 – 645, 663 – 664

广东财政厅发行地方短期抵纳券章程 ［六］359

广东筹饷总局 ［六］255,312,319,324,490 – 491；［九］602；［十四］489,494,531, 555,598；［十五］55,73,86,101,111,116, 118,128,260,547,549,577 – 578；［十七］ 453 – 454,459,463 – 464,473,755

广东筹饷总局总务处暂行办事细则 ［六］ 321

广东筹饷总局组织大纲 ［六］255,312,319 – 320

广东储蓄银行 ［十五］264

广东船民自治联防 ［十五］101,340

广东船民自治联防督办公署 ［十五］341, 344

广东大学 ［六］315 – 316,384,419；［六］ 315 – 317,384,411 – 419,506 – 507；［十］ 723,750；［十二］492；［十四］452,466 – 467,490,526,544 – 545,547,574；［十五］ 182 – 183,196,208,210,238,259,272, 274,295,303,314,451,453,469 – 470,481 – 482,492,500,503,561 – 562,586 – 587, 600,617,632 – 633,652,654,666；［十七］ 443,461,547,572,756；［十八］419

广东大学法科 ［六］432

广东大学规程 ［六］411 – 412

广东大学海外部 ［十五］631,633

广东大学理科 ［六］425

广东大学农科 ［六］436

广东大学劝捐章程 ［六］316,318

广东大学文科 ［六］422

广东大学预科 ［六］419

广东地方检察厅 ［十六］595

广东地方善后委员 ［十七］343,669

广东地方善后委员会 ［六］111,120,135 – 136,138,151,153,173 – 174,225；［十四］ 318,348,350,364,394,448,559,579,586 – 587,589,595,597；［十五］3 – 4,30,33, 36,47,59,63,265,279,345；［十七］339

广东地方善后委员会输送团试办章程 ［六］120

广东地方善后委员会章程 ［六］111

广东电车有限公司 ［六］27；［十三］659

广东电话总局 ［十五］582 – 583；［十七］ 583 – 584

广东电政电话各机关　〔十五〕370

广东电政监督　〔十三〕657,682;〔十四〕55,135,140,163,256,326,358,394,459,462,540;〔十五〕65,133,259,280,283,285,303,314,319,368,403;〔十六〕564;〔十七〕240,596,736

广东电政监督兼广州电报局（局）长　〔十四〕55,135,137,162,182,199,275,277,326,334;〔十五〕10－11,41,281,284,286,295,319－320,506,508,537,616,656;〔十六〕541;〔十七〕116,128－129,200－201,240,367,369,380,385,389,582－583,596

广东都督　〔四〕74,320－321;〔七〕384,436;〔九〕144;〔十〕69－70;〔十三〕84,101－102,117,121,240;〔十五〕147;〔十六〕10,13,18

广东都督府　〔十〕68

广东都市土地税条例　〔六〕96－98

广东都市土地税条例草案理由书　〔六〕97

广东督军　〔四〕117,562;〔五〕377;〔八〕514;〔十〕364;〔十一〕485;〔十三〕440

广东督军署　〔十五〕268

广东法科大学　〔十四〕452,466－467

广东高等检察厅　〔六〕353,476,489;〔十三〕271,464;〔十四〕561,564,578;〔十五〕23－24,49,105－106,108,242－243,400,404,630－631,636;〔十六〕268,278,294,562,586,637;〔十七〕199,217,264,393－394,396,401

广东高等审判厅　〔六〕353,476,489;〔十三〕268;〔十四〕42,123,283,296,455,476;〔十五〕49,51,117,364,401;〔十六〕268,278,554,561－562,569,601,640;〔十七〕195,209,360,386

广东高等师范学校　〔十〕709;〔十二〕282;〔十四〕313

广东革命军　〔七〕16,54;〔十六〕91,140

广东各社团公民代表联合团　〔十三〕347

广东工团海面货船协会　〔十四〕154

广东工团同盟会　〔十四〕154

广东公报　〔六〕27;〔十五〕253,548

广东公会　〔十〕112

广东公立监狱学校　〔十四〕561

广东公立警监专门学校　〔六〕353;〔十四〕561－562,564;〔十五〕105－106,108

广东公立女子教育院　〔十八〕49

广东公医校　〔十四〕96,211

广东光复纪念庆祝会　〔十八〕230

广东国民政府　〔四〕465,481－482,521;〔十二〕125,146,150

广东海防　〔六〕343;〔十六〕585

广东海防司令　〔四〕515;〔六〕343;〔十三〕626,680;〔十四〕14,163,182,184,231,238－240,247,295,311,316－317,340,357,496;〔十五〕252;〔十六〕468,585;〔十七〕30,59,327,347,387,425－426,446,469,489,555,557,606

广东海防司令部　〔十七〕607

广东海防司令部暂行组织条例　〔六〕343

广东航运保卫处　〔十七〕515

广东毫银　〔二〕26,200

广东黄埔公园　〔十一〕479

广东会馆　〔九〕127

广东稽勋局　〔七〕307

广东舰　〔十六〕479

广东江防司令　［四］515；［十三］680；［十四］163，182，184，231，238－239，247，295；［十六］585，631；［十七］59，64，346，348

广东交涉员　［十三］627；［十四］25，58，286，334；［十五］413，599，609；［十六］540，542，552，559

广东教育厅　［十五］349

广东警卫军　［六］493，508

广东警务处　［十七］692

广东军官同志联盟社　［十五］123

广东军医学堂　［四］54

广东军用电信管理处　［十六］651

广东军政府　［七］570；［八］159；［九］37－38，390；［十二］78，，；［十六］10

广东领事团　［十四］264

广东陆军测量局　［十五］338－340，621；［十七］272－273，283，295－296

广东陆军第一军　［十三］620

广东陆军学会　［十三］240

广东陆军医院　［十四］152

广东民军　［七］484；［九］33，37

广东募债总局　［四］24

广东农业专门农学科　［十五］238

广东农业专门学校　［十四］452，466－467

广东女子师范　［三］437

广东女子师范（学校）第二校　［十］79

《广东七十二行商报》　［九］113－114

广东钦廉分部　［十六］95，123

广东琼州分部　［十三］182；［十六］126，158－159

广东全省爆竹类印花税分处　［六］77，81

广东全省筹饷总局　［六］490－491；［十五］578，586；［十七］726－727，751－752

广东全省船民自治督办　［十七］498

广东全省船民自治联防　［六］161－162，164，168，180，183，185－186，205，207，229；［十四］300，384，401，463，586；［十五］15，30－31，47，341；［十七］348，406，494，512

广东全省船民自治联防保澳团暂行章程　［六］183

广东全省船民自治联防督办公署查验枪炮照暂行章程　［六］211

广东全省船民自治联防督办公署发给旗灯暂行章程　［六］210

广东全省船民自治联防经费章程　［十四］587，589

广东全省船民自治联防事宜　［十四］299，559

广东全省船民自治联防通则　［六］161－162

广东全省船民自治联防总分局暂行章程　［六］168

广东全省官产清理处　［六］151；［十四］77，89，115－116，139，160－161，195，231，250，254，292，327；［十五］104；［十七］28，90

广东全省经界总局　［六］52－53

广东全省经界总局规程　［六］53

广东全省警务处　［十四］496，577，579

广东全省民产保证处　［十五］133，547

广东全省民产保证章程　［六］226

广东全省民团督办　［十七］652

广东全省内河商船总公会　［十四］588

广东全省沙田清理处　［十四］416，583；［十

五]80,547

广东全省商会联合会　[十三]478

广东全省奢侈品印花税经理处　[六]502

广东全省田土业佃保证局　[十四]315;[十五]183;[十七]346

广东全省田土业佃保证局组织简章　[六]119

广东全省烟酒公卖局　[十四]495,504,506;[十五]547

广东全省印花税　[十三]640-641

广东全省治河督办　[十七]431

广东全省自治期成会　[十三]431-432

《广东日报》　[十二]401,404

广东沙田清理　[十五]200,280,294,322,327,336,378,407,412,473,501,503;[十七]558,572,580-581,747

广东沙田清理处　[六]170,324;[十五]80,108,199-200

广东沙田验领部照处　[六]155-156;[十七]382

广东沙田验领部照章程　[六]155

广东善团总所　[六]228;[十四]451

广东省财政厅　[十]409;[十四]576;[十五]89,124,390;[十六]382

广东省长　[四]167,171;[八]87;[九]478,526,572;[十二]169,492;[十三]479,613,617,628,631-633,636,642,647-648,652,655-658;[十四]4,26,31,33-34,49,53,56,74-76,93,105,115,124,143,145,147,170,172-173,175,184-185,189-190,194,196,198,202,206-207,212,225-227,231-233,236,238,247,250,270,275-276,279,283,312,314,318,329,340-341,345-346,348,350,362-363,382-383,386-387,391,394-395,401,415,420-422,428,435-437,448,450-451,454,457,459,461,466-467,480,484,488,490,493-494,515,518,520-521,526,544-545,549,554-555,559,561,564,573-574,576-577,579,583,586-587,589,597-598;[十五]31,34,36,44-45,47,49-51,59-60,63,103-105,108,117,119-122,127,132-133,138,141,147,149-150,171,179-180,182-183,185,199-200,208,210-211,231,234,240,242-243,245-246,249,253-254,256,259,262,265,268-269,272,274,278-281,284,286,289-290,296-299,303,307,314,322-324,332,335,342-343,354-355,358,366-368,370,378,386-387,391,403,405,409,415,417,420-421,447-449,457,469,471,480,483,495,500-503,506-508,510-511,513-514,520-523,526,538-539,543-545,550-553,558,561-562,565,569-570,572,578,584-586,590-591,600-601,606-607,610,613,615,621-623,628,631,633,642,652,658,665;[十六]380,459,510-511,557,561,638;[十七]33,96,98,115,117,321,328,351,367,436,465-467,475-476,509,525,529,541,548-549,564,630-631,635,637,662-663,692

广东省长公署　[六]74,345;[十三]652;[十四]34,233,329,428;[十五]447,585,642;[十七]466-467,476

广东省公署 [十]395

广东省教育会 [六]479

广东(省)警卫军 [十四]573,583;[十五]74,618,653;[十七]484,492,495

广东省立银行 [二]25;[六]54,58,71,374;[十三]478,528,616;[十四]126;[十五]97,100;[十七]471

广东省临时议会 [九]35;[十六]11-12

广东省署 [十四]391;[十五]347,360,466

广东省学生联合会 [十三]373

广东省议会 [四]423;[九]376;[十]69,320,332-333,340,343,351;[十二]13;[十三]266,280,294;[十五]147

广东省银行监理官 [十七]213

广东省银行纸币委员会 [六]140;[十四]269

广东省垣盐警指挥办事处 [六]140;[十四]306

广东省总工会 [十]781

广东水师统带 [一]66

广东四邑两阳分部 [十六]133,176

广东讨贼军 [八]183-184;[十四]156;[十六]510;[十七]16

广东讨贼军别动队 [十七]545

广东讨贼军第二师 [十四]305,311;[十七]95,163

广东讨贼军第三师 [十四]305;[十七]32,450-451,648

广东讨贼军第四军 [十三]661;[十四]305;[十七]17,65

广东讨贼军第一师 [十三]661;[十四]218,305,521;[十七]64

广东讨贼联军 [十六]556,558

广东特派交涉员 [六]345;[十四]118;[十七]707,743-744

广东田土业佃保证局 [六]115

广东田土业佃保证章程 [六]115-116

广东铁路护路司令 [十七]515

广东同盟分会 [七]285

广东同乡会 [八]541;[十]245,248,457

广东图书馆 [十五]307

广东维持省立纸币联合会章程 [六]374

广东维持纸币联合会章程 [六]373

广东无线电报局 [十五]590;[十六]554;[十七]577

广东无线电报总局 [十三]657,677,682;[十四]13,15,36,49,67,70,102,234;[十五]403;[十六]649-650;[十七]21,626

广东无线电总局 [十三]639,682;[十四]67;[十五]88

广东无烟药厂 [八]247

广东西江戒严司令 [十七]182

广东宪兵司令 [十四]51,60,353,355;[十七]66

广东宪兵司令部 [十四]51,60

广东新军 [七]240;[十一]176;[十三]11;[十五]551

广东新军起义 [十一]176

广东宣传局 [六]33;[十四]62,92,268,281,326;[十七]148,150,189,369-370,409

广东巡抚 [二]296

广东盐务缉私舰队主任 [十七]327,347

广东盐务稽核分所 [六]59;[十四]3,11,48,247,258;[十七]89-90,322

广东盐运使署 [十五]245

广东药房　［十八］57

广东医学堂　［十一］51

广东银行　［七］550,552；［九］413,419 –
420,533,595；［十］744；［十三］477；［十
六］556；［十七］471

广东印花税　［十三］647

广东印花（税）分处　［十三］647；［十五］
547,571,588；［十七］107

广东游击队　［十六］140

广东造币厂　［六］69,324；［十四］50 – 51,
54,56,76；［十五］423；［十七］80,88,92,
527 – 528,537

广东造币分厂　［六］69,72 – 74,313；［十
七］229,263,268,534

广东造币监督　［十七］408

广东造币余利凭券基金委员会章程　［六］
71

广东造币余利凭券条例　［六］69 – 70

广东招抚局　［十三］254；［十六］214,322

广东肇庆分部　［十六］133,176

广东政务厅　［十六］462,553,567 – 568,
638；［十七］118 – 119,365,466,636 – 637

广东支部　［四］314；［七］389；［十三］633；
［十五］147；［十六］37,78,125,147,149,
165,167,413；［十七］202

广东治河　［十五］273,663；［十六］407；
［十七］759

广东治河督办　［十五］259,303,314,321,
338,353,368；［十七］415 – 416,429,550
– 551,564

广东中国同盟会支部　［四］314

广东中国银行　［四］420 – 421

《广东中华新报》　［十八］183

广东总工会　［六］374,479；［十五］551

广东总司令　［四］487；［十三］473 – 474；
［十六］459,511

广海（舰）　［十四］295；［十五］167

广金（舰）　［十四］367；［十六］479

广九车站　［十］573；［十四］375；［十五］
172

广九借款　［七］321

广九军车管理处　［十五］177

广九路附加军费　［十五］,197

广九路附加运费　［十五］175,197

广九（路/铁路）　［一］187；［四］154；［八］
461；［九］433；［十］509,511 – 512,515 –
516,559；［十四］14,114,122,124,214 –
215,287,297,384；［十五］93,131,169,
170,175,197,282,315,377 – 378,388,
622,656

广九铁路护路司令　［十五］93,103,172,
174 – 175,226；［十七］516,528

广九铁路警备司令　［十五］121,170

广九铁路局　［十七］444,574 – 575,582

广九铁路军车处　［十五］388

广九铁路军车管理处　［十四］114,122,
124；［十七］556

广九铁路洋总工程司　［十四］384

广南船澳及解除总办　［十七］30

广南船厂　［十七］30

广宁绥辑善后　［十五］592

广三路局　［十五］454；［十六］536；［十七］
445

广三（铁）路　［十三］271,475；［十四］189,
369,473,481,483；［十五］455

广三铁路附近财政处　［十四］186,189

广三铁路管理局 〔十五〕453；〔十七〕431，444，465，715

广三铁路警队 〔十六〕486

广三铁路局 〔十三〕624；〔十五〕454－455，547；〔十六〕536

广韶电话线路经费 〔十四〕55

广韶铁路 〔九〕405

广生公司 〔八〕23

广西财政厅 〔十六〕420

广西抚河招抚使 〔十五〕308

广西革命军 〔十六〕91，140

广西号 〔九〕599，602

广西建国军 〔十五〕479，528

广西矿务处 〔十六〕421

广西陆军步兵第二旅 〔十六〕432

广西陆军步兵第一旅 〔十六〕432

广西陆军第一师 〔十六〕432，438

广西全省清乡督办 〔十六〕439

广西全省绥靖处 〔十五〕563；〔十七〕713－715

广西榷运局 〔十七〕257－258

广西善后处 〔十四〕520

广西省长 〔十三〕456，474；〔十七〕690

广西讨贼军第一军 〔十四〕460；〔十五〕26；〔十七〕333

广西同志会 〔十二〕98

广西问题 〔十二〕106；〔十三〕404

广西政务厅 〔十六〕419

广西支部 〔十六〕33，125，148

广雅书局 〔三〕367，379

广阳军务总办 〔十六〕9

《广益华报》 〔十三〕176

"广玉" 〔十四〕367

广肇公所 〔八〕382；〔九〕33，54，638

广智书局 〔三〕99，104

《广州报》 〔八〕522

广州兵变 〔四〕483，485；〔十三〕583

广州兵工厂 〔十〕582

广州潮州会馆 〔九〕464

广州成都铁路金币借款合同 〔六〕16

广州大本营 〔二〕4，220；〔九〕550，567－568；〔十二〕484；〔十四〕321；〔十五〕656

广州登记局 〔十四〕19

广州地方检察厅 〔十三〕264；〔十六〕266，278，294－295，415，563，637；〔十七〕217

广州地方善后委员会 〔十四〕451

广州地方审判厅 〔十四〕283；〔十五〕44，401－403；〔十六〕261，273，415，554，595

广州地方厅民二庭 〔十六〕273

广州电报局 〔十四〕55，256，335，358；〔十五〕41，283－284，286；〔十六〕564

广州电话局 〔十四〕307

广州粪溺出口捐 〔十四〕543－544

广州工人代表会执行委员会 〔十五〕551，553

广州工人代表执行委员会 〔十〕745

广州公安局 〔十五〕538

广州国会 〔八〕52，131；〔十三〕378，381

广州国会非常会议 〔四〕417－418，420；〔九〕336，360，495；〔十六〕314

广州华商银行 〔六〕344

广州华商银行监督清理委员会章程 〔六〕344－345

广州汇丰银行 〔四〕571－572

广州交涉员 〔九〕314，323，366；〔十六〕250，343

广州警察局　［四］74；［十二］492

广州军务处　［十三］541

广州临时省会　［十六］11－12

广州岭南学校　［十三］235

广州领事团　［十二］393；［十四］348

广州龙眼洞乡局　［十八］410

广州《路政丛报》　［十八］405

广州律师公会　［六］86,89,345

广州密谋　［二］306

广州起义　［三］140；［七］234；［九］13；
　［十］663,719,763；［十一］9,51,84,137

《广州日报》　［九］604

广州三月二十（廿）九之役　［七］406；［十
　一］189

广州商团　［四］562；［八］514；［十］615,
　737,766,779,803,810－811；［十二］458；
　［十四］484；［十五］509,519,528

广州商团事件　［四］571；［十二］434；［十
　五］519

广州省河砖瓦炉泥运输保护处　［十五］657
　－658

广州石牌乡团　［十八］407

广州市财政局　［六］170,324；［十四］486；
　［十五］103

广州市柴行同福堂　［十四］527

广州市车辆交通罚则　［六］27

广州市电报局　［十七］40

广州市东亚酒店　［十七］715

广州市防务馆　［十四］210

广州市粪溺出口捐　［十四］544

广州（市）公安局　［六］60,313,324,328,
　509；［十三］673；［十四］21,114,139,158,
　191,254,256,270,346,481,484－485,523

－524,533,554,570,586,589,597；［十
　五］32－33,39,92－93,198,279,507,
　510,590,594－595,618－619；［十七］673

广州市联军军警督察处　［六］491；［十五］
　618,620,626,648,663,667；［十七］746,
　748－749,762

广州市民产保证局　［六］229,324

广州市民产保证条例　［六］135

广州市民产保证条例施行细则　［六］136

广州市权度检查执行规则　［六］281

广州市善后委员会　［十五］520

广州市商团　［十四］461；［十五］507

广州市市长选举条例　［六］476

广州市市长选举暂行条例　［六］477；［十
　五］551

《广州市市政公报》　［十八］390

广州市（市）政厅　［六］27,135,137,151,
　191,345；［十三］674；［十四］27,96,112,
　139,158,238,318,484,549,576,587；［十
　五］28,92,139,208,210,240,544,547,
　558,642,652

广州市特别党部　［十］730

广州市政　［三］345；［十四］266

广州市政厅　［四］584

广州市政厅财政局　［十五］253,255,547

广州水路系统　［一］133,142

广州特别市商民协会　［四］124

广州特别市执行委员会　［十五］323

广州通讯社　［四］554

广州外交后援会　［八］98；［十三］316

广州湾之失　［三］47

广州卫戍司令部　［四］154；［十四］559

广州卫戍总司令　［四］493,515；［十三］

642,648;〔十四〕14,21,28,163,168,182,184－185,188,220,227,231－232,234,238－239,247,254,302,415,417,428,430,436,457,461,467,484－486,553－554,559;〔十五〕74,150,152,198,452,473,586,657－658;〔十六〕560;〔十七〕31,59,76,294,343

广州香山公会 〔十三〕367

广州新军之役 〔十一〕177

广州耶稣教联合会 〔十〕82

广州医学共进会 〔十〕83

广州政府 〔三〕332,334;〔四〕535;〔六〕24;〔八〕465;〔九〕477,584;〔十〕619,803－805;〔十二〕135,142,226,251,337,478;〔十三〕328;〔十四〕348,426

广州之役 〔三〕133;〔四〕285,525;〔十〕615;〔十四〕488

广州中国国民党中央执行委员会内之政治委员会 〔十五〕628

广州中上四校经费委员会章程 〔六〕506

广州众议院 〔十三〕307,312,361

广州重庆铁路公司 〔一〕233

广州总商会 〔六〕58,70－71,179,228,234,236,239,313,328,345,374,479,495;〔十〕85;〔十四〕144,451;〔十五〕657

广州总统府 〔九〕496;〔十二〕137

规复保商卫旅营办法 〔六〕9

规复约法宣言 〔四〕382

癸丑革命 〔四〕384

癸丑讨逆 〔四〕379

癸丑之变 〔四〕503

贵币百元加一之税 〔十五〕518

贵池小学 〔十三〕27

贵州建国军 〔十五〕479

贵州省长 〔十六〕421－422

贵州省议会 〔七〕308－309

贵州司令长官部 〔十六〕142

贵州支部 〔十六〕126,150

贵州中华革命军 〔十六〕80

贵族、平民两院 〔三〕129;〔十一〕175

贵族院 〔九〕275

桂滇各军 〔八〕320

桂疆 〔十三〕599

桂局 〔八〕366,387;〔九〕486,604;〔十〕432;〔十二〕315;〔十五〕234

桂军 〔三〕394,398－399,408;〔四〕96,116－117,417,454－455,492,505,515;〔八〕177,196,203,205,215－216,233－234,248,338,366,386,391,399,404,422,430,433,446,448;〔九〕291－292,295,359,409,415,418,424,437,440－441,450,457－458,460,465－466,516,620;〔十〕333,341,405,448,500,508－510,512－513,572,576,662;〔十二〕99,102,121,123,258,263,265,271,287,308－309,325－326;〔十三〕190,272－273,305,323,428,588,597,599－600,603,614,618,646,649;〔十四〕305,436,471,476,544,554,594;〔十五〕5,10,39,52,116,131,175,202,224,234,240,324,332,368,378,414,523,586,656;〔十六〕535;〔十七〕350,415,635

桂军第四军 〔十七〕411,415

桂军总司令部 〔十五〕586

桂林广西银行 〔十六〕439

桂灵阳义龙五属联合会 〔十三〕466

桂逆　［八］213 - 214,222,238,251;［九］441;［十］470

桂孽　［四］121;［八］214,286;［九］444;［十］431

桂派　［八］157,179 - 180,387;［九］360,416

桂人　［四］116;［八］240,338,350,433;［九］358 - 359,464,471 - 472,484,489,497,549;［十］432;［十二］74,309;［十三］330 - 331,448 - 449,452

桂省风潮　［八］316,320

桂事　［四］492;［八］402;［十二］309

桂系　［四］116,450;［八］114,151,175,179,200,207,248,350,401;［九］410,425,446,449,452,468;［十］400,405;［十二］73 - 74,98,265,315;［十三］258,323,385,432,582,603

桂系军阀　［九］446;［十二］98

桂贼　［四］116;［八］146 - 147,160,177 - 178,180,183 - 184,188,192 - 193,195 - 197,199,204 - 205,210,216,218,220 - 222,224 - 225,228 - 229,233 - 235,238,242,244 - 245,250 - 252,254 - 255,257,259,266,284;［九］404 - 406,409,412,414 - 415,417 - 419,423 - 424,427,430 - 432,435,437 - 438,440,442 - 443,445 - 447;［十］397,401,431 - 432;［十三］386,388,394,409,418,422,446

国粹　［二］65,198;［十］425

国防计划/画　［三］386 - 387,389;［五］51,112

《国防计画》　［二］3

《国风日报》　［十三］539

国会　［一］55,245,260,267 - 268,278;［二］45,90,162;［三］44 - 45,76,108,126,,232,236,244,248,264,305 - 306,335,362,369 - 370,372,374,381,395,404,422,432 - 434,436;［四］73,75,94 - 95,98,115 - 116,131,136,145,161,171,287,292 - 293,317,339,343,351,367 - 370,384,386,389,391,399,401,403 - 410,413 - 420,422 - 426,428 - 439,441 - 442,447,449 - 450,453 - 454,457,459 - 461,463,465,468 - 470,478 - 484,486 - 490,493,498 - 501,508,542,549,578,580;［五］25,42 - 43,161,163,230,256 - 257,262,276,333,355,373,376,386,396 - 397,403;［六］36,134,224;［七］67,234,238,324,442,488,490,498,512,527,540 - 541,548,551,554 - 555,557,559,561 - 563,565 - 568,576;［八］10 - 11,13,15 - 19,26 - 27,36 - 37,42,45,49 - 52,55,57,63,67 - 68,87,91,94,106,123,125 - 131,144,148,151,158,175,182,206,232,281,302,305,309 - 310,313,363,393,396,416,465,498 - 499;［九］40,44,48,150,153,162,164,226 - 227,229,241 - 242,250 - 257,259,261,263 - 264,266,270,275,281,290,302,309,313 - 316,319,328 - 329,336,342 - 344,348,351,360 - 361,363,366 - 367,370 - 371,375 - 379,385,389,392 - 393,395 - 396,400 - 401,404,409,425,437,462,477,482,495,520 - 523,560;［十］35,44,47,90,136,287 - 289,312 - 313,319 - 320,326 - 328,330 - 336,340,348 - 349,351 -

352,355,362 - 371,384,398,400,410 -
414,416 - 419,450,472,476 - 483,512,
516,549,613,631,637,783 - 784,791,
799,807 - 808;［十一］142,146,199,203,
222,226,229,246 - 247,300,313,326,368
- 369,371,383 - 384,401,403,411,428,
456,461,473,479,483,486;［十二］4 - 5,
8,13 - 14,22 - 24,30,40,42,45,47 - 48,
86,90,96,100 - 102,105,118,120,123,
125,127,132 - 133,174,177 - 179,184 -
187,189,192 - 193,199,202,220 - 221,
223,226 - 229,241 - 243,246 - 247,257,
267,273,279,282,300,310,320 - 321,
417,474;［十三］10 - 11,22 - 24,228,
239,249 - 250,260,262,266,270,273,
275,280 - 281,287 - 288,290 - 291,293
- 294,297 - 298,305;［十四］87,370,426

国会独裁　［三］367,378

国会非常会议　［四］95,126,131,404,406,
408 - 409,414,418 - 419,423,425 - 426,
429,434,460 - 461;［五］372,380 - 382,
389 - 390,396,400;［七］554,557,559;
［八］37;［九］262,265,395;［十］351,
436;［十二］7,13,17,96,116;［十三］249
- 250,260 - 262,264,266 - 268,275,279
- 283,290,451 - 454,458,461 - 462,
472,577;［十六］314

国会议员　［二］120;［三］382,436;［四］
75,94,171,333,367,389,401,403,408,
412,425,430,436,494,498 - 499,542,
546;［五］109;［六］167;［七］464,550,
552,557,564 - 566,576;［八］11,50,63,
68,106,158,302,310,465,498 - 499;

［九］150,259,262,376,395,555 - 556,
569,605;［十］136,213,287,289,296,
320,322,331 - 332,339,343,349 - 351,
398,400,405 - 406,409 - 411,480;［十
一］296,383,459,479 - 480,483;［十二］4
- 5,7,22 - 23,42,78,101,121,177,185,
223,227,243,300;［十三］280,282,293,
296,326,330,335,384 - 386,451,455;
［十四］132,208,322;［十五］96,471

国货　［二］56;［三］34,38,208,279,336;
［四］120,172;［五］423;［十］792;［十三］
76,654;［十五］420 - 421,452;［十八］29,
385

国籍法　［六］285

《国际发展中国》　［四］487

国际法　［二］288,292,320 - 321,327;［三］
46 - 50,52 - 54;［六］401,404 - 405,407;
［七］84;［十四］58

国际公法　［四］431,557;［五］119,121;
［六］433 - 435;［十］469;［十五］287

国际共产大会　［二］162

国际共产党　［二］162

《国际共同发展中国计画》　［一］239,241

国际共同发展中国实业　［一］82,85

《国际共同发展中国实业计画》　［一］63,
237

国际竞争　［三］74 - 75,79;［九］319;［十］
675

国际联络委员会　［四］567;［十五］374

国际联盟　［一］242;［九］618;［十］511;
［十二］96,477,480

国际派　［二］157

国际平等　［二］215,218;［四］598;［五］

136,139；［八］484；［十二］449

国际平和　［四］335,338

国际商务　［三］38

国际私法　［三］52；［五］119,121；［六］401,405,433－434

国际战争　［一］228；［二］11,18,211；［三］192；［四］406；［十］293

国家　［一］5,8－9,12,19,36,45,49－52,54,59,67,83,90,99－100,102,104,106－107,124－125,129,147,218－219,225,227,230,232,238,241,243－244,251；［二］4－10,12－19,21－23,27,30,34－36,39－42,45,49,52,54,56－62,66,68－69,72－76,85,89,91,96－98,100－102,104－116,121－123,125－131,137,139－144,147,153,155,159－163,167－168,173,177,179－180,183,186－187,190－191,193,199,202－205,207,210,213,215－216,218－219,223,226－229,232,234－238,241－243,247－250,252－257,263,285,290,296－297,299,310,319－320,323－324,327,329,337,340,344－345,355；［三］11,33－34,36－39,42,47－48,52－53,55－56,58－59,61,69,73－74,77－79,82－85,89－92,96－104,106－107,117－118,129－130,134,138－139,141,143－146,149－155,157－158,160,163,166－171,173,175－176,180,184－188,190,192－193,197,199－204,209－212,214－218,222－226,228－232,235－239,244－245,247－250,254－257,260,265－266,268,278,280－281,302－306,311,315,317,321,324,334－335,340－346,349－361,365,370,373,376,378,381－382,385－386,391,394－395,397－399,402－404,407,412－413,415－416,419,422－424,426－427,432,434,437－450,453－463,465；［四］15,20,23,38－39,45,57,61－63,72,76,91,105,108,112－113,115,126,128,130－131,140,145－146,151,155,175,177,261－262,278－280,282,284,291－295,300－301,304,312,315,317,319,333,336－338,340－345,348,350－351,353－354,359－360,367－369,372,376－377,380－383,390,392－393,395,397,418－419,423,425－427,429－430,432,434,437,441,448,454,456－457,460,462－467,471,473－478,480－482,484,487－490,499－500,502,504－505,510－512,516－517,522,524,527,529,533,536,544－546,549－550,553－555,557,569,573,580－581,583,585－588,590－592,597－598,603－604；［五］4,6,24－25,38－39,42－43,59,61,73－74,89,101,115－116,129－130,132,136,139,179,184,209－210,233,235,240,263,305,338,367,420,428,434；［六］3,16,18,93,97－98,113,124－126,176,231,275,296,317,349,495；［七］28,30－32,46,48,50－51,73,123,136,255,266,286,294－295,298－299,302,304,308,310,325,330,334,338,349,361,367,390,422,442－443,458,462,468,474,479,488,491,493,497,501,521,526,530,539,542－543,553－554,565－

566,568;［八］9－10,15,17,19,23,44－
45,51,59,90,98,125,128－129,160,168,
174,190,201,206,224,226,234,242,256,
259,262,272,282,284,287－288,293,
297,301－303,314,325－326,331,334,
346,348－349,352,367,377,383,386,
391,406,413－414,417,421,440,445,
460,465,475－476,480,492,495,504,
522;［十］5,8,12,16,21,24,29,39,42,
49,52,56,58,75－76,78,82－85,88,90
－91,95,103－109,111,113,117,119－
121,123－124,127－129,132－139,143,
146－147,150－151,153－156,158,161
－162,164－166,168－170,172－182,
184－186,189－190,192－195,197,202
－204,210－211,213－214,216,219,221
－222,225－226,229－230,233,235－
236,238,240－241,243－253,258－261,
263－270,275－276,278－280,285,289
－292,294,296－297,300－302,304－
305,308－309,311－312,314,316－319,
322,327,329,337－339,342－344,346－
348,351,355,358,360,365－366,369－
370,373－375,378,380－381,384,387,
389,391,393,395,401－402,406,409,
413,415,420－425,428－429,441,444,
446,449－451,453,455,457－458,460－
461,464,475,481,483,485,488－489,
491,500,504－505,507－508,512－513,
515－516,519,527,529－533,535,539,
543,545,550－551,554－558,560－562,
564,571,574－578,584,588,590－591,
594－599,604－606,609－611,613－

614,616－617,619,621－625,627－628,
630,633－635,637,648,651,653,658－
661,665,667－669,671,674－677,679－
680,684－686,688－689,691－699,701－
709,711－715,725,731,736,746－748,
752－753,761,770－773,781－784,786－
787,789－790,793－795,798,800,806－
808,811－815,817;［十一］23,32,69,95
－97,100,105,111,117－119,123,129,
134－135,137－138,140,144－146,150,
156,165－167,169,175,181,183－184,
190,194,199,204,207－208,211,219－
220,226,229,243,250,254－255,258,
268,271,273,275－280,290,293,295－
300,302,306,308－309,311,316－317,
320,333,336,339－341,348,351,353,356
－357,361,367,376,380,384,386－387,
396,399－401,405,407－408,416－417,
423,425－426,443,451,460,464,470,477
－478,481,486;［十二］8,10,13－14,19,
23,33－34,37,43－44,47－48,68,72,
75,80,83－85,89,103,108－110,115－
116,120－122,134,140－141,145－147,
149,155,159,162,167,169－170,172,
175,178,185－186,208－209,215－216,
220－221,224－226,231－233,238,240－
243,246,248,250－258,266,268,274,
277,280,283,292,295,305－307,311,
318,322,325－326,331－332,334－336,
340－341,348,350,357,363,375－376,
378,385,388－389,398,406－408,411－
412,418,424,426,434,439,447,449,453
－455,457,459,461－462,467－468,475,

506；[十三]19,22－23,33,35,38,45,60,
82,91,114－115,124－125,128,138,152,
162,200,214－215,239,260,267－268,
281,287,294,298,312,322,325,328,339,
343,348,352,359,365－366,377,395,
424,435,443,450,458－459,461,472,
476,481,483,534,541,602－603,609,
618,634,662,670；[十四]44,57,149,
155,197,208,255,274,304－306,312,322
－323,349－350,410,425,440,445－
446,488,493,496,544；[十五]21,67,77,
104,135,163,207,282,287,362,366,376,
386,431,451,520,572,579－580,649－
650,657；[十六]23；[十七]317,347,642；
[十八]154,

国家公仆　[十一]144－145

国家建设　[一]238；[三]179,441；[四]
145,503；[九]662；[十]453,761；[十二]
240,242；[十四]133－134

《国家建设》　[二]3；[三]385

国家社会党　[二]152

国家社会主义　[一]21；[二]113－114,
211,213；[三]150,189,199,202－204；
[四]338,545；[十]57－58,133－136,
424；[十二]250－252

国家社会主义者　[四]545

国家邮船公司　[五]102；[七]267

国家主义　[二]16；[三]63；[四]373；[八]
374；[十]422,424；[十三]567

国家资本　[二]177；[二]177,179

国军　[四]480,570；[五]443；[六]313；
[九]53；[十]562,613；[十二]281,293；
[十三]444,603；[十四]286

国库　[四]32,333,343,470－471,530；
[五]66,89,160,200－203,217,240,288,
304,396－397,435,442；[六]168,266,
390；[七]504,506,524；[十]97,713；[十
一]296；[十二]159,224,379；[十三]
262；[十四]149,196－198,421；[十五]
132,139,446－447,459,579

国库券　[九]495

国老院　[九]241

国立高等师范学校　[十四]313－315,382
－383；[十五]183；[十七]362,392

国立中华国民银行　[十六]439－440

国民　[一]5,48,,49,51－54,57,82,86,
90,97,100,160,214,223,244－245；[二]
17,50,54－56,58－59,61,129－130,
149,203,205,215,217－219,221,225－
227,230,233－237,263－264；[三]30－
33,42－43,45－46,48－52,56－58,60－
62,72,77－78,82,100,109,118,121－
122,151,163－165,173－175,181,185－
186,189,203－204,211,222－225,227,
229－232,236,238,240－241,244－245,
247－253,260,265,268,276,303,305－
306,311－312,321,324,347,357,372,
384,387－389,402,421,423,426－427,
431,439－440,443,458,461,466；[四]39
－40,49－50,53,63－64,69－71,98,
103,105,114－115,122－123,125－126,
144－145,155,157,166,274,279－280,
282,293－295,301－302,307－309,315,
317－318,325－328,330－331,333,336－
339,345－346,351,353－354,358,360,
362,367－368,371－372,375,380－385,

395 - 396,402,404,407 - 408,410 - 411,
416,418 - 419,421,429 - 431,438 - 439,
442,447 - 450,452,457,463,466 - 467,
469,471 - 474,477,479 - 481,485,496,
498 - 499,503,505,507 - 509,514,516 -
517,520,522,524,528,530,533 - 534,
536,541 - 550,553 - 555,558 - 562,564
- 565,568 - 571,574,576,578,580 -
581,583,585 - 589,592 - 598,601 - 604;
[五]23 - 25,35 - 40,42 - 43,58,63,159,
172,210,215,228,244 - 245,253 - 254,
259 - 260,333 - 334,416;[六]34,120,
124,377,445;[七]46,60,62 - 64,67,74,
188,197,207,249,252,254,263,273,276,
279,289,312,323 - 325,341 - 342,365,
388,407,409,423,433 - 434,442,464,
489,503,518 - 520,538,540,547,563;
[八]5,7,13,33 - 34,37 - 38,42,50,52 -
53,72 - 73,78 - 79,84,87 - 88,90,102,
109 - 110,112 - 114,126 - 127,130 -
131,133 - 134,137,143 - 144,154,182,
200,284,287,292,297,303,306,310,317,
369,395,426,480,497,503,522;[九]28,
29,30 - 32,39,44 - 45,50,75,77 - 78,
83,85,90 - 92,95,123,162,164,168 -
169,226,251,253,257,260 - 261,272,
275,280,282,293,313 - 314,330,336,
366,376 - 377,386,393,395 - 397,400,
426,479,481,485,491,501,565,569,587,
589,618,650,654,658 - 659,662;[十]4,
8,14,16 - 17,26 - 27,38,42,46,49 - 51,
58 - 59,65,69,79 - 80,82 - 83,96,118 -
120,122,124 - 127,129,134 - 135,143,

146,150 - 151,155 - 156,161 - 162,169,
174 - 176,179 - 180,183 - 185,191,194,
196 - 198,202 - 204,211 - 214,217,220 -
223,227,229 - 231,236,241 - 242,245 -
250,252 - 253,255,257,260 - 265,268 -
269,273,275,277 - 280,282,284,287 -
289,293 - 295,304,308,311 - 312,314 -
317,319 - 320,327,329,341,347,352,354
- 358,360,364 - 371,378 - 379,381 -
382,392,406,421,425 - 427,429,431,
435,444 - 447,457,468 - 469,478 - 481,
483 - 484,487 - 489,519,522 - 523,530 -
531,534,537,545,547,551,555,557 -
558,571,588 - 589,594 - 595,597,599,
608,614,616,618,621,623,632,642,667,
684 - 686,694 - 699,705,707,709 - 714,
760 - 761,780,783 - 785,787,789 - 791,
793 - 797,799,801 - 802,806,808 - 813,
816;[十一]36 - 38,67,131,144 - 145,
156,197 - 200,202 - 203,246,274,276 -
277,289 - 290,293 - 294,301,303,307,
312,315 - 317,330,332,341,343,348,
350,354,356,364,370,373 - 374,376,379
- 380,385,388,392,416 - 417,425,429,
451,454 - 455,457 - 458,465,474 - 475,
486;[十二]10,23,30,39,41 - 42,49,52,
64,68,92,108 - 109,113,118,127,142,
147,160,180,195,232,240 - 243,266,268
- 269,282,288,298,320,335,345,353,
363,365 - 366,368,376,386,390,418 -
419,423 - 426,429,433 - 434,436 - 443,
448 - 449,452,465,468,470 - 473,477,
480 - 481,504;[十三]10,19,22 - 23,29

－30,34,44－45,81,98－99,117,119－
120,125,130,133,135,139－140,147,156
－157,242,247,249,262,274,281,290－
291,293－294,310,317,322,328－329,
337－339,343,369,383,389,393,429,
457,472,476,577,582,665;〔十四〕155,
191,265,285,300,426,431;〔十五〕288,
372－373,375,477,673,677;〔十八〕189,
228,256,295

《国民报》　〔一〕71;〔三〕54,429

国民参事院　〔七〕261－262

国民大会　〔一〕44;〔二〕137,217,219;
〔三〕241,243,246,248,423,427;〔四〕288
－289;〔六〕132;〔八〕42,200,206,286;
〔九〕57,255,390;〔十〕588,811;〔十一〕
167;〔十二〕367;〔十三〕16;〔十五〕499

国民代表　〔二〕216,219;〔三〕225,243,
248,389;〔四〕350,601;〔八〕90,94;〔九〕
661－662;〔十〕291,519;〔十二〕449;〔十
三〕316

国民党　〔一〕57;〔二〕22,35,63,116,157,
167,169－176,184,193,212－213,224－
227,232－236;〔三〕230,232,318,326－
327,339,341,348;〔四〕74,92,124,128,
137,260－262,271,335,338,344－345,
349,351－352,360－361,364－365,370
－371,389,436,455,503,539,541－543,
545－546,557,564,571－573,596－599;
〔五〕357;〔六〕129;〔七〕302,326,340,
342,476,512,514,516,528,531,533;
〔八〕22,90,136,170,264,302,361,452,
503;〔九〕141,182,385,604,608,653,
655;〔十〕100,105－106,108,133,135－

137,162－163,166,170,175－176,180－
182,184,195,200,205－206,211－214,
245－249,267,269－270,282－283,402,
440－441,530,532,543,548,552－555,
557－559,563－565,567,569,582,600,
602,606,610－611,622,624,627,630,632
－634,636－637,641,643,651－652,725,
746－747,750－752,769,777,796－797,
800,803,809－811;〔十一〕313,361,367
－368,371,376,383,396－397,399,401,
406,408－409,413,436;〔十二〕22,35,
152－154,162,168,172,182,194,226,
229,231－232,234,245,257－258,276－
277,303－304,309,315－316,320,323－
324,339－344,352,354－356,358,368,
373,385－387,391,415,417,422,430－
431,436,447,467,491－492;〔十三〕139,
582,604,609;〔十四〕156,322－323,423,
425,446,449,588;〔十五〕375,522,638,
641;〔十六〕29－30;〔十八〕263－265,
369,418

国民党巴达维亚支部　〔十五〕522

国民党本部　〔四〕364;〔七〕326;〔九〕143
－144,156;〔十〕162;〔十三〕468;〔十六〕
365,407,598

国民党本部中央执行委员会　〔十五〕498;
〔十七〕466

国民党槟榔屿支部　〔十六〕31

国民党代表大会　〔四〕157;〔九〕588－
590;〔十〕649;〔十二〕341;〔十四〕429,
447

国民党党团　〔六〕134,219,223－224

国民党党务讨论会纪事录　〔十八〕370

国民党党员恳亲大会　［十八］369

国民党党证　［六］280

国民党第一次大会　［十四］405

国民党改组　［二］3－4,173,224,233;［四］525－526,536;［八］154,503－504;［九］571;［十］600,623－624,628,751;［十二］414,491;［十五］147

国民党广东支部　［十四］321

国民党规约　［五］227

国民党华侨联合办事处　［十四］588

国民党经费　［八］298;［十三］506

国民党坎城分部　［十八］565

国民党恳亲大会纪念册　［三］358,361

国民党理事长　［四］371;［十六］30－31

国民党理事会　［十］137

国民党孟米分部　［四］58

国民党缅甸支部　［十六］314－315

国民党南雄分部　［十四］389

国民党全国代表大会　［四］157;［八］503;［九］587－589;［十四］431

国民党上海交通部　［十］212,215,284

国民党上海执行部　［十五］498－499

国民党泗水支部　［十六］364

国民党绥远区执委　［十五］505

国民党宣言　［四］336;［十二］342,344

国民党仰光支部　［十六］365－369

国民党员　［二］174,176;［四］539;［四］164;［十］212,440,445,554,563,565,582,600,606,610,637,750,752;［十一］313,340,373,395;［十二］194,303,368,385,387,430,431

国民党粤省支部　［十］402

国民党中央执行委员会　［四］158;［八］507,539;［十四］588;［十五］323,505;［十七］459

国民党中执委　［十五］323,498,505

国民党驻墨支部　［十八］566

国民党组织教练员　［十七］318

国民革命　［二］223－224,226,232,235;［三］121;［四］259,540,555,565,567,570,579,585,590－594,598;［五］24;［六］450;［七］63;［九］662;［十］46,282,621,686,751;［十一］433;［十二］162,376,418,421,502;［十四］424－425;［十五］372,374－375

国民公党　［四］335,337－338;［十六］29

国民共进会　［四］335;［四］337－338

国民会议　［三］385;［四］166,259,262,593－595,597－599,601－604;［七］278;［九］33,56,58－59,649,656－659,661－662;［十］782－783,785,787,789－797,799,802,808－811,816;［十二］170,416－418,432－433,438－439,448,458,463,471,476,478,480,483－484,502;［十七］715

国民会议促成会　［四］601

国民会议运动　［十二］300

国民会议组织法　［四］602

国民教育　［三］243,248;［十一］392;［十二］369,385;［十三］247;［十五］666

国民经济　［八］160

国民捐　［七］301,437;［九］120－121;［十一］292,332－333;［十三］189,294

国民军　［三］50－51,243,248;［四］166,279,599;［五］23,25,29,36－37,39;［七］83;［九］310,641,651;［十］685,777,782,

789－790,796,801,816;[十一]205,246;
[十二]414,471－472,474;[十四]309;
[十五]588;[十六]230

国民协会　[七]261－262

国民性　[十一]392;[十二]368

国民议会　[四]466;[五]69,144;[十]
685;[十一]201,244－245,299

国民银行　[十二]102

《国民月刊》　[三]230;[十八]114

《国民杂志》　[十八]112

国民政府　[二]215,217,219;[三]56;
[四]289;[五]24;[十]614,631,685;[十
二]149,338,360,448,477－478;[十四]
423

国民政府建国大纲　[二]215;[四]587－
588

国民主义　[三]42,49－50,52;[五]37,39;
[七]418

国旗　[二]310;[三]257,278,280,309,
321;[四]25,556;[五]25,30,32,266,
420;[六]244,350;[九]232;[十]409,
527,532,537,675,687,762－763,852;
[十三]10－11

国情　[一]66;[二]75,99,107;[三]29,
389;[四]284,345,367,487,503,537,
551;[六]353,384,412;[七]399,;[八]
70,523;[九]153;[十]230,268,342,453,
494,537,541,554－555,589,593,773,
795,806;[十一]208;[十二]433,439

国权　[二]106;[三]51,389,403－404;
[四]104,312,369,377－378,461,469,
528;[七]451,490;[八]68,465;[九]
180,302,330;[十]88,121,127,129,134

－135,161,354,357,422,428,434,446,
487－488;[十一]34,273;[十三]60,328,
606;[十五]10,12

国史馆　[九]245;[十三]651

《国史前编》　[八]72;[十三]309

国史院　[十三]92－94,121

国是　[三]198244,283－284;[四]329,
365,374,380,408,418－420,429,479,486
－487,582;[七]474;[八]256－257,285,
308,427,455,465,544;[九]167,363,
378,568,613,662;[十]673,817;[十一]
459;[十二]268,399,410,417,423;[十
三]388,443,524;[十四]498;[十八]262

国税　[四]478,482,531,533;[五]287,296
－297,302,304,435;[六]77,265,267;
[九]156;[十二]306;[十三]650;[十五]
132,282,578

国体　[一]46－47,51－52,80,243,245;
[二]96,100,208;[三]227;[四]77,170,
266,302,314,320－321,325,336,362,
364,391,407,550;[五]3,5,24－25,145;
[七]266,440,461;[八]15,398,543;
[九]45－46,58－59,112,148,165,241,
247,422,478,537;[十]58,133,202,230,
286,411,469,487,622－623;[十一]285,
287,317,325,332,371,479;[十二]178,
243,392,480;[十三]61,84,101,284;[十
四]191,496;[十五]10－12,293

国体变更　[七]433;[十三]119

国闻通讯社　[十二]266,270,360

国无法则不立　[十]80

国务长官　[十一]144－145

国务会议　[一]245;[四]550;[五]205－

206,429,432;〔九〕661;〔十〕430;〔十三〕456;〔十六〕451

国务员 〔三〕204;〔四〕327-328,422;〔五〕159-162,205-206,214-215;〔九〕107;〔十〕111,126,154,181,189,261,382;〔十三〕75,89,133

国务院 〔三〕223;〔四〕287,354,549;〔五〕205-206;〔七〕505,522;〔八〕283;〔九〕122-123,160,239,241,243-245,251;〔十〕111,188,405;〔十二〕412;〔十三〕307,312

国务院官制 〔五〕205

国务总理 〔三〕239;〔四〕74,171,317,327-328,402,407,431,469,472;〔五〕162,205-207;〔九〕101,107,140,148,154,164;〔十〕732;〔十一〕299-300;〔十二〕228;〔十三〕74-75,89,133

国玺 〔六〕244;〔十二〕138;〔十三〕456

国有 〔一〕19,86-87,90,92,104,125,128,151,224-226;〔二〕113,156,176,213;〔三〕5772,77-78,82,85-86,89-92,94-96,98,100-102,104,113,117-119,137,150,167,173,180,189,198-199,204,211-212,215,228,261,317,407;〔四〕36,56,62,64,545-546;〔五〕244-245,270,434,440;〔六〕113,143,176,266-267,483;〔七〕321,;〔八〕288;〔九〕126;〔十〕58,88,91,128-129,135,137,146-148,153,156-158,160,166-167,172,192,202-203,267,393,403,576;〔十一〕267-270,278-279,292,295,316;〔十二〕47-48,169,251-252,327,;〔十三〕33,86,147

国有荒地承垦条例 〔六〕115,142-143

国有林开放规则 〔六〕113

国葬 〔四〕91,131,167;〔七〕518-519;〔九〕242,244;〔十三〕262,267-268,458,461-462;〔十五〕179,572,578-579,595

国政 〔二〕252;〔三〕11,243-244,249;〔四〕390,392,422,432,588;〔七〕299,302,;〔八〕284,308;〔九〕241,290,491;〔十〕9,84,117,175-176,206,220,263,361,422-424,550;〔十一〕98,124,457;〔十二〕24,178,433-434,481

国之本 〔三〕239

国族主义 〔二〕5,16,54

裹脚 〔十一〕33,167

过激主义 〔四〕499-500,548;〔九〕658;〔十二〕47-49

H

哈尔滨铁路局 〔十七〕304

哈尔滨支部 〔十七〕304

哈佛号商船 〔十五〕346

哈佛(轮) 〔九〕610-611;〔九〕610-611

哈辅 〔十五〕461

哈付轮船 〔十五〕413

哈克塞尔旅馆 〔二〕300

海琛(舰) 〔四〕494;〔八〕461;〔九〕259,425;〔十四〕254;〔十六〕7,463;〔十七〕134

海防 〔九〕459,538

"海防" 〔八〕461

海防舰队 〔十四〕227,471

海防陆战队 〔十四〕308,310,328

海防司令 〔四〕495;〔六〕343-344;〔八〕

506；[九]538；[十三]495,649,683；[十四]227,252,305,316 - 317,356,496,541,544,559,563,570,586 - 589,592；[十五]19,21 - 23,86,187 - 188,202,232,278；[十七]432

海防司令部　[六]343 - 344；[十三]652；[十四]577,588；[十五]90,258

海防支部　[十六]118,161,168

海港　[一]91 - 92,96,104,106 - 107,109 - 110,128,133 - 135,158 - 161,163 - 166,168,183,215,226；[三]289；[十一]353,356；[十二]208

海关　[一]42,66,122；[二]24 - 25,52,199 - 204,335；[三]5,163,169,396,403,447；[四]278 - 279,284,531 - 532；[五]88；[六]62；[七]506；[九]583；[十]121,196,336,404 - 405,428,486,488,532,647,665 - 666,679,703,705,763,781,786,788 - 789,792,797 - 799,806 - 808；[十一]208,210；[十二]103,112,163,328,345,434,437,443,455 - 456,459,462,467,477；[十三]324,465；[十四]352,426；[十五]26,346

海关港口附加税　[十五]128

海关监督　[七]439；[十三]465；[十五]26,606 - 607；[十六]593,651；[十七]664

海关税　[二]25,202,336；[三]5；[四]280；[五]382；[六]179；[十]39,665,788；[十二]59,330,443；[十四]264

海关税金　[十二]330

海关税收　[四]531；[十一]236,260；[十四]353

海关税则　[二]24；[十一]205

海关问题　[四]531；[十二]338；[十四]426 - 427

海关制　[十二]103,328

海军　[一]56,228；[二]40,50 - 51,119,180,253,255,345；[三]58,108 - 110,127,138,160,176,248,260,268 - 269,272,278,289,295,301 - 302,309,321,388 - 389,419,450 - 451,455,460 - 461；[四]30,94,98,116,141 - 142,298,405,407,417,420,425,430,433,447,476,515,531,534,571,573；[五]48,57,76 - 77,272 - 273,275,283 - 285,298,312 - 315,322,377,432,443；[七]41,143,147 - 148,234,295,343,421,439,484,546,550 - 552,557,559,565 - 567；[八]44,63,128,170,182,219,222,225,227,230,377,430,461 - 462,493,506；[九]187,193,200,214,216,262,272,285 - 286,328,342,358,370,395,408,410 - 412,414 - 415,418,425,431 - 434,445 - 446,448,449,454 - 459,466,,503,508 - 509,512,527,544,548,611；[十]32,67,135,195 - 196,319,321 - 322,325 - 329,333,339 - 340,351,399,418,478,517,521,523,527,676,678,680 - 682,719 - 720,753 - 754,805；[十一]58,102,171,316 - 317,341 - 342,476；[十二]3,7,13,65,71 - 72,126,172,178 - 179,181 - 188,194,196 - 197,202,205,207,216,219,318,389,465；[十三]10,264,270,280,282,308,421,432,474,482,506,524,577,583,600 - 601,604,607,611,630；[十四]9,13,37,40,43 - 44,109,295；[十五]252,260 - 261,

269，462，581，594；［十六］16，142，339，379，402；［十七］266，486，528，530

海军兵舰医院 ［四］13

海军部 ［三］109；［四］573；［五］51，56，78，113，204，283，286，292，372；［九］376；［十三］79－80，89；［十六］9，379，401

海军部官职令草案 ［五］207

海军大臣 ［十一］171

海军第一舰队 ［四］423；［十六］378－379

海军舰队 ［三］434；［四］412，414，493，515；［五］427；［七］564；［九］262，611；［十］524；［十三］649，680；［十四］43，239，367；［十五］222－223；［十六］463；［十七］59，133

海军舰队司令部参谋长 ［十四］163，182，184，231，238；［十七］134

海军舰队司令部军需长 ［十七］134

海军舰队司令部轮机长 ［十七］134

海军警卫大队长 ［十七］134

海军练习舰队 ［十五］167，222，594；［十七］544－545，549，596，739，743

海军练习舰队司令部 ［十五］269

海军陆战队 ［四］494；［五］314；［九］425；［十］409，683；［十三］520；［十五］557；［十六］462－463；［十七］282，710

海军区域令 ［五］315

海军司令部 ［五］313；［十三］485；［十四］272；［十七］134，266

海军司令部参谋长 ［十四］177；［十七］266，317

海军司令部条例 ［五］313

海军特派员 ［十七］173

海军训练舰队 ［十五］167

海军衙门 ［三］5

海军衙门章程 ［三］248

海军要塞司令部条例 ［五］314

海军总长 ［四］97，171，405，412；［五］77，377，444；［九］327；［十三］80，261－264，267－268；［十六］402

海军总轮 ［十六］570

海军总司令部条例 ［五］312

海陆军 ［一］56；［二］43，47，50－51，78，108，264，297；［三］109，271，278，289，301，305，388－389，439，441，453，465；［四］296－297，328，403，408；［五］67，132，167，169，329，339，374；［七］550，552；［八］181，476；［九］55，259，291，404，514－516，539；［十］134，183，192，194，236，250，291，294，315，319，321，403－404，416－417，434，524，634，720；［十一］102，486（参见陆海军）

海陆军大元帅 ［四］97，159，173，405，424；［五］373；［十］474（参见陆海军大元帅）

海陆军大元帅府组织条例 ［五］373－374

海陆军警同袍会 ［十］404

海陆军审计条例 ［六］282

海圻（舰） ［四］494；［八］461；［九］449，528，648－649；［九］648；［十二］196；［十四］254；［十六］462－463；［十七］134

海容（舰） ［十六］7

海外部 ［十五］632－633；［十七］701

海外财务代办 ［四］29；［五］47

海外汇业银行 ［五］172－174，208－209

海外汇业银行条例 ［五］172

海外汇业银行则例 ［五］171－172，209

海外支部通则 ［四］442；［八］172，217

海外支分部通则　［四］506

海外（总）支部通则　［四］442,506

海牙国际联会　［十］509

海牙会议　［二］61;［十一］95

海阳中国国民党分部　［十六］523－527

海约翰主义　［四］465;［八］272

海悦中国国民党分部　［十六］491

海州革命军　［十六］41

含洸商会　［十五］59

汉京铁道　［十三］16

汉军旗　［二］36

汉口市场　［十三］24

汉、满、蒙、回、藏　［二］16;［三］309,350;
　［四］294,308;［五］221;［九］61,66;［十］
　98,132,143－144;［十二］23

汉那鲁鲁　［八］493

汉人　［二］5,8,13,17,30,32－33,35－36,
　266,300;［三］11－13,22,24,55－56,
　157,189,204,340,349,403,437－438,
　447;［四］40,299,386;［五］9,21,24－25,
　30,35,37－42;［七］87,153,198,503,
　547;［八］289;［九］47－48;［十］9－10,
　13,23－26,30,250,260,269,279,421－
　422,450－451,487,539,595,603－604,
　606－607,657,731－732,760;［十一］31,
　35,123,142,171,178,202;［十二］23

汉荣公司　［十三］640

《汉书》　［三］205,216

汉阳兵工厂　［三］135,389

汉阳铁厂　［一］225;［三］150;［八］145;
　［十］98,347

汉冶萍公司　［二］165－166;［五］75,125－
　126;［九］68,75;［十］775

汉冶萍公司章约　［九］102

汉冶萍会社　［四］376

汉冶萍借款　［七］273;［十一］239,260;
　［十三］34,38－39

汉冶萍煤铁公司　［十三］38

汉冶萍铁矿　［十一］228

汉冶萍之款　［十三］38

汉冶萍中日合办　［十一］250,265－266

汉冶萍中日合办草约　［九］93

汉族　［一］50;［二］7,13,16－17,44,53,
　291;［三］11－12,22－23,25,55－56,61,
　122,152,157,161,308－309,340－341,
　343,348－350,352－353,392,403;［四］
　159,275,296,302;［五］9－10,25,35,
　333;［七］80,213,234,263,281,463;［九］
　62,100;［十］27,39,80,233,260,422,
　450,458,595,599,604,635;［十一］4,
　182;［十五］649－650;［十八］31

翰林院　［二］338,341

行会　［一］252;［十一］118－120

行会制度　［十一］117－118

杭沪铁道　［三］8

杭甫铁路　［一］187

航空局　［六］28,295,496;［八］478,539;
　［十三］592,611,630,645;［十四］46,68,
　84,106,128－129,132,148,168,195,254
　－255,302,439;［十五］20,88,97,122,
　265,327,426,430,484;［十六］464,505,
　509;［十七］300,317,670;［十八］362

航空局暂行军律草案　［六］295

航空局职员官阶表　［六］496－497

航运附加军费　［十五］127

航政局　［十四］372,437;［十五］546;［十

七]407,693

呵利市中国国民党通讯处 [十六]577 - 580,584

合办上海交易所的密约 [五]369

合德公司 [十五]73

合法国会 [四]145 - 146,441,468,485 - 486,496;[八]17,305;[九]392 - 393,521;[十]362 - 363,384;[十二]177 - 178,241 - 242,267

合肥阚氏重修谱牒 [四]111

合济公司 [十四]495,503 - 504,506

合兴公司 [三]8;[十五]555

合益公司 [十三]658

合作社 [二]165,168;[四]545;[五]449;[六]342,452;[十]609

和赣之事 [八]297

和济公司 [十五]345,405

和平 [一]52,83 - 84,86,228 - 230,242;[二]10 - 11,34,41,44,46 - 48,58,61,67,91,158,167 - 168,172,211,213 - 214,223,232,263 - 264,288,290,296 - 297,324,343,347;[三]10,35,37 - 39,115,137 - 138,187 - 190,198,204,208,210,214 - 216,233,236,244,252,255,266,302,419 - 420,425,434,455 - 456,466;[四]73,109,278 - 280,284,286 - 288,292 - 293,295,299,301 - 302,304,307 - 308,325 - 328,343,350 - 351,355,379 - 382,417,419,430,433 - 435,437 - 442,448,450 - 452,457,460,462,464,476,480 - 481,487,489,507 - 508,515 - 517,520,529,534 - 535,569,575,577 - 578,598;[五]14,58,114,228,247 - 250;[六]

7,118,133,223;[七]41,57,239,286,294,325,333,340,342,350,409,442,484,486,488,491,521,559,563,576;[八]10,45,51,53,59,61,83,88,95,109,148,182 - 183,272,297,312,416,429,434,446,449,452,454,457,491;[十]27,41,45 - 46,55,66,73,105,107,119,122,133,189,215,217 - 221,223 - 225,230 - 231,236 - 237,239,241 - 242,245,253 - 258,264 - 267,273,276 - 277,279,282,285,328,334,352,362 - 363,365 - 366,368,370 - 372,476,484,502 - 504,518,520,614,677,680,683,749,785,791,794,799,805 - 806,809 - 810;[十一]95,140,143,156,165,181,201,208,214,226,228 - 229,233,235,242,244 - 245,249 - 251,258 - 259,267 - 268,274,282 - 283,291,295,298,337,355,397 - 398,405 - 409,414 - 417,445 - 446,451,457,486;[十二]8 - 10,12,21,24,33,39,47 - 48,71,79 - 83,85,88,90,99,137,147,150,159,193,208 - 209,222,230,246,258,266 - 268,271,273,282,284,288 - 289,291 - 292,307,323,335 - 336,375,389 - 390,411 - 412,425,433,439,443 - 444,446,457,461,466,504;[十三]115,273,290 - 291,293,312,316,320,347,602;[十四]156,426;[十五]650;[十八]262,522

和平会议 [二]61,223,232;[四]450;[九]378 - 379,389,395,533,556,662;[十]365;[十二]99,335 - 336

和平会议派 [二]223,232

和平统一 [二]223,232;[四]486,507 -

508,513 – 515,575,580;[八]367,393,
416 – 417,420,444,451 – 452,465,472;
[九]503,520,522,528 – 529,534,544,
554 – 557,642,649,661;[十]396,490,
499 – 502,510,614,781 – 785,787,789 –
790,792 – 793,796 – 797,801 – 802,809
– 811;[十一]251;[十二]261,266 – 267,
270,278,283 – 284,288,292,298,415,423
– 425,429,441,474,502;[十三]665;[十
四]78,256;[十五]524;[十六]543

和平统一宣言　[四]507;[八]419;[十]
505;[十二]270,288;[十三]665

和平委员　[十一]101

和平主义　[四]295;[十]257 – 258,277;
[十二]389,474

和议　[一]45,81 – 82;[二]41 – 42,264;
[三]12,271,294 – 295,302,434;[四]
423,440 – 441,448 – 450,453,455;[七]
431,540;[八]8,18,53 – 57,59,61,65,
67,71,73 – 74,80,83,85,88 – 89,91 –
95,98,106,109,111 – 112,117,129,134,
147,437;[九]33,48,52 – 53,57,59,68 –
69,294,310,312,315,341,352,361,377,
379,382,387,389,392,394,445,465 –
466,474,512,541;[十]351 – 352,362,
367 – 368,371,384,545,600,764;[十一]
238,246,250 – 252,349;[十二]15,39,
404;[十三]9,16,29,281,289,296 – 297,
301 – 302,307 – 308,315,321,324 – 327,
332,338 – 339,342,348,368,370,377,
379,387,391,401,420,423,429,603,609
（参见议和）

和议代表　[八]106;[十三]302

《河滨杂志》　[三]130

河道总督　[二]333

河东民军　[九]75

河口之事　[七]128,132

河口之役　[七]83

河南第二混成旅　[十六]508

河南第一混成旅　[十六]508

河南靖国军　[十六]314

河南开封府铁道　[三]8

河南陆军步兵第二旅　[十六]508

河南陆军步兵第一混成旅　[十六]508

河南陆军第二混成旅　[十六]508

河南陆军第一师　[十六]507

河南支部　[十六]124,147

河南谘议局　[九]39

河内中国国民党支部　[十六]452

荷兰殖民当局　[十三]41

荷属侨民　[四]320 – 321;[十三]84,101 –
102

核准大本营组织机构　[五]442

赫胥旅店/馆　[二]267;[十一]25

赫胥旅馆　[二]267

《黑奴吁天录》　[二]97

黑人　[二]5,43,97 – 98;[三]240,245;
[四]577;[十]19,261,263,607,686;[十
二]330

恒源公司　[十三]640;[十四]124

横滨海岸九番地佛国邮船会社　[七]17

横滨后援会　[十三]17

横滨华侨学校　[十八]89

横滨警察署长　[十一]34

横滨上金银行　[九]155

横滨正金银行　[十一]405

横滨支部　［八］425；［十六］118,160,165

横滨中国国民党支部　［十七］40,42－44,51

横水渡捐　［十四］415,417,428

衡州金库　［十五］614

红帮　［二］32

红番民族　［二］20

红花冈　［十四］211；［十五］107

红军　［八］346；［十二］160,238,314

红十字会　［四］99－100,103；［五］394,401；［八］24；［九］92；［十三］43；［十八］299

《红十字会救伤第一法》　［四］183；［十一］147

洪荒时代　［二］69

洪门　［一］67；［二］31－33；［三］22,27,340,348；［四］22－23,271－275,361－362,372－373；［五］8－10,357,412；［六］44；［七］35,170,194,220,235,237,384－385；［十］37,80；［十一］176；［十三］167

洪门筹饷救济局　［八］41

洪门筹饷局　［四］273

洪门萃胜堂　［十］37

洪门三合会　［二］30

洪门致公堂　［十一］188

《洪水以后》　［十八］149

洪宪　［一］243；［三］275,433,445；［四］115,402,461,472,526,581；［八］444；［九］501；［十］313,317,366,557,565,692；［十二］27,43；［十三］602

洪宪帝制　［四］527

《洪宪纪事诗》　［四］138－139

洪秀全起义　［二］32；［十一］149,151

鸿源公司　［十四］543－545,548－551

后方办事处　［十四］142；［十五］531

后方医院　［十四］188

后知后觉　［二］123－125；［十］262

后知后觉者　［一］41－43；［二］103

湖北第二区　［十六］67,142

湖北第二区司令部　［十六］143

湖北第三区　［十六］67,96,142－143

湖北第三区司令部　［十六］143

湖北第四区　［十六］142

湖北第四区司令部　［十六］143

湖北第五区　［十六］142

湖北第一区　［十六］67,72,142

湖北第一区司令部　［十六］143,145

湖北都督　［一］78；［十］764；［十一］299

湖北革命军　［十六］38,43,45,56,66,72,81

湖北革命军荆沙司令　［十六］140

湖北革命军司令长官部　［十六］43,140

湖北公民团　［八］339－340

湖北靖国联军　［九］283

湖北军事联络员　［十七］195

湖北劳军使　［十六］341

湖北司令长官部　［十六］143

湖北讨贼军第一路司令　［十七］374

湖北讨贼军总司令　［十七］373,452－453

湖北招讨使　［十五］550；［十七］672－673

湖北支部　［十］57；［十六］58－59,124,147

湖广铁路　［四］549

《湖广新报》　［八］79

湖广总督　［一］73,77；［三］11

湖南兵目学校　［十五］398

湖南第一军　［十四］358

湖南第一区司令部　［十六］145

湖南高等检察厅　［十六］434,445,449 –
　　450

湖南高等审判厅　［十六］434,445,449

湖南革命军　［十六］142

湖南国民大会　［九］396;［十三］365 – 366

湖南军事调查员　［十六］289

湖南劳军使　［十六］233,335,420

湖南烈士祠　［十五］649 – 651

湖南陆军第一师　［十三］265

湖南省长　［十三］471;［十七］210

湖南省议会　［九］456,462

湖南司令长官部　［十六］144 – 145

湖南讨贼军　［四］575;［十五］557;［十七］
　　210

湖南讨贼军第二路司令　［十五］557

湖南讨贼军第三路　［十五］557;［十七］
　　267

湖南讨贼军湘东第一军　［十七］241

湖南讨贼军湘军第一军　［十七］210

湖南铁道枝路总公司　［三］8

湖南援鄂之役　［三］411

湖南支部　［十六］37,125,149 – 150,165 –
　　166,450

湖南总司令　［十三］471;［十七］211

"湖山"　［十四］245

湖州中国同盟会支部　［四］314

虎门防军　［十三］3

虎门护沙局　［十五］78 – 79;［十七］512

虎门检查所　［十五］146,148

虎门禁烟检查所　［十五］146

虎门太平要塞　［十四］493

虎门要塞司令　［八］467;［十四］45,183,

247,292,479 – 480,493,554;［十五］6,
78,146,148,187 – 188,339,395;［十六］
466;［十七］19,34,88,114,398,512,597
– 599

《互助日报》　［十八］251

户部尚书　［二］30

护法　［二］213;［三］434;［四］98,115 –
117,122,131,133,136,150 – 151,162,
171,178,389,391,403,412 – 414,416 –
417,419 – 420,423,425 – 426,428 – 435,
437,447,450,452,455 – 457,459 – 460,
462,479 – 481,483 – 486,492 – 494,496,
498 – 499,504,507,514,522 – 523,526,
581,588;［五］386,403;［七］546,550,
555,562 – 563,575;［八］3 – 6,8,10 – 11,
13 – 15,19,25 – 27,33,35,44,48 – 52,54
– 57,59 – 61,63,81,83 – 84,88 – 89,92
– 93,109,111,115,121,126,128 – 129,
131,137,143,147 – 148,157,164,168,
175,179,182,190,195,205 – 206,248,
299,303,305,308,310,312,341,345,352,
383,393,396,398,422,465;［九］257,
259,261 – 263,270,274 – 275,281,283,
290,292,294 – 295,302 – 303,307,309,
311 – 312,314,317,319 – 322,328 – 330,
334 – 337,342 – 344,351 – 353,356 – 360,
373 – 377,379 – 380,395 – 398,408 – 409,
425 – 426,436 – 437,453,456,459,463,
465,468,470,472 – 476,7,482,491,506,
509, – 510,517 – 518;［十］320,331 –
332,334 – 340,343,346 – 347,349 – 352,
355 – 356,364 – 365,367 – 368,370,396 –
397,399 – 400,404 – 410,412 – 413,418,

435,476 - 484,490,504 - 507,517,524,
565,569,613 - 614,631,640,677,685,
689,692 - 693,784,791;[十一]457,486
-487;[十二]3,6,13 - 14,17,24,30,38
-40,42,45,47 - 48,96,101 - 102,105,
108,160,174,178,192,201 - 202,212,
218,223,229,239,241,257,263,268,302,
313,318;[十三]253 - 254,260 - 262,
264,267 - 268,272,280 - 281,284,289,
293 - 294,297,300,303 - 304,308,312 -
314,320 - 321,376 - 377,384,386,398,
402,416,429 - 430,432 - 433,446,461,
540,555,567,569,580,583,598 - 599,
603,608 - 609;[十四]75,180,211,358,
478,510;[十五]114;[十六]281 -282

护法赣军 [十三]364 -365

护法各省 [四]103,420,432 - 434,437,
454;[五]400;[十]351 - 352;[十二]
100,264;[十三]260,281,308,312,314;
[十四]208

护法靖国 [八]27;[十三]303,402

护法救国 [四]417,435,448 - 449,451,
454;[八]178,203,217,257;[十]352;
[十三]378,430,536

护法军 [四]433,449;[八]57,74,109,
146,165,182;[九]298,344,378,456;
[十]346;[十三]303 - 304,596

护法军政府 [八]182

护法事业 [三]434;[四]171,483,496,
507;[八]26,40,393;[九]260;[十]340,
355,364,407,483,504,517,613;[十三]
597

护法宣言 [四]441

护法议员 [四]497,512;[八]352,451,498
-499;[九]520;[十二]282,302

护法议员办事处 [八]352;[十三]552

护法运动 [四]488

护法战争 [四]423,458;[八]15;[十]
364,367;[十一]425;[十二]327 - 328

护法政府 [二]45;[四]116,434,456,486,
501,508,531;[六]35;[八]83,296,437;
[九]358,395,472,510;[十]351,405,
409,436,474,504,517,521,631;[十二]
44,102,140 - 141,173 - 174,229,281;
[十三]281,310,581 - 582;[十四]259

护法之师 [四]449;[八]286;[十]346;
[十二]23;[十三]330

护法之役 [三]433 - 434;[四]130,427;
[八]34 - 35,126,220;[十]640,791;[十
二]212,281;[十三]301,462,597,600

护国第三军 [十三]225

护国军 [七]490,501;[九]232;[十]317;
[十一]458;[十三]345

护军府 [七]478;[八]25;[十六]282

护路军 [十五]68

护路司令 [十二]382;[十五]93,121,169;
[十七]556

护沙费 [十四]580,583;[十五]78,80,
336,501 - 502

护沙局 [六]117,119 - 120;[十五]78,80,
[十七]511 - 512

护沙清佃局 [十五]80

护商 [十]507;[十四]64,117,232,558,
563;[十五]31,44 - 45,47,52,56,59 -
60,63,110,519 - 521

护商队 [十四]117,563;[十五]44

护宪军政府　[十二]429

沪都督　[九]65;[十一]237;[十三]62

沪督　[七]314;[九]42－43;[十三]44

沪杭甬借款　[七]321

沪江大学　[十]377,379;[十三]425;[十八]250;[十八]250

沪局　[九]72

沪军　[七]518－519;[九]34,39,41,50,86,617;[十三]21,30,39,44－45,134,608;[十四]213;[十六]7

沪军都督　[四]34,93,303,313－314;[七]264;[九]36,98;[十三]9,21,25－26,61－62,109;[十六]17

沪军政府　[四]303,313－314;[十三]61－62,90

沪民　[十三]44

沪南商会　[九]44

沪宁　[二]138;[三]178;[十]147,156,186

沪宁借款　[七]321

沪宁路　[三]182

沪宁路(线)　[一]182;[三]182

沪宁铁(道/路)　[一]171;[三]182;[三]8;[七]320;[十]129,152,156,161,187;[十]186

沪宁线　[一]182

沪商会　[七]407,409;[十]499

沪上和议　[八]91,94－95,97－98

《沪上评论》　[十八]56

沪事　[七]445,478,480;[八]9;[九]193,201,203,536;[十三]190

花县徐公祠　[十八]261

华北　[四]464;[八]272

华北事变　[十一]83－84

华都呀吔分部　[十六]134,177

华俄道胜银行　[五]126－127

华俄道胜银行借款合同　[五]126

华府会议　[十]529;[十二]456,480

华工　[一]28;[三]73,82,117,260,274;[四]82,103,560－561;[七]361;[八]103,159;[九]431;[十]128,145;[十二]394;[十四]191

华会　[二]496(参见太平洋会议)

华冷架中国国民党分部　[十六]612,617－618,620,622

华南共和国　[十一]138

华南联邦共和国　[十一]70

华侨　[一]7,25－26,42,64－68,71,77,164;[二]30,85－86,266;[三]122,161,267,387,413－414,417,428,430;[四]33,59－60,92,135,170,273,281,308,320,389－395,560;[五]221,233,376,407,417－418;[六]167－168,413;[七]46,64,126－127,135,139,150,154,157,170,176,180,214－215,220－221,224,228,235,237,240,285,301－302,313,384,388,453,496,503,512,524－526,529,535－536,542;[八]27,78,105,119,237,252－253,343,365;[九]27,30,89,117,226,231,246,526,590,596;[十]6－7,9,29,35,59,145,150,161,249,260,262,280,295,311－315,326－327,359,394,469,493,538,540,545,585,637,696,752,766,808,811;[十一]112,124,142－143,153,170,172,176－177,193,196,273,347,367,412;[十二]143,153,361;

［十三］11，41，84，101，175 - 176，219，222
　－ 223，228，233，244，354，410，549；［十
　四］191 - 192，323，334，339，479；［十五］
　165 - 166，441，487，599，608 - 609；［十
　六］49，71；［十八］148，376，381

华侨爱国团　［十三］161 - 162

《华侨参政权全案》　［十八］72

华侨筹款救济局　［八］39

华侨队　［四］393；［七］525；［十］311 -
　312，314

华侨护国军　［四］393；［七］525

华侨会馆　［四］390 - 391；［七］529

华侨决死队　［四］393；［七］525

华侨联卫会所　［十八］571

华侨青年会　［十八］381

华侨实业协进会　［十三］315，354

华侨书报社　［十八］16 - 17

华侨统一联合会　［十三］17

华侨五烈士　［十八］567

华侨宣慰员　［十六］491；［十七］218 - 219

华侨义勇队　［九］326；［十六］259，345

华人　［一］7，26，28，140，239；［二］245，
　263，266 - 268，271，277 - 278，281 - 283，
　285 - 286，290，292 - 293，295，299，301，
　314 - 315，319，325；［三］54，150，257，
　260，263；［四］11，21，100，185，265，274，
　287，289，560；［五］3，5，8 - 9，14，224，
　229；［六］17；［七］33 - 34，46，98，102，
　133，154，194，198，202，221，224，291，480；
　［八］279；［九］22，147，247 - 249，583 -
　584；［十］7，10，29，31，38，166，192，219，
　303，495；［十一］21，97 - 98，135，163，
　190，198，204，212，234，271，274，276，283

－ 284，286 - 287，291，308，342 - 343，412；
　［十二］45，72，80 - 81，94，148，336，392 -
　394；［十三］242；［十五］145

《华塞条约》　［八］476

华赛尔会议　［二］61

华盛顿会议　［二］50 - 52，61；［四］468 -
　469，471，473，520 - 521，582；［八］300；
　［九］501，503；［十］434，787，792；［十二］
　139，142，147，152 - 153，171，306，337，
　437，443 - 444，460；［十五］50

华盛顿限制海军军备条约　［三］419；［四］
　476

《华盛顿邮报》　［十一］227，417；［十二］
　159

《华暹报》　［七］102

华暹轮船公司　［七］567；［十三］171

华兴会　［十］283；［十一］400

华胥氏之国　［二］47，153，210；［三］368，
　380

华洋义赈会　［七］284；［十三］64，69

《华英》　［七］133

哗造中国国民党分部　［十七］260 - 262

哗造中国国民党通讯处　［十七］35 - 37

滑县之役　［四］368

化兵为工　［三］434 - 435；［四］508；［八］
　395，417，426，465；［九］518，528 - 529；
　［十］491，500，502 - 503，508，510，513，
　785；［十二］283 - 284

化古中国国民党通讯处　［十六］577 - 580，
　583

化兰京士丁　［二］135

"化思时地"　［四］562；［八］514；［九］610

化学　［十三］399

淮军　[二]32;[五]38

淮南蚌山之役　[十三]126

淮上革命军　[十六]41

还辽事件　[二]324

寰球中国学生会　[十]184

皇帝　[一]49;[二]24,30,32－33,35,40,
55,59,72－76,78－81,85－86,95－96,
99－100,105－106,110,122,124－128,
135－136,144,146,168,172－173,206,
208,273－274,307,316,338－341;[三]
22,27,36,56,131－132,139,144,146,
242,247,278,366,377－378,403－404,
422,437－439,443,445－448;[四]42,61
－62,178,292,358,367;[七]458;[八]
272,281,543;[九]44,48;[十]7－8,21,
23,38,53,109,118,120,124,178,184－
185,190,232,250,268,280,289－290,
292,294,296,298,306,317,325,336,344
－345,366,371,373,382,390,395,425,
450－452,454,482,527,530,555,561,
570,573－574,578,592－593,602,605－
607,616－619,621,623,640,658－660,
665,667,676,692－693,698,715,731－
733,760,784－785,789,803,812;[十一]
3－4,7,20,59,73,84,86,94,100－101,
105,156,178,182,201,317,425,442,457,
487;[十二]23－24,27,43,56,66,72,
112,123,132,406,442;[十三]343

皇帝治国　[二]79

皇位战争　[十]232

皇族集权　[十一]171

黄白人种　[十]285

黄白之战争　[八]491

黄帝纪元　[四]25,34－35,297,302

黄毒　[三]9

黄福　[三]38

黄冈之役　[十]762

《黄花冈烈士事略》　[四]133－134

黄花岗/冈七十二烈士　[四]52,126,140,
150,159;[十]524,552,664,762;[十]
578,617,641,645;[十三]246;[十四]
203,488

黄花岗烈士建坊　[八]189

黄花岗七十二烈士墓(场)　[十四]202;
[十八]294

黄花岗起义　[四]87;[十]706

黄花岗之役　[十七]165

黄祸　[三]38;[四]293;[七]50;[十一]
95,283,290;[十二]412

黄祸论　[三]32

黄龙帝旗　[三]309

黄埔船坞局　[十四]316－317,340－341

黄埔军官学校　[四]160;[十]775;[十二]
366;[十五]326,567;[十七]604

黄埔军校　[四]165,173;[十二]419,492;
[十五]197

黄埔陆军军官学校　[十]715,768;[十五]
483;[十七]671;[十八]402

黄浦江浚渫局　[一]106

黄色人种　[二]16;[三]250,252;[四]
595;[九]650;[十]222,242,265－267,
275;[十一]249－250,445,470;[十二]
380

黄种　[十]237,239,254,275,337

恢复中华　[一]81,243;[三]156,337;
[四]92;[五]7,10,18,20－21,24,29,42;

［七］31；［十］12 – 13，66；［十一］117，128，166；［十八］179

回纥 ［三］258

回、汉 ［八］413

回教 ［二］8，17；［三］265，283，340；［九］301；［十］163 – 165，686 – 687

回教俱进会 ［十］163 – 165

回教徒 ［九］248 – 249

《回声报》 ［十一］22

汇丰汇理借款 ［七］321

汇丰银行 ［五］102 – 103；［七］267 – 268，348，356；［九］186，610 – 611；［十］679，803；［十一］403；［十二］463；［十三］240

会昌筠门岭统税局 ［十七］726

会党 ［一］65，67 – 69；［二］30 – 33，285，290；［三］36 – 37，147，428，430；［五］10，21；［七］55 – 56，85 – 86，101，237，384，400，472；［八］72；［十］9，18；［十一］113 – 115，121，134，148，150，162 – 163；［十二］65，67；［十三］121；［十四］517

会计司 ［四］323；［五］88 – 89，431；［六］10，495；［八］292；［十二］311；［十三］108，127，527，529，601，613 – 614，617 – 618，620 – 622，625 – 626，629，635 – 637，639，642 – 644，646，649，652；［十四］3 – 9，12 – 13，15，17 – 20，22，32 – 35，37 – 41，47 – 53，62，66 – 67，69 – 70，79，84 – 90，92 – 96，98 – 103，105，108 – 110，128，131，145，148 – 149，153 – 154，171，174，181，253，268，303，331，455；［十五］9，48，59，62，69，141，145，209 – 210，244，302 – 303，313，319 – 320，327 – 328，351，381，383，456，514 – 516，518，532，559 – 560，

575 – 577，589，592，605，643；［十六］569；［十七］106，397，611，687

会社 ［二］291；［三］8，94 – 95，110；［四］376；［五］167 – 168；［六］134，219，223；［十］146，224，851

《会议通则》 ［七］542；［十一］472 – 473；［十三］224，247，357；［十三］247

会员盟书 ［五］20 – 21，23

会子 ［一］20

贿选 ［二］228，236；［三］436；［四］522 – 523，575，580，582；［八］501；［十］537，784，791；［十二］314，358；［十四］211

《晦鸣旬刊》 ［十八］123

惠济仓沙田事 ［八］480

惠济义仓 ［十五］103 – 105

惠阳安抚委员 ［十七］251

惠夜基中国国民党分部 ［十六］372，431，448，611

惠州安抚使 ［十四］142，147；［十七］176，242，260

惠州、黄冈、钦廉、镇南关、河口以迄广东新军之役 ［四］394

惠州会馆 ［六］122；［十四］310

惠州起兵 ［七］130

惠州起义 ［三］37；［九］129；［十一］93，106

惠州起义军 ［十一］90

惠州之役 ［三］430；［四］285；［七］67；［十］762

荤粥 ［四］577

混合法庭审判 ［十一］258

活打担/胆步中国国民党通讯处 ［十六］577 – 580，583

活佛　［二］72,74,79

火柴捐　［十四］415,417;［十五］391,420 –
　421,452,473

火车　［一］124;［二］92,117,133,136,138,
　150 – 151,158,161,186,189;［三］26,
　344,353;［四］244 – 245,255;［五］96 –
　97,327,349;［六］183,228,258,493;［七］
　40,82;［八］28;［九］78,506;［十］32,
　186,208,298 – 299,658;［十一］149,350,
　377,394;［十二］251,441;［十三］259,
　399,685;［十四］71,90,122,124,194,575

火/伙伟林中国国民党分部　［十七］41 –
　43,48,53

火酒取缔费　［十四］495 – 496,503 – 504,
　506

货捐　［十五］33,36,520 – 521

货能畅其流　［二］248,251,253

货殖传　［三］216

J

机关枪　［二］116 – 118,132;［三］409,464;
　［四］494;［五］341,447;［六］362,505;
　［七］404,471;［八］528,539;［九］379;
　［十］442,613,697;［十二］64,238;［十
　三］225,323 – 324;［十四］222,225,229 –
　230,242,336,573

机会均等　［一］79;［三］44,250 – 251,254
　– 255;［十二］286

机生　［一］33;［十四］102 – 103,307

鸡鸭蛋捐　［十五］142,144

积弊调查所　［四］120

积彩中国国民党分部　［十六］615,617,619
　– 620,627

基督妇女青年会　［十三］441

基督教　［二］346,355;［三］33,40,130,
　337,339;［四］292;［七］283,287;［十］
　11,138 – 139,215,241 – 243,256 – 258,
　264 – 266,276 – 277,548,558,674;［十
　一］51,392,424,470;［十二］170,331,
　459,503,506

基督教会　［四］101;［十］138

《基督教科学箴言报》　［十一］226;［十二］
　246

基督教美华浸信会　［十］92

基督教青年会　［三］338;［十］256,258,264
　– 265,267

基督(教)徒　［二］274,307;［二］307;［三］
　137,213,283,337;［八］466;［十］82 – 83,
　92,243,256 – 257,557;［十一］20,50,
　297,393;［十二］170,501,503,506;［十
　三］427

基尔运河　［三］284

缉私　［六］141,196,258;［十四］246,306,
　368,440;［十五］21 – 22,131,134 – 136,
　172,190,200,213 – 214;［十七］327,347

缉私舰　［十五］22

缉私舰队　［十四］137;［十五］136

缉私巡舰　［十五］21,134 – 135

稽查烟酒爆竹火油各种印花章程　［六］497

稽勋局　［五］207 – 208,320;［七］312,384;
　［十三］38,42,74

稽勋局官制　［五］207

畿辅之役　［三］52

激进派内阁　［十一］139

吉礁支部　［十六］35,109,153

吉礁中国国民党分部　［十六］576,578 –

580,582

吉礁中国国民党支部　［十七］23 – 25

吉军　［十三］416

吉林军事委员　［十六］325

吉隆坡华侨　［十一］143

吉樵支部　［十三］181

吉生船分部　［十六］116

吉治打中国国民党通讯处　［十七］41 – 42,
　44,50,54

急进会　［九］87

集产社会主义　［三］188 – 189

集产主义　［三］203,215;［四］544 – 545;
　［十］424,637;［十一］118

集权　［二］110,114;［三］152,421,435;
　［四］338,462;［十］192,268,294;［十一］
　323,351;［十四］133 – 134

集体主义制度　［十一］120

集贤总工会　［十五］405

几何级数　［二］14;［三］206,218

纪律　［二］222,224,230,233;［四］305,
　518,539 – 540,543,548,551,556,564,
　567;［五］27,36,216,219,305,334 – 335,
　344 – 345;［六］128,133 – 134,203,217,
　223 – 224,334 – 335,340 – 341,415,419;
　［八］41,181,503,517;［九］40,638;［十］
　49 – 50,562,570 – 571,623,626 – 627,
　649,661,731,752,774;［十一］165,270;
　［十二］63,354 – 355,357 – 359,430,432;
　［十三］12 – 13,27,278,600;［十四］403,
　405,424 – 425;［十五］163,207,235,374
　– 375,387,534,544,634;［十七］579

纪律裁判委员会　［六］334 – 335,340 – 341

纪念币　［十三］76

济弱扶倾　［二］18,66;［八］491

加二捐款　［十五］512 – 513

加盖指印说明　［五］252

加兰姐中国国民党分部　［十六］612,617 –
　619,621

加里昔分部　［十六］129,171,180

加马威中国国民党分部　［十七］6 – 9,11

加拿大北方建筑有限公司　［六］25

加拿大品夫分部　［十三］226

加拿大温哥华国民党支部　［十三］231

加拿大温尼辟分部　［十八］418

加拿大云高华埠民国维持会　［十三］146

加拿大中国国民党总支部总干事　［十七］
　132

加拿大总支部　［九］552

加拿大总支部总干事　［十六］369

加拿亚大学　［七］557

加士华利中国国民党分部　［十六］615,
　617,619,626

加收二成车利　［十五］612,655 – 656

加收客货车费二成　［十五］599

加政府　［八］459;［十一］461

加州大学　［七］293;［十一］192,273

加属华侨　［十三］209

加属总支部　［八］192 – 193,201

家族主义　［二］5,16

嘉柄中国国民党分部　［十七］167 – 170

嘉定三屠　［十］23

嘉禾章　［十三］466;［十五］335

嘉丽支部　［十六］126,167

嘉利洋行　［十三］514

甲必地分部　［十六］92,119,161

甲必地中国国民党分部　［十六］644 – 646

甲车队　[八]539；[十五]376,484,612,623；[十七]670－671,753

甲炮车　[八]528

甲午之役　[三]43,159,422；[四]377；[五]41；[十]26

驾芽鄠分/支部　[十六]118,159,172

假革命党　[十]442,580,668,710,713

假共和　[七]365；[十]180,236,312,316－317,319,321－323

假平等　[二]93－94,99

坚时中国国民党分部　[十七]167－170

间接民权　[二]144,225,234；[三]341－342,350－351,423

监察　[二]146,226,234；[三]129－130,178,370,382,423；[四]522；[五]13,52,165,188,238,257,262,270,348,352－353；[六]55,59,61,162,165,419；[十]267；[十一]174－175；[十五]169,484；[十七]670－671

监察考试两权　[十一]174

监察权　[一]232－233；[二]145－147；[三]129；[六]3；[十一]175

监察委员　[四]566；[六]218,220,222,480；[十]645－646；[十二]349,359,491；[十四]425；[十七]438

监察院　[一]44；[二]216,219；[三]129,427；[十一]175

监察制度　[二]146

监国摄政　[十一]171

监理广州华商银行章程　[六]347

茧捐局　[十一]464

检查出口谷米总分局　[十五]537－538

检查广东全省火油类经理处暂行章程　[六]498

检查药品规则　[六]290,293

《检举状》　[七]139－140

建安督办　[十五]549

建国北伐第三军　[十五]523,561,586,618,653

建国川军　[十五]479；[十七]758

建国川军第二军　[十七]757－758

建国川军第一军　[十七]757－758

《建国大纲》　[四]259,588；[八]528；[九]587,625,640；[十]632；[十二]351,418

建国大纲　[二]217,219

建国第二军　[六]504；[十五]479,502,506,508,520,523,550,569－570,586,618,653

建国第七军　[六]493,504；[十五]479,506,509,520,523,550,563,569,586,618

建国第七军第三师　[十五]563；[十七]715

建国第三军　[十五]479,506,508,520,523,550,569,586,618

建国第四军　[十五]479,506,520,523,569,618

建国第一军　[六]474,493,507；[十五]479,506,508,520,523,550,586,618,635,653；[十七]760

建国滇军　[六]474,493；[十五]479；[十五]519,546,555,569,586,610,613,617,634,638,644,646,648,651,653,656,666；[十七]742

建国鄂军　[六]474,504；[十五]479,550

《建国方略》　[一]5；[二]3,179；[三]323；[四]259,522；[八]308,528；[十]428－

429；［十二］240，371；［十三］375，531，561，596

建国方略 ［一］3，82，243；［四］514；［五］445；［十二］410；［十四］446；［十八］429

建国赣军 ［六］493，504；［十五］479，506，509，520，523，550，569，586，618，653

建国赣军警卫军 ［十七］755

建国桂军 ［六］493；［十五］479，550，556；［十七］739

建国桂军第二军 ［十七］737

建国桂军第二师 ［十七］724

建国桂军第三军 ［十七］737

建国桂军第四师 ［十七］728

建国桂军第一军 ［十七］737

建国桂军第一师 ［十七］724

建国桂军总司令部 ［十五］519，546，556，587，618，634，645，647，653，656，666

建国会议 ［十］777；［十二］415

建国计划 ［十二］421

《建国计划》 ［三］386

建国精神 ［四］487

建国警卫军 ［十五］479

建国军 ［八］528；［十五］478，486，549－550，561，602，615，638，649；［十七］651

建国军北伐第三军 ［十五］561；［十七］736

建国军北伐先遣队 ［十七］667－668

建国军北伐右翼总指挥 ［十七］667－668

建国军北伐中央总指挥 ［十七］667－668

建国军北伐总司令 ［十五］523，526，532，535；［十七］653，668，689

建国军北伐总司令部 ［六］458，504

建国军北伐左翼总指挥 ［十七］667－668

建国军大本营卫士队 ［十五］479

建国军第一军 ［十五］561；［十七］678

建国军第一师 ［十七］742

建国军滇军第二军 ［十七］742

建国军攻鄂总司令 ［十五］666；［十七］654，684

建国军攻鄂总司令部 ［十七］683

建国军攻鄂总司令部参谋处 ［十七］683

建国军攻鄂总司令部党务处 ［十七］683

建国军攻鄂总司令部军务处 ［十七］683

建国军攻鄂总司令部军需处 ［十七］683

建国军攻鄂总司令部秘书长 ［十七］683

建国军桂军总司令 ［十五］561；［十七］739

建国军琼崖军第二路司令 ［十七］754

建国军韶城联合巡查处办事条例 ［六］474

建国军宪兵司令 ［十七］730

建国军湘西援鄂第一路总司令 ［十七］734

建国军豫军第二师 ［十七］709－710

建国军豫军第一师 ［十七］709

建国军粤军第三军 ［十五］593；［十七］761，764

建国联军 ［八］528

建国联军湘军第一军 ［十七］757，759

建国山陕军 ［十五］479，506，509，520，523，550，569，586

建国湘军 ［六］474，493，507；［十五］478，519，546，550，569，586，617，652－653，666

建国湘军第三军 ［十五］572

建国豫军 ［六］493，504；［十五］479，520，546，550，569，586

建国豫军第二师 ［十五］653；［十七］719，731，734－735

建国豫军总指挥　〔十五〕567；〔十七〕709，732，734

建国粤军　〔六〕493，507－508；〔十五〕479

建国粤军第三军　〔六〕507

建国粤军第三师　〔十七〕765

建国粤军第一军　〔六〕507

建国粤军总司令　〔十五〕520，546，560，569，586，594，600－601，630，634，636，638，653，656，666

建国政府　〔四〕580－582；〔九〕477，587；〔十〕614－615；〔十二〕337；〔十四〕411

建立民国　〔三〕152；〔四〕39，285，304，386，427，503；〔五〕8，24，36；〔七〕257，503；〔九〕401；〔十〕66，171，649，734；〔十一〕120，128，442－443

《建设》　〔一〕242；〔三〕323，423；〔四〕105，443，445；〔八〕153－154；〔十二〕32；〔十三〕375，410

建设　〔九〕63，82－83，119，122，132，152，226－227，398，437，472，479，481－482，491，520，565，585，640－641，643，646

建设部　〔六〕87－89，113－114，246－247，264，273，282；〔十四〕24，27，43－44，80，171，203，235，509；〔十五〕15－17，97，388，416，418，500，516，533－534；〔十六〕550－551；〔十七〕4，32，96－97，100，139，144，172，221－223，227，230，232，240，268，320，331，335，676，682，693，722－723，760

建设国家　〔三〕244－245，249，363，375；〔十〕290－292，300，429，453，599，623－624，626，632，761；〔十二〕215，359；〔十三〕412

建设政府　〔十〕614

舰队　〔二〕345；〔三〕110，160，290，422，450，458，464；〔四〕98，161，171，430，451，494，530，533，571；〔五〕283，313，327－328，349－350，427；〔六〕198，476；〔七〕550－552；〔八〕318；〔九〕200，211，263，418－419，424，433－434，459，466，509，511，527，611；〔十〕319，431－432，523，681；〔十一〕480；〔十二〕180，200－201，213，332；〔十三〕267，499，523，664；〔十四〕43，44，177，227，286，341；〔十五〕21－22，581；〔十七〕341

谏议大夫　〔二〕146；〔三〕379

江安渔业公会　〔十三〕43

江北都督　〔十三〕79

江北革命军海州司令　〔十六〕140

江北革命军淮上司令　〔十六〕141

江北革命军通州司令　〔十六〕140

江北革命军徐州司令　〔十六〕140

江北赈灾　〔十三〕118

江防会议　〔十五〕109

江防会议之变　〔八〕440；〔十〕690，754

江防（舰）　〔八〕187，461；〔九〕457

江防舰队　〔九〕430，433，445

江防司令　〔十三〕649；〔十四〕186，267，563；〔十五〕138－139，149，520－521；〔十六〕585

江防司令部　〔四〕154；〔十〕738；〔十二〕271；〔十四〕293，436

江防司令部会议之变　〔四〕513；〔十三〕606

江防之变　〔八〕437

江固（舰）　〔八〕506，513；〔九〕608－609；

[十三]690;[十四]40,261,541,557;[十五]285,305 – 306,346,384,420,422;[十七]124,128,555,557

江海防司令部　[十三]652

江海警委员长　[十七]556 – 557

"江汉"　[十四]557

江口统税局　[十七]727

江门办事处　[十三]626;[十四]94,100

江门办事处筹饷局　[十三]645

江门东口会河厘厂　[十三]640;[十四]124,464

江门东口会河厘金厂　[十四]124

江门飞航站　[十三]645

江门海关　[十三]692,694

江门海关税务司　[十三]692 – 693

江南革命军　[十六]51

江南革命军司令长官部　[十六]52

江南合群实业公司　[十三]231

江南机器局　[十一]416

江南水路系统　[一]128,130

江南司令长官部　[十六]52

江南皖南革命军　[十六]35

江南造币厂　[五]123;[十三]14,33 – 34,85 – 87;[十六]20 – 21

江南造币总厂　[十三]80;[十六]25

江宁革命军第二旅　[十六]52,141

江宁革命军第一旅　[十六]52,141

江宁民政厅　[五]63

江宁条约　[十]24

江宁自治公所　[十三]35,83;[十六]22

江平(舰)　[十四]223,311;[十五]21 – 22,135

《江声报》　[十八]293

"江顺"　[十三]518

江苏都督　[四]74;[五]63;[九]36,162;[十三]21,26 – 27,33 – 35,43,85 – 87,100,118;[十六]13

江苏督军　[十]328

江苏革命军　[十六]54,141

江苏革命军第二师　[十六]52,141

江苏革命军司令部　[十六]52

江苏革命军司令长官部　[十六]54,141

江苏省议会　[十三]86

江苏招讨使　[十五]32;[十六]487

江苏支部　[十六]55,57,124,147,150 – 151

江苏总司令　[十七]211

江西安远分部　[十六]123,163

江西长宁分部　[十六]123,163

江西崇义分部　[十六]123,163

江西筹饷局　[十六]75

江西筹饷总局　[十七]740 – 741

江西大庾分部　[十六]123,163

江西德安(县)分部　[十六]123,165

江西德化(县)分部　[十六]122,165

江西地方暂行官吏任用条例　[六]456 – 457,466

江西定南分部　[十六]123,163

江西都督　[五]75;[十一]409;[十三]106 – 107,240

江西革命计划书　[十三]151

江西革命军赣南宁司令　[十六]64

江西湖口(县)分部　[十六]122,165

江西会昌分部　[十六]123,163

江西建昌县分部　[十六]133,176

江西龙南分部　[十六]123,163

江西南康分部　[十六]123,163

江西宁都(州)分部　[十六]123,163

江西女子公学校　[十八]60

江西彭泽(县)分部　[十六]122,165

江西萍乡县分部　[十六]128,170

江西萍乡之役　[十一]150

江西起义　[十]320

江西清江分部　[十六]128,169

江西全省警务处　[十六]485

江西瑞昌(县)分部　[十六]123,165

江西上高县分部　[十六]130,172

江西省财政厅　[十六]485

江西省长　[六]488;[十六]486,566;[十七]211

江西省萍乡之乱　[十一]148

江西省议会　[十六]64

江西铜鼓县分部　[十六]133,176

江西万安县分部　[十六]136,178

江西武宁分部　[十六]128,169

江西新昌县分部　[十六]128,170

江西信丰分部　[十六]123,163

江西修水县分部　[十六]133,176

江西宜黄县分部　[十六]133,176

江西永丰县分部　[十六]130,173

江西雩都分部　[十六]123,163

江西支部　[十三]149;[十六]38,64 - 65,124,147,163,169

江西总司令　[十六]566;[十七]211

江浙联军　[四]54

江浙战事　[十]768,778,801,809;[十二]401,404

江浙战争　[十二]402

讲武堂　[九]627;[十七]701

讲武学校　[十四]411 - 412;[十五]76,107,257,271,273,414

讲武学校监督　[十五]484;[十七]670

蒋军　[八]487;[十四]143,186,189,229,262,271,314,404,453,473,515

交通　[一]15,31 - 32,60,74,87,90,97,101,104,125,127,130,135,155,158 - 160,162 - 163,176,189,226,237,242,262;[二]27,113,117,137,143,158 - 161,177,179,189,213,300,333 - 335;[三]13,30,43 - 45,58 - 59,83,87 - 89,96 - 99,105 - 106,161,164 - 165,169 - 171,175 - 176,180 - 184,200,211,240,245,265,268,278,280,294,299,314 - 315,323 - 324,329 - 330,355,360,387 - 388,421,435,440 - 441,454;[四]36,55 - 56,299,327,348,454,456,513,576 - 577,584,594,599;[五]14,25,41,77,96 - 97,190,192 - 193,228,232,242,269,285,300 - 301,323,335,344 - 345,355,364,374 - 376,392,409 - 410,412,418,437 - 438,442;[六]27,32,109,125 - 126,157,160,245,258,343 - 344,396,411,455,483,488,493;[七]49,124,159,188,218,232,308 - 309,319,324,349,373,377,380,561;[八]44,65,92,101,113,170,363,413,462,520,538;[九]42,119,123,128,145,154,263,343,405,433,472,498,539,586,600,603,656;[十]16,24,40,44,56,58,85 - 86,95 - 97,102,113 - 116,121,123,126,128,130 - 131,144,149 - 150,155,166,168,171 - 172,178,186 - 188,192 - 193,195,209 - 211,224,

245,252 - 253,278,291,297 - 299,307,
342,374,445,447,453 - 455,458,460,
467,503 - 504,507,509 - 511,514,553,
558 - 559,578,671,678 - 679,683 - 684,
762,786,798,809,811;[十一]43,100,
126,136,173,198,277,289,292 - 295,
306,317,323,329,347 - 348,350 - 351,
362,373,376;[十二]72,112,204,210,
237 - 238,251,285,292,369,418,429,
477;[十三]36,75,77,87,131,139,144,
151,182,240,310,317,329,398,417,447,
577,605,657,680,685;[十四]57,71 -
72,82,112,122,124,136,140,154 - 155,
157 - 158,162,169,183,199 - 200,228,
235,241,244,275,331,335,354,359,368,
384,419,426,436,473,492,496,499 -
500,511 - 512,519,534 - 535,597;[十
五]10 - 12,14,40,44 - 45,47,68,93,96
- 97,127,131,138,146,170,175,179,
194,201 - 202,236,284,427 - 428,454,
506 - 507,520 - 521,546 - 547,656 -
657,670;[十六]20

交通部 [一]240;[二]217,219;[四]364
- 365,371;[五]56 - 57,83,104,106,
108,228 - 229,231,357,364,372;[七]
309 - 310;[八]165,172,201;[九]112,
115,129,149,156,217;[十]149,154,
159,175,210,267,282,402;[十一]332,
342 - 343,345 - 346;[十二]7,328;[十
三]36,46 - 47,75,78,87,89,91,99,114,
120,131,139,212;[十四]266,535;[十
六]14,27,29,71,351,363,382,387,389,
401

交通部官制 [五]76

交通部经理局龙冈办事处 [十四]535

《交通大学技击十周年纪念册》 [十八]
327

交通为实业之母 [十一]292 - 293

交通系 [八]282;[十]356

交通系统 [一]148;[十一]296

交通银行 [九]145;[十三]67

交战团体 [一]75 - 76;[三]49,52;[四]
171,439;[八]51 - 52;[九]267;[十]
337,409;[十三]290 - 291

交子 [一]20;[七]56

胶济铁道 [四]375

胶州湾之失 [三]47

《焦心通先生暨崔太君行状》 [四]97

僬侥国;[三]76

剿匪 [四]358,440;[五]404;[九]379 -
380,382,597;[十三]80,511;[十四]267,
344,567,582;[十五]111,126,128 - 130,
519 - 521,639

教导团 [十五]77 - 78,414,568,650,657

教导团大队 [十五]257

教会 [一]73;[三]69,337 - 338;[四]6,
123,376;[六]122;[七]268 - 269,287;
[九]380;[十]82 - 84,92 - 93,138 - 139,
792;[十一]196 - 197;[十二]170

教友 [四]7;[十]138;[十一]111;[十二]
170

教友少年会 [四]6

教育 [一]44,49 - 50,54,59 - 60,63;[二]
45,50,59,158,160,164,226 - 229,235 -
238,263,290,323,344;[三]26,30,32,
77,130,141,145,151,159,161,168,173,

194，201，203，207，241，243 － 244，249，253，305，324，328，330，387 － 391，394 － 395，401，408，421，427，438，441 － 442，447，465；［四］15，112，123，129，179，289，293，308，312，315，318，340，454，456，504，509，524，552 － 554，557，559，582，585 － 586，592，597；［五］24，56 － 57，77，92，136，139，146，164 － 166，229，268，276，278，281，285，295 － 296，301，303 － 305，385，392 － 394，419，421 － 422，426，437 － 438，440，449；［六］5，47，75 － 76，100，108 － 109，164，167，221，253，275，316 － 317，340，383，451 － 452，454，506 － 507；［七］4，30 － 31，159，281，291，301，338，341，474，549；［八］45，101，158 － 160，170，255，282，508；［九］101，160 － 161，472，481 － 482，501，569；［十］4，11，29，34，79，111，164，172，180，191，202，204，208 － 210，215，224，241 － 244，256，258，260，265，271，305，323，342，354，357，359，369，372，374，381，395 － 396，416，422，425 － 430，438，445 － 446，464，467，495 － 496，505，509，514，525，530，562，590，593 － 594，597 － 598，644，647，660，698，701，720，786；［十一］18 － 19，74，95，104，175，180 － 181，203，271，275 － 277，284 － 285，287，315，367，373，375 － 376，392，418；［十二］18，33，62，141，143，152，237，257，282，329，332，347，366，369，413，445；［十三］22 － 23，27，36，60，81，102，109，113，132，135，215，305，325，351，439；［十四］266，339，382 － 383，446，482，526，544 － 545，561，578；［十五］81，105，232 － 233，

246 － 248，272，470，481，500 － 501，503，562，568，632 － 633，652，654，662，666；［十七］378；［十八］260，376

教育部　［二］217，219；［五］56 － 57，104，106，108；［六］148；［七］256，286；［十三］23，31，35 － 36，39，88 － 89，102，115；［十五］272

教育部官制　［五］76

教育会　［三］361，372，388；［四］440，513，550，557，593，601 － 602；［五］278，302，305，385；［六］374，461；［九］382，422，446，453，482，536，662；［十］425，430，783，796；［十三］296，583

教育机关　［二］132，228，237；［四］597；［五］360；［六］342；［十三］102

教育今语　［十一］192

教育经费　［十四］482 － 483，526，547

教育局　［三］130；［四］119；［十一］175；［十五］232

教育厅　［六］507；［十四］482；［十五］232，269，633；［十七］321

阶级　［一］20，37，83，85，288；［二］31，33，35，93，95 － 96，103，108，134，158 － 159，161，169 － 170，178，204，207，221 － 222，225 － 228，230，233 － 235，237，297，311，329，355；［三］40，67，78，91 － 92，106 － 107，150 － 151，172，192，196，201，208，213 － 214，307，316 － 317，324，334，347，356 － 357，366，378，380，405，441，443，447，452；［四］124，216，311，313，319，336，347，501，504，537，543，563 － 565，570，583，585 － 587，591 － 592，597；［五］133 － 134，149 － 150，159，221，303，325；［六］3，124 －

125,333,459,461;[七]286,308;[八]72,
265,302;[九]114,130,662;[十]23,58,
78,93,143,203,295,388,407,424,435,
445,451,468,482,484,533,574,619,629,
660,664,684 - 685,708,747,774 - 776,
784,797;[十一]20,35,96,117,119 -
120,181,204,298,443;[十二]33,115,
153,262,364,387,390,398,492;[十三]
59,91,115;[十四]322;[十五]373,375,
614

阶级战争　[一]228,230 - 231;[二]11,18,
112,158 - 160,162,169,174,178 - 179;
[六]97;[十]403

接收官产处　[十七]19

揭示处　[四]46

节妇　[四]167 - 168;[十四]121,269 -
270,514;[十五]71,125 - 126,300,395,
542,587;[十八]361,394,398,404,420

节制资本　[二]167,177 - 178,213,226,
234;[四]538,543 - 544,598

劫夺主义　[三]45

捷克斯拉夫　[三]346

解放运动　[三]452;[九]590;[十二]385

解散国会　[三]236,276,434;[四]116,
171,359,380,399 - 400,402,405,408,
410,412 - 413,422,425,429 - 432,436,
462,464,478,482,488,527,531,581;
[七]442,463,541;[八]15,45,89,272,
310;[九]255 - 256,329,351;[十]320,
351,367,784;[十一]456,473;[十二]22
- 24,174,177 - 178;[十三]280,293,
342;[十四]75

介华连中国国民党分部　[十七]5 - 9,11

戒烟总所　[十七]423,467

戒严　[四]368;[五]65,162,271,280,283,
324 - 325,327,349,351,392,437;[六]31
- 32,160,296,332;[七]104;[九]423,
627;[十]473,579;[十一]204;[十三]
141,538;[十四]118,140,249,285 - 286;
[十五]135,479;[十六]13

借款　[一]54 - 56,80,101,232 - 235;[二]
27;[三]164,170,175,177 - 179,182 -
183,185,200,212,224,262 - 265,268,
276,332 - 335;[四]36,56,73,126,280,
332,340,342,347,355,364,367,375,389,
394,424,457,471 - 472,508,527,552,
571,573,579;[五]33,75 - 76,101 - 103,
124 - 127,169,173,179,182 - 183,187,
231 - 232,234 - 235,237,366,370,409,
423 - 425;[六]16 - 20,24,342,377,381,
387 - 389;[七]111,128,137,267 - 268,
271,308 - 309,311,319 - 321,324,342 -
343,348,384,428,465,496,503,512,538,
573;[八]64,288,372,464;[九]53 - 54,
68,74 - 75,80,91,97,112,117,119,126,
128,139,143,146,155,159,162 - 163,
168,178,196,216,265,272,275 - 276,
2788,282,330,332,342,351,356, - 357,
495,501,521,529;[十]39,43,72,96 -
97,125 - 128,141,144,146 - 148,150 -
153,156 - 161,166 - 167,195,199,327,
336,349,365 - 368,406,440,490,498 -
499,510,512,515 - 516,518,679,683;
[十一]210 - 211,215,228,239,254,276
- 277,308 - 309,313,316,318 - 319,322,
324 - 326,343,345,347,355,358 - 359,

361 - 363,371,373 - 376,396,403,409 -
410,414,416,448,480;[十二]9 - 10,23,
95 - 96,108 - 109,119,131,224 - 226,
234,283,285 - 286,438,440,448,459,
462,474;[十三]38,64,77,175,227,230,
244,332,487,499,502,523,633,683;[十
四]4,259,266,274,333,346,391;[十五]
256,362 - 363,401,446 - 447,611,615

借外债　[二]90,228,236;[三]76,149 -
150,182,224 - 225,407;[四]36,323,
422,430,437,458,478;[五]41,333;[七]
295,477;[十]40,42 - 44,72,97,125,
127,129,131,145,155,161,262,320,326,
491,511,513,575;[十一]213,292,303,
316,326 - 327,342 - 343,483;[十二]
100,233,438,442;[十三]38,108,127,
139,460,596

金宝分部　[十六]129,172

金边筹饷局　[十六]336,341,356

金佛郎案　[四]550,559 - 560,585,603

金库保管科　[十七]269

金库出纳事务暂行章程　[五]200 - 201

金库券　[六]12;[十三]660;[十四]42 -
43,69

金库券发行手续之监督条例草案　[六]12

金库券发行条例草案　[六]11

金库统计科　[十七]269

金库则例　[五]200

金库支出科　[十七]269

金陵机器局　[十六]25

金卢布　[十二]273,492

金那瓦会议　[二]61

金钱武器　[八]182;[九]377

金融枢纽　[十]199

金山筹饷局　[十三]169 - 170

金山同盟会　[十六]19

金山支部　[十三]167,191

金田村起义　[十]603

金田军起义　[二]275

金铁主义　[三]84

金竹坝战役　[十五]275 - 276

津沽铁路　[四]170

津浦　[一]100,178 - 180;[三]170,345,
355;[四]163,549,552;[九]60;[十]
127,149,154,159,809;[十一]294,345 -
346,364

津浦等路　[三]165

津浦借款　[七]321

津浦铁道　[四]379

津浦铁路　[二]113;[十二]429;[十三]
155;[十六]39

津浦线　[十五]461

津事　[七]470

津镇铁道　[三]8

津镇铁路　[三]8

锦碌中国国民党分部　[十六]523 - 526

锦全银号　[十四]69

锦瑷铁路　[十]159;[十一]345

进步党　[三]44;[四]368;[十二]27

《进步与贫乏》　[一]20;[二]214

《进步与贫困》　[三]193,206,219

进德会　[七]378

进化　[一]6 - 7,9 - 10,15 - 16,19,21 -
23,27,35 - 37,39 - 43,48 - 49,59 - 60,
221,228,230,243,245;[二]8,20,36,38,
69 - 72,75 - 77,95,108,152,154,157 -

162,174,194;[三]26,31,41,52,64 - 68,
92,126 - 129,141,188,191,200,202 -
203,211,214 - 215,224,233,240,307,310
- 312,325,331;[四]99,105,124,147,
175,315,337,407,502,504;[七]331,
340,365;[八]51,124,376;[十]17,19,
82,93 - 94,117 - 119,129,141,161,164,
194,235,288,290,323 - 324,339,343,
345,347,378,389,425,457,460,526,533,
548 - 549,564,573,593,598,638,708 -
709;[十一]161,174 - 175,206,479;[十
二]34,62,305;[十三]36,429,603;[十
八]344

进化团　[十八]78

进化之时期　[一]36;[十]117

进口洋布匹头厘费　[十五]586

进口洋布匹头厘局　[十五]587

近东病夫　[二]11,18,40;[三]125;[十]
534,686

"近江丸"　[九]218 - 220

晋军　[九]76,87,384

晋民　[九]75

晋人　[九]87

禁赌　[八]264 - 266;[十]397,401,509 -
510,513 - 514;[十二]100

禁卖人口暂行条例　[四]320;[十三]101

禁卫军　[四]38;[七]258;[十一]171

禁烟　[二]255;[四]316,325,330 - 331,
430;[六]195,197,231,258 - 259,300 -
301;[七]312;[九]71;[十]189 - 190;
[十二]361,477 - 478;[十三]68,130;
[十四]471,504,536,584,596;[十五]23
- 24,127,160 - 161,172,189,241,382,

490,552,606;[十七]485,614,744

禁烟帮办　[十七]418 - 419,427,433 -
434,448,460,486

禁烟督办　[六]169 - 170,195 - 196,227,
230,242,257 - 259,261 - 263,283,297,
300,323,363;[十四]470 - 471,473,484,
487,516,536,560,584,596;[十五]23 -
24,30,95,127,138,146,148 - 149,158,
160,172,174,188,193,240 - 241,259,
262,303,314,316,367 - 368,378,382,
409,414,443,449,457,460,490 - 491,
506,547 - 549,552,577,593,596,598,
606,616;[十七]383,423 - 425,433,435,
460,467,469 - 470,483 - 486,488,490 -
493,495,499 - 500,505,510,613 - 614,
621 - 625,629,632,635 - 636,655 - 656,
672,685,708,744,746,750

禁烟督办署　[六]196 - 197,258 - 259,
261,263,297;[十四]531,589,596;[十
五]23,138,160 - 161,188 - 189,417,
490,578,606;[十七]424,433,487 - 488,
490 - 491,494,505,510,623 - 624,632,
655,708,744,746

禁烟督办署办事细则　[六]299

禁烟督办署水陆侦缉联合队　[十五]43

禁烟督办署章程　[六]169,258

禁烟督办署组织大纲　[六]297

禁烟公所　[十三]136

禁烟会办　[十七]418,433

禁烟科　[十七]752

禁烟人犯裁判所　[十四]543

禁烟条例　[六]195,227,257 - 258,283,
309 - 310;[十五]23 - 24

禁烟制药广东总所章程 ［六］261

禁烟总分局章程 ［六］242,257 － 258

禁止贩卖人口暂行条例 ［四］321;［十三］
102

禁止买卖人口 ［四］311;［十三］59

禁止体罚 ［四］318;［十三］76 － 77

禁止刑讯 ［四］312;［十三］60

《京报》 ［三］275

京奉 ［一］99;［三］149,183,355;［四］56;
［十］127,147,152,154,156,159;［十一］
345

京奉借款 ［七］320

京奉路 ［一］99,169

京奉（线/铁路） ［一］99,188,190,197;
［二］182;［三］149,183,346,355;［十］
127,129 － 130,147,152,154,156,159,161

京汉 ［一］99 － 100,171,174,177;［二］
182;［三］165,170,345,355;［四］56,548,
552;［九］34;［十］127,149,152,154,156,
158 － 159;［十一］294,345 － 346;［十四］
323

京汉借款 ［七］320

京汉铁路 ［一］128;［二］113,138;［三］9

京沪 ［三］179;［七］382;［八］72;［九］
122;［十］334

京津同盟会 ［四］315

京张 ［一］177;［三］149,345 － 346

京张铁路 ［三］355;［十］127,129 － 130,
151,156,161

泾县煤矿 ［十三］97 － 98

经济 ［一］21,34,39,46,54,82 － 84,86,
89,97,99,107,110,127,142,156,160 －
161,163,169,221,224,227,230 － 231,
237,239 － 242,244;［二］16 － 17,20 － 29,
37 － 38,43 － 44,47,49,52 － 53,56,63,
66,85,90,96,102 － 103,112 － 113,143,
149,152 － 154,156 － 162,164,166,168,
170 － 171,173 － 174,178,182,192 － 193,
196,199 － 204,210,213,221 － 222,225 －
230,233 － 235,237 － 238,241,296;［三］
32 － 33,38 － 39,57,65 － 67,69 － 77,81 －
84,89,91 － 92,100,102,104 － 105,108,
110,112,115 － 116,119,143,151,169,183
－ 185,190,192,194 － 200,204 － 210,216,
218,220,226,251,255,265 － 266,268,
273,275,279 － 281,289,300,312,314 －
316,329,331 － 333,335,426,439;［四］
64,126,293,295,338,462,478,483,499 －
500,504,526 － 527,542,544 － 545,555,
560,570,577 － 578,585 － 587,590,592,
596 － 598,603;［五］24,172,209,244 －
245,247,305,450;［六］3,5,20 － 21,47,
54 － 55,75,97,116,124 － 126,132,176,
221,282,284,339,377,401,404 － 405,
420,424 － 425,427 － 429,431,433 － 437,
441 － 442,444,453;［七］29,51,69,72,
87,99,101,103,107 － 108,126,130,209 －
210,262,266,302,320,336,346,349,415,
421,426,435,450,463;［八］46,48,64,
91,93,96,108,145,159 － 160,199,206,
245,264,301,304,388,409,491 － 492,
512,522;［九］131,154,159,162,499,565
－ 566,590,611 － 612,654;［十］24,40,56
－ 58,112,137,165,167 － 168,195,213,
217,219,224,226 － 227,230,241,258 －
259,263,273,291,294,308,388,396,424,

428,458,466,509,536,560,566,571,
576,629,638,669,674-675,678-679,
684,700,703-705,709,712,734,743,
745,788,799;[十一]102,104,126,133,
138-139,147,170,188,192,199,204,206
-207,276,311,339,362,376,391,393,
437,480;[十二]10,21,29,33-34,75,
109-111,115,131,146,161-162,177,
226,251-253,256,285,385,387,398,406
-407,443,448,453,472,477,492,506;
[十三]24,44,125,143,158,195,212,
214,225,322,348-349,353,374,385,
428;[十四]14,126-127,445,573;[十
五]77,284,295,366,451,499,568

经济地位平等　[二]4
《经济概论》　[三]64
经济革命　[二]113;[三]155,157,316,
392,426;[四]590;[七]463;[十]200,
452-453
经济竞争　[三]73,76;[八]101;[十]58;
[十三]322;[十五]677
经济社会　[三]65-73,78,86-87,92,97,
116,118-119,280
经济问题　[二]103,153-154,167-169,
178,201,211,223,231;[三]41,73,76,
107,197,202,316;[四]485,544;[七]71
-72,107,210,360,401,405,482;[八]
355;[九]590;[十]112,192,453,638,
705;[十一]293;[十三]50;[十五]499
经济学　[一]14,16,21,28,38,230,310;
[二]193,214;[三]65,79,87,90,97-98,
113,115,118,121,190-197,204-208,
216-220;[五]119,121;[六]401,404-

405,424,432-434;[十]153,157;[十一]
127;[十二]46
经济学概论　[三]115
经济政策　[一]224;[二]113,202;[三]
74,77,84,116;[四]544;[六]401,434-
435;[十二]110
经界分局　[六]372;[十四]381;[十五]
231,280
经界局　[六]116,363,370-372;[十四]
381;[十五]200,231,259,280,294,303,
314,322,327,336,368,378,406-407,
412;[十七]557,571-572,602,605,610,
612,747
菁莲埠商会　[十五]59
旌义状　[十三]47-58
精神　[一]38,42,46,50,57,79,100,239,
250,264;[二]5,8-9,12,17,48,56-59,
61-62,64,67,97,146,163,209,223,227,
231,236,290,306,311;[三]36,63,85,
90,92-93,119,134,142-143,174-176,
181,187,189-190,202,229,231-232,
235,243-245,251-252,268,273,278,
293,303-306,308,310,321,325-327,
347,357,359,390-394,396-398,401,
407,412,416-418,426,464;[四]45,63,
104,108,112-113,116,133-135,137,
145,157,159,166,178,268,284,295-
296,305,317,325,360,362-364,367,
370,372,397,413,419,431,443,446,465,
478,504,509,520,522,527-528,532,
537,543-544,546,552,554,561,565,
567,569,571,573,575-576,578,601;
[五]24,247,396;[六]55,124,275,394,

400;〔七〕59,85,87,99,142,193,335,340,387,396,413,418,420,427,431,441,452,454,469,471,538 - 539,548;〔八〕42,45 - 47,56,81,103,115 - 116,123,126,129,134,136,143 - 144,149,170,189,206,218,232,250,265 - 266,272,290,299,327 - 328,340,355,384,392,395,400 - 401,406,424,426,429 - 430,466,499,507,523,525;〔十〕9,14,16,22,39 - 40,52,57,59,64,108,164,177,180,194,209,212 - 214,232 - 233,240,243,246,256 - 257,264 - 266,276 - 277,280,295,313 - 314,317 - 318,324,340,354 - 355,357,361,376 - 377,381,396,417 - 419,438,441,445,450,455,479,485,491,507,519,525,527,529,535 - 536,539 - 540,542 - 544,547,554,558,565 - 566,568,572,578 - 581,595,599,604,611 - 613,617,624,627,630,634,640,642 - 643,651,656 - 657,661,663 - 664,677,683,700,713 - 714,721 - 722,727,729,748,765 - 767,795,808,815 - 817;〔十一〕35,149,151,162,179,182,206,208,210,216 - 217,294 - 295,297,314,363,371,390,393,429,433,456 - 457,463,479,486;〔十三〕22 - 23,39,93 - 94,131,134,163,171,213,242,260,272 - 273,284,321,343,351,353,362 - 363,389,395,416,421,576,581,583,593,609;〔十五〕67,373,407,501 - 502,666

精神教育　〔三〕389 - 392,416;〔十〕580

精武本纪　〔四〕109

精武体育会　〔四〕109;〔十八〕232

精益眼镜公司　〔十八〕201

井田　〔三〕85,102 - 103,113,187,214,314 - 316,344,406,415;〔七〕292;〔十〕575

井田之法　〔三〕103 - 104,315;〔十〕75,171

井田制(度)　〔三〕103,354,360;〔十〕575

井字旗　〔十一〕152

景教　〔四〕6 - 7

景教碑　〔三〕30,35

警备队职务规程　〔五〕311

警察总署　〔五〕299,303

警察总署组织　〔五〕299

警监学校校长　〔十四〕561

警卫军　〔四〕38;〔九〕624,627,638;〔十二〕180,399,404;〔十四〕573;〔十五〕421,484,618,653;〔十七〕670 - 671

警卫员　〔十一〕154

竞雄女学　〔十八〕168

《敬告保皇会同志书》　〔三〕23

靖国　〔四〕414;〔八〕501;〔九〕293,299,306,334;〔十〕372,402

靖国川南民军　〔九〕318

靖国第七军　〔九〕283,365,368;〔十六〕240

靖国第一军　〔九〕288,311

靖国护法　〔四〕403;〔十三〕392

靖国军　〔四〕409;〔八〕12,285 - 286;〔九〕261 - 262,296,298,310,332,374,387,404,461;〔十三〕312,402,651;〔十六〕284,303

靖国军第二军　〔十三〕651

靖国军第一军　〔九〕288,290,311,334

靖国联军　〔四〕447;〔十三〕345

靖国联军第七军　〔九〕273,368

靖国联军第一军　〔九〕334

靖国联军湖南第五军 [十三]357

镜湖医院 [四]7-8,11

纠察权 [三]61;[十一]145-146

纠察制 [十一]146

纠察制度 [十一]146

九江商团 [十五]290

九烈士 [十八]83

九南铁道 [四]376

"九七"国耻纪念日 [四]576

九善堂院 [六]72,228,374;[十四]451

酒税 [十四]500-501,503-504

旧国会 [四]408,413,429,475;[八]10,13,55,89,310;[九]274,285,287,337,357,359,361,647;[十]328,363-364,367,369,371,398-399;[十二]9,26,41,45,47-48,155,175-177,181,281

旧金山国民党美洲总支部 [十三]209

旧金山丽蝉戏院 [十]28

旧金山同盟会 [九]22

旧金山致公总堂 [七]220

旧金山中华会馆 [九]30

旧金山中华民国总公会 [七]384

旧模范监狱废址 [十五]513

救国 [一]4,50,61,71,265-266;[二]4,9,15,17,224,232;[三]52,184,268,327,386-387,396,401-404,417-418,422;[四]92,106,108,129,135,138,156,171,360,362-363,381,385-387,391,403,409,417-419,423,427,434-435,437,441-442,444,455,471,473,508,513,520,522,547-548,569,600;[五]360;[六]126;[七]46,388,420,426,433,451-452,530,533,546,552,559,562,565-566;[八]13,27,32,34,36,40,48,54,56-59,74,84,93-94,102,110-113,115,117,119-120,123,125,129-131,133-135,138-139,142-143,146-147,150,184,189-190,197-198,205-206,222-223,225,228,236,241,243-244,266,323,333-337,341,349,357-358,362,379,405,408,425,487,499,502,513;[九]130,252-253,260,290,292,324,336-337,352,374-375,385,391-393,396-398,401,411,422-423;[十]14,29,35-36,81,88,129,161-162,206-207,233,313-314,317,325-326,352,355-357,361,363-365,368-369,410,415,420-421,429,435,479,490,492-493,496,504,513,519,535,537,548,551-560,626,637,661,706,708-710,713-714,722,727,729;[十一]57,123,148,150,168,207;[十二]38-39,41,77,103,232-233,276,317,351,486,504-505;[十三]165,175,198,247-248,265,343,348-349,351,354,359-360,370,378,386,394,408,414,430,433,536,539,586,596;[十四]46,65,175;[十五]96;[十八]231,362,406

救国保种 [十]194,551,623

救国储金 [七]433;[八]189-190

救国第八军 [八]244

救国会议 [十一]111

救国救民 [二]323;[三]395-396,399,403,407;[四]106,138,360,423,473;[五]334,345;[十]22,318-319,503,577,619,661,693,718,721,723,802;[十

二]419,505;[十三]354,414,586

救国之本　[四]442,546;[八]73,95,134,137

救国治世主义　[八]349

救国主义　[二]4,15;[四]569

救穷会　[三]226

救伤第一法　[四]185

居室工业　[一]215,220 - 221

举事方针　[十一]82

举义　[一]71;[三]27,37,429;[四]87,98,368;[五]37,269 - 270,334,337,343 - 344,346;[七]18,55,151,163,196,433,467,496,519;[八]12,30,95,115,130,259,285;[十]33,35,183,333,544 - 545;[十一]37,63,189 - 190,196;[十三]142,179,276 - 277,372,429;[十五]551;[十八]109

巨港支部　[十六]110,153,157

拒毒运动　[十二]477

拒俄　[三]284;[十一]45

捐输调查科　[十三]42,74

捐税　[三]132;[六]30,58,62,178 - 179;[十]334,393;[十四]521,550;[十五]403

《觉民日报》　[七]500;[八]328;[十八]315,316

觉民书报社　[七]298,396

掘地孖罅中国国民党分部　[十六]615,617,619,626

军备费　[三]5

军车管理处　[十四]524;[十五]175,177,622;[十七]294,299,609

军队点验令　[六]360

军阀　[一]229 - 230;[二]100,108,173,222 - 228,230 - 236;[三]320,424,435;[四]150,457 - 458,461 - 465,475,481,485,490,492,513,516,519 - 521,526 - 527,531,534,541,546 - 548,550,552,554,564 - 565,575 - 576,579,581,583,585 - 587,591 - 593,596 - 597;[六]125,450;[八]98,129 - 131,200,218 - 219,228 - 230,266,272,277,305,321,323,326,341 - 342,384 - 385,394,444,460,465,472,475,499,501 - 502,510;[九]399,431 - 432,471 - 472,481,495,503,518,544,588,590;[十]362 - 364,371,384,393,403,417,421,438,450,488 - 489,491,493,495,500,504 - 505,523,526 - 527,534,536,543,585,592,601,605,611 - 612,621,623,627,632,641,648,693,718,723,726,757,783,787,789,792 - 796,799 - 803,809 - 812;[十一]193;[十二]26,36,50,78,97 - 98,100,104 - 105,117,119,121,126,134,140,142,161 - 162,171 - 172,184,216,229,243,256 - 258,266,269 - 270,280 - 281,288,298,305 - 307,310,345,350 - 351,405,418,420 - 421,429,432,438 - 439,442,444,448,474,477 - 478,480;[十三]363,370,377,534,577,596,603;[十四]78,323,445,498;[十五]372,375,478

军阀官僚　[二]27,128,222,224,231 - 232;[三]399,447;[四]151,537,552 - 553;[十]523,543,640,658,692 - 693,760 - 761;[十二]484;[十四]445

军阀专制　[十]792;[十二]105,432

军法　[一]44；[三]427；[五]24－25,153
　－154,264,281,285,322,324－326,328,
　350,394,404,437,445；[六]26,28,296,
　458；[八]524；[十]110,577；[十一]59－
　60,105；[十二]64；[十三]303,477,637,
　641－642,648；[十四]114,152,178,212,
　362,371,491,554；[十五]87,124,129,
　252,289,668；[十六]644

军法处　[五]444－445；[六]25－26；[十
　三]641；[十四]113－114；[十五]61,
　220,252,630；[十六]471；[十七]241

军法之治　[五]24

军法执行条例　[五]322,324

军费　[二]222,230；[三]109,281；[四]
　141,350,352,392,470－471,527,549,
　555,576；[五]342,445；[六]182,228,
　313,324,493；[七]46,64,75,79,86,90,
　194,197－198,237,391,463,499－500,
　525；[八]28,242,477；[九]72,389,543,
　572；[十]42,413,437,511,514－516,
　614,653,754；[十一]72,114,116,140,
　165,354,416,434－435；[十二]319,327,
　329,367,397；[十三]143,181,220－221,
　428,606,612,649－650,667,671－672,
　676,678,686,690；[十四]8,12,18－19,
　22,37－38,89,94,245,257,259,266,284,
　301,343,346,349,403,426,432－434,
　439,468,470,482,509,546,550,573－
　574,580,583；[十五]19,34,36,54,60,
　103－105,127,131,139,155,173,175,
　197,199,232－233,239,243－244,246－
　247,251,291,377,390－391,401,403,
　407,409,417,446－448,450,452,460,

462,471,481,484,516－518,560,625,634
　－635,668

军府　[四]23,420,429,448,453－455,
　457；[五]333－334,386；[七]562－563；
　[八]14,25－27,33－34,52,66,126,151,
　175,232,256－257；[九]73,94,263,267
　－269,272,278,282,285－286,299,304,
　309,314,322－323,325,331－333,335,
　338,341－342－343,345－346,350,353－
　354,358－359,364,372,387,398,425,
　482；[十]331,333,342,349,396,399－
　400,405,407－408；[十二]5,74,100－
　101,103,108；[十三]45,254,259,278,
　288,291,314,317,344,363,378－379,
　384,386,390－391；[十六]242,281－
　282,292,301

军官学校　[五]163；[六]407；[八]528；
　[九]591；[十]716－717,726,728；[十
　二]154,366,384；[十四]309,427,456；
　[十五]77,79,167,376,414；[十七]459,
　701

军官学校筹备处　[十五]525；[十七]459

军国主义　[一]229；[三]293,295；[四]
　481,516；[八]346－347；[九]254－255；
　[十二]125,132,186,243,332,461

军衡局　[五]150,156,442；[十三]68；[十
　六]563；[十七]761

军阶　[二]342－343

军律　[五]28－29,270,322,324,330,334
　－335,345,351－352；[六]295－297；[十
　五]634

军民分治　[八]48,149,354,361；[九]332；
　[十一]317,325－326,334；[十二]281

军人乘车办法　［六］492－494；［十五］653－655,661

军人乘车章程　［六］180－182

军人社会　［十二］364,369

军人宣誓词　［六］349

军人宣誓条例　［六］350

军事部　［四］361；［五］255,310,332；［七］418；［九］647；［十一］181,460；［十二］65；［十三］149,151,155,201；［十五］678；［十六］39－48,51－58,60－61,63－67,70,73－74,78,81,93,145；［十七］701

军事裁判所　［十五］454－455

军事法庭　［二］354；［四］282

军事会议　［一］245；［四］132,305；［五］279,283,443；［七］541；［八］420；［九］593；［十］320,434－435,468,503,651,654,756；［十二］271,325－326；［十三］545,607；［十四］553

军事会议条例　［五］443

军事联络员　［十三］149,208；［十六］37,56－57,140－142,509

军事内国公债　［五］382

《军事内国公债条例》　［五］380－381；［七］561；［九］265

军事委员会　［五］444－445；［六］5,383；［十三］314；［十五］623；［十六］516,521－522；［十七］616,753

军事协定　［四］448；［九］403,466；［十］367；［十二］86

军事学教官　［十七］590,595

军事用票　［五］34－35；［七］273

军事用票发行局　［五］34

军事总部　［四］30；［五］48

军团协会　［九］90,96－97；［十六］11－12

军务局　［十七］375,377,658,707

军饷　［四］92,267,274,396,444,495；［五］26,34,46,321,323,376；［六］67－68,460；［七］59,62,76,80,263－264,333,386－387,433,460,503,538,552,557,566,573；［八］12,235,243,252,264,311－312,340－341,357,405,480；［九］54,98,106,197,343,438,511,515,552；［十］448,475,507,509,511,516,545,560,577－578,741－742,744,749,766,802；［十一］217；［十二］239,282,327,361；［十三］9,33,46－47,95,270,303,332,389,480,612,622,628,650；［十四］68,78,81,104,146,173,178,193－194,205,221,238－240,283,312,320,341,346,364,366,421－423,430,451,500,533,548－550,593；［十五］21－22,73,87,103－104,124,135－137,160－161,233,248,,268,302－303,327,379,431－441,463－465,470,487,550,552,609,611,653

军饷局　［六］483

军需工厂　［十五］446

军需品　［三］270－271；［五］314,327,349；［十二］446；［十三］7

军需债券　［四］18；［十一］111；［十五］315

军需总监　［十四］524,546,590；［十五］109,506,514－515,523,542；［十七］450－452,458,503,534－535,632,644－646,677－678,684,704

军需总局　［六］483,486－489；［十五］550,624,635,642；［十七］591

军用钞票　［三］185；［五］202－203；［十

三]38;[十四]93

军用电话处 [十六]466

军用公债券 [十四]208

军用手折 [十五]617－618,620

军政 [九]74,116,206,328,330,436－437,474,489,498,576,606;[十一]442－443

军政部 [二]217,219;[三]383;[四]154;[六]26,85,109,159,181－182,282－285,324－325,350,360－362,364,368,369,455;[八]508;[九]628;[十]614,737－738;[十三]551,651－652,655,661－663,670;[十四]9,18,26,32,61,83－84,95,107－108,129－130,153,190－191,195,220,224,229,233－235,241,245,252,254,271,275,283－284,287,297－298,308,312,318,325,331－332,353,357－361,363,377,379,382－383,388,390,392－393,406,413,421,432－434,475,478－479,490,494,505,519－520,524,527,531－532,538,546,550,554,561－562,567,569,575,590,598;[十五]4,5,28,31,37－38,40－41,52,55－56,59,61,64－65,67,69,73－74,77,82,85,87,109,120,122－123,126,135－137,143,157,160,170,172,174,176－177,179－181,183,188,193,219,252,256,276,315,398－399,418,420－421,427－429,452,480,483,495,583,595,607,619－620,645,650－651,653,658－660;[十六]570;[十七]39,67,108,174,182,185,299,375,377,451,513,609,656,658－659,707,761

军政部核发人民枪枝执照简章 [六]149－150

军政部军法处 [十五]61,136－137

军政部军法处组织条例 [六]25

军政府 [三]434;[四]27－28,33,37,96,102,116－117,171,274,290,406,408,410－411,413－415,417－421,423－426,429,431,434,438,448,450－453,456－457,460－461,468;[五]23－27,29－30,32－33,35－37,39－40,42,204,272,372,376,380－381,384,389－390,402,404,421;[七]63,80,555－557,559,561,564,566,573;[八]10,12,17,19,24－28,32,37,43－45,52－55,61,63,65,68,82,104,106,128,160,182;[九]25,265－266,274,281,300,302,310,314－315,319－320,323,327,329－331,353,356,358－360,366－367,370,378,390,395－398,404,409－410,438,441,－442,459,－460,463－464,472－473,588;[十]41,69,329－333,335－341,346,348－352,355,398－400,403－405,408,411,413－414;[十一]60,105－106,130－131,198,229,483－485;[十二]5,7－8,13,17,42,89,97,99,106,108,114,139;[十三]3,6,8,18,201,249－251,254,261－262,275,280－283,290－291,296,298,307,312,318,326－328,361;[十四]265;[十五]268;[十六]10,233,242,279,303,314,317,325,350,392,397,401,441

军政府大纲 [七]557

军政府各税 [十五]28

军政府公报 [五]376,380,383－384;[十

三〕287

军政府秘书厅　〔四〕126；〔十六〕388

军政府山东西南路　〔十六〕312

军政府通俗讲演规则　〔五〕385

军政府通俗讲演所规程　〔五〕385

军政府外交部　〔十六〕300

军政府卫戍总司令部　〔五〕405；〔十六〕298－299

军政府宣言　〔四〕447；〔五〕23，25

军政府组织大纲　〔四〕413，415，423，425，429－430；〔五〕373；〔七〕564－566；〔十〕349；〔十二〕6，13；〔十三〕279－280

军政时期　〔一〕44；〔二〕215，218；〔三〕426，431；〔四〕23，588；〔五〕253，259，416；〔六〕456；〔十一〕166；〔十五〕517

军咨处　〔十一〕171

均权制度　〔二〕219

均权主义　〔二〕216，228，237

君权　〔二〕69，72－76，78－79，91，105－106，110，114－115，126，146，204，207；〔三〕203－204，311，359，367，369，379，381，404，425；〔四〕408；〔十〕25，387，451；〔十一〕130－131，242

君权时代　〔二〕69，74，78，125，135－136

君士但丁　〔三〕285－286；〔十〕681

君宪派　〔十二〕375

君主立宪　〔三〕27，147，155，157，425；〔九〕50；〔十〕16，19，25，39，58，180，213，246，451，545；〔十一〕128

君主立宪制　〔三〕152

君主制　〔四〕346；〔八〕543；〔十〕230，309，867；〔十一〕96，128，255；〔十二〕243

君主主义者　〔十一〕424－427；〔十二〕

237，462

君主专制　〔一〕47；〔二〕73，84；〔三〕56，61，377，406，431；〔四〕336，416，553，585，587；〔五〕43；〔九〕169，480；〔十〕58，88，106，197，268，271，451，560；〔十一〕479；〔十二〕66

君主专制政体　〔三〕56；〔四〕585，587

《郡国利病书》　〔三〕3

K

卡忌利分部　〔八〕177

卡忌利中国国民党分部　〔十七〕41－43，46，52

开放门户　〔三〕43，45，47，176－177，184，208，300；〔十〕177，188；〔十一〕181，351，365；〔十二〕286

开放门户主义　〔四〕463；〔十〕142，188－189，227；〔十二〕138

开放主义　〔四〕347；〔七〕308；〔十〕60－61，140－141，154，159，177－178，188，190－191；〔十一〕345，354

开国稽勋局　〔十三〕37－38

开滦公司　〔十〕775

开滦矿务公司　〔一〕91

开洛铁路　〔三〕7

开明专制　〔一〕49；〔三〕52，429；〔四〕582；〔十三〕581

开平煤矿　〔十〕151，155

开市　〔三〕6－7；〔四〕11；〔七〕316；〔八〕517；〔九〕632；〔十二〕395；〔十三〕548；〔十五〕390

开西铁路　〔三〕7

开凿矿山　〔十一〕361

凯约 [三]292

坎问顿中国国民党分部 [十六]530-533

康采恩 [七]363

康党 [七]45;[十一]74

考试 [二]146,215-216,218-219,226,234,338,341,344;[三]60,129-130,144,363,367,369-370,374-375,379,381-382,423,426,432;[四]120,173,187,203,205,250,522;[五]65,90,109,116-122,160,166,199,393,422,438-439;[六]35,50-51,109,127,147-148,188-189,355,394-401,404-411,413-414,422;[十]296-297,303-304,345,387,509;[十一]144-145,174-175;[十二]378,383;[十三]110;[十五]662

考试权 [二]145-147;[三]129;[三]363,367,369,375,379,381-382;[六]3,126-127,394,400;[十]296,345,387;[十一]175;[十四]429

考试条例 [六]393,398,409-410

考试条例施行细则 [六]393,398,409

考试院 [一]44;[二]216,219;[三]427;[五]256-257,261-262;[六]393-397,399-401,404,406,409-411

考试院组织条例 [六]393-394

考试之制 [三]426;[十]303

考试制度 [二]146,228,237;[三]129-130,370,381-382;[十]303-304,509;[十一]144-145,175;[十二]383;[十四]429

考选 [三]60;[五]115-116;[十一]144-145

考选权 [三]60-61;[十一]144-145

考选制 [三]60;[十一]146

苛捐 [二]335;[三]37,59,82,244,324;[五]36;[九]40;[十三]294;[十五]59,236,268,289,291

柯京/景中国国民党分部 [十七]41-42,44,49,54;[十七]6-9,11

柯连中国国民党分部 [十六]613,617-618,620,623-624

科学 [一]6-8,12,28-30,32-36,38-43,59-60,83-85,100,198,216,219-221,226,310;[二]9,13,47-48,64-66,70,73,93,96,117-119,138-139,149,153,155-157,162,170,177,185,187,191,196-198,212,323;[三]57,126,155,157,187,190-191,202,216,222,234,323,368,380-381,388-389,393,415,421-422,450,452,454;[四]21,34-35,121-123,129,146,154,165,267,284;[五]449;[六]104,400;[七]21,23-26,90,107,117-118,124,134,165,189,204,206,220,229,241-242,309,327,528,534;[八]103,476;[十]4,39,118,210,217,240,281,341,344,446,462,526,533,548-549,551,558,593,597-598,773,781,799;[十一]32-33,51,64,108,162,192,205-206,208,356,407;[十二]38,152,356,502,507;[十四]289,300,360,373-374;[十五]208,485,532,567,617,633

科学家 [一]8-9,11,34,36,59,217;[二]70,139,142,155,197;[三]126;[四]342;[十]785;[十一]64

科学派　〔二〕153,155－156

克里司浦借款　〔七〕321

克房伯厂　〔八〕445

克鲁伯炮厂　〔三〕389

克塞支　〔二〕100

峇眼西比支部　〔十六〕166

客军　〔二〕265,298;〔四〕505;〔八〕188,
516,520;〔十〕500,502,513,561,620,
740,753－755;〔十二〕284,366,396;〔十
三〕331;〔十四〕194

恳亲大会　〔三〕327,358,417－418;〔四〕
135－137;〔八〕162,190,207;〔十〕211,
538－541,543－544,559,627

空(大)炮　〔十二〕364－365

空匈奴　〔三〕20

孔教　〔十一〕392

扣械　〔八〕517;〔十〕754－756;〔十二〕
397;〔十五〕461－462

矿山　〔一〕149,176;〔二〕185;〔三〕76－
78,96,151,176－177,223,287,407;〔四〕
57,346,375,391,433,504;〔五〕126,234,
302,355;〔七〕497－498,509;〔八〕488－
489;〔十〕141,440,454,458,512,515－
516,576,585;〔十一〕275－276,386,388;
〔十三〕244,432－433

矿税　〔三〕167－168;〔四〕119;〔五〕287,
423,441

矿务局　〔四〕119;〔五〕423,441;〔八〕14;
〔十三〕609;〔十六〕398,441

矿业机器　〔一〕225

坤甸支部　〔十六〕136,179

坤甸中国国民党支部　〔十六〕373

L

拉丁民族　〔二〕13,19,39

《拉福立兹报》　〔七〕160

来京人员　〔十二〕482

兰顿中国国民党分部　〔十六〕523－525,
527

榄面顿中国国民党分部　〔十六〕614,617,
619－620,624

浪人　〔十一〕439;〔十三〕332

劳动党　〔四〕542,545－546;〔十三〕397

劳动农民协会　〔十二〕386

劳动者　〔一〕20;〔二〕229,238;〔三〕67－
68,73－74,77,79,81－83,89,91－92,
100,107,111,116－117,119,157,166,
172,195－196,205－209,228,237－238,
274;〔四〕62,504,560－561,589;〔五〕
448,450;〔六〕333,451;〔七〕443;〔八〕
282,507;〔十〕109,451－452,454;〔十二〕
200,211

劳动政府　〔十二〕354

劳工局　〔四〕118

劳工运动　〔六〕454;〔十二〕166,250

劳军使　〔八〕458;〔九〕306,325,333;〔十
三〕302,518;〔十七〕28

劳力　〔一〕15,17,21,37,104;〔二〕71,172;
〔三〕16,73,78,81－82,89,91,103,113,
117－118,172,194,196,201,208,215,219
－220,313,316,322,328－330,335,366,
369,378,380;〔四〕578;〔五〕41;〔六〕
125,460;〔七〕234;〔八〕145;〔十〕424,
494,536－537

劳农政府　〔三〕342,391,404,406,413,

416；[四]545；[十]403；[十二]119,327

老市仑中国国民党通讯处 [十七]41－42，44,50,54

"老挝"号 [十一]74

老洋人 [十二]293

乐居中国国民党分部 [十六]590－592

雷城中国国民党分部 [十七]41－42,44，49,53

镭锭 [十二]494,497

累进率税 [三]84

厘金 [一]218,236；[二]25,201－202，228,238,333－334,336,353；[三]5,83，267－268；[四]15,300；[五]41,287；[六]62,179,359,376；[七]505；[十]77，90,127,129,161,788；[十一]47,210，225,233,235,258；[十二]234；[十四]144；[十五]586

厘捐 [五]40,42；[六]373；[十二]59；[十五]89,354

厘卡 [一]44；[六]457；[十一]47；[十五]52

厘税 [二]201；[三]83；[六]24,485；[十]59,792；[十四]81,557；[十五]52－53，120,332,511－512,523,545,555,610－611

离工风潮 [十二]393

黎元洪政府 [八]302；[十二]277

《礼运·大同篇》 [十八]326,435,568－570

里昂春秋博览会 [八]159

里昂大学 [八]159；[十五]632

里昂中法大学 [十五]632－633

里昂中法大学海外部 [十五]631,633

理财 [一]250,306,310；[五]43,354；[六]98；[七]539；[八]416；[十]43,326；[十三]22,82,90,104,606；[十四]81,515；[十六]87,93－94；[十七]451

理财学 [三]190,205,216；[四]295

理财员 [一]278,309－310；[五]44；[七]198,377；[八]340；[十三]151；[十四]391

理事制 [四]335

理想国度 [二]325

历史学 [三]121

立法 [一]245,248,254；[二]146,226，234；[三]11,63,108,119,128－130,226，241,243,246,248,328,342,367,369－370,378,381－382,404,423,426；[四]38,301,311,347,405,408,430,432；[五]238,396；[六]126；[七]258,302,308；[十]29,89,124,133,136,296,302－303，309,345,387,395,402,423,591,604,806；[十一]144－145,174－175,199,305；[十二]67；[十三]58；[十五]89,366,618

立法机关 [二]146；[三]61,328,359－360,381；[四]37,407,410,429；[六]342；[七]309；[九]163；[十]133,135,288；[十一]199；[十二]174,243；[十三]99

立法局议员 [四]170

立法权 [二]106,145－147；[三]60,241，367,369,374,379,381；[五]160；[六]3；[七]258；[九]165；[十]29,136；[十一]375；[十三]63

立法院 [一]44,253,260,266,275；[二]216－217,219；[三]372,384,427；[四]368－369；[五]256－257,261,263

立国之本　［三］253；［三］253；［四］502；
　［八］493；［十］57,129,131,161；［十三］
　449

立宪　［一］48；［二］297,323－324；［三］21
　－22,26－27,53,61,92,100,129,141,
　361,367,372,379,421,425－426,429；
　［四］295,336,369,397；［五］9；［六］125；
　［七］33,539；［八］281,323；［九］241,
　275；［十］16－17,19,25,29,91,267－
　269,288,331,351,423,451；［十一］142,
　174,213；［十二］13,27,117；［十三］280

立宪党　［十一］59,110－111

立宪国家　［三］404；［四］527；［六］124；
　［十一］144,146

立宪君主　［三］26

立宪民主　［三］26；［十二］120

立宪派　［二］222－223,231；［十二］265

立宪政府　［二］162；［七］4；［十一］59,
　110,180,203

立宪政体　［二］263,290,294,296,330；
　［三］41,48,53,203,423；［十］9－10,267；
　［十一］131,180

立宪主义　［八］45；［九］247－248；［十一］
　198

吏治　［四］312,456,576；［五］116,276；
　［六］126－127；［七］504；［八］38,87；
　［九］426,472,497；［十］509－510,513－
　514；［十三］60,110,329

励行种族同化　［四］335,338；［五］228

利古公司　［九］448

利马中国国民党分部　［十六］590－592

利润　［一］140,159；［二］337,346；［三］81
　－82,89,104,228,345；［四］62；［十一］

190；［十二］398

利他主义　［七］50－51

利物浦支部　［八］206,424；［十六］74,113

利物浦中国国民党支部　［十七］120－122

利益公司　［十四］500；［十五］161

利益均沾主义　［三］251；［十］253,529

利用外才　［一］61

利用外资　［一］61,237；［三］165,170－
　171,176；［十］95－96,137,151,153,155,
　158,167,178,440；［十一］271,345,348,
　351

利子　［三］5,81－82,98,100,104,226

笠庇坦分部　［十六］117,159

笠夫李市中国国民党通讯处　［十七］41,43
　－44,50,54

粒卜碌中国国民党分部　［十六］613,617－
　618,620,623

连江口查缉厂　［十三］628－629,636；［十
　六］643

连县商会　［十四］170；［十五］56,59,299

连县县议会　［十四］170,172；［十五］297

连阳绥靖处　［十四］305；［十五］557；［十
　七］288,311,420,428,710

联邦财政政策　［四］284；［十一］208

联邦法官　［十一］101

联邦国家　［十］300

联邦军队　［四］284；［十一］208

联邦派　［二］106

联邦制　［四］490；［七］258；［十一］201,
　206

联邦制度　［二］107－108

联德　［三］293－294,296－297,299；［四］
　499

联俄　［三］272，291，294，297，299；［四］499，537；［十］240；［十二］43，152－153，155；［十三］421

联丰号杂货店　［十四］161

联合义赈会　［七］289

联和公司　［十四］428，430

联军　［一］56，228－229；［二］116－117，180；［三］14，32，39，44－45，47，50，52，54，304，409；［四］48，116，164，434，447，454－455，459，477；［八］11，18，323，420，423，440，501；［九］247，273，277，283－286，295，297，299，304－306，308－312，327，332，334，336－337，347，360；［十］8，10，434，500，503，521，573，580－581，621，699－700，787；［十一］89，99，101；［十二］151，261，284，322，329；［十三］618；［十四］30，180，267，321，386，443，507，510，593；［十五］25，68，91，184，218，221，271，442，444，452，461，499，563，659－660，668；［十六］281；［十七］487

联军军警督察处　［十五］667－668

联军之役　［三］43，45

联军总指挥部　［十四］510，593；［十五］658－660

联络暗号　［五］18，20－21

联络委员　［七］367，421；［十六］33，40，62－66，78－79，82－84，126，137－139，143－144，147－153，155，157－160，165，168，174，176，338

联盟人　［五］20，45；［七］203；［十］13

联商公司　［六］73－74；［十七］481

联省政府　［四］487；［八］468；［九］474，482；［十三］442，575

联省制　［十二］105；［十三］529

联省自治　［二］107；［三］421－424，436；［四］492；［八］306，323；［十］500；［十一］199；［十二］217，229，379；［十三］575

联省自治派　［二］223，231

联乡保卫团　［十四］386

联治政府　［十三］443

练兵　［二］46，129，257；［三］5，50－51，164，226；［五］398；［七］202，495；［八］519，527，532，536－538，540；［十］44，72，110－111，121－122，134－135，180，182，298－299，804；［十一］309，313，315－317，322－323；［十二］141，366；［十三］316；［十四］516

炼钢厂　［一］133；［二］166；［八］290；［十］174

良知良能　［一］8；［三］203

粮管处　［十四］173

粮食工业　［一］215

粮食管理处　［六］92－93；［十四］173，200，259，274，314；［十五］14

粮食管理处试办规程　［六］91，123

粮食局　［四］120

粮税　［六］317，352；［十三］21；［十四］320

粮运调查委员　［三］109

两广都司令　［七］478，483；［九］221

两广独立　［十一］5－6，80，85

两广护国第六军　［十三］302

两广陆巡阅使　［四］399

两广盐务缉私主任　［十五］213；［十七］529

两广盐务稽核所　［六］323；［十四］247，398－400，408；［十五］191，303；［十七］

323,340,402

两广盐运 〔十五〕529;〔十七〕96

两广盐运使 〔六〕11,140,170,198,286, 323,455,484 - 485;〔十三〕270,615 - 616,622,624,628,636,649,684;〔十四〕 93,105,137,139,152 - 153,158,202,223, 231,276,292,294,302 - 303,306,311, 338,396,402,408,424,430,440 - 441, 469,475,496 - 497,520,541 - 542,556, 566,569;〔十五〕21 - 22,72,83,135 - 137,200 - 201,223,240,262,303,329, 366,378,426,428,451,453,469,481,483, 486,489,533,547,549,554,556,584;〔十 六〕279,349;〔十七〕67,96,98 - 99,114, 117,323 - 324,337,342,404,414,420, 422,504,509,514,529,640,676

两广盐运使署 〔十四〕202

两广盐政会议 〔六〕198;〔十四〕475

两广总督 〔一〕70,80;〔二〕263,265,298, 316,326,329 - 330,347;〔三〕50,422, 429;〔十〕719,732;〔十一〕81;〔十二〕 466;〔十三〕3;〔十五〕272

两国政党 〔十〕135

两湖书院 〔十一〕104

两淮盐务 〔十三〕96

两江总督 〔二〕33;〔三〕11;〔十一〕115; 〔十三〕33

两阳三罗安抚使 〔十七〕306

两阳三罗安抚使署 〔六〕123

两阳、三、罗等处安抚使 〔十四〕141;〔十 七〕256

两阳四邑军事调查员 〔十六〕289

两院 〔三〕129,145,238,244,249;〔四〕 410,431,497,550;〔八〕144;〔九〕165, 241,251 - 253,257,351,376,395,520, 552;〔十一〕175,375;〔十二〕38;〔十三〕 291,316,377,386

两院议长 〔九〕165

两种革命 〔一〕87

辽东条约 〔十〕24

獠 〔二〕53;〔六〕160;〔八〕234,340,387

列必珠中国国民党分部 〔十六〕576,578 - 582

列孔列姐中国国民党分部 〔十七〕41 - 43, 45,52

列/烈港支部 〔十六〕107,148

列强 〔一〕51,58 - 59,67,79,83 - 85,228 - 230,237;〔二〕9 - 10,12,15,18 - 23, 36,38,42 - 43,46,49,51,53,57,66,68,90 - 91,108,195,203,221 - 225,227,229 - 233,236,323,347;〔三〕10 - 11,13 - 14, 24,34,38,40,46,82,123 - 126,152,155, 160,164,166,169,180,184,236 - 237,250 - 251,254 - 255,272,298,318 - 319,386, 388 - 389,402,420,446,453;〔四〕15, 105,271,400,416,418 - 419,433 - 434, 463 - 466,469,476,478,482 - 483,501, 504,509,514,519 - 521,524,529 - 533, 541 - 542,554,573,577,583,590 - 591, 595 - 596;〔五〕9,58,167,176,242;〔七〕 19,46,74,252,298,341,388,442 - 443, 448,463,484,489;〔八〕272,281 - 282, 301 - 302,347,369 - 370,376 - 377,484, 489 - 493,512;〔九〕21,25,131,257,503, 565 - 566,569,583,650;〔十〕7 - 8,10, 14,20,24,26,32 - 34,39 - 40,49,62,67

－68,78,111,125,173,177,184,191,194,216－217,232,254,291－292,320,325,328,380,421－422,523,527－528,530,532－534,570－571,582－583,599,634－635,657,659,673－675,678,685－686,695,701,709－712,714,716,733,735,762,771,795－798,810－811,813;［十一］59,89,97,110,122－123,138,140,181,188,190,205,209,214,225,242－243,247－248,253－254,264,276,290,295,323,354,357,371,399－400,408,410,416,449,451,453,469－470,474,478,482;［十二］28,35－36,44,89－92,96,125,128,132,134,147,149－150,153－154,159,171,208－209,224,236－238,274－275,305－307,328－329,334－337,340,348,362,375,382－383,398,405－408,411－412,426,433－434,438,444,446－449,455－463,480;［十三］124,358,568;［十四］322,426,445

列强干涉 ［三］124;［四］400;［九］257;［十］20,39,588;［十二］154

列强共管 ［三］446;［十］534

《列子》 ［三］368,380

劣等国 ［十二］450

烈妇 ［十五］510;［十八］417

烈士孤儿院 ［十五］543,615

林成德堂 ［十五］256

林肯法律学院 ［四］170

林肯总统船中国国民党通讯处筹备处 ［十七］279

临城劫（车）案 ［四］517;［九］569;［十二］293

临清之役 ［三］52

临时参议院 ［一］54;［四］38,316,422,432;［五］50,63,76,116,127,142,159,170,174,189－190,199－200,205,207,210;［七］257;［八］63;［九］79,81,128,136;［十三］16,19,29－30

临时参议院华俄道胜银行借款草合同 ［五］127

临时参议院民刑法律草案及民刑诉讼法议决文 ［五］189

临时参议院议长 ［十一］255

临时参议院议员 ［十］165

临时大总统 ［三］154,156,158,430,432;［四］39－40,45,51,90,286－289,292,294－298,301,303,307,317,321,326,328,354－355,407,558;［五］59－62,64－69,74,84－87,159－163,204－205,208,214;［七］260－261,263,274,282;［九］28－31,51,78－81,83－84,107－108;［十］47,567,692;［十一］220,226,244,248,254－255,269,290,292,296,367,417,424－425,473;［十三］11－12,14－15,17－18,20,27－29,31－32,38,44,70,73－74,79－80;［十五］287

临时附加协饷总局 ［六］229

临时副总统 ［五］65,68,162;［十三］37

临时军律 ［六］28－29

临时宣传委员 ［十七］741

临时议定规则 ［七］367

临时约法 ［一］54;［三］432,434,436;［四］75,322－323,358,407,422－423,436,588;［五］159,212－215,372－373;［八］281;［十］555;［十二］22;［十三］

108,119 - 120,123,127

临时政府 [三]430;[四]30,37,39,169,
284,287 - 288,290,294 - 295,301,307,
317,323,358,394,400,407;[五]50,53,
55,58,63 - 65,68 - 69,72 - 73,77,103,
160 - 161,210;[七]137 - 138,258,261 -
262,277,483,491;[九]28,35,39,41,43,
46 - 48,50,52 - 53,77,79 - 82,84 - 85,
102 - 103,130,168;[十]47,70,140,142,
148,157,290,318,320 - 321,327,436;
[十一]209 - 210,220,244 - 247,253,299
- 300,416,443;[十二]139 - 141,502;
[十三]18,29,38,41,43,71 - 72,83,108,
123,127,137,269,313,609;[十四]530;
[十六]7

《临时政府公报》 [四]323;[五]54,72 -
73,85,;[十三]102,108,119,127

《临时政府公报》暂定则例 [五]73

临时政府内阁 [十一]232

临时政府约法 [十三]29

临时政府组织大纲 [五]63,69,163;[十]
46;[十一]220;[十三]16

临时执政 [四]601,603;[十二]424,479,
485

临时中央裁判所 [五]144

临时中央裁判所官制令草案 [五]144

临时中央委员会 [十二]491

临时总统 [一]54,81;[三]147,152;[四]
39,75,271,281,288,308,331,400;[五]
128;[七]312;[九]45,47,50,61,89 - 90;
[十]70,180,290,412,414;[十三]609

临时总统府 [七]312

灵山 [九]506

岭南大学 [二]197;[十]589 - 590,594,
596 - 597,599,706,708;[十二]330,411;
[十五]593

岭南学堂 [十]81

岭南学校 [十]597

岭南中学 [十八]218

领事裁判权 [二]227,236;[三]177,184,
258,261;[四]170,553,577,597;[七]
341;[九]566;[十]24,188,427,786,794
- 795,797 - 799,806,808;[十一]225,
233,351;[十五]50

领事团 [一]78;[四]559,562,571,573;
[七]489 - 490;[八]514;[九]50 - 51,
98,444;[十]588,631;[十一]416;[十
二]69,191,393;[十三]490;[十五]288,
646,648

领土 [一]32,42,79,229;[二]5 - 6,9 -
10,16 - 18,21 - 22,29,39 - 40,44 - 46,
66,86,96,108,141,208,283,315,320;
[三]28,34,43,45 - 47,76,103,123,126,
138,160,226,254,261,274,281,283,286
- 287,292,298,300,303,320,396,402,
414,460 - 461;[四]15,21,56,295,376,
397,435,500 - 501,512,586,592;[五]
159;[六]133,223;[七]148,340,357,539
- 540;[八]301,492;[九]566;[十]26,
40,42,49,111,123,128,134,141 - 142,
153,158,160,190,210,217,265,282,352,
365,427,450,529,595 - 596,599,628,
644,647 - 648,675,677,685,695 - 697,
780,786,792,806 - 807,813;[十一]55 -
56,85,123,138 - 139,180,288,308,351,
455,469 - 470,477;[十二]20,36,83,

147,201,235,392,422,426,436,466;[十三]35;[十四]446;[十五]621

留法俭学会　[八]159

留守府　[六]483;[十]756;[十五]456,525,547;[十七]686

留学生　[一]67,71-72;[二]75,82;[三]76,129,220,241,247,428;[四]289;[五]278,280,283;[六]148;[七]44,130;[八]240;[十]9,13,20,190-191,228-229,231-232,235,238,240,243,248,251,270,279,281,342,358,380,423,426,545,550,593-596,722,772,799;[十一]102,109,113,120,124-125,135,174,179,181,195,588;[十二]43-44,357;[十三]585;[十五]675

柳州之役　[十一]121

六国饭店　[四]74;[九]99,101,105-107,141-143

六国银行　[十一]355

六国银行团　[三]179;[七]313;[九]139;[十]148,152,157,199;[十一]362,376

六国债款　[十一]358

六月九日宣言　[四]384

龙伯国　[三]76

龙冈之役　[十五]347

龙华铁路　[一]107

龙华制革厂　[十三]61

龙济光之役　[四]494

龙口之役　[四]368

龙南县知事　[十六]484;[十七]726,729

龙旗　[十]527,763

聋哑残废院　[三]201

垄断　[一]21,230;[二]9,41,113,146,158,160,169,172,296;[三]59,71-72,85,91,95,100,102,104,114,117,150,179,185,189,193-196,198-200,204,208-211,215,225,250,254,313-314,324,329,392,405-406,441;[四]445,450,496,550,593;[五]24,396;[七]363;[八]145,373;[十]58,62,90-91,118,128,148,157-158,160,171,200,202,204,337,339,392,415,510,609,658,665;[十一]167,269;[十二]91,102,115;[十三]35

卢布　[十]24

卢军　[十五]6

芦汉铁道　[三]8-9,150

《鲁滨孙漂流记》　[三]217

鲁民　[九]225;[十六]311

鲁士丹尼亚号　[三]257

鲁事　[七]420,498;[九]236

鲁豫淮游击队　[十六]39

陆地测量总局　[十三]104

陆帝　[三]292

陆海军　[二]40,204,345;[三]145;[四]293,479;[五]130,266,272-273,292,304,331,338;[六]26,283-284,476;[七]159,361;[十一]375,484;[十二]388;[十四]388,390

陆海军部　[十三]114

陆海军大元帅　[四]167;[五]444;[六]12;[十]472;[十三]463-464,466-467,470,481;[十四]286,365;[十五]504

陆海军大元帅大本营　[四]555

陆海军审计条例　[六]283

陆海军统率处条例　[五]427

陆军　［一］72,239;［二］50-52,76,119,180;［三］124,269,290,295,388-389,455,460-461;［四］116,224,417-418,493;［五］50,52,56,73,76-77,91,96,112-113,149-150,153-157,191,193-194,267,272-273,275,279-281,292,298,301,304,322,339,377,390-391,393-394,398-399,432,437,442-444;［六］109,240,361;［七］75-76,147,173,175,218,221,234,239,262,278,369,430,445;［八］64,70,181-183,493,506;［九］66,73,135,187,216,222-223,294,458,508,539,662;［十］29,32,35,68,86,164,173,319,328,364,369,431,562,635,680,719-720;［十一］39,58,102,123,150,171,216,223,316,354-355,431-432,439;［十二］7,65,71-72,87,197,388-389,458;［十三］11,16,19,31,40,66-67,76,104,129,134-135,191,208,214,240,265,451-452,459,461-462,469,472-473,481,617,620,628;［十四］32,35-36,98,138,141,195,414,541,552,554,559,573,585;［十五］32,35,77-78,99,102,109,117,164,214,219,324,392,396,568,574,583,596,619,637,645,650-651,659-660;［十六］66,305;［十七］110,497,678

陆军补官任职及免官免职令　［五］148

陆军部　［四］51,133,305-306,374,493;［五］51,56,91,95-96,101,111-112,129,134,143,148-151,153-156,163-166,279,281,289,325,329,339-340,372,390,394-395,436;［七］273;［八］474;［九］106,110,135,251,395,474,506;［十一］140,262,321;［十三］11-14,20,31,39-40,45-46,64-68,70-71,79-80,89,104-105,108-109,112,115-116,118,121,124-126,128,134-135,158,241,267,446,454,459,460,473,610;［十六］13,16,20,291,293,350-352,362,382,401,409,411

陆军部官制　［五］76,436

陆军部靖国援鄂军第二旅　［十六］307,352

陆军部靖国援鄂军第一旅　［十六］306,351

陆军部军官学校条例　［五］163

陆军部练兵处　［五］398-399;［十六］301,313,351,363

陆军部练兵处条例　［五］397-398

陆军部赏恤章程　［五］132

陆军部总务厅　［五］279;［十六］298

陆军部组织条例　［五］390

陆军参谋长　［十一］40

陆军测量局　［十四］174

陆军传染病预防规则　［五］191

陆军传染病预防上消毒法　［五］192,194

陆军大学　［五］152;［八］64;［十］720;［十七］255

陆军第二师　［十六］285,464,471,476

陆军第二师第四旅　［十六］476-477

陆军第二师工程营　［十六］476

陆军第二医院　［十五］637

陆军第一师　［十六］507

陆军服制条例　［五］317

陆军官佐免官免职令草案　［五］153

陆军官佐士兵恤赏表　［五］134

陆军官佐暂行补官简章　［五］155

陆军讲武学校 〔十五〕77－78,91,484, 568;〔十七〕671

陆军教导团 〔六〕108－109

陆军经理局 〔十一〕431

陆军军官学校 〔四〕160,173;〔五〕149, 163;〔六〕109;〔十〕726,728;〔十三〕305; 〔十四〕427,456;〔十五〕77,90,124,197, 235,259,303,314,368,379－380,474, 484,656,662;〔十七〕459,479,521,531, 552－553,558－559,573－575,579,590, 595,603－604,670

陆军军官学校第一队 〔十七〕559

陆军军官学校管理部 〔十七〕558

陆军军官学校国文教官 〔十七〕573

陆军军官学校技术教官 〔十七〕573

陆军军官学校教练部 〔十七〕552

陆军军官学校教授部 〔十七〕552

陆军军官学校军需部 〔十七〕558

陆军军官学校军医部 〔十七〕558,602－ 604

陆军军官学校特别官佐 〔十七〕575

陆军军官学校暂行条例 〔五〕163－164

陆军军官学校政治部 〔十七〕552,558

陆军军官学校总队长 〔十七〕558

陆军军官学校总教官 〔十七〕161,552－ 553

陆军炮兵中校 〔十四〕434

陆军人员补官任职令草案 〔五〕149

陆军上将 〔十三〕460,473,610,651;〔十 五〕32,42,297,424

陆军少将 〔十四〕86,130,325,358,363, 378,406,410,413－414,453,465,479, 503,507,510,594;〔十五〕114,116－117, 187,195,199,212,220,252,298,301,308, 311,347,377,385,564,566,572,574;〔十 六〕418

陆军司令部通则 〔五〕310

陆军医院 〔五〕94,100,135;〔十四〕108, 152－153,188

陆军暂行给与令 〔五〕91

陆军战时恤赏章程 〔十四〕503,594;〔十 五〕109,219,247,250,396,468,596,645

陆军中将 〔十五〕21,32,42,93－94,102, 150,186,191,192,214,468

陆军忠烈祠 〔十五〕612

陆军总长 〔九〕367,489

陆路提督 〔十三〕3

陆巡阅使 〔十一〕485

路权 〔十〕96,141,152,156

路透 〔八〕51－52;〔十一〕342

路透社 〔四〕439;〔十一〕343;〔十三〕290

路政 〔三〕169,183;〔四〕60;〔五〕83,106; 〔六〕182,494;〔九〕129;〔十〕187,193, 294;〔十一〕343,466;〔十三〕75,672－ 673;〔十四〕235,260,389,392,418,468, 473;〔十五〕169－170,175,315,428,604, 654,661;〔十七〕445;〔十八〕405

《路政丛报》 〔十八〕405

露、佛 〔三〕4

旅沪甘肃同乡会 〔十三〕42－43

旅京护法议员 〔八〕310

旅美华人 〔九〕22;〔十一〕204

旅闽广东同乡会 〔十八〕44

旅欧中国留学生盟书 〔五〕18

旅顺口、大连湾之失 〔三〕47

旅顺之役 〔三〕402

旅粤云贵同乡会　［十三］451

律师法草案　［五］175

律师暂行章程　［六］34，149

绿营　［五］38；［十］718

略地规则　［五］30，39

略地要务　［五］337，346

《伦敦被/蒙难记》　［一］64；［二］261，294；［十一］31

伦敦波令公司　［一］89

伦敦城赤十字会　［四］185

伦敦传道会　［三］130

伦敦蒙难　［十一］16

伦敦清使馆　［十一］9

伦敦雪特尼街事件　［十二］458

《伦敦与中国电讯》　［十一］198

伦敦中国公使馆　［二］261，290，292

伦敦中央刑事法庭　［二］314，327

伦理学　［三］121；［六］401－402，408，424；［十三］582

轮车　［二］252

轮船　［一］148，150；［二］37，86，133，136，140－141，156，158，161，179－180，188－189，213，251－253，266，268，271，277，299－300，302，304，310－311，314，322；［三］133，135，344，353；［五］96－97；［六］207，258，309；［七］7－8，28，164；［八］461；［九］4，17，98，244；［十］307，763；［十一］17－18，26，28，30，271，420－421；［十二］59，63，69，98，114，271，312，429，435；［十三］25；［十四］45，71，184，244－，251；［十五］4，26－27，37，61，136，413，501，546，560，667

轮船招商局　［五］102－103；［七］267－268

轮渡　［六］208；［九］458；［十三］680；［十五］202，278，546－547，667

论理学　［一］25；［三］23，103，109；［六］401－402，408，419－420，423－424

论社会革命当与政治革命并行　［三］114

罗案　［八］363

罗拔工务洋行　［十三］688

罗拔洋行　［六］494－495；［十五］215，245

《罗宾逊克鲁梳漂流记》　［一］15

罗封轮船　［十五］27

罗马帝国　［三］35

罗马民族　［二］7

罗省分部　［八］405；［十五］487

罗省中国国民党分部　［十六］615，617，619－620，626

罗士舞珠中国国民党通讯处　［十七］7

《逻辑之统系》　［一］25

洛锦顿中国国民党分部　［十六］605－608

洛克菲勒　［十二］169

洛桑会议　［二］61

落地税　［二］336

M

麻城支部　［十六］148

麻楮巴辖分部　［十六］112，150

麻厘柏/杯板中国国民党支部　［十六］430，492

麻六甲支部　［十六］95，111，162

麻坡分/支部　［十六］32，105，147

"麻奢"　［十五］4

马达加斯加分部　［十六］371

马丹沙中国国民党分部　［十七］252－254

《马丁报》　［十一］204

马干　［六］240,242；［十五］309

马关条约　［二］60；［三］6；［四］117－118；［十］24；［十二］74,95,141

马架连汕/仙丹中国国民党通讯处　［十六］577,583

马江船政局　［十］67

马凯条约　［三］262；［十二］443,456,460

马克　［二］28,,；［八］291；［十］465－466

马克思/斯主义　［二］47,113,156－157,168,172,178；［十］638；［十二］76,152

马克思学说　［二］156－157；［十］638

马克心机关枪　［十四］242

马六甲支部　［十六］166

马尼拉地方法院预审庭　［四］72

马尼剌支部　［十六］105

《马氏文通》　［一］24

玛琅中国国民党分部　［十六］523－526

玛珑分部　［十六］116

吗姑　［十一］143

买办　［九］610－611；［十］648,752,803；［十二］463

"麦竭斯的"　［二］266,268

"麦竭斯底"　［十一］13,24,26

麦克司学说　［三］194

卖猪仔　［三］318；［十二］35；［十三］84,101－102

满堤高船分部　［十六］114,155

满地可致公堂　［八］137

满地可中国国民党分部　［十六］399；［十七］151－154

满房　［三］340,348－349；［四］315,391；［九］60,62；［十］25－26,40；［十一］142,177；［十三］10,65

满、蒙、回、藏　［三］309－310,340－341,349－350；［五］221；［九］44,47－48；［十一］375（参见汉、满、蒙、回、藏）

满清　［一］3－4,44,50,57,64,229,243；［二］13,26,31,35,37,61,76,78－79,90,99,146,172－173,201,208,290,297,323,325,345；［三］24,35－39,122,127,135,147,154－155,157－158,164,169,175,189,199,227,308－309,339,348,352,356,375,391－393,395,403－405,417,438－439,443,445－446；［四］22－23,39,41,71－72,92,122,128,130,133－134,178,278,295－296,299,305,308,310,312,362,368,433,461－462,520,526,537；［五］8－9,30,63,132,144－145；［六］124；［七］268,275,281,283,334,341,350,400,405,407,425,427,458；［八］466；［九］25－26,40,47,83,90,100,482,501；［十］5,7,9－10,13,21－26,29,40－41,51,54－55,59,71,83－84,90,93－94,103,127,232,261－262,269,316,324,328,339,346－347,355,358－361,366,371,373－374,380,392,395,403,412,415,422,426,428,439－441,444,446,449－451,457,487－489,494－495,505,529－530,533,536,538－539,541,545,551,553,555,560－561,565－566,568,574－575,580,599－601,603,605,607,611,616－618,622－623,626－627,629,634－635,649,655－657,660,664－665,691－692,701,707,715－716,720－721,726－727,730－735,757－758,760,762－764,768,800,809,812；［十一］31,

46,59,89,110,112,120,136,139,149,168,178,193,201 - 202,213,215,253 - 254,347,361,367,487;[十二]43,51,55,58,61,63 - 66,69,73 - 74,140,241,258,276,301,348,376,438 - 439,465 - 466;[十三]10,58,60,110;[十四]349

满清帝国　[十]446,616,692;[十一]178,367

《满清纪事》　[十一]107

《满清近世乱纪》　[四]139

满清政府　[二]21,24,79,201,208;[三]24,34 - 36,38,138,152,169,236;[四]278 - 279,284,299;[七]143,147 - 148,270,295,442;[十]10,23 - 24,42 - 43,52,58,60 - 61,67,168,190,201,203,209,233,339,360,366,369,372,378,421,464,551,553 - 555,574,590,595,655,728,732;[十一]39,201,205,225,298,361;[十二]376

满人　[二]13,21,26,35 - 36,343;[三]12,22,30 - 31,46,55 - 56,121,126,137 - 138,140,156,164,340,349,392,403,437 - 439,447;[四]177,301 - 302,329 - 330,429,578;[五]9,30,37 - 38,40 - 42;[七]135 - 136,425;[九]61,260;[十]9 - 10,23 - 24,35,53,184,260,378,380,495,536,539,579,595,603 - 604,606 - 607,618,657,665,668,732;[十一]8,31,171,202,206,212,246,283,487;[十三]211

"满提高"　[八]77,196

满铁　[十一]215

满洲　[二]13,15,22,30 - 33,37,47,189,191,221,224 - 225,229 - 230,233,318,348,355;[四]15,57,288,293 - 294,298,304,557,573,577 - 578,585,587,596;[五]9,24,30 - 31,33,36 - 41,43;[七]33,95,147,197,204,233,239,409;[八]37,118,369;[十一]7,55 - 56,59,99,110,143,156,164,183 - 185,187,206,211,214,223,249 - 252,322,345 - 346,351,354,357,404,435 - 436,440,455 - 456,483,487;[十二]62,70,74,80 - 81,85,90,95,98,133,172 - 173,237,246,273 - 275,294 - 295,307,316,367,406,458 - 459,462;[十三]116,172;[十五]287

满洲船分／支部　[十六]36,68,111,151

满洲人　[二]8,13,30,32 - 33,49,58,208,266,347,349;[三]21,29 - 30,35 - 37,43 - 44,49,55,59,137,247,349 - 350,403,437 - 439,446 - 447;[四]293;[五]37 - 39;[十]9,29,441,531,539,595,655,657,664,715,731 - 732,760;[十一]73,117,182 - 183,230;[十二]58,61 - 62

满洲铁路　[一]190;[十]141

满洲丸分部　[十六]149

满洲王朝　[二]338;[十一]182 - 183,185

满洲政府　[二]31,221,229;[三]24,29 - 32,43 - 48,55 - 56,60,174,358;[四]15,107,281,288,293,557,583 - 584,591,600;[五]35 - 39,42;[七]67,73;[九]50;[十]7,29,35 - 36,57 - 58,190,232 - 233,236,239,248,278,369,378,425,584,628;[十一]4,19,85 - 86,180 - 181,183,223 - 224;[十二]486;[十五]287,478

满族　[二]7,300;[三]222,403;[四]271,

279 - 280,346,355;[七]46,287,463;
[九]22,66;[十]4,7 - 9,31 - 33,132,
143,246,250,364,388,402,523 - 524;
[十一]96 - 97,100,156,190,268,290,
417;[十二]132

满族人　[三]152;[十]8,27,32;[十一]
156,190

曼殊遗墨　[十八]481

毛里塔尼亚号　[九]25

毛利企中国国民党通讯处　[十六]577,584

茂梅菉盐场局　[十七]117 - 118

茂宜中国国民党分部　[十七]6,8 - 9,12 -
13

冒进主义　[十一]410

贸易关系　[八]281 - 282;[十]227;[十
一]391 - 392

《梅迪逊哈特新闻报》　[十一]262

煤矿　[一]91,142,152,174,201 - 202,
206,224 - 226;[三]148,150,153,155,
172,440;[四]343;[七]138,480;[十]
62,467,510 - 511;[十一]268,478;[十
二]302

煤液　[二]250

《每日金融报》　[十一]290

《每日新闻报》　[十一]16,19,22

《每日邮报》　[二]282,315;[十一]415

《每周画报》　[十一]190

美东筹饷局　[十六]259,345

美国大统领　[十二]384

美国代表院　[三]60

美国丹佛洪门致公总堂　[十]38

美国独立战争　[二]106,109

美国革命　[二]78,87,96,105,113 - 114,

119;[三]362,373,378;[四]590;[十]
526,586,596;[十一]334;[十二]218

美国公使　[一]237;[二]14;[四]521;
[五]425;[九]346;[十二]147

美国共和党　[三]60

美国共和联邦政体　[十一]206

《美国国民读本》　[三]115

美国国务院　[十四]265

美国合众国　[四]177;[十二]231,255

美国红十字会　[一]129;[四]99 - 100

美国红十字会华人协会　[八]24

美国教会　[十四]491

《美国联邦宪法》　[二]107

美国领事　[十]348;[十二]181 - 182

美国南北战争　[一]18;[十]263;[十二]
150

美国人民　[一]228;[二]96,99,105;[三]
34,40,140,146;[四]292,344;[七]522;
[十]11,699;[十一]230;[十二]92,126,
411 - 412

美国上议院　[八]51;[十一]145

美国斯坦达会社　[三]75

美国特使　[十一]254

美国下院　[十一]144

美国移民归化局　[四]20

美国政府　[一]32,79,229;[二]50;[三]
246;[四]342,431,465;[七]235,294;
[八]272;[十]430;[十一]195,254,401;
[十二]51,147

《美国种植棉花法》　[二]247

美国驻广州总领事　[十一]480

美国驻华使馆　[十一]401

美国总统　[一]243;[三]369,380,412;

［四］464；［九］376，399，558；［十二］178，388

美金　［一］43，86－87；［二］159，164；［三］75－76，95，150，167，269－271；［四］18，103，274，386－387；［五］46；［七］137，174，221，408；［八］26，263，291，469；［九］22，200；［十］160，172；［十一］111，176，189－190，196；［十三］191，341；［十四］122

美京会议　［十二］137

美京中国国民党分部　［十六］398；［十七］6－9，11－12

美利滨中国国民党分部　［十七］71－73，75

美利坚合众国　［四］72；［十］10；［十二］132，134

美利坚民族　［二］13；［三］309－310，341，350

美联社　［四］286，288，304，490－491；［八］300；［十一］242，460；［十二］125

美领（事）　［三］54；［四］438；［八］52，61；［九］365－366，465；［十二］181；［十三］290，530

美欧　［一］71，245；［八］68

美人　［一］7，49，80，87；［二］19，259；［三］8，29，33，49，193，219，240，257，263，277，302，359；［四］23，100，139，439；［五］424；［七］154；［八］159；［九］365－366；［十］29，38，141，145，150，157，632；［十一］218，283；［十二］138，336，389，456；［十三］179，290，293

美西之役　［三］51

美西（之役／战争）　［三］51

美语　［十八］70

美元　［三］144；［四］25，30－31，332－333；［五］47－49；［六］19；［七］138，190－191，201，349，360，363，371，492；［十］32；［十一］190，295，481，483；［十二］407，459，462

美政府　［三］173，180；［四］530；［八］51－52，70；［十］134；［十二］138，328，388－389

美洲葛仑分部　［十三］234

美洲国民党恳亲大会　［九］182

美洲少年　［十一］172－173

《美洲少年》　［七］133

《美洲少年报》　［七］142

美洲舍路分部　［十三］137

美洲讨袁军　［十三］201

美洲支部　［十六］112

美洲致公总堂　［四］272，274

美洲中国国民党恳亲大会　［四］76

美洲总支部　［四］76

美孖写中国国民党分部　［十六］615，617，619－620，626

美总统　［三］272，288；［四］103，438－439；［八］52，55，106；［九］378－379；［十三］290，326，453

门户开放　［一］79；［三］46，177

门户开放政策　［三］47；［四］465－466；［八］272

门户开放主义　［三］45，177；［十］139，141，190

门罗／孟主义　［二］22；［三］29，302；［四］465；［八］272；［十］134－135，277，281；［十一］189

盟据　［七］119；［十一］114，116

盟书 [四]50;[五]18,20－21,43－44;[七]58,115,161－162,166,187,199,203;[十]13;[十三]99,541

蒙藏同胞 [十]124

蒙藏统一政治改良会 [十]124

蒙藏问题 [十一]326－328,371

蒙古船分部 [十六]36,111,149

蒙古联合会 [九]78

蒙古铁道 [十]129,161;[十一]323

蒙古族 [二]7

蒙人 [十一]283

蒙文翻译官 [十七]456－457

蒙直线 [十一]361

孟加映分部 [十六]133,175

孟禄主义 [十]389(参见门罗主义)

孟米中国国民党分部 [十七]270－272

《孟子》 [一]37;[四]109;[十]762

米德兰旅馆 [二]315

米麻中国国民党分部 [十六]612,617－618,620－621

秘鲁国跛打埠分部 [十三]213

秘密会社 [十一]32,135－136

秘书处 [四]157,172,497－499;[五]103,373－375,422,429,431－433,435,438,440,442;[六]129－130,199－200,204,219－220,287－288,366－367,416,418,457;[九]665;[十]625－626,631,633,646;[十二]341－342;[十三]43,256,528,664,691;[十四]20,32,55,59,63,76－77,201,336,347,478,520,591;[十五]303,327,525,529,573,605－607;[十六]356;[十七]40,77

秘书处电报室 [十七]591－592,597

《密迩》 [七]82

棉兰中国国民党分部 [十七]68－70

免捐 [十五]561－562

缅甸筹饷委员 [十六]497,499

缅甸国民党支部 [十六]314－315

缅甸《觉民日报》 [七]537;[十八]315－316

缅甸英清条约 [三]6

缅甸之割 [三]47

缅甸中国国民党支部 [十六]495;[十七]313－316

缅属勃卧分部 [十六]158

面粉捐 [十五]448,509

民八、民六问题 [八]465

民八议员 [十三]531

《民报》 [一]73;[二]30;[三]41,54－55,63－64,123,361,365,373,376,429;[七]43,49,51,59－60,64,67,139;[九]7;[十一]132,143,192,363

《民报》发刊词 [三]40;[十一]132－133

民产保证局 [六]135－137,141,151－152,329;[十四]116,327,451;[十五]265,582

民产保证条例 [六]138,151;[十四]349,395,448

民党 [一]45,51,54－56,68－69;[三]49,276,318,339;[四]37,65,92,113,304,354,359,368－369,371,373,400,438－439,521－522,598;[五]333;[七]172,222,258,341－342,407,422,431,473,478－480,483,489,527－528,547－548;[八]41,182,195,237,321,338－339,467;[九]92,159253,257,260,320,521－

522,529 - 530,552;［十］54,65,181 -
182,284,315,318,320,322,327 - 328,
349,366,368 - 369,387,389,413,444,
490,502,506,511 - 512,514 - 516,560,
796,802 - 803;［十一］132,209,372,475;
［十二］23,35,73,94,227,233 - 235,260,
262,267,283 - 284,310,368,416,472,
478;［十三］153,158,179,188,196,198,
219,225,249,256 - 257,278,290,298,
323,331,383,393,422 - 423,580,609;
［十四］57,498

民铎社　［七］198,207

民国　［一］4 - 5,44 - 55,64,81,134,243 -
246,248;［二］59,74 - 75,85,90,116,
120,128 - 130,139,173,217,226,234;
［三］100,143,146,153,156,161 - 164,
168 - 169,174 - 176,180 - 181,186,199,
204,211 - 212,215,224,227,231,235 -
236,238 - 240,243 - 246,248 - 249,261,
302,309,311 - 312,314,317,321,331,
337,347 - 348,357,363,372,375,384,
386,424,427,430 - 435,437 - 439,441,
443 - 448;［四］33,37,39 - 43,47,52,58,
69,75,77,84,92,97 - 98,104 - 105,107,
114 - 116,122,134,136,138 - 140,145,
150,160,171 - 172,178 - 179,282,284,
288,290 - 311,314 - 322,324,327 - 330,
332,334 - 335,337,341,345,347 - 350,
353 - 354,356,358,362,365,370 - 371,
373 - 374,380 - 385,387,389 - 391,394
- 395,397,399 - 405,407 - 420,422 -
423,425 - 431,434 - 437,450,456,458,
461 - 463,465 - 467,472 - 474,480,483,

485,492,496,503,507,520 - 523,527,
563,574,579 - 581,583,588,592,597;
［五］7,10,18,20 - 21,29,42 - 43,46,54,
56,58,60,62 - 64,80,101 - 102,108,115
- 116,123,126 - 130,132,142,144 - 145,
155,163,167,170,176,189,200,209,240,
242,253,259,263,266,315 - 316,333,
337,339,356,416;［六］4,125,155,192,
195,315,467,470;［七］256,258 - 259,
263 - 264,266 - 267,271,274 - 275,281,
286,289 - 290,296,298299,304 - 305,
308,312,314,324 - 325,335,341,344,
357,379,385,387,392,396,405,409 -
410,437,441,452,462,465,468,473,487,
489 - 490,499 - 500,503 - 505,510,514,
519,522,538,540,547,551 - 552,557,
566,568,573;［八］5,7,10,13,32,34,37
- 38,45,51,59,61,63,71 - 72,75,78,
91,95,101,110,129,133,147,160,162,
182 - 183,237,239,261,274,276,283 -
285,287,293,296,304 - 305,308 - 310,
327,336,374,383,417,436,444,460,465,
467,475,480,486,515,524 - 525,543;
［九］21 - 22,25,28 - 29,32 - 33,35,37,
39,42 - 48,50,52,56 - 60,62 - 63,70,
72,74 - 75,77,80 - 81,83,85,86 - 87,89
- 92,96,104 - 105,109 - 110,115,117,
119 - 122,129,136,141,148,151,165,
167,168,226,239,241,245,248,253 -
254,256 - 257,259,261 - 264,270,281,
283,290,293,295,299,319 - 320,323,335
- 336,343,351,356,359,368,375 - 377,
385,395 - 396,400 - 401,426,437,461,

464,472,477,480,482,485,501 – 502,
510,529,537,562,593 – 613,616,649,662
– 663;［十］7,12 – 13,21,41,46 – 47,50
– 52,54 – 56,59,65 – 69,71 – 73,75,79,
82,84 – 85,90,93 – 99,102,104 – 107,
110 – 111,114,117,121,125 – 126,128,
132 – 136,138 – 140,145,150,154,162,
164,166 – 167,169 – 170,172 – 173,176
– 177,180 – 185,194,196 – 197,202 –
204,209,211 – 213,215,224,226 – 228,
232 – 234,237,239,245,248 – 250,254 –
255,260 – 263,269 – 271,279,282,284 –
289,291 – 292,294 – 295,297,299 – 300,
302,304 – 305,317,325,328,330 – 332,
334 – 337,341 – 342,345 – 347,350 –
352,354 – 358,361 – 366,369,373,378 –
382,389 – 392,398 – 399,401 – 403,412,
414 – 422,425,427 – 428,436,440 – 441,
443 – 447,449 – 450,457 – 458,464,478,
481 – 485,490,495,497,504 – 507,513,
520,523 – 525,527 – 528,534,537 – 538,
540 – 541,544,548,551,553,555 – 559,
573,578,583,589 – 592,597,599,603,605
– 607,612 – 613,615 – 619,621 – 623,
626,628 – 629,635 – 636,648 – 649,653,
656,665,667,669,673,692,694,715 –
716,726,728,731 – 733,735,757 – 758,
760 – 761,764,768,776,782,784,790 –
791,800,802,809 – 810,817;［十一］132,
173,178,193,205,208,236,239,241 –
245,247,253 – 255,259,266,268,272,
274,278,280,284,286,288,293,299 –
301,303,308,312,314,317 – 318,325,
332,335,344,367 – 368,373 – 376,381,
385,392,429,442,456,462,464,473,477,
479,485,487;［十二］4,12,14 – 15,22 –
23,30,42,67,69,101,133,140,174,178,
180,185,192,195,202,215,232,241 –
242,256,308,348,365 – 366,368,378,432
– 434,440,452 – 453,456,464,468,484;
［十三］10 – 17,19,21,23,29 – 31,36 –
37,39,41 – 42,44,46,59,61 – 66,68 –
69,77,80,84,86 – 87,90 – 96,98 – 99,
101 – 102,106,110,113 – 114,117,119,
121 – 122,125,128 – 129,131 – 135,138 –
139,147,152,160,195,214 – 215,240,
246,249,264,280 – 281,292 – 294,307,
309,312,315,319 – 320,327,348,353,
386,388,394,412,443,449,457,462,470,
472;［十四］75,133 – 135,211,216 – 219,
222 – 223,229 – 230,235 – 237,259,285,
313,358,374,418,426,577;［十五］21,
37,50,105,147,170 – 171,178,180,199,
201,248,260,263,272,284,347,374,394
– 395,398,413 – 414,442,458 – 459,533,
573,585,673;［十六］15 – 16,26 – 27,
101,181;［十八］29,32,44,49,68,70,
129,147,167,178 – 179,186,212,219,223
– 224,237,241,252 – 253,258,278,283,
289,294,301 – 302,325,330 – 331,339 –
341,380,390,403,430 – 431,433

《民国报》　［十三］175 – 176

民国报社　［七］476

民国纪元　［四］41,372;［八］543;［九］
480;［十三］11;［十五］551

民国临时政府　［五］145;［九］47,52

《民国日报》 ［四］443；［十二］28－29,362

民国日报馆 ［四］425；［十三］594

民国协济总会 ［十三］32

民国学校 ［十四］537

民国元年优待条件 ［八］543

民国政府 ［一］52；［二］222,230；［三］144；［四］300,332,339,342,463,483；［五］46,56,75－76,127,145,189,366；［七］260,287,409；［八］281,543；［九］25,43,46,50－51,57－58,62－63,71,117－118,139；［十］73,80,401－402；［十一］236,242,244－245,259,263,268,271,375,477；［十三］15－17,24,654

《民号报》 ［九］194；［十三］162；［十八］138

民军 ［四］48,54,122,305,329,368,494－495；［五］271,352；［七］277－278,320,431,477－478,483－484,498；［八］19,187,359,402；［九］29,37－38,48,62－63,65－66,68－71,75－76,109－110,112,130－131,229－230,234－235,237,271,318－319,380,415,432,438,441,443,449,466－467,497,595；［十］40－41,44,170,368,418；［十一］209,218,222,233,246,253,459；［十二］260－261；［十三］32,43,113,198－199,253－254,302－303,512,535－536,540,568,572,603；［十四］141,215,478；［十五］6,113,213,600,641,649；［十六］12

《民立报》 ［四］314；［十一］289；［十八］25－26

民律 ［二］343；［五］119；［十一］403；［十三］450

《民气》 ［十八］145

《民气报》 ［八］148

《民气周报》 ［十三］233

《民强报》 ［七］520,523

民权 ［一］44,47－48,52,67,243－245；［二］56,68－70,73－79,81－84,86－87,89－92,94,100－101,103－107,109－116,118－125,127－129,131－134,136－140,142－147,153,155,173,204,206－209,215,218,222,225－226,231,234；［三］13,22,26,40－41,53,57,72,147,215,240－243,245－248,307－312,327,340－343,346,350－353,358－360,371－372,383－384,391,404－405,425,427,431；［四］23,40,71,77,121,125,129,137,262,290－291,298,364,405,439,475,502,504,537,581－582,592；［五］248－250,253,338,386；［六］124－125；［七］252,298,305,330,385－386,395,452；［八］51,102－103,133,228,340,395,426；［九］335,376－377,494,525；［十］10,55,57－59,62－63,65,71,75,77,106,108,120－121,123,126,134－136,171,192,196－198,200,231,233,246,249,261,267,269,286,291－293,295,301,344－345,387－388,392－393,395,422－426,435,442,444,451－453,488－489,529,536,602,605,665,667,712,724,732－733；［十一］130－131,133,167,472；［十二］33,46,155,288,381,425；［十三］50,63,291,294,335,467,477；［十四］322；［十六］281－282；［十八］111

民权初步　〔一〕243 – 244,308,311;〔十〕374,489,506;〔十三〕248

民权党　〔十〕134 – 135,205,207

民权革命　〔二〕73,75,103,122;〔三〕148,152,341,351,447;〔十〕5,171,388,452,575,686

民权机关　〔三〕240,242,247

民权时代　〔二〕73,78 – 79,83,135 – 136,207

民权与自由　〔二〕206

民权政体　〔二〕124;〔十〕268

民权政治的机器　〔二〕134,136

民权制　〔二〕79,221,226,230,234;〔三〕241,243,247 – 248;〔四〕380,586

民权主义　〔二〕68,79 – 81,91,113,116,147,154,172 – 173,206 – 209,222,225 – 226,230,234;〔三〕41,55 – 56,147,307 – 308,310 – 311,341 – 343,348 – 349,351 – 352,356,359,380,391,404 – 405,425 – 426,439,447;〔四〕502,522,544;〔六〕3,124 – 125;〔八〕72,131;〔十〕45,58,60 – 61,106,118,174,246,268 – 269,344,388,392,395,402,422,450 – 452,458,468,536 – 537,555,571,574 – 575,606 – 608,643,657 – 659,664 – 665,667,671,709 – 710,712,714,732 – 733,751;〔十一〕127,248;〔十二〕21;〔十四〕323;〔十五〕323;〔十八〕429

《民权主义》　〔二〕3;〔十〕771;〔十八〕411

民人滞纳新旧钱粮章程　〔六〕467

民生　〔一〕12,21,31,52,63;〔二〕56,121,149,151,157,166,170,174,193 – 194,200,209 – 211,215,217,251 – 252,255 – 256,259;〔三〕11,41,59,78,98,106,111,114,147,167,192,215,230 – 232,259,307,313,316,327,340,343 – 344,346,351,353,358;〔四〕60,106,125,130,137,155,290 – 291,294,311 – 312,322,330,334,338,340,344,358,364,383,416,427,429,437,468,471,474,479,485,502,505,527,537,544,550,592;〔五〕6,24,167,176,209,221 – 222,248 – 250,253;〔六〕54,125 – 126,142,160;〔七〕48,252,296 – 300,336,385,452,504,506,543;〔八〕14,53,89,101,123,134,160,256 – 257,271,304,308,416 – 417,543;〔九〕40,92,375,394,426,456,482,527,578,600;〔十〕5,55,57,60 – 61,108 – 109,111,134,136 – 137,170 – 171,181,211,387 – 388,391 – 393,395,435,442,488 – 489,508,512,575,637 – 638,724 – 725,792,794 – 795,808,810;〔十一〕133,269,278 – 279,293,467,473;〔十二〕46,273,364,507;〔十三〕29,46,59 – 61,64,82,123,322,329,363,365,467,472,477,479,577,582;〔十四〕127,141,322,426,527 – 528,549,575;〔十五〕45,60,179,561,634,667

《民生》　〔七〕133

民生国计会　〔七〕299

《民生日报》　〔七〕292;〔九〕122

民生三大主义　〔三〕40

民生社　〔十三〕317 – 318

民生问题　〔二〕149,153,157,161,166 – 167,170,174,176 – 178,180,182,184,191 – 193,195 – 196,200,202 – 203,205,211,213;〔三〕308,356,406;〔四〕341,537;

［八］101；［十］12,55,66,106,108 – 109,392,452 – 454,638,785,796 – 797,811；［十一］275,277,279；［十三］532

民生政策　［一］12；［三］343,353；［四］335,338；［五］228；［八］101；［十］107 – 108

民生主义　［一］67；［二］91,112,149,151 – 153,157,167,169 – 170,172 – 176,178 – 180,182,184,192 – 193,204 – 205,209 – 214,226,234 – 235；［三］41,55,57 – 59,62,71,84,93,105,114 – 115,119,147,172 – 173,307 – 308,312 – 313,316,324,341 – 346,348 – 349,351 – 356,360,380,391,405 – 406,426,439 – 442,447；［四］273,290 – 291,315,502,538,544；［五］45,136,139,233,240；［六］3,125 – 126；［七］203,296,330,385,530,543；［八］228；［九］60,127；［十］45,48,57 – 58,60 – 62,75 – 77,91,104 – 107,109,111,118,134,136 – 137,148,153,157 – 158,160,171 – 172,174,200 – 203,246,269,301,388,392 – 393,395 – 396,402,424 – 425,450 – 452,458,536,571,574 – 575,606 – 608,633,636 – 639,643,657 – 659,664 – 665,667,671,709 – 710,712,714,725,731 – 734,736,745,748,750 – 753,781,785；［十一］127,141,222,248,336；［十二］171,176,344,359,362,364,381,415,430,507；［十三］50；［十四］173,322,349 – 350,364；［十五］524,669；［十八］429

《民生主义》　［二］3；［十八］426

民生主义的第一个问题　［二］180

民生主义就是共产主义　［二］174,176

《民声报》　［四］314；［八］250,261；［十八］282

民团　［二］108；［四］519；［六］150,274 – 277,446,449,494 – 495；［八］200；［九］70,559,627,629；［十］661,740,755；［十三］199,428；［十四］4,49,126；［十五］215,245 – 246,249,351,385,423,462,467,474 – 475,492

民团备价请领枪弹暂行细则　［六］274 – 275

民团备价请领新枪暂行章程　［六］276；［十五］385

民团暨军队备价请领枪弹暂行章程　［六］276

民团请领枪弹暂行章程　［十五］334,356

民团条例　［四］562；［八］514；［十五］442 – 443

民为邦本　［三］239,245,425；［四］502；［五］6；［九］422；［十］446

民享　［三］342,351；［十］442,445,451,453,555；［十一］180

民业审查规则　［六］173 – 174,225

民业审查会办事规则　［六］173

《民意报》　［四］60,306,315,390；［十三］234

民友阁　［八］326

民友会　［七］537 – 538；［九］251

民友社　［十三］386

民有　［一］243；［三］199,211369,,；［五］287；［六］31,135,152,173,225；［十］137,202 – 203,442,445 – 446,450 – 451,453,555；［十一］180,316

民有、民治、民享 ［二］147,179;［三］342,351,369,380,412;［四］583;［六］124;［十］442,450－451,454,555,606,790

《民约》 ［三］310

民约论 ［十一］393

《民约论》 ［二］76－78,210

民政长 ［四］74,354;［五］63;［七］436,439;［八］47,149;［十一］317;［十五］147

民政长官 ［一］69

民治 ［二］122,137,145;［三］342,346,351,356,366,369,378,381,400,405,422－423,431,433,435－437;［四］96,104,112,145,157,410,427－428,433,438,455,474,477,502,509,515,520,575－576,581－583,588,592;［五］82,384－385;［六］111;［八］51,75,122,129,132,202,218－219,234,237,241－243,245,248－249,251,253－254,260,266,274,304,308,341,343,351,366－367,434,440,444,448,471,540,543;［九］261,376,393,423,426－427,441,453,471－473,479,482,493,497,527,589－590,662;［十］343,373,396,407,412,426,432,437－439,442－443,445,451,453,468,482,484,523－524,532,555,560,740,777,795;［十一］180,203;［十二］105,146,149,217,241－242,356,414,429,477－478;［十三］251,350,363,387,416,435,454,472,476,549,575;［十四］134－135,300,431,577;［十八］262,416

民治、民享、民有 ［十］421(参见民有、民治、民享)

民治政府 ［四］490;［十二］148,159,478

民治之政府 ［十二］159

民治主义 ［三］346－347,356－357,417;［四］134－135,434;［六］124;［八］65,76,130;［九］376,590;［十］396,483,523,560;［十二］100;［十三］351,363

民智开化 ［三］152

民众 ［一］244;［二］82－83,89,93,109－110,112,204,217,219,222－225,227,231－233,236,296－298,337,349,355－356;［三］36,125,140－142,157,237,310,422,452,456,461;［四］177－178,259,284,288,349－350,383,466,475,481－482,502－503,511,526,537,540,543,585,591,593－594,599;［六］127,142,449－450;［七］30,163,249,443,463,504;［八］75,278,343,347,379,395,426,454,503;［十］25,73,203,227,533,648,652,726－730,782－783,789－791,796,802,808;［十一］23,38,74,96,114,116,135－138,177,209,214,270,298,418,465,474,487;［十二］40,63,76－77,104,146,148,230,243,249,254,304,360,369,430－431,477－478,480,485;［十四］425;［十五］271;［十七］715;［十八］245

民主 ［二］128,347;［三］27,37,40,53,130,140,147,228,235,237,402,424－425,433,447;［四］23,75,100,115,293,304,369,383,397,464－465,533546;［七］295,441,443,521,539;［八］17,103,174,271－272,543;［九］32,255;［十］5,15,39,105－106,112,120,130－131,134,143,163－164,172,174－177,198,206－207,246,250,267,288,304－305,309,

346,355,371,385,393,423,435,455,480
－481,497,523,650；[十一]59,96,101－
102,105,128,130,144－145,175,208,
217,222,297－299,432－433；[十二]18,
34,49,89,127－128,242－243,306－
307,346－349,364；[十三]604

民主党　[三]60；[十]205,855

民主革命　[十一]122；[十四]322

民主革命党　[十]570

民主共和　[九]379

民主共和政体　[十]271；[十一]128

民主集权制　[十四]425

民主立宪　[三]27,53,56,425

民主立宪国　[三]128,421；[十]213,331；
　[十一]174,428

民主政府　[九]50

民主政体　[二]118；[三]25－26,167,188；
　[九]254

民主政治　[一]100；[二]124；[三]56,
129,431,433；[四]175,428；[九]376－
377,480－481；[十一]175；[十二]463－
464

民主制　[九]399

民主主义　[四]138－139,418－419；[八]
182；[九]377；[十]395；[十二]144,364；
　[十四]425

民族　[一]5,22,30,41,49,66－67,221,
223－225,228－230,243,245；[二]4－
22,29－45,47－49,53－58,61－64,66－
67,73,91,111－112,117,121,173,211,
215,218,221,223－225,229－231,233－
234,297,329；[三]13,21,32－33,35－
36,38－42,44,47,49,54－55,57,61,72,

124,128－129,136－137,145,147－148,
152,155,163,168,170－172,215,245,250
－251,255,303,307－310,340－343,346,
348－352,356,358－360,391,403,405,
425,431,447,449－465；[四]23,40,77,
105,109,111－112,124－125,147,158,
164,259－262,278,290－291,295－296,
299,312,341－342,355,383,438,465,487
－488,502,504,511,526,534,537－538,
557,571－572,577,583,590－591；[五]
24,37；[六]3,124；[七]32,46,66,295,
298,358,395；[八]72,109,272,413－
414,490,492；[九]32,260,398,562,588,
654；[十]6,14,27,30,36,52,55,57－58,
75,83,106,108,134,170－171,174,200,
229,241－242,246,257－258,267,278,
286,301,305,354,357,389－390,392,
402,424,442,451－452,526－527,575,
595,607,635,644,647,657,664,674－
676,678,684－687,721,733,798,800,
813；[十一]95,107,118,133,139－140,
174,178,199,219,230,248,269,297,357,
379,424,453,457,469；[十二]46,62,71
－72,111,121,150,171,237,255,295,
307,340－341,363－364,372,380－381,
386,389,398,407,436,449,451,470,473,
496；[十三]50,60,69,93－94,124－125,
290,369,574；[十四]381；[十五]287；
　[十八]148

民族革命　[三]55－57,59,72,147,154－
155,242,392；[七]138；[十]5,24,171,
452,458,575；[十一]128

民族解放　[二]225,233；[三]359；[四]

590；［八］369；［十四］425

民族解放主义　［二］221,230

民族、民权、民生　［二］82 - 83,90,208；
　［三］340,342,346,356,369,380；［四］
　285,325,381,461,537,591；［十］55,137,
　171,174,421,442,445,458；［十一］133；
　［十二］364

民族问题　［二］40,182,225,234；［四］341；
　［十］30,453；［十一］453；［十二］398

民族主义　［一］67；［二］4 - 5,8 - 9,16 -
　17,30 - 39,41,43 - 44,48 - 49,53 - 54,
　57 - 58,67,91,172,199,208,211,224 -
　225,233；［三］41 - 42,49 - 50,52,55,63,
　147,307 - 309,311,327,340 - 343,346,
　348 - 352,356,358 - 359,380,391 - 392,
　403 - 405,425 - 426,438 - 439,447；［四］
　129 - 130,137,139,147,290 - 291,502,
　504,537,544；［五］8,37,39；［六］3,124；
　［十］9,15,18,24,45,58,60 - 61,77,106,
　118,246,387 - 390,392,395,402,421 -
　422,450 - 452,458,488 - 489,536,570 -
　571,574 - 576,579,604,606 - 608,632 -
　633,643,647,657 - 659,664 - 667,671,
　709 - 710,712,714,732 - 733,751 - 752；
　［十一］127,139,141；［十二］153 - 154,
　236 - 238,255,364；［十四］322；［十八］
　429

《民族主义》　［二］3；［十八］399

民族自决　［二］41 - 42；［三］340,346,349,
　356,359；［四］149,504；［九］608；［十］
　488 - 489；［十二］28

泯利剌支部　［十六］96

闽都督　［十三］116 - 117

闽都督府组织大纲　［五］103 - 104

闽赣边防　［十三］649,653,680；［十四］
　249；［十六］598

闽赣边防督办　［十七］59,324

闽祸　［八］374

闽局　［八］344,353,361,368,381,415,
　430,432；［九］130,449,595；［十三］389,
　547,567,585,587 - 588,608

闽军　［八］30,263,375；［十三］286；［十
　五］18,112；［十六］55,61

闽南第六路　［十六］507

闽南第七路　［十六］507

闽南军　［十五］18；［十六］246

闽南讨贼军　［十四］576

闽南讨贼军第一师　［十七］487

闽南宣慰使　［十七］235,333

闽南支部　［十六］92,120,161,168

闽侨会所　［八］415

闽人　［八］351；［十］66；［十三］567

闽省民军总司令　［十七］496

闽省讨贼军　［十五］650

闽事　［七］457,459；［八］21,44,53,118,
　123,263,330,354,359,368,375,388 -
　389,410,432,444；［九］196 - 197,203,
　317,343；［十］346；［十三］140,557,567

闽粤军　［八］200,430

《名学》　［一］25

《明史》　［一］29

明太祖陵　［四］39 - 40

明新书报社　［八］105

明治维新　［二］72；［三］255；［四］145；
　［十］191,229,532,794 - 795；［十一］362
　- 363,469；［十二］242,375,470,472 -

473

模范军　[十三]148;[十五]376

摩尔根公司　[九]173

摩汉号　[十二]215

摩洛棉分部　[十六]121,163

摩托车　[三]242,247;[十]299

磨诗耀中国国民党通讯处　[十七]7－10,
13

末士卡利中国国民党分部　[十六]612,617
－619,621

莫架中国国民党分部　[十六]616,618－
620,628

莫荣新之役　[四]494

墨国中国国民党支部　[十七]144－146

墨京中国国民党通讯处　[十七]7－10,13

墨西哥党务　[十三]203

墨西哥呢咕洒利分部　[十六]370

墨溪中国国民党分部　[十七]71－73,75

幕府　[一]38;[四]170,183;[九]422

幕僚　[二]354;[三]236;[五]310,313－
315,442－443;[七]442;[八]377;[十
二]198,213,215,456;[十六]43

N

哪威运载军火船案　[十七]614

那伏中国国民党通讯处　[十六]577－580,
583

那卡利(市比)中国国民党通讯处　[十七]
103－106,151－154

那镡中国国民党通讯处　[十六]616,618－
620,628－629

纳卯支部　[十六]122,166

纳卯中国国民党支部　[十七]140－142

喃吃分部　[十六]374

喃吃/乞中国国民党分部　[十六]377,417

男女平等　[二]229,238;[三]447;[五]
220;[六]3;[十]64

男女平权　[三]447;[四]315;[五]136,
139;[七]301;[十]106－107,109;[十
一]306

南北和平　[十二]25,88,176,181,260－
262

南北和谈　[十一]460;[十二]21,41,242

南北和议　[一]80;[三]320;[四]449,
452;[八]104,148;[九]279,310;[十]
355;[十一]251;[十二]39;[十三]302,
316,422,608

南北美之战　[三]240

南北统一　[三]224,434;[四]141,310,
327,329,353,380,416,452,477,520;
[五]116,199;[七]284;[九]48,82,92,
94,110,115,389,519;[十]47,112,180－
182,275,490,652－653;[十一]282－
283,331,337,360;[十二]25,78,95－96,
99,103,118,218,222,259,261,286,367;
[十三]30,41,91,99,113,609;[十六]15,
21

南北议和　[一]54;[四]477;[七]341,
478,487;[九]48,381;[十]366;[十一]
238;[十二]71;[十三]300,368

南北战争　[一]46;[二]98;[三]245,421,
443;[四]480;[九]32;[十]180,261,
384,457,531,607,808;[十二]22,227,
406

南昌教案　[三]49,53

南昌临时议会　[九]91,111

南昌商务总会　［十］195

南琛（舰）　［十六］7

南代表　［八］112；［九］394

南定中国国民党分部　［十六］523－525，527

南番顺剿匪司令　［十五］519－520

南方大港　［一］133，151，161，169，182，187，225

南方代表　［八］88－89，106，109；［九］109；［十］362；［十二］90，135；［十三］326，377

南方各代表　［八］93

南方合法政府　［八］283

南方军阀　［十］364，384；［十二］45

南方议和代表　［八］92

南方政府　［二］22，45，78；［四］490；［八］61－62，67，76；［十］432，456，519，636，717，779，802；［十一］480－481；［十二］20－21，88，126，128，136－138，196－197，224，249，257，306，338，361，371－372，380，385，411；［十三］299

南非/菲洲支部　［十六］136，179

南非洲婆尔人　［十一］225

南非洲特人　［十一］233

南非洲中国国民党支部　［十七］59－62

南非总支部　［十八］571

南甘星敦博物院　［十一］25

南海会馆　［九］638

南海漳分部　［十六］121，163

南汉旅店　［十四］113

南和可中国国民党通讯处　［十六］577－580，583

《南华报》　［八］50

南京参议院　［五］59，74；［十一］253

南京大仓园事务所　［四］49

南京府　［四］309；［五］72，145－146；［十一］261；［十三］107；［十六］11

南京府官制　［五］145；［十三］77

南京府官制草案　［五］63

南京府知事　［四］309；［五］63，147；［十三］35，41－42，85，107；［十六］11，21－22，26－27

南京革命军　［十六］52，141

南京革命军司令部　［十六］52，141

南京华侨学生　［十三］328－329

南京军队　［七］273；［十一］137；［十三］13

南京军事特派员　［十六］52，141

南京军械局　［十六］52，141

南京军用钞票　［五］54－55

南京临时参议院　［三］436；［四］326

南京临时政府　［四］332，407；［五］75，124；［七］275；［九］52，57，67－68，89；［十］202－203，205－206，290，370；［十一］242，246－247，255；［十三］11－15，20，28，32，45，65，71，73，81，83－84，105，110，113－115，120－121，124；［十六］28

南京市制草案　［五］143

南京太平天国　［十一］139

南京条约　［三］6

南京同盟会本部广东分会　［九］113

南京卫戍稽查所章程　［五］113

南京卫戍条例　［五］112

南京卫戍总督　［五］50－51，111－113；［十三］125；［十六］6，8

南京卫戍总督府办事规则　［五］51

南京卫戍总督府条例　［五］50

南京粤军殉难烈士　［十八］32

南京政府　[一]45;[三]175,181,376,382;
[四]171,332,356;[五]76;[七]310 -
312,378;[九]160;[十]150,249,294,398
- 400,539 - 540,628;[十一]254,262,
292,347,396;[十三]72,120,309;[十四]
530;[十六]81

南京中国同盟会　[四]315

南京中西医院　[四]54

南京总统府　[七]510

南军　[三]411;[七]280,573;[八]30,
241;[九]39,64,87227,300,349,380;
[十]176,338,448,545,761;[十一]238;
[十二]164,166;[十三]96,333,337,402

南路　[四]55,57,575,583;[九]597;[十]
115;[十一]294;[十四]525,537,581;
[十五]7,65,91

南路讨贼军　[十三]649,680;[十四]391;
[十七]59,342

南满　[一]159,225;[七]357,409;[八]
303

南满铁路　[一]159,188,190,196 - 198;
[二]28;[十]128,167

南宁陆巡阅使　[九]257,327

南萍铁路　[七]309 - 310

《南清早报》　[七]82

南韶地方兵差规条　[六]469

南韶连会馆　[十八]283

南生船分部　[十六]127

南始之役　[十四]345

南雄县临时筹办兵差办事处章程　[六]468
- 470

南浔铁路公司　[七]309

南洋槟榔屿支部　[十六]31

南洋各埠筹款委员长　[七]375 - 376

南洋航路　[七]380;[十六]139,165

南洋华侨　[三]414;[四]394,494;[八]
266;[十]199,670;[十一]154,157,190

南洋华侨宣慰员　[八]266

南洋甲种商业学校　[十八]312

南洋舰队　[三]5

南洋路矿学校　[十八]231

南洋劝募公债　[十六]14 - 15,18

南洋群岛特派员　[十七]295

南洋砂勝越国民党分部　[十四]191

南洋新加坡洪门义兴公司　[四]361

南洋兄弟烟草公司　[八]298;[十三]506;
[十八]29

南洋烟草公司　[十六]65

南洋印刷厂　[十三]24,27

《南洋游记》　[一]16

南洋(周刊)　[十八]338

《南洋周刊》　[十八]338

《南洋总汇报》　[七]140 - 141

南邑侨商公所　[九]31

南越公司　[十五]253 - 254

难知易行　[八]72

呢咕洒利分部　[十六]370

内阁　[一]70,73;[二]111,162;[三]60,
109,245,275,295;[四]107,284,287 -
288,292 - 293,337,342 - 343,354,374,
376,386,389 - 390,392,469,522,542;
[五]64 - 66,118;[七]128,229,245,259,
447,477,504,527,540 - 541,547,573,
576;[八]182,377,491,543;[九]45,48,
52,57,62,64,68 - 69,76,84,103,153 -
154,241,251 - 253,260,281 - 282,376 -

377,529;[十]181,253,268 - 269,704;[十一]89,93,138 - 139,223,229,232 - 235,247,257 - 259,295,299,320,373,376,448,452,457,475,486;[十二]10,46,48,239,322;[十三]71,120,288,297,561,609;[十四]530

内阁制 [十]44

内阁制度 [十]268

内阁总理 [一]70;[二]129;[四]107;[五]65,109 - 110,117;[七]293;[十]693;[十一]242,276;[十三]71;[十四]530

内河轮船公司 [十一]11

内外政策 [十]39,508;[十一]375

内务部 [四]311,313,315 - 316,318 - 321;[五]55 - 57,81,115 - 117,143 - 146,175,190,276,289,422,438,440 - 441;[七]4,262,470;[九]92,104;[十一]30,336;[十三]10,18 - 19,24 - 25,31,34 - 37,43,46,58 - 59,65 - 66,68,71 - 74,77,81 - 82,84 - 85,89,91,98,100 - 101;[十五]105;[十六]11,21 - 22,26 - 27,410,418

内务部官制 [五]76,438

内务部矿务局官制 [五]441

内务部土地农务商务三局 [十三]447

内务(部)总长 [四]484;[五]63,77,146 - 147,210,276,289,292,435,441;[十三]100,111,136,232,465;[十六]402,459,469

内政部 [二]217,219;[五]372,385 - 386,421,442;[六]75 - 76,166 - 168,188 - 190,281,290 - 295;[十三]260 - 261,266,276 - 277,443;[十四]75,77,165 - 166,329,332,362 - 363;[十五]103,105,248,274,364,494,500,504,533,540 - 541,572;[十六]239,243,247,326,354 - 355,359 - 363,382,389 - 393,396 - 398,401,441,550,568,631;[十七]95 - 96,100,126 - 127,149,161 - 162,177,179,213,256,305,365,387,425,427,524,660,683,688,697 - 699,711,717,766

内政部第二局 [十七]384 - 385,389,697,711

内政部官制 [五]421

内政部矿务局 [十六]397 - 398

内政部农务局 [十六]391,396

内政部侨务局章程 [六]167

内政部商务局 [十六]393

内政部总务厅 [十五]364;[十七]697

能知必能行 [一]43,52

坭益爹中国国民党分部 [十六]596 - 598

泥古洒利中国国民党分部 [十六]587 - 589

倪烈士映典纪念碑 [十五]550,565

倪杨之变 [十一]478

捻之役 [三]52

念一条件 [十二]138

鸟卡素中国国民党分部 [十六]605 - 608

宁波革命军 [十六]141

宁波会馆 [十四]465

宁波税务司 [二]245

宁省铁路 [五]113;[十三]36,75,87 - 88

宁阳铁路 [十四]235

宁垣中西医院 [四]54

宁远靖国第七军 [九]283;[十六]240

柠檬中国国民党分部 〔十六〕613,617 – 618,620,623

纽丝仑屋仑中国国民党分部 〔十七〕71 – 75

纽丝伦支部 〔十六〕115

纽特中国国民党分部 〔十六〕615,627

《纽约时报》 〔十一〕262;〔十二〕265

《纽约世界报》 〔七〕160

纽约致公堂 〔七〕144

纽约中国国民党分部 〔十六〕613,617 – 618,620,623

农工兵政府 〔三〕406,416

农工商业 〔一〕238;〔二〕132;〔三〕279; 〔五〕138,140,146,278;〔十〕453

农工团军 〔十〕759

农工专制 〔二〕167

农功 〔二〕243 – 247;〔三〕102

农会 〔四〕119,513,550,593,601 – 602; 〔五〕423;〔六〕119 – 120,461;〔九〕664; 〔十〕796;〔十二〕387;〔十五〕592,638 – 639

农林部 〔九〕127;〔十一〕332;〔十三〕89

农林试验场 〔十〕506,690;〔十一〕280; 〔十三〕595

农民部 〔十〕736,750;〔十五〕638,641; 〔十七〕701

农民党员联欢大会 〔十〕731

农民讲习所 〔十二〕386

农民联欢大会 〔二〕184;〔十〕733;〔十二〕 393

农民协会 〔四〕556 – 557;〔六〕333 – 335, 337,340 – 342;〔十二〕387;〔十五〕501 – 502,638,641

农民协会章程 〔六〕333

农民自卫军 〔四〕556;〔九〕627;〔十五〕 484;〔十七〕670 – 671

农民自治 〔十五〕407,501 – 502

农品展览会 〔十七〕623

农人自卫军 〔十五〕443

《农桑辑要》 〔二〕244

农商部 〔五〕367;〔十三〕219 – 220;〔十 四〕509

农士 〔二〕256

农团 〔十〕783

农团军 〔十〕735,804

农务局 〔四〕119;〔五〕423;〔六〕114;〔十 六〕396,441

农学 〔一〕34;〔二〕249 – 250,255,257; 〔三〕57,112;〔六〕436;〔十〕280,499, 593,723

农学会 〔一〕65;〔二〕256 – 257;〔十一〕9 – 10,280

农学家 〔二〕161;〔三〕102

农业促进会 〔七〕296

农业国 〔一〕215;〔二〕24,40,203;〔十二〕 412

农业时代 〔二〕154,183,203;〔八〕124

农业银行则例 〔五〕177,182

农艺博览会 〔二〕244,255

农政 〔二〕244,249 – 250,254 – 255;〔六〕 437;〔十〕403,659

《农政全书》 〔二〕244

农政学堂 〔二〕250,255

奴役 〔二〕323;〔三〕35,172,255;〔四〕260 – 261,278;〔七〕270;〔八〕302;〔九〕566; 〔十一〕167,243;〔十二〕398

女党员　［八］195；［十一］232

女界共和协济会　［十三］23

女界协赞会　［七］264

女权　［二］229,238；［十八］62

女真　［四］577

女子参政　［七］258；［十一］231,264－265

女子参政权　［十二］114

女子蚕桑学校　［十三］36－37

女子法政学校　［十三］23－24

女子共和日报　［十三］24

女子卖物赈济中外慈善会　［十三］266

虐杀华工　［四］561

O

欧风东渐　［二］17,66；［三］316；［四］97

欧风美雨　［一］243；［二］9,18；［十一］213

欧罗巴人　［三］459

欧美人　［一］87；［二］9,83,87,89,101,
104,107,114－115,125,127－129,131,
137；［三］44,128,213,452,459；［七］48；
［十］139,221,227,254,378,380,423,
452,462；［十一］107,174,482；［十二］72,
233,472－473

欧美政府　［十二］411

欧米文明　［三］10

欧人　［一］40,234；［二］18,262－263；
［三］5,28－29,65－66,70－71,73,116－
117,131,134,240,267,296,414；［五］
225；［九］377；［十］15,237,239,676；［十
一］44－45,283；［十二］70

欧亚之战争　［八］491

欧战　［一］12,19,63,82－83,228,230；
［二］9－12,17－18,21－22,25,34,39－

42,45,50,60－61,107,109,111－112,
114,119,152,156－157,159－160,166,
179－181,200－202,213,223,232；［三］
263,271,274,276,292,311,317－319,
323,340,349,356,404,409,421,455,461,
465；［四］102－103,109,368,377,380,
419,430,438－439,450,468,504,533,
537,541－542,582；［七］399,484,540,
545；［八］48,51,55,101,490－491,493；
［九］201,248－249,254,355,376,378,
403,452,454；［十］291,298－299,342,
347,351,465,482,503,532,534,550－
551,558,632,659,685,697,715,787－
788,792,798,812；［十一］446,449,474,
481－482；［十二］35－36,74,103,285,
345,389；［十三］170,242,281,290,322,
358,392；［十五］677

欧洲大战　［二］15,22,53；［三］252,262,
308,346；［七］357,360；［八］45；［十］
384,503,570,798；［十二］284,472；［十
三］234

欧洲工业革命　［三］68－69,71

欧洲和会　［一］229；［八］90,98；［九］388,
403；［十三］316

欧洲和平大会　［十三］406

欧洲平和会议　［八］67,78

欧洲同盟会纪实　［十一］113－114

《欧洲信使》　［四］284

《欧洲信使报》　［十一］208

欧洲银行　［七］315；［十一］136

欧洲战争　［二］11；［三］265；［四］71,549；
［七］409；［十］347,367,529；［十二］72,
89－90,306,437

欧洲之大革命 ［三］311

P

排斥日货 ［七］564；［九］154

排华法案 ［十二］413

排满 ［一］71；［二］32,172 - 173；［三］46,
51 - 52,54,85,346,447；［四］178,271,
537,572；［十］52,487,579,603 - 604,
640,665,668；［十一］107,172,176,178,
487

排日 ［三］268,273,275 - 277,301 - 302；
［八］230,493；［九］8；［十］240,385,399,
532；［十一］164,451 - 452；［十二］47 -
48,70,72,86,109,384；［十三］369,415

排外思想 ［三］30,43 - 44；［四］557 - 558；
［十一］85；［十五］287

排外主义 ［十］183

番香两属沙田 ［十五］104

番禺公所 ［九］31

番禺会馆 ［九］638

番禺学宫 ［十五］208,210,652,654

泮大连中国国民党分部 ［十六］613,617 -
618,620,622

叛党 ［二］326；［四］412,496；［五］251；
［八］383,408；［九］199,254 - 256,610 -
611；［十一］114 - 115；［十二］125,279

叛国 ［四］136,407,415,456,465,505,
507,531,572,582；［七］452,462,499 -
500；［八］5,373,383；［九］168,259,270,
274,293,472,501,530；［十］4,472,504 -
505；［十一］426；［十二］147,185；［十三］
272,480,599 - 600；［十四］205,285,510；
［十五］431 - 441,463 - 465

炮兵 ［一］78；［三］393；［五］98,149,155,
317,392；［八］528；［九］379,430,440；
［十］35,528,531,545,719,764；［十一］
185；［十三］324；［十四］52,75,229,299,
573

炮轰广东督军署 ［八］4

炮击督军署 ［十］331

炮击新洲 ［十五］206

培道书室 ［四］6

培坤女校 ［八］138

彭亨文冬支部 ［十六］122,165

彭世洛分部 ［八］501

霹雳安顺分部 ［十六］128,170

霹雳筹饷局 ［十六］93 - 94

霹雳唪乞中国国民党分部 ［十七］23 - 25

霹雳支部 ［十六］97

啤喇中国国民党分部 ［十七］270 - 271

片的顿中国国民党分部 ［十七］41 - 43,47
- 48,53

片市打佛中国国民党分部 ［十七］41 - 42,
44,49 - 50,54

片市鲁别中国国民党分部 ［十七］41 - 43,
46 - 47,52

片市阻珠中国国民党分部 ［十七］41 - 43,
45 - 46,52

贫富不均 ［二］113,170,178；［三］57 - 58,
218,343 - 344,353,360,426；［四］598；
［七］31；［十］62,451

贫富阶级 ［三］78,83 - 84,147 - 148,196,
213,314,343,353,405；［十］396

贫富之阶级 ［三］91,188 - 189,203,208

品夫中国国民党分部 ［十七］41 - 43,45,
51

平等　　［一］76，250，252，255 － 256，260；
　　［二］62，91 － 105，201 － 204，207 － 208，
　　221，224 － 225，227，230，233，236；［三］
　　31，37，48，52，54，58，85，92，103，121，130，
　　148，151，190，196，201，203 － 210，216，
　　255，267，307 － 308，311，336，359，416，
　　425，431，438 － 439，447，457；［四］70，
　　108，124，166，259，300，311，315，319 －
　　320，338，360，500，502，504，509，514，553
　　－ 554，557，570，586，590 － 591，596，598；
　　［五］24 － 25，39，42，64，159，254，260；
　　［七］96，172，234，268，286；［八］484；
　　［九］39，47 － 48，109，565 － 566，662；［十］
　　8，24，54，68，118，132，164 － 165，171，174，
　　202 － 203，241，265 － 267，276 － 277，345，
　　391 － 392，402，409，420，422，442，445，451
　　－ 452，458，547，560，575，590，607，619，
　　658 － 659，665 － 667，702，705，708 － 709，
　　712，732 － 733，770，774，781，785，792，
　　795，810，812，816；［十一］65，67 － 68，87，
　　89，104 － 105，167，175，277，323，381 －
　　382，441，469；［十二］33，44，110 － 111，
　　115，140 － 141，354，376，449 － 450，460，
　　471；［十三］22 － 23，59，84，91，101，115，
　　156，470；［十四］460；［十五］287；［十八］
　　48，101，271，280

平等和博爱　［十一］166

平等权利　［三］137；［四］319；［九］147

平等自由　［一］57；［二］93，95，97 － 101，
　　105，114；［三］56，60，204，297，308，311，
　　363，365，374，377，405，444；［四］70，286，
　　360；［五］8，220 － 221；［七］379；［十］79，
　　98，118，179，237，239，451，768，770 － 775，

785；［十一］231；［十二］354；［十三］156

平和　　［一］87；［三］29，31 － 33，42，46 － 48，
　　114，176，272，288，292，299，327，465；
　　［四］109，137，338，375，383，416，418，
　　479；［五］36，366；［七］124，323，408 －
　　409，464 － 465，517，547 － 548；［八］10 －
　　11，50 － 51，55，58，61，81，182，256；［九］
　　56，76，228，236，248，261，274，279 － 280，
　　290，294，313，336，377 － 378，384，588；
　　［十］28，39，111，132，220 － 221，224，246，
　　272，277，312，334，363，384，433，674，677
　　－ 678，680 － 681，683，795 － 796；［十一］
　　85，206，393；［十二］8，71，147，504；［十
　　三］239；［十八］520（参见和平）

平和会议　［八］53，91，93 － 94；［十二］22
　　（参见和平会议）

《平和条约》　［九］403

平均地权　［二］167，175 － 177，184，213，
　　226，234；［三］148 － 149，314 － 315，343 －
　　345，353 － 355，360，406；［四］92，111，
　　538，543 － 544，598；［五］7，10，18，20 －
　　21，24，29；［六］3，97 － 98；［七］31 － 32，
　　292；［十］12 － 13，75 － 77，88，90，170 －
　　171，200；［十一］50，127 － 129，152，222，
　　277 － 280；［十二］362；［十八］179

《平民报》　［十三］57

平民革命　［三］56，411；［五］24

平民政治　［三］129；［四］335，338，360，
　　362；［五］227；［八］100；［九］426；［十］
　　284；［十一］175；［十二］124

平南（舰）　［十四］368；［十五］21 － 22，213
　　－ 214，296

平天下　［二］34，48，61，63，66 － 67，246；

［十］257 – 258,345,425;［十二］364

平枭局　［十七］620

平梧镇抚使　［十六］480

《平治章程》　［四］265 – 266

坪石商会　［十五］142,144

萍醴之役　［一］73

萍乡之事　［七］131

萍乡之役　［四］40,285

坡厘士璧中国国民党分部　［十七］285 – 287

鄱阳水路系统　［一］128,130

迫架中国国民党通讯处　［十七］42,44,50, 54

《朴资贸斯条约》　［三］295

埔吧哇觉群书报社　［十三］49

浦在廷食品罐头公司　［十八］382

普法战争　［二］162

普佛(法)之战　［三］50

普扶中国国民党分部　［十七］71 – 74

普光孤儿院　［八］522

普济三院　［十四］107 – 108

普通党员　［五］254,260

Q

七个增加生产之方法　［二］191

七年内国公债条例及发行办法　［五］396

七年战争　［三］289;［五］176

七十二烈士　［一］77;［四］134,140;［十］418,543,552,578,580 – 581,617,653, 663,667,706 – 708,716;［十四］203;［十五］513

七十二烈士坟园　［十四］488 – 490;［十五］148,565

七总裁　［四］451;［八］466;［九］374,378 – 381,383 – 384,459;［十二］17;［十三］377;［十四］264;［十六］364

《齐鲁报》　［十一］351

《齐民要术》　［二］244

"其泰"轮船　［十四］244

旗民　［九］39;［十］143;［十三］73 – 74,84 – 85

旗人　［六］174 – 175;［十］732;［十一］347 – 348

乞佛中国国民党分部　［十六］615,617, 619,626

企城中国国民党分部　［十七］6 – 9,12

企仑打中国国民党通讯处　［十七］41,43 – 44,50 – 51,54

企业　［一］90,110,122,126,140,142,144, 149,164,168,221;［二］222,226,229 – 230,234,238,337;［三］75,77,81 – 83, 92,94,104,189;［四］544 – 546,590;［五］170,209 – 210,245;［七］360;［八］269; ［十一］306,426;［十二］68,110,169,252 – 253

杞连湖中国国民党分部　［十六］615,617, 619,626

《弃珠崖议》　［二］44

汽力　［二］65,133,149,185;［三］57,313, 344,353

启泰公司　［十三］616

启贤学校　［十八］572

契丹　［三］258

契约书　［五］102;［七］267

迁都　［一］54;［三］20;［四］266;［七］18; ［九］134,151;［十］121 – 122,195 – 196;

［十一］173,236,259,321－322,324－325,329,331,354,357,365,425

谦益祥 ［十四］391

前敌无线电队 ［十五］88

前方参军处 ［十五］532

《前锋报》 ［八］125

《前进报》 ［十一］117

前清 ［三］159,162－163,177,180,363,375；［四］65,170,311－313,316,318－320,358,363,368,461,504,577；［五］142,145,158,170,189,200；［六］148,155－156；［七］305,316,342,489；［九］72,93,100－101,133,400,481,649；［十］83,87,96－97,104,121,124,127,140,150－151,155,165,168,173－174,180,189－190,212,250,269,279,292,355,360－361,389,399,415,441,444,533,561,586,616,628,793－794；［十一］293－294,303,325,342；［十二］369；［十三］19,32－34,59－60,68,77,86,91,97,100－101,104,112－113,116,134,195,215,470,658；［十四］111,183,259,268；［十五］104,543,608

前山陆军 ［十一］191

前同盟会 ［三］345,355；［七］162；［十六］29

虔南县知事 ［十六］484；［十七］695

钱币革命 ［三］223－227

钱广益堂 ［十三］67

钱粮加二 ［十五］495

钱塘江潮 ［十一］463

乾亨行 ［一］65

乾隆 ［一］34；［二］13－14,31－32；［三］

52,242,247；［五］41

乾隆通宝 ［三］247

乾雪地中国国民党分部 ［十七］6－9,12

潜艇 ［一］215；［三］257,260,269,271－272,289,369,371

黔局 ［十三］318

黔军 ［九］140,269,277,285,310,332,404,,488－489,516；［十三］417；［十六］444

羌胡 ［三］19

强国之本 ［五］176；［十］429

强华飞行学校 ［八］201；［十八］292

强迫教育 ［五］220；［十］64,660

强人 ［十二］459

强学会 ［十一］9

侨工事务局 ［五］435－436

侨工事务局暂行条例 ［五］435

侨民 ［二］28；［三］30,236；［四］170,320－321；［五］57,77,80,400－401；［六］47；［七］228,442,527；［八］397－398；［九］596；［十］23,263,309－310,492；［十一］167,188,290；［十二］52,57－58,82－83,143,422,426,454；［十三］41,84,101－102,137；［十四］145

侨商统一联合会 ［五］167；［十三］88－89

侨务局 ［六］166－168；［十七］697,700,717－718

侨务局章程 ［六］166

且砒中国国民党通讯处 ［十七］41,43－44,51,55

钦廉安抚委员 ［十七］383

钦廉分部 ［十六］162

钦廉高雷招抚使 ［六］243；［十五］13；［十

七]442,462,482

钦廉起义　[十]656

钦廉上思之役　[三]430

钦廉绥靖处　[十四]225,238 - 239,305;
　[十七]306

钦廉之役　[三]430;[十]762

侵华　[三]35,318;[十二]128

亲军　[九]269,329;[十三]430

亲日　[三]273,276,301;[四]126;[八]
　277;[十]237,239,385,399;[十二]46,
　48,78,87 - 88,90,111,118,133

芹苴兴亚中国国民党分部　[十六]530 -
　534

秦皇岛要港部　[五]315

秦晋劳军使　[九]324

勤工俭学　[八]159

青帮　[二]32

青岛广东会馆　[十]179

青岛特别高等学堂　[十]179

青岛巡抚　[十一]353

青红帮　[十五]287

青年会　[三]338;[九]152;[十]62 - 63,
　256 - 258,265 - 266,276 - 277,359,361,
　548 - 554,556 - 559;[十三]221

青天白日　[四]25,42,556;[五]266 - 267,
　339 - 340;[十]532,534,537,762;[十三]
　11;[十四]155 - 156

青天白日国旗　[三]309,321

青天白日旗　[五]266;[十]527,532,763;
　[十一]152 - 153

青天白日章　[六]383

清查船民户口暂行章程　[六]185

清朝　[一]34,48 - 49,52 - 53,71,78;[二]

20,24,32 - 33,49,85,107 - 108,172,340;
　[三]11 - 13,24 - 25,32,35,44,52,309,
　311,320 - 321,331,337 - 338,379,439;
　[四]36,146,273,320;[五]29 - 30,45;
　[七]7,16 - 17,55,57 - 58,60,203,241;
　[十]9,13,29,268,368 - 369,371,415,
　418,451,525,527,530 - 531,601,607,616
　- 618,621,623,657,731,766,793,795;
　[十一]19,35,68,84,94,98,242,244;[十
　二]72,175,242,289,365,367;[十三]84,
　101,347

清帝　[一]54,71;[四]287,289,306 - 307,
　354,373;[七]274,278;[八]543;[十二]
　72,216;[十三]29 - 31

清帝国　[四]287;[十]11;[十一]138

清帝退位　[一]54;[三]204,210,215,224,
　430,433;[四]40,171,288,307,380,382,
　416;[七]275,341;[九]39,41,43,45 -
　51,56 - 59,62,64,69 - 70,72,83,86 -
　87,89,106,245;[十]47,203,368,653;
　[十一]242 - 243,245,247,256,360;[十
　三]16,29;[十六]15

清佛天津条约　[三]6

清佛条约　[三]6

清宫　[八]376;[八]376

清国　[三]12 - 14,24,27,44;[四]377;
　[五]9;[七]138,147 - 148;[十]15,20,
　27,229;[十一]34,39,41,43,45,85,88,
　124 - 125,202,365;[十二]350;[十三]10

清国公使　[十一]43

清国海军　[七]148

清军　[四]30,87;[七]82 - 83;[十]32;
　[十一]94,106,157 - 158,193,229,243,

253,273

清使馆 [四]269;[七]5;[十一]12,14,18,21,147

清室 [四]39,92,159,166,358;[七]463,548;[八]266,543;[九]32,44－47,49,56,259,647;[十]362,380,389,418,816;[十一]169;[十二]64,357,471

清室内务府 [八]542

清廷 [一]64－65,67,69,71,73－75,80;[三]11－12,134,155,230,337,429－430;[四]30,40,288,295,303,307,466,503－504;[七]19,49,143,166,173,177,190,431,489;[九]39,47－48,56－58,69,75;[十]356,513,545;[十一]6,79－80,83,107,114－116,122－123,191,202,210,212,254－255,349,410;[十五]649－650

《清乡条例》 [二]354

清乡委员 [二]354

清政府 [一]67,79;[二]352;[三]13,45,122,150,335;[四]269,282;[五]35－36,56;[七]47,49,82,132,172－173,176－177,179;[九]39,52,76;[十]30,36－37,41,54,76,97,147,150,155,190,205,207,212,269;[十一]44,70,122－123,135,140,157,160,165,182,198,204－205,208,212,226,243－244,311,337;[十二]406;[十三]24,210

顷士顿中国国民党分部 [十七]41－42,44,49,53

琼海关 [十二]163

琼海关监督 [十四]82;[十六]552;[十七]215

琼民 [十二]289;[十四]226

琼人 [十二]288

琼崖国民党办事处 [四]128

琼崖实业督办 [十七]243－244,266

琼崖招抚使 [十七]482

琼州分部 [十六]113

求和代表 [十三]494

《求是新报》 [十八]308

球那暗步中国国民党通讯处 [十七]144,147

裴伦保之案 [二]288

区党部 [六]131,216－217,221,280;[十四]588;[十五]67

区分部 [六]128,132,216－218,221－222,280;[十]544,571,731;[十二]431;[十四]324,498,588;[十五]67

区农民协会 [四]556;[六]334,338

曲江商会 [六]474;[十五]493

驱除建虏 [七]31

驱除/逐鞑虏 [四]92;[五]4,7,10,18,20－21,24,29,42;[十]12－13,25－26;[十一]117,128,166;[十八]179

屈慎委利中国国民党分部 [十六]613,617－618,620,622

取法乎上 [二]118;[三]241,247,331;[十]17,187,452

取法西人的文明而用之 [十]15

权操自我 [四]347;[七]308

权度法 [六]231－232;[十四]509

权度检定所 [六]273－274,281－282;[十五]97－98,100,352

权度检定所暂行章程 [六]273

权能 [二]122,223,231;[三]299,419;

［四］581；［九］394；［十］288,331；［十二］
　448,464；［十三］377

全澳及南太平洋群岛恳亲大会　［四］134

全党的自由　［十二］354

全国代表大会　［四］551－552,565；［六］
　128－130,216－219,223－224,335－
　336；［十］618,625,627,634,636,649；［十
　二］353,491；［十四］309－310；［十五］
　373

全国粮食管理局　［十二］102

全国律师民刑新诉状汇览　［四］152

全国农民协会　［四］556；［六］334－336,
　342

全国人民　［一］55,59,90,101；［二］23,66,
　97,100－101,110,115,124,179－181,
　193,213－215,217,222,227,231,236；
　［三］170,173,361,441,445；［四］69,352,
　367－368,407－409,422,485,487,543,
　545－546,558,575,583,597；［七］388,
　452,488,557,565－566；［八］253,263,
　308,382；［十］22,49,120,129,162,185－
　187,243,248,290,305,327,334,346,370,
　414,427,449－450,481,493,541,543,
　557,595,692－694,710,724,729,734,
　779,782,790,793－794,802；［十一］313；
　［十三］134,147；［十四］498；［十五］288,
　673

全国商会联合会　［八］395,425－426

全国商团联合会　［九］44

全国铁道协会　［四］57；［十］131

全国学生联合会　［十］358

全国学生联合会总会　［九］570；［十］525

全国学生总会　［十］530；［十二］304

全国政权　［十］405,416,419,450,452,574

《全民政治》　［二］148

全民政治　［二］116,144；［三］423；［六］3；
　［十］547,555,558；［十二］21

全民政治论　［三］423

全欧埠中国国民党分部　［十六］427

全黔义赈会　［十三］451

全权代表　［七］274,349；［八］43,294,370,
　437；［九］33－34,58－59,139,263,268,
　271,548,565,567；［十二］291；［十六］7,
　15,73,239,314,432,543,555,639

全省联保治安会　［十四］401－402

全省民团条例　［十四］591

全世界被压迫之民族　［十二］449

全湘讨贼军总司令　［十六］487

泉币局　［六］266－267,329－330；［十七］
　478,660－661

泉州培元中学　［十八］259－260

拳匪　［一］229；［三］30,45,47,263；［四］
　531；［九］583

拳匪之乱　［三］30,32；［九］250；［十一］79
　－81

拳乱事件　［十二］447

铨叙局官职令草案　［五］86

铨叙局官制　［五］76－77

铨选人才　［十三］110

劝禁缠足　［四］318－319；［十三］81

确定民业执照条例　［六］175－176,226

《群众契约》　［二］210

R

人道　［一］230,240－242；［三］10,14,193,
　204,206,216,227,233,235,258－260,

285,309,452 – 453,455,462,465;［四］
28,75,103,106,285 – 286,299,312,319 –
321,331,349 – 351,353,355,423,434,
485,505,557,570;［五］58,344;［六］125,
509;［七］133,276,312,324 – 325,340,
342,441,539,575;［八］476;［九］22,39,
52,58,61,76,109,164,173,183;［十］
133,135,215,227,235,250,256 – 257,
261,264,266,331,432,439,526,531,683,
686,805;［十一］36,38,149,151,392,
400;［十二］126,185,214 – 215,228;［十
三］24,60,91,101,242,349,363 – 364,
470;［十四］26,28,155,192,225,499;［十
五］287,389;［十八］69

人道主义　［二］97;［三］190,216;［四］
351,561;［七］341;［九］275;［十］134,
217,235,238,607;［十二］240;［十三］
135;［十八］49

人格救国　［十］548,552,555,557 – 558

人工税　［十］76

《人口论》　［三］110 – 112,218

人类进化之两种经济能力　［一］231

人类进化之时期　［一］36

《人类物产统计表》　［三］192

人力构成者　［三］240

人民　［一］5,12 – 13,18,21,42,44,46 –
52,54,59 – 60,63,71,82,89,92,99,126,
129,132,134 – 135,142,158,198,214,217
– 219,222 – 223,225,227,230 – 231,
238,241 – 243,251,271;［二］5,7,9,12,
14,16,23 – 26,29,36,40 – 43,53,59,68,
72 – 79,81 – 82,84 – 87,89,91 – 96,98 –
102,104 – 115,120 – 131,134 – 139,141
– 147,149,152 – 154,161,168,176 – 179,
182,188 – 193,197 – 198,200,203 – 205,
207 – 209,211,215 – 216,218,222 – 223,
228,230 – 231,235 – 237,250,253,256,
263 – 264,267,274,296 – 297,300,322 –
324,330,333 – 334,344,346 – 347,356;
［三］3,9 – 14,24,32,35 – 36,38 – 40,43,
54,57,59,61,67,91,101,104,107,112 –
114,120 – 121,124 – 125,129 – 131,137 –
138,140,145,147 – 155,157,160 – 161,
164,167 – 173,175,180,183,187 – 189,
193 – 196,198,200 – 201,204,208,212,
216,221 – 222,225 – 226,229,235,237,
239 – 249,251,253,258 – 260,265 – 266,
271,291 – 292,303,306,308 – 312,327 –
328,330 – 331,333,335,337 – 342,345 –
347,349 – 352,354,356 – 357,359 – 360,
362 – 366,368 – 378,380 – 382,384,386,
391 – 392,395,397 – 400,402 – 407,415 –
424,426 – 428,431 – 432,434 – 436,439 –
448,450,462,465;［四］15,23,36 – 37,
40,42,63 – 64,105,115,135,137,144,
146,152,177,261,293 – 295,300 – 301,
304 – 305,310,312 – 313,315 – 316,319 –
322,327 – 331,339 – 343,346,348 – 355,
358,360,362,367 – 370,380,383,391,
395,397,407 – 409,421,425,427,430,
433,441,447,454,457 – 458,462 – 464,
466,471,474 – 477,480,485,490,493,504
– 509,513 – 514,516 – 517,519,523 –
524,529 – 530,533 – 534,542,544 – 545,
549,552,554,556 – 558,561 – 563,569 –
570,575,578 – 584,586 – 588,592,594,

596－597,601－604;[五]5,24－25,31,
33－36,42－43,51,53－54,56,60,62,64
－65,80,82,105,113,119,158－160,
177,191,206,209,216,219,244,263,269,
275,306,311,324－326,333－335,338,
344,347,349,351－353,355－356,382,
396－397,416－417,428,445,452;[六]
3,26,34,54－55,92－93,97－98,111－
113,124－125,127,135－136,139,143,
150,152－153,171,173,176－177,196,
206,225－226,230,245,249,268,310,
324,349,360,374,376,399,446－447,
450,459,467,469－470,477;[七]51,75,
146,148,221,233,262,266,268,276,281,
286,293,302,304－305,308,320,327,
331,341－342,345,349,354,390,422,
425,441－443,452－453,455,458,463,
491,521,539,547－548;[八]45,48,59,
100,121,149,153－154,175,183,206,
243,245,252－253,257,266,271272,284,
290,323,340,398,413,460,467,470,480,
490－491,505,508－509,513,515,523－
524,542;[九]61,63,77,82,101,114,168
－169,173,245,247,249－251,254,256,
260－261,275,376－377,395,399－400,
403,431－432,446,454,456,462,482,491
－492,495,501－503,512,558,560,562,
566,569,588,596,661－663;[十]7－8,
11,16,22－23,26,29,35,39,46,48－50,
52－54,58,64－66,68,70－72,74,79,
81,84－85,88,91,95－97,99,101,106,
109,111,116,118,124,127－129,133,135
－137,142－143,153,160－162,167,

172,174－178,184－187,189－193,195,
197,202－204,213,215,217,219－220,
223,226,230,232,234,236,243,245,247,
249－251,257,261,266－269,271－273,
275,278－279,282,290－292,298,301,
304－306,308－309,312,317－318,321,
326－329,331,337－339,346－347,358,
360,362,364,372－374,378－381,388,
390－393,395,400－404,406－410,413,
415,417,419,422－432,435,438－446,
449－455,457,459－460,463－465,469－
470,472,475,477－478,481－482,484－
485,488－489,491－492,495,497,501,
503,505－506,512,519－520,525－527,
529－530,538,541－545,549－551,553,
555－558,560－561,565－566,569－570,
572－575,581,585,587,590,593,596,605
－609,611,616－622,628－630,632,634,
641－642,650,656,658－661,665,667,
670,674,677,685,691－693,695,697－
699,702,704,707,712－713,724－725,
730,732－734,736,738,740,744,747－
748,760－761,763－764,766,769,771－
773,776,781－785,789－791,793－797,
801,806－808,813,817;[十一]7,19－
20,31－32,36－38,46,59－60,70,74,
88,94,98,105,108,110,125,127,131,
134,137,139,141－142,145－146,151－
152,164－165,167,175,180－181,183－
184,188,198,205－206,214,230,243－
245,254,263,267,271,279,290,297－
299,305,311－312,316,318,320,332,
334,339,348,351,353－354,360,380,

412,425,427,436,442 – 443,456,458,
468 –469,477,482;[十二]21,27,34,55,
58,61,64,66 – 69,72,100,103,106 –
107,110 – 112,115,121 – 122,131,136,
138 – 140,145,147 – 148,156,159 – 161,
178,180,191 – 193,199,202,216 – 217,
231,241 – 242,253 – 254,258 – 259,268
– 269,272,276,280 – 282,285,288,306
– 307,325,331,334 – 336,340,345,347
– 348,354 – 355,357 – 359,361,376,
378,386,388 – 390,392 – 393,398,416,
432,434 – 435,443,461,463 – 464,466,
468,477;[十三]41 – 42,44,59 – 60,65,
82,84,86 – 87,91,101,104,106,115 –
116,122 – 123,125,133 – 134,138,147,
173,238,254,260,294,310,314,319 –
320,332,337 – 338,351,360,377,397,
399,401 – 403,436,448,455,464 – 465,
467,470,472,476 – 477,479,484,531,
533,562,577,603,605,606,655,665;[十
四]46,57,65,78,105,121,185,190,202,
208,212,219,226,256,265,274,285,318,
323,329 – 330,332,371,381,384,386,435
– 436,445 – 446,461,510,563 – 564,
577;[十五]]3,54,60,92,100,115,130,
160,169 – 170,189,199,206,216,224,
254,279,287 – 288,299,363 – 364,372,
379,396,399,403,451,466,592,621,622,
634 – 644,649,663 – 664,668,673;[十
六]276,311;[十八]154

人民财产　[四]310;[五]36,55;[十三]
41,106

人民的心力　[十]565

人民独裁　[二]116

人民革命　[三]391,411;[十一]59,110

人民平等　[三]201;[十]164

人民权　[二]142,146;[三]432

人民自卫枪炮执照　[十四]306 – 307

人能尽其才　[二]248 – 249,253

人权　[二]281;[三]312;[四]152,285,
291,308,312,319 – 321,372,391,425,
439,441,449,452,475;[五]220;[八]
382,411;[九]61,90,341,353,392,396,
422,463;[十]29,108,355,427,442,458,
531;[十一]42,155,291;[十三]60,84,
91,101 – 102,208,291

人权保护令　[二]314,322

《人权宣言》　[二]92

《人权宣言书》　[四]311

人生观　[十]425

人事科学　[三]121

人治　[四]416,581;[十]344,387,389;
[十一]433;[十三]349

壬岁之变　[四]162

仁爱　[二]58 – 59,61

仁慈堂　[四]12

仁丹分部　[十六]132,174

仁丹中国国民党分部　[十七]174 – 176

仁物(埠)分部　[十六]137,180

任官令草案　[五]108

任官状纸程式及任官规制　[五]108

任职免职令草案　[五]148

《日报》　[十一]206

日本　[十三]3,7,30,38,113,121,160,
162,168,181,190,204,210,290,302,305,
332,340,369 – 370,417 – 418,463,531

日本参谋本部 [十二]215

日本成女学园高等学校 [十八]573

日本帝国 [四]70－71,470；[七]323,386；[十]217,222,245,252,254,282,681,683；[十一]34,150,407,453,470；[十二]97

日本东方通讯社 [十二]106,108,219,228,244,278,280,314,329,371,404,408

日本东京赤坂灵南坡 [十五]673

《日本公报》 [十一]100

日本军队 [八]346；[十一]357；[十二]122

日本军阀 [十]383－384

日本人民 [七]239,363；[八]542；[十]383；[十二]110－111,272,457,461

日本商船 [十一]420－421；[十四]293

日本士官学校 [十二]366

日本铁道协会 [十一]379

日本丸 [九]200；[十三]191

日本维新 [一]38,42；[二]129；[三]234,250－251,254,318,378；[四]561；[八]492；[十]16,19,224,244,532,694,696,812；[十二]35,233,235,241,439

《日本新闻》 [十二]463

日本邮船公司 [十]224

日本邮船会社 [二]27；[三]267；[九]68；[十]224

日本邮船株式会社 [五]102－103；[七]267－268

日本政变 [十一]372

日本政府 [一]70,74；[二]291,324；[三]318－320,395；[四]107,126,374－375,377,531；[七]16－17,172－173,175,179,239,324,363,390,407,409；[八]182,491－492；[九]166,278,281,355,562,628；[十]46,383－384,488；[十一]63,74－77,90,92－93,150,164－166,188,195,217－218,233,236,258－259,281,398,400,409,421,429,439,441,445－449,451；[十二]25－26,35－37,74,97,109－111,128,234,405,408,446,461

日本众议院 [四]70；[十]198,225

日本总持寺 [十八]574

日本族 [二]7,16

日币 [五]76,124－125,356；[七]427,444；[八]112；[九]213

日俄 [二]10；[三]282,450；[四]36；[八]303,426；[九]97,148；[十]42,159,173,681；[十一]55－56,205,223,345－346,373,381－382；[十二]71－72,118,255,272,436,447,472

日俄战争/役 [二]18；[三]45,108,110,160,394,450,458－459,464；[四]36；[八]303；[十]42,681；[十一]55－56,223；[十二]71－72,118,447,472

日俄（之）协约 [四]270；[七]204；[十]282

日俄之战/役 [一]229；[二]10；[三]46,110；[十]36,282

日尔曼 [三]308－309,358

日法银行 [十一]384

日光书报社 [十三]148

日华交涉 [十一]449－450

"日华林矿工业公司"密约 [五]447

日华协会 [十八]85

《日华新报》 [七]140

日金 [五]75－76,366;[七]449,465,485; [九]188,193,246;[十二]457;[十三] 192－194,196

日军 [二]297;[三]304;[七]201;[八] 346;[九]229;[十]314,725;[十二]122

日里支部 [十六]111

日、露 [七]29

日露战争 [三]29

日清 [二]21;[三]13,44;[十一]43,164

日清贸易研究所 [十一]39

日清汽船公司 [二]27

日清战争 [十一]43

日清之战 [二]21;[三]13

日人 [三]159,264,276,284,296－297, 305,340;[四]439;[五]369;[七]131, 274,277,344,357,409,418,470,480; [九]217,235;[十]122,129,161,254, 282,294,816;[十一]43,88,125,217, 285,287,354;[十二]15,70,75,87,117－ 118,288,368,380,389,455,467,489;[十 三]113,158,256,290,415,557;[十五] 58,670

日商广告 [十三]71

日使 [九]217,402

日银 [七]224,229,437;[十三]138,189

日英同盟 [三]44;[十]675,681,683;[十 一]482

日元 [五]245,447;[七]370;[九]68;[十 一]250－251,385－386,389－390,402; [十二]90,462

日支国民协会 [八]3－4,6－7

日中两国 [三]251－252;[四]126;[十] 227,257,274;[十一]393

日中亲善提携 [十一]154

日中/支亲善 [三]249,252－253;[八] 491;[十一]154;[十二]451－452

荣业公司 [十三]683

汝利慎中国国民党分部 [十七]41－43, 48,53

S

《撒克逊的时日》 [七]334,345

撒克逊民族 [二]39－41

萨臣铁路 [九]145

三宝垄支部 [十六]128,169

三宝雁分部 [十六]130,180

三宝雁学校 [四]179

三宝雁中国国民党分部 [十六]530－533

三次革命 [三]25;[四]364;[七]129,451 －452;[八]100;[十]317;[十一]439; [十三]176,302,372

三达火油公司 [二]165

三大主义 [三]41,55,147,154,157;[四] 291,325,381;[十]45,137,171,211;[十 一]133;[十二]364

三点会 [三]340,348;[十一]176,435－ 436;[十二]168

三藩市国民党分部 [十八]263

三藩市国民党美洲总支部 [十三]220

三藩市国民党总支部 [十八]264

三藩市美洲总支部 [十三]224

三藩市民国维持总会 [十五]673

三藩市中国国民党分部 [十六]616,618－ 620,628

三藩市中国同盟会 [四]272,277

三藩市总支部 [八]170,185,264,452;[十

六]417；[十七]132；[十八]264

三藩之役　[三]52

三国同盟　[三]284,294；[十]682；[十二]83

《三国演义》　[二]125；[十一]7

三合会　[二]32；[三]428；[十一]10,51 - 52,58,65 - 66,92 - 93,106,112,135,138,435 - 436

三角联盟　[十二]280,286,338

三角同盟　[十二]337

三角洲　[十一]137

三井公司　[九]155

三井会社　[十一]215,228

三井物产会社　[十]226

三井物产株式会社　[五]75,124 - 126；[十一]215

三井洋行　[五]75 - 76；[九]294

三井银行　[九]193

三井支店长　[十一]228,260

三菱公司　[九]155；[十]144

三罗警备司令　[十五]557；[十七]710

三苗　[二]36

三民　[四]125,128,145,179,503；[七]298；[九]499；[十]55,536；[十二]364,502；[十四]41,474；[十五]77

三民实业公司　[七]355

三民主义　[一]3,41,44 - 45,50,52,67,72 - 73；[二]3 - 4,15,35,86 - 87,90 - 91,99,116,172 - 174,176,179,193,205 - 206,208 - 209,215,217,224,227,232 - 233,236；[三]54,215,307,317,321,327,339 - 343,347 - 348,350 - 352,357 - 358,363,369,375,380,385 - 387,391 - 392,403,406 - 407,412,426 - 428,437 - 438,447 - 448；[四]58,129,134,137,146,160,164,178 - 179,259,330,345,379,395,502 - 503,526,536 - 537,540,543,551,555,557,564 - 565,581,586 - 587,596,598；[五]259,406,416 - 417,445；[六]3 - 4,7,124,216,218,275,333,339,349,400,450；[七]331,463；[八]413 - 414,450,468；[九]464；[十]4,24,55,57 - 58,60 - 61,75,108,134,136,200,246,301,377,386 - 390,392,395,401 - 402,420 - 421,424,437,440 - 443,445 - 447,449 - 454,458,468,488 - 489,508,517,526,529,531,533,535 - 537,541,547,553,558,567,569,571 - 572,574 - 577,583 - 587,602,605 - 606,633,637,642,649 - 652,657 - 662,664,666 - 667,706,708 - 712,714,718,721,725 - 726,729,732,734,747,752,778 - 779,790,794 - 795；[十一]102,126 - 127,133,248,433,443,487；[十二]27,32 - 33,76,113,145,161 - 162,172,176,218,240,258,276,353,364,367,383,410,415,430 - 431,439,484,502；[十三]50,306,343,402,435,533,561,577,633；[十四]204,322,425,498,577；[十五]77,197 - 198,287,372,375,502,507,524；[十八]112,429,566

三权鼎立　[三]128；[六]126；[十]303 - 304；[十一]174

三权独立　[三]367,378

三权分立　[二]106 - 107,146 - 147；[三]60,366 - 367,378,423,426,432；[十]

133,135,296,387;[十三]261

三权宪法 [三]128,130,310,361－362,367,373,379;[十]387;[十一]174,176

三上商会 [十一]372

《三五》 [十八]352

三洲田起义 [七]232

桑港支部 [十六]150

扫除满洲租税厘捐布告 [五]40

"沙碧近"轮船 [十五]27

沙城分部 [八]200－201

沙城中国国民党分部 [十六]576,578－581;[十七]41－42,44,49,53－54

沙角炮台 [十四]146

沙捐 [四]412;[九]572;[十四]245,416－417;[十五]62,80,199

沙捐清佃局 [十四]580;[十五]501

沙面电报局 [十三]613,639,657,682;[十四]49;[十五]10－11,41

沙田登记局 [十五]399

沙田登录费 [十五]473

沙田清理处 [六]155;[九]572;[十四]76,245,580,593;[十五]78,108,314;[十七]512

沙田验领部照章程 [六]153

沙田自卫 [十五]407,501,503

沙田自卫局 [六]154;[十五]501－502

沙越分部 [十六]116,158

晒宁中国国民党通讯处 [十七]151－155

山担中国国民党通讯处 [十六]577－580,583

山地巴把中国国民党分部 [十六]613,622

山地杯中国国民党分部 [十七]285－287

山东军事委员 [十六]273,347;[十七]400

山东权利 [三]319－320;[十二]35－36

山东省临时议会 [九]128

山东问题 [三]404;[四]471－473;[九]386,402－403;[十二]70,74－75,95－96,135,141;[十三]369,463

山东支部 [十三]169;[十六]126,150

山东中国国民党支部 [十六]488

山多些通信处 [七]552

山多些中国国民党通讯处 [十七]7－10,13

山多些中华商会 [七]566

山姐咕中国国民党分部 [十六]447;[十七]186－189

山口羊支部 [十六]114,155,178

山路自路中国国民党通讯处 [十七]7－10,13

山拿罗中国国民党通讯处 [十六]577－580,584

山陕军 [四]164;[十]662;[十五]461,561

山陕讨贼军 [十四]544,554,594;[十五]10,116,202,215,235,325,332,379;[十七]228,379,635

山西都督府 [十]172

山西巡抚 [十一]349

山西支部 [十六]125,148

山西中国国民党支部筹备处 [十六]487

山寅打兆中国国民党通讯处 [十七]6,8－10,13

山月寓庐 [十一]104

陕北新编步兵团 [十三]584

陕局 [八]141;[九]387

陕军　[八]12,48,88,97-98,535;[十二]316;[十三]312,398;[十四]133,516;[十五]96,496

陕军慰问使　[十七]674

陕民　[九]387;[十三]312

陕人　[一]15;[十二]148

陕事　[八]85-86;[九]196,325;[十三]307,327

陕西河南军事特派员　[十七]239

陕西靖国军　[八]285

陕西劳军使　[九]324;[十六]277,348

陕西讨贼军　[十七]670

陕西支部　[十六]124,147

汕爹咕中国国民党分部　[十六]590-592

《汕头晨报》　[十八]296

汕头交涉员　[十六]593,651

汕头无线电台　[十三]653

汕尾子弹厂　[九]542

善后大借款　[四]351

善后会议　[四]601-602;[六]457;[九]661-662;[十二]434,474,484

善后会议条例　[九]662

善后会议宣言　[四]601

善后审查委员　[十三]209

善后委员会审查民业规则　[六]174

伤兵特别调养费　[十四]288

商办粤路公司　[九]119

商标法　[六]232

商标条例　[六]243-244,249-252

商标条例施行细则　[六]249

商标注册所　[六]245-247,249-252,263-264;[十五]97-98,100,352

商标注册所暂行章程　[六]263-264

商部　[三]9;[四]170;[五]142;[八]159

商埠　[一]103-104,122-123,125-126,134,142,148,158,160-161,164,168;[三]154,184,199,211,273,355;[四]300;[五]228;[六]93,99,139,391;[七]263,317;[十]100,126,167,179,190,511,744;[十一]129,328,332,352,465;[十三]28;[十五]16,44,415,621

商董　[二]249

商法比较论　[八]141

商会　[一]245;[二]228,237;[四]333,468,513,550,557,593,601-602;[五]238,269,344,385;[六]55,64,78,81,83,129,134,179,219,224,234,236,239,374,461,465,469,494-495;[七]107,284,297,313,327,400,407,409,561,565,569;[八]159;[九]90,96-97,99,122,131,219,247,389,422,446,453,662;[十]347,498,735,783,796;[十一]466-467;[十三]296,332,478;[十四]27,57-58,121,133,144,169,269,366,388,451,457;[十五]59-60,262,277,298-299,481,667;[十六]11-12,290

商捐　[十五]332,512

商捐加二　[十五]332,335,512-513

商人　[一]21,99,103,152-153;[二]86,159-160,165,169-170,177,200,224-225,232-233,267,301,335-336,346-347;[三]30,35-36,131,137,183,198,210,243-244,259,273,332,334;[四]124,293,342,394-395,547;[五]142,167,170,176,235,367-368;[六]77-83,245,279,477,500-501;[七]11,14,

64,110,130,138,142,148,154,311,344 -
345,455,471;[八]22,269,519,533;[九]
40,74,246,304,626;[十]99,160,165,
167,261,347,373,378 - 379,394,498,
524,529,534,648,675 - 676,698,705,734
- 740,746,753,755,774 - 776,788,803
- 804;[十一]30,176,190,228,284,286,
396,412,469;[十二]66,102,111,131,
146,148,157 - 158,232,300,396,477,
492;[十三]46 - 47,67,106 - 107,111,
339,640,658;[十四]38,124,144,189,
195,244,258,296,389,408,419,458,464,
484 - 486,495,500 - 501,504,506,555;
[十五]26,44,73,83,86,89,97,101,111,
160 - 161,172,202,204,232 - 233,246,
278,293,332,389 - 390,467,473 - 474,
479,520,554,555 - 556,560,608,627,657
- 658;[十六]11

商人阶层 [十二]386

商人通例 [六]63;[八]141

商人政府 [二]224,232;[十]803,805

商人政府派 [二]224,232

商士 [二]256

商团 [一]252;[四]562 - 563,568 - 570;
[六]150,374,446,449,494 - 495;[八]
514 - 517,519,521,530,533 - 534,538 -
539;[九]608 - 609,617,625 - 627,629 -
633,638,642;[十]615 - 616,618 - 622,
661,724 - 725,735,737 - 740,746,753 -
755,779,789,792,803 - 805;[十二]395
- 397,402,458,463;[十三]427;[十四]
389,457 - 459,467,484 - 486;[十五]44,
245 - 246,249,271,289 - 290,346,389 -

390,413,423,442 - 443,452,456,461 -
462,472,474 - 476,480,492 - 493,507,
509,510,515,519,528,582,663

商团叛乱 [九]632;[十五]483,582

商务 [一]103 - 104,106,239,241;[二]
24,51,252 - 253,337;[三]10,48 - 50,
83,166,171,355;[四]265,300,308,330,
520,547;[五]10,41,171 - 172,190,209,
222,401;[六]97,160;[七]55,135,319,
347;[八]392;[九]123;[十]40,85 - 86,
102,195,307 - 308,465,509;[十一]199,
206 - 207,222,298;[十二]80,82,374;
[十三]19,179,369;[十四]119,362 -
363,550;[十五]604,644,656,658

商务局 [四]120;[五]423;[十六]393,
441

商务书馆 [八]219

商务司 [十六]14

商务印书馆 [四]445;[十]465;[十二]28

商务总所 [九]44

商业 [一]17,20,86 - 88,91,97,99 - 100,
124 - 127,132 - 135,140,148 - 149,159,
174,178,183,218 - 220;[二]60,179,
214,267,301,335,349;[三]32,34,57,
64,90,154,164 - 166,170 - 171,177 -
178,183,210 - 211,271,274,280 - 281,
297,299 - 300,314,387,397,404,441;
[四]292,298,341,343,350,352,375,445
- 446,569,586,592,597;[五]57,77,80,
142,170,176,178,209,223 - 225,235,
265,275,278,400,421,424;[六]55,64,
167,405;[七]50,80,310,319,325,348 -
349,353 - 354;[八]99,376;[九]40,72,

186;[十]59,99,129,161,202,204,269,
290,294,302,307－310,329,347,354,
357,394,454,458,536,590,671,741,807,
811;[十一]137－138273,342－343,353,
364,390;[十二]61,64,86,111,232,260,
262,280,305,332,389,406,452,454,477;
[十三]8－9,18,20,99,340,358,554,
586;[十四]58,144,185－186,189,212－
213,221,300,549;[十五]44－45,97,99,
561,621,627,644

商业部 [十三]89

商业牌照税条例施行细则 [六]63

商业银行暂行则例 [五]170

商业战争 [一]85,228,230

商业注册章程 [五]142

商运局 [六]198;[十四]190,218－219,
246,542

商政 [二]252;[十]152,157

上海财政司 [四]314;[十三]61－62

上海潮州会馆 [八]436

上海潮州与广东商会 [四]332

《上海晨报》 [十二]41

上海大学 [十]673－674,687;[十二]162;
[十五]185

上海道 [十]291;[十三]113

上海地方自治讲习所 [十]372

上海第五分部筹备处 [十七]303

上海妇女节制会 [八]356

上海敢死团 [七]230

上海广肇公所 [七]311;[八]382;[九]33

上海国民促进和平会 [十三]296

上海国民党本部 [九]280,282,533,554;
[十四]204

上海国民党交通部 [十]282

上海海军之役 [七]464

上海和会 [十]384－385;[十二]99,105

上海和平会议组织 [十二]90

上海和议 [八]91,112,124,134;[十三]
315

上海寰球中国学生会 [十]183,361

上海会议 [八]109;[十一]399

上海机器工会 [十]391

上海机器公会 [十]208

上海基督教妇女节制协会 [十三]441

上海基督教青年会 [十]62,359

上海俭德储蓄会 [十]375

上海交易所 [五]367－368,370

上海精武体育会 [十八]232

上海临时和平维持会 [十三]370

上海民国女子工艺学校 [十八]329

上海南洋路矿学校 [十八]231

《上海青年》 [十八]278

上海青年会 [十]63

上海求是中学 [十八]307

上海裘业商会 [十三]105－106,109

上海全国各界联合会 [九]479,502

上海全国国民外交大会 [九]501

上海全国商会联合会 [七]325

上海全国学生联合会总会 [九]570

上海日报公会 [三]174;[九]115;[十三]
91,99

上海商务总会 [九]44

上海尚贤堂 [十]63

上海圣约翰大学 [八]135;[十]215

上海实业银行 [十]199

上海太平洋社 [十]381

上海泰晤士报　〔十三〕12 – 13

上海通信社　〔四〕117 – 118

上海通用银圆　〔四〕34

"上海丸"　〔九〕652；〔十二〕436,438,441

上海《新闻报》　〔三〕420

上海新舞台　〔十八〕52

上海信大钱庄　〔十三〕92

上海议和　〔四〕450；〔九〕41,50,52,541；〔十六〕15

上海银行　〔七〕103；〔十〕498

上海永安公司　〔八〕392

上海源丰润　〔十三〕112

上海源丰润号　〔十三〕112

上海粤侨商业联合会　〔九〕638

上海中国国民党本部　〔十〕376,386,390

上海中国社会党　〔三〕186

上海中国同盟会本部　〔十〕45

上海中华武术会　〔十八〕325

上海中央干部会议　〔九〕555,560,563,571

上海总商会　〔四〕558；〔十〕59,491；〔十三〕99；〔十五〕288

尚书　〔十一〕9

《尚书》　〔二〕55；〔十一〕442

尚武精神　〔二〕46；〔十〕163 – 164；〔十八〕232

尚侠女学堂　〔十一〕240

尚贤堂　〔三〕238,245；〔四〕79；〔十〕63,295,644,648；〔十二〕375 – 376；〔十四〕447

韶关大本营　〔十四〕217；〔十五〕456,478,496,516,550

韶州电报局　〔十四〕182,326

少年土耳其运动　〔十一〕182

少年学社　〔七〕244；〔十一〕172

少年中国　〔十三〕160 – 161

《少年中国报》　〔七〕219 – 221,544；〔十七〕147

少年中国晨报　〔十八〕256

《少年中国晨报》　〔八〕234 – 235,275；〔九〕174,177,179,197,200,210,217；〔十一〕176；〔十三〕48,437；〔十八〕256

少年中国党　〔二〕263,296 – 298；〔三〕131

少年中国革新党　〔二〕356

"绍平"　〔八〕461；〔十四〕46

绍兴商会　〔十〕304

绍兴医药学校　〔十八〕159

舍咕中国国民党分部　〔十七〕5,7 – 9,11,14

舍路中国国民党分部　〔十六〕614,617 – 618,620,624

社会病理家　〔二〕160

社会党　〔二〕113,152 – 154,156 – 157,167 – 169；〔三〕41,57 – 58,147,151,187 – 188,193,197 – 198,202 – 204,206,208 – 215；〔四〕537；〔七〕300；〔十〕100,134,136,184；〔十一〕221,268,,；〔十二〕47 – 48；〔十三〕435

社会党崇明支部地税研究会　〔七〕300

社会党党纲　〔三〕213

社会党国际执行局　〔三〕235,238；〔七〕441；〔十一〕117

社会改良主义　〔三〕63,74,77,93,118 – 119

社会革命　〔一〕21,67；〔二〕158；〔三〕41,57,59,62 – 63,65 – 69,72 – 74,84 – 86,90 – 92,97 – 98,104 – 105,107,113,115,

119,147 - 148,152 - 153,155,157 - 158,
189,198,204,206,215,313 - 314,324,
329,346,356,392,404 - 406;〔六〕125 -
126;〔七〕51;〔十〕50,52 - 54,137,388,
424,452,574 - 575,609;〔十一〕133,267
- 268;〔十二〕216;〔十四〕322

社会革命主义 〔三〕63,118

《社会观》 〔四〕111

社会建设 〔一〕243;〔十一〕337

《社会建设》 〔二〕3

《社会论》 〔十一〕393

社会民主党 〔二〕152;〔十〕570

社会生理家 〔二〕160

《社会世界》 〔十八〕64

社会事业局 〔四〕118

社会学 〔二〕151 - 152;〔三〕59,114 - 115,
121,187,202,213 - 214,220;〔四〕360,
362;〔六〕357,401 - 402,405,424,432,
434 - 435;〔十〕235,598;〔十一〕105;〔十
二〕46,356,506

社会与工业之改良 〔二〕158 - 159,167

社会政策 〔三〕99,103,151,188,203 -
204,213 - 216;〔四〕315;〔五〕136,139;
〔六〕125,401;〔十〕134,137;〔十一〕336;
〔十二〕471

社会主义 〔一〕21,231;〔二〕10,12,18,112
- 113,149,151 - 157,159,162,165 -
166,171 - 172,174 - 175,178,210 - 211;
〔三〕33,62 - 63,65 - 66,73 - 74,77 - 79,
82 - 86,89,91 - 93,100,102,115,119,
146,149 - 151,156,163,167 - 168,186 -
190,192 - 194,196 - 198,200 - 216,218
- 220,228 - 229,235 - 237,312,343 -

344,352 - 354,360;〔四〕61 - 63,542,
544;〔七〕31,300,333,441 - 443;〔十〕4 -
5,52 - 53,58,60 - 62,75,91,134,136 -
137,235,238,397,424,536,637,753;〔十
一〕117 - 118,120,140,221 - 222,252,
268 - 269,271,273,291,393;〔十二〕76,
152,176,245,252 - 253;〔十三〕436;〔十
四〕323

《社会主义报》 〔七〕51

社会主义共和国 〔十一〕155

社会主义青年团 〔四〕538,543

社会主义思想 〔三〕237;〔七〕442;〔十一〕
118

社会主义学说 〔三〕63,188,202;〔十一〕
273

社会主义在中国 〔三〕228;〔四〕61

社会主义者 〔三〕68,83 - 86,91 - 92,94,
186 - 187,189 - 190,202 - 204,207,213 -
214,216,218,220,235;〔七〕441;〔十〕
215;〔十一〕29,118 - 120,150;〔十二〕
162,340,364

《申报》 〔三〕424;〔四〕82;〔十一〕49;〔十
二〕423

绅商 〔三〕70;〔五〕385,453;〔六〕176,
317,352,459,469 - 470;〔七〕171;〔八〕
119;〔九〕95,449,497;〔十〕397,779;〔十
二〕198;〔十三〕24 - 25,117,310;〔十四〕
126,194,381,388,390,472;〔十五〕600,
615,621 - 623

绅商会 〔十八〕202

神风连 〔十一〕78

神户大阪支部 〔十六〕49 - 50;〔十六〕50,
112,150

神户东方饭店　[十]809,814

神户基督教青年会　[十]264

神户领事　[十一]5

神户女子高等学校　[十八]424

神户同文学校　[十]271

"神户丸"　[九]223,230,233－234;[十一]86

《神户新闻》　[十一]372;[十二]16

神户中国国民党支部　[十六]493－494

神权　[二]69,72－74,78－79,115,207;[三]131;[十]686

神权时代　[二]69,78,207

《神州女报》　[十八]62－63

神州女界共和协济社　[七]264;[十三]22－23

《神州日报》　[十三]211

沈军　[三]408;[八]420,423,433,435;[九]546;[十]520;[十二]271,290,296;[十三]603,619;[十四]23,411－412;[十五]52,109,298－299

沈阳战役　[七]201

审计处　[六]324－325,330－331;[十四]125;[十五]97,143,152－153,156,158,189,193,204－206,304,312,337,449,459,490－491,641－642,644

审计局　[六]274,284;[十四]34,41,63,86,118,170－171,198,221,231,529;[十五]16,97,146,149,152,156;[十六]551;[十七]233,513,761

慎重农事　[十三]81－82

生币　[三]225

生产要素　[三]191

生产者　[三]80,83,169,191－192,199,205,210,216,223,228,291;[四]62,346

生产(之)三要素　[三]69,118;[三]73,86,97,118

生存权　[三]37,137

生民　[一]45;[二]249－250,254－255,258－259;[三]248,329;[四]312,354,359,477,479,574;[五]6,40,248－250,264;[六]7;[七]280,330,553;[八]122,501－502,510;[九]328,336,360;[十]117,231;[十二]308,410;[十三]16,60,106,394,416,451,455,476,555;[十四]141;[十五]419;[十六]282

生瓦分部　[十六]131,174

生物　[一]8,32,34,43;[二]174,197,212,242,251;[三]64,121,206

生物本源　[三]25

生元　[一]8－10,12－13,36

生员　[二]338

胜缅中国国民党分部　[十七]236－238

圣安得列游医会　[四]251

《圣经》　[三]141,213;[十]11,215,241

圣卡顿中国国民党分部　[十七]41

圣卡顿中国国民党通讯处　[十七]43－44,51,54

圣蕾中国国民党分部　[十六]613,617－618,620,622－623

圣妥马士医院　[四]222

圣心书院　[十]84

圣约翰赤十字会章程　[四]186

圣约翰大学　[八]135

圣约翰书院　[十三]241

圣约翰游医会　[四]186－187,251

圣转中国国民党分部　[十七]41－42,44,

49,54

省长　[二]216,219,228,237;[三]219,422,424;[四]161,293,333,398,399,400,447－448,451,456,462,513,562;[五]443,444,453;[六]27,53,54,58,60,72,94－95,99－100,114,170,191,276,277,317,324,353,374,376,445－447,468,507;[七]501,554,571;[八]62－63,74,250,343,351,438,514;[九]241－242,244,256,330－333,335,339,345－347,352－354,359,368,371,392,402,411,422,426,463,472,633;[十]318,328,330,365－366,368,371,397,413,439,444,725,732－733;[十一]202,296,351,480;[十二]158,167,169,176,245,281,362,383,387,456,492;[十三]241,272－273,293－294,296,298－299,322,330－333,345,347,417,432,451－452,456,465,473,476,478,511,530,549,573,576,594,617;[十四]58－59,81,125,132,133,144,176,185,193,195－196,213,217,226,231,240,245,341,349,364,395,536,543,550,552,562,573,574,578,584;[十五]80,104,108,125,134,139,245,246,249,255,282,416,445,446,450,475,478,492,512,519,528,527,636,658－660;[十六]279,510,635

省党部　[六]130,134,217,219,224;[十五]498－499

省港电报　[十五]10－12,282,656

省港水线　[十五]10－12

省港通电水线　[十五]14

省河分局　[六]162;[十四]586－587;[十

五]341,344

省河各捐税加二　[十五]557

省河横水渡捐　[十四]428

省河盐税　[十五]451,453,481－483,554

省河筵席捐　[十四]482,526;[十五]232－233,246,500－501,503,561

省警卫兵军　[十四]583

省库　[二]340;[六]352;[七]478;[十]413;[十二]282,379;[十四]81,432,493;[十五]50,132,332,446－448

省农民协会　[四]556;[六]334,337

省署　[六]27,95－97,276－277,445;[十]33,54,212,359,362,421－423,541,545,754,756;[十三]352,633,690;[十五]183,189,211,246,253,272,274,447,656

省议会　[一]158;[三]200,223,370,372,382,384,422,447;[四]37,267,349,400,418,423－425,448,451,456,460,513－514,550;[五]218;[六]129,134,219,224,457;[七]258,308－309,324;[八]343;[九]44,94,97,111,128,242,244,331,333,340,353,363－364,368－369,453,456,462－463,472,497,529;[十]69,89,214,300,302,320,332－333,340,343,351,580;[十一]329,364,484;[十二]4,115,245;[十三]86,246,266,280,293－294,296,318,330,573;[十四]132－133,488;[十五]147;[十六]10,64,279,281－283;[十八]154

省自治联邦　[十一]204

师范　[三]33,437,443,446;[五]278,302,385;[六]317,412;[十]79,463,580,723;[十三]102;[十四]266,382,452,466－

467

师范学校　[三]437；[六]75,408；[十]79；
　[十三]102；[十四]266；[十七]362

诗诬中国国民党分部　[十六]576,578 –
　581

湿比厘中国国民党分部　[十六]523 – 527

《十年国防计划》　[三]386 – 387

十先生祠　[三]367,379

十月革命　[四]590 – 591；[七]48,51；
　[十]780；[十二]77

十字军　[二]355

石龙电报局　[十五]65,133,280,284 –
　285,656

石龙电局　[十五]281,295

石龙门分部　[十六]116

石室圣心大教堂　[十]84

石行会馆　[十二]101；[十三]386

《时报》　[十二]435

时报馆　[十八]272

时局之宣言　[四]591,601；[十七]741

《时事新报》　[三]94；[四]59；[七]409

实弹　[十]478；[十二]202,365；[十四]
　191

实行家　[一]42 – 43,53；[二]103,123；
　[四]158；[十]435；[十四]323

实业　[一]45,61 – 63,82 – 84,86,90 – 91,
　102,104,123,135,164,168,224 – 227,237
　– 238,241 – 242；[二]113,156,166,178
　– 179,213,222,225,228,230,233,236；
　[三]149 – 150,157,161,164,166 – 167,
　172,176,195,198,208,211 – 212,240,
　243,246,249,267,322 – 324,329,331 –
　334,336,360 – 361,405 – 406,441；[四]

56,156,300,308,312,334,389 – 392,396,
454,456,462,480,485,490,496,509,527,
545,547,552,582,586,592,596 – 598；
[五]25,46,76 – 77,106,170,209,221,
233,235,240,242,278,355,368,423 –
425,428,438；[六]3,164,167 – 168,377
– 378,389；[七]131,256,282 – 283,285,
287,296 – 298,300,304,309,313 – 315,
327,341,465,475,480,492,509,514,529
– 530,536,538,541；[八]14,89,91,99,
101,103,105,113,145,153 – 154,236,
262,264,277,288,304,308,328 – 329,331
– 332,334 – 337,476；[九]25,40,54,96,
108,119,123,125,127,133,146,472,501,
662；[十]29,39,58,60 – 62,72,75,86,
99,102,113 – 114,116,119,134,136 –
137,139,142,144 – 145,160,171 – 172,
188,190 – 191,202 – 203,208,210,217,
224,226 – 227,252 – 253,255 – 256,258,
272,282,284,295 – 296,307 – 309,324,
342,347,359 – 360,396,403,445 – 446,
503,505,509 – 511,513 – 514,518,525,
530,576,597,667,702 – 703,775,781,
799,811；[十一]268,270 – 271,276,284,
286,289,293,298,305 – 306,323,330,
340,342 – 343,361,370 – 372,388,460,
463,468；[十二]47 – 48,67,109,131,
215,252,262,283,285,288,412,442,506；
[十三]19,22 – 24,60,118,135,227,229
– 230,233 – 234,247,321,325,351,358,
385,432 – 433,435,654；[十四]423,426,
446；[十七]266

实业部　[五]56 – 57,142,167,240 – 241；

［七］289;［十三］18,28,35,43,70,82,88, 95－98,103,118

实业革命　［二］151,153,157－158,210; ［三］191,195－196,205,207－208,210, 217－218,316;［十］702

实业计划/画　［一］82－83,90,135,168, 224,228,230,237－238;［三］323;［五］ 366;［八］94,101,107,153－154,304, 389;［九］499;［十三］321,389

《实业计划/画》　［一］229;［二］179;［三］ 345,355,361;［八］58,101,268,278,512

实业救川　［八］334

实业团体　［四］560,592－593,596,601－ 602;［十］796;［十二］435

《实业旬报》　［三］322;［四］106;［十三］ 358

实业银行　［五］233,235,240,242;［七］ 282,284－285,303,313－315;［十］199

实兆远分部　［十六］129,171

实兆远中国国民党分部　［十六］571－574

食货志　［三］216

《史记》　［三］205,216;［四］177;［十二］ 49,231;［十三］93－94

始李巴中国国民党通讯处　［十七］151－ 154

《士蔑西报》　［十一］276,284,412;［十二］ 111,184,186,189,195,203,205,208

士敏土　［一］88,103,114－115,124－125, 132－133;［二］82,88,90－91;［三］406, 415;［四］72;［十］467;［十五］230(参见 西门丁泥)

士敏土厂　［一］103,132－133;［十五］230 －231,272,274

士作顿中国国民党分部　［十六］614,617, 619－620,625

世界大同　［三］233;［四］327;［十］132, 235,237,239;［十八］344,423

世界第三强国　［十二］470

世界和平共进会　［八］66

世界主义　［二］34－38,41,43－44,48; ［十］217,422

世利乔中国国民党通讯处　［十七］103,105 －106

世卿贵族门阀荐举制度　［三］129;［十一］ 175

世袭制度　［二］95

仕学院　［二］249

市必汗中国国民党分部　［十七］41－45,51

市打镴中国国民党分部　［十七］41－43, 48,53

市县党部　［十五］499

市政厅　［一］7;［三］445;［五］449;［六］ 151,346,451;［八］159;［九］44;［十］ 556;［十三］646,650,655,658,690;［十 四］21,79,94,106,108,135,202,209, 219,224,233,238,250,289,327,333,339, 343,359,366,415,435,482－483,488, 526,543,546;［十五］3,28－29,124,201, 543－544,560

事前筹饷章程　［五］254;［七］353

事业契约书草案　［五］124

侍郎　［二］246

视学支费暂行规则　［六］75－76

誓表　［五］29,32

收编土匪　［十五］54,173

收复博罗　［十四］294

收回关税　［十］589,781

收回租界　［一］265－266；［十］644,647－648,792,794－795,806；［十二］346,375－376；［十四］447

收据　［四］366,387,435；［五］59－60,124,201－202,360,415；［六］30,47,64－65,95,137－138,154,177,234－236,270,292－293,295,306－309,311,348,352,358,446,460－461,470－471,494,499；［七］81,367－369,373,377,386,390,394,429,437,446,449－450,513,556,569,574；［八］12,23,25－26,235,263,371,501,509；［九］30,246；［十三］6,64,77,143,156,181,259,441－442,447,497,501,506,514,520－521,544,650,683；［十四］4,63,91,212,262,270,378,455,511,513－514,570；［十五］55,120,151,201,204,381,462,672

收取关余全权委员　［十七］664

收容俘虏散兵办法　［六］509

手机关枪　［八］365,483；［十四］177；［十五］376

首义　［三］321；［四］51,69,130－131,298,372,378－379,411,415；［五］254,260,333；［七］288,378－379,567,576；［八］213,257,340；［九］226,245,261,268,296；［十］56,306,492,504,507,762,764；［十三］11,25,198,273,286,301,321,391,458,460－461；［十四］285；［十五］325

首义党员　［四］372；［五］254,260

寿妇　［十四］205,338,419；［十五］53,196,527；［十八］368,377,391

授勋章程　［五］267,318

枢密顾问　［七］271,273

梳叻中国国民党分部　［十六］613,617－618,620,622

蜀军　［八］98；［十三］9－10

蜀军政府　［九］106,114

庶务司　［五］80,431；［六］13－14；［十三］528,664,680；［十四］34,439；［十六］569；［十七］118

数学级数　［二］14

帅府　［四］154；［六］95；［九］610；［十］615；［十四］94,107,156,163,316,359,386,573,577；［十五］97

双沟大曲　［十八］46

双毫银币　［十五］190

双轮牙刷公司　［十八］385

双十节　［四］142；［十］364,537,762－764,767,804；［十三］425,545

双溪大呷分部　［十六］132

双溪大呷/年中国国民党分部　［十六］492；［十七］316

水机关枪　［十四］252,271,314,454

水机关枪弹　［十四］222,229,374

水陆军　［九］433,549

水陆军务处　［十六］12

水陆巡缉队　［六］298,310；［十五］95

水陆运施行细则　［六］182－183,227－228

水陆侦缉队　［六］230,259；［十四］516

水陆侦缉联合队　［六］230－231；［十四］516,589,596；［十五］17

水陆侦缉联合队章程　［六］231

水上区巡查经费　［十五］668

水上巡防队　［六］184

水师提督 ［二］353－354；［七］177；［十三］3

税法 ［二］159,175,202,213－214；［三］115,193,206；［四］504；［五］68,160,288；［六］306；［九］40；［十］87－88,90；［十一］202；［十四］550

税捐厘费加二专款 ［十五］545

税款 ［二］336；［三］153；［四］529；［六］64－65,278－279,358；［十二］225,251,330；［十三］270,615；［十四］197,272－273,398－399,432－433,493,501；［十五］124,132,390,429－430,484,512,554,556,611

税契 ［六］53,137,177,270,376；［十］75－77；［十一］275,277,279；［十四］329,332,349；［十五］84,130,447,451,668

税务司 ［二］24,30,276；［四］529；［十］409,588－589；［十二］201,327,329；［十三］692－694；［十四］118,348；［十五］120,165－166,290,346,599,608－609

税制整理委员会 ［十七］597

顺德会馆 ［九］638

顺德理教乡 ［十五］638－639

顺德理教乡农民协会 ［十五］638

顺治 ［五］41

司法 ［一］242；［二］146,226,234,348－350,354,356；［三］128－130,145,367,369－370,378,381－382,422－423,426；［四］312,318；［五］56－57,76－77,90,189,199,211,215,281,285,298,306,313,327,333,349,403；［六］27,32,38,50,53,126,138,148,197,227,249,257－258,332,352－353；［七］256；［八］467,508；［九］33,565；［十］24,133,136,296,303,345,604；［十一］144－145,174－175,317,323；［十二］378；［十三］261,446,457,470,605,613,638；［十四］19,29,121,123,330,333,342,460,476；［十五］49－51,53,105,115,117,166,216,242,363－364,642

司法部 ［五］56－57,89－90,106,108,144,158；［六］35,50,489；［十一］234,258；［十三］63,76－77,89,119,287,445；［十四］561,571；［十六］387,401

司法部官职令草案 ［五］89

司法（部）总长 ［五］77,162,189

司法独立 ［四］358；［五］175,278；［十三］261,605,613；［十五］50,636

司法官 ［二］348；［四］312,557；［五］214,394；［六］32,35,49－52,147－148,395,398,405－406,489；［十］852；［十四］123；［十六］561

司法官任用章程 ［六］49

司法官甄别章程 ［六］49,51

司法权 ［二］106,145－147；［三］367,369,374,379,381；［四］379；［六］3；［十］536；［十一］145－146

司法行政事务 ［十三］454,464,471,667；［十四］19,73,106,121,123,192,330,342,444,561,571；［十五］23－24,84,115,117－118,130,216,259,314,358－359,363,408,410－411,429,444,449；［十六］414－415,445,449；［十七］20,127,139,394,396,489－490,503,525,635

司法院 ［一］44；［二］216,219；［三］427；［五］256－257,261－262

司法制度 〔二〕348－349,354－356;〔十一〕165;〔十五〕50

司法总长 〔四〕171;〔六〕35－38

司徒 〔二〕245

私盐 〔八〕506;〔十三〕624－625;〔十四〕239－240,259,338,556;〔十五〕21,135－137,194

私运军械 〔八〕513;〔十〕755;〔十二〕396

私运军械案 〔十七〕617

私铸 〔五〕124;〔六〕372,386;〔十五〕203,229,265,348

私铸银币 〔六〕386;〔十五〕203

私铸银币治罪条例草案 〔六〕386

《斯比/皮克报》 〔二〕293,328

斯拉夫 〔二〕10,39－40,47;〔三〕358;〔十一〕59,110

斯拉夫民族 〔二〕11－12,18,39,43,47

斯拉夫主义 〔十〕678,682

斯坦达会社 〔三〕76

斯图加特国际代表大会 〔十一〕118

死币 〔三〕225

四川动乱 〔十一〕449

四川督军 〔七〕573;〔九〕328,330,332－333,340;〔十六〕276,280－282,349

四川风潮 〔七〕249

四川国民军 〔十六〕230

四川靖国军 〔九〕291,329,335,347;〔十六〕280,349

四川靖国军联军 〔九〕300

四川靖国军援鄂第一路 〔九〕347;〔十六〕283－285

四川军事特派员 〔十六〕250,566,610

四川军事委员 〔十六〕247,338,341－343

四川军医学堂 〔四〕54

四川劳军使 〔十六〕231,333

四川陆军第二师 〔十六〕284－285

四川起义 〔十六〕41

四川仁寿县征收局 〔十三〕215

四川省长 〔九〕330－331,335,340;〔十六〕280－281,349,415;〔十七〕143

四川省议会 〔九〕335,441;〔十三〕296;〔十六〕281－282,302

四川省议员 〔十三〕297;〔十四〕63

四川讨贼军 〔四〕575;〔十四〕272－273,304,313;〔十七〕357－358

四川讨贼军补充第二旅 〔十七〕358

四川讨贼军补充第三旅 〔十七〕358

四川讨贼军补充第四旅 〔十七〕358

四川讨贼军补充第一旅 〔十七〕358

四川讨贼军第二师 〔十七〕358

四川讨贼军第三军 〔十七〕357

四川讨贼军第三师 〔十七〕358

四川讨贼军第一混成旅 〔十七〕359

四川讨贼军第一军 〔十七〕357

四川讨贼军第一师 〔十七〕358

四川下川南区 〔十六〕144

四川宣抚使 〔十六〕261,345

四川支部 〔十六〕78,95,126,152,161,168

四川支部筹备处 〔八〕325

四川总司令 〔十四〕272－273;〔十六〕415

四次革命 〔十〕317

四大都会馆 〔十三〕441

四大纲 〔二〕253;〔十〕201－202

四大寇 〔一〕65;〔十一〕51

四都督 〔七〕343

四国团 〔七〕315－316

四国银行 [十三]64,77－78

四国银行借款 [十三]64,69

四国银行团 [一]80;[十]92;[十一]209,211,330

四会电报局 [十四]275

四烈士坟场 [十四]203

四书五经 [二]264,297;[三]145;[十]293

《四述奇》 [一]40

四亿人民 [十]9,218,262,264

四邑、两阳、香、顺八属绥靖处 [十三]634;[十四]5－6;[十六]609;[十七]94

泗水国民党支部 [十六]364

泗水华侨 [十三]41

泗水商务总会 [十三]116

泗水支部 [九]514;[十六]115,156

泗水中华商会 [九]246

泗属玛垄分部 [十六]158

松柏港民群书报社 [十三]53

松江清华女校 [十]209

松筠堂 [十八]73

淞沪 [十五]288;[十六]23

淞沪铁路 [三]221;[七]202

宋案 [一]55;[四]349,353,357,364;[七]343,409;[九]156,158,161－164,166,168;[十]283,567;[十一]399,401,419;[十三]302

宋教仁案 [十一]397

宋卡中国国民党分部 [十六]523－526

搜查站 [二]335

《苏报》 [一]71;[三]28,429;[十一]112,178

苏城中国国民党通讯处 [十六]577－580,583

苏督 [七]573;[八]374;[九]44,86,384;[十三]21,207

苏俄人民委员会委员长 [四]158

苏俄政府 [十二]307;[十四]322－323

苏俄驻伦敦贸易代表团 [八]282

苏格兰场警署 [二]276－277,284－285

苏格兰场 [二]285－286,309－311,316－318;[十一册]30

苏沪 [十六]270

苏沪总司令 [十六]253－254,270

苏华中国国民党分部 [十七]71－74

苏军 [十三]9,44

苏联军队 [八]301;[十二]314

苏禄支部 [十六]113

苏洛支部 [十六]79,157,162,167

苏洛中国国民党支部 [十七]60－62

苏事 [九]187,211,507;[十三]258

苏维埃 [八]282,346;[九]566,588;[十]659;[十二]77,153,160－161,252,307,350,374,492

苏维埃俄国 [八]301,303,484;[十二]97,122

苏维埃俄罗斯 [四]501;[十二]215

苏维埃联邦共和国 [四]164

苏维埃社会主义共和国 [四]261－262

苏维埃社会主义共和国大联合 [四]260;[九]565

苏维埃社会主义共和国联盟 [十二]312

苏维埃政府 [三]342,351;[四]158,500－501;[六]126;[八]484;[九]373,565－566;[十]546;[十二]357,362,492

苏维埃制度 [四]510－511;[八]346

苏维主义 ［八］493

苏萱中国国民党分部 ［十七］144－147

苏州革命军 ［十六］52,141

苏州革命军警察厅 ［十六］52,141

苏州革命军司令部 ［十六］52,54,141

苏州晏成中学 ［十八］243

诉讼状纸费 ［十五］58

肃清东江 ［八］494,500－501,503;［九］
558,582;［十］620,662,690;［十二］360－
361,363,403;［十三］620;［十四］293,
443,510;［十五］25,91,134,221;［十七］
543

宿务筹饷局 ［十六］100,102,286,349,361

宿务/雾支部 ［十六］35,109,155,171

宿务/雾中国国民党支部 ［十六］369－
370,394－395,504－505;［十七］135－
137

宿务总劝募员 ［七］469

算学教习 ［四］44

隋 ［四］16－17,303

隋唐 ［十］228

随营宣传委员 ［十七］204

穗义公所 ［十四］548

《孙文小史》 ［三］242,248

孙文越飞联合声明 ［四］509

孙文之印 ［二］4,217,220;［四］160;［五］
75,366;［七］343,496;［十六］40,50,91－
92,94－96,103,378;［十七］62,123,165,
239,409,439,476,553,562,680,682,718

《孙逸仙案》 ［二］287

《孙中山先生回忆》 ［十一］169

所得税 ［二］159－161,167,177,213;［三］
72,77,119

所慎尾利中国国民党分部 ［十七］41－43,
48,53

所有权 ［二］213;［三］93,96,146,155,
228;［四］62,343,376,482,504;［六］103,
116,139,145－146,174,269;［十］58,
426,536

锁国主义 ［三］43,45

T

台山《光大》 ［十八］374

台山田土业佃保卫 ［十五］133

台山田土业佃保证局 ［十五］256

台山县自治 ［十二］379;［十五］584－585

台山自治 ［十四］536;［十五］132,585

台湾银行 ［七］513,550－552,569;［八］
12,21;［九］188;［十三］149

台湾之割 ［三］47

台湾之役 ［三］52

台湾总督 ［一］69－70;［四］107;［十一］
92－93

太古时代 ［二］70－71

太湖军事联络员 ［十六］52,141

太极 ［一］36

太平 ［一］36;［二］31,37;［三］231,347,
357,377433,443,446－447;［四］128,
280,290,563;［五］333;［七］504;［八］
471,515;［九］245;［十］17,75,309,316－
317,405,417,419,484,491,501,525－
526,531－533,547,555－556,616,621,
669,691,700,806,809;［十二］59;［十三］
289,339;［十四］194,493;［十五］646

太平天国 ［一］126;［二］79－80,341,346;
［三］50,53,147,152,154,157,227;［四］

22 - 23,139;［五］24,38,41;［十］458,
576,603,638;［十一］50,52,107,109,
214;［十二］150

《太平天国革命亲历记》　［十一］149

太平天国革命史　［十一］107,151

太平天国运动　［二］308,322

《太平天国战史》　［四］22 - 23,139

太平天国之役　［三］52

太平洋　［十二］80 - 82,85,153,159,256,
274,385;［十三］369,453

太平洋会议　［四］469;［八］283;［十］430,
433,436;［十二］135,141;［十三］453

太平洋粮食保存会委员　［十七］582

《太平洋商业广告报》　［十一］182,185

太平洋讨论会　［十］434

太平支部　［十六］92,120,161

太虚和尚诗录　［十八］166

《太阳报》　［十一］269,423

太阳社　［十八］575

《太阳杂志》　［四］373

《泰/太晤士报》　［二］282,287,289,292 -
293,312 - 314,320 - 321,325,327 - 328

泰/太晤士报馆　［二］280,282,312 - 313,

《泰晤士报》　［四］305;［七］342;［十二］
260 - 261

檀山支部　［十三］178

檀山中国同盟会　［四］50;［十三］99

檀香山筹饷局　［七］452

檀香山兴中会章程　［五］3

檀香山支部　［十六］107,148

檀香山中国国民党分/支部　［十六］398,
450,454;［十七］156 - 159

汤武　［二］260;［三］25,307,424;［十二］
218

汤武(之)革命　［二］46;［三］25,391,411,
425;［四］175;［十］29,268,417,459,602,
619

唐山　［三］185;［七］238,242 - 243;［十］
777

唐虞之揖让　［三］425

塘沽造船厂　［五］315

糖捐　［十五］390

糖捐、桑田、酒精、火柴各捐　［十五］367,
391

糖类销场税　［十五］195

陶陶亭　［十八］238

陶园酒楼　［十四］145 - 146

讨陈　［八］315 - 317,320,326,328,339 -
340,345,355,357,359,372,380 - 381,
383,386,389,392,394,399 - 401,405,415
- 416,440,496,508;［十］490,492,662,
690;［十二］244;［十三］567,574;［十六］
506

讨桂　［八］146 - 147,164,167 - 168,179,
184,187,191,193 - 196,202,210,215,221
- 222,224 - 225,229,231,233,235,238,
242,245,254 - 255,259 - 260;［九］401,
407,414,425,427,430,432 - 434,440 -
441,445,449,453,457,460 - 462,467,
470;［十］434

讨桂军　［八］169,186,196,208 - 209,247

讨房军　［四］306

讨逆　［四］98,401 - 402,409,411 - 414,
420,422 - 423,425;［五］386;［七］461,
550,552,555,557,568;［八］9,12,27,
246,296,328,344,351,405;［九］261,264

−265,267,270,274,277,281 − 282,284,
290,339 − 340,342,351,354,361,363 −
364,369,376,564;［十］315,321,330;［十
三］253 − 254,262,272,366,511,547,
595,605,614;［十四］9,225,379;［十五］
194,634;［十六］282

讨沈　［八］422,430,438,446 − 448;［十五］
109

讨袁　［一］45;［二］90;［三］376,433;［四］
130,151,354;［七］335,344,348,351,
360,370 − 371,400,405 − 406,425,431,
437,440,444,448 − 449,451,457,459,
463,465 − 466,468,482 − 483,486,500,
525;［九］166,183 − 184,187,217,221,
223 − 225,293;［十］283,320,386,389,
507,565,582;［十一］399 − 400,434 −
435,445,466,479;［十二］69;［十三］138,
190,208,240,302,342,473;［十四］510

讨袁宣言　［四］379

讨袁之役　［三］364,432 − 433;［四］136,
581

讨贼川军第一军　［十六］506

讨贼第二军　［十三］408

讨贼第四军　［十四］528 − 529;［十六］508

讨贼靖国军　［十五］486

讨贼军　［五］452;［八］180,194,295,353,
381,409,411,415,423,431 − 432,442,
446,448;［九］407,536,595;［十］562;
［十三］302,408,536,543,555,565,567,
588,596 − 597,601,607 − 608,624;［十
四］10,86,96,119,138,163,272 − 273,
308;［十五］32,93;［十六］496 − 497,506

讨贼军别动队　［十三］526;［十六］479,

488,491

讨贼军川军第一军　［十六］506

讨贼军第二军　［十三］408,536;［十四］
544,594

讨贼军第二路联军　［十七］468

讨贼军第三军　［十六］496

讨贼军第一军　［十三］408;［十四］450,
544;［十六］497

讨贼军第一师　［十四］52,75;［十七］200

讨贼军闽军　［十六］507

讨贼军琼崖总司令　［十六］506

讨贼军西北第二路　［十六］468

讨贼军西北第一路　［十六］467

讨贼军湘军第二路　［十六］506

讨贼军湘军第三路　［十六］506

讨贼军湘军第一路　［十六］476

讨贼军中路第二军　［十六］508 − 509

讨贼军中央直辖鄂军　［十六］482

讨贼联军　［十六］511

讨贼联军第二军　［十三］535

讨贼联军第二军第一独立支队　［十三］535

套如　［十一］129（参见美元）

特别党部　［十］731

特别军事会议　［五］377

特别军事会议条例　［五］377

特蕾西　［十二］208,210

特种矿　［一］225,227

提倡实业　［三］332;［八］110;［十］60 −
61;［十二］282

提督　［二］117,353 − 354;［三］51,109;
［七］76,234;［九］8;［十］360,707,763,
805;［十一］106

《体育周刊》　［八］166

天地会　[三]340,348

《天铎报》　[四]54,314;[十三]58;[十八]51

天铎报馆　[十六]33

天赋人权　[二]93,226,234;[四]299,319;[五]220;[十三]22-23,91

天和洋行　[十三]634

天津广东会馆　[九]127;[十]101

天津条约　[三]6

天然力　[一]109;[二]6,19-21,149,185,201;[三]57,267

天然税　[十]76-77,88

《天声日报》　[四]125;[十八]277

天算　[二]248;[三]121

《天坛宪法草案》　[三]371,383;[十]344

天天楼茶居　[十三]657

天下为公　[一]36;[二]74;[三]310,413;[四]111;[八]493;[十]288,574,658,732;[十八]28,41,45,51,74,93,130,141,180,206,215,229,233,247-248,251,257,288,304-305,311,326,333,335,342,345,384,400,421,424,427,435,438,440,446,453-454,456,464,472,474,477,483-484,487,490,492,495-498,502,506,513,532,534,537,542,546-547,554,557,561,568-570,583-586

天下主义　[二]35

天演　[三]127-128,188-189,192,203,206,214,217;[十]18,117,235,467;[十二]429;[十三]22

天演论　[三]127,193

天洋丸分部　[十六]34,108,133,155,158,175

天衣　[二]194-195

天葬场所　[十五]179-180

天主教　[三]30,36

天主教士　[三]3

田赋　[二]228,238;[五]287;[六]62,179,265,267,314,370,372-373;[七]299;[十四]340-341,349-350,364,501;[十五]354,600-601,615

田赋附加　[十五]469-470,492,600

田土业佃保证局　[六]116-119;[十四]314;[十五]182,256

条顿　[二]40;[三]278,294,358;[十二]254

条顿民族　[二]12,19,39-40,112;[十]14

条顿同盟　[三]294

条约港　[一]163-165

《铁笔氏报》　[十一]212

铁道　[一]158;[二]226,229,234,238,251-252,346;[三]5,8,19-20,67,69,71-72,76-78,90,95-96,117,119,149-151,159,163-166,175,194,197,199,209-212,215,220,292,334,411,432;[四]56-57,345,375,432,544,546;[五]98,223-225,323,330,392;[六]455;[七]304,308,319,409,467;[九]34,127,132,134,154;[十]42,58,95-98,126,129,131,142,146-150,155,161-162,177-178,185-188,192,196,202-204,224,291,293,424,504,515-516,679;[十一]289,292-294,303-304,313,323,32,346-347,372-373,379,381,392,394;[十二]119;[十三]78,153,433,672;[十四]282;[十八]58

《铁道》 [十八]58

铁道国有 [三]73,84,204;[七]400;[十] 58,200－201;[十一]267

铁道协会 [十]95－97,130－131;[十一] 304,466

铁矿 [一]90,102,126,133,149－150,152 －156,164－165,172,179,216－217,224 －226,237,241;[三]440;[四]343;[五] 75;[七]277,319;[十]347,447;[十二] 85

铁路 [一]43,87－90,92,96－97,99－ 102,104,124－127,130,150－156,158, 160－165,169,177,182,188－193,195－ 198,204,206－207,214,232－237,240－ 241;[二]50－51,65,113,117－118,137 －138,143,156,163,177,179,189,191, 213,246,252－253,255,332－334,345－ 346;[三]4,7－8,32,38,53,70,149,164 －167,169－171,173,175－178,181－ 183,189,198,200,221－223,228,315, 317,323,345,355,407,440;[四]16,36, 55－56,62,64,209,218,244,267,346, 348,433,461,504,512,545;[五]10,57, 77,80,83,126,231－232,269－270,289 －291,327,343,347,349,440;[六]16－ 22,24,26,160,265,377,402,483;[七] 84,88,202,249,293,299,304,317,319－ 321,326,363,405－406,485;[八]282, 445,462,520;[九]48,53－54,74－75, 91,122,126,132－135,145,151,154,405, 432,442,539,548,579,605;[十]16,19, 24,40,42,60－62,85,88,95－97,102, 113－116,125－131,137,139,141,144－ 147,149－162,165－168,171－172,177－ 178,185－190,193,195,198－199,202, 210－211,295,298－299,307,309,393, 440,451,509,511－512,515－516,576, 798;[十一]100,165,194,238,268,270－ 271,275－276,284,286－287,289,291－ 293,296,302,305－306,309－311,313, 315－317,323,328－330,336－337,342－ 348,351,355,358－359,361－365,373, 375－376,380,388,392,396,411,413, 478;[十二]47－48,67－68,79,125,134, 161,169,247,343;[十三]24,45,218,398 －399,672;[十四]215,235,266,287, 297,301,393,398,594;[十五]93,131, 169－170,312,315,624,661－662

铁路干线 [四]55;[十]115,210;[十一] 387

铁路国有 [一]89;[四]546;[十]136

铁路计划/画 [一]100,206;[三]171,228; [四]62,347;[十]125,128,172;[十一] 295－296,310,335,337,342－343,348, 359－362;[十二]67－68

铁路输送局 [十七]79

铁路税 [三]167

铁路网 [一]151;[三]223;[四]346

《铁路协会杂志》 [十八]54

铁路运输局 [六]26

铁路杂志 [三]221－222;[十八]54

铁路政策 [三]178,211;[十]130,135, 159,161,163,167,178,181,188－189; [十一]328,350－351,358

铁路总公司 [四]73,347;[五]231－232; [七]328;[九]140;[十]198－199;[十

一]342 - 343,350,362,387

铁路总公司条例　[九]139

铁路总公司条例草案　[五]231;[九]142

铁狮子胡同　[四]262

汀西支部　[十六]168

《通鉴》　[三]129;[十一]174

通军用票　[十三]20

通扣分部　[十六]136,179

通商口岸　[一]220,222,231;[二]25 - 26,
151,335;[三]88,396;[五]80;[六]186;
[十]99,208,762,807;[十一]46,243,
283,342 - 343;[十五]293,621

通商贸易　[二]196;[三]282;[四]470;
[十]279;[十一]5,392;[十二]376

通俗讲演所　[五]384 - 385;[十三]251

通讯处通则　[四]506

通州革命军　[十六]41

通州革命军司令部　[十六]54,141

同安　[八]461

同安(舰)　[八]461;[九]433;[十二]318;
[十三]501;[十六]463

同盟国　[二]11,40 - 42;[三]275,285,
305,455;[四]431;[九]254;[十]659;
[十二]253 - 254

同盟会　[一]48,50,64,71 - 73,76,78;
[二]172 - 173,208;[三]147,326 - 327,
353,428 - 430;[四]25,50,84,86,90,92,
137,271 - 272,277,314,325,329,335,344
- 345,360,370,503;[七]43,126,134,
139,153,161,170,172,187,193 - 194,
226,235,301 - 302,336,378,422,515,
552;[九]16,22,59 - 60,113 - 114,116 -
118;[十]12,21,36,44,55,57 - 58,100,

103 - 106,108 - 109,133,170,172,205 -
206,213,249,355,376,386 - 387,441,
528,536,542,563,568,615,628,649;[十
一]112,128,136,152 - 153,186,196,
248,299,309,412,436,442 - 443,462;
[十二]17,140,168,315;[十三]22 - 23,
99,237,319;[十五]649;[十六]11 - 12,
19;[十八]65

同盟会本部　[一]73;[四]35,289,314 -
315,335;[九]114;[十]100,103

同盟会湖北支部　[十]55

同盟会会长总部　[四]30

同盟会南洋支部　[四]268

同盟会远东分部　[十一]138

同盟会政纲　[四]344;[十一]443

同盟演义　[四]92

同仁医院　[十三]210

同文馆　[十一]9 - 10;[十三]608

同文同种　[三]252,268,320;[四]166;
[七]322;[九]152;[十]218,222 - 223,
252,278 - 279,337,816;[十一]376,392
- 393;[十二]37,140

同业公会　[十一]118

同益公司　[十四]428

同益航业公司　[十四]145 - 146

同治　[三]52,242;[五]38

铜鼓埠筹备委员会　[十五]418

铜鼓开埠　[十五]416,621,623

铜鼓开埠筹备委员　[十五]416,524,621,
623;[十七]622 - 623

铜鼓开埠筹备委员组织条例　[六]475

铜矿　[一]154,225 - 227;[四]343

童奴制　[八]279

童颂中国国民党分部 [十六]572－575

獞 [二]53

统筹部 [七]353;[十一]191

统带 [十]707;[十一]48;[十二]204;[十三]105,240;[十五]168

统一 [一]14,30,54,58,78,86－87,89,265;[二]7,51,65,67,84,90,106－108,112,177,215,218,222－223,225,231－232,234,301;[三]13,83,163－166,168－169,171,222－223,237,281,308,395,420－421,423－424,430,434－435,441,455,465;[四]39－40,72,117,130,146,171,268,284,294－295,301,304,306－308,310,314－315,337,339－340,344,346,350－352,354,356－357,360,362,364,366,371,383,400,413,416,425－426,437,442,449,451－452,455,457－460,462－464,466,468－469,471,474,476－477,481－484,486－490,494,496,500,507－511,513－514,516－517,520－521,536,573,581,592－595,597;[五]9,68,104,108,126,132,136－137,139－140,142,145,150,189,200,203,205,230,242,256,261,273,287,374,376,408－409,443,452;[六]21,54－55,108,396;[七]173,258,262,265,274,276,290,305,336,340,344,353,355,359,362,364－366,369,373－374,384－385,387,422－423,429,431,443,446,451,458,466,470,477,481,483,505,546,548,550,552,554,557,565－566;[八]47－48,68,76,118,136,146－147,149,154,161,172,205,211－213,220,236－237,241,247,251,257,267,272,274,284,290,302,308－309,312,315－316,338,355,361－362,375,383,393,416－417,428,436,445,452,471,481,491,506;[九]28,35,46－47,53,62－63,67,74,77－78,83,85－87,94,99,101－102,125,130,156,186,189,196－197,212,225,248,255,257,261－262,298,314,321,323,331,338,340,344,347,358－359,374－375,393,402,417,428,456－457,459,463－469,478,482,488,490－491,503,507,517,519－520,533,542,546,576,588,593－595,602,623,628,650;[十]49－50,54－55,71－73,108,140,142,169－170,177,180,210,234,241,243,253,264－265,267－268,275,291,326,328,335－336,338,356,358,365,370－371,382,384－387,395－396,399,405,414,431,433,448,479－484,490,492－493,498－504,506－507,512,515－517,533,541－542,546,556,585－586,595,612,617,653,674,677,691,693,752,766,790,810;[十一]36,38,117,201,205,208,241,245,299,301,306,312,317,326－327,331－334,339－340,349,373,375,380,409,456,476;[十二]17,68,86,88,91,93,95,97－100,103,105,118,120－122,134,141,149－150,156,159,162,170－172,175－176,181－182,190,213,218,220,222,224－226,228－230,233－235,237－239,241,243,254－258,260,262,266－270,273,280－284,288,292,301,305－307,313,325,332,335,340－341,356－357,361,

363 - 367,369,379 - 380,383,389,398,
402,405 - 407,411 - 412,416 - 418,433
- 434,439,442,448 - 449,465 - 467,
502;[十三]11,18,30,33,37 - 38,40 -
41,62,70,72,79 - 80,86 - 87,90,100,
114,117,120,135,138,140 - 141,146,
148,156,168,190,198,278,320,370,386
- 387,394,397,436,444,476,524,568,
574 - 575,577,596,603,606,612,679,
684;[十四]10,32,51,81,134 - 135,196
- 197,215,254,256,416,421 - 423,428,
432,440,494 - 495,515,520 - 521,544,
555,564,588;[十五]3,80,134,160 -
161,178,188,290,332,339,364,417,446
- 447,512 - 516,526,549 - 550,560,
563,663;[十六]16,26 - 27,54,72;[十
七]614,689

统一财政　[四]313,421,535 - 536;[十]
615,653 - 654;[十二]360;[十三]61,90,
606;[十四]81,416 - 417,452,492,494,
501,504 - 506,515,564;[十五]3,28,80,
417

统一财政委员会　[四]535;[六]260;[十
四]452,475,479 - 481,483,489,494;[十
五]449;[十七]635

统一财政委员会办事细则　[六]260

统一党　[三]278;[十]48,567

统一共和党　[四]335,337 - 338;[十六]29

统一广东财政委员　[十七]203,227

统一全国　[一]45;[二]65,209;[四]157,
478,581,586;[七]547;[九]589,628;
[十]335,417,419,503,506,541;[十一]
375;[十二]94,108,285,478;[十四]78,
431

统一训练处　[十五]354

统一政府　[四]316 - 317,327 - 328,420;
[六]24 - 25;[九]39,103 - 104,111;[十
二]105,466;[十三]75,110,128,133,444

统一政府办法　[四]328;[十三]71,132 -
133;[十四]529

统一中国　[一]45;[二]7,107,173;[三]
398,419 - 420,446;[四]343,475 - 476,
482,516,555;[八]229,281,302,346 -
347;[九]503;[十]337,368,395,399,431
- 432,463,501,507,511 - 512,514 - 515,
517,557,581,602,691 - 693,752,782,
790;[十一]313;[十二]98,121,125,128,
134,175,236,258,262,270,356,364,
365,367,439,446;[十三]568

统治权　[十]27,335,366,369,371,401 -
402,450;[一]44,244

突厥　[二]40;[三]20;[八]490 - 491

突厥人　[二]8

《图画剧报》　[十八]61

《图南日报》　[十一]120

图强产科女校　[九]627

土布　[二]25,198 - 199,202 - 204;[三]7;
[十]347,666

土地　[一]15,41 - 42,46,60 - 61,99 -
100,102,104,106 - 107,125,128,177,
192,198,207,215 - 216,228,237,243,
245;[二]6,15,45,71,111,161,170 -
172,174 - 175,179,181,183,188,213 -
216,218,222,226,228 - 230,234,237 -
238,242,250,255,334,340;[三]3,10 -
13,15,24,58,60,65,68 - 70,72 - 73,77

-78,81-82,85-102,104,107-108,
110-114,117-118,148-150,153-
156,158,162,173,175,180,185,189-
191,193-194,196,198-200,205-212,
215-220,259-261,266,278,286-287,
289,304,312,314,316-317,324,329,343
-344,352-355,360,377,386,392,396,
402-406,421,438-439;[四]28,61-
62,116,340,343,375-376,504,544-
546,577-578;[五]3,5,9,24,41,47,82,
102,146,278,287,295,302,304,423,439;
[六]17,52,97-104,135,142,196,370;
[七]19,169,267,292,366,463;[八]236,
273,402,507;[九]583;[十]5,8,15,18,
23,26,31,40,58,75-77,88,91,147-
148,155,158,160,171-172,174,178,190
-192,202-203,236,298,300-302,308
-310,337,392-393,404,424,427-
428,439,450-451,458,486,494,536,556
-558,588,596,632,634,644,648,674,
677-678,695,699,718,735,748,798,806
-807;[十一]52,56,95,117,119,167,
183,278-280,290,297,302,320,353-
354,376,425,464,483;[十二]75,159,
161,171,217,301,322,327,387-389,
455;[十三]35,116,294,360,376,397,
436,572;[十四]446-447

土地公有 [三]193,197-198,200,206-
207,219-220

土地国有 [三]63,66,70,73,77-78,82,
84-86,89,91-92,96-97,99-100,102
-104,106-107,112,114,116,149,204,
215;[四]546;[十]76-77,170,172;[十

一]65,277-279

土地价值 [二]172,176;[三]153-154,
156,199-200,211

土地局 [四]119;[五]423;[六]52,97,
100-102;[十六]441

土地、人民、主权之三要素 [十]406

土地私有 [三]72,85,91,94,100,115;
[四]545

土地台帐法 [三]99

土地托拉斯 [十一]277

土地问题 [二]170-171,174-177;[三]
58,70,72,85-86,90,96,117,199,211,
316-317,345,354-355,360,406-407;
[七]522;[十]202-203,301,453-454;
[十一]50,104,338;[十二]386-387

土地选择条例 [三]94-95

土地资本论 [三]66,85

土耳其革命党 [三]124;[八]361

土耳其苏丹 [二]274,307

土匪 [二]235,237;[四]116,433,440,555
-556,569;[六]485,489;[七]384;[九]
40,89,381,497,522,638;[十]41,285,
335-337,399,404-406,409-411,449,
559,561-562,632,688-689,691,739,
804-805;[十一]263,401;[十二]133,
156,158,239,246,477;[十三]9,109,
142,294,332,462,466,628;[十四]90,
215,267,308,445-446,460-461,491-
492,549;[十五]16,45,54,169,173,176,
193,236,289,291,481,520-521

土丝台炮 [十五]76-77,91

土造火柴捐 [十五]473

吐蕃 [三]258

团勇　[一]74;[五]349;[十五]407,501

推广党务　[十三]184

退官权　[十]292,295

退位诏　[九]79;[十一]254

屯军　[十]383;[十二]155

托辣斯　[三]69,74,96;[十一]278,316

拓殖协会　[十三]124 – 125,128

W

瓦城勃生分部　[十六]81

瓦城分部　[十六]81,113,152

外国干涉　[二]79;[九]279

外国干涉者　[二]347

外国宪法　[三]367,379

外国资本　[一]101,107,214 – 215,220;
[二]170,179,202,222,230;[三]75,77,
82,93,117,170,176,182,228;[四]62,
500;[十]96,188,191,210,741;[十一]
310 – 311,343;[十二]162,171,406

外交　[一]79;[二]45,49,52 – 53,59 – 60,
79 – 80,108,112,269,276,278,285,288,
303,309,311,315,317 – 318,321 – 322,
325 – 326,328;[三]44,48 – 49,109,124
– 125,134,143,164,170,236,257 – 258,
262 – 264,272,275 – 277,285 – 286,288,
290,292,295,297,301 – 302,321,385,
387,421,430,435;[四]31,72,96,170 –
171,278,295,338,363,368,373,377,407,
438 – 439,443,448,452,462,469,477,
499,511,560,571,573,582,595;[五]25,
41,49,105,205,272,275 – 276,294,374,
435 – 436,442,445;[七]57,59,73,111,
172 – 173,176,214,233,235,250,253,

274,298,306,341 – 343,384,400,407,
440,442,461,463,467,479,538,557,559,
563;[八]22,29,51 – 52,55,90,98,109 –
110,112,148,159 – 160,211 – 213,273,
302,347,361,398,421,426,457,484,493,
504;[九]22,31,125,138 – 139,206,225,
251 – 252,262,265,267,275,314,330 –
332,338,341 – 342,356,366,388,390 –
391,400,403,463,477,482,501,566,583
– 584,610,612,650;[十]26,72,139 –
142,149,151,153 – 154,159,173,189 –
190,192,201,204,207,225,234,237,239
– 240,243,249,261 – 262,264,284 – 286,
291,294,327 – 328,338,340,349 – 350,
383 – 384,399,436 – 437,487,502,509,
511 –512,514 – 516,519,527 – 528,531 –
534,588,613,644,648,676,680,682 –
683,791,794 – 795,802;[十一]90,92,
168 – 169,177,198 – 199,204,206,216,
232,234 – 235,254,257 – 258,272 – 273,
282,303,308,310,312,317,323,326 –
327,331 – 332,334 – 335,345 – 346,351,
373 – 374,378,437,439,445 – 446,449,
469,477;[十二]5,10,89 – 90,95,99,
121,130,132,134,137,141,215 – 216,
233,235,275,283 – 286,294,305 – 306,
345,366,371 – 372,375,406,433,450,
457,462,472,474 – 475,479 – 481;[十
三]125,195,242,250,286,290 – 291,
313,328,339,351,358,420,451,476;[十
四]149,265,267,447;[十五]293,621;
[十六]20

外交部　[二]45,217,219,310,314 – 318,

321，325，327－328；［四］320－321，374，433，520－521；［五］56－57，80，104，106，108，120，204，218，275，372，400－402，442；［六］167，189；［七］4，28，256；［八］303；［九］112，181；［十］121，510；［十一］169，207，234，254，257－258，332；［十二］135，143，194；［十三］32，73，84，89，101－102，308，452－454，569；［十四］118，265，413－414，491；［十五］10－12，14，122，293，353，413，595，599，609，646，648；［十六］6－7，14，300，351，363，387，401；［十七］180，183，301，307，643

外交部官职令草案 ［五］79

外交部官制 ［五］76

外交部特派广西交涉员 ［十六］422；［十七］216，234－235，326－327，354，638－639，643

外交部组织条例 ［五］399－400

外交方针 ［八］493；［十］210；［十一］86，93，282；［十二］432；［十三］249－250

外交团 ［二］264；［四］117，399，531；［九］50－51，314，569，583－584；［十］321，365－367，411，613；［十一］344；［十二］106，119，298，326－328，330，336，345，398，479－480，485；［十四］264－265，267，348；［十五］11－12

外交政策 ［三］46，48，283，285，385－387；［四］430－431，449；［九］503，565，584；［十］631；［十一］23，469，477；［十二］331，412

《外交政策》 ［二］3；［三］385

外交总长 ［三］275，285，295；［四］167，171，309，420，424，431，478，484；［五］77，

115，120，190，275，400，425；［七］527；［九］66，336，341－342，360，362；［十］340，383；［十一］168，449，452；［十二］169；［十三］463；［十四］75；［十五］572，578；［十六］184，303，316，402，459

外人管理关税权 ［二］227，236；［四］553

外务部右侍郎 ［四］170

外务大臣 ［一］80；［二］292；［四］57；［七］173，175－176；［九］275；［十］201，204，207，382－383；［十一］34，71，85－87，124，166，184，195，265，282，289，363，368，396，399，401－402，405－406，410－411，414，416，418－419，428，430－431，471；［十二］97

外务省 ［七］172－173，175；［九］154，162，222；［十］201，204，207，286；［十一］43；［十二］25

外债 ［一］56，128，216－217；［二］228，237；［三］78，149，181，183，227，266，334，438；［四］15，36，280，282，300，358，452，478，529－533，591；［五］36，80，126，128，288，401，425；［七］351，360，437，496，551；［九］89，374，464，468，583；［十］24，40，42－43，60－61，88，96，127－130，147，155，161，262，298，320，326－327，440，491，493，502，508，511，513－516，518，571，576，701，789；［十一］206，275，291，313，316，332，362，483；［十二］99，159，224－226，233－235，284，327－328，470，473－474；［十三］38，77，108，127，139，358，460，554，596，606，650；［十四］264，352；［十五］340

外资 ［一］63，90，219，224－225，231；［二］

179,216,218;〔三〕65,73 - 82,84,96,
　104,115,150,165,171,176 - 177,179,221
　- 222,323,345 - 346,355 - 356,361;
　〔四〕15,347,376,466,480;〔五〕209;
　〔七〕266,308,315 - 316;〔八〕144 - 145,
　332;〔十〕39,42,92,96,127,141 - 142,
　151,166,178,198 - 199,226,255,310,
　510,741;〔十一〕315 - 316,328,359,379;
　〔十二〕301 - 302,472

《晚间公报》　〔十一〕180

皖奉两方　〔十二〕362

皖局　〔九〕444

皖军　〔十三〕30

皖系　〔三〕400;〔四〕449 - 450,508;〔八〕
　187 - 188;〔十〕501;〔十二〕43

皖豫边防　〔十六〕509

万磅中国国民党分部　〔十六〕530 - 532,
　534

《万朝报》　〔七〕409

《万法精义》　〔三〕367,378

万国改良公会　〔七〕259

万国改良会　〔七〕326;〔九〕164

万国和平会议　〔十〕512,516

万国红十字联合会　〔十三〕43

万国平和会议　〔十〕515 - 516

万国银行　〔九〕189

万里洞支部　〔七〕367 - 368

万里望分部　〔十六〕128,170

万隆民仪书报社　〔八〕211

万隆中国国民党分部　〔十七〕60 - 63

万能政府　〔二〕121,145,147

万山李祐中国国民党分部　〔十七〕5,7 - 9,
　11

万县案　〔四〕571

万益公司　〔十五〕549,552;〔十八〕422

万有引力　〔二〕139

亡国奴　〔二〕23;〔十〕25 - 26,669,695,
　697,786,807;〔十二〕357

王道　〔二〕6,16,34,201;〔三〕453 - 454,
　456,459 - 460,464 - 465;〔十〕523,871

王道的文化　〔三〕453 - 454,458

《王猛论》　〔一〕26

威海卫之失　〔三〕47

威灵顿中国国民党分部　〔十七〕70 - 74

威斯里安学院　〔十二〕413

威远炮台　〔十五〕120,560

威远沙角两炮台　〔十五〕119 - 120

微生物　〔十〕591 - 593

违犯烟禁人犯所　〔十四〕487

违宪　〔四〕351,436;〔十〕22;〔十三〕63

唯物主义　〔二〕157

维持广东省立银行纸币办法　〔六〕375

维持司法　〔十五〕49 - 51

维加炮厂　〔一〕80

维瑞商船　〔十五〕646

维新　〔一〕7,35,37 - 38,40 - 42,64,243;
　〔二〕9 - 10,118,253,264,266,302;〔三〕
　32,162,167,250,252,254 - 255,318,367,
　466;〔四〕129,175,297,304,380;〔五〕9;
　〔八〕492;〔九〕232,241,260,422,645;
　〔十〕14,16,217 - 219,222,229,231,243,
　254,421,610,687,694,812;〔十一〕44,98
　- 99,142,362,470;〔十二〕35,235,296,
　439;〔十三〕119,132;〔十四〕458

维新变法　〔一〕38;〔三〕146

维新会　〔十一〕190

维兴公司 [十五]555

维也纳之会议 [三]301

卫队 [二]265,299;[三]142;[六]165;
[八]531-532;[九]309;[十]330,613;
[十二]69,185;[十三]323;[十四]23;
[十五]109;[十六]142,301,344,351,
475;[十七]671,689

卫生队 [四]54,183;[五]271,312,349,
352;[十一]147;[十四]61,139,199,220,
224,458

卫生局后方第一分病院 [十七]302

卫士队 [五]442;[八]483;[十四]248,
303,364-365,568;[十五]314,558,575,
589,623;[十七]191-192,214,701-
702,753

卫士队第一连 [十五]623-624;[十七]
753

卫士队前方队 [十七]753

卫戍总督 [五]51,72,111-112;[十三]12
-13,83,126

卫戍总司令 [四]417-418,421,424;[五]
373,377,404;[六]28;[九]328,330,333;
[十三]296,633,642,680;[十四]46,65,
210,212,288,430,499;[十五]74;[十六]
285,290,293,299,350,363,459,511;[十
七]635

卫戍总司令部组织暂行条例 [五]404

伪北京政府 [四]549-550,554,557-
559;[十五]287-288

伪参众两院 [九]336

伪共和 [四]401,403;[七]462;[九]74,
259;[十]64,326-327;[十二]12,15

伪两院 [四]499;[九]351

伪自治 [八]323

位夜基中国国民党分部 [十六]614,617,
619-620,625

尾步隙中国国民党通讯处 [十七]151-
154

尾利和中国国民党通讯处 [十七]41-42,
44,50,54

尾利慎血中国国民党分部 [十七]41-43,
47,53

委伴中国国民党分部 [十六]458;[十七]
41-42,44,50,54

委任办法 [三]246-247;[六]21

委任官 [三]60;[五]109-110,206,272-
273,275-276,332-333;[十一]305

委任通则 [五]332;[十六]52-53,66

委员制 [四]546;[六]375,503;[八]466,
468,471-472;[十]642;[十二]300,352,
379,474

慰劳会 [十]456;[十四]165;[十五]665;
[十八]583

慰问使 [十六]244,342;[十七]674

温谙中国国民党分部 [十七]41-42,44,
50,54

温埠支部 [十三]138

温地辟中国国民党分部 [十六]400;[十
七]151-154

温哥华北方建筑有限公司 [六]16

文冬中国国民党通讯处筹备处 [十六]584

文都鲁苏分部 [十六]129,171

《文法要略》 [一]26

文官高等惩戒委员会 [十六]447,465-
467,472-473

文官考试局 [四]120

文官考试令草案　［五］119

文官考试委员官职令　［五］116-117

文官考试委员官职令草案　［五］117

文官试验令　［五］115

文官试验章程草案　［五］116

文化的反叛　［三］452,456,459,462-463

《文汇报》　［十一］267

文明　［九］22,96,100-101,260-261,390,500,569

文明国　［一］217；［二］292,294；［三］10,52,114,203,214,220,231,245,463；［四］295,438,558；［五］142；［七］268；［十］58,111,211,215,218,228-229,242,303,338,348,373,429,605,698,702；［十二］345,348,369；［十三］290；［十五］287

文明国家　［三］146,446；［四］559；［十］212,257,266,632,693,698,702；［十一］181；［十二］376；［十四］192

文明世界　［一］229；［三］39-40,171；［四］292-293,350-351；［七］9；［十］117,339

文明屋　［三］444

《文兴日报》　［七］32

文字狱　［二］32-33；［十］23,459

稳梳中国国民党分部　［十六］523-525,527

我国政府　［三］165,271-272；［七］361；［九］379,618；［十］153,158,166,244；［十一］44,345；［十二］274；［十五］609

我国政治　［十］231,243,252,272；［十一］481

我国政治家　［九］255

乌陵中国国民党分部　［十七］252-254

乌市打中国国民党分部　［十六］614,617,620,624

乌托邦　［二］75,153,210；［四］128；［十一］120,126；［十二］347

乌托邦派　［二］153-156

巫来由　［三］455；［四］281

巫来族　［二］7

屋税　［十］88；［十五］274

无产阶级　［四］545,564-565；［九］373；［十二］505；［十五］373,375

无敌舰队　［三］283

无头政府　［十一］142

《无锡指南》　［十八］322-323

无线　［七］173；［八］116,472,478；［九］540,542,564,573,600；［十四］49,67,70,167,234,236,590-591；［十五］10-12,88

无线电　［一］33,43,88；［三］194,220；［十二］98,270,489

无线电报　［一］33；［三］220；［五］284；［八］463；［十四］36,102,295；［十六］464

无线电报局　［八］478；［九］545；［十三］657；［十四］36；［十五］20

无线电机　［九］393

无线电局　［八］478；［十四］20,135,375,591；［十五］590；［十七］736

无线电局事务　［十五］616；［十七］736

无线电总局　［十四］90,167；［十五］69

无政府　［一］69；［二］105,110,122；［三］29,141,365,368,376；［四］107,423,447,520；［八］17；［九］103,165,248-249,477；［十］147,155,337,379,435,497,523,550,631,755,773,805；［十一］59,

110,142,215,278 – 279;[十二]215,301;[十三]377;[十四]181;[十五]348,377

无政府党 [三]41;[四]543;[十]773;[十一]58 – 59,110;[十三]179

无政府论 [十一]126

无政府社会主义 [三]189

无政府主义 [二]47;[三]187,202 – 204,213,215,368,380;[四]542 – 543;[九]254;[十]379,381;[十一]58,110,473;[十三]238 – 239

无政府主义者 [十]558;[十一]59,110,150;[十二]215;[十四]425

无组织 [二]223,231;[三]141;[十]545,570;[十一]109;[十二]33,247;[十四]425

吾党主义 [二]157;[四]147,179,537,596;[八]110,114,299,321 – 322,367,401;[九]553;[十]563,566,585;[十二]46;[十三]580;[十四]373

梧州电报局 [十四]140

梧州关监督 [十五]26 – 27,293;[十六]422;[十七]216,234 – 235,326 – 327,354,532,638 – 639,643

梧州善后处 [六]331 – 332;[十四]581;[十五]131,293,308,606 – 607;[十七]532

梧州善后处暂行条例 [六]331 – 332

五大臣 [三]430

五大民族 [四]41,130,317;[九]78;[十]98,110 – 111,132 – 133

五大族人民 [四]328;[十]111

五国借款 [一]55;[三]433;[七]327;[九]164;[十一]414,416,434,613

五国银行团 [四]73,350 – 352,355,579,585

五胡 [一]23;[四]577;[十二]367

五权 [二]147,216,219;[三]60,128 – 130,361,369,373,423;[四]145,503;[五]256,261;[六]127;[九]499;[十]296,345,387;[十一]146,174 – 176;[十二]364,502;[十四]474;[十五]77

五权分立 [二]146 – 147,226,234;[三]54,60 – 61,371,383,423;[六]4;[十]296 – 297,303 – 304,388;[十一]144 – 145

五权机关 [八]437

五权宪法 [一]3,41,44,52,72;[二]3,145,147,215,217;[三]128,321,340,347 – 348,357,361 – 366,369 – 373,375 – 376,378,381 – 384,386 – 387,423,426 – 428;[四]129 – 130,134,146,178,502 – 503,522,581;[五]248 – 250,256,259,261,416 – 417;[六]3 – 4,7,124,126,216,218,394,400;[八]381,450,468;[十]46,387 – 389,423,508,517,526,529,531,533,541,547,567,569,583 – 587,602,605 – 606,652,664,706,718,779,794 – 795;[十一]487;[十二]161,240,410,415,439,471,502;[十三]306,343,572,577;[十四]322,429,577;[十五]77,524

《五权宪法》 [二]3;[三]386,392;[十三]531,561;[十八]429

五权宪法草案 [十三]573;[十八]302

五权之制 [八]437

五色旗 [三]309,321;[九]223;[十]527,532,534,537,763;[十三]10

五十号　［十二］101；［十三］386

五四运动　［四］444；［十］353；［十一］379；
［十二］28,43,77,277,430

《五修詹氏宗谱》　［四］146

五邑业佃公会　［十五］294

五院　［一］44；［二］216,219；［三］427

五月九日宣言　［四］384

五族共和　［三］204,215,309,340－341,
349－350,359,403；［四］379,381；［九］
66,245,400；［十］75,77,143,168,171,
250,389,422；［十一］337；［十二］23,43

五族共和合进会　［十］132

五族平等　［三］161；［十］143,165；［十三］
11

五族团结　［十一］347

武备学堂　［十］9

武昌兵变之役　［三］52

武昌炮工营　［十］364

武昌起义　［一］47,76,78；［二］26；［三］
163,224,320,392,403；［四］278,281－
282；［七］369；［九］105,129；［十］40,42,
51,103－104,168,172,194,231,248,318,
337,368－369,372,376,386,399,415,
418,444,528,541－542,565－566,570,
601,603－604,616－617,622－623,626
－627,629,635,692,707,719－720,763
－764,767；［十一］196－197,226；［十二］
68；［十三］608；［十六］81

武昌事件　［十一］104

武汉报界联合会　［七］289

武汉起义　［五］58,132；［七］391；［十］43,
75,108,189,282,534,615,653；［十三］9,
129

武汉首义　［四］40,150,295；［七］289；
［十］53－54；［十三］10,24

武汉之役　［四］526

武力的文化　［三］452－453,461

武力竞争　［三］73

武力统一　［二］99；［四］581－582,592,
597；［八］382,434,444；［九］546；［十］
71,498－499,501,693,777,782,790；［十
二］103－104,175,268,365－366,412,
415,423；［十三］607

武力为国民之武力　［四］593

武力与国民相结合　［四］593

武力主义　［三］295；［四］431－433,520；
［八］182；［九］376；［十二］240

武器　［一］29,70,74；［二］24,46－47,101,
116,－119,126,324,337,346；［三］39,
142,234,289,292,323,393－394,408－
409,450,454；［四］107,288,376,438,
480,530；［五］124,256,299,351,405；
［六］32；［七］167,169,184,295,363,479,
485；［八］80,182,377,468,476,532；［九］
37,222,358；［十］32,35,73,174,280,
314,483,486,579,585,587,611,615,652,
655－656,663,718－720,735,765,792；
［十一］5,32,50,63－64,66,68,69,93,
106,183,230,238,416,439,455,481－
482；［十二］19,47－48,56,121,232,237
－238,387,402；［十三］286,290,432；［十
四］288,375,458；［十五］646

武器弹药　［二］324；［三］39；［四］376；
［七］163,483；［十一］482

武人割据　［二］108；［四］423；［十］444

武学堂　［二］249

舞凤（舰） ［十三］552；［十五］168,172,
　222；［十六］463；［十七］293－294,486,
　528,530,545

舞士阻中国国民党分部 ［十六］572－574

勿地顺船中国国民党通讯处 ［十七］281

物价 ［一］219；［二］335；［三］59,65,110,
　112－114,195；［四］555,583；［五］41；
　［六］77,92,116；［十］781；［十一］95,
　339；［十三］87

物理 ［一］6,28,35；［二］120,139,251,
　255；［三］121,207,325,365,368,376,
　380；［六］420－422,429－431；［十］117,
　119,462,593－594；［十三］399

物理学 ［十二］23,356

物能尽其用 ［二］248,250,253

物质 ［一］9,17,20,22,33,36,132,160,
　215,224,229,231,236；［二］47－48,116
　－119,121,128,132－133,138－140,
　149,155－157,165－166,169,172,183,
　211－212,257,332,347；［三］31,37,40－
　41,137,171,188－189,214,217,222,228,
　233,305,365,368,380,388－389,392－
　394,452－454,459,464；［四］42,62,292,
　427,443,464,520,561,576,578；［五］
　198；［六］263；［七］350；［八］272,347,
　400－401；［十］75,118,177,191,235,
　242,322,396,428,440,447,599,674,721,
　784；［十一］118,188,278－279,302,392,
　458；［十二］356；［十三］608

物质建设 ［一］82

《物质建设》 ［二］3,179

物质进化之时期 ［一］36

物种进化之时期 ［一］36

《物种来由》 ［一］35

物种由来 ［三］203

X

西北铁路系统 ［一］96,158,169,172－
　173,191,198,211

西北协进会 ［十］132

西北自治后援军第三支队 ［十三］453

西伯利亚白卫军 ［八］346

西伯利亚船分部 ［十六］36,110

西伯利亚铁路 ［一］92,96,99；［三］336

西伯利亚丸分部 ［十六］149

西藏人 ［二］8；［三］350

西藏条约 ［三］6

西藏铁路 ［十］152,156

西藏问题 ［七］306；［十］680,682；［十一］
　325,336,338

西藏宣抚使 ［十一］413

西堤筹饷委员 ［十六］233,334,340

西都文罗分部 ［十六］127,168,171,180

西关大火 ［十二］458

西国政府 ［十］545

西江财政 ［十四］196,320,432－433,480；
　［十五］458,571

西江财政整理处 ［十四］176；［十五］458
　－459；［十七］554

西江筹饷事宜 ［六］29；［十七］143,160,
　178

西江船舶检查所 ［六］32；［十四］74,82,
　120；［十七］180,232,273,352

西江船舶检查所检查规条 ［六］33

西江船舶检查所执行规则 ［六］31－32

西江船舶检查所组织条例 ［六］31－32

西江海陆军　[十四]109

西江戒严司令　[十七]245

西江军事特派员　[十六]509

西江联军　[十二]381

西江善后督办　[十四]111,115,128,150 -
　151,162 - 163,182,184,186 - 188,196 -
　198,227,231 - 232,234,238,240,276,
　311,357,471,476,480,515,521;[十五]
　21,131,458;[十七]215,275

西江善后委员　[十七]247

西江十九县禁烟总局　[十七]672,685

西江讨贼军　[十四]140;[十六]500,509;
　[十七]110,245

西江铁路　[一]155

西江巡舰舰队　[十五]21 - 22

西江沿岸警备区域临时戒严条例　[六]31;
　[十四]118 - 119

西晋八王　[四]402

西京大学　[八]28

西路讨贼军　[四]515;[八]397;[九]601;
　[十三]599,649,670;[十四]138,146,214
　- 215,220,243,344,381,416,454,583;
　[十五]26,43,80 - 81,153 - 154,160,
　162,197,367,377,381,469,471,508,515
　- 516,583;[十七]76,255

西门丁泥　[十一]10(参见土敏土)

西南护法　[四]418 - 420,432,448,453 -
　454,508,513;[八]60,175,440;[九]292,
　425,453,470,473;[十]336 - 337,412,
　479;[十三]293,297,329

西南护法政府　[十四]426

西南举义　[四]413;[九]337

西南联合　[十二]404

西南联合会议　[九]273,314,338

西南铁路系统　[一]133,135,150,158,169

西南政府　[十]409,583,784;[十二]345;
　[十四]266,356,426;[十五]66

西盛　[十五]112,125

西学　[二]246,254,259 - 260;[七]312;
　[十一]10

西桠学校　[十八]131

西医局　[十一]9

西医书院　[二]260;[三]131

吸食鸦片　[四]556;[六]334,399

吸收主义　[三]45

希腊、罗马时代　[二]69,83

希炉筹饷局　[七]452;[十三]187

希炉第一银行有限公司　[十三]6

希炉分部　[七]452;[十三]178

希炉中国国民党分部　[十六]613,617 -
　618,620,622

息金　[五]181;[六]239 - 240;[八]234;
　[十一]138;[十五]341

锡矿公司　[七]542

喜路市姊中国国民党分部　[十七]41 - 43,
　45,52

戏捐　[十四]281

下野　[四]355,416,484;[十]360,476 -
　477,561,754;[十二]192 - 193,198,218,
　348;[十三]336;[十四]324

夏路弗市中国国民党分部　[十七]41 - 43,
　47,52

夏湾拿中国国民党分部　[十六]500;[十
　七]5,7 - 10

《夏威夷星报》　[十一]8,96

夏威夷直臣学校　[十八]284

罅辖分部　［十六］134,177

仙葛洛分部　［十六］130,173

仙葛洛中国国民党分部　［十六］572－574

先进公民　［五］254,260

先施公司　［十三］528－529;［十四］4

先行后知　［十］324

先知后行　［十］324

先知先觉　［一］48,52;［二］11,43,106,123
　－125,131,143,154,207;［三］41,247－
　248,316,347,444;［四］106,265,327;
　［十］185,262,426,443,526,530,533,
　657,812

先知先觉者　［一］41－42,64;［二］57,103;
　［三］125,242－243,310,312,357;［十］
　533

鲜卑　［三］20

暹罗交通部　［十六］71

暹罗支部　［十六］113,152

暹罗中国国民党支部　［十六］386

贤妇　［十五］264

贤良政府　［二］331

贤母　［四］90,97,151;［十五］325,357;
　［十八］144,281,334

咸丰　［三］43,45,52,242,395;［五］38

县长民选　［三］346－347,356－357

县党部　［六］131,217,220

县农民协会　［四］556;［六］333－334,337

现代实业团体　［九］662

现役军人　［六］476;［十一］183;［十四］26

宪兵队职务规程　［五］312

宪法　［一］44,47－48,274;［二］97,106－
　109,132,217,219,222－223,226,228,
　231,234,237;［三］27,56,59－61,128－

129,144,243,246,249,311,359,361－
369,371－375,378－381,383,387,427,
434,436;［四］23,73,75,115,145,266,
317,364,367－369,386,399,407－408,
422,429,432,436,453,455,462,469,475
－476,481,490,542,588;［五］17,25,42,
64,119,121,144,163,253－254,259－
260,338,416;［六］4,126,401,405,432－
434;［七］493,531;［八］15,17,55;［九］
50－51,83,85,109,165,253,377,503,
520,525,647;［十］25,47,93,179,212,
214,217,296,343－345,348,351,363,
387,423,470,555;［十一］36,131,174,
199,203,371,375,429;［十二］22,99,
108,114,125,133－134,184,186－187,
196,223,240－242,310;［十三］24,42,
260,280,293－294,316,342,376－377,
573,575,577;［十四］264;［十八］111

宪法会议　［四］75,408,479;［八］310;［十
　三］529

宪法学　［十二］506

宪法之治　［五］25

宪政　［一］44,47－49;［二］216－217,219,
　264;［三］140－141,427;［四］466,481,
　488,503,587－588;［七］378－379;［十］
　11,35,270;［十一］84,122,167,442－
　443;［十二］27,188,220－221,243,265;
　［十三］238

宪政时期　［一］44;［二］215,218;［三］426
　－427,431;［四］23,588;［五］253,259,
　276,416

乡农民协会　［六］334－335,338－340;［十
　五］640－641

乡族之自治　[三]26

香安督缉局　[十四]556

《香港晨报》　[八]206

香港赤十字会　[四]184

香港筹饷委员　[十六]229,333

香港《大光报》　[三]325;[十三]331;[十八]50

香港大学　[七]164;[十]493;[十三]130

香港电报公司　[十一]274

香港国民党交通部　[十三]209

香港华商总会　[九]446

香港兰室公司　[十]40

香港南方军务统筹部　[十六]71

香港内外科开业医生证书　[二]295

香港人　[二]6

香港圣保罗书院　[四]170

香港书院　[二]260

香港太守　[十一]81

香港同盟会　[十一]191

香港西医书院　[二]295,300,325;[十]3;[十一]3

香港医校　[四]54

香港医学校　[十一]52

香港英政府　[十]456

香港政府　[一]69,134;[四]269;[七]9,123;[十]494,498,502,509;[十一]384,420;[十二]270,283,285,330,465-466;[十三]627;[十四]58;[十五]377

香港政厅　[十]512,515-516,806

香港总督　[四]265;[十一]79-80,83-85;[十二]340

香港总工会　[十三]544

《香江晨报》　[八]189

《香江晨报劳动节纪念增刊.劳动号》　[十八]249

香山筹饷局　[十四]500-501

香山翠亨学校　[十八]275

香山东海十六沙农民护沙自卫局　[四]412

香山黄梁镇田心沙田新村三乡保卫团局　[十五]356

香山南塘国民学校　[十八]295

香山田土业佃保证局　[十四]415

香山同乡会　[九]638

香山团益公会　[十八]576

香山县经界分局　[十四]381

湘边宣慰使　[十七]472,487

湘桂联军　[八]18;[九]311

湘局　[四]116,164;[七]574;[八]18,203,311-312;[十三]372;[十五]398,461

湘军　[二]32;[四]116,453-454,495;[五]38;[六]197-198,229,455,485,509;[八]18,125,330,333,344,537-538;[九]303,356,443,453,456,461-462,490,493,516,564,580,594,600,619-620,624,650;[十]572-573,576,655-656,661-663,690;[十二]146,321,361;[十三]259,272,278,368,607;[十四]120,168,222,282,290,300,319,326,335-337,340-341,343,345,350,357-358,360,388-390,394-395,410,413-414,419,435-438,456,459,462,464,471-472,476,478,484,505,510,518,525,544,554-555,563,565,582,585,587,591,594;[十五]10,18,28,39,52,98,116,159,184,202,208,214,217,224,234,

237,239 - 240,261,267 - 268,270,275 -
277,280 - 281,285 - 286,291,306,310,
324,332,343,357,368,392,396,398 -
399,402,442,445,463,469,471,484,494,
506,508,511,515,523,574,580,585,615,
650 - 651,652,654;[十七]210,350,403,
496,563,635

湘军第二军 [十七]350,496

湘军第六军 [十五]237;[十七]350

湘军第三军 [十五]493,572,613;[十七]
350,388,496

湘军第四军 [十七]350,388,496

湘军第五军 [十四]555;[十五]598;[十
七]350

湘军第一军 [十四]555;[十五]398,574;
[十七]350 - 351,403,445,496

湘军讲武堂 [十五]652,654

湘军军务处 [十五]603

湘军军医院 [十五]237

湘军制弹厂 [十五]342 - 343

湘军总司令部 [十四]301,350 - 351;[十
五]162,267,275,516;[十七]562

湘军总指挥 [十四]184,337,340;[十五]
268;[十七]350 - 351,402 - 403,445

湘军总指挥部 [十五]267,270,585

湘民 [九]473

湘南第二军 [十七]210

湘南第一军 [十七]210

湘南靖国军 [十六]303

湘南靖国军第一军 [十六]303

湘人 [六]509;[八]151,203,385,401;
[九]453,456,461 - 462,472;[十三]304
- 305,456;[十六]61

湘省议会 [九]497

湘事 [八]151,311 - 312,323;[十三]202,
278,423;[十四]168

湘西第二军 [十七]210

湘西各军 [八]47,115,137,142,146;[九]
332,415;[十六]303

湘西靖国军 [九]404,461

湘西军事委员 [十六]272,347

湘西劳军使 [九]303;[十六]246,253 -
254,343

湘粤联军总司令 [十四]83 - 84

湘中第二军 [十七]210

湘中第一军 [十七]210

湘中各军 [八]25,71

饷局 [七]452;[十四]197,438

饷捐科 [十七]752

饷源 [四]520 - 521;[六]178,199,483;
[八]390,420;[九]35,40;[十二]477;
[十三]16,18,21,30,33,623,628;[十四]
228,276,292,319,344,346,368,399,471,
475,489,494 - 495,503,536,566 - 567,
569,598;[十五]52 - 53,73,86 - 87,101,
108,135,160 - 161,189,332,454,658;
[十七]347

饷总局 [十四]469,526

《向导》 [十二]303

消费合作社 [二]159,165

小北江出入口货抽捐 [十五]33

小北江出入口货捐厂 [十五]34

小北江各重收机关 [十五]63

小北江护商事务所 [十四]527 - 528

小吕宋筹饷委员 [十六]232 - 233,235,
335

小吕宋救国社　［九］154－155

小吕宋支部　［八］259

"小野丸"　［九］231

小英人　［三］109

小袁世凯　［三］417；［四］135；［十］482，490

《孝经》　［二］59

孝陵　［十三］31，34

协和医院　［十二］490

协理　［四］54，315，361；［五］11－13，15，137，140，237－238，254，258，260；［六］39－41，162，326，371；［七］284；［十三］331，672；［十五］604；［十六］439

协商国　［二］11，18－19，40－42，45－46，60；［三］256－261，264，269－270，273，275，288－289，292－294，296，298－301，303－305，320；［四］396；［七］538；［九］248，280；［十］383，659；［十二］36；［十三］242

协约国　［二］200；［四］430，433，482－483，541；［九］247，250，254－255，402－403，662；［十］683；［十一］481－482；［十二］74，249－250，255；［十三］242，245

协助党员　［五］254，260

心理建设　［一］3

《心理建设》　［二］3

心理学　［一］9，28；［三］121；［六］401－402，408，420，423－424；［十一］162

辛丑条/和约　［四］531－532，559，576－577，579；［十］24

辛迪加　［七］363

辛亥革命　［二］81，222，231；［三］358－359，364，375，431；［四］32－33，65，171，281－282，537，587；［六］124；［七］548；［八］281；［九］295，588；［十］305，325，355，358，401－402，417，419，439，441，528，566，570，621，648，760；［十一］337，380，443，477；［十二］97，127，159，258，276，294，377，457，502；［十三］17，342

辛亥俱乐部　［十四］379

新安　［十四］557

新安（船）　［十四］557

新败　［一］76；［二］112；［三］47

新颁律师领用小章规程　［六］86，89

《新大陆游记》　［二］206

新俄　［三］359；［四］157；［八］484；［十四］431

新国会　［四］408－410，460，462；［八］55，241；［十一］367；［十二］178；［十三］326

新国家　［一］51，238；［二］10，140－142；［三］383，398－399，416，441，443，445，456；［四］337；［九］260；［十］233，291，369－370，387，452，457－458，541，577，590，659，721，760－761；［十一］140，353；［十二］418，502；［十三］336

《新国民》　［四］53

新国民　［十］447；［十三］457

新国民报社　［四］53

新华社　［十三］149

新会商务公所　［九］31

新会县古兜善后事务所　［十五］27

新纪元　［一］72；［三］33，39，65，78，100，143，239，244；［四］170，297－298，502，571；［八］329；［十］399，614，618，622，762，767；［十一］204

新加/嘉坡分/支部　［十六］106，147，156，

160

新加坡东路中国国民党分部 〔十六〕388

新加坡商务总会 〔九〕131

《新建设》 〔十八〕373

新疆游记 〔四〕114

新教 〔三〕401

新借款草合同 〔五〕127

新经济学派 〔三〕194,207,220

新经济政策 〔二〕167,178;〔四〕545,598;
〔九〕499;〔十二〕215,371

新军 〔一〕72 - 74,76 - 79;〔二〕173;〔三〕
393;〔七〕68,86,143,147,150 - 153,162
- 163,167,170 - 171,182,190,197,204,
227,238,240 - 241,249;〔八〕254,538;
〔九〕38,55,109;〔十〕32 - 34,364,586,
691 - 692,707,720,764;〔十一〕113,172,
226,243,349;〔十二〕366

新军起义 〔七〕150 - 152,162;〔十〕417,
419

《新民丛报》 〔三〕22,62,110

新民国 〔二〕139;〔三〕391;〔四〕292 -
293,341;〔七〕276;〔十〕183,573 - 574,
590,618

新民国报 〔十二〕74,103

新民族 〔二〕13,19;〔三〕341,349,358

新闻线 〔十一〕361

新宁铁路 〔八〕472;〔十四〕260,392 - 393

《新青年》 〔十五〕534;〔十八〕248

新青年 〔二〕14,35,43,47,63,82,87;〔十〕
637;〔十二〕43

新社会主义 〔二〕10;〔十一〕222

新世纪 〔十一〕148

《新世纪》 〔七〕133,135,139 - 141,145,

180,220

新文化 〔十八〕346

新文化运动 〔四〕444 - 445;〔十〕424;〔十
二〕76

《新闻报》 〔四〕549

《新闻学大纲》 〔四〕155

新学 〔二〕257,263;〔十〕117,119,773

新学生 〔二〕86,89

新学校 〔三〕143,145

新学之士 〔一〕22

新政府 〔一〕80;〔二〕141;〔三〕32 - 33,39
- 40,47 - 48,78,83,138,148,153,158,
163,406,413,415 - 416,445;〔四〕25,35,
76,292 - 293,307;〔七〕259 - 260,263,
265,269;〔八〕283,484;〔九〕48;〔十〕39
- 41,43,47,138 - 140,142,291,513,614;
〔十一〕8,134,205 - 206,213,215,217 -
218,222 - 223,232 - 235,253,264 - 265,
267,299,326,455,477,480;〔十二〕94,
119,127,131;〔十三〕87

《新中国》 〔八〕107

《新中国报》 〔七〕32;〔九〕652,663;〔十〕
153

新中国印书馆 〔四〕156

信教(之)自由 〔四〕301,319;〔五〕159;
〔七〕286;〔十〕138,242;〔十三〕91,115,
116

"信浓丸" 〔十一〕428;〔十二〕8

兴蚕桑之利 〔二〕241

兴国烟酒税局 〔十七〕727

兴利蚕子公司 〔十八〕4

兴农银行则例 〔五〕177

兴全灌三属联合会 〔十三〕466

兴业公司　［十一］387；［十三］520 - 521

兴业贸易会社办事草章　［五］169

兴业贸易会社事件　［十三］88

兴业贸易株式会社　［五］167 - 169；［十三］88

兴业贸易株式会社条款章程　［五］167

兴中会　［一］64 - 66,69；［二］263 - 265；［三］326,428；［四］18,23,137,265,503；［五］4 - 5；［十一］5,7,65 - 66,153,204

兴中会章程　［五］3,5,7；［十一］4

星加坡分/支部　［十六］84,114,154 - 155

星加坡琼州分部　［十六］99,131,178

《星期评论》　［四］443,445；［十二］32

《星洲晨报》　［七］205

《星洲光复报》　［七］205

星洲琼侨中国国民党分部　［十六］461

星洲中国国民党分部　［十六］393 - 394；［十七］196 - 198

星属沙越副分部　［十六］158

星属石龙门分部　［十六］158

刑律　［二］263,296；［三］13,145；［四］170；［五］119,324,328,350 - 351；［六］27,80,187,190,197,271,454 - 455,482；［十三］659；［十五］23 - 24,229,630

刑期无刑　［四］312；［十三］60

行动工业　［一］215,223

行营金库　［八］477；［十四］148,227,368；［十五］671；［十七］391,397

行营庶务科　［十五］312 - 313

行政　［一］54,242；［二］120,132,146,167,176,216,219,226 - 228,234,236 - 237,332,338 - 339,346 - 349；［三］5,37,60 - 61,128,141,159,161 - 162,165,168,177,199,214,232,246,248,312,359,367,369 - 370,381 - 382,384,420,422,424,426,436,441；［四］37,295,300,308,310,312,315,318,323 - 324,375 - 376,430,459,478,487,489,510,532,556,582,597；［五］24,56 - 57,63 - 64,67 - 69,77,81 - 82,104 - 105,108,136,139,146 - 147,155,159,162,191,201,205,211,215,232,266,272,274,277,286,291 - 292,295,299,303,305,327,349,376,421 - 422,431,434,438 - 439,449,452 - 453；［六］32,35,50 - 51,55,73,75,126,138,145,148,163,173,217,226,230,249,265 - 267,287,298,310,342,352,357,366,394 - 397,401 - 402,404 - 407,414,432 - 434,444,451 - 457；［七］182,544；［八］76,437,474,476,484,508；［九］114,165,241,263,462；［十］73,86,105,123,133,136,145,147,154 - 155,179,181,245,268,280,288,292,296,302 - 303,309,330,345,387,392,423,429,449 - 450,497,548,555,587,604,619,641,741 - 743,771；［十一］144 - 145,174,205,323 - 324,326；［十二］134,162,223,226,285,290,311,329,371,378；［十三］18,25,33 - 34,38,41,60,63,66 - 67,77,86,90,108,116,127,173,261,446 - 447,457,471,613,638,648；［十四］32,97,212,466 - 467,573,577；［十五］189,248,262,303,368,399,479,490,582,621,661

行政长官　［二］338；［四］321；［六］99 - 100；［七］305；［九］111；［十三］122,261,266,457；［十四］57,382

行政费 [三]5,167,186;[四]471;[十]189,332,744;[十五]21

行政机关 [二]132;[三]61,405,436;[四]408,476;[五]72,453;[六]325,342;[八]507;[九]565-566;[十]288,643;[十一]145,199;[十三]435,577,594,605;[十五]67,81,171,248,506,660-662

行政讲习所 [四]120

行政权 [二]106,145-147;[三]60,367,369,374,379,381;[四]375,414,423;[五]25,372;[六]3,394;[十]123,394;[十三]63

行政三权 [三]130,378,423;[十一]144-145,175

行政院 [一]44;[二]216-217,219;[三]427

匈奴 [一]29-30;[二]32;[三]258;[四]577;[五]58;[十四]352

熊克武祸川告父老书 [十四]63

修正财政委员会章程草案 [六]323

修正大本营财政部官制草案 [六]265

修正大本营军需总局暂行条例 [六]482-483

修正大本营军政部官制草案 [六]282

修正法官学校规程 [六]476

修正各征收机关收解国币章程 [六]475

修正公司注册规则 [六]165,171

修正广东全省奢侈品印花税章程 [六]501,503

修正广州市民产保证条例 [六]141,151-152

修正护运暂行章程 [六]264

修正禁烟督办署章程 [六]227

修正诉讼费用章程 [六]112-113

修正烟酒印花税条例 [六]486

修正整理广东省银行纸币委员会章程 [六]140

修正整理纸币奖券章程 [六]89-90

修正中华民国临时政府组织大纲 [五]67

徐海游击队 [十六]144

徐淮海起义 [十六]41

徐州革命军 [十六]41

徐州会议 [七]516

许军 [八]375,387,481-482;[九]493,511-512,515,562;[十二]210,244;[十三]595,645

《旭报》 [八]326

恤典 [五]29,39;[十三]459-460,473;[十四]477,559,585;[十五]99,533-534

蓄婢 [十三]470

宣传 [二]4,11,14,31-32,53,57,79,89,101,103,123,215,217-219,225,227,234-236,324-325;[三]134,346-347,356-357,361,387,401,428-430,446-448,456;[四]125,129,145,166,177,443,445,500-501,503,540,548,558,570,587-588,594,597,599;[五]445;[六]275,339,449,458;[七]167,522;[八]156,176,191,285,324-325,328-329,352,366,368,380,401,409,412-413,445,450,454-455,499,501,503-504,518;[九]275,500,548,587,592,628,656,658-659;[十]27,33,395,404,440,442-443,446,485-486,492,502,519,530,532,538,541-543,546,553-554,564,

566,569 - 570,580 - 581,583 - 587,600 - 605,607 - 611,628,630,632,637,643,649,657,670,685,710,712,725 - 730,747 - 749,752,759 - 760,768 - 769,776,778,783,786,791,799,801 - 802,810,816;［十一］107,172,176 - 177,203,268,407;［十二］20,29,59 - 61,63 - 64,66,76,82,92,94,103 - 104,131,137,141,153 - 154,176,215,226,238,270,282 - 283,295,325 - 326,342,345,353,358 - 359,372,387,389,421,429,431,439,471,478,482 - 483;［十三］96,435,511,552,573,578,581 - 582,633,665;［十四］78,92,268,423,445 - 446;［十五］288,389,502,504 - 505,522,588,672;［十六］407,;［十七］626,741;［十八］272,346

宣传部　［四］326,507,546;［五］260,416,418 - 419;［六］5;［八］343;［十一］325;［十六］423,430,432,444,447 - 448,452,454,456,461,487 - 488,493,496,500 - 502,506,511,515,519 - 521,524,526,529,531 - 532,536,538,544,546,573,575,577,580,587 - 588,590,592,596 - 597,602,606 - 607,611 - 612,616,620,632,634,641,644,646;［十七］7,10,14,24,26,35 - 36,44,55,60 - 61,69 - 71,73,102,104 - 105,120,122,133,135,137,140 - 141,145 - 146,151,153,156,158,167,169,174,176,186,188 - 189,193,196,198,201,224,226,237 - 238,252 - 253,260,262,270 - 271,276,278,281 - 282,285,287,291,293,313 - 314

宣传局　［十四］326

宣传科　［十七］9 - 10,24,36,43 - 44,61,69,73,105,122,137,141,146,153,158,169,175,188,198,226,238,253,262,271,278,287,293,314

宣传委员　［十四］98;［十六］542;［十七］201,310

宣传委员会委员　［十七］27

宣统复辟　［四］402,527;［十］322,441

宣言宣传员　［十七］714

宣战案　［四］406,430;［七］540 - 541

选举　［一］44,81,243 - 244,247 - 251,253,257,273,276,296,309 - 310;［二］109,111,114 - 115,127,134,144,147,216 - 219,226,228,234,237;［三］48,60,132,141,145,230,241,243,248,311,328,351,363,370,374,382,384,405,423,426 - 427,431 - 432;［四］37,69,73,267,307,311,319,369,401,407,430,432,436 - 437,457,460,463,465,504,524,533,542,574 - 575,581,593 - 594,597 - 598,601 - 602;［五］9,15,21 - 23,25,42,44,64 - 67,81,137 - 138,140,146,160 - 161,163,169,173,178,182,212,214,229 - 230,237 - 238,240 - 241,253 - 254,256,259 - 261,276 - 277,355,358,372,408,410 - 411,413,416,422,439,450;［六］5,37,39,41 - 43,45,124 - 125,129 - 132,134,162 - 164,167 - 169,218 - 222,224,334 - 339,453,476 - 482;［七］258,262,275,464,535,554;［八］15,55,64,77,158,217,228,343,466;［九］28 - 29,32,44,56,58 - 59,78 - 81,84,86,90,111,153,163,331,333,336,351,375,481,501,

569,662;［十］7,13,47,70,181－182,213
－214,249,263,268－269,292,297,303,
349,374,392,395,399－400,402,406,
409,412,414,468,549,558,631,643,645,
692,783;［十一］144－146,167,183,199,
206,220,222,244－246,253,256－257,
272,300,307,310,316,319,334,351,367
－368,370－371,373,375－376,380,
396,401,403,412－413,448;［十二］13－
15,17,22,24,26,116－117,120－121,127
－128,133,174,185,187,199,245,247,
273,310,397,465,474,492;［十三］30,
37,58,79－80,91,99－100,137,147,
187,219－220,260－261,273,293－295,
297,331,362,383－384,444,549,604,
609;［十四］323－324,425,429;［十五］
501－502,504－505,539,551,553,669;
［十六］29,74,76

选举权 ［一］44;［二］109,111,114－115,
134,143－146,215,217－219,225,234;
［三］241,246,328,342－343,351－353,
359,363,371,374,383－384,391,404,
423,427;［四］522;［五］44,408;［六］3,
477－478;［七］378;［十］291,423,536;
［十一］257,260;［十二］114－115;［十
三］137

选举事务委员 ［十五］539

选举事务委员会 ［六］478－480

选民 ［四］546,581;［十一］144－145

《学报》 ［七］124

学潮 ［二］89;［四］444;［十］353,772

学生 ［九］223,386－387,422－423,446,
453,591,625－626,633,657,662;［十三］

102,113,126,196,208,247,260,324,328,
332,339,370,390,397,416,428,433,439,
531

学生军 ［八］387;［十二］366

学生军军团 ［七］255

《学说》 ［八］122,129,135;［十三］363,
368－369,382,398,531

学堂 ［一］64,245;［二］249,253－255,
257;［三］120－121,145,151,241,247,
323,370,382;［五］10,95－96,149－150,
155,280,289,291,299,302,330;［七］
126,206,549;［八］31,273;［十］180,378,
420;［十一］41,50,198,240,285,287,
294;［十二］54;［十三］31;［十四］577

雪兰峨副支部 ［十六］90

雪兰峨古毛分部 ［十六］175

雪兰峨琼州分部 ［十六］131,175

雪兰峨支部 ［十六］116,167

雪梨领事 ［七］527

雪梨民报 ［四］145

雪梨中国国民党支部 ［十六］536－538

勋位 ［四］395;［五］319,340;［七］310－
311;［九］130;［十一］344

勋章式样及章程 ［五］129,143

勋章章程 ［五］129,143

巡防队 ［十一］349

巡抚 ［二］264,298,339,341;［三］132,
144;［四］308;［七］76;［九］76;［十］763;
［十一］202,255,371

巡警队 ［十一］137

巡警总监 ［五］206;［十三］12,71

巡理府 ［四］170

浔郁镇抚使 ［十六］480

循军 〔十五〕442,444

训政 〔一〕44,48 – 50;〔二〕215,217 – 219;〔三〕311 – 312,427;〔四〕587 – 588;〔五〕416;〔十〕390 – 391;〔十一〕442 – 443

训政时期 〔一〕44,49 – 50;〔二〕215,218;〔三〕312,426 – 427,431 – 432;〔四〕23,588;〔五〕253,259;〔六〕456;〔十一〕442 – 443;〔十二〕21

Y

鸦片 〔一〕10,44;〔二〕241 – 242,251,255,342;〔三〕259,395;〔四〕66,72,222,225,232,249,255,310,316,331,430,433;〔五〕24,29,211,350;〔六〕196,231,262,291,340;〔七〕259 – 260,306,312;〔十〕189 – 190,677,679,762;〔十二〕59,477 – 478,505;〔十三〕58,68,98,130,455;〔十五〕23 – 24,127,146

鸦片战争 〔一〕134;〔四〕577;〔十〕23;〔十二〕376,447,505

鸦片之役 〔三〕43,45,258;〔十〕26

雅丽氏利济医院 〔二〕323

雅利士医院 〔十〕81

亚巴里分部 〔十六〕135,178

亚包中国国民党分部 〔十六〕605 – 608

亚丹斯密学说 〔三〕219

亚顿中国国民党分部 〔十六〕614,617,619 – 620,625

亚华吉地中国国民党通讯处 〔十七〕6,8 – 9,13

亚剌伯人 〔二〕71

亚李士庇中国国民党通讯处 〔十六〕576,578 – 580,582

"亚美驾丸" 〔十一〕98

亚美利加 〔十一〕98

亚美利加人 〔三〕459

亚美尼亚人 〔二〕292,307,327;〔十一〕29

亚沙汉分部 〔十六〕167

亚细亚复兴会 〔十八〕425

亚细亚皇后船分部 〔十六〕137,178

亚细亚火油公司 〔九〕599,602

亚细亚民族 〔三〕457 – 459,462;〔十二〕380,384,472 – 473

《亚细亚民族觉醒》 〔三〕464

《亚细亚日报》 〔十一〕315

亚细亚主义 〔十二〕473

亚洲复兴 〔三〕450;〔十一〕154

亚洲和平 〔九〕260;〔十〕216,219

亚洲皇后船中国国民党分部 〔十七〕101 – 102

烟酒公卖局 〔十四〕437,495 – 496,503,506;〔十七〕693

烟酒两税 〔十五〕386

烟酒税 〔五〕287;〔六〕77,267;〔十二〕234

烟酒税局 〔十七〕727

烟台商会 〔十〕99

烟潍铁路 〔一〕180

严禁贩卖猪仔 〔十三〕101

严禁鸦片 〔四〕310,325;〔十三〕58,130

言论机关 〔四〕443;〔七〕279,306;〔八〕285,324,328;〔十〕126,129,162

言论自由 〔一〕49;〔三〕31,37,137;〔五〕144;〔十一〕125,315;〔十二〕493

沿河护商机关 〔十五〕44 – 45

研究系 〔十〕378

盐场 〔十四〕11 – 12

盐斤附捐 〔十五〕82 - 83,85

盐警 〔六〕141;〔十四〕306

盐商 〔四〕420 - 421;〔九〕73 - 74;〔十三〕622;〔十四〕173,259,319,396,438;〔十五〕451,453

盐税 〔一〕54;〔三〕5;〔四〕420 - 421,426;〔五〕289;〔六〕59,62,230,267,289,376;〔九〕40,74,341 - 343,346;〔十〕24,77;〔十一〕326;〔十二〕306,328,361,406;〔十三〕269 - 270,622,649 - 650;〔十四〕48,203,239 - 240,259,266,400,408,424,438;〔十五〕21,82 - 83,85,135,200,427,451,481,554,556

盐务督办 〔六〕363;〔十五〕72,213,224,259,296,300,303,314,319,344,349,366,368,410;〔十七〕501,508 - 509,518,520,578,584 - 585,587 - 588,618,620,656,659

盐务改革 〔十三〕28

盐务缉私 〔十四〕239 - 240,276;〔十五〕136,213

盐务缉私主任 〔十七〕513,524

盐务局 〔六〕230;〔十四〕464

盐务署 〔六〕449;〔十五〕72,300,376,406,425;〔十七〕501,508 - 509,518,578,584 - 585,587 - 588,618 - 620,657 - 658

盐余 〔四〕448,533;〔九〕501;〔十四〕202 - 203,266,426

盐运使 〔三〕144;〔八〕438;〔九〕342,526,564;〔十三〕270 - 271,511,689;〔十四〕203,230,261,294,438;〔十五〕21,131,366,410,453,500,632,642

盐运使所 〔十五〕426

盐运署 〔十五〕28,224 - 225,344

盐政 〔六〕198 - 199;〔八〕375;〔九〕40,73 - 74;〔十三〕18,30,82,96 - 97,103,270,629,650;〔十四〕259,396,469,520

筵席捐 〔六〕506;〔十四〕482 - 483,526,544 - 545,547;〔十五〕81,163,233,235,246,249,451,500,561 - 562

郾浦铁道 〔三〕9

晏埠中国国民党分部 〔十六〕615,627

《燕都报》 〔三〕8

《燕歌行》 〔十八〕348 - 349

扬州保存盐务会 〔十三〕95 - 96

扬州革命军 〔十六〕41

扬州淮南运商 〔九〕40

扬州十日 〔三〕25,403;〔十〕23

羊城起义之役 〔四〕40

羊城一役 〔四〕87;〔七〕235

阳历 〔一〕81;〔三〕23;〔四〕48,101,297 - 298,411;〔五〕59 - 62,75,145,227,379;〔十〕457,626;〔十三〕17 - 19,358

阳明学 〔一〕38;〔四〕277;〔十〕389

阳山商会 〔十五〕59

杨格旅馆 〔七〕31

杨君庄祠 〔十三〕237

洋布 〔二〕25,196 - 204;〔三〕209,440;〔十〕347,666,788,792;〔十五〕586

洋纱 〔十〕788,792

仰光筹饷局 〔十六〕86 - 89

仰光国民党支部 〔十六〕365 - 369

仰光洪门武帝庙 〔十八〕304

仰光三合会建德堂 〔十八〕305

仰光支部 〔九〕514;〔十六〕59,76,79,81,85,102,111,135,150 - 151,155,176

仰光中国国民党支部　［十六］383－386，423－427，501－504

养和堂　［十五］560

姚荣泽案　［九］88

猺　［二］53，55，89

要港部条例　［五］314

耶耳大学　［十］388

耶路大学　［三］364，375－376

耶苏教　［十］93

耶稣　［二］17，34，59，259－260；［三］36，401；［十］550；［十二］370

耶稣教　［十］389，602

冶矿机厂　［一］225

野战病院　［十四］32，61，180，199，224；［十五］659－660

一次革命　［二］119；［四］364，587；［九］432；［十］316；［十一］94；［十三］139；［十六］75

《一九二三年复旦年刊》　［十八］360

一日报　［三］193，219

一条鞭法　［十］87

伊沪线　［十一］361

伊犁条约　［十］24

衣服工业　［一］215，218

衣士顿船分部　［十六］118，160

医学堂　［四］13，54；［六］189；［七］243；［十一］51

医药费　［三］212；［五］94，100，135；［十三］490，505，513；［十四］53，62，66，85，103；［十五］29，54，262

医院　［二］59，295；［三］212，241；［四］74，171，203，222，225，234，237，241，248；［五］82，93，99，269－271，277，295，306，

314，335，344，346，348，352，440；［六］122，189，452，454；［九］237，247，249；［十一］58；［十二］418，494，496－497；［十三］43，210；［十四］61，107－108，139，180，188，191，371，385，411－412；［十五］275，618－620，629，658－660

依里岸分部　［十六］127，168

怡保支部　［十六］92，120，161，171

怡保支部总务科　［十六］98，171

怡昌客栈　［十四］181

怡昌隆　［十五］434

怡朗（埠）支部　［十六］112，154

怡朗中国国民党分部　［十六］530－533

移民　［一］88，100－101，164－165，169，216，237；［二］12－13，19，246，330；［三］36，161，387；［四］55，315，470，561；［五］136，139，176－177，276，294；［七］299；［十］115，259；［十一］290，294－295，361，455；［十二］380

移民新例　［八］459

遗产税　［二］159－161；［三］72，77，119

遗孤教养所　［十三］131－132

以党治国　［三］357，367，378；［四］527－528；［八］321，325；［十］539－540，542，544，546－547，623，627，632；［十三］604；［十四］155，577

以党治粤　［十］542

以俄为鉴　［十］424

《以色列传讯报》　［八］174

以商为纬　［二］246

以行而求知，因知以进行　［一］39

“义”　［二］60

义和拳　［一］78；［三］43，47，51，126；［四］

557 – 558；[十五]287

义和拳之役　[三]52

义和团　[一]38；[二]116 – 118,138；[三]14,36,39,410；[四]107,578；[七]489；[八]145；[十]7 – 8,32,231,320,787,789,793；[十一]85,360；[十二]375

义和团起义　[十一]183,185

义和团事变　[十一]84；[十二]375 – 376

义和团事件　[四]577 – 578

义和团运动　[三]36；[九]249

义和团之乱　[十一]68

义利公司　[十三]640

义民　[四]319；[五]30,32,353；[十二]24；[十三]91

义农会　[四]44

议和　[一]45,71；[二]112,223,232,297；[三]235,264,273,301,430,434；[四]141,377,423,442,448,450,458；[七]256,441,540；[八]18,23,49 – 50,106,297,437；[九]27,31 – 35,37 – 38,48 – 49,51,56 – 57,59,74,274,286,296,329,337,341,380,384,393,465,541,546；[十]352,362,365 – 368,370 – 371,384,397,545,600；[十一]220,222,246,349,460；[十二]17,86,99,103,264；[十三]16,281,307,314,320,323,326,336,432；[十六]5,15 – 16,25,28

议会　[一]257,262,271,274；[二]45,115,299,320；[三]49,54,95,107,120,149,241,246,436,447；[四]37,177,266,293,336,347,349,399,401,447,451,522；[五]22,24,64,78,154,159,218,449；[六]124 – 127,134,224,232,453；[七]

258,308,324,336,458,519,528,540 – 541,554；[八]16,38,64,217；[九]25,44,91,121,241,270,422,459,462,479；[十]88,214,225,332,348,412 – 413；[十一]131,139,144 – 146,275 – 276,293,306,364,367 – 368,375,386,395 – 397,399 – 400,406,410,413 – 414,435,468,470,473；[十二]68,172,174,185,187,194,196,202,231,245,250,258,388,474；[十三]33,75,99,273,293,295；[十四]133 – 134；[十五]268,298 – 299,600；[十六]10,281（参见和议）

议会政治　[二]115；[三]367,378；[六]126

议员　[一]44,51,54,56,254,260,262,267,274,308；[二]45,109,115,144,216,218；[三]121,145,214,236,238,241,244,249,312,362 – 363,370,374,382 – 384,427,436,447；[四]70,74,117,170,177,179,266 – 267,335,367 – 369,389,394 – 395,401 – 402,414,418 – 419,422,430 – 432,437,497 – 499,512,514,523,526,542,581；[五]10 – 14,16 – 17,21 – 25,42,66 – 67,154,213,215,218 – 219,231,333,377,397,415；[六]36,125 – 126,457；[七]258,302,336,343,378,442,528,531,540；[八]7 – 9,11,25 – 26,67,90,107,131,144,158 – 159,253,310,313,363,393,396,465,499；[九]53,111,113,140,144,166 – 167,240,244,250 – 253,257 – 258,264,279 – 280,324 – 325,332 – 333,342,360,367,369,375,436,462,474,495,524,552,560,605；[十]87,

135 - 136,160,166,198,214 - 215,268 -
269,290,292,297,303,319,326 - 328,332
- 334,340,343 - 344,367,381,385,405,
410 - 413,480,613,783 - 784;[十一]50,
52,179,367 - 368,375,383,397,399,401,
413 - 414,468,483;[十二]4,8,23 - 24,
96,101 - 102,105,178,212 - 213,223,
227,231,256 - 257,310,313,321,358,
474;[十三]63,99,173,179,293 - 294,
302,316,318,330,361,377,386,395,428,
433,435 - 436,451,453,471,531,561,
583;[十四]208,211,237,240,322,457;
[十五]96,298,669;[十六]64,305

议员选举　[四]410;[八]158,466;[十一]
376

议院专制　[三]61;[十一]145

议战　[七]541;[十三]16

《易》　[三]298;[四]109;[十一]45;[十
三]582

《益世报》　[十二]74

益友社　[十三]386

益智书报社　[九]500

意基度中国国民党分部　[十七]103,106

意基忌中国国民党分部　[十六]615,619 -
620,627

因粮规则　[五]33

因粮局　[五]31 - 35,46,270 - 271,329,
331,352

因粮局组织　[五]329,349

因亚纪　[十一]142

阴历　[四]297 - 298,302;[九]52,87;
[十]457;[十三]18 - 19,96,324;[十五]
209

银毫出口护照条例　[六]272

银行股本消纳纸币办法　[六]61

"印第安"　[十一]34

"印度河"号　[十一]73

印度人　[二]5,56;[三]259,279,396,451;
[四]577;[十二]18 - 19,72,249,254,
340,412

印度总督　[十二]456

印花　[一]233;[六]80,132,180,222,279,
497,499 - 501;[十四]7;[十五]341,391,
540,614

印花税　[五]287,435;[六]19,35,60,77 -
83,149,178,189,191,267,272,278 - 279,
294,306,313,329,501 - 502;[十三]82,
647;[十四]284,332,378,444;[十五]
320,367,391

印京中国国民党支部　[十七]276 - 278

印刷工业　[一]215,223 - 224

印刷所　[四]445;[八]175,217,219,290 -
291;[十三]346;[十五]604

印章条例　[五]332

印铸局　[四]306;[五]87,105,107;[八]
378;[十三]24,27,73,78,268,274 - 275;
[十六]15,24,242,307,312,340,356,363

印铸局官职令草案　[五]87

印铸局官制　[五]76 - 77

英镑　[二]296,298,307,319;[三]136;
[四]283,350 - 351;[七]138,148 - 149;
[八]291;[十一]22 - 23

英波之战　[二]77

英杜之战　[三]48,51

英法联军　[一]30;[三]282,304,395;
[七]184;[十]26;[十一]55;[十二]447

英芳洋行 [八]28

英工程司 [八]462

英公使 [九]355

英国革命 [二]78,96

英国工党 [二]162;[四]572－573;[九]583;[十]392

英国工业革命 [三]64,67

英国公使 [一]236;[三]8;[十二]465－466,475

英国利物浦支部 [十六]74,151

英国路透社 [十一]342,350

英国人 [二]6,12－14,17,24,28,30,40,56,76－77,206,274,311,315－318,326－328,330,332;[三]131,148,259,277,282,297,341,349,378,455;[八]95;[十二]19－20,44,47－48,147,172,183,194,247,273,323,331,453－455,459－460,465

英国人民 [二]75,96,307,330,347;[三]142－143,146;[四]542,546;[七]4;[十]4;[十二]44,323

英国手工制造时代 [三]71

英国外交部 [二]311,325;[三]295;[七]4;[十一]16,139;[十二]340,453

英国印度公司 [二]34

英国政府 [二]56,96,159,295,303－305,307－308,310－311,314,318,320,330,356;[三]279,396,454;[四]269,349;[七]4,123,192,342,390,458;[八]277;[十]43,787,806;[十一]15,18,28－29,84,149,151;[十二]18－19,126,148,330－331,407,454,466

《英国政府刊布中国革命蓝皮书》 [四]60

英国政府内阁 [八]95

英国政治 [一]134;[三]287,291,362,373,378;[十]494

英国自由党 [十]207

《英汉习语文学大辞典》 [四]156

英金 [二]263;[五]59,74;[七]137,320－321,532;[八]139;[十四]397;[十六]407

英领 [九]342,355,583,599,602－603

英领事 [九]355,583,599,602;[十]189,404;[十二]390;[十三]627;[十五]11－12

英美 [二]50－51,167－168,213;[三]26,68,130;[四]396;[五]142;[六]126;[七]158,209,538;[八]302;[十]62,91,134,245;[十一]286－287,353,400,482;[十二]25,83,436,446,452

英美传道会 [二]262,295;[三]130

英美法德 [十一]258

英美人 [一]6;[十一]217,239

英人 [一]31－32,46;[二]255,262－263,271,275,283,285,287,292,294;[三]4,8,12,25,48－49,53,78,109,149,191,193,206,213,218－219,259,264,274,277－278,280,283－286,288,290,294－297,310,329,366;[四]72,396;[七]73,538;[九]148,247,583－584;[十]16,24,29,122,129,134,141,152,156,162,303,336,456,494,497,514,518;[十一]66,107,202,212,218,283－287;[十二]47－48,150,389,456,458;[十三]173

英日联盟 [二]10;[七]363;[十二]82－86

英日盟约 [十二]79-80

英日同盟 [七]239;[十二]20,81

英日同盟条约 [十一]139

英日续订同盟 [七]238-239

英商 [二]246;[三]110;[四]184;[九]599,602;[十]151,155,504,510;[十五]63-64

英使 [三]284;[九]131,583-584

英文 [一]65,83-84,236;[二]5,152,206,259-261,272,295,306;[三]140,275,396;[四]139,284,443-444,455,500-501;[五]44,60,62,128,227,245;[六]18,25,109,423;[七]6,37,65,68,95,142,186,188,211,244,282-283,294,306,326,374,376,502;[八]175-176,184-185,189,217,269,289,459;[九]25,667;[十]39,377,380,420,426,428,550,588,805;[十一]28,50,64,132,205,208,219,314,383,427;[十二]76,109,136,418,455,506;[十三]313,518;[十四]322;[十八]26

英文机关报 [八]176,217

英文秘书 [七]371,374,376;[十七]590,595

英文医校 [一]65

英雄革命 [三]411;[五]24

英语 [一]22;[二]267,278,298,301,311,319,329;[三]130;[七]30,376;[八]135;[十]216,247;[十一]149-150,166,169,202,211,224,254,369;[十二]31,240,303,411

英政府 [一]32,80;[二]261,269,271,274-275,277-278,281,284-285,294,

304,307,317;[三]274;[七]73,102;[八]507;[九]583;[十]632;[十三]176,179,237

英属海峡殖民地 [十一]83,271

英字新闻 [九]248;[十二]453,455

英总领事 [九]584,611;[十三]627

英租界 [二]271,304;[三]211

莺粟 [二]246;[六]195-196

《婴儿》 [十一]32

迎胜石井条约 [十二]138

盈余价值 [二]160-161,164-165

营务处 [二]354;[三]13;[九]82;[十]399

营业精神 [三]274

营业三大要素 [十]171

赢余 [二]244,251;[三]177,199,225;[五]101;[六]93;[十五]50

影戏捐 [十四]415

映市仓中国国民党分部 [十七]260-262

雍正 [二]31-32

永安公司 [七]469,527,532;[九]176

永春公司 [十四]482;[十四]482;[十五]81,232-233,246,500

永丰(舰/军舰) [四]154,494-495;[八]297,520;[九]425,564,608-609;[十]478,524,689;[十二]186,188,191-192,195-196,198,205,207-208,211,213-214,420;[十三]503,524;[十四]37,100;[十五]29,155,252,257,260-261;[十六]463,569;[十七]335

永福(承饷)公司 [十五]111,128

永济库 [十五]107

永济药库废址 [十五]179-180

永捷（轮船） ［十四］210,302

永翔（舰） ［八］461;［九］512,528,557;
［十］517,523;［十二］181-182,318;［十三］501,664;［十四］45,79,84,254,368;［十六］463;［十七］134,266,317

永裕公司 ［十四］495,504,506

尤福记 ［十三］67

邮便 ［三］78,189;［六］122;［七］20,221;［十］116,291

邮船株式会社 ［五］101

邮电报纸检查委员 ［十五］343

邮电部 ［十三］89

邮政协会 ［十］116

犹太人 ［二］7-8,17,34;［五］425

犹太人之王 ［二］34

油矿 ［一］158,175,223-224,226;［三］75;［十四］191

游戏捐 ［十四］233

游医演习 ［四］237

游勇战术 ［三］409-411

有功公民 ［五］254,260

有价证券消纳纸币办法 ［六］59,69

有色人种 ［三］252,255,452;［十］686

有兴公司 ［十四］500-501

有知有觉 ［十］526

酉秀黔彭支部 ［八］267

渝事 ［九］285

余和鸿案 ［十三］569

《余健光传》 ［四］113

鱼雷局 ［八］478;［十三］683;［十四］194-195,375;［十六］586,641;［十七］138,231,296

鱼珠炮台 ［十二］419

娱乐捐 ［十四］415,417

渔猎时代 ［二］154,183;［十］742

渔业公会 ［十三］35

渔业局 ［四］120

舆论 ［一］43,70,79;［三］40,48,125,181,184-185,268,295;［四］60,164,291,295,326,353,367-368,377,400,438-440,443-444,461,464,472,498-499,537,541-542,552,554,595;［五］144,276;［七］49,144,233,277,289-290,342-343,395,409,433,451,453,463;［八］50,158,182,199-200,272,370,395,426,454,504;［九］29,83,93,103,115,141,152,257,272,376,381,390,422,461,409;［九］29,83,93,103,115,141,152,257,272,376,381;［十］57,59,71,73,75-76,88-90,127-128,165,205-207,245,360,368,383-386,426,441,470,480-484,491,501-502,512,515-516,566-567,637,675,802;［十一］140,181,188,203,236,239,265,293,317-318,376,429,431-432,450-451;［十二］17,95-96,104,107,112,132,179,235,247,267,284,293,336,380,423,427,433-434,440,478;［十三］9,22-23,25,91,99,290,310,347,351,369,377,463,580,605;［十四］381;［十五］461,677;［十八］591

舆论之母 ［三］40;［十］76

与美商萨恩克订立的借款合同 ［五］423

与宋庆龄婚姻誓约书 ［五］365

雨花台之役 ［四］54

预备立宪 ［三］60

预算书 ［六］53,306,497-498;［十三］118

-119,677;［十四］13,15,35－36,41,60－62,67,92,102,129,149－150,165－166,171－172,198－199,231,299;［十五］38,41,156－160,189,193,269,304－305,309－310,368,371,444,448－450,490－491

预算委员会 ［六］418;［十七］439

域多利望多立支部 ［七］399

域多利中国国民党支部 ［十六］576,578－581

御前议政院 ［三］129;［十一］175

裕广银号 ［六］313－314,328－331;［十五］157,263

裕源公司 ［十四］482;［十五］142,144

豫军 ［四］164;［九］624;［十］572－573,576,662;［十二］402;［十四］285,387,474,554,593;［十五］18,36,48,65,91,134,227,240,324,332,347,356,368,414,461,469,506,508,523,535－536,555,561;［十七］543,635,734

豫军讨贼军总司令 ［十四］285,436,463,467,471,476,544,560,562,594;［十五］10,39,52,116,202,215,234,378;［十七］363

豫鲁淮游击队 ［十六］40

豫鲁招抚使 ［十五］33,535,567;［十七］396,405

豫鲁招抚使署 ［十五］9

豫章(舰) ［八］461;［九］433;［十二］318;［十六］463,469;［十七］134

元朝 ［二］7,9,13,20,49,58,107;［四］303;［十］378,451,460,574－575

元老 ［一］273,300;［三］44;［四］89,143,167,374,484;［七］228,407;［九］241;［十］812;［十一］452;［十二］152,184,433

元老院 ［一］268,273,300;［九］241

元首政治 ［十］349;［十二］6,42

元首制 ［十］349

元帅 ［四］96,413,419;［五］372;［七］555,559,573;［九］276,291－292,293,311,314,330－332,338,344－346,354,356－358,370,613－614;［十二］63,288,446;［十三］334,344;［十五］166

元勋公民 ［四］69,372;［五］254,260;［七］378;［十三］147

袁、段时代 ［八］200

袁氏称帝 ［三］275－276;［四］374,398;［七］449;［八］38;［十］369,565;［十二］140;［十三］175－176

袁氏洪宪 ［十］322

袁政府 ［四］367,376,379;［七］388,421;［九］501;［十一］410,449－451,619;［十二］68,456;［十三］176,198－199,240;［十六］81

《原富》 ［三］191,205,217

援川 ［十三］411;［十四］411－412

援段政策 ［八］6－7,182

援桂 ［四］493;［八］210,366;［九］467,475,484,486;［十］396,400－401,405－406,431－432,434,438;［十三］464,473,480,597,662;［十五］50,217,237

援闽粤军 ［八］12,44,104;［九］321,334;［十］332;［十三］342

源潭电报局 ［十四］199

圜法 ［一］265;［三］179,185;［四］170;

［五］123

圜法之改良 ［三］179

远东病夫 ［三］125；［十］530,532,534,686

《远东时报》 ［一］240

远东问题 ［三］29,34；［四］468－470；［八］297；［十］674,678；［十一］181

院长制 ［十二］383

约顿中国国民党分部 ［十七］41－43,48,53

约法 ［一］44,47,54；［二］222,231；［三］241,248,276,370,372,383－384,419,422,427,433－434,436；［四］75,115－116,352,355,367－368,373,380－385,389,391,404－405,407－410,412－416,418－420,422－424,429－430,432,434,450,479；［五］25,67,163,210,333,396；［七］286,341,488,490－491,495,498,503,541,548,551,557,559,563,565－566,576；［八］5,10－11,15,63,248,305；［九］226－227,229,261,274,281,287,302,307,309,313,316,319,328－329,336－337,351,377,395,400,477；［十］46,89,138,288,312－313,326,331,335,337,349,352,362－363,366－367,370－371,384,408,423,481－482,520；［十一］59－60,105－106,130－131,141,308,318,330,442,456－459；［十二］8－9,23,42,367；［十三］100,115－116,119－120,228,261,281,293－294,296－297,313,320,442,445,455,464,470－471,659；［十四］373

约法三章 ［四］177,457；［十］557,581；［十一］36,38,487

约法之治 ［一］47；［五］25

"约克" ［十一］420

约束党员规则 ［四］363

阅书报社 ［七］298,476

越铎日报社 ［十八］161

越南中法学校 ［四］129

越南总督 ［十一］69,114

越中国国民党分部 ［十七］224－226

粤变 ［八］306,312,315,390,395,400,426；［十三］600

粤东新馆恳亲会 ［十］144

粤都督 ［十］41,72；［十六］12,15

粤督 ［九］82,259,309,314,449；［十］360；［十一］191,476；［十二］287,289；［十三］218；［十六］9－12,16

粤防 ［八］259,359；［九］315－316,508

粤赣边防善后 ［十七］734

粤赣边防事宜 ［十三］479

粤赣湘边防督办 ［十七］219

粤桂边防 ［四］493；［十三］479；［十六］468；［十七］754－755

粤桂联军西路讨贼军 ［十三］622

粤桂之战 ［八］203

粤海关 ［四］529－530；［十］588；［十二］163；［十三］269,283；［十四］267

粤海关监督 ［十三］692－693；［十四］196；［十五］128,165,290,413,547,606－607,609,627,665；［十六］542,552,559；［十七］671,685－686

粤海关税务司 ［十］336；［十四］348,356；［十五］119,128,627,632

粤汉 ［一］152,185－186,188；［三］8；［八］534；［九］119,122,142；［十］149,

152,154,159,512,515－516

粤汉车路　［十三］236

粤汉路　［六］228；［九］627；［十三］236；
　［十四］11,468,470；［十五］345,560,637

粤汉路款　［十五］39

粤汉铁路/道　［一］149；［二］92,150－151,
　186,189；［三］7,8,64,66,70；［四］494－
　495；［六］160,183,228,265；［七］319；
　［八］462；［九］119,122,422,539,624；
　［十］86,509,511,515；［十一］381；［十
　三］331,672,685；［十四］9,14,393,398,
　594；［十五］42,239,516,547,560,597,
　624－625,637

粤汉铁路公司　［六］324；［十三］672；［十
　四］245；［十五］529

粤汉铁路警备司令　［十五］231；［十六］
　485

粤汉铁路事务　［十五］597,599,602,604；
　［十七］680,713,717,745

粤汉铁路暂定军人乘车规章　［六］181

粤局　［四］161,329－330,415,487,507；
　［七］475；［八］76,116,220,222,224,227,
　229,240,245,254,260,264,266,270－
　271,294,316－317,320,354,394,400,
　403,407,420,425,428,430,432,434,436,
　441－442,465,477,495,534；［九］272,
　276,291－292,359,447－449,460,465－
　467,509,514－516,524,530,,545,575,
　581,590,605；［十］394,521,754；［十二］
　212,292,321,383；［十三］121,388,426,
　431,435,574,585,587,599－600,602－
　603,616,618,627,640,670,675；［十四］
　145；［十五］18,325；［十六］11,279,510－

511；［十七］732

粤军　［三］358,394,398,408－409；［四］
　164,171,403,417,440,451－452,454－
　455,457,492－493,505,583,590；［六］
　343－344；［七］476；［八］29－30,40－41,
　43,54－58,80,86,92,104,116－117,168,
　188,193,195－196,200－201,207,213,
　215－216,218－221,225－226,228－229,
　233－235,238,248,250,257,259,266,
　268,270,274－275,277,351,367,372,
　388,392,394,430,432；［九］285,287,
　309,323,329,356,372,381－382,403－
　404,410,412－413,418－420,424,429－
　440,442－446,450,452,454,458－460,
　463－464,466,470,478,482,489,504,509
　－510,516,545,628；［十］332,337－338,
　399－401,403,405－406,413,415,431－
　432,435,438－439,441,446,448,500,
　572,576,662,756；［十二］102,151,180,
　182,196,203,210,258,271；［十三］303－
　304,308,322－323,330－331,335,341－
　342,431,435,440,448－450,459,563,
　589,599－600,603－604,608－609,649；
　［十四］35,107－108,180,305；［十五］]
　116,121,134,165,167,172,174,187－
　188,199,202,214,220,222－223,234,
　240,270,301,304－305,310－311,313,
　325－326,332,333,338－340,368,378,
　384,394－395,420－422,441,456,461,
　466,469,501,506,508,521,523,545,566,
　571,584－585,590,630－631,639,656；
　［十六］418；［十七］529,554,571,651

粤军第八旅　［十七］554

粤军第二军 ［九］506；［十五］650；［十六］473－475

粤军第二师 ［十七］554

粤军第二十九路 ［十三］422

粤军第七独立旅 ［十六］438

粤军第七旅 ［十七］554

粤军第三军 ［十五］294，382，638；［十七］554，651，725，732，763－764

粤军第三师 ［十五］139；［十七］554，648

粤军第四军 ［十三］626

粤军第四师 ［十三］574

粤军第一军 ［十七］554，651

粤军第一军第三军 ［十七］652

粤军第一师 ［十三］473；［十五］44；［十七］554

粤军第一制弹厂 ［十五］394

粤军援桂 ［三］408；［十］442，446

粤军阵亡将士 ［十八］276

粤军总司令 ［四］493；［六］332，343；［八］430；［十］444，577，582；［十二］247；［十四］305，436，440，471，476，537，554，573，583，594；［十五］116，121，134，165，167，172，174，187－188，199，202，214，220，222－223，234，240，270，304－305，310，313，325－326，332－333，338，340，368，378，384，394－395，420－422，441，466，469，506，508，521，523，566，571，584－585，590，630－631，639；［十六］380；［十七］91，349，538，554，561，571，596，599－600，606－607，635，652

粤军总司令部 ［四］493；［十四］107－108，537，581；［十五］222，270，305，338－339，384，420，458－459，564，590，630－631，639；［十七］554

粤军总司令部参谋长 ［十七］91，521－522，563

粤军总司令部参谋处 ［十七］554，561

粤军总司令部舰务处 ［十七］605－606

粤军总司令部军务处 ［十七］554

粤军总司令部军需长 ［十七］554

粤军总司令部军需监 ［十七］554

粤军总司令部秘书长 ［十七］554

粤军总司令部审计处 ［十七］554

粤路公司 ［十］86

粤路验票委员 ［十七］764

粤民 ［八］178；［九］412，464；［十］560；［十二］286；［十三］432

粤闽湘军招抚使 ［十五］33；［十七］434，530，532

粤难 ［四］496，507；［八］433；［九］530；［十］508；［十二］329；［十三］598，616

粤逆 ［八］362

粤人 ［二］268；［三］347，357；［六］317；［七］101，312，478，550，552；［八］175，180，196，220－221，226，233－234，238，252，276，340，360，367，430，438，446－447，452；［九］35，60，72，190，232，272，403，445，448－449，453，456，461－462，471；［十］41，72，112，145，290，330，396，401，431－432，476，478，508－510，513，754；［十一］292，479－480；［十二］103，193，202，281，286，309，327；［十三］157，581；［十四］322

粤人治粤 ［三］347，357；［八］220；［十二］74；［十三］431

粤（省）议会 ［四］425；［十］332

粤省议会　〔四〕425

粤事　〔四〕52,386,492,507；〔七〕53,244,254,288,369－370,446,450,459,466－467,473－474,481；〔八〕62,80,186,216,224,227,234,236,238,244,247－248,264,316,428,433－434,437－438,441,453；〔九〕119,240,269,415,434,440,449,454,456－457,467－468,530,645,665；〔十〕477,490；〔十二〕193,279,420；〔十三〕188,298－299,302,308,540

粤秀楼　〔四〕138－139,494；〔十二〕124；〔十四〕364－365

粤议会　〔十〕332

粤政府　〔十〕112,401,509；〔十二〕457

粤中各军　〔八〕93,242

云丹拿中国国民党分部　〔十六〕632－634

云高华中国国民党分部　〔十七〕41－43,47,53

云南都督　〔十四〕259

云南河口之役　〔三〕430

云南建国军　〔十五〕479

云南靖国后备军　〔十六〕244

云南劳军使　〔九〕288,290；〔十六〕244,341

云南陆军驻蒙步二十二团第二营　〔十三〕208

云南缅甸分部　〔十六〕80,113,152

云南省长　〔十六〕443,451

云南省议会　〔四〕424

云南首义　〔四〕415；〔十三〕255

云南讨贼军　〔十六〕441

《云南杂志》　〔十八〕11

云南杂志　〔十八〕11

云南支部　〔十六〕45,48－49,51,80,124,147,150

云南总司令　〔十三〕650－651；〔十六〕397,442

云塞行宫　〔四〕185

运输科　〔六〕93；〔十六〕483；〔十七〕329

运输与交通事业收归公有　〔二〕158,167

运署　〔十三〕622；〔十四〕258,556；〔十五〕21－22,135－136,632

运盐护照　〔十五〕489

Z

《杂答某报》　〔三〕62

杂赌　〔十四〕437；〔十五〕55,116,118

杂税　〔二〕176,335；〔三〕5,37,324；〔四〕583；〔五〕88,288；〔六〕98,458；〔十〕72,77,88；〔十四〕206

载沣监国　〔十一〕171－172

在川滇军　〔八〕220,224；〔九〕440

在桂滇军　〔八〕367；〔十三〕550－551

在湘滇军　〔八〕187－188,220,224；〔九〕440

暂行报律　〔五〕144－145；〔九〕104

暂行补官简章　〔五〕148

暂行船民自治联防官制　〔六〕186

暂行工艺品奖励章程　〔六〕87

暂行工艺品奖励章程施行细则　〔六〕89,104

暂行护运方法说明书　〔六〕159

暂行陆军官佐士兵薪饷等级表　〔六〕240

暂行陆军军师旅团营连公费马干表　〔六〕240

暂行视学规程　〔六〕75

暂行刑律补充条例　〔五〕448

造币厂监督 〔六〕374；〔十七〕263

造币厂余利 〔六〕57，60，70；〔十五〕362 - 363

造币厂章程 〔五〕122 - 123

造币总厂 〔十三〕80，83；〔十六〕21，26

造反 〔二〕80 - 81，85，322；〔三〕369，381；〔四〕116，175；〔十〕317，328，348，365，373，462，500 - 502，611，618，662，667，689 - 690，740，804；〔十二〕250，283

责任内阁 〔四〕337；〔九〕241；〔十〕289；〔十一〕459

增城命令传达所 〔十四〕254，307 - 308，312，325；〔十七〕372

《宅地条例》 〔三〕94

债券 〔一〕232 - 236；〔三〕93 - 95，118，225，336；〔四〕76，389；〔五〕33，88，173，176，179 - 181，184 - 188，209，246，328，350，355 - 357；〔七〕44，321，410，428，436，455，481，508 - 509，516 - 518，532，535 - 536，556，561，572 - 573；〔八〕12，22，77；〔九〕117，200，225，233，283，287，290，299，315，333，351；〔十〕310；〔十一〕111，387；〔十三〕179，553，674；〔十六〕240

债券章程 〔五〕356

占胜阁 〔十八〕106

《战后太平洋问题》 〔四〕108

战时国际法规 〔四〕406

战时军需筹备处 〔十五〕224，275，471

《战学入门》 〔三〕233 - 234

张方事件 〔十一〕304

张阁 〔八〕396

张康之变 〔十一〕479

张恰铁路 〔十〕153，159；〔十一〕345

张勋复辟 〔二〕78；〔三〕404，446；〔四〕409，456；〔八〕38，182；〔九〕376，472；〔十〕317，321，341，348，369，500，565，569，573，605；〔十二〕140

张裕公司 〔十〕99；〔十八〕53

张振武案 〔十一〕320

张振武方维案 〔十〕110

张、朱各军 〔八〕389

漳州八宝印泥厂 〔十八〕195

漳州第一公园 〔十八〕242

招抚使 〔九〕273；〔十一〕484；〔十四〕556；〔十五〕32 - 33，39，68；〔十六〕287；〔十七〕442

招股修路 〔十〕147，156

招降满洲将士布告 〔五〕37

招降清朝兵勇条件 〔五〕30

招军章程 〔五〕29

招商承办广东全省爆竹类印花税暂行章程 〔六〕78，81

招商局 〔二〕347；〔三〕93，96；〔五〕101 - 103；〔七〕266 - 268，341；〔九〕56，67 - 68，71 - 72，75，80；〔十〕224，775；〔十一〕250；〔十三〕34，38

招商总局 〔九〕56，65，83

昭忠祠 〔十三〕116 - 117

赵氏书院 〔十四〕379

照价纳税 〔三〕406；〔十〕76；〔十一〕277，279

肇和（舰/军舰） 〔四〕394，494；〔八〕380，461；〔九〕512；〔十三〕492；〔十五〕581；〔十六〕463，569；〔十七〕134

肇和事件 〔七〕478

肇和一役 〔七〕519

肇和之役　［四］392；［七］525；［九］223

肇平（舰/军舰）　［十四］45；［十六］569

肇庆军务院　［十三］253

肇庆同乡会　［九］638

浙督　［七］519，536；［九］43，507

浙沪联军　［四］163；［十五］461

浙江都督　［四］382；［九］42；［十三］92

浙江革命军　［十六］42，44，140

浙江革命军第一旅　［十六］42，44，140

浙江革命军宁波司令　［十六］42，46

浙江革命军绍兴司令　［十六］42，44，140

浙江革命军严州司令　［十六］42，140

浙江省立大学　［八］135

浙江省议会　［十］300；［十八］154

浙江讨袁军　［十五］214

浙江支部　［十六］33－34，124，147－148

浙局　［九］633

浙军　［八］81，230；［九］414，434；［十］200
　　－201；［十二］405，408；［十三］389，424；
　　［十五］499；［十七］599

浙民　［十］304－305

浙人　［十］200，305；［十一］462－463；［十
　　二］404

浙省特派调查南洋实业专员　［七］529

浙事　［七］369；［十二］408；［十六］42

浙西场灶　［十三］103

贞妇　［十四］172，269－270

贞观　［三］162，415

侦查队组织条例　［六］491

真共和　［四］403，408；［十］236，316－319，
　　321－323，329，446，458，480－481；［十
　　二］15；［十三］324－325

真平等　［二］94，100；［三］92

振天声　［七］109－110

振兴产业　［十一］361

振兴实业　［一］54；［二］177；［三］161，
　　407；［四］106，330，391；［五］222；［七］
　　529；［八］105；［九］119，122；［十］60－
　　61，86，95，111，210，307，374；［十一］289，
　　293－294，303，353；［十三］61；［十七］266

赈捐　［四］322；［十三］122，465

赈灾　［五］277；［十三］455；［十五］271

赈灾慈善奖券章程　［六］385

甄拔律师委员会章程　［六］147

《震坛周报》　［十八］257

镇江革命军　［十六］52，141

镇军　［九］99

镇南关起义　［七］68，75；［十］22；［十一］
　　159

镇南关之役/战　［三］430；［四］29，40；
　　［十］762；［十一］159

镇守使署之役　［四］393；［七］525

镇涛舰　［十一］10

征兵制度　［二］228，237；［四］315；［五］
　　136，139，220；［十］64；［十一］332，334

征发令　［四］474；［五］270，329，331；［十
　　三］477

征服主义　［三］295

征收广东全省爆竹类印花税暂行章程
　　［六］78，82

征收机关　［五］289，453；［六］30，58，154，
　　178，204－205，359，372－373，376；［十］
　　614，654；［十二］282，379；［十三］478，
　　606，612；［十四］228－229，402，404，431
　　－433，556；［十五］28，80，354，358，388，
　　403，409，451，484，520，547，611，642

整顿电话 [十三]75

整军北伐 [八]436;[十三]20

整理(广东)省银行纸币办法总纲 [六]54,56

整理广东省银行纸币委员会章程 [六]58

整治扬子江 [一]103,106,109－110,115,122,125

正金银行 [五]370;[九]162,193,209,214;[十]144－145;[十三]45

正式国会 [三]232;[四]367,407,419,429,433,460,479;[八]15;[九]281,315－316,348,389;[十]212,332,334－335,340,349－350;[十二]4,6;[十三]273

正式会议 [一]89;[四]426,430;[八]33,37,310;[九]58－59,344,363;[十三]266

正式政府 [一]80;[三]321,396;[四]37,407,461,469,475,479,603－604;[八]36,283－284,286,376;[九]153,155,480,482,491,501;[十]212,325,327,398－400,403－406,410－414,430,613－614;[十一]212;[十二]116,119,131,155,171,203,458,473;[十三]383,454

正太借款 [七]320

正太(路) [十]127,171;[十一]348

正太铁道 [三]9

正太、同蒲铁道 [三]9

正义 [九]181,183,377－378,409,453,455,469,471,478,482,520,583,588,618

郑家屯问题 [三]253

政策 [九]127,148,163,251,260,279－280,357,503,565－566,583－584,618

政党 [九]114,117,275,572,662

政党竞争 [十]205;[十一]341

政党内阁 [四]92,337,370;[十]181－182,213,267－268;[十一]320,361,396

政党政治 [三]347,357,367,378;[四]337,527

政党治国 [二]79

政府权 [二]140,142,146;[三]235;[十]10

政府宣传员 [十七]466

政权 [九]25,43,47－48,68,83,261,275,314,389,431－432,569,608

政体 [九]40,61,90,393

政务 [九]331,476,613

政务会议 [四]156,447,456;[五]77,104;[六]171,195,325;[八]43,117,129,158,160,474;[九]395,398,472,474,614;[十二]112;[十四]422;[十五]367,391,500;[十六]314,389;[十七]331

政务厅 [十五]104;[十六]486;[十七]33,367,475,541,663

政务总裁 [四]429,431,434,447,461;[八]28,33－38,121,126;[十]400;[十二]7,9,42;[十四]265;[十六]314

政学会 [七]71,73,193;[八]91,218;[九]251;[十]378,400;[十二]95,106;[十三]330,378,386,432

政学系 [四]453－454,521－522;[八]401,420,437;[九]529;[十二]158;[十三]323,607

政余俱乐部 [九]251

政治 [九]63,83,232,235,241,260,275,344,371,375,378,395－396,461－462,480－481,484,565－566,568,589－590,647－648,662

政治地位平等　［二］4

政治犯　［九］87,172

政治改革　［二］324；［三］250；［十］143，222 – 224,231,240,252 – 253,483；［十一］86 – 87；［十三］608

政治革命　［二］34；［三］41,52,56 – 57,59,72,114,147,157,189,204,215,312,346,356,391,404 – 406,426；［四］285,372,590；［七］356,379；［九］309；［十］50,52,132,169,224,407,452；［十一］133,267 – 268,291,298

政治家　［九］248 – 249,255,568

政治统一　［四］335,338,469,489；［五］228

政治委员　［四］567；［十五］354,374,628；［十七］754

政治委员会　［六］5,39,46 – 47；［十二］488；［十五］354

政治问题　［二］102,121,167 – 168,201,223,231；［三］41,56,73,76,107,208,316,387；［四］485,520；［六］127；［七］378,385；［八］123；［九］108,228；［十］52,109,112,454,567,706,794；［十一］298,361；［十二］16,257,262,360；［十四］58

《政治星期报》　［十一］205

政治与实业皆民主化　［三］172

政治哲学　［二］47 – 48,61,118 – 119,139

之江学校　［十］204

"支那"　［十二］98

《支那保全分割合论》　［三］9,14

支那(船/丸)分部　［十六］36,111,149

《支那革命实见记》　［四］28

支那问题真解　［三］28,33

《支那现势地图》　［三］3,9

《支那邮报》　［二］290

芝罘条约　［三］6；［十］24

《芝加高铁路批评》　［一］123

芝加哥/高同盟会员　［十一］170

芝加哥/高中国国民党分部　［十六］614,617,619 – 620,625

《芝加哥检查者报》　［十一］302

《芝加哥论坛报》　［三］419；［八］300

《芝加哥星期日观察家报》　［十一］223

芝加古同盟会　［四］277 – 278

知难行易　［一］27 – 28,37；［二］49,155,162,165；［四］159；［十］459,462 – 463,610,634 – 635；［十三］412；［十八］463,469

知事　［九］440,497

知行观　［十一］472

知行合一　［一］5,37 – 38；［十］14,324

知易行难　［一］5,39；［十］462,610

执法局　［三］241,246

执信学校　［八］452；［十］435

直奉两系　［四］475

直奉战争　［十二］447

直、奉之争　［八］187

直接民权　［一］44；［二］144,225,234；［三］240 – 241,243,248,309,311 – 312,341 – 343,350 – 353,359 – 360,371,383 – 384,405,423,426 – 427；［四］522；［六］3；［十］291 – 292,295

直接征税　［二］158 – 159,167

直军　［四］479 – 480,580 – 581；［八］187,330,393,458；［十二］144,414；［十四］313,516 – 517

直军慰问使　［十七］674,682

直隶派　［十二］228,365,400,406,447

直隶省署　［十］817

直隶谘议局　［九］39,114

直派　［十］769；［十二］405,408

直系　［三］400；［四］449 – 450,508,513 –
515,521 – 522,529,580；［八］29,295,
475；［九］496,555；［十］356,501 – 502；
［十二］43,87,239,241,284,401 – 402,
404,410,414；［十五］522

直系军阀　［四］525；［八］283；［十二］43,
399,446；［十四］133 – 134,256,304

直系军人　［十一］484

直辖第七军　［九］597；［十四］593；［十五］
7(参见中央直辖第七军)

直辖第三军　［十四］308(参见中央直辖第
三军)

直辖第一军　［九］624；［十五］233(参见中
央直辖第一军)

直辖第一军　［十五］82,109(参见中央直辖
滇军第一军)

直辖滇军第一军　［十四］234(参见中央直
辖滇军第一军)

直辖桂军第一军　［十三］618(参见中央直
辖桂军第一军)

值百抽五　［二］201；［三］262；［十］77,
336,486；［十五］34,36

殖边银行则例　［五］175,177,186

殖民地　［一］47,135,208；［二］23,51,57,
91,106,203；［三］34,38,108 – 109,121,
131,310,450,454,457,463,465；［四］16,
269,289,332,504,538,577,579,591；
［六］125；［七］123,187,192 – 193；［九］
238；［十］486 – 487,495,529,532,599,
644,648,676,683,701,703,780,786,792,
806 – 807,813,815；［十一］69,165,295,
323,474；［十二］83,117,153,237,336,
363,390,398,407,455 – 456,459 – 460,
465；［十三］369；［十四］447

指南针　［一］32；［二］64；［十］463；［十三］
405

《至言》　［二］241

志诚俱乐部　［九］385

制弹厂　［十三］679；［十四］90,216；［十
五］394

制图课　［十七］295

制药总所　［六］261 – 263,303,308；［十七］
423,467

治安警察队　［十四］353,355

治国　［二］18,61 – 63,66 – 67,137,246,
248 – 249,253 – 254；［三］301,371 – 372,
383 – 384；［四］110,152,407；［五］24,
209；［八］53,413 – 414；［九］257,400；
［十］108,257 – 258,293,337,345,423,
425,437,450 – 451,539 – 540,556,623,
791；［十一］290；［十二］351,364；［十三］
415；［十四］403,405；［十八］129

治权　［一］42；［二］140,142,145 – 147；
［六］124；［十一］342 – 343

治人　［二］144；［三］366,369,378,380；
［十五］284

治外法权　［二］287 – 289,320,322；［三］
184；［四］500 – 501；［九］148,565 – 566；
［十］60 – 61,226,389,532；［十一］225,
235,258,356,365,477；［十二］412,434,
443,451 – 452,454 – 457,459 – 461,467

治于人　〔三〕366,369,378,380

致公堂　〔二〕30;〔三〕31,37;〔四〕272;〔五〕8,10,18;〔七〕35,40,144－145,153,226,231,235,244,406;〔八〕137,264;〔九〕15－17;〔十一〕176

致公堂重订新章　〔五〕8

致公总堂　〔四〕271－272,274,276;〔七〕220,235,237,241;〔十一〕196

智京中国国民党分部　〔十七〕103－106

智利洋行　〔十五〕26－27

中德俄同盟　〔四〕501

中德条约　〔九〕66;〔十一〕353

中德铁道　〔十一〕323

中东合同　〔十一〕45－46

中东铁路　〔一〕188,192,198,204;〔四〕510,512;〔八〕303,347

中俄关系　〔四〕509,511;〔八〕369;〔九〕565

中俄密约　〔七〕409

中俄协定　〔四〕553－554

中法铁道　〔十一〕323

《中法学生》　〔四〕129－130

中法银行　〔二〕27;〔九〕147－148

中法战争　〔十二〕62,64－65,447

《中国报》　〔一〕69;〔三〕429;〔七〕57,244;〔十三〕171－172

中国报馆　〔七〕22,266

中国报纸　〔十二〕120,492

《中国变化》　〔一〕47

《中国存亡问题》　〔七〕542;〔十〕673;〔十三〕247

中国大学　〔八〕158－160

《中国的国际发展》　〔四〕490

《中国的国际开发》　〔八〕268

中国革命　〔一〕64,68,72－73;〔二〕22,79,82,90,115,120,226,234;〔三〕56,154,156,307,425,428,447;〔四〕25,33,58,164,355,551,565;〔七〕51,149,233,270,340,489;〔九〕10,29,373;〔十〕28,30,38－39,86,120,126,182,217,223,228,231,248,278,450,462,496,526,528,532－534,538,546,571,617,629,648,668,694,715－717,720－721,771－774,780,794－795,800;〔十一〕37,55,58－59,93,109－111,127,130,150,159,180,197,207,225－226,230,393,445－446;〔十三〕7;〔十五〕372

中国革命党　〔一〕68,70,72;〔二〕99,115;〔三〕23,28;〔四〕29,77,107,280－282,287;〔五〕47;〔九〕373;〔十〕32,642,770;〔十一〕128,188,198,449;〔十二〕82,234,462;〔十六〕458

中国革命蓝皮书　〔四〕60

中国革命社会党　〔十一〕117,119

中国革命事业　〔一〕68,72;〔四〕107;〔五〕43;〔十〕232;〔十二〕183;〔十三〕7

中国革命同盟会　〔三〕154,157;〔四〕25;〔十〕12;〔十一〕148,150;〔十六〕3

中国革命政府债券　〔四〕25

中国公共卫生会　〔八〕20

中国公民　〔二〕315,321,327

中国公使馆　〔二〕288,291－294,312,317,330,352;〔三〕134;〔四〕289;〔七〕3－4,209;〔十一〕12－14,25;〔十三〕532

中国公学　〔九〕133,160－161,163;〔十三〕113

中国共产党 [四]564-567;[十]751;[十二]232,359,492;[十五]372-375;[十八]522

中国共产党人 [十二]226,492

中国共产党员 [四]565;[十五]372-374

中国广东省各银行监理官 [十七]217

中国国民党 [二]100,211;[三]339,348,350,352,357,384,417-418;[四]76,135,149,442,502-503,506,517,522-523,525,527,538-539,548-549,551-553,559-560,563-564,568,576,579,585-586,590-591,594,596,598-599,601-604;[五]259;[六]7,66,127,216;[八]207;[九]494,511,513,515,517-518,525,535,552,590;[十]440,485,538,548,625,809;[十二]230;[十四]155,431;[十五]147,,375,517-518;[十六]370,372-373,376-378,380-381,383-386,388,393-395,398-401,403-406,408,410,412-413,415,417,423-435,444-445,447-458,461,487-488,491-495,500-506,513-514,518,523-526,528,530-533,555,571,573-576,578-582,584,587-592,605-607,611-612,614-621,628,639;[十七]5,7-10,14-15,23-25,40,42-44,49,51-52,59-63,70,72-73,103-105,120-122,144-146,150,152-153,159,167-170,189,201-202,224-226,251-254,260-262,270-271,279,285-287,291-293,295,313-316,319,330,438-439,531,741

中国国民党澳洲美利滨分部 [四]134,136

中国国民党澳洲特派员 [十六]415

中国国民党巴达斐/维亚支部 [十六]376,544-546

中国国民党巴生港口分部 [十六]412-413,429,431,451,453-454

中国国民党巴生支部 [十六]403,405,455-457

中国国民党巴湾京《民声日报》馆 [十六]494

中国国民党北方执行部 [十六]428

中国国民党北京支部 [十六]540

中国国民党北京执行部 [十五]588

中国国民党本部 [三]339,347;[四]123,140,442,505,589;[十]401;[十六]378,401,458,462,511;[十七]14-15,63,159,202,313-316

中国国民党本部财务部 [十六]513

中国国民党本部参议 [十六]512,514

中国国民党本部党务部 [十六]517

中国国民党本部交际部 [十六]522

中国国民党本部军事委员会 [十六]521-522

中国国民党本部特设办事处规则 [五]425

中国国民党本部宣传部 [十六]521

中国国民党本部宣传部宣传员 [十七]281,293

中国国民党本部总务部 [十三]468;[十六]382,389-390,517-518

中国国民党庇能大山脚分部 [十六]433-434

中国国民党庇能支部 [十六]406,444,505

中国国民党博芙芦分部 [十六]399,611

中国国民党薄寮分部 [十六]378,528

中国国民党大溪地分部　［九］511

中国国民党党纲　［六］3

中国国民党党纲草案　［六］124

中国国民党党军　［六］507

中国国民党党务讨论会　［十］544；［十五］543

中国国民党党员恳亲大会　［十］535

中国国民党第一次全国代表大会　［六］216；［十］622,628,631,633,636,639,641,643,649；［十二］339,341；［十四］445

中国国民党第一次全国代表大会会议规则　［六］199

中国国民党第一次全国代表大会宣言　［二］221,229,238；［十］649；［十二］346；［十四］423,425,427

中国国民党典的市分部　［十六］373,400,451

中国国民党东京河内支部　［十六］380

中国国民党分部通则　［六］41

中国国民党福建支部　［十六］499

中国国民党纲甲烈港支部　［十六］493

中国国民党古巴同志恳亲会　［四］140

中国国民党古巴湾城支部　［十六］381

中国国民党广东崖县分部　［十六］413

中国国民党广东支部　［十三］478,633；［十四］155；［十五］543；［十六］395,528 - 529

中国国民党规约　［五］406,417

中国国民党海外支部通则　［五］412；［六］44

中国国民党海外总支部通则　［五］409；［六］43

中国国民党海悦分部　［十六］491

中国国民党河内支部　［十六］452

中国国民党横滨支部　［十三］586

中国国民党湖南支部　［十六］450

中国国民党哗造通讯处　［十七］35 - 37

中国国民党惠夜基分部　［十六］372,431,448,611

中国国民党加拿大总支部　［十七］132

中国国民党甲必地分部　［十六］644 - 646

中国国民党江西支部　［十五］517 - 518

中国国民党军事委员会　［十六］516

中国国民党恳亲大会　［三］326,417；［四］76,137；［十］538

中国国民党坤甸支部　［十六］373

中国国民党临时中央执行委员会　［十四］309 - 310

中国国民党陆军军官学校　［四］165；［十五］567

中国国民党麻厘柏/杯板支部　［十六］428,430,492

中国国民党满地可分部　［十六］399

中国国民党美京分部　［十六］398

中国国民党棉兰分部　［十七］68 - 70

中国国民党缅甸支部　［十六］495；［十七］313 - 316

中国国民党《民声日报》馆（古巴）　［十六］495

中国国民党纳卯支部　［十七］140 - 142

中国国民党嗹吃/乞分部　［十六］377,417

中国国民党南京第三分部筹备处　［十七］159

中国国民党南京东南大学分部筹备处　［十七］14

中国国民党南洋群岛特派员　［十七］282

中国国民党坭益爹分部 ［十六］596－598

中国国民党农民部 ［九］664；［十五］638－639；［十七］753

中国国民党农民运动讲习所 ［十］746

中国国民党清远分部 ［十七］202

中国国民党全国大会 ［二］238；［十］622

中国国民党全国代表大会 ［四］157；［九］589；［十］640；［十四］431

中国国民党全美洲同志恳亲大会 ［四］124

中国国民党全欧埠分部 ［十六］427

中国国民党仁丹分部 ［十七］174－176

中国国民党入党规则 ［六］8

中国国民党入党愿书 ［六］7

中国国民党山东支部 ［十六］488

中国国民党山东主盟人 ［十六］435

中国国民党山姐咕分部 ［十六］447；［十七］189

中国国民党山西支部筹备处 ［十六］487

中国国民党上海第二分部 ［十六］518

中国国民党上海第三分部 ［十六］518

中国国民党上海第四分部 ［十七］155,186－188

中国国民党上海第一分部 ［十六］518－520

中国国民党舍咕分部 ［十七］14

中国国民党神户支部 ［十六］493－494

中国国民党胜缅分部 ［十七］236－238

中国国民党双溪大哖分部 ［十六］492

中国国民党四川支部酉秀黔彭第一办事处 ［八］267

中国国民党四川主盟人 ［十六］445

中国国民党四川总支部 ［十七］193

中国国民党泗水支部 ［九］514

中国国民党宿务/雾支部 ［十六］369－370,394－395,504－505；［十七］135－137

中国国民党檀香山分/支部 ［十六］398,450,454；［十七］156－159

中国国民党通讯处通则 ［六］42

中国国民党万隆分部 ［十六］410；［十七］63

中国国民党委伴分部 ［十六］458

中国国民党温地辟分部 ［十六］400

中国国民党文冬通讯筹备处 ［十六］584

中国国民党勿地顺船通讯处 ［十七］281

中国国民党夏湾拿分部 ［十六］500

中国国民党暹罗支部 ［十六］386

中国国民党新加坡东路分部 ［十六］388

中国国民党星洲分部 ［十六］393－394；［十七］196－198

中国国民党星洲琼侨分部 ［十六］461

中国国民党宣言 ［十］630,639；［十二］342

中国国民党雪梨支部 ［十六］536－538

中国国民党亚洲皇后船分部 ［十七］101－102

中国国民党仰光支部 ［九］514；［十六］383－386,423－427,501－504

中国国民党印京支部 ［十七］276－278

中国国民党云丹拿分部 ［十六］632－634

中国国民党章程草案 ［六］127；［十］639

中国国民党支部通则 ［六］40

中国国民党中央执行委员会 ［二］148,205；［四］262,540,557,564,570,579,601；［六］280；［十］750；［十五］67,263,287,372

中国国民党中央执行委员会第二次全体会议关于国民党内之共产派问题决议　[四]563

中国国民党中央执行委员会第二次全体会议决议　[十五]375

中国国民党周刊　[三]448；[十七]320，330

中国国民党珠卜分部　[十六]448－449

中国国民党驻三宝垄　[十六]601

中国国民党驻三藩市总支部　[八]452；[十五]487；[十六]417

中国国民党总章　[四]506；[五]416；[六]4，216

中国国民党总支部通则　[六]39

中国国民革命　[二]225，234；[十一]378；[十二]275

中国海关　[二]309；[四]529，531；[十]665，705；[十二]398

"中国"（号）邮船　[八]250，261

中国红十字会番禺分会　[十八]299

中国基督教青年会　[三]337－338；[十]548，557

《中国近世乱纪》　[四]23

中国精神　[十二]11－12，19，43，140，162，183，294，316，346，355，375－376，386，411－412，439，442

中国军阀　[四]596；[十二]126，350

中国劳工　[三]229；[四]63；[十一]95；[十二]46，48

《中国名人辞典》　[二]258

中国内政　[四]478，482，520－521，529，531－532；[八]182；[九]503，583，585，610－612；[十]497，531，533；[十一]290，

423，477；[十二]191，336，345

中国青年会　[九]172；[十]548－549，551

中国人　[一]6－8，11，22－23，29，34，39，48，50，61－62，188，207，218，220，223，229－230，234，238－239，244；[二]5－10，13，15－16，20－21，23－29，34，36，38－39，46－48，53－55，58－66，74－75，78，82－90，95－97，104，107－108，116－118，122，127，131，138，143，152，170，172，181，183，186，194－196，198－199，201－202，204，211，223，232，267，286，293，297，300－301，304，309－311，314－316，318，322－323，325－326，328－332，336，343－344，346－347，349，352；[三]26，35－38，43，48，51，53，56，81－82，122，125，128，133，135－138，145，150，152，154－155，157，213，244－245，247，250－251，254－255，263，265，273，282，296，306，318－320，332，336，338，343，345，352，354，366，377－378，395，413－415，425，437，439－440，442，444，446－447，451－452，455，458，464；[四]21，59，62，75，100－101，126，293，342，487，489，577－578，598，600；[五]23－24，37，39，136，139，172，447；[六]20，24；[七]3，30，201，291，316，363，547；[八]45，125，302，369，466；[九]248－249，279；[十]5，7－9，14－15，17，19，24－25，29－32，38，42，58，79，133，145，153，158，164，187，190，216－217，219－221，223，226，232，237，239，246，255－256，266－267，274，277，280，324，326，344－345，347，372－373，382－383，385，389，392，422，428－429，441，443，445，459－

463,487,509,513,532,537,552,556,585,591 - 592,594 - 597,610,635,657 - 658,664 - 665,683,695 - 699,703 - 704,709,711 - 713,732,735,743 - 744,762,770,772,780,783,785,787 - 789,791 - 793,797 - 798,806 - 808,812 - 814;[十一]8,12,14 - 18,21 - 26,30,32 - 34,59,95,101,105,117 - 119,140,146,156,161,167,169,174,178,180 - 184,190,199,227,254,258,285,287,290 - 291,295,305,345,353,356,362,374,376,427 - 428,453,482 - 483;[十二]32,35 - 36,53 - 54,56 - 58,62 - 64,66 - 67,70 - 73,83 - 85,89,91,111,119,128,132,147,152,156 - 157,166,169,181,237,250,255,262,270,294 - 295,305 - 307,323,330,332,347,355,375,389,423,426,442,446,453 - 457,459 - 461,465,486;[十五]145

中国人民 [一]23,48 - 49,52,63,75,87,89,134,158,223,228,230,237 - 239;[二]29,74,84 - 85,89,124,228,237,322,332,345;[三]26,36 - 39,126,137,140,241,251,254,337 - 338,366,377,439;[四]33,108,293,327,342 - 343,350,355,464,478,481,517,524,561,576,578 - 579,583;[六]87,139;[七]30,297,310,313,348,447,458;[八]182,270 - 271,286,295,369 - 370,397,428,468,484,486,504,525;[十]8,11,16,27,29 - 30,39,43,79,97,99,258,281,310,315,346,378,450,495,523,565 - 566,575,602,648,666,703,713,747,780,794;[十一]59,94,110,156,167,178,181,183,

194,200 - 201,243,254,298,394,404,407,424,477;[十二]62,81,83,111,118,120 - 122,144,151,159,247,256,306,331,335 - 336,346 - 348,350,376,385,407,411 - 412,422,434,436;[十四]431,446;[十八]50,81,89,130,141,146,161,192,195,198,215,221,245,255,283,304 - 305,414

中国人士 [一]21,40;[二]291;[三]123,126,250;[四]99 - 100

《中国日报》 [七]63,213;[九]117

中国商务公会 [四]14

中国商务公会股券 [四]14

中国社会党 [三]186,188;[十一]118,291

中国社会主义青年团第二次大会决议案 [四]566

中国实业计划 [十]428;[十三]343

中国实业家 [十二]364

中国使馆 [二]261,267 - 269,274 - 286,290,292,300 - 302,304,307 - 309,311,313 - 316,318,320 - 322,325 - 328;[七]3,123;[十一]12,16,23,27

中国铁路鉴 [十三]218

中国铁路现势通论 [十三]218

中国铁路巡警队 [六]24

中国铁路总公司 [四]59,73,173,347 - 348;[七]308,328;[九]135;[十]198

中国通商口岸 [十一]142

中国同盟会 [三]428;[四]50,272,274,276 - 277,314,326,337,380;[五]20 - 21,43,136,139;[七]187;[九]21,59;[十]12 - 13,33,531,534;[十一]172,186,207,436;[十三]7,99;[十六]3 - 4

中国同盟会本部　［四］25，284，338；［十六］4 - 5

中国同盟会滇支部　［四］314

中国同盟会鄂支部　［四］315

中国同盟会分会总章　［五］43

中国同盟会革命方略　［五］23

中国同盟会葛仑分会　［十］36

中国同盟会沪支部　［四］314

中国同盟会江西支部　［四］315

中国同盟会晋支部　［四］315

中国同盟会鲁支部　［四］315

中国同盟会闽支部　［四］315

中国同盟会黔支部　［四］314

中国同盟会陕支部　［四］315

中国同盟会蜀支部　［四］314

中国同盟会皖支部　［四］314

中国同盟会湘支部　［四］315

中国同盟会政事部　［十六］23

中国同盟会重庆支部　［四］314

中国同盟会总理　［四］29；［五］47；［十六］4，23

中国同盟会总章　［五］21，136

中国同盟会总章草案　［五］139

中国同志竞业社　［十］80

中国统一　［三］171；［四］488，598；［十］372，385，416，789；［十二］78，128，140，149，220，236 - 237，261 - 262，280，292，307，369，401，411 - 412，442 - 443，450

《中国晚报》　［十］708

中国宪法　［三］367，379

中国心灵研究会　［十八］314；［十八］314

中国新军　［四］281；［十一］185

《中国新闻报》　［十二］421

中国兴业公司　［四］64；［五］244 - 246；［七］326 - 327；［九］162；［十］283；［十一］383，387，402

中国兴业公司发起书　［四］64；［五］244

中国兴业公司计划书　［五］245；［十一］383

中国兴业公司计划书草案　［五］245

中国银行　［二］25 - 27；［五］54 - 55，74，123，173，201 - 203；［六］19，374；［七］313，316；［九］89，163，342，389；［十三］28，30，269 - 270；［十四］398 - 401；［十七］213

中国银行广东分行　［十三］269 - 270

中国银行则例　［五］174 - 175

中国阅书报社　［九］499

中国政党　［十一］336；［十三］609

中国政府　［一］89，101，237；［二］56，102，146，271，274，283，288，292，307，315，325 - 326，328 - 329，331，347；［三］8，35，143，170，273，275，318，333，335，419；［四］21，342，351，375 - 376，466，476，510 - 511，529，549，558，571 - 572，576；［五］232，246；［六］16 - 25；［七］123，202，315 - 316，360 - 362；［八］301，377；［十］3，8 - 9，291，372，380 - 381，423，703，736，787，807，813；［十一］13，23 - 24，28，31，74，97，101，156，224，249 - 250，285，287，315，319，359，362，387；［十二］35，107，147，243，249，385，405，454，465 - 466，477；［十四］265；［十五］145，288，621

中国政治　［二］95，102，118，228，236；［三］254，310，378，396；［四］311，486，488，500；［七］137，484，497；［十］359，378，

427,494,574,602,674,713;[十一]145;
[十二]60,216,235,250,348,405,456;
[十三]59
中国政治家 [一]101
中国之国际发展 [四]500
《中国之谜》 [七]48
中国之铁路计划与民生主义 [三]168,173
中国驻美公使 [二]266,300;[十一]13 –
14,17;[十二]194
中国驻美使馆 [十一]30
中国自立耶教会 [七]268
中华帝国 [二]336;[十一]70,139 – 140,
182
中华革命党 [一]45,57;[三]326 – 327,
339,348,433;[四]70,137,356,364 –
365,367,370 – 373,378,380,384 – 385,
393 – 394,503,527;[五]45,248,250,
253,259,406,412,415,418;[六]44;[七]
187,203,339,366,384 – 385,396,422,514
– 516,525,550,556;[八]100,136;[九]
246,339,346;[十]285,386 – 387,440,
568,642,752;[十一]432 – 433,441,443,
455 – 456,467;[十三]162,168,173,203,
228,233,429;[十六]31 – 32,35 – 37,49,
52,79,86,92,95,104 · 105,137,145 – 146
中华革命党巴双支部 [十六]89,103
中华革命党本部 [四]32,71,76,363,370,
379,384;[八]186;[十六]40,50,71,94,
100,103,180
中华革命党本部总务部 [四]69,366;
[七]366400,402,403,411416,425 –,
431;[十六]33,40,42,44 – 45,47 – 48,50
– 51,57,59,61,63,65 – 67,70,77,83

中华革命党庇能支部 [十三]141
中华革命党勃生分部 [十六]82
中华革命党大山脚分部 [十六]100
中华革命党飞律滨群岛支部 [十六]96 –
97
中华革命党革命方略 [五]263,336
中华革命党各省支部通则 [五]361
中华革命党海外支部通则 [五]357
中华革命党旧金山 [十三]167
中华革命党军事部 [十三]155,170
中华革命党利物浦支部 [十三]168
中华革命党列必珠分部 [十三]236
中华革命党麻/蔴坡支部 [十六]32;[十
三]141,149
中华革命党盟书 [五]45
中华革命党霹雳筹饷局 [十六]93 – 94
中华革命党霹雳支部 [十六]97
中华革命党日里属支部 [十六]36
中华革命党神户大阪支部 [十六]49 – 50
中华革命党事前筹款要件 [五]354
中华革命党收支数目清册 [十三]160
中华革命党四川支部 [十六]95
中华革命党宿务筹饷局 [十六]100,102
中华革命党星加坡琼州分部 [十六]99
中华革命党星加坡支部 [十六]84
中华革命党仰光筹饷局 [十六]86 – 89
中华革命党仰光支部 [十六]59,85,102
中华革命党怡保支部 [十六]98
中华革命党员 [十一]455
中华革命党债券 [四]76
中华革命党证书 [五]253,406
中华革命党总理 [四]76,365;[五]266;
[十三]174,177,180,183 – 185,189,193,

202－206,284,571－572

中华革命党总理令　[十六]31,34－37,86

中华革命党总务部　[四]366;[七]368,
383,414－415;[十三]150,154,159－162

中华革命党总务部机要处职员　[十六]
137,139

中华革命党总章　[四]364,442;[五]253,
259;[十一]442

中华革命军　[四]27－28,33,393;[五]46,
310;[七]496,525;[十]311;[十三]6,
229;[十五]297,307－308;[十六]39,
140,142

中华革命军川西区　[十六]93

中华革命军大元帅　[五]266,333

中华革命军东北军　[九]225;[十五]650;
[十六]98

中华革命军东北军总司令　[七]468

中华革命军湖南司令长官部　[十六]142

中华革命军军需银　[四]27;[十三]8

中华革命军军需债券　[四]18

中华革命军韶赣游击司令　[十六]145

中华革命军司令部　[十六]43,66

中华革命军四川川西区　[十六]93

中华革命军义饷凭单　[四]25,35

中华革命军银票　[四]34

中华国　[三]24;[四]33;[十]261

中华国货维持会　[七]265－266

中华国家　[三]24;[四]108

中华国民　[五]333,406;[八]309;[十]
215,378,523

中华国民党员　[十]445

中华国民军　[五]23,35－37,40

中华国民军政府　[五]36

中华国民银行　[十六]439－440

中华国民自治研究会　[十三]404

中华国商民银票　[四]33

中华海面货船协会　[十四]154

中华会馆　[四]391;[七]463;[九]30,
238;[十六]72;[十八]330

中华基督教青年会　[十]548

中华留日基督教青年会　[十一]55,67,88

《中华民报》　[十八]117

中华民国　[一]41,49－50,52－54,72,81,
90,229,232,239,243,248;[二]55,72,
173,215,217,225,234;[三]39,59－61,
107,146－147,155－156,158,163,169,
180－181,200,212,230－232,239,244,
248,309,311－312,372,384,391,395,402
－404,407,416,420,424,431,437－438,
443,445－446,448,466;[四]32,38－40,
50,61,63－64,66,73－75,77,95,105,
115,134,136,147－151,153,159－160,
164,273－274,277,283－284,287－289,
292,294－301,308,315,326－328,341,
346,351,353,355,403,407,411,422－
424,431,436,442,462－463,466,469,
472,482,485,503,514,522,556,578,580,
583－584,587,600;[五]25,36,42,44－
46,64,67,72,74－76,91,102,124,127－
128,136,139,148,159－160,163,189,
194,211,228,244－249,266,343,372,416
－417,423;[六]4,8,21,24－25,34,113,
125－126,143,192－195,241－242,245,
358,377,399,449,466,477;[七]203,
260,267,281,286,294,302,322,400,463;
[八],281－283,301,305,309;[九]22,

43,45 － 48,47,78,83,112,123,152 －
153,254,260 － 261,314,377,393,477,479
－482,569,647;[十]8,45 － 47,51 － 52,
59,69,78 － 79,87,96 － 99,101,103 －
105,108,110 － 111,113 － 114,116,119,
123,135,138,140,142 － 143,150,154,
159,163 － 165,172 － 175,183 － 184,187,
189 － 191,194,196 － 197,201,204,209 －
210,212 － 214,222 － 224,226 － 228,230
－233,235 － 239,245 － 246,248,251 －
252,255,258,260 － 263,267 － 268,273,
281 － 282,284,286,288 － 289,291 － 292,
295,298,300,316,326 － 327,330,334,
339,342 － 344,349,351,355 － 357,359 －
361,363,365 － 367,371 － 372,376 － 380,
395,398 － 400,408,412,414 － 415,417,
421,426,435 － 436,439,441,443,449,
452,455,477 － 478,490,500 － 501,517,
523,525,534,554 － 556,575,589,591,597
－ 599,606,614,616 － 619,621 － 622,
625,627,635 － 636,644,656,665,671 －
672,692,694,712,716,721,784;[十一]
153,156,177 － 178,189,196,205,208,
219,221,223,228,230,234,236,241,254
－ 255,259,292,294,299,301,354,367,
373,394,456 － 457,462,470;[十二]14,
22,43 － 44,68,110,118,120,122,132 －
133,138,177 － 178,201 － 202,249,258 －
259,305,334,348,384,406,434,449,467,
480,486;[十三]29,47 － 58,115,281,
456;[十四]446;[十六]5 － 6,8 － 9,14,
22,24 － 25,28;[十八]235,245,262,271,
295,300,365,407,419,436

中华民国八厘公债章程 [五]61
中华民国捕获战品裁判所 [五]204
中华民国捕获战品裁判所章程 [五]204
中华民国财政部 [五]55
中华民国财政部官职令草案 [五]87
中华民国大总统 [四]42,126,286,295,
460 － 463,482,523;[十]441;[十二]116;
[十四]211
中华民国发行公债票章程 [五]58
中华民国发行军需公债条例 [五]74
中华民国各部官职令通则 [五]77
中华民国国民军 [五]29 － 30
中华民国国民军军约 [五]29
中华民国国旗 [六]244;[十一]153
中华民国国债事务所 [十三]116
中华民国海陆军大元帅 [四]404 － 405;
[十六]214,222,225,227,229,232 － 233,
235 － 238,240 － 241,243,246,271,288
中华民国红十字会 [十三]43
中华民国建国大纲 [六]357
中华民国建国史 [十三]93 － 94
中华民国交通部官职令 [五]83
中华民国军需公债 [五]59,74
中华民国军用钞票 [四]34
中华民国军政府 [四]411 － 412,422,424,
431;[五]372 － 373;[八]24;[十三]312;
[十六]239,318,332
中华民国军政府财政次长 [十六]222,324
－ 325
中华民国军政府财政总长 [十六]181,
221,316
中华民国军政府参谋总长 [十六]186,316
中华民国军政府川东招讨使 [十六]230

中华民国军政府第一军　〔十六〕199,317

中华民国军政府海军　〔十六〕182,185,316

中华民国军政府交通次长　〔十六〕332

中华民国军政府交通总长　〔十六〕183,
　223,316－317

中华民国军政府陆军部　〔十六〕306

中华民国军政府陆军总长　〔十六〕182,
　231,316,333,317

中华民国军政府内务总长　〔十六〕316－
　317

中华民国军政府内政次长　〔十六〕184,318

中华民国军政府内政总长　〔十六〕183,317

中华民国军政府四川督军　〔十六〕234

中华民国军政府四川国民军　〔十六〕230

中华民国军政府外交次长　〔十六〕183,
　297,332,350

中华民国军政府外交总长　〔十六〕181,
　297,316－317

中华民国军政府卫戍总司令　〔十六〕185,
　290,296,316

中华民国军政府驻沪全权代表　〔十六〕239

中华民国军政府组织大纲　〔四〕423;〔五〕
　372;〔十三〕261

中华民国联合会　〔四〕37;〔七〕257－258

中华民国临时约法　〔五〕159;〔十〕46

中华民国临时政府　〔四〕287－288;〔五〕
　56;〔十三〕13,136;〔十六〕7,11

中华民国临时政府组织法　〔五〕64

中华民国临时组织法草案　〔五〕63

中华民国陆海军大元帅　〔四〕163;〔十三〕
　597－601,612－615,617－618,620,622
　－623,625,627,629－637;〔十四〕376;
　〔十六〕488

中华民国陆海军大元帅之印　〔四〕523,575
　－576;〔六〕9－13,25－29,33－34,49,53
　－54,63,67,69,72,75,78,84－87,89－
　91,94,97,104,108,110－111,113,115,
　120,123－124,135,138－142,147,149,
　151,153,157,161,166,169－171,173－
　176,178,180－183,185,188,195,197－
　199,204－206,225－230,232－233,240,
　243－244,255,257,260－261,263,265,
　268,272－273,275,278,281,283,285－
　286,289－290,295,297,312,314－317,
　320,323,328,331,343－344,349－350,
　353,358－360,363－365,368,370,372,
　374,377,380,382－385,387,394,398,
　411,445,448,451,456,466－467,473,
　476,482－486,490－492,494,496,498,
　501－504,506,508－509;〔十四〕3－6,10
　－11,13－17,19,21,23－33,35－36,40
　－44,48－52,54－56,58－65,67－68,
　70,72－77,79－84,86－88,98,100－
　101,105－106,108－109,111－112,114－
　130,136－138,140－143,147－148,150－
　154,158－162,164,166－167,170－174,
　176－177,180－181,183－186,188－200,
　202－203,205－215,220－221,226－229,
　231－232,234,237－240,244,247－250,
　253－254,257－263,269－270,273－281,
　284,286,292,294－297,299,301－308,
　311－313,315,317－320,325－333,335－
　347,349－351,353－355,357－363,377－
　379,382－385,387－396,398－403,406－
　408,410,412－424,428,430,432－434,
　436－438,440－445,448,450－455,459－

477,479－487,489－494,496－504,506
－507,509－523,526－529,531－532,
534－535,538－547,550－556,558－
562,564,567－572,574－576,578－580,
582－585,587,589－590,592－593,595
－598;［十五］3－4,11－17,21－27,30－
43,45,47,50－51,53,55－66,72,77－
79,81,83－87,94－95,97－103,105－
108,110－112,115－123,125－127,129
－130,132－133,135－138,142－154,
156－160,162－166,168,172－180,182
－193,195－197,199－200,202,205－
210,212,214－215,220－226,228－230,
234－235,238,240－244,246－247,249
－252,255－257,259－265,267－270,
272－274,276－278,281,284－286,289
－298,300－305,307－313,315－322,
324,326－331,333－345,347－359,361
－363,365－371,377－387,389,391－
396,399,401－430,441－442,444－445,
447－448,450－453,455－457,459－
460,466,468,470－474,477,480,482－
486,488－489,491,493,495,497－498,
500－503,507－510,512－517,520－
521,523－524,526－530,532－535,538
－553,555－557,559,561－567,569－
609,611－620,622－628,630－631,633
－638,641－648,650－652,654－668;
［十六］435－442,444,535,539,541－
543,547－565,567－571,575,585－586,
593－595,598－604,609－610,629－
632,635－644,647－652;［十七］3－4,15
－23,26－34,37－39,55－59,63－67,75

－95,97－101,107－120,123－131,133
－134,138－139,142－144,147－150,155
－156,160－166,171－174,176－186,190
－196,199－201,203－210,212－224,227
－236,239－251,255－260,263－269,272
－276,280,282－284,287－291,294－
313,317－380,382－407,409－608,610－
664,666－673,675－700,702－752,755－
766

中华民国民族大同会 ［十三］135

中华民国内务部官职令 ［五］81

中华民国四周年国庆东京纪念大会 ［四］
77

中华民国铁道协会 ［四］346;［十］95,98,
130

中华民国宪法 ［三］60－61;［四］115;
［五］24,69;［十四］429

《中华民国宪法史》 ［四］115

中华民国学生军团 ［七］254－255

中华民国学生联合会 ［十］353－354;［十
四］204

中华民国学生联合总会 ［十四］204

中华民国政府 ［一］90,232－233,235－
236;［三］343,353;［四］469;［五］101－
103,124－126,167－168,233,425;［六］
16,18,22,24－25,380;［七］257,260,267
－268;［八］512;［十一］387

中华民国自由党简章 ［五］220

中华民国自由党政纲 ［五］219

《中华民国字典》 ［四］53

中华民国组织大纲 ［四］126,460

《中华民国组织法》 ［八］281

中华民务兴利公司债券 ［四］24

中华民族　［一］22，243；［二］323；［三］143，152，154，170，308，310，322，341，343，350，353，359；［四］108，130，278，299，342，504，537；［六］3；［十］9，388，390；［十一］146，269，457

中华欧美同学会　［十］358；［十八］228

中华全国铁路协会　［十］113

中华商会　［七］566；［九］154，246

中华实业公司　［七］227－228

中华实业联合会　［十］60

中华实业银行南洋临时总机关暂订简章　［五］239，242

中华实业银行章程　［五］233

中华书局　［八］219；［十四］300

中华书院　［十八］331

中华银行　［四］34；［五］241；［七］279，297，304－305，313－314；［九］112，131，146；［十三］34，39，44，114；［十六］29

中华振兴商工银行　［五］223

中美　［一］47；［二］50，107；［四］100；［八］24；［九］558，585；［十一］230，309，480

中美关系　［十一］480；［十二］136－137

中美轮船公司　［十一］271

中日俄三国同盟　［十二］436

中日关系　［三］268；［十］815；［十一］288，375，469；［十二］21，108，110，452

中日甲午战争　［十二］147

中日交涉　［四］373，377－378；［七］388，397，405，408，418；［九］180，384

中日军事协定　［四］449－450，452，470；［十二］46，48

中日联盟　［十］279；［十一］54；［十二］445

中日两国　［三］464；［四］64，375－376，379，516；［五］124－125，244－247，371；［七］327，409；［八］79；［九］154，275，650；［十］218－221，223，225，227－228，232，237，239－241，245，252－253，256－258，272，275－276，278－279，795，811－812；［十一］56，281，369，374，376，378－379，386，429，456，470；［十二］11－12，25，109，427，434，441，443，446；［十五］677

中日两国人　［二］267

中日密约　［四］469－470

中日亲善　［三］318；［四］166；［五］366；［七］465；［九］272；［十］814－815；［十一］373；［十二］8，10，35，402，471

中日（台湾）和约　［十］24

中日条约　［四］450；［七］409

中日同盟会　［九］151－152

中日友好　［十二］446，448－449

中日战后　［十一］223

中日战争　［一］229；［二］305，323－324，341，345；［三］132；［十］229，231；［十一］226；［十二］72，447

中日组合规约　［五］370

中上七校　［十四］526；［十五］500，503

中外合办联商公司　［六］73－74

中外合资　［四］56；［十］147；［十一］342－343，351

中外新报　［四］170

《中西》　［七］133

中西合资银行　［十］94

中西药店　［四］7

中西药局　［四］8，10－12

中小学（校）　［六］317，396；［十三］102－

103;［十五］298,568

《中兴报》 ［七］52,56,90,96－98,104,106,112－114,117,119,182,206

中央 ［一］91－92,104,136,138,165－166,202,206,208,217,219－221,224,228,262;［二］65,106,109,216－219,228,237,281,346;［三］130,143,162,164,241,243,248,329,421－422,431,435－436;［四］117,146,295,313,323－324,338,349,369,374,394,398－400,403,420－421,432,434,462,492,506,520,557,566,591;［五］73,118,120,126,158,176,232,449－450;［六］129－130,170,204,218－219,222,323－324,336,372,383,396,399,455;［七］305,316,320,384,498,500－501,503;［八］212,367,372,,438;［九］52－54,86,91,111,123,125,138,150,156,164234,237,254,256,282,319,342,357,474,491,507,521,555,571,581,;［十］8,77,88－89,291,294－295,326,334,572,576,643,645－646,651,676,681,731,743,750－753,756,769－7704;［十一］175,198,317－318,323,326,332－334,351;［十二］119,217,229－230,241－242,286,349,352,359,491－492;［十三］25,30,33－34,36,38,44,59,64,86,90,100,108,123,127－128,260,594;［十四］133－134,149－151,197,240,272－273,352,425,498;［十五］3,115,216,305,372－373,,496－497,499,522,557;［十六］20

中央财政 ［四］389;［六］171,325;［九］91;［十］202－203;［十一］326;［十三］16,20

中央财政委员会 ［十四］469;［十七］84,89

中央筹饷会 ［四］467;［八］284,287,292－293,501,509;［九］491;［十三］480;［十四］205;［十五］335,361,431－441,463－465

中央地方税收划分办法 ［十五］367

中央督察军组织条例 ［六］382－383

中央干部会议 ［六］5－6,8,40－42,49,200;［九］555,560,563;［十三］589;［十七］249

中央干部临时会议 ［十三］593

中央革命 ［十］768－769,775,777－778,800－801,809－810;［十二］425

《中央公论》 ［三］277

中央公园 ［九］656

中央公债票 ［四］313－314;［十三］61－62

中央广西讨贼军 ［十四］107

中央货币 ［十五］522

中央机关 ［七］276

中央集权 ［一］47;［二］106,113,216,219,228,237,296;［三］56,421－422,424,435－436;［四］295;［五］142,220,333;［十］64,192,291,294;［十一］142,199,206,323;［十三］577

中央监察委员 ［十五］372－373

中央监察委员会 ［四］565;［六］219

中央军需处 ［六］282,284;［十四］524,546－547,593;［十五］18,28,75,79－80,109－110,342;［十七］451－452

中央军需处运输处 ［十七］503

中央军需总监 ［十四］546

中央陆军第一医院 ［十五］618－619

中央陆军教导团 ［六］108；［十五］77

中央陆军教导团军官候补生入团考验章程 ［六］109

中央陆军教导团条例 ［六］108

中央陆军医院 ［十五］77

中央税捐处 ［十七］542

中央税捐整理处 ［十五］389；［十七］540，619

中央铁路公司 ［三］164，169－170

中央铁路系统 ［一］169－170，182

《中央新闻》 ［二］282－283，315－316；［四］374

中央亚细亚 ［二］7

中央盐务 ［十六］498，507

中央演说团 ［十八］30

中央银行 ［五］89，200；［六］374，376－381，385，387，391－393；［七］257，260，275；［八］469；［九］37；［十］741，743；［十一］339；［十四］395，400，402，408，448；［十五］157，354，358，360－363，366，368，379，388，390，481，518，522，602；［十六］474，478，555；［十七］130，164，343，603，610，613

中央银行筹备员 ［十七］66－67

中央银行副行长 ［十七］603，609

中央银行基金公债条例 ［六］380－381

中央银行四川分行 ［十七］340，343－344

中央银行条例 ［六］376－377，387，391；［十五］340

中央银行章程 ［六］385，387

中央银行纸币 ［十五］360，379，527

中央银行资本 ［六］377，380－381；［十五］340

中央银行组织大纲 ［六］385

中央银行组织规程 ［六］385，387，391

中央政府 ［一］44；［二］106，108－109，216－219，223，231；［三］78，144，164，170，225，240，247，329，386－388，421－424，427，436；［四］36，266－267，282，293，295，309，323，332，367，376，492，520，524，531，557，596；［五］59，61－63，74，111，115，256，425；［六］51，219，377，391－392；［七］253，305，320－321，499－500；［九］26，30，33，37，41，54，56，75，80，119，123，156，166，628；［十］88，112，145，195，199，210，301，391，399，413，685；［十一］6，36，38，181，200－201，203，206，244，264，273，305，313，317－318，341；［十二］3，67，118，163，241，282，450；［十三］9－10，25，33，37，44－45，67，87，108，127，260；［十四］265

《中央政府》 ［二］3

中央执行委员 ［四］599；［六］129，218－219，222，336－337，341；［十］645－646；［十五］504，534－535；［十七］438

中央执行委员会 ［二］229；［四］260－262，526，551，563－564，567，601；［六］128－130，133－134，200，216－220，222，224，335－337；［八］507，511；［九］581；［十］624，627，630，650－651；［十二］344，488；［十四］324，347，418，423，425，427，446，449，532，588；［十五］66－67，259，303，314，323，372，374－375，488，498－499，504－506，517，534，536－537，544，568，628，672；［十七］466，516，754

中央直辖第二军　［十四］182,436,471,476,544,594;［十五］10,52,116;［十七］401,435

中央直辖第二师　［十五］75;［十七］29

中央直辖第六军　［十六］605

中央直辖第七军　［四］515;［十三］661,680,685;［十四］14,22,163,169,182,184－185,187－188,220,227,232,234,238－239,254,292,436,471,476,525,544,554,594;［十五］10,39,52,116,202,215,234,324,332,378,469;［十七］29,59,77,94,635

中央直辖第七军第三师　［十四］117,187;［十五］564;［十七］90,109

中央直辖第三军　［四］515;［十三］670,680,685;［十四］14,163,169,182,184－185,188,220,227,232,234,238－239,254,292,331,436,471,476,544,554,594;［十五］5,10,39,52,116,202,208,215,234,324,332,378,469,652;［十七］59,446,635

中央直辖第三师　［十五］557;［十七］29,710

中央直辖第四军　［十四］554;［十六］446;［十七］205

中央直辖第五军　［十三］628,631,634－636;［十六］604,643;［十七］23,57

中央直辖第一混成旅　［十五］128,557;［十七］526,541,710

中央直辖第一军　［六］229;［十三］646;［十四］163,169,182,184－185,188,220,227,232,234,238－239,243,254,436,471,476,482,544,554,594;［十五］10,15,39,52,82,85,116,142,144,202,215,232－234,246－247,297－298,324,332,378,469;［十七］207,321,325,598－599,635

中央直辖第一军第一师　［十七］207

中央直辖第一师　［十四］343,350;［十七］391,413－414

中央直辖第一师第一旅　［十七］416－417

中央直辖滇军　［六］229;［十三］598,669,679－680,685;［十四］14,23,163,168,182,184－185,188,199,212,219－220,227,231－232,234,238－239,247,254,279,319,385,406,411－412,414,419,436,442－443,453,457,461,467－468,471,476,502,543－544,554,558,594;［十五］10,34,39,52,116,202,214,234,263,290,378,512;［十六］549,630,647－648;［十七］31,59,76,248,288,294,483,591

中央直辖滇军第二军　［十四］163,169,184－185,188,227,232,234,238,240,436,438,554;［十五］31,377;［十七］242

中央直辖滇军第二师　［十三］685;［十四］387;［十六］648;［十七］267

中央直辖滇军第六师　［十七］395

中央直辖滇军第三军　［十四］163,169,172,182,184－186,188,227,232,234,238,240,454,554;［十五］33,122－123,163,290,386,454－455;［十七］233,243,276,412

中央直辖滇军第三师　［十三］685;［十四］179;［十六］648;［十七］75,80,239

中央直辖滇军第四师　［十四］385,453;［十

五]99,110,160;[十六]648;[十七]81, 411-412,429

中央直辖滇军第五师　[十五]52;[十七] 173,221

中央直辖滇军第一军　[十四]163,168, 182,184-185,188,227,232,238-239, 247;[十七]205

中央直辖滇军第一师　[十三]685;[十四] 548-549;[十五]132;[十六]648;[十 七]83,206

中央直辖滇军独立第一旅　[十五]33

中央直辖滇军军需监　[十七]586

中央直辖滇军宪兵司令　[十七]288

中央直辖滇军总司令部　[十七]480

中央直辖东路警备军第一路司令　[十五] 557;[十七]87,710

中央直辖福建总指挥处　[十五]309

中央直辖赣军　[十四]544,594;[十五] 10,215,324,332,469,564,566,569;[十 七]635,720,723

中央直辖广东第四军　[十七]306

中央直辖广东讨贼军　[十四]150;[十五] 164

中央直辖广东讨贼军第二师　[十七]95, 163

中央直辖广东讨贼军第九军　[十三]596

中央直辖广东讨贼军第三师　[十四]303; [十七]16,32,450-451,648

中央直辖广东讨贼军第四军　[十四]141, 163,169,182,184-185,188,227,232, 234,238-239,492,529,544;[十五]10, 39,52,192;[十七]17,65

中央直辖广东讨贼军第一师　[十四]52,

75,196;[十七]16,64

中央直辖桂军　[八]367;[十三]618;[十 六]509

中央直辖桂军第二师　[十三]614;[十六] 509

中央直辖桂军第一军　[十六]585

中央直辖警备军　[十四]113,138,147;[十 七]260

中央直辖警备军旗帜　[十四]138

中央直辖陆军　[十七]110

中央直辖黔军　[十三]470;[十六]444

中央直辖黔军第二混成旅　[十六]444

中央直辖黔军第一独立旅　[十六]444

中央直辖山陕讨贼军　[十七]228,274, 344,379,395

中央直辖陕西讨贼军临时总指挥　[十七] 670

中央直辖讨贼第三军　[十四]418,421

中央直辖讨贼军赣军第二混成旅　[十七] 710

中央直辖讨贼军赣军第一混成旅　[十五] 557;[十七]710

中央直辖西路讨贼军　[十三]680,685;[十 四]14,163,169,182,184-185,188,219, 221,225-227,231-232,234,238-239, 247,254,292,380;[十五]509;[十六] 650;[十七]59,76

中央直辖西路讨贼军第三师　[十四]145; [十六]651

中央直辖西路讨贼军第四师　[十六]651

中央直辖西路讨贼军第五师　[十四]128; [十七]255

中央直辖西路讨贼军第一师　[十四]381;

[十六]650;[十七]200

中央直辖湘粤联军 [十四]83

中英铁道 [十一]323

中执委 [十五]498,535

中准 [四]504;[十]466

忠烈祠 [十三]105,121,135,474

忠信电船公司 [十四]184

种族 [一]7,14 - 15,30,243;[二]8,12,
16,30,34,347;[三]3,10,14,22,31,37 -
38,56,161,192,233,252,255,294,302,
308 - 309,341,349 - 350,391,405;[四]
52,55,315,372,578;[五]159;[七]286,
463;[八]476;[九]66;[十]8,12,28 -
30,54,115,132 - 133,143,194,225,245,
269,277,388,407,458,466,483,599,707;
[十一]101,122,132 - 133,190,283,295,
378;[十二]64,110;[十三]115;[十五]
649 - 650

种族革命 [三]52,63,147,152,157,189,
204,215,391 - 392,404 - 406;[四]285,
372;[十]50,52 - 53,132,169,234;[十
五]649

种族同化 [五]136,139

种族战争 [十]232

种族主义 [二]30;[十一]240

众民政治 [三]404

众议院 [四]354,358;[八]15;[九]241,
244,275;[十]214;[十三]308,313

众议院议员 [四]102,153;[七]386,540;
[十一]367 - 368;[十三]307,394

重庆总商会 [十四]133

重征小北江货物 [十五]99

宙巴仑中国国民党分部 [十七]41 - 43,

46,52

宙布磔中国国民党分部 [十七]41 - 43,
47,52

昼锦里维新旅馆 [四]64

朱君坟场 [八]276

珠卜中国国民党分部 [十六]448 - 449

株钦铁路 [一]161

株券 [三]94

猪仔 [二]97;[三]150,319,413 - 414;
[四]320 - 321;[八]118;[十]290,293,
415,585 - 586,669 - 672;[十二]35 - 36,
474;[十三]84,101 - 102;[十五]37

猪仔国会 [十]614

猪仔头 [三]319;[十二]35 - 36

猪仔议员 [二]115,120;[十]537,555,693

主咕中国国民党通讯处 [十七]103 - 106

主盟人 [五]19,44 - 45,250 - 252;[七]
187,203;[八]267;[十六]3 - 4,401,404,
435

主权 [一]49,242,248;[二]15,202 - 204,
208,227,236,285,287,320;[三]27,34,
42,122,124,165,171,176 - 177,182,184,
214,222,241,252,260 - 261,263,278,
303,310,312,335,372,384,386,396,402,
404,422,438,455;[四]23,146,175,266,
330 - 331,336 - 337,358,377,407 - 409,
435,441,450,469,474,483,500 - 501,
547,553 - 554,577,582,586,603;[五]
13,24,38,159,263,338;[六]124;[七]
306,320,395,418,428;[八]484;[九]
148,384,388,392,402,477,565 - 566;
[十]26,40,46,50,60 - 61,96,98,126 -
127,133,135,141 - 142,147,149,152,154

－ 157，159，167，188，190，197，210，226，268，352，360，362，365，383，390，393，402，406，421 － 423，427，440，450 － 451，529，555，574，587，595 － 596，606，644，686，701，780，788，806 － 807，812；[十一]316，328，335，345 － 346，351，384，455，477 － 478；[十二]23，66，114，128，163，215，241 － 242，306，348，376，455 － 457，459 － 460；[十三]333，453，472，657；[十四]447；[十五]621

主权在民　[三]241，418，420 － 423，426，431 － 432；[四]135，581；[六]124；[八]133；[十]288，423 － 424；[十一]442

主权在人民　[十]128；[十二]258

主义胜过武力　[十]633，636

注重宣传的奋斗　[十]603，611

驻澳门华侨交通处办事员名册　[十三]245

驻滇代表　[七]559；[十六]222

驻沪调查员　[八]10；[十六]270

驻沪广东筹饷局　[八]436

驻沪联络正/副委员　[十六]126，142，168

驻沪通商交涉使分设厅科任职章程　[五]190

驻江办事处　[十三]599，627，692；[十四]125；[十七]65

驻日华侨联合会　[四]560

驻西贡总支部　[十六]375

驻厦门办事　[十七]381

驻英公使　[二]269，287，303；[十一]15

驻英使馆　[二]291，295，325

驻粤办事处　[十]401；[十六]389

驻粤滇军　[四]453，455；[十]321；[十六]418

驻粤滇湘军　[十四]510

驻扎东江各军　[十四]232

驻浙代表　[十七]630

铸币局　[三]226

筑地精养轩　[四]364

筑路　[二]253；[三]7，78，149，164 － 166，175 － 177，181 － 183；[四]59，347 － 348，552，554；[七]299，304，308，319 － 321；[九]126；[十]40，44，96 － 97，126，129，131，146，161 － 162，198，498 － 499；[十一]206，309，315 － 316，322，328，343，348；[十三]398；[十五]415；[十六]30

爪哇华侨　[十]696；[七]46；[十四]191

专利权　[二]345；[六]88，106 － 107；[十一]162

专征地税　[十一]222

专制　[一]3 － 4，44，46 － 50，54 － 55，60，243 － 244；[二]31，40 － 41，73，76，78，81，84 － 87，89，93，95 － 96，99，103，106，110，120，122，126 － 127，137，165，168 － 169，178，207，221 － 222，225，230 － 231，233，263 － 264，266，296；[三]11，27，41，48，52 － 53，91，100，122，141，147 － 148，152，154 － 155，157 － 158，163 － 165，168 － 170，173，181，197 － 199，210，230，236，240 － 242，247，307 － 312，324，337 － 338，363，365 － 366，368，377，380，404 － 406，413，417，421，423，426 － 427，431，433，439，444 － 446；[四]105，121，135，221，246，272，294，296，299 － 300，302 － 303，317，319，326，329，336 － 337，355，358，362，367 － 368，370，383 － 386，394，407 － 409，416，422，427，434，453，462，504，526，530，533，

537；[五]36,42－43,144,167,334,344；[六]125－126；[七]266,281,302,324－325,341,350,360,365,392,422,437,442,452,463,503；[八]45,72,78,239,274,501－503,510；[九]39,61,82－83,100,169,173,226,432,480,482；[十]5,7,16,19,24－25,29－30,52－53,58－62,70－72,76,78－79,82,88,93－94,98,101－102,104,106,110,112,119,122－124,133,136,143,169,171,174－176,182,184,189－190,192,197,205－206,215,246,249－250,260,268,271,288,295,300,302,304－305,309,315－316,319,326,340,344,371－372,378－380,388,390,393,422－423,426,428,444－446,449－451,457,459,470－473,480－482,484,508,555,574－575,599,605,616－619,621,623,626,658－660,665,674,692－693,704,707－708,718,733,748,760,773；[十一]59,98,130,155,183,204,212－214,326,433,455,470,479,486；[十二]18,43,66,69,105,112,133,252,348,432；[十三]29,91,106,112,119,132,134,138－139,183,213,310,470,581；[十四]133,135；[十六]311；[十八]9

专制的君主政体　[十一]180

专制国　[三]61,121,402；[十]53,82,118,124,143,174,184－185,211,304,306,319,323,339,344,373,634；[十二]23；[十三]238

专制国家　[二]96,110,129；[三]402；[四]416；[十]124,415,457,655,665,702

专制时代　[一]50；[二]125,291；[三]

230,374,379,392,405,426；[四]553,585；[八]297；[十]51,54,72,96,101,118－120,122,171,178,212,246,344,360,373,392,442,560,617；[十二]23,69；[十三]470

专制政府　[一]67；[二]114,146；[三]175,333；[四]294,299；[五]36,176,263,337；[十]10,37,52,65,99,118,122,171,184,194,197,211,233,318,380,451,536,550；[十一]360；[十二]367；[十三]29

专制政体　[二]84,126,137；[三]32,153,188－189,435；[四]369；[七]281,422；[十]22,30,47,50,53,105,133,135,143,174－175,178,189,246,261,316,441,574,626,655,707,760；[十一]221；[十二]43,347

专制政治　[三]169；[四]294,583,596；[五]253；[十]60－61,363,373,438

壮丁夜警团　[十一]52

《孖剌西报》　[十一]411

孖礼位分部　[十六]116,157

孖沙打冷中国国民党分部　[十六]572－575

资本　[一]61,63,83,86,89,100,102,106,114,133,168,214－217,220,225－226,229－230,233,237,239；[二]26－27,96,161－163,166－168,170,177－179,200－201,213－214,226,234,257,262,318；[三]57,65,68－70,72－78,80－83,85－94,96－97,100－103,108,110－111,115,117－119,149,161,170,176－177,181,183－185,187,189－191,193－199,205,207－213,216－217,219－220,222,229,

265 - 266,270 - 271,279,302,312,314,
316 - 317,322 - 324,333,343 - 345,352
- 355,360,406 - 407;〔四〕24,63,389,
391,446,463,538,544 - 545;〔五〕124,
142,169 - 170,172 - 173,175 - 177,179
- 182,184,186 - 187,209,223 - 224,
233,240,245 - 246,368,370;〔六〕21,61,
64 - 65,99,107,114,125 - 126,172,377
- 379,381,387 - 390;〔七〕104,135,182,
228,263,274,279,299,316,319,321,544;
〔八〕23,125,145,181,332,476;〔十〕39 -
40,52,58,60 - 61,76,86,88,90,96,125,
127,129,137,141 - 142,147,149,151 -
153,155 - 159,161,166 - 168,171 - 172,
178,191 - 192,198,202 - 203,255,290,
308,388,404,424,440,574,608,698,743
- 744,774 - 775;〔十一〕206,267 - 268,
276,278,280,284,286,293,298,303,342,
345 - 346,351,358,384 - 386,388 - 389,
392,413;〔十二〕47 - 48,84,162;〔十三〕
44,112,243,317,385,433;〔十四〕173,
186,274,323,575;〔十五〕73,340,362

《资本》 〔三〕202,213

资本公有 〔三〕194,197 - 198,207

资本国有化 〔十二〕162

资本家 〔一〕20,31,99,228,230 - 231;
〔二〕11,25,101,152 - 154,158 - 165,168
- 171,175,177,179,191 - 192,200,213
- 214,224 - 225,232 - 233,337,346;
〔三〕57 - 58,65,67,69,72 - 78,80 - 82,
84 - 85,87,89 - 94,96 - 97,100,102,
104,110 - 111,116 - 119,147 - 148,150,
152 - 158,166,172,177,183,189,192 -

200,204 - 206,208 - 211,215 - 216,218,
237,241,271,308,313 - 314,316 - 318,
333,335 - 336,343 - 344,352 - 354,360,
392,405 - 407,413,416,441;〔四〕55 -
56,282,342,347,562,589 - 590;〔五〕
167,209,224 - 225,246,396,425;〔六〕
159;〔七〕48,50 - 51,116,128,137,148,
154,204,277,308 - 309,313 - 314,348,
443,492;〔八〕288 - 289,291,332,376,
514;〔九〕126,154;〔十〕5,41,43,52 - 54,
58,60 - 61,75 - 76,88,90 - 91,96,106 -
107,109,115,127 - 129,134 - 137,146 -
147,149,151 - 152,154 - 155,157,159 -
161,166,171,192,199 - 200,202 - 203,
391 - 393,402,451 - 452,454,576,609,
658,684,701 - 706,746,775,781;〔十一〕
105,118,120,270,276,278 - 280,292,
297,346,358 - 359,387,389 - 390,426;
〔十二〕35,249,252,364,366;〔十三〕148,
179;〔十五〕104

资本家专制 〔二〕168;〔三〕405 - 406;
〔十〕136,171

资本竞争 〔一〕83,85;〔二〕222,230

《资本论》 〔三〕91,187,194,207

资本势力 〔二〕8;〔三〕74,80,117;〔十一〕
271

资本增殖 〔三〕81,88 - 89

资本制度 〔二〕162,191 - 192,221,226,
230,234;〔四〕545;〔六〕125;〔十〕464,
576,659;〔十一〕267

资本主义 〔一〕231;〔二〕11,18 - 19,43,
192;〔三〕153,155,157 - 158,166,172,
236 - 237,344,354;〔四〕124,537,545 -

546,555,591;〔六〕125;〔七〕50,442－
443;〔八〕281,346,376－377,484;〔十〕
685;〔十一〕118,297;〔十二〕47－48,162,
171,177,215,237－238,336,385,492;
〔十四〕322

资本主义学说　〔十一〕127

资本专制　〔三〕329;〔十〕137

资产阶级　〔二〕225－226,233－234;〔四〕
545;〔十二〕171,322,386

资政院　〔十〕150,155

辎重车　〔八〕528

姊忌利中国国民党通讯处　〔十六〕576,578
－580,582

自来水　〔一〕222;〔二〕144,176;〔三〕78,
117,119,167－168,173,241,246,315,
440,444;〔五〕328,350;〔六〕455;〔十〕
137

自立　〔一〕52;〔二〕73,248;〔三〕42－44,
46,49,74,140,162－163,171,251,280,
317,338,438;〔四〕28,94,259,502,557;
〔五〕167,210,257,262,339;〔七〕269,
287,366,440,551;〔八〕366;〔九〕397;
〔十〕18,23,53,80,83,113,143,188,197,
232,280,342,380,422;〔十一〕143,258,
269,283,334;〔十三〕132,153;〔十五〕168

自然科学　〔三〕120－121;〔十二〕507

自由　〔一〕35,49－50,54－55,58,65,67,
76,78－80,104,112,131,134,215－216,
227,242－243,255,262,267,298,303;
〔二〕24,26,41－43,60,63,81－92,95－
99,101,105,108,127,129－130,139,144,
162,169,201－203,206,223－226,231,
233－234,284－285,300,317－318,323,
325,349;〔三〕10,26,36－37,40,53,67－
69,92,110,124,136－137,139,146,150－
151,167,171－172,184,187,190,197,
200,209,212,217,229,254,261,263,273,
275,290－291,303,309－310,330,337,
340,349,359,365－366,368－369,374,
376－380,421,423,438;〔四〕39,47,60,
63,70－71,108,121－122,124,146,189,
192,234,260－262,269,285,293,299,
308,311,318,320,328－329,331,339,
360,363,372,375,387－388,423,428,
432,435,439,441－442,445,463－464,
479,485,493,496,509,520－521,530,533
－534,537,539,542,553－554,557,579,
582－586,589－592,594,596,598,602;
〔五〕31,38,63－64,102,131,133,135,
142,159,213,219－222,248－250,254,
259,264,338,351,362,367,396,450;
〔六〕23,36,79,121－122,124,127,133,
176,223,360,381,451,454;〔七〕62,72－
73,89,123,132,218,223,244,267－268,
283,319－320,329－330,359,384,402,
422,447,453,460,467,510,528;〔八〕48,
51－52,55,57,83,106,129,148－149,
271,282,305,310,393,396,437,490,509;
〔十〕17,19,21,38,41,49－50,53－54,57
－58,64,68,82－84,93,98,109,118－
119,122,134,136,138－139,143,149,
169,174,178,191,197,202－203,214,226
－227,233,242－243,253,267,271,327,
345,352,360,365－368,381,400,409,
415,442,446,451－452,459－460,478,
481,486,490,494,509,512,515－516,

519,529,536,545,547,552,573,607,609,625,627 – 628,642,647 – 648,676,679,683,686,696 – 697,726,728,769 –770,773 – 774,778,792,798 – 799,802,806 – 808,812,814;〔十一〕166,188 –189,191,206,231,283,305,307,354,426,436;〔十二〕10,18 – 19,24,33,40 – 42,44,65,67,98,132,147,151,160,171,178,192,201 – 202,218,221,241 – 242,253,271,282,304,312,329 – 330,334,348 –349,354 – 355,376,385,392,416,443,456,460 – 461,463,466,478;〔十四〕40,58,87,192,293,403,405,411 – 412;〔十五〕268,287,377,534,661;〔十八〕9,48

《自由》 〔三〕362,374;〔七〕133

自由党 〔四〕542;〔五〕220 – 221;〔七〕288;〔十〕48,64,134 – 135,205 – 207;〔十一〕467

自由党简章 〔五〕221

自由党内阁 〔十一〕138

自由竞争 〔一〕21,230;〔三〕71,77,92,191,198,210,217 – 218,300;〔十〕512,515 – 516,684

《自由论》 〔十一〕393

自由贸易 〔二〕334;〔三〕45,76 – 77;〔九〕582;〔十〕135,206 – 207;〔十一〕268;〔十二〕103

自由贸易派 〔十一〕138

自由贸易主义者 〔十一〕138

自由平等 〔一〕48,296;〔二〕43,76,96,99,101,105,107,122;〔三〕245,312,316,386;〔四〕70,259,321,360,362,504,537,591,600;〔五〕25;〔六〕125;〔七〕281;

〔十〕24,68 – 69,138,143,174,454,545,770,773 – 776;〔十一〕153,379;〔十二〕354,486;〔十三〕11,102;〔十八〕101

自由、平等、博爱 〔二〕82,90,208;〔三〕200;〔四〕273;〔五〕24;〔七〕386;〔十〕124,132 – 133,442,770

自由权 〔二〕228,237;〔三〕31,37,131,137,311;〔四〕308,356,380,504;〔五〕159;〔十一〕138,292,316;〔十二〕390

《自由西报》 〔三〕124;〔十一〕310

《自由新报》 〔七〕161,170;〔十三〕48

自由幸福 〔四〕272,299,320;〔五〕333;〔十〕99,163,169,175,179 – 180,268,432;〔十三〕84,101

自由与政府 〔三〕368,379

《自由与政府》 〔三〕368,379

自由主义 〔二〕83;〔三〕67;〔四〕466;〔八〕347;〔十〕49;〔十一〕198

自治 〔一〕44,46 – 47,100,256;〔二〕62,107 – 108,215 – 216,218 – 219,223,228,231,237,347;〔三〕240 – 243,245,248,278,305,309 – 310,327 – 328,330 – 331,383,396,423 – 424,427,431 – 432,435 –436,446;〔四〕112,122,125,128,146 –147,266 – 267,293,295,358 – 360,362,427,462,467,485,487,490,496,513,557,580 – 582,584,586,588,592;〔五〕276,333,384,386;〔六〕164,170,184 – 185;〔七〕116;〔八〕48,149,233,287,292,321,323,325,342 – 343,366,368,375,382,384 – 385,446;〔九〕400,462,471 – 472,489,493,497,597;〔十〕5,280,300,307,309,360,372 – 374,378 – 379,391,412,438,

443,475,511,516,555－558;[十一]35－
37,52,60,105,167,188,198－199,351;
[十二]105,125,217,229,241,245,286,
309,331,379,388,398,496;[十三]251,
333,353,373,385,432,448－449,452－
453,573－575,577;[十四]133－135,
554,587;[十五]7,132－133,199,351,
578－580,585,600,621

自治会　[一]53

自治联防　[六]162,183,185,187,206－
207,209－211;[十四]385,586－587,589

自治团体　[一]44,46;[三]245,328－329,
331,427,436;[五]81,88－89,257,262;
[十]300,379

自治月刊　[八]401;[十三]577

《自助论》　[十一]393

《字林西报》　[三]263;[十一]247,263,
418;[十二]79,99,164,260,262－263,
327,422－423

宗法关系　[十二]387

宗教　[一]244,283;[二]7－8,17,73,81,
86,103;[三]36,51,145,161,189,202,
309－310,401－402,449,457;[四]342,
556,578;[五]57,77,82,146,159,221,
276,295,422,439;[六]334,399;[七]
268,283,286－287,409;[八]167,413;
[十]30,66,83－84,93－94,138,164－
165,230,241－242,265,277,389,549－
550,557－558,602,674－675,686;[十
一]20,186,199,273,392,424;[十二]49,
170;[十三]36,115,195,242

宗教革命　[二]34

《宗教破产》　[八]31

宗教战争　[十]232

宗社党　[三]340,349;[七]336,459;[八]
182;[十]71;[十一]475

《宗社党之布置》　[十五]678

《宗圣汇志》　[十八]115

宗主　[三]15;[四]139

宗族　[二]5,8,16,54－57,355;[八]543

宗族主义　[二]5,16,54;[三]441

总办　[二]128;[三]9,141;[四]274;[五]
6－7;[六]77,81,94－95,258－259,264,
268,373,490－491;[七]369;[九]112,
147;[十]667;[十一]11,386;[十三]33,
86,573,628,636,652;[十四]54,56,253,
381,555,583;[十五]52,80,97,116,246,
249,272,500,547,549,551;[十六]460,
643;[十七]30,80,268,322,347,351,
456,534,727,740,751－752

总裁　[四]116,171,434,451;[五]246－
247;[八]26,43,81,104,123,126,128－
129,131,241;[九]389,395－396,
398436474,477;[十]64,349,396,400,
410,556,802;[十一]386;[十二]8,17,
38,41－42,86－87,101,112,253－254;
[十三]284－285,287,292－293,308,
313,362－363,375,381,383,402－403,
432;[十六]378－380,387,397

总参谋处　[十]321

总参议　[十]723;[十四]75,136,143,350
－351;[十五]185,192,202,314

总督　[一]31－32,49,71,75,78;[二]298,
337,339－341,353;[三]11,142,144,
146;[四]266,269;[五]52－53,111－
112,114,266,274,292－294,298－299,

301,304,307,320,324－326,329；［七］63,73,123,128,147,249,468,488；［九］10,172,175,191；［十］11,87,528,545,663,719,732,764,806；［十一］10,70,79－80,85－86,90,92－93,202,371；［十二］133,340,388,460；［十三］126

总督府军务厅组织　［五］298

总督府组织　［五］292,310,329

总工程师　［六］19－21,23－24

总工会　［六］58,70,72,479；［十五］551,553,667

《总汇报》　［七］91,101

《总汇新报》　［三］120

总检察厅　［五］403；［六］27,51；［十四］342,460,537－539,562,571,578,593；［十五］58,105－106,108,115,242；［十六］414；［十七］85,127,138－139

总理　［一］52,80,233－235；［二］221,230,242；［三］295；［四］14,24－25,32,59,73－74,135,149,165,173,262,272,291,315,333,348－349,364,366,384,387－388,396－397,402,408,422－423,432,502,506,517,519,526－527,536,538,540,544－545,551554,558,564－565,569,589,594,601－602；［五］11－13,15－17,20－23,44,69,78,104,108,125,137－138,140－141,147,156,165,177,206,224,237－238,248,251－252,254,256－258,260－262,310,312,314,332,358,361－362,364,398,407－410,413,416－419,425－427；［六］4－6,9,27,39－45,49,66－67,92,124,129,199－201,218,256,266,320,324,326,355,378,392；

［七］44,134,278,366－367,382－383,400－403,411,415－416,425,431－432,501,536,538－541,557,562,565－566；［八］23,186,192－193,195,198,200－202,206－207,211,216－219,223,235,246,260,342,372,,；［九］28,42,73,84,101,103,105,108,120－121160－161,164,182,257,275；［十］12－13,44,55,130,153,158,289,441－442,486,499,537,539,541,556,563－564,624－625,630－638,640,642－648,651,728,730－731,751－752,802；［十一］3,102,116,120,152－153,168,186,203,248,432,442－443；［十二］20－21,28,45,144,154,156,326,341－343,345,351－352,375,395,400,409,419,428,430,432,447,468,479－480,482－483,498－500；［十三］14,18,24,27,71－72,82,95,133,149－151,154,157,159,161－163,166,168,170,181,183,185,239,357,378,388,586,593,602－606,608－609,672；［十四］2310,321－324,392－393,429,446－447,530；［十五］67,197,232－233,239,287,312,323,372－373,405,476,487,498,504－505,522,534,537,604；［十六］3－4,14－15,18,29,33－34,38－90,93－94,370,372－373,376－378,380－381,383－386,388,393－395,398－401,403－406,408,410,412－413,415,417,423－435,439,444－445,447－458,461,487－488,491－495,500－506,512－514,516－529,531－533,535－538,540,544－547,555,572－575,577－580,584,587－592,596－

598,602,605－608,611,616,618－620,629,632－634,639,644－646;〔十七〕320,741

总理办公处 〔七〕482;〔十六〕514－516

总理办公室 〔十六〕515

总理大臣 〔七〕547;〔十一〕18;〔十二〕72

总理各国事务衙门 〔十一〕17

总理衙门 〔二〕268,270,302,304;〔二〕268;〔三〕50,133;〔十一〕13,15,17,26

总理之印 〔四〕125;〔十七〕14－15,63,159,202,295,313－316

总理制 〔十〕642;〔十二〕352

总商会 〔十四〕121,144,451

总署 〔二〕241

总税务司 〔四〕529,531－533;〔九〕478,583－584;〔十〕24,763;〔十二〕163,345;〔十四〕265－266,352－353,426;〔十五〕609

总统 〔一〕4,44－45,47,49,51－52,54,56,79,232,273;〔二〕98,109,128,131,217,219;〔三〕135,204,215,235－236,239,245,247,342,369,380,391－392,412－413,422,427,446;〔四〕54,73－75,145－146,166,281,288,292,298,303－305,307－309,315,317,332,340,343,344,346,350,352,355－356,359,367,373,380,395,398,400,413,422,430,433,436－437,460－461,463,465,468－469,472,477－478,482,490,519,524,533;〔五〕69－71,76,115,117,120,128,143,205,333,434,444,447;〔七〕18,260,262,274,285,289,341,356－357,385,388,441－442,488,491,493,495,501,503,536,540,548,576;〔八〕45,51,55,271,281－283,297,377,397,465－466,472;〔九〕25,29,32,39－40,44,50,52,57,62－63,66,74,83－86,89－91,97,100,102,106,137,153,168,226,241,245,248－250,255－257,270,281,375,395,468,477－478,482,512,555,569,625;〔十〕7,10,47,49－50,52,70－71,102,135－136,144,153,158,165,167,182,203,268,288－290,294,298,303－305,327,336,383,399,406,409－414,418,426,431,437,446,457,472,475－478,505－506,549,556,567,573,605,613,617,631,764,816;〔十一〕5,54,84,98,167,182－183,200,218,220,224,229－232,235－236,241－247,253－254,256,258－262,265－266,272,274,277,282,295－296,299－305,307,309－310,312－313,316,318－322,330－333,335,344－345,367－368,380,400－401,403,409,411－412,425,457－458,471－472;〔十二〕4,14－15,18,22－23,79,87,91,112,118－125,127,129,131－133,136－138,140－141,143,150,160－161,174,178,180,185－189,192－193,195,197,199,201－202,208－209,218,221,227－229,232,241－243,246－247,249,251,256－257,259,267,273,279,281－283,298,302,305,310,388,406－407,411,418,446,456,465,467,471,480;〔十三〕28,46,68,86,99,136,179,190,219,239,295,297,377－378,433,444,472,497,569,596;〔十四〕351,426,530;〔十五〕92;〔十六〕7,11－13,15－21,26－27

总统府 〔七〕256,301

总统府财政委员会条例 〔五〕433 - 434

总统府财政委员会组织大纲 〔五〕427 - 428,433

总统府参军 〔四〕131;〔十三〕460 - 462, 473;〔十六〕402,411 - 412,422 - 423, 430,443,446

总统府参军处 〔十六〕407 - 408

总统府参军处官制 〔五〕430

总统府参议 〔四〕132;〔十三〕462;〔十六〕 416

总统府各处司官制通则 〔五〕430 - 431

总统府近卫军 〔十八〕31

总统府秘书处 〔四〕46

总统府秘书处官制 〔五〕428 - 429,432

总统府秘书处暂行章程 〔五〕69

总统府咨议 〔四〕368;〔十六〕403,409 - 410,414,419 - 420,475

总统制 〔十二〕474

总统制度 〔十〕268

总务部 〔四〕365 - 366,506;〔五〕137,140, 229 - 230,252,255,260,407,416,418; 〔六〕4;〔七〕367 - 368,383,401 - 403, 412,414 - 416,426,432,528,534;〔八〕 22,72,101,103,125,187,198,201 - 202, 206 - 207,211,216,218 - 219,223,250; 〔十三〕140,143,145 - 146,150 - 151, 155,158 - 166,171,213,589,593;〔十四〕 456;〔十六〕32,34,38,40,42,44 - 45,47 - 51,57 - 59,61,63,65 - 67,69 - 70,73 - 74,78 - 79,82 - 103,145 - 146,153, 155,370 - 374,376 - 378,380 - 381,383 - 386,388,393 - 395,398 - 400,403, 405,408,412 - 413,417,423 - 427,429 - 432,435,444,447 - 458,461,487 - 488, 492 - 495,500 - 506,511,515,517 - 520, 523 - 529,531 - 533,535 - 538,544 - 546, 572 - 575,577 - 580,584,587 - 592,596 - 598,602,605 - 608,611 - 612,616,618 - 620,629,632 - 634,639,644 - 646;〔十 七〕7 - 10,13 - 15,24 - 25,35 - 37,41,43 - 44,51,55,60 - 63,68 - 73,75,101 - 102,104 - 106,120 - 122,132,135 - 137, 140 - 142,144 - 147,151 - 153,155 - 159, 167 - 170,174 - 176,186 - 189,193,196 - 198,201 - 202,224 - 226,236 - 238,252 - 254,260 - 263,270 - 272,276 - 279,281 - 282,285 - 287,291 - 293,295,313 - 316

总务科 〔五〕69 - 71,106,289 - 290,299, 301,359,363,378,387 - 388,398 - 399, 414,426 - 427;〔六〕30,39,46,92,111; 〔八〕424;〔十三〕633;〔十四〕115 - 116; 〔十六〕55,59,76,95,98,100,124,151 - 180,356,358 - 359,368 - 369,371 - 374, 377,388,400,406,429,449,483,504,520, 526 - 527,533 - 535,538,545,571 - 572,581 - 584,589,592,598,607 - 608,621 - 628, 634,646;〔十七〕10 - 13,23,37,44 - 51,62, 68,73 - 75,105 - 106,137,142,146,153 - 154,158,169 - 170,176,188,198,226,238, 254,262,272,278,285,292,329

总务厅 〔五〕274 - 276,279,281,283,286, 289,390 - 391,394 - 395,400 - 402;〔六〕 266,297 - 300,302 - 304,306 - 308,310 - 311;〔十五〕67,364 - 365;〔十七〕184, 190,376,424,473,475,487 - 488,492,

494,499－500,623－624,697,700

走私　［二］345；［六］278－279,499；［八］
506；［十］763；［十二］19；［十三］248；［十
五］135－136

租界　［一］27,42,71,119,128；［二］28－
29,128,130,237,252,271,304；［三］177,
199,211,246,261,388；［四］64,73－74,
93,278,280,287－288,371,522,557－
558,586,592；［六］124,309；［七］238,
521,575；［八］28－29,361；［九］42,98,
181－182,422,522；［十］56,180,190,202
－203,226,291,372－373,378－380,
389,394,644,647－648,763,786,788,797
－799,806,808；［十一］139,283－285,
287,416；［十二］84,209,219,337,375－
376,422－423,426,433,443,455,459,
467；［十三］657；［十四］446－447；［十
五］287－288

租借地　［二］227,236；［三］107,388；［四］
553,577；［七］167,520－521；［十］647,
761；［十二］459

租捐　［六］60；［十四］112,194,270,300,
533,574,576,580；［十五］73,124,456,
474,558

租赁体制　［十一］258

租让满洲　［十一］455－456

卒业证书　［四］173；［十五］662

祖国　［一］26,66；［二］294,299,330；［三］
30,35,41,163,238,267,418,460－461；
［四］122－123,129,135,272,308,326,

334,379,390－391,467,530；［五］9－10,
23,35,37－38；［七］4,82,87,111,177,
180,206,210,241,247,263,281,285,296,
298,310,387,392,418,425,451,464,474,
482,514,528,564；［八］102－103,170,
174,190,200－201,250,266,287,293,
327,367；［九］131,272；［十］17,29,81,
84,225,229,232,234－236,238,240,251,
263－264,272－273,285,295,300,380,
497,599,653,807；［十一］55,105,198,
213,290,354,357,425,456；［十二］147；
［十三］23,50,212,340；［十五］487

祖笋中国国民党分部　［十六］613,617－
618,620,623

最高党部　［四］539,599；［六］128,217－
218,224；［十五］374,588

《最近政见书》　［三］21

《最近之支那》　［三］44

《罪言》　［二］241

"佐渡丸"　［十一］75－76,83

做工权　［二］144

嘁申分部正分部　［十六］166

唎咕中国国民党通讯处　［十六］577,579－
580,583

嗑咪中国国民党分部　［十六］587－589

佀窿中国国民党分部　［十七］15

叻架伙中国国民党分部　［十七］41－43,
45,51

孙文传略

　　孙文，谱名德明，幼名帝象，稍长取名文，号日新，后改号逸仙。正式文书及大多数著述以孙文署名，在日本也称孙文。欧美国家及苏联则通称为孙逸仙，他的英文著述也署名孙逸仙，英文拼法是 Sun Yat-sen 或 Sun Yat Sen，俄文拼法是 Сунь Ятсен。孙中山这一名字，因曾在日本化名"中山樵"而得，后为中国人所习用并成为含有尊敬意味的主要别名，如称作"中山先生"。

　　一八六六年十一月十二日（清同治五年十月初六日），孙文诞生于广东省香山县（今中山市）翠亨村。一八七六年入塾，修业两载；随后外出就读于西方教会所办的英文学校，历时十余年。一八七九年进入檀香山正埠（火奴鲁鲁）英国圣公会（Anglican Chur-ches）创办的意柯兰尼学校（Iolani College，又译意奥兰尼学校），三年后毕业。一八八二年再入当地美国纲纪慎会（Congregational Churches，即公理会）设立的柯湖书院（Oahu College，又译澳哗湖书院、奥阿厚书院，即 Punahou School 中译名"泮拿荷学校"前身），肄业数月而归国。一八八三年十一月进入香港英国圣公会所办的拔萃书室（Diocesan Home），仅一个月就辍学，年底加入基督教。一八八四年五月进入香港的官立中学——中央书院（The Central School，即 Queen's College 中译名"皇仁书院"前身）肄业，其间因重往檀香山（夏威夷）而辍学约九个月，至一八八六年夏毕业。随又进入美国基督教传教医生在广州开设的博济医院（Canton Hospital，今名孙逸仙纪念医院），约学习一年。一八八七年十月至一八九二年七月，就读于香港中外人士和伦敦传道组织合力创办的香港西医书院（The College of Medicine for Chinese, Hongkong，即香港大学医学院前身）五年，毕业时领得了准予在香港开业行医的文凭。从一八九二年秋开始，孙文以西医师为职业，相继在澳门、广州诊疗疾病和开设药房，为期一年多。

　　一八九四年在檀香山创建兴中会，一八九五、一九〇〇年分别在广州和惠州发动反清起义。一九〇五年在日本东京成立中国同盟会，任总理，组织了一系列起义，导致一九一一年辛亥革命爆发，终于推翻清朝帝制。一九一二年元旦在南京组成中华民国临时政府，任临时大总统，历时三个月。同年同盟会被改组为国民党，任理事长。一九一三年发动反对袁世凯的"二次革命"失败，翌年在东京建立中华革命党，任总理，继续领导反袁斗争。一九一六年袁世凯称帝失败后病死，北洋军阀势力延续专制统治，孙文乃发起护法运动，一九一七年在广州成立中华民国军政府，任海陆军大元帅。一九一八年因受西南军阀排挤，辞职赴沪从事著述。一九一九年，孙文将中华革命党改组为中国国民党，仍任总理。一九二〇年粤军等在与盘踞两广的桂系军阀作战中大捷，孙文乃于一九二一年重到广州成立中华民国正式政府，任大总统（因由国会非常会议选出，故俗称"非常大总统"）兼陆海军大元帅，并出师北伐。一九二二年粤军总司令陈炯明部在广州叛变，脱险后再度赴沪。一九二三年滇军等将陈炯明叛军逐出广州，孙文到广州重建陆海军大元帅大本营（即中华民国军政府），仍任大元帅。这期间，在讨伐叛将沈鸿英、陈炯明部及组织北伐的同时，孙文还加紧进行国民党改组工作，决定与苏联合作，接纳中共党员加入国民党，并于一九二四年初召开中国国民党第一次全国代表大会。同年十一月，孙文应发动北京政变的冯玉祥等人邀请而离粤北上，年底抵达北京。一九二五年三月十二日患肝癌不治逝世。

黄彦撰

韵目代日表

日　期	韵　目					日　期	韵　目			
	上平	下平	上声	去声	入声		上声	去声	入声	替代
一日	东	先	董	送	屋	十六日	铣	谏	叶	
二日	冬	萧	肿	宋	沃	十七日	篠	霰	洽	
三日	江	肴	讲	绛	觉	十八日	巧	啸		
四日	支	豪	纸	寘	质	十九日	皓	效		
五日	微	歌	尾	未	物	二十日	哿	号		
六日	鱼	麻	语	御	月	二十一日	马	箇		
七日	虞	阳	麌	遇	曷	二十二日	养	祃		
八日	齐	庚	荠	霁	黠	二十三日	梗	漾		
九日	佳	青	蟹	泰	屑	二十四日	迥	敬		
十日	灰	蒸	贿	卦	药	二十五日	有	径		
十一日	真	尤	轸	队	陌	二十六日	寝	宥		
十二日	文	侵	吻	震	锡	二十七日	感	沁		
十三日	元	覃	阮	问	职	二十八日	俭	勘		
十四日	寒	盐	旱	愿	缉	二十九日	豏	艳		
十五日	删	咸	潸	翰	合	三十日		陷		卅
						三十一日				世、引

后 记

　　本书编辑出版工作是在继承前人成果的基础上进行的。多年以来，也得到了国内外不少机构和学者、友人的诸多帮助，这些帮助包括：为编者查阅和复制资料提供方便，惠赠各种珍贵资料、有关出版物及工具书，承担外文翻译工作，襄助某些编辑环节，以及在编辑费用方面给予物质支持，等等。

　　曾对本书编辑出版工作予以帮助的机构主要有（排名不分先后）：

　　广东：广东省社会科学院图书馆、广东省立中山图书馆、中山大学图书馆、中山大学孙中山纪念馆、广东省博物馆、广东省档案馆、广州博物馆、广东革命历史博物馆、广东省文史研究馆、广东省集邮协会、黄花岗公园、南韶连会馆、孙中山故居纪念馆（中山翠亨）、中山市中山图书馆；

　　北京：中国国家博物馆、中国国家图书馆、中国社会科学院近代史研究所、中国第一历史档案馆、北京市档案馆、中国科学院图书馆、北京大学图书馆、北京师范大学图书馆、中国人民大学图书馆；

　　上海：上海图书馆、上海社会科学院历史研究所、上海社会科学院经济研究所、上海孙中山宋庆龄文物管理委员会、上海孙中山故居纪念馆、上海宋庆龄故居纪念馆、上海市档案馆、上海博物馆、上海革命历史博物馆、复旦大学图书馆、华东师范大学图书馆；

　　天津：天津图书馆、南开大学图书馆；

　　重庆：重庆图书馆、沙坪坝区图书馆；

　　江苏：中国第二历史档案馆、南京博物院、南京市博物馆、南京中国近代史遗址博物馆、南京图书馆、南京大学图书馆；

　　浙江：浙江图书馆、海宁博物馆；

　　湖北：华中师范大学中国近代史研究所、辛亥革命武昌起义纪念馆、湖北省博物馆、湖北省图书馆、武汉图书馆、武汉大学图书馆、湖北省蕲春县地方志办公室；

　　湖南：湖南图书馆、湖南师范大学图书馆；

　　四川：四川省图书馆、四川大学图书馆；

　　云南：云南省档案馆、云南省图书馆；

　　贵州：贵州省博物馆；

　　广西：桂林市档案馆；

　　福建：福建省图书馆；

香港：香港大学孔安道纪念图书馆、香港大学冯平山图书馆、香港中央图书馆、香港孙中山纪念馆；

澳门：澳门国父纪念馆；

台湾：中国国民党文化传播委员会党史馆、中研院近代史研究所、国史馆、国父纪念馆、台北故宫博物院、台湾师范大学图书馆；

日本：日本外务省外交史料馆（东京）、三井文库（东京）、东洋文库（东京）、神户孙文记念馆、南方熊楠显彰馆（田边）、南方熊楠记念馆（田边）、犬養木堂记念馆（冈山）、日本孙文研究会（神户）、日本《孙文研究》杂志社（神户）、京都大学人文科学研究所、早稻田大学图书馆（东京）、关西大学图书馆（大阪）；

新加坡：新加坡国立大学图书馆、孙中山南洋纪念馆；

马来西亚：孙中山槟城基地纪念馆；

英国：英国国家档案馆（伦敦）、大英博物馆（伦敦）、英国国家图书馆（伦敦）；

美国：美国国会图书馆（华盛顿）、旧金山国父纪念馆、斯坦福大学胡佛研究中心（加州）、哥伦比亚大学图书馆（纽约）；

俄罗斯：俄罗斯国家社会政治历史档案馆（莫斯科）。

个人方面，曾先后给予本书编辑出版工作以各种帮助的主要有（排名不分先后，职务或敬称恕从略）：

广东：欧初、陈汝筑、卢权、蔡鸿生、区鉷、马庆忠、林家有、邱捷、桑兵、周兴樑、梁碧莹、余齐昭、汤锐祥、李爱丽、沈洁、许瑾瑜、邹尚恒、方露、黄绪刚、廖思梅、祁雅文、萧冷龙、骆宝善、王超进、黄增章、张建平、黄卓汉、张军民、陈志雄、李联海、黄珩、黄玮、宋秀芳、刘世红、张冰、赵艳芝、张俊龙、禹昌夏、黄友谋、陈学章、程怀、李兴国、林华煊、张咏梅、陈迪秋、漆德红、陈桂明；

北京：杨天石、耿云志、林海、李玉刚、潘汝暄、丁贤俊、江枫、陈铮、苏爱荣、习五一；

上海：殷一璀、熊月之、缪国琴、甘振虎、王英仙、姜静怡、汤志钧、王仰清、沈宏礼、沈志明、金秀才、华平、秦量、黄亚平、孙娟娟、王德斐、李丽、陆柳莺、麦灵芝、姜义华、陈绛、廖大伟、谢俊美、郭绪印、邵雍、刘学照、邢建榕、胡宝芳；

天津：俞辛焞、葛培林、邓丽兰、邹佩丛；

江苏：王仁元、马振犊、孔庆泰、黄健荣；

安徽：吴元康；

湖北：严昌洪、罗福惠、余子侠、彭剑、李莉、宋安华、严锟、李良明；

湖南：李育民、邓江祁；

四川：何一民；

云南：谢本书、吴强；

吉林：王魁喜、宝成关；

香港：陈坤耀、丁新豹、陈福霖、李金强、李谷城、连浩鋈、周子峰；

澳门：陈树荣、霍启昌；

台湾：蒋永敬、张玉法、陈鹏仁、李云汉、陈三井、乔宝泰、邵铭煌、刘维开、吕芳上、许文堂、林弘毅、朱重圣、林国章、黄城、陈在俊；

日本：狭间直树、久保田文次、安井三吉、藤井昇三、中村哲夫、伊原泽周、上村紘一郎、石川祯浩、石泷丰美、加藤实、宫内肇、王柏林、陈来幸、马燕、金世龙、赵端升、徐小洁、武上真理子、高莹莹、宫崎蕗苳（宫崎寅藏孙女）、小坂文乃（梅屋庄吉曾外孙女）、容应萸（容星桥孙女）、山田忠（山田良政后人）、头山满后人、古贺廉造后人；

韩国：裴京汉；

新加坡：王赓武、黄贤强；

马来西亚：吴美润；

英国：柯文南（C. A. Curwen）、劳拉·纽比（Laura Newby）、希尔（Michael Hill）；

法国：白吉尔（Marie – Claire Bergére）、巴斯蒂（Marianne Bastid – Bruguière）、王菊；

美国：吴应铣、普莱斯（Don C. Price）、陈斯骏、黄俊威、刘玉遵、何靖宇；

加拿大：关一球。

已逝者：陈锡祺、金应熙、赵冬垠、李时岳、刘望龄、段云章、李伯新、何若钧、马宁、陈明、吴开斌（以上广东）、邹念之、朱宗震（以上北京）、王耿雄、沈渭滨（以上上海）、蔡鸿源（南京）、陈斯聪（香港）、野泽丰（日本）、马兖生、林文光（以上美国）。对于这些先生和女士为《孙文全集》所作出的贡献，我们抱有深挚的缅怀之情。

广东人民出版社众多同仁为本书的出版倾注了大量心血。

如果没有方方面面的协力相助，本书的出版是不可能的。从这个意义上说，《孙文全集》可算是全社会群策群力的产物。在此，谨向上述机构和各位先生、女士表达最诚挚的谢意！

黄　彦
二○一六年十月